W0236101

Wir informieren Sie gerne und regelmäßig über Neuigkeiten, Termine und Kuriositäten aus aller Welt und speziell aus der Welt des CONBOOK Verlags. Folgen Sie uns unter **www.facebook.com/conbook** für regelmäßige News, Specials und weiterführende Informationen zu unseren Büchern, Themen und Autoren.

Im **CONBOOK** Verlag sind außerdem die folgenden Nordamerika-Routenreiseführer erschienen:

Nationalparkroute USA – Florida	ISBN 978-3-943176-39-1
Nationalparkroute USA – Kalifornien	ISBN 978-3-934918-83-2
Nationalparkroute USA – Südwest	ISBN 978-3-943176-23-0
Pacific Coast Highway USA	ISBN 978-3-943176-37-7
Vancouver Island	ISBN 978-3-943176-17-9
Nationalparkroute Kanada	ISBN 978-3-943176-36-0

Impressum

3. Auflage 2013

© Conbook Medien GmbH, Meerbusch 2009, 2013
Alle Rechte vorbehalten.

www.conbook-verlag.de

Autor	Jens Wiegand
Layout & Kartografie	David Janik
Druck & Verarbeitung	Himmer AG, Augsburg

Printed in Germany

ISBN 978-3-943176-13-1

Bildnachweis: Einband / Klappe: Jens Wiegand, Roser Febrero & Bernat Cadafalch (Mitte); Einband U1: © istockphoto.com/Gary Thomas; Innenteil: Jens Wiegand außer auf den Seiten: 39 Courtesy of Monterey County Convention and Visitor's Bureau; 8, 12, 22, 120, 123, 207, 260, 270, 312, 313, 316, 332, 335, 342 Roser Febrero & Bernat Cadafalch; 24, 84 Josep Maria Folch; 25 Marion Landwehr; 40,41 © istockphoto.com/thundor; 56, 62, 69, 73, 111, 261 José Miguel Martínez; 105, 106, 107, 116, 165 Courtesy of Visit Milwaukee; 138, 240, 371 Ángel Muñoz; 143, 147 Courtesy of Delta Queen Steamboat Company & Illinois Office of Tourism; 164, 257 Kenny Braun, Travel Texas TxDot; 166 Courtesy of Chicago Convention and Tourism Bureau; 167 Courtesy of City of Chicago, Chris McGuire; 172 © SONY BMG; 201, 202 Courtesy of Betty Dorsett Duke Collection; 222 NOAA - National Oceanic and Atmospheric Administration, Photographer Harald Richter; 223 NOAA; 226, 228, 237 Courtesy of Greater Oklahoma City Chamber, Convention & Visitor Bureau; 233 ©istockphoto.com/bjmartin55; 238 Lisa Sorrell Boots, Guthrie - Cowboys & Indians; 247, 263 (oben rechts) Courtesy of Travel Texas TxDot; 249, 251 Patrick JEAN / muséum d'histoire naturelle de Nantes; 255, 259 Courtesy of Amarillo Convention and Visitors Council; 268 Zé do Rock; 276, 296 Mike Stauffer, New Mexico Tourism Department; 286 James Orr, New Mexico Tourism Department; 344 Magí Oliver; 378, 381, 383, 385, 387, 389, 391, 404 Courtesy of Los Angeles Convention & Visitors Bureau

Wir weisen darauf hin, dass jede Vervielfältigung und Verbreitung, die Entnahme von Abbildungen, Bildern und die Weitergabe auf fotomechanischem Weg sowie die Einspeicherung in jede Art von Medien (auch auszugsweise) nicht gestattet sind. Die Autoren und der Verlag haben alle Daten und Fakten mit größtmöglicher Sorgfalt recherchiert und überprüft, können aber im Einzelfall für die Richtigkeit und Vollständigkeit des Inhalts und der aufgeführten Fakten keine Garantie übernehmen. Sollten Sie auf Ihrer eigenen Reise aktuelle Änderungen entdecken, teilen Sie uns diese gerne mit. Zuschriften am besten per eMail an: feedback@conbook.de

TEXAS 245

NEW MEXICO 269

ARIZONA 311

ESSAYS UND BEITRÄGE

Route66

Neue Wege ...

Ein Wort und eine Zahl summieren sich zu einer verheißungsvollen Formel, die eine ganze Bandbreite von Assoziationen weckt. Freiheit und Einsamkeit, endlose Leere und hinreißende Landschaften, faszinierende Metropolen und Geisterstädte, skurrile Persönlichkeiten und fette Straßenkreuzer, Hells Angels und Polizeisirenen. Was an Amerika fasziniert, ist seine konsequente Widersprüchlichkeit. Und die kann man auf der Strecke von Chicago nach Los Angeles in allen Nuancen durchleben.

Eine Reise von 4.000 Kilometern. Durch drei Zeitzonen, acht Staaten, mehrere Klimazonen und gegensätzlichste Landschaften. Ein Trip durch Kulturen und Subkulturen, durch Vergangenheit und Zukunft, Komödien und Tragödien. Eine Straße mit Geschichte und Geschichten. Ein Road Movie mit Cowboys und Indianern, Stachelschweinen und Klapperschlangen, Tornados, Wüsten, Goldsuchern und Mafiosi.

Die Route66 sammelt amerikanische Legenden – und wurde selbst zur Legende. Wie alles Lebendige, durchlief sie Jugend, Reife und Alter bis zum Tod. In den 1930ern waren es die verarmten Farmer des Dustbowl, der Staubschüssel der großen Ebenen, die fest daran glaubten, dass sie der damals noch junge Asphalt direkt ins Glück geleiten würde. In den goldenen Westen, das Land, wo Milch und Honig fließen. Die Fünfziger, als Amerika prosperierte, waren die Zeit des Au-

tokults und der langen Reisen. Erstmals konnten sich die Amerikaner erlauben, ihr eigenes Land kennenzulernen. In den 80ern war die Route ein Greis, nutzlos, abgetakelt, unmodern. Sie musste den modernen Autobahnen weichen und niemand weinte ihr eine Träne nach.

Menschliche Sehnsüchte haben sie wieder zum Leben erweckt: Der Wunsch, dass die guten alten Zeiten zurückkehren mögen; die Hoffnung, dass der amerikanische Traum noch nicht ausgeträumt ist; der Glaube, dass hinter dem Horizont Glück und Freiheit warten. Amerikaner und Ausländer fühlen sich gleichermaßen von der magischen Zahl angezogen. In Cabrios, Wohnmobilen, alten Schlitten und auf Harleys folgen sie der historischen Route auf der Suche nach dem Glücksmoment, wenn die goldene Sonne den entfernten Horizont am Ende der Straße berührt.

Doch Route66 kann weit mehr sein als eine Anhäufung von nostalgischen Träumereien und kitschigen Klischees. Direkt am Straßenrand liegt, für den einfach Durchreisenden unsichtbar, ein ungeheurer Reichtum an spannenden Geschichten. Auf der Reise quer durch den Kontinent kann man Amerika mit all seinen Höhen und Tiefen kennenlernen, hinter seine Kulissen blicken und mit seinen Mythen aufräumen.

Und genau das will dieses Buch erreichen. Abseits der Neonschilder von Motels und Schnellrestaurants verbirgt sich ein noch viel aufregenderes Land. Das der kleinen und großen Kriminellen wie Al Capone, Jesse James oder Billy the Kid. Das von Künstlern wie Orson Welles, Miles Davis oder Josephine Baker. Das Amerika der Spaßkultur von Wrigley's Spearmint und Baseball. Das der Tragödien von Rassenunruhen, Tornados und der Todesstrafe. Das Amerika der überwältigenden Landschaften der Rocky Mountains, des Grand Canyon und der Mojave-Wüste. Das der Klapperschlangen, der Atombombe und der Indianer.

Es gibt viele Amerikas, die alle entdeckt werden wollen. Neue Wege auf altem Asphalt führen mitten hinein.

... auf altem Asphalt

Die Route66 war eine der ersten großen amerikanischen Überlandstraßen. Der rasante Aufstieg des industriell gefertigten Automobils zum Massenverkehrsmittel hatte in den 1920er Jahren ein kontinentales Schnellstraßensystem notwendig gemacht. In einem nationalen Kraftakt wurden innerhalb von 12 Jahren 3.940 Kilometer von Chicago nach Los Angeles asphaltiert. Aus dem hochent-

wickelten industriellen Nordosten führte die Strecke quer durch den noch wilden Westen bis an die wirtschaftlich aufstrebende Pazifikküste.

Trotz des bis dahin unbekannten Luxus einer befestigten Überlandverbindung war die Strecke angesichts der damaligen Automobiltechnik ein gewagtes Abenteuer. Schließlich durchquerte die Route66 fast den gesamten Kontinent. Doch selbst heute, im Zeitalter von Klimaanlage, Satellitenradio und Mobiltelefon, bleibt die Route eine Herausforderung, der sich weit weniger Leute stellen, als man angesichts des Ruhmes der 66 annehmen möchte. Viertausend Kilometer durch Prärien, Steppen und Wüsten sind kein Pappenstiel.

Am Ausgangspunkt, in einer der ästhetisch aufregendsten Metropolen der Welt, ist der Reisende sofort hin- und hergerissen. Chicago bietet genügend Höhepunkte für Tage, ja Wochen. Doch das Kribbeln, endlich auf die Straße zu kommen, lässt sich nicht unterdrücken. Nach schier endlosen industriellen Vororten des urbanen Kraken findet man sich urplötzlich in einer überraschend friedlichen und ländlichen

Gegend wieder. Der Kontrast der endlosen Maisfelder und verschlafenen Kleinstädte zur urbanen Modernität Chicagos ist verblüffend. Auf der gesamten Etappe durch den Staat Illinois trifft man nur auf eine einzige nennenswerte Stadt, den Sitz der Staatsregierung in Springfield. Über 450 Kilometer verleitet das beschauliche und entspannte Landleben nicht zum Gas geben. Hier schlagen die Herzen leiser und langsamer.

Dann kündigt sich von fern die nächste Großstadt an. Das Wahrzeichen der Stadt Saint Louis, der Gateway Arch, ist schon meilenweit vorher auszumachen. Der ästhetisch einfache wie fesselnde Bogen von 192 Metern Höhe repräsentiert das Tor zum Westen, als das sich die Stadt noch heute empfindet. Ihre Lage am Zusammenfluss der beiden größten Ströme der USA, des Missouri und des Mississippi, prädestinierte sie als Ausgangspunkt für die Eroberung des Westens. Im 19. Jahrhundert pendelten Hunderte Schaufelraddampfer zwischen New Orleans und Saint Louis auf dem majestätischen Mississippi und brachten den Jazz in die swingende Stadt, die etliche musikalische Größen vom Schlage Miles Davis, Josephine Baker oder Chuck Berry hervorgebracht hat.

Folgt man dem historischen Siedlerstrom von Saint Louis weiter in Richtung Westen wird man abermals von einem Kontrast, ähnlich wie nach Verlassen der Metropole Chicago, überwältigt. Friedliches Landleben in waldreichen Mittelgebirgen hätte man im Herzen der Weltmacht vielleicht nicht erwartet. In der romantischen Stille idyllischer Winkel wie Devil's Elbow versetzt man sich in das einfache Leben der Holzfäller vergangener Jahrhunderte zurück. Und seltsamerweise scheint die Bikerbar am Fluss zu diesem Gefühl gar nicht im Widerspruch zu stehen.

Der Südwesten des Staates Missouri, mit dem Schlenker der Route66 durch Kansas, scheint auf den ersten Blick keine sonderlich aufregende Gegend zu sein. Doch gerade hier häufen sich große und kleine Geschichten von Revolverhelden wie Wild Bill Hickock, dem Banditen Jesse James, der Dalton-Bande oder dem Räuberpärchen Bonnie und Clyde. Von allen lassen sich im näheren Dunstkreis der 66 noch Spuren entdecken.

Der Eindruck der behaglichen grünen Ebenen des Mittelwestens täuscht. Oklahoma ist ein von historischen Tragödien gebeutelter Staat. Die Umsiedlung von Indianervölkern aus allen Landesteilen in das scheinbar wertlose Territorium war einer der traurigen Höhepunkte der amerikanischen Expansionsgeschichte. Und nur kurz nach dieser ersten Zwangsumsiedelung wurde den vertriebenen Ureinwohnern ihre neue Heimat erneut streitig gemacht, als weiße Siedler Anspruch auf noch mehr Land erhoben. Der wenig später einsetzende Öl-Boom ließ ganz neue Konfliktherde entstehen, die in den schweren Rassenauseinandersetzungen von Tulsa gipfelten. Die Kette der Tragödien reicht bis zum Attentat von Oklahoma City im Jahre 1995, das die amerikanische Gesellschaft in ihren Grundfesten erschütterte.

Westlich von Oklahomas Hauptstadt ändert sich landschaftlich noch nicht allzu viel, doch man spürt, wie das Land immer leerer und die Entfernungen zwischen den kleinen Ortschaften immer größer werden. Auf dem Weg nach Texas häufen sich die Geisterstädte, die das Phänomen des „mobilen Amerikaners" versinnbildlichen: Sieht man an einem Ort keine Chance mehr auf ein erfolgreiches Weiterleben, wird das Hab und Gut zusammengepackt und das Glück woanders gesucht.

Die Ablösung der Route66 als wichtigste Ost-West-Achse durch die modernen Interstate Highways hat viele Orte ihrer Lebensgrundlage beraubt. Für Nostalgiker einer der schönsten Momente, wenn an einer vor sich hin rostenden Tankstelle der Benzinpreis noch auf 65 Cent pro Gallone eingestellt ist. Die noch bewohnten kleinen Nester bewahren ihre Grenzstadtatmosphäre.

Exakt entlang des 100. Längengrades verläuft die Grenze zu Texas. Über Jahrzehnte stellte diese Linie die reale Siedlungsgrenze dar. Weiter westlich beginnen die trockenen Prärien, auf denen eine halbwegs ertragreiche Landwirtschaft nicht mehr möglich ist. Das Land blieb Klapperschlangen und Tornados überlassen, bis die Viehzüchter die billigen Weidegründe für sich entdeckten. Hier kann man noch echte Cowboys bei der Arbeit beobachten und die saftigsten Steaks der westlichen Hemisphäre verschlingen.

Kurz hinter Amarillo, wo man wöchentlich einer der größten Viehauktionen der Welt beiwohnen kann, liegt die „Cadillac Ranch", die tausendfach portraitierten zehn Straßenkreuzer, die mit der Schnauze im Sand vergraben sind. In Adrian, einem verlorenen kleinen Nest im westlichen Texas muss man dann entgeistert feststellen, dass man soeben erst die Hälfte der Route66 zurückgelegt hat. Der Fototermin vor dem Midpoint Café ist trotzdem obligatorisch.

Nach der Geisterstadt Glenrio überquert die Route die Grenze zu New Mexico und man taucht direkt in die Wüsten des Südwestens ein. Störrische kleine Sträucher trotzen der Dürre und der glühenden Sonne. In endlosen Geraden zieht sich die Straße zwischen den Tafelbergen hindurch, die längste davon über fast 40 Meilen ohne den leichtesten Ansatz einer Kurve. Etwas abseits findet man alte Teilstücke der Route66 die niemals asphaltiert wurden, aber bei Trockenheit halbwegs gut befahrbar sind. Mitten in der Wüstensteppe bietet der Stausee Santa Rosa Lake einen erfrischenden Anblick und die Möglichkeit zu einem Bad.

Kurz vor Albuquerque, der größten Stadt New Mexicos, türmen sich wie aus dem Nichts die Sandia Mountains auf – im Winter ein Skigebiet. Mit dem eigenen Gefährt kann man die Serpentinen bis zum 3.255 Meter hohen Gipfel erklimmen und sich vom Blick über die endlosen Wüsten überwältigen lassen. Ein Pausentag zur Erkundung der Indianer- und Latinokultur in den teils dicht bewaldeten Gebirgslandschaften ist in jedem Fall eine Überlegung wert.

Weiter westlich nehmen die Wüstenlandschaften immer grandiosere Formen an. Die Lavafelder des Nationalparks „El Malpaís", spanisch für „schlechtes Land", machen vielleicht den desolatesten Eindruck. Danach erklimmt die Straße die kontinentale Wasserscheide. Alle Flüsse westlich der unsichtbaren Linie entwässern in den Pazifik, die östlichen in den Golf von Mexiko. Nach Gallup, das sich selbst als Indianerhauptstadt des Südwestens feiert, erreicht man den Nationalpark „Painted Desert and Petrified Forest". Die Erosion hat hier Millionen Jahre alte, versteinerte Baumstämme freigelegt. Eine bizarre Vorstellung, dass in dieser farbenfrohen Wüste einst ein tropischer Regenwald gedieh.

Die Kleinstadt Holbrook bietet wenige Kilometer weiter einen der Höhepunkte der Kommerzkultur der 50er Jahre. Im „Wigwam Village" kann man in Tipis aus Zement übernachten. Kurz darauf folgt ein weiteres naturhistorisches Highlight. Der riesige, perfekt geformte Meteor Crater ist das Erbe eines gewaltigen Meteoriteneinschlags vor 50.000 Jahren.

Das sympathische Flagstaff passt so richtig gar nicht ins gewohnte Bild des Wüstenstaates Arizona. Von dichten Wäldern und beeindruckenden Gebirgsmassiven umgeben, ist die Stadt nicht nur Tor zum Grand Canyon, sondern auch eines der südlichsten Wintersportgebiete der USA. Am Lowell Observatorium wurde 1930 der Planet Pluto entdeckt. Der Ausflug zur gigantischsten Narbe der Erdkruste, dem Grand Canyon, ist selbstverständlich. Rund 120 Kilometer nördlich von Flagstaff kann man einen Blick in die überwältigenden Abgründe der bis zu eineinhalb Kilometer tiefen Schlucht werfen.

Zurück auf der Route66 erwarten den Reisenden dann eines der schönsten Teilstücke der historischen Straße. Weit abseits der Hauptverkehrswege tuckert man durch herrliche Landschaften und lässt sich von kilometerlangen Güterzügen überholen. Von Kingman aus kann man einen Abstecher ins 160 Kilometer entfernte Las Vegas wagen. Oder man bereitet sich auf die Durchquerung der Mojave-Wüste vor.

Zunächst klettert die Straße durch die desolate Gebirgswelt des Goldgräberlandes. Dann wird der Colorado-River überquert, um endgültig in den lebensfeindlichsten Teil des amerikanischen Westens vorzustoßen. Vorbei an einer Kette von Geisterstädten erreicht man Amboy, das mit weniger als zehn Einwohnern ebenfalls ums Überleben kämpft. Ein Ort wie aus einem skurrilen Road-Movie. Die Sommertemperaturen liegen immer nur knapp unter denen von Death Valley – kaum vorstellbar, dass diese 250 Kilometer durch Kalifornien führen, dem Land, wo „Milch und Honig fließen".

Wenn man die Menschheit schon fast vergessen zu haben scheint, erreicht man schließlich doch wieder die Zivilisation. Die Straße überquert den San Andreas Graben, die berüchtigte Verwerfung, an der sich zwei Kontinentalplatten aneinanderreiben und die für die vielen Erdbeben in Kalifornien verantwortlich ist.

Wenig später taucht man in den urbanen Moloch des Großraums Los Angeles ein. Dreizehn Millionen Menschen ballen sich auf einer Fläche von knapp Hundert mal Hundert Kilometern. Los Angeles ist keine Schönheit, aber eine Stadt, die die amerikanische Populärkultur entscheidend geprägt und in alle Welt hinausgetragen hat. Zwischen Malibu, Beverly Hills und Hollywood kann man eine Menge erleben.

In Santa Monica erreicht die Route66 die Pazifikküste. Der Blick auf die Wellen des Ozeans gibt einem das Gefühl, nun wirklich angekommen zu sein. 4.000 Kilometer liegen hinter einem – 4.000 Kilometer quer durch all die Dinge, die Amerika ausmachen. Ein schönes und widersprüchliches Land. Und ein verdammt großes.

Ein paar bescheidene Worte des Autors

Reiseführer sind bis auf wenige Ausnahmen eine enttäuschende Angelegenheit. Als Informationsquelle und zur gedanklichen wie praktischen Vorbereitung einer Reise für viele unerlässlich, beschränken sie sich meist auf die enzyklopädische und unkommentierte Sammlung von Fakten. Spätestens auf Seite 20, beim Kapitel „Flora und Fauna" nach „Geographie" und vor „Geschichte" kommt das große Gähnen. Im Reiseteil werden Städte abgehakt, mit Glück gibt es wenigstens eine atmosphärische Beschreibung der Orte. Dann leitet das schauderhafte Wort „Sehenswürdigkeiten" eine schematische Auflistung historischer Gebäude und Museen ein. Und schließlich schmückt man sich noch mit fadenscheinigen Geheimtipps. Ich bin jedenfalls von allen Reisen trotz Führer mit mehr Fragen als Antworten zurückgekehrt.

Reisen aber soll Spaß machen. Spaß am Analysieren und Vergleichen. Jeder Ort der Welt steckt voller Geschichten, Anekdoten und Tragödien, die der profane Reiseführer unter dem Mantel der Objektivität verschweigt. Das Paradies auf Erden existiert nicht, überall lebt die Menschheit in sozialen, politischen und kulturellen Konflikten. Gerade das macht Reisen aufregend. Hinter die Kulissen schauen und verstehen, was, wie und warum passiert oder passiert ist.

Hier greift dieser Reiseführer an. Nicht nur führen, sondern in die Tiefe gehen, durchblicken und mit Klischees aufräumen. Amerika, das Ausland, das man am besten kennt ohne jemals gewesen zu sein. Kein Land ist in der Welt der Medien so omnipräsent und hat so viele Bilder und Stereotypen in den Köpfen hinterlassen. Stichworte, die jeder kennt und mit Amerika verbindet: Todesstrafe, Tornados, Goldrausch. Was dahinter steckt, weiß kaum jemand. Darum füllen dieses Buch 40 Essays, die amerikanische Stereotypen hinterfragen.

Eine sowieso zweifelhafte Objektivität ist nicht der Anspruch. Schon die Auswahl der Themen geschah rein subjektiv unter dem Motto, „Was ich schon immer über Amerika wissen wollte, aber dummerweise noch nie gefragt habe."

Alle diese Themen haben einen direkten Bezug zur Reiseroute und die meisten lassen sich auch tatsächlich auf der Strecke entdecken. Deswegen folgen fast immer Hinweise auf Originalschauplätze der großen und kleinen Geschichten, die das Leben schrieb.

Die Route66 ist eine verteufelt lange Straße. Sie führt auch durch Gegenden, die auf den ersten Blick ausgesprochen arm an touristischen Highlights sind, aber trotzdem eine Menge zum Entdecken bieten. Als ich das Projekt verschiedenen Verlegern vorschlug, winkte einer mit dem Kommentar ab „Was zum Teufel wollen Sie über Missouri und Oklahoma schreiben? Da gibt's doch nix." Falsch. „Sehenswürdigkeiten", die einen Flug über den Ozean rechtfertigen, sind zugegebenermaßen dünn gesät, doch vom Mississippi gibt es mehr zu erzählen, als dass er der viertlängste Fluss der Welt

ist. Bonnie und Clyde sind keine Erfindung aus Hollywood und Josephine Baker hat zweifelsfrei eine der aufregendsten Biographien aller amerikanischen Popstars. Solche Geschichten säumen in rauen Mengen die Seitenstreifen von Amerikas Hauptstraße.

Route66 ist auch eine Reise in die amerikanische Popkultur. Hollywood hat reihenweise Kinostreifen produziert, deren Schauplätze sich identifizieren lassen oder die von den Persönlichkeiten entlang der Route erzählen. Mit den Filmhinweisen kann man seine Reise also auf eine ganz andere und unterhaltsame Art vorbereiten. Auch die Musikkultur ist fast auf der ganzen Strecke präsent. Vom Chicago Jazz zum kalifornischen Gangster Rap. So wie man mit den Filmhinweisen seine Reise auf dem heimischen Sofa schon im Voraus durchlaufen kann, erlauben die Songlisten, sich einen individuellen Soundtrack für die Reise zusammenzustellen. Unter der Vielzahl von Musikrichtungen sollte für jeden Geschmack etwas dabei sein. Vollständigkeit kann natürlich auch hier nicht garantiert werden.

All das kann man auf der Durchquerung des Kontinents erleben. Dieses Buch war meine bisher aufregendste Reise. Aber hoffentlich nicht die letzte.

Anmerkungen zu Aufbau und Nutzung dieses Führers

Zu Anfang finden Sie eine Streckentabelle, in der alle wichtigen Orientierungspunkte der Route mit jeweiligen Entfernungen erfasst sind. Nach einem Überblick über das, was den Reisenden auf der 66 erwartet, beleuchten wir verschiedene Aspekte der historischen Route. Wir sprechen mit einem Filmemacher, dem der Name der berühmtesten amerikanischen Straße gleich als Filmtitel diente. Wir untersuchen die Geschichte des Asphalts, der selbst Geschichte schrieb und schließlich zu einer amerikanischen Ikone wurde. Die Vergangenheit der Straße ist spannend, denn sie erzählt vom Leben und Leiden der Menschen, von ihren Sehnsüchten und nicht von trockenen Daten großer Politik.

Dann geht es raus auf die Straße. Die Route lässt sich ganz praktisch in die acht Bundesstaaten als Streckenabschnitte gliedern. Jedem einzelnen Staat wird ein Einleitungskapitel vorangestellt, um seine Eigentümlichkeiten und seine Einzigartigkeit verstehen zu können. Schließlich sind die meisten ausgedehnter als die größten mitteleuropäischen Staaten.

Dazu gehören natürlich detaillierte Karten, damit man auch den richtigen Weg durch den Dschungel der amerikanischen Highways findet und seine Etappen vernünftig planen kann. Um die Karten auch während der Fahrt schnell finden zu können, wurden sie praktischerweise ganz am Ende des Buches platziert. Eine farbige Übersichtskarte zur groben Orientierung findet sich in den Innenklappen.

Abseits der Route lassen sich jede Menge Geschichten entdecken und dem aufmerksamen Reisenden werfen sich reihenweise Fragen auf. Die Kapitel auf leicht gefärbtem Papier beschäftigen sich mit solchen Straßenrand-Erscheinungen. Auch deren Spuren kann man zu den Originalschauplätzen verfolgen. Dies sind überwiegend Orte, die in keinem anderen Reiseführer auftauchen, weil sie auf den ersten Blick wenig hergeben. Aber es sind die Originalschauplätze aufregender Geschichten.

Die Beschreibung der Route mit den einzelnen Städten, Siedlungen und den touristischen Highlights befindet sich auf weißem Papier. Die Attraktionen werden beschrieben und – zugegebenermaßen mit subjektiven Anklängen – bewertet, damit sich jeder eine Vorstellung davon machen kann, was ihn erwartet. Denn alles sehen zu wollen, würde eine Reise von bestimmt zwei Monaten erfordern. Dazu gehören natürlich die entsprechenden praktischen Informationen wie Eintrittspreise, Öffnungszeiten, Anfahrtswege und genaue Adressen, um sich gegebenenfalls auch vom Navigationssystem leiten lassen zu können. Die Kapitel „Reisevorbereitung" und „Unterwegs" beleuchten die praktischen Aspekte einer Reise auf der Route66. Hier findet sich so ziemlich alles, was man wissen muss, um seinen Roadtrip problemlos und individuell zu organisieren. Eine Liste mit Hotels und Campingplätzen hilft, die omnipräsenten Motelketten zu umgehen und in weniger anonymen und gleichförmigen Etablissements zu übernachten. Wir beschäftigen uns intensiv mit den Regeln und Gepflogenheiten des amerikanischen Straßenverkehrs, damit der Reisende souverän und sicher seinen Weg quer durch den Kontinent findet.

Und jetzt viel Spaß und eine großartige Reise!

Streckentabelle Route66

Die nachfolgende Streckentabelle markiert die wichtigsten Städte und Orientierungspunkte entlang der Route. Nicht jeder einzelne kleine Ort ist aufgeführt, auch wenn er im Hauptteil beschrieben wird. Dies würde eine schnelle Übersicht eher erschweren und zu einem ungeheuren Ungleichgewicht zwischen dem dichter besiedelten Mittelwesten und den wüstenhaften Gegenden des Südwestens führen.

Sind in der Spalte "Nebenstrecken und Ausflüge" mehrere Orte zu einem Block zusammengefasst, handelt es sich um einen Umweg, der automatisch wieder auf die Route66 zurückführt. Beinhaltet ein Block nur ein einziges Ziel, muss man den Hin- und Rückweg des Ausflugs auf derselben Strecke bestreiten. In diesem Fall sind die Gesamtkilometer angegeben, die für Hin- und Rückweg anfallen.

ROUTE 66	Seite	Hauptstrecke		Teilstrecke		Nebenstreckenziel / Ausflug		
		mi	km	mi	km		mi	km
ILLINOIS (279 mi/446 km) ▶ ab Seite 43								
Chicago	**51**	**0**	**0**	0	0			
Romeoville				34	55			
Joliet	122			8	13			
Gardner	127			29	46			
Pontiac	127			29	47			
Chenoa				11	18			
Bloomington-Normal	127			25	40			
Atlanta	128			23	37			
Lincoln				10	16			
Williamsville	129			18	29			
Springfield	**129**	**185**	**298**	15	24	Amish Country, Arthur	137	220
Waggoner				29	47	Chatham Rd Exit 88	7	11
Litchfield	139			16	26	Chatham	4	6
Mount Olive	139			8	13	Carlinville	32	51
Staunton	139			6	10	Staunton	21	34
Edwardsville	140			18	29			
Chain of Rocks Bridge	141			13	21			
MISSOURI (317 mi/507 km) ▶ ab Seite 142								
St. Louis	**153**	**107**	**172**	17	27			
Allenton (Exit 261)				30	48			
Pacific	175			4	6			
St. Clair				19	31			
Bourbon	176			21	34			
Cuba	176			11	18			
Rolla	177			24	39			
Devil's Elbow	178			21	34			
Lebanon	179			38	61			
Conway				18	29			

ROUTE 66	Seite	Hauptstrecke mi	Hauptstrecke km	Teilstrecke mi	Teilstrecke km	Nebenstreckenziel / Ausflug	Nebenstreckenziel / Ausflug mi	Nebenstreckenziel / Ausflug km
Springfield	**180**	**222**	**357**	36	58			
Carthage	185			60	97			
Joplin	186			16	26			
KANSAS (13 mi/20 km) ▶ ab Seite 194								
Galena	198			7	11			
Baxter Springs	199			8	13			
OKLAHOMA (391 mi/626 km) ▶ ab Seite 206								
Miami	214			16	26			
Vinita	215			30	48			
Claremore	215			18	29			
Chelsea	216			18	29			
Catoosa	216			11	18			
Tulsa	**217**	**200**	**322**	16	26			
Sapulpa	226			14	23			
Bristow	226			22	35			
Chandler	227			31	50			
Arcadia	228			27	43			
Oklahoma City	**228**	**116**	**187**	22	35			
Yukon	239			16	26			
El Reno	239			12	19			
Geary	240			25	40			
Weatherford	241			29	47			
Clinton	242			15	24			
Elk City	242			28	45			
Sayre	243			17	27			
Erick	243			15	24			
Texola	244			7	11			
TEXAS (179 mi/286 km) ▶ ab Seite 245								
Shamrock	253			15	24			
Mc Lean	253			20	32			
Alanreed	254			8	13			
Groom	255			23	37			
Conway	255			15	24			
Amarillo	**255**	**271**	**436**	26	42			
Cadillac Ranch	265			9	14			
Vega	266			25	40			
Adrian	266			14	23			
Glenrio	266			23	37			
NEW MEXICO (386 mi/618 km) ▶ ab Seite 269								
San Jon	267			19	31			
Tucumcari	**275**	**114**	**183**	24	39			
Palomas				13	21			
Montoya	277			10	16			
Newkirk				12	19			
Cuervo				9	14			
Santa Rosa	277			16	26			

ROUTE 66	Seite	Hauptstrecke mi	km	Teilstrecke mi	km	Nebenstreckenziel / Ausflug	mi	km
Moriarty	284			80	129	Las Vegas	67	108
Sedillo	284			16	26	Pecos	44	71
Tijeras	284			6	10	Santa Fe	25	40
Albuquerque	**299**	**178**	**286**	16	26	Albuquerque	62	100
Rio Puerco	305			19	31	Los Lunas	22	35
Mesita	305			23	37	Mesita	42	68
Laguna	306			6	10			
San Fidel	306			14	23	Sanstone Bluffs, El Malpais	23	37
Grants	306			17	27			
Prewitt				20	32			
Thoreau				11	18			
Continental Divide	308			5	8			
Gallup	**309**	**139**	**224**	24	39			
Staatsgrenze Arizona				24	39			
ARIZONA (436 mi/697 km) ▶ ab Seite 311								
Painted Desert NP	317			49	79			
Holbrook	320			74	119			
Winslow	322			33	53	Meteor Crater	12	20
Winona	329			43	69			
Flagstaff	**330**	**238**	**383**	15	24	Cameron	48	77
Williams	340			33	53	Grand Canyon	31	50
Crookton Road				27	43	Williams	80	129
Seligman	340			18	29			
Peach Springs	342			37	60			
Hackberry	342			23	37			
Kingman	**343**	**164**	**264**	26	42			
Oatman	350			31	50	Las Vegas	128	206
Topock	351			24	39	Cima Road	62	100
KALIFORNIEN (323 mi/517 km) ▶ ab Seite 353								
Needles	**364**	**69**	**111**	14	23	Kelso	36	58
Goffs	365			30	48	Kreuzung IS40	22	36
Amboy	365			57	92	Amboy	18	28
Ludlow	367			28	45			
Bagdad Café Newberry Springs	367			29	47			
Barstow	**368**	**166**	**267**	22	35			
Oro Grande	370			32	51			
Victorville	370			5	8			
Cajon Junction	371			21	34	Wrightwood	13	21
Interstate 210				15	24	La Cañada Flintridge	59	95
Downtown Los Angeles	376			50	80	Downtown Los Angeles	15	24
Hollywood	384			7	11			
Santa Monica	**393**	**141**	**227**	11	18			
TOTAL		**2.310 mi/3.717 km**				**2.839 mi/4.568 km**		

HIGHLIGHTS

CHICAGO

Jazz, Blues, Kunst, Kultur, Shopping und Räubergeschichten
in betörender urbaner Ästhetik

COUNTRY, JAZZ, BLUES UND ROCK'N ROLL

Die 66 ist eine durch und durch musikalische Route,
quer durch alle Stilrichtungen.

HARLEY DAVIDSON
Ein Ausflug zur Motorenfabrik und
dem neuen Museum in Milwaukee

DER MISSISSIPPI
Der majestätische Strom wälzt seine geschichtenumwobenen
Fluten vom hohen Norden bis zum Golf von Mexiko.

AMERIKA IM FILM
An allen Ecken lassen sich Szenarien großer
und kleiner Hollywood-Streifen entdecken.

SAINT LOUIS
Das Tor zum Westen am Zusammenfluss
von Mississippi und Missouri

GEISTERSTÄDTE
Verloren, verlassen und aufgegeben begleiten sie die gesamte Route.

EIN AMERIKANISCHES KURIOSITÄTENKABINETT
Ein schiefer Wasserturm von Pisa, ein gigantisches christliches Kreuz und skurrile Figuren reihen sich entlang der Straße auf.

CADILLAC RANCH
Zehn mit der Schnauze versenkte Straßenkreuzer symbolisieren
das Schicksal der Automobilkultur.

AUFREGENDE STRASSEN
Verführerische Gebirgsstraßen und endlose Geraden
durch grandiose Landschaften

SPANISCHE, MEXIKANISCHE UND INDIANISCHE KULTUR
Ein ganz anderes Amerika im tiefen Südwesten

METEOR CRATER
Ein riesiger, zehntausend Jahre alter, perfekt geformter Einschlagskrater

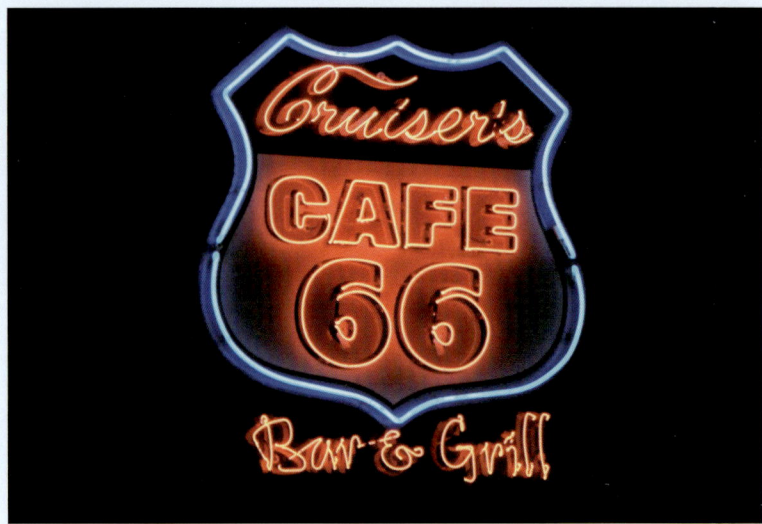

NOSTALGIE DER 50ER JAHRE
Schnellrestaurants und Motels im Stil der guten alten Zeit

GRAND CANYON
Das berühmteste Naturwunder Nordamerikas entzieht
der Kinnlade die letzte Kraft zur Positionserhaltung.

LAS VEGAS
Die Welthauptstadt der Amüsierkultur

MOJAVE-WÜSTE
Flirrende Hitze und desolate Einsamkeit zwischen
schroffen Gebirgen und Yoshua Trees

LOS ANGELES
Urbaner Moloch und Hauptstadt der Film- und Musikindustrie

DIE PAZIFIKKÜSTE
Nach tausend Meilen staubtrockener Wüste eine
erfrischende Brise am Strand des Ozeans

ON THE ROAD

On the Road – Eine Reise auf historischem Asphalt

In einem geschwungenen Bogen durchquerte die Route66 fast den ganzen nordamerikanischen Kontinent von Chicago bis nach Los Angeles. Über fast viertausend Kilometer durch acht Staaten, verschiedenste Klimazonen und Kulturräume. Aus dem im Winter bitterkalten industriellen Nordosten in den milden mediterranen Südwesten. Start und Ziel sind zwei der gigantischen amerikanischen Metropolen, die aber unterschiedlicher kaum sein könnten. Dazwischen liegen eine Handvoll Großstädte, jede Menge kleiner Ortschaften und endlose Farmländer, Steppen und Wüsten. Die Entfernungen zwischen den menschlichen Siedlungen werden immer größer, je weiter man nach Westen vordringt.

Von Chicago aus führt der erste Teil durch sanft gewellte, frische grüne Landschaften. Mit den Kilometern dünnt die Vegetation aus, bis der Mais- und Sojaanbau der großflächigen Weidewirtschaft Platz macht. Mit New Mexico erreicht man endgültig die unfruchtbaren, wüstenhaften Landschaften des Südwestens. In endlosen Geraden führt die Strecke quer durch die wunderschönen Tafelberge bis man auf die Ausläufer der Rocky Mountains stößt. In Arizona erklettert man das Colorado Plateau und entgegen allen Klischees sind die Temperaturen aufgrund der Höhenlage durchaus erträglich. Dahinter wartet die staubtrockene Mojavewüste bis man schließlich die

Küstenregion des sonnenverwöhnten Pazifik erreicht.

Die meisten Reisenden folgen der 66 von Osten in Richtung Westen. Dies ist zum einen historisch begründet, denn die 66 war die Hauptachse für die Massenwanderungen in den goldenen Westen nach Kalifornien. Vom praktischen Standpunkt betrachtet bietet diese Fahrtrichtung den Vorzug, dass die Höhepunkte der Reise tendenziell eher am Ende liegen.

Die Route66 existiert in der Gegenwart als solche eigentlich nicht mehr. Für den modernen Verkehr veraltet, wurde sie durch die großen Autobahnen ersetzt. Dennoch kann man ihrem alten Verlauf weitgehend problemlos folgen. Über 80 Prozent des historischen Asphalts aus den 40er, 50er und 60er Jahren sind auch heute noch befahrbar. Ein Teil der alten Route ist allerdings einfach mit den modernen Autobahnen überbaut worden, hier gibt es also keine Alternative. Der Straßenzustand liegt meist zwischen mittelmäßig und gut. Wie man sich das bei einer historischen Strecke wünscht, ist sie öfter mal holprig und mit Schlaglöchern und Spurrinnen gespickt. Man kann die Strecke aber problemlos sowohl mit einem normalem PKW als auch dem Wohnmobil oder Motorrad bewältigen. Im geschlossenen klimatisierten Vehikel kann die 66 praktisch zu jeder Jahreszeit bereist werden – auf zwei Rädern ist die Reise mit Sicherheit eine größe-

re Herausforderung. Regen und Wind, Hitze und Kälte können das menschliche Durchhaltevermögen schon mal auf den Prüfstand stellen. Inwieweit man der historischen Straße treu bleibt, ist eine Entscheidung, die man jeden Tag neu treffen muss. Vor allem in den weniger aufregenden Landschaften des mittleren Westens, in Missouri und Oklahoma, wird man sich gelegentlich für die schnellere Variante entscheiden. Das Gleiche gilt für die Abschnitte, wo die alte Route66 als Service-Straße in 20 Metern Entfernung parallel zum Interstate Highway verläuft.

Umgekehrt sollte man keinesfalls die Etappen verpassen, an denen sich die Landstraße von der Autobahn entfernt. Am Ende hängt alles davon ab, wie viel Zeit man für die Reise investieren kann und möchte. Manche Leute peitschen die Straße in einer Woche herunter, zwei Wochen sind sicher ein gesunder Kompromiss, in drei Wochen kann man sich in aller Ruhe treiben lassen. Grundsätzlich gilt aber hier mehr als irgendwo sonst: Der Weg ist das Ziel.

Die Orientierung ist außerhalb der Metropolen relativ einfach, da die Rou-
te66 fast kontinuierlich als historische Straße ausgeschildert ist. Wenn man auf die Autobahn muss, wird meist die Abfahrt angezeigt, die einen wieder auf die historische Straße bringt. Verlassen kann man sich leider nicht hundertprozentig auf die Beschilderung, denn nicht selten verschwinden die Verkehrszeichen in dunkler Nacht im Kofferraum eines Souvenirjägers!

Unter touristischen Gesichtspunkten ist die Route66 nur abschnittsweise wirklich aufregend. Die Liste der Highlights ist zwar nicht eben kurz, doch die Entfernungen sind teils immens. Zwischen Saint Louis und Albuqerque sind sie dünn gesät und viele lassen sich zum „Kilometerfressen" verführen. Doch genau hier setzt dieses Buch an. Route66 ist abseits von Chicago und Grand Canyon keineswegs eine leere Einöde, sondern steckt voller spannender Geschichten, liebenswerter Anekdoten und kleiner und großer Tragödien. Und: Wer sich auf die 66 einlässt, ist auf der Suche. Nach Träumen und nach Wirklichkeit. Nach den guten alten Zeiten oder den Widersprüchen der Moderne.

Route66 – Ein amerikanischer Albtraum

Ein Interview mit dem Leipziger Filme-macher Stefan Kluge

Im Winter 2004 ging eine Schlagzeile durch die Presse: Eine Handvoll Filme-macher, Informatiker und Musiker hat-ten auf ihrer Website einen Road Movie unter einer Freien Lizenz veröffentlicht und damit den ersten freien, deutschen Internet-Film geschaffen: Route66. Der Film erzählt die Geschichte einer USA-Durchquerung in einem baufälligen V8-Oldtimer und wurde innerhalb eines Jah-res eine Million mal heruntergeladen und auf eine halbe Million DVDs gepresst.

Während die Major Labels die Downloader verklagten, wurde das Herunterladen, Weitergeben und Auf-führen des Filmes von VEB FILM Leip-zig, den Machern des Road Movies, ausdrücklich erwünscht. Stefan Kluge, Gründer und Vordenker des Labels, berichtet regelmäßig auf Festivals und Konferenzen über die Free Culture Philosophie und kämpft für eine freie Internetkultur. Von überwältigendem Feedback beflügelt, starteten die Filme-macher die nächste Produktion, in der sie von einer Expedition durch Süd-amerika berichten: der Suche nach ei-nem seltenen Halluzinogen. „Die Letzte Droge" ist als erster freier HD-Spielfilm angekündigt und soll im Laufe des Jah-res 2012 nach langen Verzögerungen veröffentlicht werden.

Stefan, die Welt ist voller Straßen. Warum habt ihr gerade die Route66 für euren Trip ausgewählt?

Stefan Kluge: Vor ein paar Jahren hatte ich mir von einem windigen Typen aus San Diego einen alten Cadillac besor-gen lassen, um damit ein paar Monate durch die USA zu fahren. Im Death Valley sprach mich ein Biker an, den meine Erscheinung in dem roten V8 an Hunter Thompson's „Fear and Loathing in Las Vegas" (Angst und Schrecken in Las Vegas) erinnerte. Ich las das Buch noch in derselben Nacht und beschloss im Morgengrauen, in einem Rausch aus Verwirrung und Offenbarung, dass Thompsons Suche nach dem amerika-nischen Traum für mich auch 30 Jahre später noch Sinn machen würde. Ich hatte nicht nur dieselbe Karre, dieselbe Route und war im selben Hotel abge-stiegen – ich war im Grunde auch auf der Suche nach dem Ur-Amerikani-schen. Da kam mir die Route66 gerade recht.

Worin besteht für dich der amerikanische Traum? Ist er überhaupt noch zeitgemäß? Und was hat die Route66 mit dem ameri-kanischen Traum zu tun?

SK: Die Geschichte der Route66 liest sich wie die Geschichte der gesamten Vereinigten Staaten: Menschen, die nichts zu verlieren hatten, auf dem Weg ins gelobte Land. Ausgestattet mit ein paar Lumpen und der Gewissheit, dass die Hoffnung zuletzt stirbt. Dieser Spi-rit überkommt mich heute noch, sobald ich in den USA bin. Vielleicht nicht gerade, wenn der Immigration Officer am Flughafen Stress macht. Aber spätestens, wenn ich den Zündschlüssel rumdrehe.

Habt ihr eure Reiseroute vorbereitet, sprich Bücher und Führer gewälzt oder seid ihr einfach drauflos gefahren?

SK: Wir hatten einen miesen Straßenatlas, den wir bis zuletzt nicht begriffen haben. Allerdings waren wir alle drei in den 90ern Teenager, das heißt, wir haben die amerikanische Populärkultur praktisch mit der Muttermilch aufgesogen. Da muss man nicht viel suchen – die Flashbacks warten an jeder Straßenecke.

Warum hat der Film den Untertitel „Ein amerikanischer Albtraum"? Nur wegen des Schrottautos und der Pannenserie?

SK: Zum einen als Hommage an Hunter Thompsons Story, die unseren Trip letztendlich inspirierte. „Alb" wird im Titel übrigens abgesetzt, korrekt muss es „albTraum" heißen. Das „alb" bezieht sich tatsächlich auf unser 2 Tonnen-Cabrio, das sich zum ausgewachsenen Antagonisten entwickelte.

Von was hätte der Film gehandelt, wenn nicht von einer endlosen Kette von Autopannen?

SK: Der Cadi steht ganz klar im Mittelpunkt. Harte Fakten zur Mother Road gibt es kaum – sie ist eher im Subtext zu finden: Nach 100 Minuten hast du ein Gefühl bekommen. Dann bist du entweder reif für denselben Trip, oder du buchst eine Woche Mallorca.

Du bist schon viel in den USA unterwegs gewesen. Was unterscheidet die Route66 von anderen Strecken? Was macht sie für dich besonders? Schließlich gibt es Reiserouten die landschaftlich und touristisch aufregender sind, oder?

SK: Wenn du in Originalrichtung fährst, also in Chicago startest, dann fährst du ab Texas fast nur noch Richtung Westen. Jeden Abend, wenn du gerade beginnst, auf die Motel-Schilder zu achten, fährst du direkt in die Sonne, die flimmernd am Horizont vor dir über der Straße hängt. Wann immer du in Zukunft, irgendwo anders auf der

Welt, eine 66 siehst, bekommst du diese Erinnerung dann gratis. Sowohl während der Reise, als auch danach – und eigentlich auch schon vorher – wird man das Gefühl nicht los, es handelt sich hier um mehr als ein paar Straßen. Wer es genauer wissen will, der taucht ab und wird fündig. Wer nicht, der lässt sich entspannt bis zum Pazifik treiben, nimmt das Gefühl mit nach Hause und bedient sich dort am Fundus der Route66-Kultur.

Die Frage, mit welchem Gefährt man die Reise unternimmt scheint dir ziemlich wichtig zu sein.

SK: Stell dir einfach vor, du hältst vor einem Diner – irgendwo im Hinterland, wo die Leute noch Zeit haben. Du steigst aus deinem Mietwagen, verdrückst einen Burger, bezahlst, steigst wieder ein, fährst die Klimaanlage hoch und verschwindest. Alles, was du erfahren hast, ist der Name deiner Bedienung. Variante zwei: Derselbe Diner, aber du kommst mit einem Motorrad. Du hast den Helm noch nicht ganz unten, da wollen Joe und Rose schon wissen, wo du her kommst. Die beiden haben in den 60ern in San Francisco gelebt, sind selber viel Moped gefahren und geben dir irgendeinen Geheimtipp. Dann gehst du rein, fragst, wo du dein Visier putzen kannst und wirst in die Küche geführt, weil es dort Spülmittel gibt. Der Koch, der in Deutschland stationiert war, erzählt was von Autobahn und Oktoberfest und verkuppelt dich anschließend mit seiner Tochter. Oder offenbart wenigstens sein Spezialrezept. Das ist meine Erfahrung, überall auf der Welt: ungewöhnliche Fahrzeuge bringen dich in ungewöhnliche Situationen.

Was hast du von der Route66 erwartet? Wurden diese Erwartungen bestätigt oder enttäuscht?

SK: Alte Motels, endlose Highways und Art Deco Diner. Aber auch Wal Mart-Parkplätze so groß wie Fußballfelder und fette Wendys Burger. Ich hatte mich auf Road-Trip-Romantik und auf zeitgenössischen amerikanischen Unsinn gefreut und wurde nicht enttäuscht.

Welche ist deine schönste Erinnerung an den Trip?

SK: Das war der Moment, an dem mir ein Ami einen kindskopfgroßen Batzen mexikanischen Weeds in die Hand drückte und mir eine angenehme Nacht wünschte. Das nenne ich Gastfreundschaft. Oder der Rancher, der uns aus der Wüste schleppte, den Motor reparierte und die Karosse schweißte, uns drei Tage lang frisches Beef und kaltes Bier auftischte und mit vollem Tank weiterschickte, ohne dafür einen Cent zu nehmen.

Was antwortest du, wenn dich jemand fragt: „Wie ist die Route66"?

SK: Schön! Unbedingt fahren – mit Moped oder Oldtimer, am besten im Cabrio. So kommst Du überall in Kontakt mit den Landsleuten.

Würdest du die Tour nochmal machen?

SK: Klar, warum nicht? Vielleicht mit einem umgebauten GM Bus aus den 60ern. Eine dieser fahrenden Dreiraumwohnungen, mit Badewanne, King Size Bett und eingebauter Autowerkstatt.

Hast du einen Lieblingsort auf der Strecke?

SK: In Glenrio, Texas, führt die Historic Route66 von der Interstate ab und wird nach der Ghost Town zur Schotterpiste. Wer Off-Road-Ambitionen hat, sollte sich das nicht nehmen lassen. Auch die Einheimischen sind dort gerne mal mit 150 km/h unterwegs.

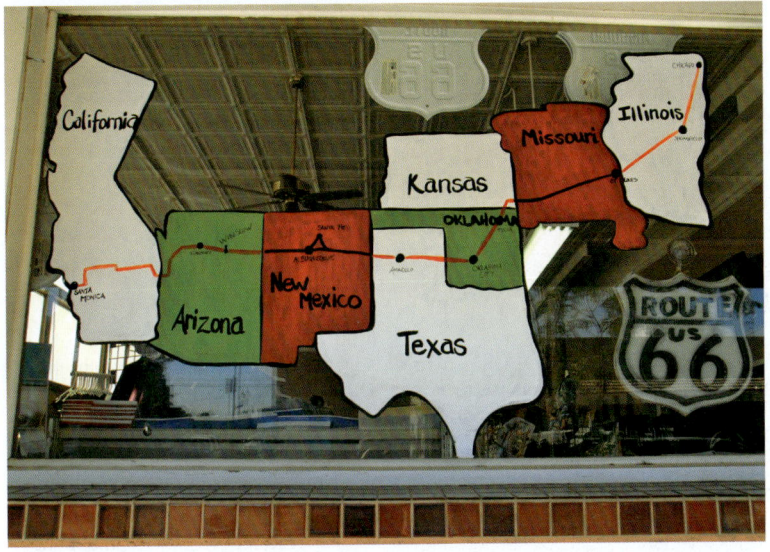

Werdet ihr nochmal einen Roadmovie drehen? Habt ihr schon Ideen oder ein konkretes Projekt?

SK: Ein Jahr später reisten wir mit Kameras durch Südamerika, auf der Suche nach einem seltenen Halluzinogen. Der alte Cadi spielt auch wieder mit. „Die Letzte Droge" wird in Kürze erscheinen und, wie auch „Route66", von uns als Free Culture deklariert: Downloaden, Weitergeben, Aufführen und Ändern der Filme ist erwünscht!

Website

Hier können der Film und der Soundtrack kostenlos (oder gegen eine freiwillige Spende) und völlig legal heruntergeladen werden. Außerdem gibt es aktuelle Informationen zu den laufenden Projekten und vieles zum Thema „Free Culture".
www.vebfilm.net

Die Geschichte einer Straße – Eine Straße schreibt Geschichte

Auf offiziellen Straßenkarten ist die Route66 praktisch nicht mehr zu finden, es sei denn, sie ist als touristische Attraktion eingezeichnet. Zumindest aus dem nationalen Highwaysystem ist sie verschwunden und ihre Teilstücke tragen heute andere Bezeichnungen. Sie hat alle Lebensphasen durchgemacht, von der Geburt bis zum Tod.

Angesichts der Dimensionen des Kontinents und der Immigrantenströme, die sich irgendwo ein Plätzchen suchen mussten, waren Transportwege in der amerikanischen Geschichte immer von entscheidender Bedeutung. Im 19. Jahrhundert folgten die Trecks der hoffnungsvollen Siedler bestimmten Routen wie dem Oregon- oder dem Mormon-Trail nach Westen.

Zu Anfang des 20. Jahrhunderts, als das private Automobil seinen Siegeszug antrat, existierte nur ein einziger, schwer befahrbarer Weg quer durch den Kontinent: der Lincoln Highway von New York nach San Francisco. Für die 5.400 Kilometer durch 13 Staaten musste man drei bis vier Wochen Fahrtzeit einplanen. Nur wenige brachten den Schneid zu diesem obendrein kostspieligen Abenteuer auf. Die Autotechnik war unzuverlässig, die Wege besaßen keinerlei Beschilderung und schwierige Gebirgsstrecken mussten gemeistert werden. An ein technisches Servicenetz war noch lange nicht zu denken.

Zu dieser Zeit existierten etwa 180.000 Autos im Land, also eins für

500 Einwohner. Allmählich wurde der eigene Wagen für den Durchschnittsamerikaner erschwinglich und 1920 bewegten sich bereits 17 Millionen Privatwagen, Busse und Lkws auf amerikanischem Boden. Dieser Entwicklung gegenüber stand ein völlig unzulängliches Wegenetz, das nur in Ballungsgebieten vernünftige Bedingungen bot. Von den 1921 geschätzten 4 Millionen Straßenkilometern hatten gerade mal 50.000 einen festen Bodenbelag.

Die junge Autolobby machte sich für ein nationales Straßenbauprogramm stark. Eine der treibenden Kräfte war der Unternehmer Cyrus Avery aus Oklahoma, dessen Namen man bei der Reise auf der Route66 öfter begegnet. In Washington stieß Cyrus Avery auf offene Ohren und 1921 wurden ein föderales Highwaygesetz verabschiedet und eine Kommission eingesetzt, die ein zukünftiges Überlandstraßensystem definieren sollte.

Eines der Herzstücke der Planung war eine direkte Straßenverbindung vom nordöstlichen Industriezentrum am Lake Michigan ins aufstrebende Südkalifornien. Ursprünglich sollte die neue Strecke Highway 60 genannt werden, doch nach dem Einspruch mehrerer Gouverneure aus Staaten, an denen die Route vorbeiführen würde, einigte man sich auf die Nummer 66.

Ein Netzwerk lokal, regional oder staatlich getragener Wege existierte bereits. Es galt, die staubigen Pisten zu modernisieren und zu einem durchgehenden Strang zu vereinen. Die 66 sollte eine moderne und allwettertaugliche Überlandstraße werden. Die Straßenplaner eliminierten Kurven und schwierige Passagen – ein damals gigantisches Vorhaben.

In den 30er Jahren, als sich das ländliche Zentrum des Landes durch anhaltende Trockenheit und unangepasste Bodenbearbeitungsmethoden in den „Dust Bowl" – die Staubschüssel – verwandelte, packten über 200.000 Menschen in Oklahoma, Kansas und Texas ihr Hab und Gut zusammen. Mit Autos und Kleintransportern machten sich die ruinierten Bauern auf den langen Weg nach Kalifornien, in den goldenen Westen. Ihre Hoffnungen und Ängste beschrieb 1939 John Steinbecks epischer Roman „Früchte des Zorns" und machte die Route66 berühmt und unsterblich. Er gab der Route den Beinamen „The Mother Road" – die Mutter aller Straßen.

Präsident Roosevelt versuchte der tiefen Wirtschaftskrise der Depressionsjahre mit dem „New Deal", einem Investitions- und Beschäftigungsprogramm, beizukommen und teilte tausende arbeitslose Ostküstler in Straßenbaubrigaden ein, die mit vereinten Kräften dem Großprojekt Route66 Vortrieb geben sollten. 1938 war es soweit und die vollständige Asphaltierung der Strecke konnte verkündet werden.

Doch die Erholung aus der Krise währte nicht lange. Der 2. Weltkrieg stand vor der Tür, Benzin wurde rationiert und den Autofabrikanten mangelte es an wichtigen Rohstoffen wie Stahl, Glas oder Gummi. Viele Produktionsanlagen stellten auf Kriegswirtschaft um, Panzer und Flugzeuge wurden nationale Priorität. Neue Autos waren praktisch nicht mehr verfügbar.

Die Regierung beschloss, ihre Truppen in der Leere des tiefen Südwestens auf ihren Einsatz vorzubereiten. Etliche neue Militärstationen und Truppenübungsplätze wurden zwischen Missouri und Kalifornien aufgebaut. Material und Soldaten wurden über die Route66 transportiert, ebenso wie Flugzeugmo-

Wandgemälde am Steinbeck Center, Salinas, Kalifornien

toren aus Detroit, die in Kalifornien in Bomber und Transportflugzeuge montiert wurden.

Nach dem Krieg setzte eine schnelle Erholung ein. Viele Soldaten erinnerten sich der angenehmen Temperaturen im Südwesten und verließen mit ihren Familien die harschen Winter von Chicago, Boston und New York. Über drei Millionen Menschen kehrten dem „Schneegürtel" den Rücken und zogen in den „sun belt" zwischen New Mexico und Kalifornien. Angesichts dieser Migrationen erschien die Route66 als Einbahnstraße: Die Massen zogen nach Westen – die Gegenrichtung nach Osten war dagegen kaum befahren.

Einer der Migranten war Bobby Troup, Musiker und ehemaliger Captain der Marines. Er setzte der Route66 mit seinem „get your kicks" – Song ein Denkmal und machte sie auch außerhalb der Staaten berühmt. Der wirtschaftliche Aufschwung brachte nicht nur einen neuen Autoboom, sondern erlaubte auch den Beginn des Massentourismus. Stoßstange an Stoßstange tuckerten Familien ihrem Urlaubsziel im sonnigen Süden entgegen, angezogen vom Grand Canyon und einer schrillen, neuen Attraktion namens Disneyland.

Die sonnenhungrigen Urlauber wollten auf dem langen Weg natürlich versorgt werden: Tankstellen, Werkstätten und Restaurants schossen entlang der Route wie Pilze aus dem Boden. Werbung am Straßenrand wurde zur entscheidenden Strategie, um der Konkurrenz die Kundschaft abzujagen. Es entstand die noch heute dominierende Kultur der riesigen Werbeschilder und der bunten Neonreklamen. Skurrile Glasfaserstatuen von Supermännern, Dinosauriern und Kühen machten auf Frühstücksrestaurants und Reifenservices aufmerksam.

Das Business blühte in den kleinen und großen Orten der Überlandroute. Streichelzoos, Museen und Autokinos sollten die Reisenden zum Anhalten, Entspannen und Geldausgeben animieren.

Doch der Massenverkehr auf der populären Route bedeutete gleichzeitig ihren schleichenden Tod. Man kam mit Reparatur und Instandhaltung kaum noch nach, und die enge zweispurige Straße wurde schlicht zu klein. Unfälle häuften sich und der Ruf der „bloody 66" – der blutigen 66 – verbreitete sich. Autolobby und Öffentlichkeit forderten eine Modernisierung des wieder mal unzulänglich gewordenen Highwaysystems. Präsident Eisenhower, beeindruckt von den deutschen Autobahnen, machte sich für ein erneutes Straßenbauprogramm stark. 1957 begannen die Arbeiten am neuen System der Interstate Highways.

Stück für Stück wurde im Laufe von 30 Jahren die alte Landstraße durch mindestens vierspurige Autobahnen ersetzt. Der schnellen und direkten Verbindung zwischen den Metropolen wurde Priorität eingeräumt. Der Verkehr lief an den kleinen Orten vorbei und Hotels, Restaurants und Tankstellen schlossen ihre Pforten. Ihrer Haupteinnahmequelle beraubt, verließen die Bewohner die kleinen Nester, die sich in Geisterstädte verwandelten. Einige der Serviceunternehmen, wie etwa die Big Texan Steak Ranch in Amarillo, siedelten an die neuen Autobahnen um und konnten überleben.

Das erste fertiggestellte Teilstück der neuen Schnellstraße war der Turner Turnpike zwischen Tulsa und Oklahoma, für das noch heute eine Autobahngebühr entrichtet werden muss. Das Nummerierungssystem für die Highways wurde modifiziert und so verschwand die Nummer 66 von den Karten, auch wenn die Interstate Highways 55, 44, 40, 15 und 10 weitgehend der alten Trassenführung folgten. Der letzte Bauabschnitt führte die Autobahn an Williams, Arizona, vorbei, das sich lange Jahre verzweifelt gegen die Umgehung gewehrt hatte. Ein Jahr später, 1985, wurde die Route66 offiziell stillgelegt. Eine Ära ging zu Ende. Die Route66 existierte nicht mehr.

Seitdem kämpfen in allen Staaten Bürgerinitiativen für den Erhalt des historischen Asphalts. 1999 erreichten sie die Verabschiedung eines föderalen Gesetzes zum Schutz des traditionellen Korridors. Mit Unterstützung aus Washington sollen historische Gebäude gerettet und klassische Unternehmen unterstützt werden. Eine Initiative for-

dert gar die Wiederbelebung der alten Straßennummer 66 für den gesamten Streckenverlauf. Die Nostalgiewelle der letzten zehn Jahre hat immerhin so viele Touristen auf die Beine, oder besser gesagt, auf die Räder gebracht, dass das Business entlang der Route wiederbelebt wurde. Viele historische Hotels oder Tankstellen sind wieder in Betrieb oder wurden in Museen verwandelt.

Die Route66 existiert zwar nicht mehr, doch tot ist sie auch nicht.

Soundtrack Route66

Bobby Troups „get your kicks"-Song ist von etlichen Größen der Musikwelt geco-vert und in verschiedensten Musikstilen interpretiert worden. Hier eine Auswahl:

Künstler	Titel	Album	Jahr	Genre
Nat King Cole	Route66	After Midnight	1957	Swing
Rolling Stones	Route66	England's Newest Hit Makers	1964	Rock
Patti Page	Route66	Blue Dream Street	1964	Swing
Them	Route66	Them	1965	Rock
Chuck Berry	Route66	New Juke Box Hits	1966	Rock'n'Roll
Dr. Feelgood	Route66	Roxette (Single B-Seite)	1974	Rock'n'Roll
Asleep at the Wheel	Route66	Wheelin' and Dealin'	1976	Country
Manhattan Transfer	Route66	Bop Doo-Wopp	1985	Swing
The Replacements	Route66	Pleased to meet me	1987	Rock'n'Roll
The Count Bishops	Route66	The Chiswick Story Part 1	1992	Rock'n'Roll
The Brian Setzer Orchestra	Route66	The Brian Setzer Orchestra	1994	Swing
The Cramps	Route66	Flame Job	1994	Rock'n'Roll
The Lazy Cowgirls	Route66	Here and Now	2001	Punkrock
Al Jarreau	Route66	All I got	2002	Jazz
John Mayer	Route66	Cars (Soundtrack)	2006	Rock'n'Roll
Depeche Mode	Route66	Music for the masses	2006	Pop
Nancy Sinatra	Route66	California Girl	2006	Swing
The Yardbirds	Route66	Reunion Jam Vol 2	2006	Rock'n'Roll
Los Rebeldes	Route66	Héroes	2006	Rock'n'Roll
The Cheetah Girls	Route66	The Party's just begun	2007	Pop
The Doughboys	Route66	Is it now?	2007	Rock'n'Roll
The Joneses	Route66	Criminals/Tits & Champagne	2008	Rock'n'Roll

John Steinbeck und die Früchte des Zorns

66 is the path of a people in flight, refugees from dust and shrinking land, from the thunder of tractors and shrinking ownership. ... 66 is the mother road, the road of flight.

Die 66 ist der Pfad von Menschen auf der Flucht, auf der Flucht vor Staub und schrumpfendem Land, vor dem Donner der Traktoren und schwindendem Eigentum. ... 66 ist die Mutterstraße, die Straße der Flucht.

John Steinbeck (1902-1968) in „Früchte des Zorns"

Ohne John Steinbecks epischen Roman hätte die Route66 niemals ihren weltweiten Ruhm erlangt. Das Schicksal der Familie Joad, die mit Sack und Pack ihre Heimat verlässt, um im goldenen Westen eine neue Zukunft zu suchen, ist ein Synonym des Amerikanischen Traums. Ein Traum der längst nicht für alle zur Wirklichkeit wurde. Doch er verkörpert den amerikanischen Geist: Sei der Weg noch so lang und steinig, mit Mut und Beharrlichkeit kann man das Ziel hinter dem Horizont erreichen.

Der Epos, in der Originalausgabe 619 Seiten lang, ist eine sozialkritische Chronik der Flucht der gebeutelten Farmer des Dustbowl, der Staubschüssel im zentralen Westen der USA. Eine Abfolge extrem trockener Jahre hatte, zusammen mit unangemessenen landwirtschaftlichen Methoden, den Boden in Oklahoma, Texas und Kansas so ausgedörrt, dass er von den schweren Stürmen einfach davongeblasen wurde. Im Kontext der seit 1929 andauernden Weltwirtschaftskrise sahen viele Bauernfamilien keine Zukunft mehr auf ihrem Land und gaben auf. Gerüchten von Arbeit und Reichtum folgend, packten sie ihre Habe zusammen und zogen gen Westen. Über 200.000 Menschen flohen in den 30er Jahren wie die Israeliten aus Ägypten.

Auch die Joads machen sich auf den beschwerlichen Weg von Oklahoma über die Route66 nach Kalifornien. Der schrottreife Pickup-Truck ist mit 13 Personen, Möbeln, Werkzeug und Haushalt hoffnungslos überladen. Die Großeltern, von der Trauer überwältigt, die Heimat verlassen zu müssen, überleben die Reise nicht. Als die dezimierte Familie Kalifornien erreicht, erlebt sie herbe Enttäuschungen. Das Land, wo Milch und Honig fließen sollen, bietet kaum Arbeit, stattdessen unmenschliche Lebensbedingungen und Ausbeutung.

Beinahe die Hälfte des Buches beschreibt die Reise auf der Straße der Hoffnung. Die Schauplätze sind eindeutig definiert, alle wichtigen Stationen der Route66 zwischen Oklahoma und Kalifornien finden Erwähnung. Von Oklahoma City, wo die Familie die prächtigen Bauten bewundert, über Needles, wo man ein erfrischendes Bad im Colorado nimmt, bis zur erschreckenden Mojave-Wüste.

John Steinbecks Roman taufte die Route66 erstmals als „Mother Road". Der bis heute immer wieder zitierte

Steinbeck Plaza in seinem Geburtsort Salinas, Kalifornien

Beiname taucht allerdings nur ein einziges Mal im ganzen Buch auf, der Autor spricht immer nur von der „66", die er sehr genau charakterisiert.

Das Buch erschien erstmals 1939. Wegen seiner harschen Sozialkritik und der plastischen Beschreibung der Armut in Amerika war es sofort in aller Munde. In Kalifornien wurde es zeitweise verboten, es kam zu öffentlichen Bücherverbrennungen. Der kalifornische Farmerverband denunzierte das Werk als „kommunistische Propaganda" und einen „Haufen Lügen". Trotz oder gerade wegen der offenen Anfeindungen wurde der Roman ein Welterfolg und im Laufe der Jahre mit Preisen überhäuft, darunter dem Pulitzer- und Nobelpreis.

Durch das große Aufsehen angespornt, verfilmte Starregisseur John Ford die Geschichte im folgenden Jahr. Der weniger politisch akzentuierte Streifen mit Henry Fonda gilt wegen seiner drastischen Schwarz-Weiß-Bilder als Klassiker der Kinogeschichte. In den meisten öffentlichen Bibliotheken entleihbar, ist der Film eine atmosphärisch dichte, dokumentarische Einleitung in den Charakter der Route66. An Originalschauplätzen gedreht, lassen sich viele Orte und einzelne Bauwerke noch heute identifizieren – und auf der Reise nach Los Angeles entdecken.

🎵 Soundtrack Früchte des Zorns

Künstler	Titel	Album	Jahr	Genre
Woody Guthrie	The Great Dust Storm	Dust Bowl Ballads	1940	Songwriter
Bruce Springsteen	The Ghost of Tom Joad	The Ghost of Tom Joad	1995	Songwriter
Allison Krauss	Dustbowl Children	Paper Airplane	2011	Bluegrass

Eine amerikanische Ikone – Das Autokino

Richard Hollingshead aus New Jersey war ein umtriebiger Geschäftsmann. Immer auf der Suche nach neuen Geschäftsideen, beobachtete er genauestens das Konsumverhalten seiner Landsleute. Die USA befanden sich am Beginn der 30er Jahre mitten in der großen Depression. Die Menschen können in schwierigen Zeiten auf vieles verzichten, doch Hollingshead erkannte, dass es Ausnahmen gab, die keiner missen wollte: das Auto und das Kino. Und damit war die Idee geboren, beides miteinander zu kombinieren.

Er begann, im Garten seines Hauses mit einem Projektor und einer improvisierten Leinwand zu experimentieren. Die entscheidende Idee dabei war, den Untergrund so zu präparieren, dass die Schnauze des Autos einige Grade nach oben schaute. So hatten die Besucher auf allen Plätzen eine ungehinderte Sicht auf die Leinwand. 1932 wurde die Patenturkunde für seine Erfindung ausgestellt und noch am selben Tag begannen die Bauarbeiten für das erste Autokino. Kaum zwei Monate später fand die erste Aufführung statt.

Doch in den schwierigen 30ern breitete sich die Idee nur langsam aus. Gegen Ende des Jahrzehnts gab es gerade mal 19 Autokinos im Land. Und Hollingheads erster Versuch war 1936 schon wieder geschlossen worden. Erst nach dem 2. Weltkrieg ging die Kurve steil nach oben. Von 155 „Ozoners", wie die Autokinos damals genannt wurden, schnellte ihre Zahl binnen zehn Jahren auf über 4.000. Die kleinen Kinos boten gerade mal Platz für 50 Autos, das größte stand in Detroit und hatte Kapazitäten für 3.000 Wagen.

Das Autokino bot den Besuchern eine Menge Vorteile gegenüber den klassischen Filmtheatern. Im Auto konnte man nach Herzenslust essen, trinken, rauchen und sprechen, was im normalen Filmtheater nicht so gern gesehen wurde. Familien konnten ihre kleinen Kinder auf dem Rücksitz schlafen lassen, während sich die Eltern am Film vergnügten. Außerdem bot das Auto vor allem jungen Paaren eine gewisse Privatsphäre – nicht umsonst wurde die hinterste Reihe in den Kinos auch die „love lane", die Liebesreihe, genannt.

Um das Geschäft zu maximieren wurden natürlich Speisen und Getränke verkauft und allerlei Ideen entwickelt, um die Aufenthaltsdauer der Gäste zu verlängern. Minigolf, Ponyreiten und Kinderspielplätze waren nur einige der Ideen der kreativen Geschäftsleute. Doch das Autokino hatte von Anfang an immer mit den gleichen Problemen zu kämpfen: An Regentagen musste die Vorstellung ausfallen und niedrige Wintertemperaturen erlaubten vielerorts nur einen saisonalen Betrieb. Beginnen konnte der Film erst mit Einbruch der Dunkelheit, an Nachmittagsvorstellungen war nicht zu denken. Die Einführung der Sommerzeit verschob den Filmbeginn eine weitere Stunde nach hinten.

Vielleicht auch deshalb hatte das Konzept auf der gegenüberliegenden Seite des Atlantiks weniger Erfolg. Erst 1960 eröffnete in Frankfurt das erste europäische Autokino, doch letztendlich hat sich die Idee im europäischen Raum nie wirklich durchgesetzt. Heutzutage haben Autokinos in unseren Landen Seltenheitswert.

Aber zurück in das Mutterland des Autokinos: Anfang der 70er Jahre wurde mit einer grandiosen technischen Neuerung versucht, das Autokino weiterhin attraktiv zu halten: Der Ton des Films musste jetzt nicht mehr aus dem Lautsprecher dröhnen, sondern wurde per Mittelwellensender übertragen. Ein Radio hatten mittlerweile praktisch alle Autos und um keine Frequenzgebühren entrichten zu müssen, verlegte man Koaxialkabel als Antennen im Untergrund. So konnte mit extrem schwacher Energie gesendet werden.

Doch irgendwie kam die neue Technik zu spät, das Autokino hatte den Zenit seines Erfolges überschritten. Inzwischen konnte sich jeder einen Fernseher leisten und die 80er Jahre wurden von einem Bauboom geprägt, der die Wohngebiete bis zu den Autokinos am Stadtrand wachsen ließ. In der Folge wurde das Land teurer und das Geschäft immer weniger rentabel. Die Verbreitung des Videorekorders tat ihr übriges – Autokinos starben wie die Fliegen.

In den letzten Jahren hat eine Nostalgiewelle die endgültige Ausrottung verhindert. Viele alte Drive-Ins wurden modernisiert und neu eröffnet. Sogar eine konspirative Untergrundbewegung hat sich entwickelt. Auf öffentlichen Parkplätzen vor einer möglichst weißen Gebäudewand wird ein Projektor aufgebaut, der den Ton per UKW Sender verbreitet, und die Gemeinde per Internet und SMS mobilisiert. Nach zwei Stunden ist der unangemeldete Spuk vorbei und die mobile Anlage abgebaut. Meist werden Alternativ- und Untergrundfilme gezeigt.

Derzeit gibt es noch knapp 400 Autokinos in den USA. Entlang der Route66 hatten sich in der Blütezeit 47 Autokinos aneinandergereiht, heute sind gerade mal acht in Betrieb. Sie verteilen sich halbwegs gleichmäßig über die gesamte Strecke. Allerdings schließen viele Autokinos in den Wintermonaten oder werden nur am Wochenende betrieben. Per Internet oder Telefon kann man sich aber rechtzeitig informieren, wenn man sich den nostalgischen Spaß nicht entgehen lassen will.

👁 Autokinos

Illinois – Litchfield

Sky View Drive-In, *eröffnet 1950, Kapazität: 400*
- ✉ *N Route66*
- ⇒ *An der Route66, etwa 0,6 mi/1 km vom Zentrum*
- ☎ *1-217-324-4451*
- 🖥 *www.litchfieldskyview.com*
- 📷 *April - Oktober*

Illinois – Springfield

Route66 Drive-in, *eröffnet 1978, Kapazität: 250*
- ✉ *1700 Recreation Drive*
- ⇒ *Auf der Old Chatham aus Springfield nach Süden, nach der Autobahnbrücke die erste links*
- ☎ *1-217-546-8881*
- 🖥 *www.route66-drivein.com*
- 📷 *Wetterabhängig*

Missouri – Carthage

66 Drive-In, *eröffnet 1949, Kapazität: 400*
- ✉ *17231 Old 66 Blvd*
- ⇒ *Aus dem Zentrum auf der Oak St nach Westen, 1 km nach der Autobahn links auf den Old 66 Blvd, nach 3 km auf der rechten Seite*
- ☎ *1-417-359-5959*
- 🖥 *www.66drivein.com*
- 📷 *April-Oktober*

Missouri – Cuba

19 Drive-In, *eröffnet 1954, Kapazität: 250*
- ✉ *5853 HW19*
- ⇒ *Auf dem HW19 nach Norden, 500 m nach der Autobahnbrücke rechts*
- ☎ *1-573-885-7752*
- 📷 *März-Oktober*

Oklahoma – Tulsa

Admiral Twin Drive-In, *eröffnet 1951, Kapazität: 1.200*
- ✉ *7355 E Easton St*
- ⇒ *HW244 Exit 11, nach Norden, rechts in die E Easton St*
- ☎ *1-918-838-3114*
- 🖥 *www.selectcinemas.com*
- 📷 *Wetterabhängig*

Texas – Amarillo

Tascosa Drive-In, *eröffnet 1952*
- ✉ *1999 Dumas Dr*
- ⇒ *HW87 nach Norden, Exit Martin Luther King Blvd, zweimal links*
- ☎ *1-806-383-3882*
- 🖥 *http://tascosadrivein.com*
- 📷 *Wetterabhängig*

New Mexico – Las Vegas

Fort Union Drive-In, *Kapazität: 350*
- ✉ *3300 7th St*
- ⇒ *Aus dem Zentrum auf der 7th etwa 3 mi/5 km nach Norden, auf der rechten Seite*
- ☎ *1-505-425-9934*
- 📷 *Mai-September*

Kalifornien – Barstow

Skyline Drive-In, *eröffnet 1966, Kapazität: 600*
- ✉ *31175 HW58*
- ⇒ *1st Ave nach Norden folgen über Bahnlinie und Fluss, Straßenverlauf ca. 4 km folgen*
- ☎ *1-760-256-3333*
- 📷 *Ganzjährig*

ILLINOIS

The American Heartland – Illinois

Wer Illinois hört, denkt Chicago. Die übermächtige Metropole dominiert den Staat wirtschaftlich und kulturell und konzentriert drei Viertel der Bevölkerung. Doch Illinois ist ein Staat amerikanischer Dimensionen, etwa so groß wie Bayern, Baden Württemberg, Hessen und Thüringen zusammen. Dementsprechend dünn bevölkert ist der Rest des Landes außerhalb der Mega-Metropole. Einzig die Hauptstadt Springfield kann mit 111.000 Einwohnern noch als größere Stadt angesehen werden.

Hat man mit Joliet die Metropolregion Chicago verlassen, wird schnell klar, woher der Beiname „The Prairie State" kommt. Eine weite, sanft gewellte und agrarisch orientierte Landschaft, die vor allem Mais und Soja produziert, prägt das Bild. Illinois und Indiana sind die Herzstaaten des „Corn Belt", des Maisgürtels. In den letzten Jahren hat der Mais mit der widersprüchlichen Idee des Biosprits einen neuen Boom erlebt und Illinois mit etwa 40 % US-Produktionsanteil auf einen Spitzenplatz katapultiert.

Doch die Idee des Maisanbaus ist nicht neu – die goldenen Körner stellten bereits für die Ureinwohner die Lebensgrundlage dar. Die Mississippi-Indianer waren die einzige indianische Kultur nördlich von Mexiko, die in befestigten Städten lebte. Sie betrieben ein ausgedehntes Handelsnetz von der Ostküste bis zu den Rocky Mountains. Die komplexe Gesellschaftsstruktur hatte große Ähnlichkeit mit der der mexikanischen Azteken. Cahokia im Südwesten von Illinois war mit bis zu 40.000 geschätzten Einwohnern die größte dieser Städte.

Illinois in Zahlen	Illinois	Zum Vergleich: Bayern
Einwohner	12,8 Mio.	12,5 Mio.
Fläche	141.000 km²	70.500 km²
Einwohner pro km²	86	177
Höchste Erhebung	Charles Mound, 377 m	Zugspitze, 2.962 m
Hauptstadt	Springfield	München

Doch etwa 100 Jahre vor der Ankunft der ersten Europäer in Nordamerika wurde die Siedlung aufgegeben. Über die Gründe kann nur spekuliert werden. Man spricht von ökologischen Faktoren wie Entwaldung, von Epidemien oder vom politischen Zusammenbruch der Gesellschaft.

Als gegen Ende des 17. Jahrhunderts die französischen Entdecker Louis Jolliet und Jacques Marquette ins Gebiet des heutigen Illinois vordrangen, lebten dort nur noch geschätzte 2.000 Indianer. Pelzhändler und Abenteurer folgten und es entstanden die ersten Siedlungen am Mississippi. Das ursprünglich zu Franzö-

ILLINOIS

sisch-Louisiana gehörende Territorium fiel 1763 an England. Nach der Unabhängigkeit nahm die föderale Regierung Illinois 1818 als 21. Staat in die Union auf. Die erste Hauptstadt, Kaskasia, südlich von St. Louis am Ostufer des Mississippi gelegen, zählt heute noch ganze 14 gemeldete Einwohner.

Während der Siedlungsexpansion nach Westen etablierte sich der Präriestaat als Verkehrsknotenpunkt zwischen der Ostküste und dem Mittleren Westen. Zunächst verliefen die Transportwege über Flüsse und die großen Seen, dann folgten die Expansionen der Eisenbahn und schließlich die Autostraßen.

Das feuchte Klima, gute Böden und John Deeres Erfindung des Stahlpflugs in Grand Detour, 100 Meilen westlich von Chicago, begünstigten die landwirtschaftliche Erschließung. Zentralillinois zählt zu den produktivsten Agrarregionen der Erde und Braunkohle und Erdöllagerstätten brachten das industrielle Wachstum auch in die kleineren Städte. Trotz der Krise der Altindustrien in der zweiten Hälfte des 20. Jahrhunderts kann Illinois heute auf eine breit gefächerte Wirtschaftsstruktur blicken.

Diese weitgehende ökonomische Stabilität spiegelte sich aber nicht immer in geordneten politischen Verhältnissen wider. Die Industrie- und Bergbauzentren spielten eine zentrale Rolle in der amerikanischen Arbeiterbewegung und lösten immer wieder schwere Arbeitskämpfe mit nicht selten gewalttätigem Verlauf aus. Und nicht nur die organisierte Kriminalität Chicagos brachte Illinois den Ruf eines Horts der Korruption ein: Auf einem der Hauptschlachtfelder zwischen Republikanern und Demokraten wurde mit allen erlaubten und unerlaubten Mitteln gekämpft. Die Liste der Politiker, die wegen Korruption und Bestechung im Gefängnis landeten, ist nicht eben kurz. Auch George Ryan, der als Gouverneur den Vollzug der Todesstrafe in Illinois aussetzte und 2003 alle im Staate verhängten Todesurteile in lebenslängliche Haft umwandelte, brummte bis zum Juli 2013 eine 6-jährige Haftstrafe wegen eines Korruptionsskandals ab, in dessen Folge 76 Personen hinter Gittern gelandet waren.

Auch Nachfolger Rod Blagojevich war in etliche Korruptionsfälle verwickelt. 2009 wurde er seines Amtes enthoben, weil er versucht hatte, den freigewordenen Senatssitz des neuen Präsidenten Obama meistbietend zu verkaufen. Im März 2013 trat er eine 14-jährige Haftstrafe an.

 **in Illinois**

Die Route66 war die erste vollständig asphaltierte Fernstraße in Illinois. Sie folgte dem alten Highway 4 von Chicago nach St. Louis. Mit Joliet verlässt man die Großstadtregion Chicago. Die Straße schlängelt sich durch üppiges Grün und endlose Farmländer. Von der Nähe der Weltmetropole ist nichts mehr zu spüren. Man fühlt sich eher in einen Jack-Daniels-Werbespot versetzt. Die Menschen leben und fahren langsamer, dementsprechend gering ist das Verkehrsaufkommen. Mit Bloomington/Normal und Springfield liegen nur zwei Städte von nennenswerter Größe auf der Strecke.

In Illinois ist die Straße mit den braunweißen historischen Wegweisern hervorragend ausgeschildert. An einigen Stellen ist der Streckenverlauf allerdings nachträglich verändert worden und es gibt zwei Pfeile, die die jeweils verschiedenen historischen Streckenab-

schnitte kennzeichnen. Hier muss man notfalls spontan entscheiden, welchen Abschnitt man nehmen möchte. Südlich von Springfield verläuft die jüngere Version grösstenteils direkt parallel zum Interstate 55. Weitaus lohnenswerter ist es, der bis 1930 gültigen Route einige Meilen weiter westlich zu folgen, die heute offiziel Highway 4 heißt. Weit abseits der Autobahn führt sie durch beschauliche Städtchen wie Chatham oder Carlinville.

Generell ist die Straße in akzeptablem Zustand. Hin und wieder stößt man auf Spurrinnen und Schlaglöcher, was aber auch zu dem Gefühl beiträgt, sich auf einer wirklich historischen Straße zu bewegen.

Touristische Attraktionen erster Kategorie gibt es auf diesem Teilstück der 66 eigentlich keine. Dafür findet sich eine gut ausgebaute Infrastruktur mit Restaurants, Motels, Supermärkten und Tankstellen. Allerdings muss man den dick aufgetragenen, folkloristischen Route66–Kitsch mit Humor zu nehmen wissen.

🌐 Websites

Kommerzielle Informationsseite zu Veranstaltungen, Hotels, Restaurants und Museen
🖥 www.illinois.com

Staatliche Fremdenverkehrs-Website
🖥 www.enjoyillinois.com

Präsentation des Illinois Route66 Heritage Project
🖥 www.illinoisroute66.org

Website des Route66-Festivals, das jährlich am letzten Septemberwochenende in Springfield gefeiert wird
🖥 www.route66fest.com

Aktuelle Straßenzustandsberichte, Staus und Baustellen
🖥 http://wrc.gettingaroundillinois.com

⛽ Soundtrack Illinois

Künstler	Titel	Album	Jahr	Genre
The Everly Brothers	Illinois	Roots	1968	Pop
Dan Fogeberg	Illinois	Souvenirs	1974	Songwriter
Tom Waits	Johnsburg, Illinois	Swordfishtrombones	1983	Songwriter
Alvin Youngblood Heart	Illinois Blues	Territory	1998	Blues
The Handsome Family	The Giant of Illinois	Through the Trees	1998	Country
Motorpsycho	Illinois	The Tussler	2003	Rock
Last Winter	Our Summer in Illinois	Under the Silver of Machines	2007	Rock
Bill Laswell	Illinois Central	Hear no Evil	2009	Fusion
The Ray Kelley Band	Magnificent Mile	Above and beyond Windy City	2009	Jazzrock
Fang Island	The Illinois	Fang Island	2010	Rock

Stille Wasser sind nicht immer tief – Die großen Seen

Ein Spaziergang an der Waterfront Chicagos: Breite Strände, Hafenanlagen, Containerschiffe – man muss unweigerlich der Illusion erliegen, dass man sich an einer Meeresküste befindet. Tatsächlich hat der Michigan-See solche Ausmaße, dass die Idee eines Binnenmeeres nahe liegt. Mit fast 500 Kilometern Länge bedeckt er eine Fläche so groß wie Baden-Württemberg und Hessen zusammen.

Lake Michigan in Zahlen	Lake Michigan	Zum Vergleich: Bodensee
Meereshöhe über NN	176 m	395 m
Länge	494 km	63 km
Breite	190 km	14 km
Durchschnittliche Tiefe	85 m	90 m
Maximale Tiefe	281 m	254 m
Länge der Küstenlinie	2.646 km	273 km
Wasservolumen	4.900 km³	48 km³
Anrainerstaaten	Illinois, Wisconsin, Michigan, Indiana	Deutschland, Österreich, Schweiz
Bevölkerung Uferregion	12 Mio.	3,6 Mio.

Der See ist der drittgrößte der fünf großen amerikanischen Seen und der einzige, der vollständig in den USA liegt. Quer durch die anderen verläuft die Grenze zum Nachbarland Kanada. Genau genommen bilden der Lake Michigan und der Lake Huron einen einzigen Wasserkörper, denn sie sind nicht durch einen Fluss verbunden, sondern nur durch eine Engstelle, die immerhin 5,8 km breite Mackinacstraße.

Die Ausmaße der fünf Seen sind so gewaltig, dass man sie problemlos mit bloßem Auge vom Mond aus erkennen könnte. Sie speichern beinahe ein Viertel der gesamten Süßwasserreserven der Erde. Würde man die Wassermassen über den 48 zusammenhängenden Kontinentalstaaten der USA ausgießen, stünde das ganze Land beinahe 3 m tief unter Wasser.

Die Entstehung der Seen geht auf ein ausgesprochen junges geologisches Phänomen zurück. Sie wurden, genau wie die kleinen Verwandten der holsteinischen Seenplatte, erst in der letzten Eiszeit geformt, die vor rund 10.000 Jahren zu Ende ging. Bei globalen Temperaturen, die schätzungsweise 5 bis 6 °C unter den aktuellen lagen, wurden praktisch ganz Kanada und der nördliche Teil der USA von mehreren Kilometer dicken Eispanzern bedeckt. Diese ruhten aber nicht bewegungslos, sondern schoben sich als Gletscher jährlich um einige Meter nach Süden vor. Die unglaubliche Gewalt des Eises rieb das Oberflächengestein ab und schob es Kilometer um Kilometer vor sich her. So entstanden breite Täler, die sich bei der erneuten Erwärmung der Atmosphäre mit Schmelzwasser füllten und die großen Seen bildeten. Das Gewicht des Eises war so groß, dass die Erdkruste regelrecht eingedrückt wurde. Noch heute hebt sie sich um etwa 7,5 cm in hundert Jahren.

Die Region der Großen Seen ist seit dem Rückzug des Eispanzers von Menschen besiedelt. Historischen Schätzungen zufolge lebten um 1500 allerdings gerade einmal zwischen 60.000 und 120.000 Menschen an ihren Ufern. Dieses Bild hat sich mit der amerikanischen Westexpansion natürlich völlig gewandelt: Heute bevölkern rund 33 Millionen Menschen die Seenregion, wovon sich allein 12 Millionen auf die Umgebung des Lake Michigan konzentrieren.

Bis in die 70er Jahre stellten die Seen die wichtigste Wirtschaftszone der USA dar. Mit dem Niedergang der Schwerindustrien und der Krise der Automobilfabrikanten ist die Bedeutung etwas zurückgegangen, doch weiterhin findet hier beinahe ein Viertel der nationalen Industrieproduktion statt.

Man kann sich leicht ausmalen, dass der gewaltige Bevölkerungsdruck seine Spuren in der Umwelt hinterlassen hat und immer noch hinterlässt. Trotz der scheinbar unerschöpflichen Wassermengen stellen die Seen ein ausgesprochen fragiles Ökosystem dar, was schnell verständlich wird, wenn man sich vorstellt, dass pro Jahr nur etwa ein Prozent des Wasservolumens ins Meer abfließt. So sind die urbanen und industriellen Abwässer für eine hohe Schadstoffkonzentration in den Gewässern verantwortlich. Auch Tausende Tonnen Salz, die in jedem Winter auf die städtischen Straßen gestreut werden, landen schließlich direkt in den Seen. Die Abwässer der intensiven Farm- und Milchwirtschaft haben die Gewässer so stark überdüngt, dass das ungebremste Algenwachstum bestimmten Fischarten unnatürliches Populationswachstum bescherte, wäh-

Illinois Beach State Park

rend andere völlig ausstarben. In den 60er Jahren stellte die Heringsart Alosa 90 % der Fischvorkommen. In einem riskanten aber schließlich scheinbar erfolgreichen ökologischen Experiment wurden zwei Lachsarten als natürliche Feinde gezielt ausgesetzt, um die Alosabestände zu dezimieren.

Die ursprünglich außerordentlich artenreichen Gewässer sind inzwischen hoffnungslos überfischt und von der einst immensen Fischereiflotte ist nur noch ein kümmerlicher Rest geblieben.

Schon in der zweiten Hälfte des 19. Jahrhunderts wurde durch Gewässerregulierungen und Kanalbauten eine regelrechte Schiffsautobahn vom Atlantik über die Seen und den Mississippi bis zum Golf von Mexiko geschaffen. Damit wurde auch der Zugang für nicht heimische Tier- und Pflanzenarten geöffnet, die das Ökosystem völlig verändert haben. Statistiken zufolge wird alle acht Monate eine neue Art eingeschleppt.

Inzwischen ist das Umweltbewusstsein der Bevölkerung und Politik gewachsen und es werden zahlreiche Versuche unternommen, das biologische Gleichgewicht der Seen zu stabilisieren. Kanada und die USA arbeiten dabei eng zusammen. Doch während die bestehenden Probleme noch längst nicht gelöst sind, droht schon die nächste

Gefahr: der globale Klimawandel. Die Universität Michigan warnt davor, dass eine Erhöhung der Lufttemperatur zu höherer Verdunstung und damit zum Schrumpfen der Seen führen würde. Darüber hinaus könnte der Sauerstoffhaushalt des Wassers beeinträchtigt werden und schnell biologisch tote Zonen entstehen lassen.

Trotz der bedrohlichen Szenarien ziehen die Seen mit ihrer natürlichen Schönheit weiterhin Touristenströme an. Oft wird die Region nach Atlantik und Pazifik als „dritte Küste Amerikas" bezeichnet. Besonders der Michigansee mit seinen im Süden feinsandigen Stränden und Dünenlandschaften lebt vom Fremdenverkehr. Der Staat Michigan, auf einer Art Halbinsel von vier der fünf Seen umgeben, wird in der Anzahl registrierter Motor- und Segelboote nur von Kalifornien und Florida übertroffen. Um die Einkünfte aus dem Tourismus zu sichern, muss immer wieder zu außergewöhnlichen Maßnahmen gegriffen werden. Chicago beispielsweise füllt die städtischen Strände alljährlich mit frischem Sand auf. Doch einen für den Badespaß entscheidenden Faktor wird man wohl in näherer Zukunft noch nicht beeinflussen können: Selbst im Hochsommer steigt die Wassertemperatur nicht über 20 °C.

▶ Den See erleben

Chicago ist so eng mit dem Michigan-See verbunden, dass man ihn automatisch bei einem Besuch miterleben wird. Die Navy Pier oder das Adler Planetarium liegen praktisch im Wasser. Auch eine Bootsfahrt auf dem See ist für den Blick auf die grandiose Skyline regelrecht obligatorisch. Der innenstadtnächste Badestrand liegt am nördlichen Ende der Michigan Ave, drei Blocks nördlich des Hancock Centers.

▶ Illinois Beach State Park

Eine ganz andere, friedliche und natürliche Atmosphäre atmet der Michigan See im Illinois Beach State Park. Er umfasst ganz unterschiedliche Landschaften: Dünen, Wald, Prärien, Feuchtgebiete und zumindest an Wochentagen weitgehend verlassene Strände. Dafür hat man die Chance, einem Hirsch zu begegnen oder Goldadler am Himmel zu sehen. Einziger Wermutstropfen: Mitten im Naturpark steht ein inzwischen allerdings stillgelegtes Atomkraftwerk.

Illinois Beach State Park

⇨ *IS294 nach Norden, Exit HW173, auf dem HW173 8 mi/13 km nach Osten, dann rechts auf die N Sheridan Rd, nach 2 mi/3 km links in die Wadsworth Rd*

🕐 *täglich von Sonnenaufgang bis 20h*
🖳 *www.dnr.state.il.us/lands/Landmgt/PARKS/ R2/ILBEACH.HTM*

🖳 Websites

Offizielle Informationsdatenbank zu Wirtschaft und Umwelt der Großen Seen
🖳 *www.great-lakes.net*

Website der US-Umweltbehörde zum Wassermanagement der Region
🖳 *www.epa.gov/region5/water*

Detaillierte aktuelle Wassertemperaturen der Seen (in Fahrenheit!)
🖳 *www.coastwatch.msu.edu*

Umweltorganisation zum Schutz des Lake Michigan
🖳 *www.lakemichigan.org*

Die windige Metropole – Chicago

Wer sich den langen Trip über die Route66 quer durch den Kontinent vorgenommen hat, muss sich wohl oder übel erst mal bremsen, so groß die Lust auch ist, endlich auf die Straße zu kommen. Aber die aufregende Metropole am Lake Michigan kann man unmöglich ungesehen links liegen lassen. Mindestens einen, besser aber zwei Tage sollte man sich und der Stadt schon gönnen.

Chicago vereinigt alle Qualitäten, die man von einer amerikanischen Metropole erwarten kann: überwältigende Wolkenkratzer und urbane Ästhetik, multikulturelle Vielfalt, eine endlose Liste von Museen und Kulturzentren und eine Stadtgeschichte, die der Phantasie von Hollywoods Drehbuchschreibern immer einen Schritt voraus war.

Karte ▶ Seite 472

Chicago in Zahlen	Chicago	Zum Vergleich: Hamburg
Einwohner Stadtgebiet	2,85 Mio.	1,76 Mio.
Fläche	588 km²	755 km²
Einwohner Ballungsraum	9,5 Mio.	4,27 Mio.
Einwohner pro km²	4.816	2.339
Durchschnittstemperatur	10,5 °C	9,0 °C
Jährlicher Niederschlag	843 mm	774 mm
Höhe über NN	185 m	6 m
Partnerstädte	Insgesamt 27, darunter Hamburg, Paris, Moskau, Prag, Athen	

Alle Städte leben von und mit ihren Gegensätzen, da bildet Chicago keine Ausnahme. Modern und heruntergekommen, mondän und bitterarm, beeindruckend und niederschmetternd liegen so dicht beieinander, dass die Stadt genauso als „Paris der Prärie" wie als „Porkopolis", also als Schweinehauptstadt, betitelt wurde.

Chicago wollte immer mehr als nur etwas Besonderes sein – die Nummer Eins war das Ziel. Doch die Stadt schien verdammt, an Größe hinter New York immer den zweiten Rang zu belegen. Also

musste man den ewigen Rivalen wenigstens in der Vertikalen übertrumpfen: Als New York mit dem World Trade Center 1971 den höchsten Wolkenkratzer der Welt einweihte, zog Chicago 1974 mit dem Sears Tower vorbei. Der neue Freedom Tower in Manhattan sollte folglich sofort vom Chicago Spire übertroffen werden. Doch die Wirtschaftskrise machte Chicago einen Strich durch die Rechnung: Nachdem 2008 die Fundamente fertiggestellt waren, musste der Bauherr die Konstruktion des 610 Meter hohen Turms wegen akutem Finanzmangel ein-

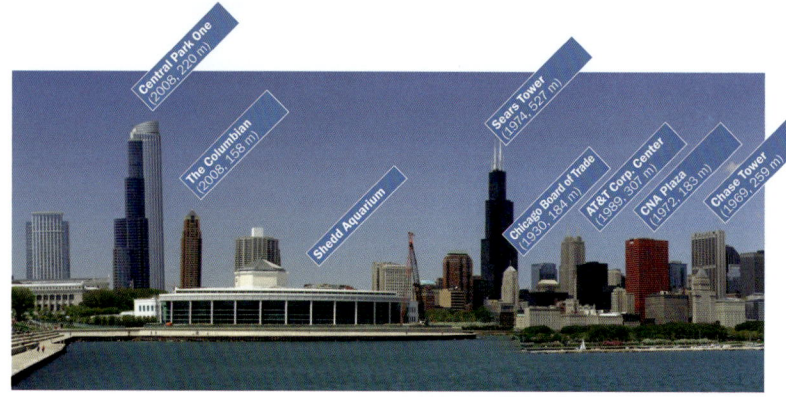

Central Park One
(2008, 220 m)

The Columbian
(2008, 158 m)

Shedd Aquarium

Sears Tower
(1974, 527 m)

Chicago Board of Trade
(1930, 184 m)

AT&T Corp. Center
(1989, 307 m)

CNA Plaza
(1972, 183 m)

Chase Tower
(1969, 259 m)

stellen. Inzwischen steht das Grundstück zum Verkauf.

Seit Mitte der 1980er Jahre ist Chicago nach New York und Los Angeles nur noch die drittgrößte Stadt der USA. Im gesamten Ballungsraum leben rund 9,5 Millionen Menschen. Der stetige Wind, der aus Nordwesten oder vom Michigansee bläst und in den Straßenschluchten wie in einem Trichter beschleunigt wird, hat ihr den Beinamen „The Windy City" eingebracht. Nicht selten wird der Kosename aber auch mit der langen Geschichte der Korruption in Verbindung gebracht. Nicht nur Al Capone machte hier sein Vermögen, auch die Stadtverwaltung war (und ist) in eine nicht enden wollende Kette von Skandalen verwickelt.

Das raue Klima Chicagos wird aber nicht allein vom Wind geprägt: Bei stetig hoher Luftfeuchtigkeit gehen milde Sommer abrupt in strenge, schneereiche Winter über. Mit einem Augenzwinkern sagen die Bewohner, es gäbe hier nur zwei Jahreszeiten: „Winter and Construction".

Die beeindruckende Skyline ist auch das Markenzeichen der Stadt, die jahrelang mit Stolz zum höchsten Gebäude der Welt, dem bis zur Antennenspitze 527 Meter hohen Sears Tower aufblickte. Inzwischen ist der Wolkenkratzer offiziell in Willis Tower umbenannt und an Höhenmetern von sieben Gebäuden in Asien übertrumpft worden. Vorerst bleibt er das höchste Gebäude der westlichen

Hemisphäre, denn auch der neue Freedom Tower in New York wird letztendlich vier Stockwerke niedriger ausfallen.

Chicago ist Handels- und Industriemetropole. Strategisch günstig gelegen, hat sie sich als Verkehrsknotenpunkt zwischen Ostküste und den weiten Prärien des Mittelwestens etabliert. Zunächst war es Holz, das aus den waldreichen Regionen Kanadas über die großen Seen verfrachtet und von hier zur Erschließung des baumarmen Westens weitertransportiert wurde. Mit dem Eisenbahnbau beschleunigte sich die Entwicklung und Chicago mauserte sich zum „Schlachthaus Amerikas". Die im Westen gezüchteten Rinder wurden hier zerlegt und das Fleisch bis in die Ostküstenmetropolen abgesetzt.

Durch die Rolle als Versorger des mittleren Westens setzte ein rasantes industrielles Wachstum ein. In der zweiten Hälfte des 19. Jahrhunderts war Chicago eine der am schnellsten wachsenden Städte der Welt: In nur 40 Jahren kletterte die Einwohnerzahl von knapp 30.000 auf eine Million. Heute ist die Stadt Sitz weltweit operierender Unternehmen wie Boeing, McDonald's, dem weltgrößten Kaugummihersteller Wrigley und dem Chipfabrikanten Motorola.

Aber Chicago hat nicht nur in Industrie und Handel, sondern auch in der amerikanischen Musikkultur eine entscheidende Rolle gespielt: Seit den 1920er Jahren zogen viele schwarze Musiker aus den Südstaaten in den Norden. Da-

Mid Continental Plaza (1972, 177 m)
The Heritage (2005, 189 m)
Trump Tower (2009, 451 m)
Two Prudential Plaza (1990, 303 m)
Aon Center (1973, 346 m)
340 on the Park (2007, 205 m)
John Hancock Center (1969, 457 m)
Harbor Point (1975, 168 m)
North Pier Apartments (1990, 177 m)
Lake Point Tower (1968, 197 m)

runter waren die Jazzer Louis Armstrong, King Oliver und Jelly Roll Morton und die Blues-Barden Muddy Waters, Bo Diddley und Howlin Wolf. In den 60ern war es der Soul, der die Stadt mit Curtis Mayfield an der Spitze auf der musikalischen Weltkarte vertrat und in den 90ern schließlich die Independent-Bewegung des Postpunk mit Smashing Pumpkins, Jesus Lizard, Rise Against oder Urge Overkill.

Ursprünglich war die Region am Südwestufer des Michigan-Sees von den Potawatomi-Indianern besiedelt, sie nannten das Gebiet Checagou. Das Wort bezeichnet eine wilde Lauchzwiebel, die in dem feuchten Marschland wuchs.

Die ersten Europäer, die sich 1673 in die Region wagten, waren zwei Franzosen: Ein Jesuitenpriester und ein Pelzhändler erforschten gemeinsam die Gegend am Oberlauf des Mississippi, was anschaulich illustriert, wie bei der Kolonisierung Amerikas Religion und Wirtschaftsinteressen Hand in Hand gingen.

Der erste Weiße, der sich hier 1770 tatsächlich niederließ, war kurioserweise gar kein Weißer, sondern der Mulatte Jean Baptiste Point du Sable, Sohn eines Kaufmanns aus Quebec und einer haitianischen Sklavin. Er heiratete eine Potawatomi und errichtete kurz vor der Mündung des Chicago River einen Handelsstützpunkt, etwa im Bereich der Michigan Avenue, der heutigen Haupteinkaufsstraße. Der Handelsposten gewann dank seiner verkehrsgünstigen Lage schnell an Bedeutung und wuchs zu einem Dorf heran, das 1833 offiziell als Chicago gegründet und bereits vier Jahre später mit rund 4.000 Einwohnern zur Stadt erklärt wurde. Das zügige Wachstum der folgenden Jahrzehnte wurde durch Infrastrukturbauten der Union begünstigt: Die Eröffnung des „Illinois and Michigan" Kanals verband Chicago 1848 über den Mississippi direkt mit dem Golf von Mexiko. Im gleichen Jahr stach auch die erste Eisenbahnlinie ins rurale Hinterland. Die Stadt bildete in gewisser Weise die Brücke vom „zivilisierten" Amerika im Osten zum Wilden Westen.

Der Zustrom europäischer Immigranten riss fortan nicht mehr ab, die Deutschen stellten dabei den größten Anteil, um 1900 gut ein Viertel der Stadtbevölkerung. Die deutschstämmigen Bewohner waren auch - wen wundert es – die Protagonisten des „Lager Beer Riots" im Jahr 1855: Als der Bürgermeister den sonntäglichen Bierausschank verbot, rotteten sich Kneipengänger und -besitzer zum Protest zusammen. Der Bürgermeister ordnete die Öffnung der Zugbrücken an, um den Protestmarsch aufzuhalten und die Polizei feuerte auf die wütenden Demonstranten. Ob es zu Todesopfern kam, ist immer noch umstritten.

Überhaupt war Chicago immer ein Zentrum der amerikanischen Arbeiterbewegung und mit schöner Regelmäßigkeit kam es zu Streiks und Arbeitskämpfen. Am 1. Mai 1886 riefen die Gewerkschaf-

Millenium Park, Videoinstallation
des Katalanen Jaume Plensa

ten zum Streik, um die Reduzierung der täglichen Arbeitszeit von 12 auf 8 Stunden zu erkämpfen. Der Konflikt kulminierte am 4. Mai auf dem Haymarket in gewalttätigen Zusammenstößen mit der Polizei. Bilanz: 12 Todesopfer unter den Streikenden und 8 getötete Polizisten. Seitdem wird in den meisten Ländern der Welt der 1. Mai als Tag der Arbeit zelebriert. In den USA dagegen feiert man den „Labor Day" am ersten Montag im September.

Den Anstoß zum Wachstum in den Himmel gab eine Katastrophe: 1871 wurde Chicago von einem verheerenden Brand heimgesucht. In sommerlicher Trockenheit wütete drei Tage lang ein vom Wind angefachtes Großfeuer, das rund 17.000 Häuser zerstörte und etwa 100.000 Menschen obdachlos machte. Die Schneise der Zerstörung brachte es auf sechs Kilometer Länge und einen Kilometer Breite. Das Feuer übersprang den Chicago River, der wegen seiner hochgradigen Verschmutzung selbst Feuer fing.

Obwohl eine ganze Liste verschiedenster Brandstifter verdächtigt wurde, konnte die Brandursache nie mit letzter Sicherheit festgestellt werden. Eine Theorie geht sogar so weit, den Einschlag eines Fragments des auseinandergebrochenen Kometen Biela verantwortlich zu machen. In derselben Nacht brannten nämlich auch die Städte Peshtigo im Nachbarstaat Wisconsin und Holland am gegenüberliegenden Ufer des Lake Michigan nieder.

Vom energischen Lebenswillen der Bewohner angetrieben, erholte sich die Stadt binnen kurzer Zeit von dieser Tragödie und innerhalb von 10 Jahren verdoppelte sich die Einwohnerzahl. Die horrenden Grundstückspreise ließen bald nur noch die Möglichkeit offen, das Wachstum in die Vertikale voranzutreiben. 1885 errichtete Chicago das erste Hochhaus der Welt: Das Home Insurance Building hatte 10 Stockwerke, einen Aufzug und eine Stahlkonstruktion, wurde aber bereits 1931 wieder abgerissen und musste höheren Gebäuden weichen. Zur selben Zeit wurde die erste innerstädtische Schnellbahn gebaut und die Weltausstellung ausgerichtet. Der Bausektor boomte und trieb die Bodenpreise in ungekannte Höhen, ein perfekter Nährboden für Spekulationen, in die auch die Stadtoberen zutiefst verwickelt waren. Der ehemalige Bürgermeister Hampstead Washington, warb für seine Kandidatur mit dem bezeichnenden Slogan „Es ist klüger für einen Mann zu stimmen, der bereits genug gestohlen hat, als für einen neuen".

In diesem Ambiente gediehen die lokalen Mafiaclans. Als die Prohibition den legalen Alkoholverkauf verbot, wurde der organisierten Kriminalität Tür und Tor geöffnet. Jim Colosimo, Johnny Torrio und Al Capone sind als elegant gekleidete, aber skrupellose Mafiabosse in vielen Kinofilmen porträtiert worden. Wenn auch die offenen Schießereien bei weitem nicht so häufig waren, wie die Filmindustrie suggeriert, so brachte es der kriminelle Untergrund zumindest mit konstanter Gewaltandrohung und perfekter Organisation zu immensem Reichtum.

Die „roaring twenties" waren eine Phase ungebremster Prosperität. Das Angebot an Industriearbeitsplätzen lockte hunderttausende Afroamerikaner aus dem Süden an, die noch heute gut ein Drittel der Stadtbevölkerung stellen. Sie konzentrieren sich in bestimmten Vierteln, insbesondere in der Southside, der riesigen Zone südwestlich des Zentrums. Über Jahrzehnte zählte Southside zu den heruntergekommensten Stadtgebieten der USA, inzwischen hat sich das Bild durch Investitionen der Stadt etwas verbessert.

Die Konzentration schwarzer Bevölkerung machte Chicago schon früh zu einer der Speerspitzen der Bürgerrechtsbewegung: Jesse Jackson formierte die „Operation Breadbasket" und Elijah Mohammed gründete die radikale „Nation of Islam". In den letzten Jahren hat die massive Zuwanderung aus Lateinamerika das ethnische Puzzle weiter verändert.

Blick nach Norden vom Hancock Center

Eine schwierige Zeit musste die vom Boom verwöhnte Stadt in der Folge der Weltwirtschaftskrise von 1929 erleben, als eine Phase der Rezession und Deindustrialisierung die Stadt zu einem Teil des „Rust Belt", dem Gürtel aufgegebener und vor sich hin rostender Schwerindustrien, werden ließ. Erstaunlicherweise hatte die Industrie zwar eine sehr schwere Zeit vor sich, die Zuwanderungen stoppten aber keinesfalls. So verwundert es nicht, dass die Stadt durch den anhaltenden Zuzug erst Mitte der 50er Jahre ihre maximale Einwohnerzahl erreichte. Mit Folgen für das städtische Sozialgefälle: Während die Mittelklassen in die sauberen und sicheren Vorstädte abwanderten, verslumten die South- und Westside zusehends durch die Bündelung ärmerer Schichten und den damit verbundenen Problemen.

Doch Chicago wäre nicht Chicago, wenn es sich nicht auch von dieser sozialen und industriellen Krise erholt hätte.

Durch unzählige Großprojekte, umfangreiche Investitionen in die Industrie und das Wachstum des fortschreitenden 20. Jahrhunderts, erlebte Chicago einen nachhaltigen Aufschwung und neue Vitalität.

Die 2008 eingesetzte Wirtschaftskrise hat das vertikale Wachstum der Stadt zunächst erstmal ausgebremst. Während der bereits erwähnte Chicago Spire des spanischen Stararchitekten Santiago Calatrava wohl niemals Wirklichkeit werden wird, konnte der 423 Meter hohe Trump Tower gerade noch rechtzeitig fertiggestellt werden. Wenige hundert Meter weiter standen die Baukräne am „Waterview Tower" jahrelang still. 2012 wurden die Arbeiten wieder aufgenommen, doch der Projektentwurf wurde gestutzt und das Gebäude wird wesentlich kleiner ausfallen als ursprünglich geplant.

2009 musste Chicago eine weitere Schlappe einstecken: Obwohl große Teile der Bevölkerung dem Projekt ablehnend gegenüberstanden, kandidierte

Magnificent Mile

die Stadt für die Ausrichtung der Olympischen Sommerspiele des Jahres 2016. Man glaubte fest an den damals noch frischen Obama-Effekt und war überzeugt, den Zuschlag zu erhalten. Umso größer war der Schock, als man in der Endausscheidung der letzten vier Kandidaten auf dem hintersten Platz landete.

Trotz dieser Rückschläge blickt Chicago weiter nach vorn. Der Abwanderungstrend in die Peripherie hat sich vor wenigen Jahren umgekehrt. Es ist wieder „hip" im Zentrum zu leben und die Preise für die „Condos", die zentralen Hochhausapartments, nähern sich wieder denen Manhattans an. Eine Wohnung im „Loop" gilt wieder als beste Adresse des Landes.

👁 DIE HIGHLIGHTS

▶ Willis Tower

Das von 1973 bis 1996 höchste Gebäude der Welt zieht ungeheure Besucherströme an. Vom Skydeck im 103. Stock in 412 m Höhe reicht der Blick an klaren Tagen bis zu 80 km weit in die Staaten Wisconsin, Indiana und Michigan. 2009 wurden als zusätzliche Attraktion an der Westfassade drei Balkone mit gläsernem Boden angebracht. Hier kann man zwischen den beiden Füßen hindurch senkrecht 450 Meter tief auf den Wacker Drive blicken und von einem Job als Fensterputzer träumen. Zahlen der Superlative: Gebäudehöhe 443 m, mit Antennen 520 m, Gewicht: 202.000 T, Baukosten ca. $150 Mio., Bauzeit: 3 Jahre. 16.100 Fenster, die von sechs auf dem Dach installierten Robotern automatisch geputzt werden, 40.000 km Elektrokabel.

Etwa 25.000 Personen betreten das Gebäude täglich – 1,3 Millionen Touristen jährlich. 1999 stieg der französische Freikletterer Alain „Spiderman" Robert ohne Vorankündigung und ohne jede Sicherheitsmaßnahme bis zum Dach auf. 20 Stockwerke vor dem Ziel setzte dichter Nebel ein und machte den Aufstieg zum gefährlichsten seines Lebens.

- ✉ *233 S Wacker Drive, Besuchereingang für das Sky Deck am Jackson Boulevard*
- 🕐 *täglich April-September 10-22h, Oktober-März 10-20h. Die beste Zeit zum Besuch ist abends nach 18h oder morgens, dann aber pünktlich zur Öffnung. Achtung: Tickets nur bis 30 min vor Torschluss. Oft lange Schlangen und wegen strikter Sicherheits-kontrollen lange Wartezeiten.*
- ∞ *Kinder (3-11) $12, Erwachsene $18*
- ☎ *1-312-875-9696*
- 💻 *www.the-skydeck.com*

▶ John Hancock Center

Durch kürzere Wartezeiten ist das derzeit nur noch vierthöchste Gebäude der Stadt eine besucherfreundliche Alternative zum Sears Tower. Es erlaubt ganzjährig auch in der Dunkelheit den Blick auf die Stadt und liegt direkt an der Magnificent Mile. 100 Stockwerke, gebaut 1969 vom Chicagoer Architektenbüro Skidmore, Owings & Merrill, das derzeit auch am Freedom Tower in New York und am höchsten Gebäude der Welt, dem Burj Dubai, beteiligt ist. Teile von Poltergeist 3 wurden hier gedreht. Jeden letzten Sonntag im Februar findet hier ein besonderer sportlicher Wettbewerb statt: ein Wettrennen die Treppen hoch bis zum Observation Deck. Der Rekord liegt bei unglaublichen 9 Minuten 36 Sekunden!

Der Besucher hat zwei Möglichkeiten: Das Observation Deck im 94. Stock oder als Alternative die kostenlose Fahrt zum entsprechend teuren Signature Room Restaurant im 94. Stock. Mittagsbüffet ohne Getränk $18, Hauptgericht abends ab $25. Öffnungszeiten des Restaurants: Mittags Mo-Sa 11.00-14.30, So 10.00-14.00, Abends: So-Do 17.00-22.00, Fr & Sa 17.00-23.00.

- ✉ *875 N Michigan Ave*
- 🕐 *täglich 9-23h*
- ∞ *Kinder (3-11) $12, Erwachsene $18*
- ☎ *1-312-751- 3681*
- 💻 *www.hancock-observatory.com*

Chicago Loop

▶ Magnificent Mile

Wer auf dem prestigeträchtigsten Shoppingboulevard der Stadt einkaufen will, sollte am besten gleich mehrere Kreditkarten einstecken. Zwischen eleganten Wolkenkratzern der 20er und 30er Jahre konzentrieren sich hier die exklusivsten Geschäfte der Stadt, von Bloomingdale's bis Armani. Die meisten Boutiquen öffnen um 10 Uhr und schließen abends zwischen 18 und 21 Uhr. Eine architektonische Perle ist das Wrigley-Building, Sitz des Kaugummigiganten und angeblich das erste Hochhaus der Welt mit Klimaanlage.
✉ *North Michigan Ave zwischen Chicago River und John Hancock Center*

▶ The Loop

Die kompakte Downtown Chicagos wird von der Hochbahn-Schleife umkreist, auf deren Route schon 1882 die Straßenbahnen verkehrten. Hier finden sich wichtige politische, wirtschaftliche und kulturelle Institutionen. An der Ecke LaSalle/Adams Street stand das erste Hochhaus der Welt, das zehnstöckige Home Insurance Building, 1885 erbaut, aber schon 1931 durch das LaSalle Bank Building ersetzt.

Unter der Vielzahl der Skulpturen, die die Plätze des Loop schmücken, finden sich eine kubistisch-abstrakte Stahlkonstruktion Pablo Picassos („Untitled", ✉ Richard J. Daley Civic Center Plaza, 50 W. Washington St.) , eine Skulptur Joan Mirós direkt gegenüber an der Washington Street und ein Mosaik von Marc Chagall („The Four Seasons", ✉ Bank One Plaza, Ecke Dearborn St / Monroe St).

♙ Millennium Park

Das 500 Millionen Dollar teure Prestigeobjekt sollte Chicagos Beitrag zu den Feiern des Jahrtausendwechsels werden, konnte aber erst 2004 eingeweiht werden. Wegen der nicht enden wollenden Bauverzögerungen wurde das Projekt schon als „Next Millennium Park" verspottet. Nichtsdestotrotz ist das Ergebnis eine beeindruckende Sammlung moderner Kunst und Architektur. Das populärste Objekt ist die 110 Tonnen schwere Skulptur „Cloud Gate" des indischen Künstlers Anish Kapoor, die einen riesigen Quecksilbertropfen darstellt und grandios verzerrte Spiegelungen der Skyline liefert. Auch die „Crown Fountain", eine kolossale Videoinstallation des Katalanen Jaume Plensa, bringt dem Normalbürger moderne Kunst näher.

✉ *Das „Welcome Center" genannte Informationsbüro befindet sich in der 201 E Randolph Street.*

🕐 *6-23h*

♿ *Frei*

🖥 *www.millenniumpark.org*

▶ Navy Pier

Das für moderne Frachter zu klein gewordene 800 Meter lange Hafenkai wurde zum familienfreundlichen Vergnügungspark umgebaut. Von den Chicagoans als überkommerzialisiert kritisiert, sind die meisten Besucher Touristen, Restaurants und Parkplätze sind entsprechend teuer. Zentraler Blickfang ist das Riesenrad Ferris Wheel (7 Minuten Fahrt in einer 6-Personen Gondel für $6 pro Person). Der Park bietet eine Reihe von Attraktionen, Biergärten mit Livemusik, ein IMAX Theater, schöne Blicke auf die Skyline und eine erfrischende Brise an heißen Sommertagen.

✉ *600 E Grand Ave*

🕐 *Im Winter: Mo-Do 10-20h, Fr&Sa 10-22h, So 10-19h, Sommer: So-Do 10-22h, Fr & Sa 10h Frühling & Herbst: Mo-Fr 10-21h, Fr&Sa 10-23h, So 10-19h*

🖥 *www.navypier.com*

▶ Route66 Starting Point

Der Startpunkt der Route66 wurde im Laufe der Jahre mehrfach verlegt. Ursprünglich befand er sich an der Kreuzung Jackson Boulevard / Michigan Avenue. 1933 wanderte er einige hundert Meter weiter nach Osten, an die Ecke Jackson Boulevard / Lake Shore Drive. 1955 wurde der Jackson Boulevard Einbahnstraße und stadtauswärts führte die Route über die parallel verlaufende Adams Street. An der Ecke Michigan Ave/Adams St. befindet sich heute auch ein Hinweisschild, das den Anfang der Fernstraße markiert. Tatsächlich ist der Starting Point aber nie an dieser Stelle gewesen.

▶ Chinatown / Chinese-American Museum

Bereits um 1870 kamen viele Chinesen als billige Arbeitskräfte nach Chicago, die größte Einwanderungswelle traf allerdings erst Mitte des 20. Jahrhunderts ein, nachdem China kommunistisch geworden war. Die Community unterstützt nach wie vor ostasiatische Neuankömmlinge und das Viertel wächst weiter in die benachbarten Stadtteile. Das eigentliche Chinatown mit rund 70.000 Einwohnern

Chinatown

umfasst 11 Blocks und ist ein Magnet sowohl für Touristen als auch für die Chicagoer Bevölkerung, die die Jagd nach Schnäppchen und Kuriositäten oft mit einem asiatischen Mahl verbindet. Die zentrale Shoppingmeile ist die Wentworth Ave., wo der Besucher durch das Chinatown Gateway scheinbar einen anderen Kontinent betritt. Das Chinese-American Museum gibt Einblick in die Geschichte der ostasiatischen Einwanderer.

- ⊠ 238 W 23rd St
- 🕙 Di-Fr 930-13.30, Sa&So 10-17h
- ⚲ „Freiwillige" Spende von $5 für Erwachsene und $3 für Senioren und Studenten
- ☎ 1-312-949-1000
- 🖥 www.ccamuseum.org

► St. Therese Church

Die St. Therese Church zog in der ersten Hälfte des 20. Jahrhunderts vor allem italienische Gläubige an. Angeblich ist das große Jesuskreuz eine Spende von Al Capones Mutter. Inzwischen wird die Kirche vorwiegend von chinesischen Christen frequentiert, was sich in orientalischen Inschriften widerspiegelt. Leider ist die Tür meist verschlossen, ein wenig Glück ist für einen Besuch also vonnöten.

- ⊠ 218 West Alexander St

► Museum Campus

Vier große Museen liegen auf engstem Raum beisammen:

► The Art Institute of Chicago

In einer kühlen, neonbeleuchteten Bar sitzen einsam drei Nachtschwärmer. Die Szene erinnert an Humphrey-Bogart-Filme. Edward Hoppers Gemälde „Nighthawks", eines der populärsten Bilder des 20. Jahrhunderts, befindet sich im Besitz dieser Kombination von Museum und Kunsthochschule, an der auch Walt Disney studierte. Die Liste ausgestellter Künstler ersten Ranges ist lang: Monet, Renoir, Cézanne, Matisse, Magritte, Braques, Toulouse-Lautrec,

Dalí, Picasso, Van Gogh, Beckmann. Die Bandbreite geht aber mit Themensammlungen zu Fotografie, Waffen, indianischem Kunsthandwerk, Afrika und Asien weit über die Malerei hinaus. Ergänzt wird das Angebot mit wechselnden temporären Ausstellungen.

- ⊠ 111 South Michigan Ave
- ⇨ Am Westende des Grant Park
- 🕙 Mo-Fr 10.30-17h, Do bis 20h, Sa&So 10.30-17h
- ⚲ Studenten, Jugendliche ab 14 und Senioren ab 65 Jahren $12, Erwachsene $18. Do 17-20h Eintritt frei, Audio-Führungen mit mp3-Player $7
- ☎ 1-606-036-404
- 🖥 www.artic.edu

► Field Museum of Natural History

Das Herzstück des „Museum Campus" ist mit 85.000 m² auf fünf Etagen eines der größten Naturkundemuseen der Welt und die Top-Attraktion unter Chicagos Kulturangebot. Dauerausstellungen beschäftigen sich mit Biologie, Geologie und Ethnologie. Das Field Museum war weltweit eines der ersten Museen, das das moderne pädagogische Konzept des Erfühlens, Erlebens und Ausprobierens anwandte. Gerade für Familien mit Kindern ein besonderes Erlebnis.

- ⊠ 1400 S. Lake Shore Dr
- 🕙 Täglich 9-17h
- ⚲ Kinder (3-11 Jahre) $10, Studenten & Senioren $12, Erwachsene $15, Führungen kostenlos
- ☎ 1-312-922-9410
- 🖥 www.fieldmuseum.org

► Adler Planetarium

Fälschlicherweise oft als ältestes Planetarium der Welt bezeichnet (das erste eröffnete 1923 im Deutschen Museum in München), ist das Adler Planetarium doch eine der bekanntesten Attraktionen der Stadt, ergänzt durch Ausstellungen zur Astronomie und ein IMAX-Theater. Allein der Blick auf die Skyline Chicagos von der Seeseite ist einen Besuch wert. Nicht einmal der Liebe Gott weiß, wie viele Hochzeitsfotos vor der überwältigenden Kulisse schon geschossen worden sind.

Blick nach Süden vom Hancock Center

✉ 1300 S Lake Shore Dr
🕐 Sommer (Memorial Day–Labor Day): Mo-So 9.30-18h, Winter 9.30-16.30
∞ Kinder (4-17 Jahre) $8, Erwachsene $12, mit Planetariums-Vorführung oder Film im IMAX-Theater $28/22
☎ 1-312-922-7827
🖥 www.adlerplanetarium.org

▶ Shedd Aquarium

Gut 25.000 Fische tummeln sich in den 19 Millionen Liter Wasser fassenden Becken des klassizistischen Gebäudes. Das Wasser wurde in Tanklastern von Key West an der Südspitze Floridas herantransportiert. Zeitweise war das Shedd das größte Aquarium der Welt. Es ist in sechs verschiedene Themenbereiche bzw. Ökosysteme aufgeteilt. Kinder und alle, die es bleiben wollen, lassen sich von Delphinen, Haien, Beluga-Walen und der Farbenpracht der karibischen Unterwasserwelt faszinieren. Die Eintrittspreise richten sich danach, welche Bereiche der Besucher erleben möchte.

✉ 1200 S Lake Shore Dr
🕐 September-Mai wochentags 9-17h, am Wochenende 9-18h. Sommer: täglich 9-18h
∞ Zwischen $8 und $28 für Erwachsene, Kinder (3-11 Jahre) $6 bis $20,50
🖥 www.sheddaquarium.org

▶ Chicago Cultural Center

In dem beeindruckenden ehemaligen Bibliotheksgebäude von 1897 finden ganzjährig wechselnde Kunstausstellungen und nahezu täglich Veranstaltungen aus Musik, Literatur, Tanz und Theater statt. Es war das erste städtische Kulturzentrum der USA. Alljährlich finden mehr als tausend Veranstaltungen und Ausstellungen statt, die die gesamte Bandbreite der schönen Künste abdecken.

✉ 78 E Washington St
🕐 Mo-Do 8-19h, Fr 8-18h, Sa 9-18h, So 10-18h, an Feiertagen geschlossen
∞ Frei
☎ 1-312-744-6630
🖥 www.chicagoculturalcenter.org

▶ Museum of Science and Industry

Das letzte noch existierende Gebäude der Weltausstellung von 1893 beherbergt ein modernes interaktives Natur- und Technikmuseum mit einer Reihe besonderer Attraktionen: Die Kapsel der Apollo 8 Mission, ein deutsches U-Boot aus dem 2. Weltkrieg oder ein überdimensionales Modell des menschlichen Herzens. Alles ist zum Anfassen, Einsteigen und Bedienen. Die faszinierende Welt der Wissenschaft und Technik, aufbereitet für alle Altersklassen.

✉ Ecke 57th St / Lake Shore Dr
🕐 Mo-Sa 9.30-16h, So 11-16h, im Sommer jeweils bis 17.30h
♾ Kinder (3-11 Jahre) $18, Senioren $26, Erwachsene $27. Zusätzlich $6/7/8 für den Eintritt ins Omnimax-Kino. An 30 unregelmäßig im Jahr verteilten Tagen ist der Eintritt frei, dementsprechend groß ist dann aber auch der Ansturm ...
☎ 1-773-684-1414
🖥 www.msichicago.org

▶ Museum of Contemporary Photography

Das Museum zeigt eine Sammlung mit Arbeiten von fast 300 berühmten Fotografen, darunter so wichtige Namen wie Ansel Adams oder Henri Cartier-Bresson. Zentrales Thema ist das Reisen, seine philosophische und künstlerische Interpretation, nicht selten verbunden mit sozialkritischen Statements. Ständig wechselnde Ausstellungen, Lesungen und sogar Konzerte runden das Angebot ab.

✉ 600 S Michigan Ave
🕐 Mo-Sa 10-17h, So 12-17h
♾ Frei
☎ 1-312-663-5554
🖥 www.mocp.org

▶ Chicago History Museum

Der Anspruch des Museums geht weit darüber hinaus, die Größe und Schönheit der Stadt zu zelebrieren. Vielmehr wird die kurze Geschichte in allen Höhen und Tiefen visuell aufbereitet. Ständig wechselnde Ausstellungen untersuchen dezidierte Aspekte der Sozial- und Wirtschaftsgeschichte. Randgruppen, Minderheiten oder weniger repräsentative Stadtviertel werden nicht außer Acht gelassen. Wer die Stadt in ihrer Vielfalt verstehen will, sollte einen längeren Besuch einplanen. Obendrein stellt man einen Teil des Bestandes den Interessierten online zur Verfügung.

✉ 1601 N Clark St
🕐 Mo-Sa 9.30-16.30h, So 12-17h
♾ Kinder unter 12 Jahren frei, Senioren & Studenten $12, Erwachsene $14
☎ 1-312-642-4600
🖥 www.chicagohs.org

▶ Du Sable Museum of African-American History

Das älteste Dokumentationszentrum für afro-amerikanische Geschichte wurde nach dem ersten nicht-indianischen Siedler auf dem Boden Chicagos benannt. Jean Baptiste du Sable war Sohn eines kanadischen Kaufmanns und einer Sklavin aus Haiti. Auf drei Etagen präsentiert das Museum afrikanische Kultur,

Straßenschluchten im Loop

die afroamerikanische Geschichte von der Sklaverei zur Bürgerrechtsbewegung und aktuelle afroamerikanische Kunst. Konfliktreicher Stoff, der immer wieder Diskussionen anstößt. Vielfach wird kritisiert, dass das Museum im Vergleich zu anderen Kulturinstitutionen unterfinanziert ist. Wechselnde temporäre Ausstellungen.

- ✉ 740 East 56th Place
- 🕒 Di-Sa 10-17h, So 12-17h
- 🎟 Kinder (6-11 Jahre) $3, Senioren & Studenten $7, Erwachsene $10
- ☎ 1-773-947-0600
- 💻 www.dusablemuseum.org

▶ Leather Archives & Museum

Vermutlich nicht Jedermanns Sache ist dieses Museum, das dem Sadomasochismus als Kultur huldigt. Allerlei kuriose Objekte und groteskes Spielzeug überraschen zumindest den unbedarften Besucher.

- ✉ 6418 N Greenview Ave
- 🕒 Do&Fr 11-19h, Sa&So 11-17h
- 🎟 $10
- ☎ 1-773-761-9200
- 💻 www.leatherarchives.org

▶ Intuit

The Center For Intuitive and Outsider Art. Das winzige Kulturzentrum präsentiert Kunst weit abseits des Mainstream, gemacht von Außenseitern ohne formelle künstlerische Ausbildung. Arbeiten die einen nicht selten mit dem Kopf schütteln lassen. Die Institutionalisierung von Außenseiterkunst mag ein Widerspruch in sich sein, doch wie sonst könnte man einem breiteren Publikum die Welt des künstlerischen Underground zugänglich machen?

- ✉ 756 N Milwaukee
- 🕒 Di-Sa 11-18h, Do bis 19.30h
- 🎟 $5
- ☎ 1-312-243-9088
- 💻 www.art.org

▶ Obamas Chicago

Der amerikanische Präsident zog 1985 erstmals für kurze Zeit nach Chicago, 1992 kehrte er endgültig zurück. Er arbeitete in Sozialprojekten und Anwaltskanzleien, bis er als Abgeordneter in den Senat von Illinois einzog. Das Privathaus der Familie Obama wird rund um die Uhr bewacht, Polizisten fordern Neugierige zum zügigen Weitergehen auf. Es steht hinter dichter Vegetation weitgehend verborgen in der 5046 N Greenwood Ave, etwa 11 km südlich des Stadtzentrums, direkt an der Ecke 51st St. Wenn die Familie ein Wochenende zu Hause verbringt, hocken Scharfschützen auf dem Dach des gegenüberliegenden jüdischen Zentrums.

🅸 PRAXIS

▶ Ankunft am Flughafen

O'Hare International (ORD) war jahrelang weltweit der Flughafen mit den meisten Starts und Landungen, wurde aber 2005 von Atlanta überholt. Das immense Passagieraufkommen brachte ihm den notorischen Ruf als Amerikas unpünktlichster Airport ein. Ein umfangreiches Modernisierungsprogramm soll die Probleme beheben.

Internationale Flüge starten und landen am Terminal 5. Lufthansa und Iberia kommen hier ebenfalls an, fliegen aber vom Terminal 1 wieder ab. Die Entfernung zum Zentrum beträgt knappe 30 km, ein Taxi kostet zwischen $30 und $40. Für $2,25 nimmt man die blaue S-Bahn Linie im Untergeschoss, die wochentags alle 8 Minuten verkehrt. Die Straßenverkehrsachse ins Zentrum ist die Autobahn I-90. Ein gut organisiertes, kostenloses Shuttlebussystem bringt angekommene Passagiere zu den ein paar Kilometer entfernt gelegenen Stationen der Autovermietungen.

Am zweiten Flughafen, Midway, werden fast ausschließlich nationale Flüge

Chicago River & Marina City

abgefertigt. Hier operieren eine Reihe nationaler Low Cost Airlines. Ins 13 km entfernte Zentrum nimmt man die orange S-Bahn Linie.

Information

In der Ankunftshalle des Flughafens O'Hare befindet sich ein Touristen-Informationsstand, der allerdings nur unregelmäßig besetzt ist. Immerhin kann man sich schonmal kostenlos mit Stadtplänen und Informationsbroschüren eindecken.

Im Zentrum finden sich zwei Informationsbüros, wo man sich persönlich beraten lassen kann:

Chicago Cultural Center Visitor Information Center (The Loop)
✉ 77 E Randolph St
🕐 Mo-Do 8-19h, Fr 8-18h, Sa 9-18h, So 10-18h, feiertags 10-16h

Chicago Water Works Visitor Information Center (Magnificient Mile)
✉ 163 E Pearson St
🕐 Mo-Do 8-19h, Fr 8-18h, Sa 9-18h, So 10-18h, feiertags 10-16h

▶ Orientierung

Es ist nicht allzu schwer, sich in Chicago zurechtzufinden. Der Michigan-See liegt immer im Osten. An der Mündung des Chicago River befindet sich das Zentrum, die äußeren Stadtteile werden in 3 Hauptbereiche unterteilt: North-, West- und Southside.

Die überwiegend weißen und besser gestellten Schichten bevölkern die Northside, während West- und Southside hispanisch oder afroamerikanisch dominiert sind. Das Straßennetz ist gitterförmig angelegt und jede Straße des Gitters hat einen Nord- oder Süd- bzw. West- oder Ostteil, der mit dem Zusatz des entsprechenden Buchstabens identifiziert wird. 1200 N sollte also nicht mit 1200 S Michigan Ave verwechselt werden. Die beiden Adressen liegen gut 3 km voneinander entfernt.

Nord und Süd werden durch die Madison Street, West und Ost durch die State Street getrennt. Außerhalb des Zentrums, wo die Blocks oft noch durch kleinere Straßen unterbrochen werden, gilt die Faustregel, dass sich die Hausnummer mit jedem Block um 100 erhöht.

▶ Öffentliche Verkehrsmittel

Der „Public Transport" ist in Chicago für nordamerikanische Standards außerordentlich gut ausgebaut und benutzerfreundlich. Das Schnellbahnsystem erlaubt, sich außerhalb des teuren Zentrums einzuquartieren und die Stadt per Bus oder Bahn zu erkunden. Während man im Zentrum pro Stunde $ 10–15 für einen Parkplatz anlegen muss, wenn man keinen der seltenen freien Plätze am Straßenrand für 6,50 $ findet, kann man sein Gefährt ebenso gut weiter draußen abstellen und die S-Bahn benutzen. Clevere und preiswerte Park & Ride Standorte ($2-3 für einen halben Tag) sind:

- ✉ Highway 55, Exit Halsted St. and Archer Avenue
- ✉ Highway 294, Exit Cumberland
- ✉ Highway 190, Exit Rosemond

Bei der Anfahrt ist allerdings höchste Aufmerksamkeit gefordert, die Autobahnausfahrten folgen schnell aufeinander und die richtige Spur erkennt man oft erst im letzten Moment! Das Bus- und S-Bahn-System gleicht dem europäischer Städte und ist relativ einfach zu durchschauen. Aber: Tickets bekommt man nur am Automaten, nicht beim Busfahrer. Reichlich mit Kleingeld ausstatten, die Automaten geben kein Wechselgeld und nehmen auch nicht alle Münzen. Die einfache Fahrt kostet $2,25, ein Tagesticket („One Day Visitor Pass") für $10 oder ein 3-Tagesticket für $20 bekommt man nur an besonderen Automaten, die auch nicht an allen Stationen stehen.

▶ Radfahren

Ein Ort, der fast das ganze Jahr über von stetigem Wind geplagt wird, erscheint auf den ersten Blick nicht die ideale Umgebung für Ausflüge mit dem Rad. Dennoch kann man eine Radtour entlang des gut 30 km langen „Lakefront Path" wärmstens empfehlen. Der Radweg führt vom Zentrum nach Norden und Süden immer entlang des Seeufers, vorbei an einer Vielzahl der touristischen Highlights. Die Strecke passiert nicht weniger als 31 städtische Strände, an denen man eine Pause oder ein Picknick einplanen kann.

Den ersten Ausflug startet man am besten im Zentrum und strampelt nach Norden, dann hat man auf dem Rückweg höchstwahrscheinlich Rückenwind.

▶ Fahrradvermieter

Bobby's Bike Hike

- ✉ 465 N McClurg
- ☎ 1-312-915-0995
- 🖥 www.bobbysbikehike.com

Bike Chicago

Der Fahrradverleih hat gleich zehn verschiedene Ableger, sodass man sich frei aussuchen kann, wo man seine Tour starten möchte. Die wichtigsten sind:

- ✉ **Grand Park:** 1603 N Lakeshore Drive, 239 E Randolph St, **Navy Pier:** 600 E Grand Ave, **Foster Beach:** 5200 N. Lake Shore Dr
- ☎ 1-773-327-2706
- 🖥 www.bikechicago.com

▶ Website

Für amerikanische Verhältnisse ist Chicago eine ausgesprochen fahrradfreundliche Stadt. Die Website bietet eine interaktive Karte der Radwege und eine Menge zusätzliche Informationen für Radfahrer.

- 🖥 www.cityofchicago.org/cityinfo/cdot/bikemap/keymap.html

▶ Bootstouren

Von der Navy Pier legen die in Preis, Dauer und Route unterschiedlichsten Touren ab. Wer zum ersten Mal in Chicago ist, sollte eine Rundfahrt wählen, die sowohl den Blick auf die Stadt vom See als auch eine Strecke auf dem Chicago River beinhaltet. Am besten vergleicht man vor Ort.

▶ Go Chicago Card

Für $75 oder $110 erlaubt die Karte für einen bzw. zwei Tage freien Eintritt in 25

Top-Attraktionen, darunter die meisten Museen, Sears Tower und Hancock Center plus eine Stadtrundfahrt. Ob sich das wirklich lohnt, bleibt jedem selbst überlassen. Infos unter:

☎ www.gochicagocard.com

Der Chicago City Pass ist nur unwesentlich preiswerter, beinhaltet aber nur den Eintritt in fünf der Museen ($49,50).

▶ Telefonnummern

☎ Chicago Fine Arts Hotline: 1-312-346-3278
☎ Chicago Live Concert Hotline: 1-312-666-6667
☎ Jazz Hotline: 1-312-427-3300
☎ Ticketmaster: 1-312-559-1212

Websites

Einführung in die Vielfalt der rund 60 Stadtviertel
💻 www.chicagoneighborhoods.cc

Umfangreiche Website zu allen Kulturveranstaltungen
💻 www.centerstagechicago.com

Reiseinfos für Chicago und ganz Illinois
💻 www.enjoyillinois.com

Offizielle Website des Fremdenverkehrsamtes
💻 www.choosechicago.com

Ein Überblick über die im Sommer zahlreichen Festivals in Chicago
💻 www.chicagofestivals.net
💻 www.explorechicago.org

Film Locations in Chicago

Die imposante Skyline, die Hochbahn im Loop, aber auch die Vororte Chicagos lassen sich in vielen Hollywood-Filmen wiederentdecken. Seit 1980 sollen mehr als 700 Filme zumindest teilweise in Chicago gedreht worden sein.

Auf der Flucht	
Originaltitel	The Fugitive
Jahr	1993
Regie	Andrew Davis
Hauptdarsteller	Harrison Ford
Genre	Kriminaldrama

Einige Schlüsselszenen lassen sich einfach lokalisieren: Dr. Kimble rief seinen Anwalt aus einer Telefonkabine an der Ecke Wacker Drive & Wells Street an. Die Konferenz der International Assocoation of Cardiologists, in der Kimble seinen Freund Dr. Nichols des Mordes an seiner Frau beschuldigt, fand im Chicago Hilton Hotel, 720 South Michigan Avenue statt. Kimble flüchtet vor der Polizei direkt an der Picasso Skulptur vorbei: 50 W Washington St.

Blues Brothers	
Originaltitel	The Blues Brothers
Jahr	1980
Regie	John Landis
Hauptdarsteller	John Belushi, Dan Aykroyd, Cab Calloway
Genre	Komödie

Der Großteil der Außenaufnahmen wurde in und um Chicago abgedreht. Die unscheinbare Brücke, von der sich die Nazi-Demonstranten ins Wasser stürzen, liegt im Jackson Park, direkt südlich des Museum of Science and Industry, hinter Bäumen versteckt am Südende des Parkplatzes. Der Sprung über die Zugbrücke wurde tief in der Southside gedreht, von der South Chicago Ave links auf die 95th. James Browns Auftritt als Priester in der Schlussszene des Films fand zwar in Hollywood Studios statt, doch war die Szenerie exakt der Pilgrim Baptist Church, 3235 East 91 St, nachempfunden. Inzwischen wurde die Kirche renoviert und leicht verändert.

Damien – das Omen II	
Originaltitel	Damien: Omen II
Jahr	1978
Regie	Don Taylor
Hauptdarsteller	Jonathan Scott-Taylor, William Holden
Genre	Horrorfilm

Das klassizistische Gebäude, in dem eine Reihe von Schlüsselszenen des Films gedreht wurden, ist das Museum of Science and Industry, Ecke 57th St/ Lake Shore Drive.

Jeder Kopf hat seinen Preis	
Originaltitel	The Hunter
Jahr	1980
Regie	Buzz Kulik
Hauptdarsteller	Steve McQueen, Eli Wallach
Genre	Action

Eine der klassischen Verfolgungsjagden im Stil der 70er Jahre spielt auf den Parkdecks der Marina Towers und endet mit dem Sturz eines Autos direkt in den Chicago River.

🖵 Ferris macht blau	
Originaltitel	Ferris Bueller's Day Off
Jahr	1986
Regie	John Hughes
Hauptdarsteller	Matthew Broderick, Alan Ruck, Mia Sara
Genre	Komödie

Der Schule schwänzende Ferris macht eine Rundfahrt zu den touristischen Höhepunkten der Stadt, angefangen vom Sears Tower Skydeck, über das Wrigley Field, das Art Institute of Chicago zum Chicago Board of Trade.

🖵 Entgleist	
Originaltitel	Derailed
Jahr	2005
Regie	Mikael Håfström
Hauptdarsteller	Clive Owen, Jennifer Aniston
Genre	Thriller

In etlichen Momenten wird die Skyline Chicagos ins rechte Licht gerückt und mehrere Szenen wurden in der Union Station und im Millenium Park eingefangen.

🖵 Spiel mit der Angst	
Originaltitel	Butterfly on a Wheel
Jahr	2007
Regie	Mike Barker
Hauptdarsteller	Pierce Brosnan, Maria Bello
Genre	Thriller

Der eher durchschnittliche Thriller glänzt durch prächtige Aufnahme von Chicagos einmaliger urbaner Ästethik.

🖵 Batman Begins	
Originaltitel	Batman Begins
Jahr	2005
Regie	Christopher Nolan
Hauptdarsteller	Christian Bale, Michael Caine
Genre	Action

Tausend Fotos von Chicagos Loop dienten als Basis für die digital aufbereitete Kulisse des fiktiven Gotham City. Etliche Gebäude lassen sich problemlos wiedererkennen. Auch einige Außenaufnahmen entstanden auf Chicagos Straßen.

🖵 Chicago Filmtour

Eine zweistündige Busrundfahrt führt zu einer langen Reihe von Filmschauplätzen und erzählt reichlich Anekdoten aus dem Nähkästchen.
✉ Abfahrt neben Rock & Roll McDonald's,

Westseite der N Clark St., zwischen Ontario und Ohio Ave
🎦 *Do-So jeweils 10.30 & 12.30h*
💰 *$30*
☎ *1-312-593-4455*
🖝 *www.chicagofilmtour.com*

🎵 Soundtrack Chicago

Künstler	Titel	Album	Jahr	Genre
Peggy Lee	Going to Chicago	Blues Cross Country	1962	Swing
Rolling Stones	2120 S Michigan Avenue	12 x 5	1964	Rock
Graham Nash	Chicago	Songs for Beginners	1971	Rock

Millenium Park

Künstler	Titel	Album	Jahr	Genre
ZZ Top	Jesus Just Left Chicago	Tres Hombres	1973	Rock
Doris Day	Just Blew in from Windy City	Calamity Jane	1973	Schlager
Paper Lace	The Night Chicago Died	Paper Lace	1974	Pop
Chicago	Take Me Back to Chicago	Chicago XI	1977	Rock
Sweet	Windy City	Off the Record	1977	Rock
Allison Krauss	Windy City Rag	Two Highways	1989	Bluegrass
George Thorogood	Born in Chicago	Boogie People	1991	Bluesrock
John Mayall's Blues-breakers	Chicago Line	Bluesbreaker	2000	Bluesrock
Ryan Adams	Dear Chicago	Demolition	2002	Songwriter
Fall Out Boy	Chicago is so Two Years Ago	Take This to Your Grave	2003	Punk
Sufjan Stevens	Chicago	Come on feel the Illinois	2005	Rock
Robert Johnson	Sweet Home Chicago	Robert Johnson	2011	Blues
Delaney Davidson	Windy City	Bad Luck Man	2011	Rock
The Devil wears Prada	Chicago	Dead Throne	2011	Metal
Tom Waits	Chicago	Bad as Me	2011	Songwriter

Hoch und höher – Das architektonische Erbe

A chair is a very difficult object.   *Ein Stuhl ist ein sehr kompliziertes Objekt.*
A skyscraper is almost easier.   *Ein Wolkenkratzer ist beinahe einfacher.*

Ludwig Mies van der Rohe (1886-1969),
aus Deutschland nach Amerika emigrierter Stararchitekt

Chicago, New York und Hong Kong gelten als die „Big Three" der Hochhausarchitektur. Doch Chicago wird nicht nur durch die tags wie nachts überwältigende Skyline zum ästhetischen Juwel, sondern war in den vergangenen anderthalb Jahrhunderten in allen Epochen einer der Vorreiter der Weltarchitektur. So wird das Stadtzentrum zum lebendigen Museum der jüngeren Architekturgeschichte.

Bis ins letzte Viertel des 19. Jahrhunderts war die amerikanische Baukunst vom Klassizismus geprägt, der Interpretation griechischer, römischer und gotischer Formen. Chicagos Bausubstanz bestand aber bis zum großen Brand von 1871, der weite Teile der Stadt zerstörte, überwiegend noch aus Holzhäusern. Der der Katastrophe folgende Bauboom trieb die Grundstückspreise derart in die Höhe, dass die Expansion in die Vertikale unausweichlich wurde.

Neue Technologien machten jetzt die Konstruktion höherer Gebäude möglich: Die Erfindung des Aufzugs war wohl die wichtigste Entwicklung, da die wenigsten Menschen bereit sind, mehr als 4 oder 5 Stockwerke zur Arbeit oder zur Wohnung hinaufzusteigen. Auch die klassische Hausbauweise mit tragenden Wänden stieß durch das hohe Gebäudegewicht an statische

Grenzen. William Lee Baron Jenney löste das Problem in seinem elfstöckigen Home Insurance Building erstmals durch den Einsatz eines gusseisernen Gerüstes. So konnten die Außenwände mit relativ dünnen und leichten Ziegelsteinen verkleidet werden. Für heutige Verhältnisse sind 55 m Höhe natürlich lächerlich, doch 1885 war die Einweihung des Home Insurance Buildings eine Weltsensation.

Nur drei Jahre später folgte das älteste heute noch existierende Hochhaus Chicagos, das Rookery Building. Mit seinen üppigen Fassadenornamenten und der durch Frank Loyd Wright 1905 umgestalteten Lobby, ist das Gebäude stilistisch noch weit entfernt von den Stahl- und Glaspalästen, die man üblicherweise mit dem Wort „Hochhaus" assoziiert. Die Architektur der sogenannten „Chicagoer Schule" bediente sich weiterhin neoklassischer Elemente und war ästhetisch keineswegs einheitlich.

Auch in anderen amerikanischen Großstädten schossen Hochhäuser wie Pilze aus dem Boden, besonders in New York, Boston und Philadelphia. In Chicago wurde die Maximalhöhe der Gebäude per Dekret auf 40 Stockwerke begrenzt, sodass sich New York an die Spitze der Bewegung in die Vertikale setzte. Dennoch konnte Chicago einen

John Hancock Center

ding, Sitz des gleichnamigen Kaugummi-Giganten. Das aus zwei unterschiedlich hohen Türmen bestehende Gebäude, die später durch eine gläserne Brücke verbunden wurden, wird von einem Glockenturm dominiert, der von der maurischen Giralda in Sevilla inspiriert sein soll. Die Fassaden des ersten Bürogebäudes Chicagos mit Klimaanlage wurden mit 250.000 Terrakotta-Kacheln verziert, die regelmäßig gewaschen werden müssen, damit das Schmuckstück im nächtlichen Scheinwerferlicht makellos weiß erstrahlt.

Mit dem eitlen Ziel, den schönsten Wolkenkratzer der Welt als Unternehmenszentrale zu bauen, schrieb die Lokalzeitung Chicago Tribune 1922 einen Wettbewerb aus, zu dem 260 Entwürfe namhafter Architekten aus aller Welt eingingen. Darunter waren nicht wenige Konzepte, die bereits die nächste Wolkenkratzergeneration vorwegnahmen. Zum Gewinner wurde jedoch der neogotische Bau der New Yorker Architekten Howells und Hood gekürt, dessen Spitze der Kathedrale von Rouen nachempfunden ist. In die unteren Außenmauern des Towers sind Steine berühmter Bauwerke aus aller Welt eingelassen, vom Taj Mahal über die Cheops Pyramide bis zur Berliner Mauer. Als touristische Attraktion finden sich natürlich entsprechende Hinweistafeln.

Das 1930 errichtete Board of Trade Building beherbergt die älteste Börse für Termingeschäfte der Welt. Auf dem Dach des Hauptgebäudes thront die griechische Fruchtbarkeitsgöttin Ceres. Der mit der Statue beauftragte Bildhauer sparte sich die Ausarbeitung von Augen, Mund und Nase, weil er überzeugt war, dass kein anderes Gebäude jemals hoch genug reichen würde, dass jemand das Fehlen der Gesichtszüge bemerken würde. So kann man sich irren: Bis 1965 hielt das Board of Trade Building seine Spitzenposition, doch inzwischen steht es nur noch auf Platz 40 der höchsten Gebäude der Stadt.

weiteren Meilenstein setzen. Das Auditorium Building war das erste multifunktionale Hochhaus. Es brachte das damals teuerste Theater der Vereinigten Staaten, einen Büroblock und ein Hotel in einem einzigen Gebäude unter.

Zum nächsten Höhepunkt wurde das 1924 fertiggestellte Wrigley Buil-

Der heutzutage mit Wolkenkratzer assoziierte und oft „International Style" genannte Baustil der funktionalen, geometrischen Glas- und Stahlkonstruktion kam erst im Lauf der 30er Jahre auf. Die Herrschaft der Nationalsozialisten in Deutschland hatte namhafte moderne Baumeister zur Auswanderung gezwungen. In den USA fanden besonders die Architekten des Dessauer Bauhauses ein dankbares Publikum. Walter Gropius lehrte an der Universität Cambridge in Boston und Ludwig Mies van der Rohe gründete ein Architektenbüro in Chicago. Seine „Haut und Knochen-Architektur", wie er sie selbst nannte, hinterließ in der Stadt viele Spuren. Die gradlinigen und rationalen Hochhäuser prägten die Baukunst auf der ganzen Welt. Neben zwei komplett verglasten Apartmenthochhäusern am Lake Shore Drive baute er auch die ehemalige Zentrale von IBM.

Weitere ästhetische Akzente für die Stadtlandschaft folgten in den 60er Jahren. Die oft porträtierten runden Doppeltürme Marina City I & II wurden 1964 direkt am Chicago River eingeweiht. In den unteren 19 Stockwerken befindet sich ein gigantisches Parkhaus, darüber folgen je 450 dreieckige Apartments. Schlag auf Schlag ging es weiter: Mit dem John Hancock Center, dem Aon Center und dem Sears Tower, entstanden zwischen 1969 und 1974 die gegenwärtig noch höchsten Gebäude der Stadt.

Im Lauf der Jahre entfernten sich die Architekten zusehends von den simplen, geometrischen Linien des Bauhausdesigns und brachten den Nürnberger Helmut Jahn auf die Bildfläche, der in den USA große Erfolge feierte. Der Erbauer des Frankfurter Messeturms und des Berliner Sony Center konstruierte in Chicago den United Airlines Terminal des O'Hare Airports und das vielgepriesene, höchst sehenswerte Verwaltungsgebäude James R. Thompson Center.

Das ungebremste Wachstum der letzten Jahre hat die Skyline weiter verändert. Seit der Jahrtausendwende entstanden mehr als 40 neue Gebäude mit mindestens 50 Etagen.

Trump Tower im Bauzustand, Juli 2007

Historische Wolkenkratzer				
Name	Fertigstellung	Höhe	Etagen	Adresse
Rookery Building	1888	55 m	12	209 S LaSalle St
Auditorium Building	1890	73 m	17	430 S Michigan Ave
Wrigley Building	1922	134 m	27	410 N Michigan Ave
Tribune Tower	1925	141 m	36	435 N Michigan Ave
Board of Trade	1930	184 m	44	141 W Jackson Bvd
860 Lake Shore Dr	1951	82 m	26	860 Lake Shore Dr
Marina City I & II	1964	179 m	65	300 N State St
IBM Plaza	1973	212 m	52	330 N Wabash Ave
John Hancock Center	1969	344 m	100	875 N Michigan Ave
Aon Center	1973	346 m	83	200 E Randolph S
Sears Tower	1974	442 m	108	233 S Wacker Dr
James R. Thompson Center	1985	94 m	17	100 W Randolph St

Frank Lloyd Wright

Ein anderer Großmeister der amerikanischen Architektur passt kaum in die bisher zitierten Tendenzen der Chicagoer Schule. Frank Lloyd Wright baute in die Breite und nicht in die Höhe. Prärie-Häuser nannte er seine Einfamilienhäuser, die sich mit waagerechten Linien und herbstlicher Farbgebung auf der Basis klassischer und natürlicher Materialien in die Landschaften des Mittleren Westens einfügten. Wright bezog Umwelt und Klima von Anfang an in seine Entwürfe ein, sodass man seine Ruhe und Eleganz ausstrahlenden Gebäude schon als erste Öko-Häuser bezeichnen könnte.

Wrights Ausgangsbasis war ein tiefes Verständnis für das menschliche Harmoniebedürfnis. Schachteln und Wohnsilos widersprachen für ihn dem menschlichen Wesen. Stattdessen kreierte er warme, sanfte, fließende Atmo-

Architektur von Frank Lloyd Wright

sphären und gab dem Wort Raum eine neue Dimension.

Dagegen ist in Wrights Biographie von der Sehnsucht nach menschlicher Harmonie nicht allzuviel zu spüren. Sein Lebensstil als Salonheld mit Starallüren ließ manchen Hollywoodhelden weit hinter sich. Er war dreimal verheiratet. Mit einer serbischen Tänzerin, einer morphiumsüchtigen Südstaatenschönheit und einer bei der Trauung gerade mal Siebzehnjährigen, mit der

er sechs Kinder hatte, die ihn allerdings herzlich wenig interessierten.

Dem Höhepunkt seines skandalträchtigen Lebens wohnte Wright allerdings glücklicherweise nicht bei. Im Sommer 1914 ließ ein Hausangestellter Wrights Sommerwohnsitz in Wisconsin unter widersprüchlichen Umständen in Flammen aufgehen und zerstückelte sieben Personen mit einer Axt, darunter Wrights Geliebte. Der Stararchitekt hielt sich gerade in Chicago auf …

▶ Frank Lloyd Wright

1 Frank Lloyd Wright Home and Studio

Gerade mal 22-jährig entwarf Wright sein Eigenheim mit Atelier in dem er 20 Jahre lang lebte und arbeitete.

⊠ *1951 Chicago Ave, Oak Park, IL*
⚭ *Mit Führung: $15*
🕐 *Täglich 11-15.30h*
🖥 *www.gowright.org*

Bei einem Rundgang in der näheren Umgebung kann man eine Reihe seiner Arbeiten (von außen) bewundern. Allerdings sind die Bewohner wenig begeistert, wenn Touristen in ihre Privatsphäre eindringen.

2 Thomas Gale House
⊠ *6 Elizabeth Ct*

3 Walter Gale House
⊠ *1031 Chicago Ave*

4 Robert P. Parker House
⊠ *1019 Chicago Ave*

5 Francis J. Woolley House
⊠ *1030 Superior St*

6 Nathan J. Moore Residence
⊠ *333 Forest Ave*

7 Arthur Heurtley House
⊠ *318 Forest Ave*

8 Robie House
In der Southside, nicht weit von Präsident Obamas Eigenheim steht das denkmalgeschützte und zum Museum umfunktionierte Eigenheim des jungen Managers Frederick C. Robie. Das beste Beispiel, um die harmonische Tiefe von Wrights Innenarchitektur zu erleben.

⊠ *5757 South Woodlawn Ave*

🖥 Websites

Die 250 höchsten Gebäude Chicagos in einer gefälligen Darstellung
🖥 *http://skyscraperpage.com/diagrams/?c4*

Alle aktuellen Hochhausprojekte in einer grafisch gelungenen Übersicht
🖥 *http://skyscraperpage.com/diagrams/?cityID=4*

Webpräsenz des Trump Towers
🖥 *www.trumpchicago.com*

Der Mann mit der Narbe – Al Capone

*You can get much farther with a kind word
and a gun than you can with
a kind word alone.*

*Mit einem freundlichen Wort und einer Pistole
kommt man viel weiter als nur mit
einem freundlichen Wort.*

Al Capone (1899-1947)

Amerikas berühmtester Gangster ist das Synonym des skrupellosen, gewalttätigen aber ebenso eitlen wie publicitysüchtigen Mafiabosses. In Dutzenden von Hollywoodfilmen wurde die Figur porträtiert und zum Mythos gemacht. Der Outlaw war immer eines der liebsten Themen des amerikanischen Kinos: Bonnie und Clyde, Billy the Kid, Jesse James, Wild Bill Hickock. Zweifellos eine kuriose und manchmal schwer nachzuvollziehende Art und Weise, sich mit der eigenen Geschichte – und Gegenwart – auseinanderzusetzen. In einem Land, in dem alltägliche Gewalt immer präsent war und auch immer noch ist.

In gleicher Weise zieht sich die Rolle der Medien wie ein roter Faden durch die Geschichte, schließlich war es die Presse, die schon vor Hollywood Al Capone zur Ikone hochstilisiert hatte. Doch auch die Medien selbst waren in die Mafiageschäfte verwickelt und unter den rund 700 Todesopfern der Bandenkriege fanden sich auch eine Handvoll Reporter, die die unersättliche Begierde des Publikums nach Geschichten von Tod und Leidenschaft, Erfolg und Tragödie, Reichtum und Untergang befriedigen wollten.

Capones Epoche selbst war eben von diesen Gegensätzen geprägt: Den wilden 20ern folgte die Wirtschaftskrise der großen Depression. Zeiten der Unsicherheit, Zeiten des gesellschaftlichen Umbruchs: von der kleinstädtischen Homogenität zur unkontrollierbaren urbanen Vielfalt, von der Agrar- zur Industriegesellschaft.

Die Figur Al Capones steht auch für die Angst des weißen Amerika vor unkontrollierter Einwanderung und fremden kulturellen Einflüssen. Die sizilianische Mafia war damals wie heute ein klassisches Feindbild. Die Gestalt Al Capone passte genau in dieses Bild, auch wenn er in Amerika geboren war und tatsächlich das Gegenteil praktizierte: Er überwand die Grenzen der ethnischen Ghettos, zielte auf die Kontrolle der gesamten Stadt und heiratete eine Irin.

Al Capone war in einem rauen Viertel des New Yorker Stadtteils Brooklyn aufgewachsen. Seine konventionelle und tiefreligiöse Familie war 1894 im Zuge einer süditalienischen Einwanderungswelle aus der Gegend von Neapel in die Neue Welt übergesiedelt. Sein Vater betrieb einen kleinen Friseursalon und nichts ließ vermuten, dass die Kinder allesamt im organisierten Verbrechen landen würden.

Mit 14 verließ Al die Schule und schlug sich mit Gelegenheitsjobs durch. Er arbeitete in einem Bonbonladen und einer Bowlingbahn. Gleichzeitig war er

aber schon Mitglied in Straßengangs wie den Brooklyn Rippers. Genau hier setzte er seine Karriere fort, arbeitete als Barmann und Rausschmeißer für den Mafiaboss Frankie Yale, dessen Führungsstil er später kopierte: auf der einen Seite loyal und großzügig, auf der anderen brutal und rücksichtslos.

Bei seinem Job in Yale's Bar erhielt er auch sein besonders markantes Merkmal: Die Narben im Gesicht, die ihm den verhassten Spitznamen „Scarface" einbrachten. Der Bruder eines jungen Mädchens reagierte seiner Zeit etwas ungehalten, als Al das Mädchen zu ihrem hübschen Hinterteil beglückwünschte und fügte ihm mit seinem schnell gezückten Messer drei ansehnliche Schnitte im Gesicht zu. Später kaschierte der eitle Capone die Narben mit Schminke und ließ sich vorzugsweise von rechts fotografieren.

In dieser Zeit soll Capone bereits zwei Morde begangen haben; konnte aber nie dafür belangt werden, weil die Mafiaetikette den Zeugen jede Aussage verbot. Als er ein Mitglied einer verfeindeten Gang krankenhausreif schlug, schickte Yale ihn nach Chicago, um so eine Eskalation des Konflikts zu vermeiden. Dort arbeitete der kaum über 20-Jährige, aber bereits verheiratete Ca-

pone für den befreundeten Gangsterboss John Torrio.

Sein Umzug in die Stadt am Lake Michigan fiel just in das Jahr, das den großen Aufstieg der Mafia einleitete: 1919 wurde mit der Prohibition in den gesamten USA der Handel und Konsum von Alkohol per Gesetz verboten. Bis zu diesem Zeitpunkt betätigte sich das organisierte Verbrechen „nur" in den klassischen Gewerben wie Glücksspiel und Prostitution, bekam nun aber ein neues und äußerst lukratives Betätigungsfeld eröffnet. Schon bald zogen die Gangs von den schmuddeligen Hinterhöfen in die Luxushotels. „The Outfit", der Name von Capones Gang, verdeutlicht den Aufstieg von der simplen kriminellen Bande zum gesetzlosen Großunternehmer.

Während Capone binnen kürzester Zeit zur Nummer zwei in Torrios Organisation aufstieg, kaufte die Bande preiswert geschlossene Brauereien auf und organisierte ihr Distributionsnetz. Man braute alkoholfreies Bier, dem der Alkohol erst in der Kneipe zugesetzt wurde. Gleichzeitig erreichte man mit einem äußerst effizienten System von Bestechung, Erpressung und Drohung die politische Deckung der Geschäfte.

Im Kampf um die Vorherrschaft

über die Territorien Chicagos durchsiebte die verfeindete North Side Gang Capones Chef mit einem Kugelhagel, als er von einer Einkaufstour nach Hause kam. Torrio überlebte nur knapp, zog sich dann aber aus den Geschäften weitgehend zurück und vererbte die Führung des Syndikats an Al Capone.

Mit ungeheurem Talent straffte Capone die Organisation und kontrollierte bald ein riesiges Netz von Wettbüros, Spielhöllen, Bordellen, Rennbahnen, Nachtclubs und „speakeasies", den Kneipen, in denen illegal Alkohol ausgeschenkt wurde. Er führte sein Syndikat wie ein normaler Geschäftsmann, verbrachte Stunden hinter dem Schreibtisch und hatte mehr als 400 „Angestellte".

Trotz seines ungeheuren und offensichtlichen Reichtums schaffte er es jahrelang, seine schmutzigen Geschäfte so zu verdecken und mit Hilfe der korrupten politischen Elite abzusichern, dass ihn der Staat nicht belangen konnte. 1926 wurde er wegen Verdachts auf dreifachen Mord festgenommen, verbrachte aber nur eine Nacht in Haft und die Tat konnte ihm nie nachgewiesen werden. Bei allen Aktionen seiner Handlanger hatte er hieb- und stichfeste Alibis vorzuweisen. Zu seinen Verbündeten gehörte auch Chicagos letzter republikanischer Bürgermeister „Big Bill" Thompson, der von Historikern als einer der gewissenlosesten Stadtväter der amerikanischen Geschichte eingestuft wird.

Seine gigantischen Einkünfte erlaubten Capone, sich in einer luxuriösen 8-Zimmer Suite im Metropole Hotel einzumieten: Für satte 1.500 Dollar pro Tag – dafür aber mit geheimen Fluchtwegen ausgestattet. Um sich vor seinen Feinden im „Gangland" zu schützen, blieb er keine Sekunde ohne Bodyguard und sein sieben Tonnen schwerer Cadillac glich mit kugelsicheren Scheiben und Türen eher einem Panzer als einem Auto. Die Heckscheibe ließ sich versenken, um auf eventuelle Verfolger schießen zu können.

Capone gab sich aber keineswegs nur mit den kriminellen Machenschaften im Untergrund zufrieden sondern präsentierte sich im hellen Scheinwerferlicht der Öffentlichkeit als eitler Selbstdarsteller. Er mimte den erfolgreichen Unternehmer und spielte sich obendrein als Wohltäter und Gentleman auf: Zu Zeiten der Depression installierte er Suppenküchen, die täglich 3.000 hungrige Mäuler fütterten. Er liebte es, Zeitungsinterviews zu geben und sich als Jazz- und Opernfreund aufzuführen.

Doch genau diese Publicitysucht wurde ihm am Ende zum Verhängnis: Nach dem St. Valentine's Day Massaker, bei dem 7 Mitglieder der verfeindeten North Side Gang in eine Falle gelockt und mit Maschinenpistolen niedergemäht wurden, ging ein Aufschrei durch die Nation und die öffentliche Meinung wendete sich gegen den vermeintlichen Gentleman. Präsident Hoover persönlich erklärte ihn zum Staatsfeind und ordnete eine intensive Strafverfolgung an: „I want that man in jail".

Seine grausamen Straftaten konnten ihm zwar weiterhin nicht nachgewiesen werden, aber nach einer 5-jährigen Großermittlung gelang es den Fahndern, ihn wegen Steuerhinterziehung sieben Jahre hinter Gitter zu bringen. Mehr als die Hälfte der Strafe verbüßte er im berühmten Gefängnis auf der Insel Alcatraz in der Bucht von San Francisco.

Dort entwickelte Capone schwere Symptome einer Syphilis, die er sich bereits in jungen Jahren eingefangen hatte, und sein Gesundheitszustand verschlechterte sich rapide. Nach vorzeitiger Entlassung zog er sich in sein Haus in Florida zurück, wo er 1947 an einer Lungenentzündung starb – sein Geist soll noch mehrfach an seinem Familiengrab auf dem Mount Carmel Friedhof in Chicago gesichtet worden sein. Für „The Outfit" bedeutete Capones Tod nicht das Ende, noch heute soll die Gang ihr Unwesen am Lake Michigan treiben.

▶ Schauplätze

Viel zu sehen ist nicht mehr an den Originalschauplätzen der goldenen Zeiten von Chicagos Banditentum. Die meisten Gebäude sind längst abgerissen. Den Stadtoberen war der weltweite Ruf als Hort des organisierten Verbrechens immer peinlich und einige Bürgermeister ordneten sogar den gezielten Abriss an, um den Mord- und Totschlagtourismus zu unterbinden.

▶ Rundfahrten

Untouchable Tours bietet eine unterhaltsame Stadtrundfahrt durch das Chicago Al Capones an. Im schwarzen Bus mit aufgeklebten Einschusslöchern und Geräuschuntermalung geht es rund zwei Stunden durch Stadtviertel, die man sonst kaum zu Gesicht bekommen würde.

✉ Abfahrt gegenüber Rock & Roll McDonald's 600 N. Clark St., Ecke Ohio Ave

🕐 Je nach Saison wechselnde Abfahrtszeiten, aber meist mehrere Touren pro Tag. Am besten anrufen oder die Website konsultieren.

💰 Erwachsene $30

☎ 1-773-881-1195

🖥 www.gangstertour.com

▶ Capones erstes Haus in Chicago

Capone bezog 1919 mit Frau, Kind und Mutter ein 15-Zimmer Haus in der Southside, das später in mehrere Wohnungen aufgeteilt wurde. Gegenwärtig wird die Registrierung als historisches Gebäude erwogen, dennoch sind die Bewohner nicht unbedingt erfreut über aufdringliche Touristen. 2009 stand der ehemalige Mafiahort für 450.000 Dollar zum Verkauf.

✉ 7244 Prairie Ave

▶ Das Familiengrab

Ironischerweise liegt das Grab von Capones Erzrivalen Dion O'Bannion, den zwei von Capones Killern 1925 erschossen hatten, nur wenige dutzend Meter entfernt (Section L). Ganz in der Nähe finden sich auch die Gräber von Nachfolger Frank „The Enforcer" Nitti (Section 32) und dem Planer des St. Valentine's Day Massakers „Machine Gun" Jack McGurn (Section O).

✉ Mount Carmel Cemetery, S Wolf Rd zwischen Harrisson St und Roosevelt Rd

▶ Die Stammkneipe

Ein Besuch im Green Mills lohnt sich tatsächlich. Die Jazz-Kneipe mit regelmäßiger Live Musik ist immer noch im Stil der 20er Jahre eingerichtet.

✉ 4802 N Broadway Ave, Ecke W Lawrence St

💰 $5-12, je nach Veranstaltung

☎ 1-773-878-5552

🖥 www.greenmilljazz.com

▶ The Untouchables – Der Film

Die mitreißende Kinderwagen-Szene des Films mit Kevin Costner als Capones Verfolger Eliot Ness und Robert de Niro als Capone wurde in der Historic Union Station gedreht. „The Untouchables" schafften im Kampf gegen Capone in Wirklichkeit aber wenig mehr als ein paar medienwirksame Razzien zu veranstalten.

✉ Zwischen Adams St. und Jackson St

▶ Die Verurteilung

Der Gerichtssaal, in dem Capone 1931 zu einer 11-jährigen Gefängnisstrafe verurteilt wurde (von der er allerdings nur 7 Jahre absitzen musste), befand sich in 219 S Dearborn St. Inzwischen steht hier ein Hochhaus, das 1975 von dem deutschen Stararchitekten Mies van der Rohe gebaut wurde.

✉ 219 S Dearborn St

▶ Capones Schaltzentralen

Metropole Hotel. 1924 belegte Capones Gang eine 8-Zimmer-Suite in der 4. Etage, 1987 abgerissen.

✉ 2300 S Michigan Ave

Lexington Hotel. 1928 zog die Gang um und mietete direkt die gesamte 3. Etage an. Das Gebäude wurde 1997 abgerissen.
✉ *2135 S Michigan Ave*

▶ St. Valentine's Day Massacre
Die Stadtverwaltung ließ die Garage abreißen, um die Spuren des bekanntesten Verbrechens von Capones Organisation verschwinden zu lassen. Das Terrain ist heute eine kleine eingezäunte Grünanlage.
✉ *2122 N Clark Street*

⌨ Soundtrack Al Capone

Künstler	Titel	Album	Jahr	Genre
Normahl	Al Capone	Verarschung total	1981	Punk
John Cooper Clarke	Ghost of Al Capone	Zip Style Method	1982	Alternativrock
Prince Buster	Al Capone	The Untouchables (Soundtrack)	1987	Ska
Judge Dread	Al Capone	Reggae and Ska	1988	Ska
Rancid	Young Al Capone	Rancid	2005	Punk

Vom Baumwollfeld ins schwarze Ghetto – Chicago Blues

*Well if I feel tomorrow, like I feel today,
I'm gonna pack my suitcase, and
make my getaway.*

Wenn ich mich morgen noch so fühle
wie heute, packe ich meinen
Koffer und haue ab.

McKinley Morganfield alias Muddy Waters (1913-1983) in „I be´s troubled"

Dass ausgerechnet Chicago – kulturell und geographisch tausende Meilen von den Tabak- und Baumwollfeldern der Südstaaten entfernt – zum Inbegriff des Blues werden sollte, war zu Anfang des 20. Jahrhunderts kaum vorherzusehen. Der Blues hatte sich im tiefen Süden als eigenständige Folklore der afroamerikanischen Landarbeiter entwickelt und verband afrikanische, europäische und karibische Elemente. Die Situation der seit dem Bürgerkrieg offiziell befreiten Sklaven in einem System strikter Rassentrennung war zutiefst deprimierend. Die zunächst „Songster" genannten, schwarzen Sänger verarbeiteten ihren in Armut und Ausweglosigkeit aufgestauten Frust in simplen melancholischen Balladen.

Die ersten Schallplattenaufnahmen schwarzer Bluessänger entstanden um 1920. Sie markierten den Beginn der Kommerzialisierung der noch archaisch klingenden Musik und beschleunigten deren Weiterentwicklung zum „Urban Blues". Der neue Stil war städtischer, eleganter, orientierte sich stärker am Jazz und der Solokünstler wurde zunehmend von komplett instrumentierten Kombos in den Schatten gestellt.

Für Chicago war der Zeitpunkt gekommen, sich als angehende Blues-Hauptstadt zu Wort zu melden. Bereits zu Anfang des Jahrhunderts hatte sich eine ansehnliche schwarze Minderheit angesiedelt, denn die rasant wachsende Metropole bot Arbeitsplätze und ein liberaleres Ambiente. Nach dem 1. Weltkrieg strömten mit der riesigen Wanderbewegung „Great Migration" schwarze Südstaatler in die Metropolen des Nordens: Detroit, Cleveland, Kansas City und Saint Louis waren bevorzugte Ziele, ebenso wie New York und Los Angeles. Doch Chicago zog mehr Migranten an als jede andere Stadt. Die 15.000 farbigen Bewohner um 1915 verdoppelten ihre Zahl in nur 5 Jahren und wuchsen bis zum Ende des 2. Weltkriegs auf fast eine halbe Million an.

Das Einfallstor der schwarzen Zuwanderer war der inzwischen abgerissene alte Hauptbahnhof, das Illinois Central Depot, in dessen direktem Umfeld sich die meisten Neuankömmlinge ansiedelten. Mit jeder neu eintreffenden afroamerikanischen Familie verließ eine weiße Familie den Distrikt und große Teile der Southside wurden zum schwarzen Ghetto, zum sogenannten „Black Belt".

Die neue Heimat war keineswegs das freiheitliche Paradies, das sich viele

Carlos Johnson at Rosa's Blues Club, Chicago

Bo Diddley, 1997

im Süden erträumt hatten. Zwar hatte der Staat Illinois seit dem Bürgerkrieg eines der modernsten Gesetze gegen Rassentrennung im ganzen Land, doch sah die Alltagsrealität völlig anders aus: Bis in die 1920er Jahre waren die städtischen Strände nach Rassen getrennt und Schwarze wurden auf dem Immobilienmarkt extrem benachteiligt.

Bis heute „genießt" die Southside durch teils katastrophale Wohnqualität, minimale soziale Dienste und hohe Kriminalitätsrate den Ruf eines Ghettos. Und diese Ghettoisierung brachte bereits früh erhebliche Probleme mit sich, die sich immer wieder in gewalttätigen Auseinandersetzungen mit den Bewohnern andersfarbiger Stadtviertel entlud. Ein trauriger Höhepunkt war der „Chicago Race Riot" im Jahre 1919, der mit der tragischen Bilanz von 19 Toten und über 500 Verletzten endete.

Das soziale Zentrum des schwarzen Chicago war der Maxwell Street Market, angeblich der landesweit größte Markt unter freiem Himmel. Zwischen den Verkaufsständen für Socken, Schrauben und Gemüse stellten die Straßenmusiker ihren Hut auf. Papa Charlie Jackson, Big Bill Broonzy und Little Walter begannen hier ihre Karriere unter bemitleidenswerten Umständen.

Doch diese Umstände sollten sich ändern, fiel die schwarze Musik in Chicago doch schnell auf fruchtbaren Boden. Die Metropole bot die komplette Infrastruktur für ambitionierte Künstler: Bars, Tanzsäle und Plattenlabel. Ausgerechnet ein weißer Produzent, Lester Melrose, wurde zur alles beherrschenden Figur. Für Columbia Records und das Bluebird Label entdeckte und vermarktete er King Oliver, Jelly Roll Morton und Big Bill Broonzy.

Der 2. Weltkrieg brachte tiefgreifende Veränderungen in Stimmung und Mentalität der schwarzen Bevölkerung. Der neue Sound war dementsprechend nicht nur lauter, sondern auch eindringlicher, direkter, aggressiver und mitreißender.

Die bisher dominierenden großen Plattenfirmen erkannten die Zeichen der Zeit nicht – Lester Melrose setzte weiterhin auf den vergleichsweise seichten Urban Blues und lehnte Muddy Waters nach Probeaufnahmen als untalentiert ab. Kleine unabhängige Labels füllten die Lücke und triumphierten mit dem neuen, rockigen Chicago Blues.

Die E-Gitarre war wohl 1938 erstmals zum Einsatz gekommen, breitete sich schnell aus und dominierte den Blues ab 1945. Die Speerspitze der neuen unabhängigen Labels bildete Chess Records. Die Brüder Len und Phil Chess, zwei jüdische Tschechen, die in den 30er Jahren vor den Nazis geflohen waren, hatten das ungeheure Potenzial der neuen, wilden Generation entdeckt und produzierten die zukünftigen Helden des Blues: Muddy Waters, Sonny Boy Williamson, Howlin' Wolf und Elmore James.

Buddy Guy in Buddy Guys Legends Blues Club

Den neuen Stil kreierten aber nicht nur die Musiker selbst. Willie Dixon, als Produzent bei Chess angestellt, lenkte die Kreativität der Musiker in die richtigen und kommerziell erfolgreichen Bahnen. Als er auf eine Lohnerhöhung bestand, überwarf er sich mit den Brüdern Chess und gründete das eigene Label Cobra. Das Abenteuer endete allerdings schnell im Desaster, denn Geldgeber Eli Toscano war tief in dunkle Mafiageschäfte verstrickt. Man fand ihn mit einzementierten Füßen auf dem Grund des Lake Michigan. Offizielle Todesursache: Ein Bootsunfall.

Mit dem kommerziellen Erfolg von Chess Records konnte nur ein einziges Label mithalten: Vee Jay Records war vor dem Detroiter Motown-Label die wichtigste schwarze Plattenfirma der Staaten. Auch hier waren es visionäre Weitsicht und der Instinkt für zukünftige Entwicklungen, die Vee Jay Musiker wie John Lee Hooker unter Vertrag nehmen ließ. Selbst das erste Album einer unbekannten englischen Band namens „The Beatles" wurde von Vee Jay in den USA vertrieben.

Harmonica Kahn at Rosa's Blues Club, Chicago

Die Nachwirkungen des neuen Chicago-Stils sind kaum zu unterschätzen. Erstmals erreichte der Blues auch ein breites weißes Publikum und wurde weltweit populär. Die Weiterentwicklung zum Rock-'n'-Roll verlief nahezu geradlinig und die Helden der weißen Rockmusik der 60er und 70er Jahre, wie Jimi Hendrix, die Rolling Stones, Frank Zappa oder Led Zeppelin, outeten sich als Bewunderer und Adepten der Chicagoer Schule.

Der Blues lebt immer noch weiter in Chicago, die Szene aber hat sich in den vergangenen Jahrzehnten völlig verändert. Blues Clubs, darunter ausgesprochen elegante, finden sich jetzt auch im weißen Nordteil der Stadt und in fast allen Bands mischen sich heute schwarze und weiße Musiker.

Mit dem Erfolg des Spielfilms „Blues Brothers" entdeckten auch die Fremdenverkehrsindustrie und die Stadtregierung das kommerzielle Potenzial der schwarzen Musik. Der Blues mauserte sich zum Verkaufsargument der Reisebranche. Museen, Clubs und Stadtrundfahrten schossen wie Pilze aus dem Boden. Das jährliche Chicago Blues Festival wurde zum Aushängeschild einer Stadt, die sich lange Zeit schwer tat, den Wert des eigenen kulturellen Erbes zu erkennen.

Das Pendel scheint nun ins Gegenteil auszuschlagen. Der Blues ist Teil der Tourismusindustrie geworden. Nicht selten überkommt einen das schlechte Gefühl, dass in erster Linie überkommene Stereotypen und Rituale zelebriert werden. Ein Blues-Musiker muss wohl von Berufs wegen alt sein, aber trotz Blindheit den Griff zur Jack-Daniels-Flasche souverän dominieren.

👁 Schauplätze

▶ Chess Records

Die Rolling Stones nahmen hier im Juni 1964 einen Instrumentaltitel auf, der entsprechend der Adresse „2120 South Michigan" hieß. Muddy Waters persönlich trug, zur Überraschung der jungen Engländer, ihre Taschen ins Gebäude. Heute kann das alte Studio, wo Bo Diddley, Willy Dixon und Chuck Berry sein „Johnny B. Goode" aufgenommen hatten, besichtigt werden.

✉ *2120 S Michigan Ave*
🕐 *Mo-Fr 11-16h, Sa 12-14h*
💰 *$10*
☎ *1-312-808-1286*
💻 *www.bluesheaven.com*

▶ Chicago Blues Archive

Das Archiv will die große Epoche des Blues in Chicago dokumentieren. Während die Generation der schwarzen Migranten aus dem Süden bereits praktisch ausgestorben ist, versucht man Aufnahmen, Dokumente, Zeitschriften, Fotos und Instrumente aus der Epoche zu sammeln und zu retten. Der Blues ist inzwischen ein großes Business geworden, doch seinerzeit spielte er sich weitgehend im Untergrund ab. Umso schwieriger ist es, authentisches Material zu finden.

✉ *400 S State St im Harold Washington Library Center*
🕐 *Mo, Di, Do 11-17h; Mi, Fr, Sa 9-17h, So 13-15h*
💰 *Eintritt frei*
☎ *1-312-542-7279*

▶ Muddy Waters Grab

Der als Morganfield Mc Kinley in Mississippi geborene „Vater des Blues" verstarb 68-jährig im Jahre 1983, Zeit seines Lebens Analphabet. Sein Grab findet sich auf dem Restvale Cemetery im südwestlichen Stadtteil Worth. Auf diesem Friedhof liegen eine ganze Reihe anderer, weniger berühmter Bluesmusiker wie Walter „Shakey" Horton oder Jazz Gillum begraben.

✉ *117th Ave, Ecke Laramie Ave, Sektion H, Grab Nr. 133*

Lindsay Alexander im
Kingston Mines

▶ Maxwell / New Maxwell Street Market

Die Gegend des ehemaligen Marktes gehört heute überwiegend der University of Illinois, die trotz öffentlicher Proteste historische Gebäude abreißen lässt. Ein anderer Teil musste einer Autobahn weichen. Dementsprechend wenig gibt es hier noch zu sehen.

✉ Maxwell St / Ecke Halsted St

Der traditionelle Straßenmarkt wurde Mitte der 90er Jahre nach Little Italy verlegt und heißt jetzt „New Maxwell Street Market". Auf dem sonntäglichen Flohmarkt kann man immer noch Live-Blues hören und findet von Haushaltsgeräten über Kleidung bis zu Musik-CDs fast alles. Im Sommer 2008 wurde er zum zweiten Mal an einen neuen Standort verlegt.

✉ Desplaines St zwischen Harrisson St und Roosevelt Rd
⇨ Auf der Adams St aus dem Stadtzentrum nach Westen, links in die Desplaines St. Es ist nicht leicht, einen Parkplatz in der näheren Umgebung zu finden. Besser: Mit der blauen Metrolinie aus dem Loop bis zur Station Clinton, dann zu Fuß zwei Blocks nach Westen.
🕐 So 7-15h

▶ Vee Jay Records

Dieser Teil der Michigan Avenue war bekannt als „Record Row". Fast alle Chicagoer Plattenfirmen hatten in diesem Straßenabschnitt ihren Sitz. Wirklich Sehenswertes gibt es an diesem unscheinbaren Gebäude allerdings nicht mehr zu entdecken.

✉ 1449 S Michigan Ave

▶ Chicago Blues Festival

Seit 1984 findet das alljährliche Bluesfestival jeweils Anfang Juni statt. Vier Tage lang dehnen und quälen Größen wie B.B. King oder Johnny Winter ihre sechs Saiten und locken im Schnitt jährlich hunderttausend Besucher in den Grant Park. Wirklich ausleben darf man seinen persönlichen Blues allerdings nicht. Das Mitbringen alkoholischer Getränke ist streng untersagt.

🔗 Eintritt frei
💻 www.chicagobluesfestival.org

▶ Blues Hotline

Veranstaltungsinfos bekommt man bei der kostenlosen „BluesLine".
☎ 1-866-548-3258

▶ Blues Clubs

Die Liste der Clubs ist lang, wir empfehlen nur einige der renommiertesten. Eine vollständigere Übersicht bietet:
💻 http://centerstage.net/music/clubs/styles/blues.html

▶ Buddy Guy's Legends

Einer der bekanntesten Bluesgitarristen Chicagos eröffnete 1989 einen Club unter eigenem Namen, womit der Erfolg garantiert war. Die Preise für Eintritt, Essen und Getränke schließen die „Marke" Buddy Guy mit ein und sind dementsprechend etwas höher. Täglich Live-Konzerte.

✉ 700 S Wabash St.
🕐 Mo-Fr 11-2h, Sa 17-2h, So 17-2h
🔗 Normalerweise $10-15
☎ 1-312-427-1190
💻 www.buddyguys.com

▶ Blue Chicago

Bis vor kurzem bestand Blue Chicago aus zwei Clubs, die nur wenige Schritte voneienander entfernt lagen. Doch die Wirtschaftskrise hat einen dahingerafft. Dafür ist der Club jetzt aber täglich geöffnet. Dazu gehört auch ein Souvenirladen, der Blue Chicago Store, wo man noch das passende Blues-Merchandising erstehen kann.

⊠ 536 N Clark St
🕐 Täglich 20-1.30h, Sa bis 2.30h
💰 So-Fr $8, Sa $10
☎ 1-312-661-0100
🖥 www.bluechicago.com

Vee Jay Records

▶ Kingston Mines

Auf den beiden Bühnen präsentieren sich meist Veteranen des Genres. Der besondere Vorteil dieses Clubs ist, dass die letzten Besucher am Wochenende erst um 5 Uhr morgens auf die Straße gesetzt werden.

⊠ 2548 N Halsted St
🕐 So-Do 20-4h, Fr 19-4h, Sa 19-5h
💰 $12-15
☎ 1-773-477-4646
🖥 www.kingstonmines.com

▶ B.L.U.E.S

Kleiner, oft prall gefüllter Club nur wenige Meter vom Kingston Mines entfernt. Wie bei allen anderen Blues Clubs gehen die Meinungen weit auseinander, was die Authentizität der Musik einer vergangenen Epoche angeht.

⊠ 2519 N Halsted St
🕐 So-Fr 20-2h, Sa 20-3h
☎ 1-773-528-1012
🖥 www.chicagobluesbar.com

▶ House of Blues

Der Name täuscht. HOB ist keineswegs ein Blues-Club, sondern ein Veranstaltungssaal für alle möglichen Musikstile, der immerhin 1.500 Besuchern Platz bietet. Blues-Konzerte finden zwar auch statt, aber ein Blick in den Veranstaltungskalender ist obligatorisch. Ein besonderes Gimmick ist der sonntägliche Gospelbrunch mit Südstaatenküche am „All you can eat"-Buffet (10h und 12.30h, $45,50).

⊠ 329 N Dearborn St
🕐 Je nach Veranstaltung
💰 Je nach Veranstaltung
☎ 1-312-923-2000
🖥 http://hob.com/venues/clubvenues/chicago

▶ Rosa's Lounge

Intimer, kleiner Club, der scheinbar noch nicht dem großen Business verfallen ist. Das merkt man auch an den ausgesprochen fairen Preisen. Seit Jahrzehnten ist der Laden im Besitz einer Familie italienischer Einwanderer und präsentiert mutige Musiker, die den Blues abseits des Mainstream interpretieren.

⊠ 3420 W Armitage St
🕐 20h-3h, Konzerte Do-Sa 21.30h
💰 $7-15
☎ 1-773-342-0452
🖥 www.rosaslounge.com

🖵 Chicago Blues im Film

🖵 Cadillac Records	
Originaltitel	Cadillac Records
Jahr	2008
Regie	Darnell Martin
Hauptdarsteller	Adrien Brody, Jeffrey Wright, Mos Def
Genre	Musikbiographie

Das New Orleans des Nordens – Chicago Jazz

Boxing is like jazz. The better it is, the less people appreciate it.

Boxen ist wie Jazz. Je besser er ist, desto weniger Menschen wissen ihn zu schätzen.

George Foreman (geboren 1949), ehemaliger Boxweltmeister im Schwergewicht.

Chicago ist nicht nur die Hauptstadt des Blues, sondern dominierte mindestens ein Jahrzehnt lang auch den Jazz. Genau wie beim Blues, war es die massenhafte Zuwanderung aus dem Süden, die Chicago zur Kapitale der schwarzen Musik machte.

Die Geschichte ist paradox: Zu Anfang der 1920er Jahre, als das erste goldene Zeitalter des Jazz eingeläutet wurde, gab es zunächst gar keinen genuinen Chicagoer Stil. Tatsächlich war es New Orleans Jazz, der in Chicago seine künstlerischen Höhepunkte erreichte. Und es waren Musiker aus New Orleans, die im Norden ihre Spielweise weiter pflegten und entwickelten.

Lange Zeit wurde die Zuwanderungswelle von Jazzmusikern mit der schönen, wenn aber auch nur teilweise richtigen Geschichte des Stadtteils Storyville erklärt. Wenige Blocks vom French Quarter in New Orleans gelegen, hatten die Stadtoberen gegen Ende des 19. Jahrhunderts nach dem Vorbild norddeutscher und niederländischer Hafenstädte die Prostitution legalisiert. In fast jedem Bordell sorgte ein schwarzer Klavierspieler für entspannt-angeregte Atmosphäre, manchmal sogar ganze Bands. King Oliver oder Clarence Williams begannen ihre Karriere als Rotlicht-Pianisten und Louis Armstrong versorgte in jungen Jahren die Etablissements mit Kohlen,

um die entsprechenden Umgebungstemperaturen zu sichern.

Mit dem Eintritt der USA in den 1. Weltkrieg wurde New Orleans zum strategischen Kriegshafen. Der örtliche Marinechef sah die Disziplin und Moral seiner Truppen gefährdet und setzte gegen den Widerstand der Stadtverwaltung die Schließung der Privatclubs durch. Die vielen arbeitslos gewordenen Musiker mussten sich wohl oder übel nach anderen Anstellungen umsehen und viele sahen als Lösung nur den Umzug in den Norden. Tatsächlich boomte der Jazz aber in allen schwarzen Stadtvierteln von New Orleans. Und die Abwanderungswelle der Jazzmusiker war am Ende nur Teil der großen schwarzen Migration in die nördlichen Industrieregionen.

Chicago bot nicht nur Arbeitsplätze in der Industrie, sondern auch günstige Gelegenheiten für Musiker. Die „Speakeasies", die illegalen Lokale, die trotz Prohibition Alkohol ausschenkten, setzen auf musikalische Animation. Und die rasant wachsenden Mafiagangs, die die Geschäfte kontrollierten, betätigten sich, ganz aufs Gemeinwohl bedacht, als musikalische Mäzene. Allen voran Opern- und Jazzliebhaber Al Capone.

Die organisierte Kriminalität half, das „Jazz Age" einzuleiten, indem sie das weiße Publikum geschmacklich an schwarze Musik heranführte. Auch die zunehmende Verbreitung des Grammophons und der Schellackplatte spielten eine wichtige Rolle bei der Expansion des Jazz in die weißen Konsumentenschichten. So wurde New Orleans, die Wiege des Jazz, von Chicago abgelöst und verschwand zumindest in musikalischer Hinsicht allmählich in der Bedeutungslosigkeit. Aber: die schwarzen Musiker spielten in Chicago zunächst weiter New Orleans Jazz.

Die explodierende Popularität des Jazz unter der weißen Bevölkerung rief schnell auch weiße Musiker auf den Plan, die in überschwänglicher Begeisterung ihre schwarzen Vorbilder kopierten – doch wollte es ihnen scheinbar nicht gelingen, genauso zu klingen. Stattdessen kreierten sie ihren eigenen Stil: Sie wandten sich von den sich ständig überkreuzenden Melodielinien der kollektiven Improvisation des New Orleans Jazz ab und gönnten dem einzelnen Musiker größere Freiheit und mehr Aufmerksamkeit bei der Improvisation. Das Solo erhielt Einzug in den Jazz und die Stücke wurden von nun an durch eine Abfolge von Soloimprovisationen der verschiedenen Melodieinstrumente geprägt.

Auch die Instrumentierung wurde modernisiert. Gitarre und Bass ersetzten Banjo und Tuba und das Saxophon erlangte eine dominierende Stellung. Die so transportierte Stimmung war nicht mehr von der überschwänglichen Lebensfreude des Südens geprägt, sondern reflektierte die kühle, rationale Atmosphäre der modernen Industriemetropole des Nordens.

Der herausragende Musiker, der für diesen Stil stand, war der Kornettist Bix Beiderbecke. Als Sohn einer Farmerfamilie mit Wurzeln in Mecklenburg war er in Iowa am Ufer des Mississippi aufgewachsen. Er soll seine Liebe zum Jazz in früher Jugend entdeckt haben, als er der Musik, die auf vorbeifahrenden Schiffen gespielt wurde, vom Ufer aus lauschte.

1921 ging Beiderbecke nach Chicago und prägte zusammen mit anderen jungen Weißen wie Gene Krupa und dem späteren Swing-Star Benny Goodman einen neuen Stil. Doch die komplexe Geographie des Jazz begegnet uns auch hier wieder: Beiderbecke spielte eher selten in Chicago und seine kreativen Hochphasen erlebte er in New York. Und genau hierhin zog der ‚zweite große Treck' der Jazzgeschichte weiter, wo mit dem Swing der endgültige kommerzielle Triumph des Jazz eingeleitet wurde.

👁 Schauplätze

Die frühen Jazz-Cabaretts konzentrierten sich besonders in der South State Street zwischen der 31st und 43rd Street. Die kleinen und intimen Etablissements bekamen bald Konkurrenz durch die großen „Ballrooms", die in Hotels und Amüsiervierteln wie Pilze aus dem Boden schossen.

▶ Aragon Ballroom
Der extravagante Konzertsaal wurde 1926 ins Leben gerufen. Sein Gründer, Andrew Karzas, wollte den Jazz salonfähig machen und ihn vom Image der schummrigen, sündigen Bars befreien.

Die klassischen Tanzveranstaltungen wurden 1964 wegen mangelnder Nachfrage aufgegeben. Das Aragon existiert bis heute als Konzerthalle für Rock- und Popveranstaltungen.
✉ *1100 West Lawrence Ave*
☎ *1-773-561-9500*
🖳 *www.aragon.com*

▶ Green Mills
1914 eröffnet, waren die Green Mill Gardens in den 1920er und 30er Jahren eine der heißesten Adressen im Jazz-Leben der Stadt. Al Capone und seine Kumpanen waren gern gesehene Gäste. „Machine Gun" Jack McGurn, vermutlich der Planer

des „St. Valentines Massakers", war Mitinhaber des Clubs. Inzwischen sind zwar ruhigere Zeiten eingekehrt, das Green Mills besticht aber weiterhin durch authentische Dekoration und täglichen Live-Jazz.

✉ *4806 N Broadway Ave, Ecke W Lawrence St*
⚭ *$5-12, je nach Veranstaltung*
☎ *1-773-878-5552*
🖥 *www.greenmilljazz.com*

▶ Sunset Café

In einer ehemaligen Autowerkstatt eröffnete 1921 einer der ersten und wichtigsten Jazz Clubs. Hier waren Louis Armstrong, Bix Beiderbecke, Gene Krupa, Earl Hines und Jimmy Dorsey aufgetreten. Heute beherbergt das unscheinbare Gebäude einen Hardware-Store, ist aber dennoch als „historic landmark" denkmalgeschützt.

✉ *315 East 35th Street*

▶ Louis Armstrong

Nach seiner Ankunft in Chicago bewohnte Louis ein Zimmer in der 3412 S Wabash St, das ihm sein Arbeitgeber King Oliver vermittelt hatte. 1924 heiratete er die Jazzpianistin Lil Hardin im Hause ihrer Mutter in der 3320 Giles Ave. Das Paar bezog danach ein 11-Zimmer Haus in der 421 E 44th St.

▶ Andy's

Seit über 30 Jahren eine Institution des Live Jazz in der Stadt, kann man bei einem vollständigen Mahl vom Tisch aus den Bands lauschen. Die musikalische Bandbreite reicht über Swing, Bebop und Fusion bis zu Latin-Jazz. Revolutionäre Experimente sollte man allerdings nicht erwarten.

✉ *11 E Hubbard St*
🕐 *Live Jazz täglich um 17 und 21h*
⚭ *Je nach Event, meist $10-15*
☎ *1-312-642-6805*
🖥 *www.andysjazzclub.com*

▶ Close Up 2 Jazz

Ein unter musikalischen wie ästhetischen Gesichtspunkten moderner Jazzclub, der

Im Chicago Loop

sich nach eigenen Worten dem „Smooth-Jazz" verschrieben hat. Also eine atmosphärische und elegante Cocktailbar mit sanfter musikalischer Untermalung und entsprechendem Publikum.

✉ *416 South Clark Street*
🕐 *Mi-Fr 16-2h, Sa 21-3h, Live Musik Fr&Sa*
⚭ *$5*
☎ *1-312-385-1111*
🖥 *www.closeup2jazz.com*

▶ Jazz Showcase

Seit 1947 existierender, kürzlich umgezogener, exklusiver Jazzclub. Bereits seit 15 Jahren rauchfrei. Gäste werden gebeten, sich während der Auftritte nicht zu unterhalten. Hier traten Legenden wie Duke Elington oder Ornette Coleman auf.

✉ *In der Metrostation Dearborn, Eingang an der Ostseite vom S Plymouth Ct*
⚭ *Meist $10-20*
☎ *1-312-360-0234*
🖥 *www.jazzshowcase.com*

Knetmasse für die Massen –
Das Wrigley Kaugummi Imperium

This will never be a civilized country until we spend more money for books than we do for chewing gum.

Dieses wird niemals ein zivisilisiertes Land sein, bis wir nicht mehr Geld für Bücher ausgeben als für Kaugummis.

Elbert Green Hubbard (1856-1915), Schriftsteller, Verleger und Philosoph aus Bloomington, Illinois.

Der Kaugummi ist neben Cola und Fastfood einer der Schlager amerikanischer Konsumkultur, der einen beispiellosen Triumphzug um den Erdball erlebt hat. Das Bild des ewig kauenden GIs kennt man in allen Winkeln der Welt. Trotzdem bleiben die Amerikaner selbst die größten Konsumenten und die 300 Millionen Menschen stecken sich laut Statistik jeden zweiten Tag mindestens einen Streifen zwischen die Zähne.

Die Speerspitze dieser Expansion war und ist das Chicagoer Unternehmen Wrigley. Unter einem guten Dutzend amerikanischer Produzenten behauptet Wrigley einen Marktanteil von rund 60 Prozent. Außerhalb der USA kontrolliert die Firma etwa die Hälfte des Weltmarktes. Deutschland gehört nach Unternehmensangaben zu den 5 wichtigsten Absatzmärkten.

Dabei ist der Kaugummi gar keine amerikanische Erfindung, sondern hat historische Vorläufer auf allen Kontinenten. Bei Grabungen in Finnland entdeckten englische Archäologen einen 5.000 Jahre alten Kaugummi aus Birkenharz. Griechen, Römer und Osmanen kauten das Harz des Mastixbaumes, einer Pistazienart. Auch die Indianer kauten auf Baumharzen, in Nordamerika vorwiegend Fichtenharz.

Azteken und Mayas nutzten die Säfte tropischer Gewächse.

Um die Mitte des 19. Jahrhunderts griff der amerikanische Fabrikant John Curtis Jackson aus Bangor im Neuenglandstaat Maine ein indianisches Rezept auf Fichtenharzbasis auf und verkaufte den ersten „industriellen" Kaugummi. 1880 kam ein Unternehmen aus Cleveland auf die Idee, Kaugummi mit Pfefferminzöl anzureichern, was Wrigley wenig später kopierte.

Der zukünftige Weltmarktführer hatte als Hersteller von Seife und Backpulver begonnen und legte seinen Produkten die Kaugummistreifen zunächst nur als zusätzlichen Kaufanreiz bei. Wrigley bemerkte aber schnell das wirtschaftliche Potential des Produktes und setzte nur 2 Jahre nach Unternehmensgründung voll auf den Kaugummi. Schon 1893 brachte es seine heute noch führenden Flaggschiffe „Juicy Fruit" und „Wrigley Spearmint" auf den Markt.

Die mit nur 32 Dollar Startkapital gegründete Firma wuchs durch innovative Marketingstrategien. Wrigley war eines der ersten Unternehmen, die konsequent Anzeigenkampagnen in der Presse schalteten. 1915 verschickte es landesweit an alle im Telefonbuch aufgeführten Adressen vier kostenlose Pro-

Wrigley Building, Chicago

bestreifen Kaugummi, insgesamt gut 1,5 Millionen Stück, um das Produkt landesweit bekannt zu machen.

Schon vier Jahre später wurde das Familienunternehmen in eine Aktiengesellschaft umgewandelt, deren Hauptanteile und leitende Posten in Familienkontrolle blieben. In den 20ern zog die Verwaltung in das elegante Wrigley Building an der Michigan Avenue, von wo aus auch heute noch die weltweiten Geschäfte geleitet werden.

Wrigley zielte von Anfang an auf die Expansion in alle Winkel der Welt und heute versorgen 14 Fabriken in Nordamerika, Europa, Australien, Afrika, Süd- und Ostasien die Konsumenten in 180 Ländern. Die 15.800 Mitarbeiter erwirtschaften einen jährlichen Umsatz von über 4 Milliarden Dollar. Doch damit längst noch nicht genug: 2006 wurde der ehemalige Nike-Vorstand William Perez als Geschäftsführer verpflichtet, um die Position des Unternehmens auf dem hart umkämpften Markt weiter auszubauen.

Der scheinbar simple Kaugummi ist inzwischen ein High-Tech-Produkt, dessen natürliche Kaumassen längst durch synthetische Polymerketten ersetzt worden sind. Zur Optimierung des Kauproduktes werden in komplexen Rezepturen Glycerin, Naturharze und Pflanzenöle zugesetzt, die eine ganz bestimmte Produktqualität sicherstellen und Zielgruppen vom Gebissträger bis zum jugendlichen Blasenfanatiker bedienen sollen.

Der zweite entscheidende Genussfaktor ist natürlich der Geschmack. In den Entwicklungslaboratorien werden ständig neue Aromen ausgetüftelt. Wrigleys klassische Geschmacksrichtung basiert auf natürlichem Pfefferminzöl. Die Firma brüstet sich damit, die jährliche Ernte von gut 30.000 Fußballfeldern großen Minzpflanzungen aus dem Norden der USA, vor allem aus Oregon, einzukaufen. Die eigentlichen Hauptbestandteile des Kaugummis sind jedoch Süßstoffe – je nach Produkt eine komplexe Mischungen aus Rüben- oder Rohrzucker, Glukosesirup, natürlichen und synthetischen Süßmachern, deren Anteil 60 % erreichen kann. Auf nationale oder regionale Vorlieben zielend, werden die abenteuerlichsten Geschmacksrichtungen zusammengebraut: vom Wassermelonenaroma in Australien über Kardamom in Indien bis zum scharfen mexikanischen Chili-Kaugummi.

Trotz seiner weltweiten Popularität ist der schwer recycelbare Kaugummi auch oft ein Ärgernis: Die unter Schulbänken klebenden Reste sind statistisch zwar nicht erfassbar, sicher ist aber, dass viele Städte riesige Summen für die Befreiung der Straßen von der klebrigen Masse ausgeben müssen. In Singapur war der Verkauf von Kaugummi über Jahre schlichtweg verboten und ist auch heute noch nur unter Vorlage eines ärztlichen Rezeptes legal.

Anders macht es das kalifornische San Luis Obispo: Eines der Touristenmagnete der 300 km nördlich von Los Angeles gelegenen Kleinstadt ist die „Bubble Gum Alley", eine enge Gasse mit Hinterhofatmosphäre, deren Backsteinwände mit Millionen durchgewalkter Kaugummis beklebt sind. Jeder, der möchte, kann hier ganz legal seine persönliche Marke hinterlassen.

👁 Schauplätze

Die Firma Wrigley erlaubt keine Besuche ihrer Produktionsstätten. Außer der architektonisch beeindruckenden Firmenzentrale auf der Magnificent Mile kann man höchstens auf die Sportarena „Wrigley Field" verweisen. Es ist die Heimat des seit Jahrzehnten erfolglosen Profi-Baseball-Clubs „Chicago Cubs", der sich über Jahre hinweg im Eigentum des Kaugummimagnaten befand. Kurios anzusehen ist, dass auf den umliegenden Wohngebäuden inzwischen legalisierte Dachtribünen installiert wurden, für die man übrigens ebenfalls Eintrittskarten erwerben kann.

✉ 1060 West Addison Street

🏛 Websites

Offizielle Unternehmenswebsite
🖥 www.wrigley.com

Internetpräsenz des deutschen Konzernablegers mit Sitz in Unterhaching bei München
🖥 www.wrigley.de

Homepage der Chicago Cubs
🖥 http://chicago.cubs.mlb.com

🎵 Soundtrack Kaugummi

Künstler	Titel	Album	Jahr	Genre
Sonic Youth	Bubble Gum	E.V.O.L.	1986	Alternativrock
Elvis Costello	Chewing Gum	Spike	1989	Songwriter
The Charlatans	Chewing Gum Weekend	Between 10th and 11th	1992	Alternativrock
U.S. Bombs	Bubble Gum	Put Strength in the Final Blow	1993	Punk
Super Furry Animals	Chewing Chewing Gum	Guerrilla	1999	Alternativrock
Rasheeda	Got that good (my Bubble Gum)	Dat Type of Gurl	2007	HipHop
Jeremy Enigk	Chewing Gum	The Missing Link	2007	Songwriter
GS Boyz	Bubble Gum	2 Deep 4 Life	2010	HipHop

Helm auf zum Gebet – American Football

When I played pro football, I never set out to hurt anyone deliberately unless it was, you know, important, like a league game or something.

Als ich Profi-Football spielte, hatte ich nie die Absicht, jemanden zu verletzen, es sei denn, es handelte sich um etwas Wichtiges wie ein Ligaspiel oder so.

Dick Butkus (geboren 1942), ehemaliger Profispieler der Chicago Bears

Noch vor Baseball und Basketball ist American Football die populärste Sportart der USA. Das actionreiche Spiel mit höchstem Körpereinsatz zieht jährlich Millionen in die Stadien und vor die Fernseher. Die visuelle und mediale Aufbereitung mit Musik und Cheerleadern trägt ihr Übriges zum Erfolg der amerikanischsten aller Sportarten bei. Das Finale der Profiliga, der Super Bowl, gilt als wichtigstes Fernsehereignis des Jahres. Urbane Legenden berichten, dass der Druck in der öffentlichen Wasserversorgung in der Viertelpause besorgniserregend sinke, weil Millionen gleichzeitig den Bierkonsum der ersten Hälfte entsorgen. Fakt ist zumindest, dass die Straßen während des Spiels leergefegt sind.

Die Übertragungsrechte an der National Football League gehören zu den teuersten der Welt und spülen dem Verband im Schnitt jährlich 3,7 Milliarden Dollar in die Kassen. Und die Stadien sind ebenfalls prall gefüllt: In der Saison 2011 strömten im Mittel 67.350 Zuschauer zu jedem Spiel ins Stadion. Die deutsche Fußball-Bundesliga erreicht nur etwas mehr als die Hälfte.

Für den unkundigen Europäer ist das Spiel nicht auf den ersten Blick zu durchschauen. Es entstand aus dem englischen Rugby, hat aber seit dem letzten Viertel des 19. Jahrhunderts ganz eigene Regeln, völlig andere Spieltaktiken und seine typische Ästhetik entwickelt. Dabei gibt es sogar noch mehrere Varianten: Die Regeln des College-Football unterscheiden sich vom Profi-Spiel und beim nördlichen Nachbarn wird Canadian-Football gespielt.

Der US-Profi-Football hat ein ungeheuer kompliziertes und umfangreiches Regelwerk hervorgebracht. Der oberflächliche Eindruck eines wilden Durcheinanders täuscht vollkommen: Tatsächlich ist das Spiel taktisch zutiefst durchdacht und außerordentlich variantenreich. Jeder Spieler übernimmt eine ganz spezielle Aufgabe und passt von seinen physischen und spielerischen Voraussetzungen exakt auf seine Position, die er deshalb auch selten wechselt.

Auf dem 120 Yards, also etwa 100 Meter langen Spielfeld stehen sich zwei Teams mit je 11 Feldspielern gegenüber. Eine Mannschaft kann aber durchaus 50 Spielern bestehen, die je nach Anforderung der Spielsituation laufend ausgewechselt werden. Normalerweise wechseln sich drei vollständige Formationen ab: eine für den Angriff, eine für die Defensive und eine für besondere Aufgaben.

Ziel ist es, mit dem Ball so tief wie möglich in die gegnerische Spielhälfte einzudringen und dabei auf unterschiedliche Arten Punkte zu ergattern. Die bekannteste, weil spektakulärste und am höchsten dotierte Weise ist der „touchdown", bei dem ein Spieler zusammen mit dem Ball die gegnerische Grundlinie überschreitet. Dafür gibt es sechs Punkte. Mit zwei Punkten wird ein „field goal" belohnt, bei dem der Ball einfach durch die beiden Torpfosten geschossen wird.

Die Vorwärtsbewegung zum Raumgewinn in der gegnerischen Hälfte wird entweder durch den Lauf eines Spielers mit dem Ball oder durch Zupassen von einem Spieler zum anderen erreicht. Wird der ballführende Angreifer zu Fall gebracht, gilt der Angriffsversuch als beendet. Scheitern vier Versuche, mindestens 10 Yards Raumgewinn zu erzielen, wechselt der Ballbesitz.

Egal auf welche Weise Punkte erreicht werden, der volle Körpereinsatz ist bei allen Spielzügen garantiert. Helm und Polsterung der gefährdetsten Körperpartien schützen deshalb die Gesundheit der Spieler ebenso wie die rigorose

Ahndung regelwidrigen Körperkontaktes. In der „wilden" Anfangsphase des Footballspiels, als die Akteure noch ungeschützt auftraten und die Regeln weit weniger streng waren, kam es sehr häufig zu Todesfällen. Im Jahre 1905 musste sogar der US-Präsident einschreiten und schärfere Spielregeln einfordern, als in einer einzigen Saison 18 Akteure ihr Leben auf dem Spielfeld ließen. Trotz verschärfter Regeln und moderner Schutzkleidung kommt es aber auch heute noch in jedem Jahr zu tödlichen Kopf- und Nackenverletzungen.

Bei der Unübersichtlichkeit des Spiels wird ein ganzes Team von Schiedsrichtern benötigt, die jeweils bestimmte Bereiche des Spielfeldes beaufsichtigen. In der NFL, der Profiliga, kommen pro Spiel sieben Referees zum Einsatz. Offensichtlich reichte diese Zahl aber immer noch nicht aus, sodass inzwischen auch der Videobeweis eingeführt wurde. Zweimal pro Spielhälfte kann der Trainer durch das Werfen einer roten Flagge die sofortige Revision der Videoaufnahmen einer strittigen Szene verlangen. Bestraft wird meist mit Raumverlust, sprich, das angrei-

fende Team kann nach einer Spielunterbrechung seine Offensive von einem weiter zurückliegenden Punkt wieder aufnehmen. Grobe Fouls können auch mit einem Feldverweis bestraft werden. Kurioserweise muss bei einem Foul der Spielfluss nicht sofort unterbrochen werden. Stattdessen werfen die Schiedsrichter eine farbige Flagge an den Ort des Fouls, das dann erst nach Beendigung des Spielzugs geahndet wird.

Die amerikanische Football-Szene ist keineswegs so einheitlich organisiert wie der europäische Sport. Neben der Profiliga „National Football League" gibt es noch die Wettbewerbe des NCCA, des nationalen Hochschulsportverbandes, der weit höhere Popularität genießt, als man zunächst vermuten möchte.

Und weil Football Big Business ist, versuchten findige Unternehmer mehrfach, Alternativligen ins Leben zu rufen und neue Teams zu gründen. Der Immobilienhai Donald Trump war beispielsweise am Versuch beteiligt, die „United States Football League" als großes Medienereignis zu vermarkten. Der nationale Fernsehsender NBC startete das Joint Venture XFL, bei dem durch Regeländerungen zusätzliche Härte ins Spiel kommen und die Berichterstattung durch Live-Kameras in den Duschen von Spielern und Cheerleadern aufgelockert werden sollte. Diese Versuche scheiterten jedoch und die NFL zeigte sich als durchaus lernfähig, sich gegen unliebsame Konkurrenz zu schützen und ihren Markt weiter auszubauen. So installierte man kurzerhand einen europäischen Ableger der amerikanischen Liga, dessen Spielbetrieb aber 2007 vorerst eingestellt wurde.

Die Profiliga NFL umfasst derzeit 32 Teams, die in zwei unterschiedlichen Gruppen ihre Spiele austragen. Beide Gruppen sind nochmals vierfach nach Regionen unterteilt. Die vier Regionalsieger stoßen in die Playoffs vor, wo dann die beiden Endspielteilnehmer für

den Super Bowl ermittelt werden.

Das erfolgreichste und gleichzeitig ungewöhnlichste Team sind die Green Bay Packers aus Wisconsin, 4 Autostunden nördlich von Chicago. Als einzige Profimannschaft sind sie nicht Eigentum eines Konzerns, Multimillionärs oder Investors, sondern entsprechen mehr oder weniger dem Konzept des europäischen Mitgliedervereins. Die Mannschaft aus der peripheren 100.000-Einwohner-Kleinstadt hat aber schon volle 13 Meisterschaften eingeheimst und dadurch eine Euphorie ausgelöst, die beängstigende Ausmaße annimmt: Das 72.000 Zuschauer fassende Stadion könnte problemlos verdreifacht werden und die Warteliste für Dauerkarten zählt 75.000 Namen – dies entspricht einer theoretischen Wartezeit von über 30 Jahren!

Die geographische Nähe musste natürlich automatisch zu einer erbitterten Rivalität mit dem „Nachbarclub" aus Chicago führen. Die Bears liegen in der Statistik mit 9 Meisterschaften nur auf Platz 2. Das Feuer der sportlichen Konkurrenz wird zusätzlich durch die soziokulturellen Gegensätze angefacht: auf der einen Seite die arroganten, reichen, urbanen, multikulturellen Weltstädter – auf der anderen die friedliche, zu 85 % weiße Kleinstadt, mit einer der niedrigsten Kriminalitätsraten des Landes.

Und die Glanzzeit der Chicago Bears ist tatsächlich schon etwas länger her: In den 1920er bis 40er Jahren waren sie eines der dominierenden Teams der Liga und konnten den bis heute höchsten Sieg der Ligageschichte verbuchen: Mit 73:0 vernichteten sie die Washington Redskins. Doch seitdem befinden sich die Bears in einer Dauerkrise. Nur zweimal konnten sie nach 1945 die Meisterschaft gewinnen; das letzte Mal liegt nun schon wieder über 20 Jahre zurück. Immerhin erreichten sie im Jahr 2006 das Endspiel – für alle Chicagoer ein Lichtblick!

👁 Schauplätze

▶ Soldier Field

Das Stadion der Chicago Bears wurde 1924 nach dem Vorbild einer römischen Arena errichtet. Inzwischen ist es aber zu einem modernen Mehrzweckstadion mit 65.000 Plätzen umgebaut worden, das auch Rock-Konzerte, Boxkämpfe oder Snowboardmeisterschaften ausrichtet. In diesem Stadion wurde das Eröffnungsspiel der Fußballweltmeisterschaft 1994 zwischen Deutschland und Bolivien ausgetragen. Eintrittskarten für die Heimspiele der Bears kann man unter 🖥 www.ticketmaster.com ergattern, die gepfefferten Preise liegen zwischen $65 und $340.

Die Arena kann auch außerhalb von Veranstaltungen besichtigt werden, die 45minütige Führung muss man allerdings vorher telefonisch unter ☎ 1-312-235-7244 reservieren.

- ✉ *1410 S Museum Campus Drive, Gate 14*
  Das Stadion liegt auf dem Museumscampus, direkt südlich des Shedd Aquariums.
- 🔗 *Kinder 4-9 Jahre $4, Studenten $10, Erwachsene $15, Senioren $7*
- 🖥 *www.soldierfield.net*

🖥 Websites

Offizielle Website der NFL
🖥 *www.nfl.com*

Webpräsenz der Chicago Bears
🖥 *www.chicagobears.com*

Homepage der Green Bay Packers
🖥 *www.packers.com*

📀 Filme

Auch Hollywood profitiert von der ungeheuren Popularität des Football und hat in den vergangenen 20 Jahren mehr als 30 Kinofilme zum Thema produziert. Meist handelt es sich um familienfreundliche Komödien oder klischeebehaftete Sportdramen. Allerdings ist nur ein Teil davon auch in die deutschen Kinos vorgedrungen.

📀 Jerry Maguire – Spiel des Lebens	
Originaltitel	Jerry Maguire
Jahr	1996
Regie	Cameron Crowe
Hauptdarsteller	Tom Cruise, Cuba Gooding Jr., René Zellweger
Genre	Romantische Komödie

📀 An jedem verdammten Sonntag	
Originaltitel	Any Given Sunday
Jahr	1999
Regie	Oliver Stone
Hauptdarsteller	Al Pacino, Cameron Diaz, Dennis Quaid
Genre	Sport-Drama

📀 Gegen jede Regel	
Originaltitel	Remember the Titans
Jahr	2000
Regie	Boaz Yakin
Hauptdarsteller	Denzel Washington, Will Patton
Genre	Sozialdrama

📀 Friday Night Lights – Touchdown am Freitag	
Originaltitel	Friday Night Lights
Jahr	2004
Regie	Peter Berg, Josh Pate
Hauptdarsteller	Billy Bob Thornton, Lucas Black
Genre	Sport-Drama

📀 Spiel auf Bewährung	
Originaltitel	Gridiron Gang
Jahr	2006
Regie	Phil Joanou
Hauptdarsteller	Dwayne Johnson, Xzibit
Genre	Sozialdrama

▶ Teams der National Football League

Division	Team	Stadt
AFC East	Buffalo Bills	Orchard Park, New York
	Miami Dolphins	Miami Gardens, Florida
	New England Patriots	Foxborough, Massachusetts
	New York Jets	East Rutherford, New Jersey
AFC North	Baltimore Ravens	Baltimore, Maryland
	Cincinnati Bengals	Cincinnati, Ohio
	Cleveland Browns	Cleveland, Ohio
	Pittsburgh Steelers	Pittsburgh, Pennsylvania
AFC South	Houston Texans	Houston, Texas
	Indianapolis Colts	Indianapolis, Indiana
	Jacksonville Jaguars	Jacksonville, Florida
	Tennessee Titans	Nashville, Tennessee
AFC West	Denver Broncos	Denver, Colorado
	Kansas City Chiefs	Kansas City, Missouri
	Oakland Raiders	Oakland, Kalifornien
	San Diego Chargers	San Diego, Kalifornien
NFC East	Dallas Cowboys	Irving, Texas
	New York Giants	East Rutherford, New Jersey
	Philadelphia Eagles	Philadelphia, Pennsylvania
	Washington Redskins	Landover, Maryland
NFC North	Chicago Bears	Chicago, Illinois
	Detroit Lions	Detroit, Michigan
	Green Bay Packers	Green Bay, Wisconsin
	Minnesota Vikings	Minneapolis, Minnesota
NFC South	Atlanta Falcons	Atlanta, Georgia
	Carolina Panthers	Charlotte, North Carolina
	New Orleans Saints	New Orleans, Louisiana
	Tampa Bay Buccaneers	Tampa, Florida
NFC West	Arizona Cardinals	Glendale, Arizona
	St. Louis Rams	St. Louis, Missouri
	San Francisco 49ers	San Francisco, Kalifornien
	Seattle Seahawks	Seattle, Washington

Defense	Verteidigende Mannschaft
End Zone	Die letzten Yards vor der Torlinie, also die „heiße" Zone des Spielfelds.
Field Goal	Das Schießen des Balles durch die gegnerischen Torpfosten bringt den Angreifern 3 Punkte ein.
Goal line	Torlinie
Kick-off	Anstoß
Offense	In Ballbesitz befindliche, angreifende Mannschaft
Overtime	Nachspielzeit
Pass the ball	Den Ball zu einem Mitspieler werfen
Play	Spielzug
Playoff	Entscheidungsspiel
Point after touchdown	Möglichkeit, nach einem Touchdown durch eine Art „Freistoß" durch die Torstangen zwei weitere Punkte zu gewinnen.
Quarterback	Der Gestalter des Offensivspiels, der versucht, die gegnerische Verteidigung mit weiten Pässen zu knacken.
Referee	Oberster Schiedsrichter, erkennbar an seiner weißen Mütze
Runing Back	Ein auf der Position des Running Back eingesetzter Spieler versucht, die gegnerische Verteidigung mit dem Ball laufend zu überwinden. Je nach Taktik werden ein oder zwei Running Backs eingesetzt.
Running the ball	Ein Spieler versucht, mit dem Ball laufend Raumgewinn zu erzielen.
Snap	Beginn eines Spielzugs, wenn der Center, der zentrale Spieler der Angriffsformation, den Ball nach hinten an den Quarterback spielt.
Spot of Foul	Stelle, an der ein Foulspiel stattgefunden hat, die ein Schiedsrichter mit einer gelben Flagge markiert.
Sudden Death	Ähnlich dem Golden Goal im europäischen Fußball: Ein Spiel endet in der Verlängerung, sobald ein Team zwei Punkte erzielt hat.
Sudden Victory Overtime	Weniger aggressive Bezeichnung des „Sudden Death"
Touchdown	6 Punkte für die angreifende Mannschaft, wenn ein Spieler mit dem Ball die gegnerische Torlinie überschreitet.
Whitecap	Oberster Schiedsrichter, erkennbar an seiner weißen Mütze
Wide Receiver	Läufer, der einen weiten Pass des Quarterbacks erwartet.

ILLINOIS

Helm auf zum Gebet – American Football

Der alte Mann und der Schnaps – Ernest Hemingway

Das Merkwürdige an der Zukunft ist wohl die Vorstellung, dass man unsere Zeit einmal die gute alte Zeit nennen wird.

Ernest Hemingway (1899-1961)

Kein zurückgezogener Intellektueller, sondern ein Abenteurer, einer der das Leben in vollen Zügen genoss, der Risiken einging und nicht selten teuer dafür bezahlte – eine Persönlichkeit, aus der die Medienwelt so etwas wie den ersten Popstar der Literatur kreierte. Ein Mann, dessen Lebensgeschichte selbst schon ein großer Roman ist. Viermal verheiratet, Kriegsberichterstatter, Hochseeangler, Großwildjäger, Trinker, Selbstmörder. Einer der aufrecht durch die Höhen und Tiefen des Lebens ging. Marcel Reich-Ranicki titulierte Hemingway als „empfindsamen Kraftmeier".

Eine solche facettenreiche aber volksnahe Persönlichkeit lässt sich auch heute noch vortrefflich vermarkten. Hemingways Nachkommen ließen den Familiennamen schützen und verdienen fleißig an Kugelschreibern, Schusswaffen oder Zigarren, die Papas Markennamen tragen.

Ebenso erfolgreich waren und sind seine Romane: In kurzen, schnörkellosen Sätzen und klaren Bildern schilderte Hemingway menschliche Tragödien, die jeden mitreißen. Er schreckte dabei nie vor den großen Themen des Lebens zurück: Liebe und Leidenschaft, Lebenslust und Tod, Erfolg und klägliches Scheitern. Selten fanden seine Erzäh-

lungen ein Happy End. Sein berühmtester Roman, „Der alte Mann und das Meer", wurde mit Ehrungen überhäuft, darunter auch dem Literaturnobelpreis. Die Geschichte des einfachen, erfolglosen Fischers, der nach dreitägigem Kampf einen Riesenfisch erlegt, der auf dem Heimweg vollständig von Haien aufgefressen wird, wurde 1958 mit Spencer Tracy in der Hauptrolle ebenso erfolgreich verfilmt.

Hemingway wurde 1899 in Oak Park, einem westlichen Außenbezirk von Chicago geboren. Schon als Kind angelte und jagte er mit seinem Vater und liebte von klein auf das Leben in der Natur. 1934 ging er in Kenia mit dem Ehemann von Karen Blixen auf Großwildjagd und ließ sich zu einem anderen berühmten Roman inspirieren: „Schnee am Kilimandscharo".

Angefangen hatte er seine berufliche Laufbahn als 18-jähriger Reporter tief im mittleren Westen beim Kansas City Star. Doch Hemingway suchte das große Abenteuer, meldete sich im Ersten Weltkrieg freiwillig zu einer Sanitätseinheit und wurde in Italien schwer verwundet. Er zog für einige Jahre nach Paris, gab die Arbeit als Journalist weitgehend auf und begann, Geschichten zu schreiben. Er bewies ein fähiges Händchen zum Schreiben und erntete schon kurze Zeit später die ersten kommerziellen Erfolge. Hemingway hielt es aber nicht in Paris – er zog ruhelos um die Welt, lebte in Spanien, Kuba, Österreich und Florida und bereiste die halbe Welt.

Die gleiche Ruhelosigkeit spiegelte sich auch in seinem Verhältnis zu Frauen wider. Seine vier Ehen hielten nur wenige Jahre und litten unter seinen vielfachen Liebschaften. Zeit seines Lebens war er außer dem weiblichen Geschlecht einem weiteren Laster zugetan: dem Alkohol. Er trank in rauen Mengen und zerstörte seine ohnehin labile Gesundheit vollends. Auf der ganzen Welt finden sich Bars, deren Namen sich auf einen der berühmtesten Trinker der Kulturgeschichte beziehen. Seine Stammkneipe „Sloppy Joe's" auf Key West, dem südlichsten Zipfel Floridas, zieht heute noch Touristenfluten an, die am selben Tresen wie Hemingway einen Whiskey auf Eis schlürfen möchten.

Doch der romantische Traum vom Tresenglück bei karibischem Sonnenuntergang kommt der Wahrheit nicht sehr nahe. Hemingway entwickelte einen Hang zur Depression, der vom Alkohol nur noch verstärkt wurde. Die gescheiterten Ehen, seine sich verschlimmernde Sehschwäche, die Vielzahl an Krankheiten und Unfällen, die ihn im Lauf des Lebens heimsuchten – alles trug zu tiefer Melancholie bei. Er verbrachte Monate in psychiatrischen Kliniken und ließ sich mit Elektroschocks behandeln. Am Ende war er kaum noch fähig zu schreiben.

Wie schon sein Vater, beschloss er, seinem Leben selbst ein Ende zu setzen: Nach einem ersten gescheiterten Suizidversuch im Frühjahr 1961 erschoss er sich am 2. Juli desselben Jahres in der Kleinstadt Ketchum im Staate Idaho, wo er wegen Leberproblemen, Bluthochdrucks und Depressionen in Behandlung war und eine Farm besaß.

Die Geschichte der Selbstmorde zieht sich wie ein roter Faden durch die Geschichte der Familie Hemingway: Außer seinem Vater töteten sich auch zwei seiner Schwestern und seine Enkelin, die Schauspielerin Margaux Hemingway. Erfolg und persönliches Glück gehen eben nicht unbedingt immer Hand in Hand.

👁 Schauplätze

▶ Oak Park – Hemingways Geburtsort

Die Gemeinde Oak Park gehört mit eleganten Eigenheimen, schönen Parks und angesehenen Bildungseinrichtungen zu den „besseren" Gegenden Chicagos. In den letzten Jahren hat sich die Atmosphäre der einst ausgesprochen konservativen Gegend durch den Zuzug jüngerer, aber gutverdienender Familien deutlich gewandelt. Oak Park ist ein lebendiger und fortschrittlicher Stadtteil geworden, der als einer der fahrradfreundlichsten der USA gilt. Außer als Geburtsort Hemingways ist das Viertel auch durch verschiedene Bauten des gefeierten Architekten Frank Lloyd Wright und als Wohnort von Ray Kroc, der McDonald's zum Weltkonzern machte, bekannt.

▶ The Hemingway Birthplace Home

In der schönen viktorianischen Villa wurde Hemingway in einem Schlafzimmer im zweiten Stock geboren.
✉ 339 N Oak Park Ave

▶ The Ernest Hemingway Museum

Wenige Schritte vom Geburtshaus entfernt bietet das Museum Einblick in Leben und Arbeiten des großen Schriftstellers. Die Eintrittskarte gilt sowohl für das Museum, als auch für Hemigways Geburtshaus.

⊠ 200 N Oak Park Ave
⇨ Bequem und preiswert erreicht man den Ort vom Chicago Loop mit der blauen oder der grünen Schnellbahnlinie. Mit dem privaten Vehikel nimmt man den Interstate 190 bis zur Ausfahrt Austin Ave (Exit 23A, Achtung: Die Ausfahrt beginnt auf der linken Spur). Dann rechts in die Austin Ave abbiegen, nach einem Kilometer links auf den Washington Blvd, nach einer Meile rechts auf die S Oak Park Ave. Das Museum ist auf der rechten Seite, zwei Blocks nach der S-Bahn Unterführung.
◎ So-Fr 13-17h, Sa 10-17h, an nationalen Feiertagen geschlossen
∞ Für beide Häuser: Kinder unter 5 Jahren frei, Jugendliche bis 18 Jahre $8, Erwachsene $10, Senioren $8
☎ 1-708-524-5383
🖳 www.ehfop.org

Verfilmungen von Hemingways Romanen

Wem die Stunde schlägt

Originaltitel	For Whom the Bell Tolls
Jahr	1943
Regie	Sam Wood
Hauptdarsteller	Gary Cooper, Ingrid Bergman
Genre	Drama

Schnee am Kilimandscharo

Originaltitel	The Snows of Kilimanjaro
Jahr	1952
Regie	Henry King
Hauptdarsteller	Gregory Peck, Ava Gardner, Susan Hayward
Genre	Drama

Zwischen Madrid und Paris

Originaltitel	The Sun Also Rises
Jahr	1957
Regie	Henry King
Hauptdarsteller	Tyrone Power, Ava Gardner, Errol Flynn
Genre	Drama

In einem anderen Land

Originaltitel	A Farewell to Arms
Jahr	1957
Regie	Charles Vidor
Hauptdarsteller	Rock Hudson, Jennifer Jones
Genre	Kriegsdrama

Der alte Mann und das Meer

Originaltitel	The Old Man and the Sea
Jahr	1958
Regie	John Sturges
Hauptdarsteller	Spencer Tracy
Genre	Drama

Orson Welles und die Invasion vom Mars

I started at the top   Ich begann ganz oben und
and worked my way down.   habe mich dann runtergearbeitet.

Orson Welles (1915-1985)

*„Wir unterbrechen unser Tanzmusikpro-
gramm für eine Sonderberichterstattung
der Intercontinental Radio News. Um
zwanzig Minuten vor acht [...] berichtete
Professor Farrell vom Mount Jennings Observatorium in Chicago, Illinois, von der
Beobachtung mehrerer leuchtender Gasex-
plosionen auf dem Planeten Mars."*

So begann eine Radiosendung im Jahre 1938, die in die Mediengeschichte
eingehen und dem jungen Autor Orson
Welles einen ungeheuren Karriereschub
einbringen sollte.

Wenige Minuten nach den verdächtigen Explosionen auf dem Mars folgt
die Meldung von einem Meteoriten-
einschlag in New Jersey. Dieser entpuppt
sich kurz darauf vor den Augen eines
anwesenden Radioreporters als ein von
Marsmenschen gesteuertes Raumschiff.
Weitere Raumfahrzeuge landen an verschiedenen Orten der USA. Sie zerstören Brücken und Bahnlinien und versprühen Giftgas. Die Armee bekämpft
die Angreifer erfolglos mit schweren
Waffen. Ein anderer Reporter fällt den
Eindringlingen zum Opfer, während er
live von den schauderhaften Ereignissen
bei der Invasion New Yorks berichtet.

Die Reportage war reine Fiktion.
Orson Welles hatte mit seiner Theater-
gruppe „Mercury Theatre" den Roman
„Krieg der Welten" von H. G. Wells

aus dem viktorianischen England in
die amerikanische Gegenwart verlegt.
Vor, nach und auch einmal während
der Sendung wurde darauf hingewiesen,
dass es sich um die Interpretation einer
Romanvorlage handelte.

Dennoch häuften sich in den folgenden Tagen und Wochen Berichte in den
Medien, nach denen viele Hörer nicht
am Wahrheitsgehalt der Sendung zwei-
felten. Es soll zu panischen Reaktionen
gekommen sein: Man berichtete von
Hunderten Menschen, die die Polizeire-
viere stürmten. Von Tausenden, die ihre
wichtigsten Habseligkeiten zur Flucht
zusammenrafften. Andere meldeten
sich als Freiwillige zur Verteidigung
des Vaterlandes. Immer wieder wird
ein Farmer zitiert, der, überzeugt, ein
Raumschiff vom Mars vor sich zu haben, mit seiner Flinte einen Wasserturm
durchsiebte. Einige Berichte gingen
schließlich sogar so weit, zu behaupten,
Menschen hätten mit Schocks in Kran-
kenhäusern behandelt werden müssen
und es sei zu Selbstmorden gekommen,
um dem technisch überlegenen Feind
zu entgehen.

Am anderen Ende des Kontinents,
in einem Städtchen namens Concrete,
150 Kilometer nördlich von Seattle,
fiel während der Sendung wegen eines Kurzschlusses im Versorgungsnetz
der Strom aus. Ein Teil der Bewohner

glaubte, die Invasion vom Mars fiele nun auch über sie her und flüchtete in die umliegenden Berge.

Die Geschichte von der Massenpanik durch Orson Welles' Radiosendung ist so oft wiederholt worden, dass sie gewissermaßen schon zur amerikanischen Folklore gehört. Ironischerweise wird sie noch heute immer wieder von unkritischen oder sensationswütigen Journalisten aufgegriffen.

Spätere Nachforschungen von Sozial- und Medienwissenschaftlern relativierten die Ereignisse: Sicher habe die Sendung Verwirrung gestiftet und tatsächlich seien besorgte Anrufe bei Polizeirevieren und Radiostationen eingegangen. Doch von einer Massenpanik könne wohl kaum die Rede sein.

Die Erklärung für die widersprüchlichen Berichte findet sich wohl im System der Massenkommunikation selbst: Zum einen befand sich die wöchentliche Radioshow des „Mercury Theatre" in direkter Konkurrenz zu anderen Sendungen im alltäglichen Kampf um die Gunst der Zuhörer und den anderen Radiostationen kam der Vorfall gerade gelegen, um den Rivalen zu diffamieren. Im Ringen um Auflagen und Einschaltquoten gewinnt eben oft nicht derjenige, der besser und objektiver informiert, sondern der, der am dicksten aufträgt. Und Katastrophenmeldungen verkaufen sich bekanntermaßen besonders gut.

Gleichzeitig hatte der unerfahrene Radiohörer in den 30er Jahren uneingeschränktes Vertrauen in die Objektivität der Medien. Aber selbst in der multimedialen Gegenwart könnte man beinahe sicher sein, dass ein ähnliches Experiment, zeitgemäß präsentiert, vergleichbare Reaktionen provozieren würde.

Wenige Jahre später wurde Welles' Rezept noch zwei weitere Male kopiert: 1944 in Chile und 1949 in Ecuador. Zumindest im zweiten Fall gerieten die Ereignisse wirklich außer Kontrolle. Als den verängstigten Bewohnern von Qui-

to klar wurde, dass sie Opfer einer Täuschung geworden waren, steckten sie aufgebracht das Gebäude des örtlichen Radiosenders in Brand, wobei angeblich 15 Todesfälle zu beklagen waren.

Ob Orson Welles die von ihm gestiftete Verwirrung selbst überraschte oder ob er sie vielleicht sogar beabsichtigt hatte, ist schwer nachzuvollziehen. Wenige Tage nach der Skandalsendung trat er vor die Presse und bekundete sein Bedauern über das Missverständnis. Er argumentierte, dass die Sendung in Zeitungen und im Radio ausdrücklich als Adaptation des Romanklassikers angekündigt worden war. Und darüber hinaus seien Marsmenschen zu einem solchen Allgemeinplatz in der Medienkultur geworden, dass kein moderner Mensch an Berichte von einer Invasion glauben könne.

Der Medienwirbel um den Krieg der Welten stellte den gerade einmal 23-Jährigen – der einmal von sich selbst gesagt haben soll, dass 75 % dessen, was er in Interviews gesagt hatte, gelogen gewesen sei – schlagartig ins Rampenlicht und öffnete ihm in Hollywood alle Türen. Dem neuen Star wurden – entgegen der üblichen Praxis – alle künstlerischen Freiheiten eingeräumt. 1941 brachte er den Film „Citizen Kane" in die Kinos, der im Nachhinein mit Huldigungen überhäuft wurde. Nicht selten wird er als bester Streifen der Filmgeschichte zitiert.

In Wirklichkeit war der Film ein kommerzielles Debakel. Welles hatte sich außerdem als höchst unbequemer Filmemacher entpuppt und wurde Mitte der 40er Jahre von Hollywood fallen gelassen. Er ging nach Europa und musste seine folgenden Filmprojekte mit Krediten und Engagements als Schauspieler finanzieren. Als Wunderkind geboren, hatte er einen kometenhaften Aufstieg erlebt, um dann Zeit seines Lebens doch ein Außenseiter zu bleiben. Zumindest im kommerziellen amerikanischen Kino.

👁 Schauplätze

▶ Kenosha

Orson Welles wurde 1915 als Sohn eines Industriellen in Kenosha geboren. Bis zur Trennung seiner Eltern lebte er in der ✉ 463 Park Ave Kenosha, einst ein Zentrum der Motoren- und Automobilindustrie, ist heute Schlafstadt der Besserverdienenden und gilt trotz 50 Meilen Entfernung als „Chicagos nördlichster Stadtteil". Orson Welles starb 1985 in Los Angeles. Seine Asche liegt auf dem Privatgrundstück des spanischen Stierkämpfers Antonio Ordóñez im andalusischen Ronda begraben.

▶ Das Geburtshaus

Orson Welles wurde am 6. Mai 1915 in Kenosha im ersten Stock des Häuschens in der ✉ 6116 7th Ave geboren.

⇨ *Von Chicago kommend auf dem IS94 nach Norden bis zur Abfahrt 344 „Kenosha", auf dem HW50/75th Street in Richtung Kenosha Zentrum, nach etwa 8 km links in die Roosevelt Rd, nach 2 km halb rechts in die 63rd Street, am Ende links in die Sheridan Road, nach 200 m rechts in die 62nd Street, wieder links in die 8th Street und nach 100 m nochmal rechts in die 61st Street, noch 50 m und wieder rechts in die 7th Street. Es ist das zweite Haus auf der rechten Seite.*

▶ Beginn der Schauspielkarriere

Seine ersten Bühnenauftritte hatte Orson Welles 1934 im Opera House des Städtchens Woodstock, 100 km nordwestlich von Chicago. Das Theater ist weiterhin aktiv.

✉ *121 West Van Buren Street*
☎ *1-815-338-4212*
🖥 *www.woodstockoperahouse.com*

🖥 Websites

Die Originalaufzeichnung des Hörspiels „Krieg der Welten" kann man sich unter folgender Adresse herunterladen

🖥 *www.archive.org/details/OrsonWellesMrBruns*

Ein Ausflug nach Milwaukee

Wenn ein Amerikaner den Namen der größten Stadt Wisconsins hört, fallen ihm sofort zwei Dinge ein: Bier und Harley Davidson. William Harley und Arthur Davidson bauten in Milwaukee 1903 ihren ersten Motor, der sich mit 116 ccm allerdings als zu schwach erwies, um das mofa-artige Gefährt die Hügel der Stadt hinaufzuschieben. Zu dieser Zeit war Milwaukee schon die Bierhauptstadt der USA und über Jahrzehnte wurde in keiner anderen Stadt der Welt so viel des alkoholhaltigen Getränks gebraut. Langfristig überleben konnte jedoch nur die Miller-Brauerei und der Gerstensaft spielt in der Wirtschaft der Stadt heute nur noch eine untergeordnete Rolle. Harley Davidson dagegen ist zur lebenden Legende geworden.

Milwaukee in Zahlen	Milwaukee	Zum Vergleich: Stuttgart
Einwohner Stadtgebiet	602.000	597.000
Fläche	288 km²	207 km²
Einwohner Ballungsraum	1,77 Mio.	2,67 Mio.
Einwohner pro km²	2.399	2.864
Durchschnittstemperatur	10,8 °C	8,7 °C
Jährlicher Niederschlag	884 mm	679 mm
Höhe über NN	188 m	245 m
Partnerstädte	Insgesamt 8, darunter Schwerin und das elsässische Mulhouse	

Genau wie der übermächtige südliche Nachbar Chicago wurde Milwaukee als Stützpunkt kanadischer Händler aus Quebec gegründet. Der Pelzhändler Solomon Juneau war der Erste, der sich an der Mündung des Milwaukee River niederließ. Später wurde er Bürgermeister und gründete die noch heute wichtigste Tageszeitung, den Sentinel.

Um die Mitte des 19. Jahrhunderts wurde die Region offiziell zur Besiedlung freigegeben. Zeitgleich scheiterte in Deutschland die bürgerliche 48er Revolution und Milwaukee wurde zum bevorzugten Ziel politisch frustrierter deutscher Einwanderer. Bis ins 20. Jahrhundert hinein gab es mehr deutsch- als englischsprachige Tageszeitungen. Noch heute beansprucht der Nachname Schmidt mit seinen Variationen gut 40 Seiten des städtischen Telefonbuchs.

Das ausgeprägte politische Bewusstsein der deutschen Einwanderer führte sogar dazu, dass Milwaukee zeitweise von einem sozialistischen Bürgermeister geführt wurde. Auf den deutschen Einfluss gehen auch die große Zahl städtischer Parks und natürlich die Brauereiindustrie zurück: Im 19. Jahrhundert entstanden ein Dutzend Brauereien, von

Skyline Milwaukee

und griechischen Einwanderer veranstalten alljährlich Festivals, um ihre kulturellen Wurzeln am Leben zu erhalten.

Milwaukee verweist zwar heute mit Stolz auf seine kulturelle Vielfalt – dies war aber keineswegs immer so. Lange Zeit war die Stadt von ethnischer Segregation gekennzeichnet und die Schwarzen, die etwa 40 % der Einwohner stellten, wurden per Dekret in zugewiesenen Vierteln konzentriert. Erst die Unruhen der späten 60er Jahre zwangen die Stadtoberen, die rassistischen Housing-Gesetze abzuschaffen.

Dennoch hat sich an der ethnischen Gliederung der Stadt wenig geändert. Weiterhin konzentrieren sich die Afroamerikaner in den zentrumsnahen Stadtvierteln, während die Suburbs beinahe ausschließlich weiß sind. Die ausgeprägte soziale Ungerechtigkeit schlug sich in zeitweise erschreckenden Verbrechensraten nieder. Lange Zeit gehörte Milwaukee zu den zehn gefährlichsten Städten der Vereinigten Staaten. Seit den 90er Jahren unternimmt die Stadtregierung erhebliche Anstrengungen, um die sozialen Unterschiede aufzuweichen. So ist die Kriminalität inzwischen auf ein durchschnittliches Maß gesunken.

Milwaukee litt unter den typischen Problemen der Städte des altindustriellen „Rust Belt": Arbeitslosigkeit, Armut, soziale Ungleichheit, Abwanderung der Mittelklassen. Das etwas heruntergekommene Flair mit vielen Industrieruinen ähnelt dem nordenglischer Hafenstädte wie Liverpool oder Newcastle.

Doch die Stadt gibt ein Beispiel, wie die Strukturkrise mit Investitionen in Bildung und Kultur überwunden und die Lebensqualität der Bewohner verbessert werden kann. Gleichzeitig wurden damit neue wirtschaftliche Standbeine geschaffen: Die bekannteste Attraktion ist das Milwaukee Art Museum, dessen Ästhetik durch die kühne Geometrie des spanischen Architekten Santiago Calatrava besticht. Das 2008 eröffnete Harley Davidson Museum lockt Millionen Motor-

denen vier bald zu den größten der USA gehörten. Die letzte heute noch existierende Großbrauerei, die Miller Brewing Company, wurde 1855 von Friedrich Müller aus Sigmaringen gegründet. Heute ist Miller der zweitgrößte Produzent der USA und Nummer sieben in der Welt. Wesentlich reizvoller als das Standardbier, das man in beinahe allen Tankstellen Nordamerikas findet, sind aber die Brewpubs, also Bars oder Restaurants, die ihr eigenes Bier brauen.

Milwaukee gehört zu den kältesten Städten der USA. Die Sommer sind zwar sonnig und warm, doch die kalten und schneereichen Winter ziehen sich oft bis in den April. Dennoch präsentiert sich Milwaukee als lebens- und liebenswerte Stadt: „City of Festivals" ist einer der Slogans, mit dem Besucher angezogen werden sollen. Das „Summerfest" lockt jährlich gut eine Million Menschen zu einem Dutzend Konzertbühnen. Daneben feiert die Vielzahl der ethnischen Gruppen regelmäßig ihre ursprünglichen Traditionen. Die deutschen, polnischen, italienischen

Milwaukee River Walk

radbegeisterte aus der ganzen Welt an.

Auch die Bildung kam nicht zu kurz. Zwar besticht Milwaukee nicht durch das Flair typischer amerikanischer College-Städte, doch ist der Anteil der Studenten inzwischen zu einem der höchsten Nordamerikas angestiegen.

Auf dem Dienstleistungssektor hat die Stadt zwar inzwischen zu anderen Regionen der USA aufgeschlossen, dennoch stellt die Industrie weiterhin einen überdurchschnittlich hohen Anteil der Arbeitsplätze. Die Traditionsunternehmen, die die große Krise überstanden haben, konnten sich eine stabile Marktposition erkämpfen. Harley Davidson bleibt das prominenteste Unternehmen der Stadt, weit weniger bekannt ist die Firma Briggs & Stratton, Weltmarktführer bei luftgekühlten Benzinmotoren, wie sie bei Rasenmähern oder Stromgeneratoren verwendet werden. In jüngeren Jahren haben sich vor allem Betriebe angesiedelt, die sich in den modernen Wirtschaftszweigen wie etwa Hightechentwicklung und Biotechnologie stark machen und so eine sektorielle Vielfalt unterstützen, die die Arbeitslosenquote Milwaukees seit einhalb Jahrzehnten klar unter dem nationalen Durchschnitt hält.

ℹ Informationen

Discovery World Pier Wisconsin, 1. Stock
✉ 500 N Harbor Drive
🕐 Täglich 9-17h

Visit Milwaukee VI Center
☎ 1-800-554-1448 oder als Ortsgespräch
1-414-273-7222

▶ Anfahrt

Für den Ausflug nach Milwaukee nimmt man am besten den IS94 nach Norden, an zwei Mautstellen wird eine Gebühr von insgesamt $2,50 verlangt.

▶ Orientierung

Wie fast alle amerikanischen Städte ist Milwaukee im Schachbrettmuster angelegt, das durch die Topographie leicht modifiziert wird. Die Ost-West Achsen tragen Namen, die in Nord-Süd-Richtung verlaufenden Straßen sind nummeriert, mit Ausnahme der wenigen, die östlich der 1st Street liegen. Der Interstate 94 bringt den aus Süden kommenden Besucher direkt ins Stadtzentrum.

▶ Attraktionen

Auf dem Weg von Chicago nach Milwaukee lohnt sich ein kleiner Abstecher zu dem auf dem Interstate 94 nördlich von Waukegan ausgeschilderten Illinois Beach State Park. Saubere Strände laden zu einem erfrischenden Spaziergang ein. Bei klarer Sicht kann man am südlichen Horizont die Skyline Chicagos ausmachen. Außerhalb des Hochsommers lassen sich nur wenige Hartgesottene zu einem Bad im See hinreißen.

▶ Milwaukee Art Museum

Die umfangreiche Sammlung des Museums umfasst unter anderem Arbeiten von Pablo Picasso, Georges Braque, Andy Warhol und Georgia O'Keefe. Der Gebäudeentwurf war die erste Arbeit des spanischen Stararchitekten Santiago Calatrava auf amerikanischem Boden.

✉ 700 N Art Museum Drive
⇨ Interstate 43, Ausfahrt Plankinton Ave, auf der Plankinton Ave in Richtung Norden, rechts in die E Michigan Street

🕙 Di-So 10-17h, donnerstags bis 20h
⚲ Kinder bis 12 Jahre frei, Studenten und Senioren $12, Erwachsene $15
☎ 1-414-224-3200
🖥 www.mam.org

▶ Miller Brewery

Die zweitgrößte Brauerei der USA. Eine einstündige Führung mit Videovorführung zeigt den Brauprozess, die Abfüllung und Verpackung des Gerstensaftes. Das beeindruckende Baseballstadion Miller Park liegt nur wenige Kilometer südlich am Autobahnkreuz IS94 und HW41.

✉ 4251 W State Street
⇨ Vom Stadtzentrum auf der W State Street in Richtung Westen, die Brauerei ist nicht zu übersehen.
🕙 Sommer (Memorial Day-Labor Day): Mo-Fr 10-18h, Sa 10-18.30h, So 10-15.30h
Winter: Mo-Fr 10-17h, Sa 10-17.30h
⚲ Frei
☎ 1-414-931-2337
🖥 www.millerbrewing.com

Milwaukee Art Museum

▶ Brewpubs

Eine Vielzahl von Bars und Restaurants brauen ihr eigenes Bier.

Milwaukee Ale House
Geschmackvoll gestylter Pub mit regelmäßiger Livemusik.
✉ 233 N Water St
☎ 1-414-226-2337

Lakefront Brewery
Eine der bekanntesten Adressen der Stadt.
✉ 1872 N Commerce St
☎ 1-414-372-8800

Jacob Leinenkugel Brewing Co.
Ableger der traditionsreichen Brauerei in Chippewa Falls.
✉ 1515 N 10th Street
☎ 1-414-931-6706

Rock Bottom Brewery
Eine ganze Reihe verschiedener Biersorten britischer oder deutscher Geschmacksrichtungen bietet dieser direkt am Milwaukee River gelegene Pub. Monatlich wechselndes Spezialgebräu. Die Rock Bottom Kette betreibt insgesamt 34 Lokale in verschiedenen Staaten der USA.
✉ 740 N Plankinton
☎ 1-414-276-3030

▶ Festivals

Mittlerweile feiert fast jede Einwanderercommunity ihr eigenes Sommerfestival. Neben Kulturveranstaltungen und Paraden dreht sich das meiste um Musik, Essen und Trinken. Die genauen Daten und Veranstaltungsorte der Festivals findet man auf den jeweiligen Websites:
🖥 www.arabworldfest.com
🖥 www.festaitaliana.com
🖥 www.germanfest.com
🖥 www.indiansummer.org
🖥 www.irishfest.com
🖥 www.mexicanfiesta.org

▶ Weblinks

Städtische Touristeninformation
🖥 www.visitmilwaukee.org

Die Website der Stadtverwaltung
🖥 www.city.milwaukee.gov/home

Veranstaltungskalender und lokale Nachrichten
🖥 www.onmilwaukee.com

Webcam im Hafen von Milwaukee
🖥 www.glwi.uwm.edu/features/webcam

🎵 Soundtrack Milwaukee

Künstler	Titel	Album	Jahr	Genre
Ella Fitzgerald	My cousin in Milwaukee	Sings the George and Ira Gershwin Songbook	1959	Swing
Jerry Lee Lewis	What's made Milwaukee famous	Another Place, Another Time	1968	Country
Porter Wagoner & Dolly Parton	Milwaukee here I come	Always, always	1969	Country
Fatboy Slim	The Sound of Milwaukee	Better Living Through Chemistry	1996	Elektronik
Hanson	Man from Milwaukee	Middle of Nowhere	1997	Alternativrock
Braid	Milwaukee Sky Rocket	Frame and Canvas	1998	Punk
Adam Carroll	Ol' Milwaukee's Best	Lookin' Out the Screen Door	2000	Country
Poor Rich Ones	Milwaukee	Joe Maynard's Favourites	2001	Alternativrock
David Berkeley	Milwaukee Road	Strange Light	2009	Songwriter

Dezibel und Ölverlust – Harley Davidson

A Harley-Davidson motorcycle is more than just transportation. It really is an American icon [...] I'd put it in the same class as jazz music.

Eine Harley Davidson ist mehr als ein einfaches Transportmittel. Sie ist eine wirkliche amerikanische Ikone. [...] Ich würde sie auf demselben Niveau sehen wie Jazz-Musik.

Orvel Ray Wilson (geboren 1944), Business- und Marketing Guru

I believe many Harley guys spend more time reviewing their engines than actually driving anywhere; I sometimes wonder why they bother to have wheels on their motorcycles.

Ich glaube, die meisten Harleyfahrer verbringen mehr Zeit damit, ihre Motoren zu überprüfen als wirklich irgendwo hin zu fahren; manchmal frage ich mich, warum es sie überhaupt interessiert, Räder an ihren Maschinen zu haben.

David Barry (geboren 1943), Bestsellerautor und Pulitzer-Preisträger

Wenn man die Zauberwörter Harley und Davidson in eine Internet-Suchmaschine eintippt, wirft der Rechner binnen Millisekunden eine Liste aus, in der immer wieder zwei Worte auftauchen: Mythos und Kult.

Wie kommt ein Gebrauchsartikel dazu, einen Status geradezu religiöser Verehrung zu erlangen?

Die Motorradmarke mit den beiden durchschnittlich klangvollen englischen Nachnamen ist eine der wenigen, die es geschafft hat. Melitta-Filtertüten oder Dr. Oetker trägt niemand auf seinem T-Shirt. Das Harley-Emblem dagegen spannt sich weltweit über hunderttausenden wohlgeformten Bäuchen und ziert unzählige Merchandising-Artikel, von der Unterhose zum Billardqueue.

Kein Markenprodukt der Welt hat eine derart treue, ergebene und überzeugte Anhängerschaft wie die Harley Davidson. Liegt der Grund in ausgeklügeltem Marketing, einer selbständigen Subkultur oder reinem Zufall? Die Antwort ist wahrscheinlich eine Kombination aller drei Faktoren.

Im Jahre 1901 kamen der gerade mal 21-Jährige William Harley und die Gebrüder Davidson auf die Idee, ein Fahrrad mit einem Hilfsmotor auszustatten. In einem Schuppen in Milwaukee schraubten und schweißten sie einige wenig versprechende fahrbare Untersätze zusammen. Doch der Ehrgeiz, ein lebensfähiges und nützliches Produkt zu erschaffen, mündete 1907 in der Gründung eines eigenen Unternehmens.

„Silent Grey Fellow" – „Leiser Grauer Kumpel" nannten sie das erste Modell, von dem sie dann tatsächlich im ersten Jahr 150 Stück absetzen konnten.

Leise? Das genaue Gegenteil dessen, was heutzutage mit dem Markennamen assoziiert wird. Der „Sound" ist ein so entscheidender Marketing-Faktor geworden, dass das Unternehmen Millionen in die psychologische Geräuschforschung (Kriegsführung?) investiert, um, trotz durch EU-Normen begrenzte Dezibel, auf offener Straße ein akustisches Großereignis darstellen zu können.

Mit Mühe und Not konnte das Unternehmen etliche schwere Krisen überstehen. Kaum eine Hand voll amerikanischer Motorradhersteller überlebte die wirtschaftliche Depression der späten zwanziger und frühen dreißiger Jahre. Bei Harley wurden 1932 gerade mal 10 % der Produktionskapazitäten genutzt. In den beiden Weltkriegen belieferte H&D die US-Army und die Alliierten inklusive der Sowjetunion mit Zweirädern.

Auch die Hollywood-Filme, die im Laufe der Zeit entscheidend zum „Kultstatus" der Marke beitrugen, kreierten zunächst ein ganz und gar negatives Image: Das Rockerdrama „Der Wilde" mit Marlon Brando – in Großbritannien 14 Jahre lang verboten – griff die Ereignisse eines Bikertreffens 1947 im kalifornischen Hollister auf, als machohaft auftretende, trinksüchtige Motorradfahrer eine zutiefst konservative amerikanische Kleinstadt terrorisierten. Jahrelang verband die Öffentlichkeit Harley Davidson mit „Hells Angels" und gesetzlosen Rockern. Die Firma überlebte mit Aufträgen der US-Army und durfte die amerikanische Polizei mit Motorrädern ausstatten.

Die nächste Unternehmenskrise brachte der Import der technisch weit überlegenen, leichten, sportlichen, preiswerten und elegant gestylten japanischen Marken Honda, Yamaha, Suzuki und Kawasaki. Die uramerikanische Marke wurde als „Hardly Ableson" (kaum tauglich) oder „Hardly Driveable" (unfahrbar) verspottet.

1969 musste das Unternehmen von den beiden Gründerfamilien verkauft werden und der neue Eigentümer, AMF, setzte auf schlankere Produktion und Druck auf die Arbeiterschaft. Resultat: Sinkende Fertigungsqualität bei überholter Technologie, die der Marke einen der Standardkommentare der Harley-Gegner einbrachte: „Eine Harley verliert mehr Öl, als dass sie Benzin verbraucht."

Die Marke konnte sich aber mit anderen Mitteln gegen die ostasiatische Konkurrenz verteidigen: Ab 1983 erhoben die USA zum Schutz von Harley Davidson einen 45prozentigen Einfuhrzoll auf Maschinen mit mehr als 750 ccm Hubraum.

Und der weise, aber selten leicht umzusetzende Rat, aus der Not eine Tugend zu machen, fiel bei H&D auf fruchtbaren Boden: Statt den aussichtslosen Kampf Davids gegen die übermächtige japanische Goliath-Konkurrenz einzugehen, setzte Harley auf sein Retro-Image. Bodenständige, für Laien durchschaubare Technologie, die es jedem einigermaßen technisch begabten Freizeitingenieur ermöglichte, aus einem industriellen Standardprodukt sein persönliches Traumbike zu schaffen. Spätestens in den 80ern wurde Harley zum Inbegriff des individuellen Choppers. Jede Werkstatt an der Ecke war in der Lage, die Gabeln zu verlängern, den Tank auszutauschen und mit dem neuen Paint-Brush individuell zu lackieren. Harley Davidson – eine in Design und Styling immer zutiefst konservative Firma – wurde zu etwas, was sie sich eigentlich nie erträumt hätte: ein avantgardistisches, individualistisches Kunstprodukt, dessen Name direkt neben Coca Cola und McDonald's wie kaum eine andere Marke Amerika in der Weltöffentlichkeit repräsentiert.

In den 90ern mussten Kunden nach der Bestellung ihres Traummotorrads bis zu ein Jahr auf die Auslieferung warten und standen ähnlich geduldig Schlange, wie die Bürger der ehemaligen DDR, um an einen Trabbi zu kommen.

Das Rebellenimage schlägt vor allem bei der älteren Generation an: Während nach internen Unternehmensstudien 1987 noch die Hälfte aller Käufer unter 35 war, erreichte das Durchschnittsalter 2005 fast 47 Jahre. Heute ist die Harley überwiegend ein Sonntagsgefährt für Rechtsanwälte, Zahnärzte und Gutverdienende aus der Werbebranche.

Der breitbeinige, kopfbisfußtätowierte, fäusteschwingende Rocker ist nur noch Teil der absoluten Minderheit.

Das berühmteste amerikanische Bikertreffen findet in Sturgis statt: In jeder ersten Augustwoche machen sich ein halbe Million Harley-Fahrer aus allen Teilen der Staaten und aus vielen Ländern der Welt auf den Weg in dieses 6.000 Einwohner-Dörfchen in South Dakota. Nicht wenige bevorzugen die bequeme Anfahrt im PKW und schleppen die Harley auf dem Anhänger hinterher.

Harley Davidson versucht nach Leibeskräften, sein Image weiter auszubeuten: Als bodenständiger, uramerikanischer Konzern, verschweigt man dabei lieber, dass bereits 1924 eine Niederlassung in Japan gegründet wurde, um die amerikanischen Designs japanischer Produktion unter dem Namen „Rikuo" im Land der aufgehenden Sonne zu vermarkten. Auch die erfolglosen Versuche, auf dem Markt für Roller (1959) oder Crossmaschinen (1958 und 1979)

Fuß zu fassen, lässt man elegant unter den Tisch fallen. Dem Image zuliebe. Ganz zu schweigen von aus Indien importierten Billig-Getrieben, die in den vergangenen Jahren erhebliche technische Probleme aufwarfen.

Offiziellen Verlautbarungen zufolge heißt es, dass sich vier Fünftel der Arbeiterschaft zutiefst mit dem Produkt identifizieren – doch auch diese Identifikation, wie hoch sie auch immer in der Realität sein mag, schützt das Haus H&D nicht vor Streiks und Arbeitskämpfen, wie zuletzt im Jahre 2007.

Ob eine Harley nun ein gutes Motorrad ist, muss jeder Fahrer selbst entscheiden. Eine allgemeingültige Antwort wird es nicht geben, weil subjektive Kriterien sich nicht in ein objektives Urteil pressen lassen. Daran, dass Harley Davidson ein Unternehmen wie jedes andere ist, besteht jedenfalls kein Zweifel. Aber eben ein Unternehmen, das zunächst ohne eigenes Zutun zum Mythos geworden ist.

👁 Schauplätze

▶ Harley Davidson Powertrain Operations

Rund 8.400 Beschäftige zählt das Motorenwerk in Wauwatosa, das 2010 von Wauwatosa nach Menomonee Falls, 30 km außerhalb des Stadtzentrums von Milwaukee, verlegt wurde. In zweieinhalb Stunden wird hier ein kompletter Motor zusammengeschraubt und direkt getestet. Die geführte Tour dauert eine halbe

Stunde. Mit Schutzbrille und Kopfhörern ausgestattet, kann man sich überzeugen, dass Legenden nicht in einer Fabrikhalle, sondern in den Köpfen von Marketing-Strategen entstehen. Auch wenn es sich nur um eine ganz normale Industrieanlage handelt, der Besuch ist hochinteressant.

- ⊠ 9000 N Pilgrim Rd, Menomonee Falls
- ⇒ Von Milwaukee oder Chicago auf dem HW45 nach Norden, Exit Pilgrim Rd, rechts abbiegen und sofort wieder rechts auf das Fabrikgelände, Besuchereingang auf der Rückseite des Gebäudes
- ⧉ Führungen nur Mo 9-13h
- ⚭ Frei
- ☏ 1-877-883-1450 oder 1-414-343-7850
- 🖳 www.harley-davidson.com

▶ Harley Davidson Museum
Am 12. Juli 2008 öffnete das lang erwartete Museum endlich seine Pforten. In modernstem und großzügigem Designer-Ambiente kann man fast alle Modelle der Firmengeschichte bewundern, darunter auch die Maschinen, die für die ameri-

kanische Armee gebaut wurden oder die Motorroller aus den 60ern.

Einige Kuriositäten ragen aus der Fülle der Bikes heraus, wie etwa das allererste Motorrad der Marke oder die Harley von King Elvis. Peter Fondas Bike aus dem Film Easy Rider ist nur als Nachbau zu bewundern.

- ⊠ 400 Canal St
- ⇒ Von Chicago auf dem IS43 in Richtung Norden, Exit 311 National Avenue, rechts auf die 9th St, rechts auf die National Ave und links in die 6th St, nach 1 km rechts in die Canal St
- ⧉ Mo-Mi 10-18h, Do 10-20h, Fr-So 10-18h
- ⚭ Kinder 5-17 Jahre $10, Studenten & Senioren $12, Erwachsene $18
- 🖳 www.harley-davidson.com

🖳 Websites

Offizielle Firmenwebsite
🖳 www.harley-davidson.com

Website der Library of Congress zum 100-jährigen Firmenjubiläum
🖳 www.loc.gov/rr/scitech/harley100

Harley Museum

Gemütlichkeit und Oktoberfest – Deutsche Auswanderer in den USA

Was haben Henry Kissinger, Elvis Presley und Paris Hilton gemeinsam? Die Antwort mag überraschend klingen: Sie haben deutsche Vorfahren. Genau wie über 40 Millionen andere Amerikaner, die sich als Nachkommen deutscher Einwanderer verstehen. Damit stellen die Deutschen die größte ethnische Gruppe in den USA, noch vor den Iren mit 30 und den Engländern mit 25 Millionen.

Natürlich ist bei solchen Zahlen immer Vorsicht geboten. Denn im Schmelztiegel Amerika haben sich ethnische Grenzen und kulturelle Schranken über die Generationen verwischt und die Mehrzahl der Einwohner blickt auf einen höchst internationalen Stammbaum zurück.

Die ersten vereinzelten deutschen Einwanderer waren bereits vor den Gründervätern in der englischen Kolonie Jamestown in Virginia gelandet. Über ihre Identität weiß man allerdings kaum etwas. Als Urväter der deutschen Siedler gelten 13 Quäker-Familien aus Krefeld, insgesamt 41 Personen, die 1683 außerhalb von Philadelphia „Germantown" gründeten. Sie selbst nannten ihre Siedlung „Deitscheschteddel", also „deutsches Städtle". Die „Original 13" hatten auf der Suche nach religiöser Freiheit der Heimat den Rücken gekehrt.

Ihnen folgten tausende Deutsche im 18. Jahrhundert, doch viel mehr aus wirtschaftlichen denn aus religiösen Gründen. Der medizinische Fortschritt und die Steigerung der landwirtschaftlichen Produktivität hatten im Südwesten Deutschlands zu einer regelrechten Überbevölkerung geführt. Hinzu kam das System der Erbteilung, das die Ländereien für die Nachkommen immer kleiner werden ließ. Die Aussicht auf freies Siedlungsland in übergroßen Dimensionen zog immer mehr Familien in die Neue Welt.

Der Sprung über den Atlantik war ein Unternehmen, das die Zähigkeit der Menschen auf eine harte Probe stellte. Man setzte in normalen Frachtseglern über, die in keiner Form auf den Transport von Personen ausgelegt waren. Die Reisenden mussten für ihre eigene Verpflegung sorgen und für die vielen, die die Überfahrt nicht bezahlen konnten, wurde ein System erfunden, das eindeutige Züge von Sklaverei trug. Ein amerikanischer Bauer schoss die Reisekosten vor und „verpflichtete" die Einreisenden, die Schulden über Jahre auf seinem Hof abzuarbeiten. Die Gläubiger konnten außerdem ihre Knechte an andere Grundbesitzer weitergeben, was nicht selten dazu führte, dass Familien auseinandergerissen und Kinder von ihren Eltern getrennt wurden.

Doch der Traum vom eigenen Hof, von einem festen Arbeitsplatz und weitgehender persönlicher Freiheit ließ den Auswandererstrom nicht mehr versiegen. Um 1790 stellten die 225.000 Deutschen allein in Pennsylvania ein Drittel der Gesamtbevölkerung.

German Day, Chicago

So unterschiedlich wie die soziale Zusammensetzung der Migranten waren auch ihre Gründe, der Heimat den Rücken zu kehren: Handwerker wurden von der Industrialisierung bedrängt, Industriearbeiter litten unter extrem harten Arbeits- und Wohnbedingungen, Bauern hatten immer wieder mit Missernten und der Kartoffelfäule zu kämpfen – einer absurderweise aus Nordamerika eingeschleppten Pilzkrankheit. Große Teile der Mittel- und Unterschichten waren von den Umbrüchen der sich beschleunigenden Industrialisierung betroffen.

Das politische System dagegen verweigerte jede Modernisierung – im Gegenteil, die reaktionären Regierungen verfolgten liberale und demokratische Denker und nach der gescheiterten Revolution von 1848 verließen Tausende enttäuscht das Land, in der Hoffnung, in transatlantischen Gefilden ihr wahres Glück zu finden. Auch Bismarcks Sozialistengesetze veranlassten Gewerkschafter und Sozialisten, den Klassenkampf lieber in New York oder Chicago fortzusetzen.

Je nach ihren sozialen Wurzeln ließen sich die Neu-Amerikaner in unterschiedlichen Milieus nieder: Die deutschen Farmer gelten bis heute als extrem bodenverwachsen. Viele Familien in den Hauptsiedlungsgebieten im zentralen Norden zwischen Ohio und Nebraska, Minnesota und Missouri betreiben ihre Farm heute in der fünften oder sechsten Generation.

Handwerker und Arbeiter zog es in die Städte: In Cincinnati, Milwaukee, Cleveland und St. Louis stellten die Deutschen um 1900 rund 40 % der Einwohnerschaft.

Dabei zeigte sich das noch heute bei großen Migrationsströmen zu beobachtende Phänomen der Kettenwanderung. Über persönliche Kontakte zogen Verwandte, Freunde und Nachbarn dem Ersten hinterher. Wie alle anderen ethnischen Gruppen suchten auch die Deutschen in der Fremde kulturelle Nähe und tendierten zur Konzentration in bestimmten Stadtvierteln. So wie Little Italy oder Chinatown hatten die Zentren des Nordens auch ihr German Quarter.

Die politisch motivierten Auswanderer verloren ihr soziales Bewusstsein in der neuen Heimat nicht. Im amerikanischen Bürgerkrieg meldeten sich Zehntausende freiwillig, um gegen das verabscheute Sklavensystem des Südens zu kämpfen und die Deutschen stellten mit über 20 % der Unionssoldaten eine der größten ethnischen Gruppen. Viele waren auch federführend beim Aufbau der amerikanischen Gewerkschaftsbewegung aktiv beteiligt.

Doch die Exil-Germanen organisierten sich auch ganz im Sinne der heimischen Traditionen: Mitte des 19. Jahrhunderts schossen Turnvereine, Sängerbünde und Kulturverbände wie Pilze aus dem Boden. Wie bei den meisten großen Migrationsbewegungen dauerte es auch bei den Deutschen meist drei Generationen, bis sie kulturell in der fremden Heimat aufgingen. Über Jahrzehnte wurde die deutsche Sprache weiter gepflegt, in allen nördlichen Großstädten fand man deutschsprachige Tageszeitungen. Die Legende, dass die Einführung von Deutsch als zweite offizielle Landessprache nur knapp gescheitert sei, entbehrt jedoch jeder historischen Grundlage.

Im angebrochenen 20. Jahrhundert veränderte sich das Panorama grundlegend: Zunächst begannen die USA, die Einwanderung zu begrenzen und für jede Nationalität eine jährliche Obergrenze zu definieren. Während der beiden von Deutschland angezettelten Weltkriege stieß jede Manifestation deutscher Kultur auf aggressive Ablehnung. Die ständig präsente Verdächtigung als Sympathisant des Feindes und teilweise offene Diskriminierung resultierte in einem „Amerikanisierungsschub": Zahlreiche deutschsprachige Zeitungen stellten die Publikation ein und viele Deutschstämmige amerikanisierten ihre Namen: Frau Müller hieß jetzt Miller und aus Herrn Schmidt wurde Mister Smith.

Heute sind „Oktoberfeste" ein populärer Freizeitspaß aller Amerikaner. Die deutschen Kulturvereine existieren weiter, leiden aber unter großen Schwierigkeiten, Nachwuchs zu mobilisieren. Fast immer beschränkt sich das Interesse der jungen Amerikaner deutschen Nachnamens auf die Erkundung historischer Wurzeln. Die Deutschen haben sich im „melting pot" assimiliert. Sie haben aber auch in der multikulturellen amerikanischen Kultur ihre Spuren hinterlassen: Bratwurst, Pretzel, Strudel und Frankfurter sind sprachlich und optisch omnipräsent.

Die Geschichte der deutschen Einwanderung in die USA unterscheidet sich nur in Details von der der Italiener, Polen oder Chinesen. Die Assimilation an die neue Heimat war und ist ein anstrengender Prozess, der meist über

German Day, Chicago

Milwaukee German Fest

mehrere Generationen andauert. Sie zeigt aber auch, dass Wanderungsbewegungen schon immer zur Geschichte der Menschheit gehörten und dass man die aktuelle Migration von Süden nach Norden entspannt betrachten sollte. Hüben wie drüben.

Berühmte Deutschamerikaner	
Dwight D. Eisenhower	Kommandeur der alliierten Truppen im 2. Weltkrieg und 34. Präsident der USA. Sein Vorfahr Hans Nicolas Eisenhauer wanderte 1741 aus Karlsbrunn im Saarland aus.
Adolphus Busch	Der Gründer der Anheuser-Busch Brauerei (Budweiser) wurde 1839 in Mainz Kastel geboren.
Levi Strauss	Als Löb Strauß in Buttenheim bei Bamberg geboren, ging der Erfinder der Jeans 1847 zusammen mit seiner verwitweten Mutter nach Amerika.
Elvis Presley	Sein Urahn, der Winzer Valentin Pressler aus dem südpfälzischen Hochstadt, wanderte um 1700 in die Staaten aus.
Henry E. Steinway	Der berühmte Klavierbauer und Gründer von „Steinway and Sons" kam als Heinrich Engelhard Steinweg in Wolfshagen im Harz zur Welt.
Henry Kissinger	Heinz Alfred Kissinger konnte, quasi im letzten Moment, noch 1938 mit seinen jüdischen Eltern aus Fürth in die USA emigrieren und wurde 1973 unter Nixon amerikanischer Außenminister.

Auf deutsche Vorfahren berufen sich unter vielen anderen auch Donald Trump, Bruce Willis, Donald Rumsfeld, Walter Percy Chrysler, Clark Gable, Doris Day, Sandra Bullock, David Hasselhoff, William Boeing und der Ketchup-Baron Heinz.

🖳 Websites

Deutsches Auswandererhaus in Bremerhaven
🖳 www.dah-bremerhaven.de

Das junge Hamburger Auswanderermuseum
🖳 www.ballinstadt.de

Death Row – Die Todesstrafe in den USA

Capital punishment is our recognition of the sanctity of human life.

Die Todesstrafe ist unsere Anerkennung der Heiligkeit des Lebens.

Orrin Hatch (geboren 1934), republikanischer Senator aus Utah

If the Old Testament were a reliable guide in the matter of capital punishment, half the people in the United States would have to be killed tomorrow.

Wäre das Alte Testament ein zuverlässiger Ratgeber beim Thema Todesstrafe, müsste morgen die Hälfte der US-Bürger hingerichtet werden.

Steve Allen (1921-2000), Fernsehstar und Vater der Late Night Show

Die Todesstrafe ist eines der Themen, die europäische Gemüter am meisten erhitzen, wenn man auf die USA zu sprechen kommt. In der heutigen europäischen Mentalität erscheint die Hinrichtung als Barbarei, als ein antiquierter und unmenschlicher Racheakt, der einer modernen Demokratie nicht würdig ist. Noch verstörender wirkt, dass die Hinrichtung mit dem Selbstverständnis des amerikanischen Christentums vereinbar scheint. Die nackten Zahlen erschrecken: In den letzten zehn Jahren wurden über 600 Straftäter hingerichtet. Weitere 3.150 Verurteilte warten, oft schon seit 10 oder 15 Jahren, auf die Exekution, darunter über 60 Frauen.

Um das Phänomen zu verstehen – das heißt ja nicht, dass man es auch akzeptieren muss – ist aber ein differenzierter Blick notwendig: Zunächst muss man erkennen, dass die Vereinigten Staaten nur begrenzt ein einheitliches Rechtssystem besitzen. Vielmehr sind sie ein Zusammenschluss autonomer Einzelstaaten, im Prinzip vergleichbar mit der Europäischen Union. Jeder Staat entscheidet selbständig über die Anwendung der Todesstrafe, die derzeit in 16 der 50 Staaten abgeschafft ist. Beispielsweise ist in Michigan seit der Staatsgründung 1837 noch nie ein Mensch hingerichtet worden. Von den restlichen 34 Bundesstaaten, in denen die Hinrichtung formell weiter existiert, wenden sie längst nicht alle an.

George Ryan, republikanischer Gouverneur von Illinois, erregte großes Aufsehen, als er 2003 in seiner letzten Amtswoche die Strafe aller 167 im Staate einsitzenden Todeskandidaten in eine lebenslange Haft umwandelte. Ryan begründete seinen Alleingang mit der Gefahr von Justizirrtümern, die bei der Vollstreckung eines Todesurteils unumkehrbar sind. Zu Anfang seiner Amtszeit hatte ein Seminar von Journalismusstudenten den Fall des Todeskandidaten Anthony Porter recherchiert und dabei dessen Unschuld nachweisen können. Der wirkliche Täter gestand daraufhin die Tat. Porter hatte 15 Jahre im Todestrakt verbracht und wurde zwei Tage vor seiner geplanten Hinrichtung entlassen. Gouverneur Ryan selbst hatte die Begnadigung unterzeichnet.

Seit 1973 wurden im ganzen Land 138 Todeskandidaten entlassen, weil sich nach dem Urteilsspruch doch noch ihre Unschuld herausstellte.

Der scheidende Gouverneur verwies auch auf die Ungleichheit der Gerichtsurteile: Von jährlich etwa tausend Morden im Staate Illinois wurden im Schnitt zwei mit der Todesstrafe geahndet. Wobei die statistische Chance, für die gleiche Tat zum Tode verurteilt zu werden, im ländlichen Illinois fünfmal höher war als in Chicago.

Diese regionale Ungleichheit ist beim Blick auf die ganze Nation noch weit ausgeprägter. Elf südliche Staaten im Dreieck zwischen Texas, Florida und Virginia gelten als der „Death Belt", der Todesgürtel, wo über 80 Prozent aller Hinrichtungen stattfinden. In den vergangenen 25 Jahren wurde über die Hälfte aller Todesurteile allein in den drei Staaten Texas, Virginia und Oklahoma vollstreckt. Die Geographie scheint also über Leben oder Tod zu entscheiden. Das erkannte sogar schon einmal der oberste Gerichtshof und verfügte 1972 einen bundesweiten Hinrichtungsstopp – hob ihn allerdings 1976 wieder auf.

Immer wieder wird dem System Rassismus vorgeworfen. 42 % der Todeskandidaten sind Afroamerikaner, die aber nur 12 % der Bevölkerung stellen. Tatsächlich werden aber 59 % der Kapitalverbrechen von Schwarzen begangen. Der Statistik nach ist es also wahrscheinlicher, als Weißer in der Todeszelle zu enden. Mit Zahlen lässt sich eben hervorragend und in diesem Fall auch perfide jonglieren.

Letztendlich ausschlaggebend für die Härte des Urteils erscheint aber nicht die Hautfarbe des Täters, sondern die des Opfers. Untersuchungen haben ergeben, dass die Wahrscheinlichkeit eines Todesurteils bei einem weißen Opfer wesentlich höher ist als bei einem farbigen.

Der andere entscheidende Faktor ist die soziale Stellung des Täters. Der Schiedsspruch des Gerichts hängt weniger von Art und Schwere der Tat ab, als von der Qualität der Verteidigung. Der zuvor erwähnte, unschuldig zum Tode verurteilte Anthony Porter bekam einen Pflichtverteidiger zugesprochen, den er erst unmittelbar vor Prozessbeginn kennenlernte. Während der kurzen Verhandlung schlief der Anwalt ein. Wer sich keine gute und engagierte Verteidigung leisten kann, hat demnach größere Chancen im Todestrakt zu enden.

Ein gegenteiliges Bild zeigt der Fall des ehemaligen Footballstars O. J. Simpson, der 1995 weltweit Aufsehen erregte. Simpson wurde des Mordes an seiner Ex-Frau und ihres Geliebten beschuldigt. Der Druck der Medien und die Popularität des Angeklagten führten trotz erdrückender Indizienlage zu einem Freispruch. Nach der einhelligen Überzeugung aller Experten wäre ein weniger prominenter Täter mit größter Sicherheit verurteilt worden.

Das Hauptargument der Befürworter der Todesstrafe ist die abschreckende Wirkung auf mögliche Straftäter. Doch auch unter diesem Gesichtspunkt scheinen die Statistiken eher das Gegenteil zu demonstrieren: Die Südstaaten, in denen 80 % aller Todesurteile des Landes vollstreckt werden, haben gleichzeitig die höchste Mordrate. Der Nordosten dagegen, wo weniger als ein Hundertstel aller Todesstrafen verhängt wird, verzeichnet die wenigsten Kapitalverbrechen. Auch der Blick zum Nachbarn Kanada bestätigt diese Tendenz: Seit der Abschaffung der Todesstrafe 1976 ist die Mordrate kontinuierlich gesunken.

Dennoch tun sich die Einzelstaaten äußerst schwer mit der Entscheidung, die Todesstrafe abzuschaffen. Im Dezember 2007 war New Jersey nach über 30 Jahren der erste Staat, der sich wieder dazu durchringen konnte. Der Grund dafür liegt wohl in der öffentlichen Meinung: Wenn der Anteil der Befürworter der Todesstrafe auch kontinuierlich, aber sehr langsam sinkt, so wird sie immer noch von rund 61 % der Bevölkerung gebilligt. In Anbetracht des direkten Wahlsystems wäre ein entschiedenes Eintreten gegen die Todesstrafe für die meisten Wahlkandidaten politischer Selbstmord.

Immerhin ist die Zahl der Hinrichtungen seit dem Höhepunkt im Jahr 1999 mit 98 auf 43 im Jahr 2012 zurückgegangen. Übrigens: zusammen mit Japan bleiben die USA das letzte Industrieland, das die Todesstrafe vollstreckt.

Soundtrack Todesstrafe

Künstler	Titel	Album	Jahr	Genre
Johnny Cash	25 Minutes to go	Sings the Ballads of the True West	1965	Country
Led Zeppelin	Gallows Pole	III	1970	Rock
Joan Baez	The Ballad of Sacco and Vanzetti	From every Stage	1976	Songwriter
Iron Maiden	Hallowed by the Name	The Number of The Beast	1982	Metal
Nick Cave and the Bad Seeds	The Mercy Seat	Tender Prey	1988	Songwriter
Elvis Costello	Let Him Dangle	Spike	1989	Songwriter
10,000 Maniacs	I'm not the Man	Our Time in Eden	1992	Alternativrock
Ani di Franco	Crime for a Crime	Not a Pretty Girl	1995	Songwriter
Bruce Springsteen	Dead Man walkin'	Dead Man walking (Soundtrack)	1996	Songwriter
2 Pac	16 on Death Row	R U Still Down?	1997	HipHop
Pearl Jam	Dead Man	Lost Dogs	2003	Alternativrock
Tom Waits	The Fall of Troy	Orphans: Brawlers, Bawlers & Bastards	2006	Songwriter

Von Chicago nach Joliet – Raus auf den Asphalt!

Man kann sich leicht vorstellen, dass von einer Straße aus den 20er Jahren in einer sich ständig neu erfindenden Stadt wie Chicago wenig übriggeblieben ist. Genau wie in vielen ländlichen Zonen ist die Straßenführung mehrfach verändert worden. Selbst der offizielle Startpunkt wurde einige Male verlegt. Der Originalroute kann man heute nur noch in entgegengesetzter Richtung folgen, seit der Jackson Boulevard in eine nach Osten führende Einbahnstraße verwandelt wurde. Entgegen allen romantischen Erwartungen existiert am „Starting Point" kaum eine Parkmöglichkeit, um ein Erinnerungsfoto zu schießen. Amerika, das sich und seine junge Geschichte so gern feiert, widmet seiner berühmtesten Landstraße nur ein einfaches, nicht sofort zu entdeckendes Blechschild, das obendrein an der falschen Stelle hängt. Sympathie einflößendes Understatement oder Verachtung der eigenen Geschichte?

In jedem Falle ist auf dem Weg aus Chicago hinaus höchste Konzentration erforderlich. Es gibt zwei Möglichkeiten: Die erste folgt grob der historischen 66 und führt gute 20 km quer durch die unansehnliche Westside. Man kann sich aber die Zeit gut mit dem Zählen von Gebrauchtwagenhändlern oder roten Ampeln vertreiben. Alternativ kann man direkt auf die Autobahn fahren und innerhalb einer Stunde Joliet erreichen. Bis hier reicht der städtische Ballungsraum Chicagos. Erst südlich von Joliet beginnt die Route den gängigen Vorstellungen zu entsprechen: eine friedliche Landstraße durch schöne Landschaften.

Route66 Monument, Joliet

1	Start an der Ecke S Lake Shore Dr / W Jackson Blvd
2	2. rechts in die S Michigan Ave
3	1. links in die W Adams St
4	2,3 mi/3,5 km geradeaus
5	Halblinks in die W Ogden Ave
6	8 mi/13 km geradeaus
7	Links in die Harlem Ave
8	1,6 mi/2,5 km geradeaus
9	Autobahnauffahrt IS55 South
10	26 mi/42 km geradeaus
11	Exit 268, links auf die S Joliet Rd (HW53)
12	6 mi/10 km dem Straßenverlauf folgen
13	Links in die W Jefferson St, über die Brücke ins Zentrum

Alternativ		
1	Start an der Ecke S Lake Shore Dr / W Jackson Blvd	**B** S Lake Shore Drive 2 mi/3,2 km in Richtung Süden folgen
C	Rechts auf den IS55 – Stevenson Expy 36 mi/58 km folgen bis Exit 268, dann der S Joliet Road nach Süden folgen	

Die genauen Anweisungen für diese ersten Routenkilometer können Sie der Abbildung entnehmen.

Stateville Correctional Center

In den Außenbezirken von Joliet liegt das Hochsicherheitsgefängnis Stateville. Hier saßen die beiden Mörder Nathan Leopold und Richard Loeb ein, deren Geschichte Alfred Hitchcock in seinem ersten Farbfilm „Cocktail für eine Leiche" verarbeitete. Die beiden Chicagoer Studenten aus reichen Familien ermordeten 1924 einen 14-jährigen Schüler. Motiv: der Ehrgeiz, das perfekte Verbrechen zu verüben. Nach monatelanger Planung lockten sie das Opfer in einen Mietwagen und erschlugen es mit einem Meißel. Sie fingierten eine Entführung und versteckten die Leiche in einem Abwasserkanal. Wider Erwarten wurde sie jedoch schnell gefunden. Eine verlorene Brille führte die Polizei auf die Spur der Täter, die den Verhören nicht lange standhielten. Beide wurden zu lebenslanger Haft verurteilt.

Loeb starb im Gefängnis, Leopold wurde nach 33 Jahren entlassen.

Bekannt wurde die Strafanstalt in den 40er Jahren auch durch ein umstrittenes Programm zum Test von Malariamedikamenten. 440 Insassen ließen sich freiwillig gezielt mit Malaria infizieren. Ein Gefangener starb an den Folgen der Experimente. Wie in der Nähe der meisten amerikanischen Gefängnisse prangt auch hier ein Hinweisschild, das vor der Mitnahme von Trampern – also potenziellen Ausbrechern – warnt.

⇒ *IS55, Abfahrt S Joliet Rd in Richtung Joliet. An der ersten Kreuzung nach links in die Essington Rd und gleich wieder rechts in die 16th St, nach 3,3 mi/5 km steht man vor dem Gefängnis.*

💿 Cocktail für eine Leiche	
Originaltitel	Rope
Jahr	1948
Regie	Alfred Hitchcock
Hauptdarsteller	James Stewart, John Dall, Farley Granger
Genre	Kriminalkomödie

Joliet – City of Steel and Stone

Der Braunkohleabbau und die verkehrsgünstige Lage an Des Plaines River und Illinois and Michigan Kanal machten Joliet im 19. Jahrhundert zur Stahlstadt. Noch heute schaffen alte Fabrikgebäude, gusseiserne Brücken und Hafenanlagen ein frühindustrielles Flair, das an nordenglische Industriestädte erinnert. Joliet hatte lange einen zwielichtigen Ruf, doch ist die Verbrechensrate in den vergangenen Jahren deutlich unter den Landesdurchschnitt gesunken. Die Stadt hatte lange unter dem Niedergang der Altindustrien gelitten und in den 1980er Jahren erreichte die Arbeitslosenquote Spitzenwerte von 25 %. Wichtigster Arbeitgeber ist eine Fabrik des weltgrößten Herstellers von Baumaschinen Caterpillar mit 3.000 Beschäftigten.

Inzwischen erlebt Joliet eine Renaissance als Wohnort für Angestellte, die in Chicago arbeiten. Seit dem Jahr 2000 ist die Bevölkerung um fast 40 % angeschwollen. Damit gehört Joliet zu den am schnellsten wachsenden Städten der USA. Das spült natürlich Geld in die Stadtkassen und das einst verwahrloste Zentrum erlebt eine Phase urbaner Erneuerung.

Der ehemalige Sänger und Saxophonist der Commodores, Lionel Richie, hat als Jugendlicher in Joliet gelebt und machte hier sein Abitur.

Joliet in Zahlen	Joliet	Zum Vergleich: Heidelberg
Einwohner Stadtgebiet	147.400	144.000
Fläche	99 km²	108 km²
Einwohner pro km²	1.489	1.329
Durchschnittstemperatur	9,5 °C	10,6 °C
Jährlicher Niederschlag	914 mm	727 mm
Höhe über NN	200 m	114 m
Partnerstädte	Liaoyang (China)	

Joliet

👁 Attraktionen

▶ Joliet Prison

Das offiziell Joliet Correctional Center getaufte, 1858 erbaute und seit 2002 endgültig geschlossene Gefängnis diente als Kulisse für eine Reihe von Filmen. Der bekannteste ist zweifellos „Blues Brothers". In der Anfangssequenz wird Jake Blues aus der Haft entlassen und von seinem Bruder Elwood im alten Polizeischlitten abgeholt. Auch die erste Staffel der erfolgreichen Fernsehserie Prison Break wurde hier abgedreht. Die Stadt sucht aktuell nach Investoren, die die den leerstehenden Knast in eine Touristenattraktion verwandeln.

- ✉ *1125 Collins St*
- ⇨ *Aus dem Zentrum auf der N Scott St nach Norden, rechts in die E Jackson St, über die Bahngleise, die fünfte Straße nach links in die N Collins St und 1 mi/1,6 km geradeaus*

▶ Silver Cross Field

Das hübsche Baseballstadion ist viel kleiner als es auf den ersten Blick erscheint: Es fasst gerade mal 6.000 Zuschauer und ist die Heimat der Joliet Slammers, die seit 2010 in der unabhängigen Frontier League spielen, einer Profiliga, der Teams kleinerer Städte aus sieben Staaten des nordöstlichen Zentrums der USA und dem kanadischen Ontario angehören.

- ✉ *Ecke E Jefferson St / S Michigan St*
- 💰 *$5-10*
- 💻 *www.jackhammerbaseball.com*

▶ Rialto Square Theatre

Das „Jewel of Joliet" genannte, opulent dekorierte Theater wurde wiederholt als eines der zehn schönsten des Landes zitiert. Im Jahr 1926 als Kino erbaut, gehörte es auch zu Al Capones Favoriten. Heute finden hier überwiegend Theateraufführungen, seltener auch Konzertveranstaltungen statt. Jeden Dienstag um 13.30h wird eine Führung durch das Theater angeboten ($5).

- ✉ *15 E Van Buren St*
- 🕐 *Je nach Veranstaltung*
- ☎ *1-815-726-6600*
- 💻 *www.rialtosquare.com*

▶ The Joliet Area Historical Museum

Das interessante Museum dokumentiert die bewegte Wirtschaftsgeschichte der Stadt. Für Route66 – Reisende gibt es einige dekorative Ausstellungsstücke aus der großen Zeit der Straße zu bewundern und ein Welcome Center, eine Art Informationsbüro für die 66.

- ✉ *204 N Ottawa St*
- 🕐 *Di-Sa 10-17h, So12-17h*
- 💰 *Kinder 4-17 Jahre $3, Studenten $4, Erwachsene $6, Senioren ab 60 Jahre $5*
- ☎ *1-815-723-5201*
- 💻 *www.jolietmuseum.org*

📺 Filme

📺 Echoes – Stimmen aus der Zwischenwelt

Originaltitel	Stir of Echoes
Jahr	1999
Regie	David Koepp
Hauptdarsteller	Kevin Bacon
Genre	Horrorfilm

Ein Familienvater, der nach einer Hypnose übersinnliche Wahrnehmungen hat, begibt sich auf die Suche nach einem in der Nachbarschaft verschwundenen Mädchen. Die Hypnose-Szenen wurden im Rialto Square Theatre gedreht. Das Wohnhaus der Hauptfigur steht an der Ecke Western Ave / Center St.

📺 Blues Brothers

Originaltitel	The Blues Brothers
Jahr	1980
Regie	John Landis
Hauptdarsteller	John Belushi, Dan Aykroyd
Genre	Komödie

Die Gebrüder Blues versuchen, ihre alte Band wieder zum Leben zu erwecken und geraten mit der Polizei in Konflikt.

💻 Websites

Webadresse des Fremdenverkehrsamts
🖥 *www.visitjoliet.org*

Website der Stadtverwaltung
🖥 *www.cityofjoliet.info*

🎵 Soundtrack Joliet

Künstler	Titel	Album	Jahr	Genre
Didjits	Joliet	Hey Judester	1988	Punk
Jesus Lizard	Rodeo in Joliet	Goat	1991	Alternativrock
Seven Mary Three	Joliet	Orange Ave	1998	Rock
John Mellencamp	Joliet bound	Trouble no more	2003	Songwriter

Joliet Prison

OLD JOLIET

Von Joliet nach Springfield

Man verlässt Joliet auf der S Chicago St in Richtung Süden und folgt der ausgezeichneten Beschilderung des hier US53 genannten Abschnitts der alten Route66.

Endlich! Die unansehnlichen Gewerbegebiete haben sich in sauberer Luft aufgelöst, der Horizont ist wieder sichtbar und endlos weit entfernt. Sanft wiegen die riesigen Maisfelder in der leichten Brise. Die alte Landstraße zieht sich gemütlich durch saftiges Grün, immer von den hölzernen Masten der Telefonleitung und der Eisenbahnlinie begleitet. Alle paar Kilometer ragt ein Getreidesilo in den Himmel, von dem das Korn direkt in die Eisenbahnwaggons gefüllt wird. In den friedlichen kleinen Käffern schlägt der Puls der Zeit einen anderen Rhythmus. Man grüßt sich wieder im Vorübergehen. Mit allen Sinnen lässt sich erfassen, was „Mittlerer Westen" heißt. Wenige Kilometer südlich von Joliet erheben sich die Tribünen der regionalen Rennstrecke und kurz darauf findet sich wieder ein richtiges Stück Natur.

▶ Chicagoland Speedway

Die Tribünen der hochmodernen, im Jahr 2001 eingeweihten Rennstrecke bieten Platz für 75.000 Zuschauer. Auf der 2,4 km langen ovalen Piste finden vor allem NASCAR- und IRL-Rennen statt. Eintrittskarten kann man über die Website der Rennstrecke ergattern.

- ✉ 500 Speedway Blvd
- ⇒ Etwa 4 mi/6,5 km südlich von Joliet, unübersehbar auf der linken Seite der Route66
- ☎ 1-888-629-7223
- 🖥 www.chicagolandspeedway.com

▶ Midewin National Tallgrass Prairie

Die Hochgrasprärie war das ursprünglich im Mittleren Westen vorherrschende Ökosystem, doch wegen der hohen Bodenqualität sind 99 % in Farmland verwandelt worden. Auf einem ehemaligen Militärgelände wird seit 2004 versucht, das einstige ökologische Gleichgewicht wiederherzustellen. Die bis zwei Meter hoch wachsenden Naturgräser wurden durch Präriebrände regelmäßig erneuert und so auch vor dem Eindringen fremder Arten geschützt.

✉ *30239 South State Route 53*
⇨ *Etwa 15 mi/24 km südlich von Joliet links der Straße*
⊗ *Frei*
☎ *1-815-423-6370*
🖥 *www.fs.fed.us/mntp*

🏛 Wilmington (5.100 EW)

16 mi/25 km südlich von Joliet gibt Wilmington einen Vorgeschmack auf die nächsten dreitausend Kilometer. Wir haben uns endgültig von den Einflüssen der Metropole Chicago verabschiedet und befinden uns mitten im ländlichen Amerika. In dem 5.000 Einwohner-Nest stößt man auf das erste Symbol der Route66-Folklore, die uns noch einige Tausend Kilometer verfolgen wird:

▶ Gemini Giant

Die 8,50 m hohe Glasfaser-Figur eines astronautenbehelmten Supermanns macht den Durchreisenden seit 1965 auf die Existenz des „Launching Pad Drive-In" Restaurants aufmerksam. Seit den 60er Jahren stehen die Riesenfiguren in allen Teilen der USA, um für Hot Dogs oder Reifenwechsel zu werben. Das Fast-Food-Restaurant ist ein beliebter Frühstücksladen und Foto-Stop, öffnet aber erst nach dem Ausschlafen um 9 oder 10 Uhr, je nach Jahreszeit.

✉ *810 E Baltimore St*
⇨ *Unübersehbar am Ortseingang von Wilmington*
🕐 *So-Do 9-22.30h, Fr-Sa 9-23h*
☎ *1-815-476-6535*

▶ Eagle Hotel

Nur eine kleine Tafel an dem verwahrlosten Häuschen erinnert an das älteste noch stehende Hotelgebäude der Trans-Amerika-Route. 1836 wurde die Herberge für Reisende in Pferdekutschen eingeweiht.

✉ *100 Water St*
⇨ *Direkt nach der einzigen Ampel Wilmingtons 20 m nach rechts*

Gemini Giant, Wilmington

🏛 Braidwood (5.200 EW)

Südlich von Wilmington beginnt die Region des Kohlebergbaus. Vor dem Ortseingang von Braidwood sieht man abseits der Landstraße stillgelegte Gruben. Im 19. Jahrhundert zog die Arbeit in den Minen Zuwanderer aus aller Herren Länder in das Städtchen, das schnell als Nest von Dieben und Landstreichern verrufen war. 1877 mussten bei einem Streik der Minenarbeiter reguläre Truppen das Örtchen besetzen, um die Ordnung wiederherzustellen.

▶ Polk-a-Dot Drive In
Ein populäres Restaurant, wo man sich mit lebensgroßen Figuren von Elvis, Marilyn Monroe und den Blues Brothers fotografieren lassen kann.
- ⊠ 222 N Front St
- 🕐 Im Sommer täglich 11-21h, im Winterhalbjahr 11-20h
- 🖥 www.polk-a-dot.com

Am südlichen Ortsausgang passiert man auf der linken Seite das Braidwood NGS Atomkraftwerk, eines von insgesamt 6 im Staat Illinois und 65 in den USA.

🏛 Gardner (2.400 EW)

Etwa 2 km nach dem Örtchen Brazeville liegt linker Hand das 1928 eröffnete Riviera Restaurant, wo sich Al Capone und Gene Kelly regelmäßig bedienen ließen. Während der Prohibition bekam der diskrete Reisende hier auch ein kühles Bier serviert. „Hauptattraktion" im Ortszentrum ist das kaum 20 m² große zweizellige Gefängnis aus dem Jahre 1910.

🏛 Odell (1.000 EW)

Das schnieke Örtchen hat eine Hand voll historischer Bauten hübsch herausgeputzt: Eine schlanke Windmühle mit schickem Restaurant oder die Standard Oil Tankstelle, die unter Denkmalschutz steht und heute als Route66 Infocenter genutzt wird.

Kurz hinter Odell bietet sich ein eigentümliches Bild: Drei Straßengenerationen liegen direkt nebeneinander: Die gesperrte vor sich hin bröckelnde Route66, die jüngere Landstraße und die Bundesautobahn.

▶ Standard Oil Gas Station
- ⊠ 400 S West St

🏛 Pontiac (12.000 EW)

Auch Pontiac, benannt nach dem Häuptling der Ottawa-Indianer und Namensgeber eines Autos von General Motors, setzt auf Route66-Tourismus und baute ein Route66-Museum. Drei hölzerne Hängebrücken für Fußgänger überqueren den Vermilion River.

▶ Route66 Museum and Hall of Fame
Der Beweis, dass "Museum" keinesfalls immer mit Begriffen wie "Didaktik" oder "Konzept" Hand in Hand gehen muss. Tatsächlich handelt es sich um eine ungeordnete, unkommentierte und schlicht chaotische Aufhäufung von Gegenständen aus der guten alten Zeit der 66.
- ⊠ 110 W Howard St
- ⇒ Von der 66 links in die Howard St, nach 0,7 mi/1,2 km auf der rechten Seite
- 🕐 April-Oktober Mo-Fr 9-17h, Sa&So 10-16h, im Winterhalbjahr Mo-Fr 11-15h, Sa&So 10-16h
- ☎ 1-800-835-2055

🏛 Bloomington / Normal (75.000 + 50.000 EW)

Der Übergang zwischen den beiden Zwillingsstädten bleibt unbemerkt, wenn man nicht auf das Ortsschild achtet. Wichtiger ist aber, dass man keines der 66-Schilder verpasst, sonst kann es schwierig werden, in dem Einbahnstraßengewirr wieder auf die richtige Route zurückzufinden. Kurz vor dem Ortsübergang von Normal nach Bloomington betrieb ein findiger Geschäftsmann in den letzten Sommern einen Bikini-Car-Wash. Seit Sommer 2010

sind die fleißigen Wagenpflegerinnen allerdings nicht mehr aktiv. Auch die Fabrik von Mitsubishi, einem der wichtigsten Arbeitgeber der Stadt, empfängt derzeit keine Besucher mehr. Wer lieber vorwärts kommen möchte, fährt nach dem Örtchen Towanda auf den Interstate, umkreist die Doppelstadt und verlässt die Autobahn wieder am Exit 154.

▶ Upper Limits
Der zum Kletterparadies umgebaute Getreidespeicher bietet bis zu 40 m hohe künstliche Kletterwände für alle Alters- und Fitnessklassen.

⊠ 1304 W Washington, Bloomington
🕐 Mo 16-22h, Di-Fr 12-22h, Sa 10-20h, So 10-18h
🐾 Mo-Fr $12, Sa&So $14
☎ 1-309-829-8255
🖥 www.upperlimits.com

▶ Charles Lindbergh
Etwa 7 mi/12 km außerhalb von Bloomington ist der erste Atlantikflieger Charles Lindbergh 1926 nahe eines Farmhauses abgestürzt. Er arbeitete als Postpilot und beförderte täglich Briefsäcke von Chicago nach St. Louis. Eine Gedenktafel erinnert an den Unfall, den Lindbergh ohne größeren Schaden überstand.

⇨ IS55 South, Exit 154, in Shirley nach Norden auf die N 1075 E Rd, nach 1,5 mi/2 km links auf die E 1000 N Rd / Springtown Rd, nach 2 mi/3,5 km auf der linken Seite

▶ The Prairie Aviation Museum
Im Flugzeugmuseum kann man Bruchstücke von Lindberghs Absturzmaschine bewundern oder sich in einen ausgemusterten Düsenjäger setzen.

⊠ 2929 E Empire St
🕐 Di-Sa 11-16h, So 12-16h
🐾 Kinder 6-11 Jahre $2, Erwachsene $5
☎ 1-309-663-7632
🖥 www.prairieaviationmuseum.org

Von Bloomington führt die 66 parallel zum Interstate in südwestlicher Richtung durch die Dörfer Shirley und McLean und das obendrein in der korrekten Reihenfolge. 17 mi/28 km westlich von Mc Lean können sich die Friesen auf einen Besuch im Dörfchen Emden freuen. Atlanta markiert die halbe Strecke der Route66 durch Illinois. Ein grinsender Smiley begrüßt den Reisenden vom Wasserturm mit sympathischem Lächeln, das Palms Grill Café im Zentrum serviert Hausmannskost in 50er-Jahre Ambiente.

Südlich von Bloomington verläuft die 66 überwiegend als Service Road in 20 Meter Entfernung parallel zum Interstate-Highway. Das Verkehrsaufkommen ist praktisch Null. Mutige können die Lkws rechts überholen, doch an jeder Autobahnauffahrt erwartet einen ein Stop-Schild.

In Williamsville wechselt die Route66 als „Outer Road" auf die Westseite des Interstate, doch schon an der folgenden Ausfahrt muss man die Autobahn überqueren, um dem Sherman Boulevard durch die gleichnamige Ortschaft zu folgen. Hinter der eisernen Bahnbrücke, die wenige Kilometer weiter folgt, biegt man links ab, um über die N Peoria Rd ins Zentrum von Springfield einzufallen. Wer Abraham Lincoln wenig Interesse entgegenbringt, folgt dem HW4 geradeaus am Zentrum von Springfield vorbei.

🏛 Springfield (111.000 EW)

In der Hauptstadt von Illinois scheint sich fast alles um Abraham Lincoln zu drehen. Springfield treibt die Begeisterung des sich selbst auch „Land of Lincoln" nennenden Staates Illinois auf die Spitze.

Abraham Lincoln, der republikanische, 16. Präsident der USA, wird als Nationalheld verehrt, weil er die Nordstaaten siegreich durch den amerikanischen Bürgerkrieg führte, die Einheit der Union bewahrte und die Sklaverei abschaffte. Er lebte und arbeitete von 1834 bis zu seinem Einzug ins Weiße Haus 1852 in Springfield. Lincoln wurde wenige Monate vor Kriegsende während einer Theateraufführung in Washington erschossen. Sein ruheloser Geist soll wiederholt in seinem alten Wohnhaus wie an seiner Grabstätte beobachtet worden sein …

Die Cartoon-Serie „The Simpsons" wurde in Springfield angesiedelt, denn Springfield ist der Name der absoluten amerikanischen Durchschnittsstadt. Allerdings finden sich zwischen Kalifornien und Neuengland mindestens vierzig Springfields, allein fünf davon in Wisconsin. Die 66 durchquert zwei, die Hauptstadt von Illinois und fünfhundert Kilometer weiter die Heimat von Brad Pitt in Missouri. Die Produktionsfirma veranstaltete anlässlich der Kinopremiere 2007 kurzerhand eine öffentliche Abstimmung, welches der vielen Springfields nun das der Simpsons sein sollte. Enttäuschend: Der Sieger war Springfield im Staate Maine, in der äußersten nordwestlichen Ecke der USA.

Nichtsdestotrotz ist Springfield, Illinois, nicht weniger durchschnittlich. Wer kein besonderes Interesse an der Figur Abraham Lincolns hat, kann einen Blick auf das State Capitol werfen und getrost weiterfahren.

Deutsche Hauptstädter erfreuen sich dagegen vielleicht an einem Besuch in Berlin und New Berlin, 15 mi/24 km westlich von Springfield am Interstate 72 gelegen. Zusammengenommen haben die beiden Dörfer etwa 1.300 Einwohner.

ℹ Touristeninformation

Springfield Illinois Convention & Visitors Bureau
- ✉ 109 N 7th St
- 🕐 Mo-Fr 8.30-17h
- ☎ 1-800-545-7300
- 🖥 www.visitspringfieldillinois.com

Central Illinois Tourism Development Office
- ✉ 700 E Adams St
- 🕐 Mo-Fr 8.30-17h
- ☎ 1-217-525-7980
- 🖥 www.visitcentralillinois.com

▶ The Abraham Lincoln Presidential Museum

Das erst 2005 eröffnete multimediale Museum belegt einen ganzen Gebäudeblock im Zentrum von Springfield. Auf 17.000 m² wird das Leben und Wirken des Nationalhelden von allen Seiten beleuchtet. Unter den vielen Stätten zum Thema Lincoln zweifellos noch die interessanteste.
- ✉ 212 N Sixth St
- 🕐 Täglich 9-17h
- ☞ Kinder unter 5 Jahren frei, 5-15 Jahre $6, Studenten $9, Erwachsene $12, Senioren $9
- ☎ 1-217-558-8844
- 🖥 www.alplm.org

Außerdem kann man in Springfield Lincolns Wohnhaus (✉ 426 S 7th St), seine Anwaltskanzlei (✉ Ecke 6th / Adams St) und sein Mausoleum (✉ Oak Ridge Cemetery, 1500 Monument Ave) bewundern.

▶ Under The Prairie

Das Museum präsentiert Tausende archäologischer Fundstücke aus der Zeit der Siedlungsexpansion in den Mittleren Westen. Diese umfangreiche Ausstellung versucht, den Besuchern eine ungefähre Vorstellung von den Härten des improvisierten (Über-)Lebens an der Siedlungsgrenze zu vermitteln.
- ✉ Highway 97, Salisbury

⇨ Aus dem Zentrum der Hauptstadt auf der Madison St Richtung Westen, dem HW97 10 mi/16 km folgen
- 🕐 Mi-So 10-16h
- ☞ Kinder unter 12 Jahren frei, Erwachsene $4
- ☎ 1-217-626-1760
- 🖥 www.sangamoarchaeology.org

▶ Museum of Funeral Customs

Den Hang zum morbiden Vergnügen kann man im Museum für Begräbnisriten befriedigen. Den Schwerpunkt bilden Bestattungspraxis und Balsamierungsmethoden des 19. Jahrhunderts. Zweifellos ein Museum mit einem kuriosen Thema, das man nicht überall geboten bekommt.
- ✉ 1440 Monument Ave
- 🕐 Do-Sa 10-16h, So 13-16h
- ☞ Kinder von 6-17 Jahren $2, Erwachsene $4, Senioren $3
- ☎ 1-217-544-3480
- 🖥 www.funeralmuseum.org

State Capitol, Springfield

Welten treffen aufeinander – Die Amish in Illinois

We're dealing with fundamentalists [...] The Amish are fundamentalists, but they don't try and hijack a carriage at needlepoint.

Wir haben es mit Fundamentalisten zu tun. [...] Die Amish sind Fundamentalisten, aber sie werden nie versuchen, eine Kutsche mit vorgehaltener Waffe zu entführen.

Robin Williams (geboren 1951), Schauspieler

Sie fahren keine Autos, sondern Pferdekutschen; sie verzichten auf Elektrizität und Telefon; die Felder werden nicht mit Traktoren, sondern mit Pferdegespannen gepflügt; sie hüllen sich in die gleiche selbstgeschneiderte Kleidung wie vor 300 Jahren. Die Männer tragen schwarze Hüte und Vollbärte, die Frauen einfarbige Kleidung und ein Käppchen auf dem Kopf. Selbst Knöpfe werden als möglicher Ausdruck eines übersteigerten Individualismus abgelehnt. Ein Kuriosum, das erstaunte Neugier auf sich zieht.

Spätestens der Kinohit „Der einzige Zeuge" mit Harrison Ford hat die Welt auf die Existenz der Amish aufmerksam gemacht. Eine christliche Sekte, die an Jahrhunderte alten Traditionen festhält und die Errungenschaften der modernen Welt rundum ablehnt.

Zuletzt gerieten die Amish im Oktober 2006 in die Schlagzeilen: Ein Lkw-Fahrer, der eine Tochter bei der Geburt verloren hatte, wollte sich am lieben Gott für den Schicksalsschlag rächen. Er drang in Pennsylvania in eine Dorfschule der Amish ein, tötete fünf Mädchen und erschoss sich dann selbst. Am selben Nachmittag erklärte der Großvater eines der getöteten Kinder, dass er dem Mörder vergebe. Nachbarn besuchten die Familie des Mörders, um ihr in ihrem Schmerz beizustehen und luden sie zur Beerdigung der Opfer ein.

Die Welt schüttelte den Kopf angesichts so konsequent gelebter christlicher Prinzipien. Religiöse Verblendung oder irrationaler Sektenwahn erschienen als einzige einleuchtende Erklärungen. Wer die Amish sind und woher sie kamen ist zumindest außerhalb der USA kaum bekannt.

Die Amish und ihre Lebensweise sind ein Überbleibsel aus der Zeit der Reformation. Martin Luther, Johannes Calvin und Ulrich Zwingli kämpften gegen das korrupte Establishment der katholischen Kirche und für eine Erneuerung der Glaubenspraxis. Doch deren Forderungen gingen einem Teil der Christen längst nicht weit genug. Über theologische Detailfragen gespalten, gingen aus den Baptisten die Mennoniten und unter der Führung des Predigers Jakob Ammann schließlich die „Amischen" hervor. Ammann befürchtete die Aufweichung der christlichen Tugenden und setzte auf die konsequente Befolgung eines noch heute gültigen, strikten Regelwerks.

Von der katholischen wie der protestantischen Kirche als Bedrohung empfunden, mussten sich die Amish in die abgelegensten Schweizer Bergtäler zurückziehen. Dort erkannten sie, dass das Überleben nur in völliger Autarkie und Unabhängigkeit vom Rest der Welt möglich war. Doch selbst hier konnten sie der Feindseligkeit ihrer Umwelt nicht entgehen. Viele zogen in die Niederlande, von wo aus 1713 die ersten die Überfahrt in die Neue Welt wagten, die die lang ersehnte religiöse Freiheit versprach.

Doch der Traum, unbehelligt den eigenen Überzeugungen folgen zu können, erfüllte sich noch lange nicht.

Viele mussten jahrelang als Knechte auf fremden Höfen schuften, um die Schulden für die Überfahrt begleichen zu können. Als sie dann endlich eine eigene Scholle bearbeiten durften, lagen ihre Höfe oft an der Siedlungsgrenze zum Indianerland. Die Skalps der Amish waren leichte Beute, denn ihr konsequent gelebter Pazifismus verbot jede Gewaltanwendung. Die Gewehre, die sie zur Jagd benutzten, setzten sie nicht zur Selbstverteidigung ein.

Die strikte Gewaltverweigerung brachte den Amish die Ablehnung des christlichen, weißen Amerika ein: besonders im Unabhängigkeitskrieg, im Bürgerkrieg und den beiden Weltkriegen. Ursprünglich deutscher Abstammung, wurden sie als Verräter oder gar als Nazis beschimpft.

Doch nur die USA, wo das Prinzip der Religionsfreiheit am konsequentesten respektiert wird, boten ihnen eine Überlebenschance. Während in Europa jede Glaubensbewegung außerhalb der etablierten Kirchen sofort der Gehirnwäsche und finanziellen Ausbeutung verdächtigt wird, ist beispielsweise die Scientology Church in den Vereinigten Staaten eine offiziell anerkannte Kirche, mit allen Privilegien. Eine Bewertung, welche Bemessungsgrundlagen die richtigen sind, soll hier allerdings nicht getroffen werden.

In Europa ist der Glauben der Amish längst verschwunden, doch in Amerika ist ihre Zahl aufgrund der hohen Geburtenrate von durchschnittlich 8 Kindern pro Frau kontinuierlich gewachsen. Um 1900 wurden rund 8.000 Mitglieder geschätzt, inzwischen hat sich die Zahl verzwanzigfacht. Es gibt Gemeinden in der Hälfte aller Bundesstaaten. Konzentriert finden sie sich in den traditionellen Siedlungsgebieten Ohio, Indiana und Pennsylvania.

Die Amish leben nicht in geschlossenen Kommunen, sondern Tür an Tür mit ihren „modernen" amerikanischen Nachbarn. Dennoch hat die Gemeinschaft einen außerordentlich hohen Stellenwert. Gottesdienste finden nicht in einer Kirche statt, sondern reihum im Hause der Familien und enden mit gemeinsamem Essen. Kostenlose Nachbarschaftshilfe und intensives Sozialleben spielen eine zentrale Rolle für den Gruppenerhalt. Der Einzelne hat sich den Interessen der Familie und der Gemeinde klar unterzuordnen.

Die Regeln bestimmt keine zentrale Institution, sondern sie werden in der Gemeinde diskutiert und gemeinsam beschlossen. Folgerichtig gibt es eine große Bandbreite unterschiedlicher Interpretationen. Die Akzeptanz technischer Neuerungen variiert durchaus von Gemeinde zu Gemeinde. Der Hintergrund ist keineswegs blinde Technikfeindlichkeit, vielmehr werden neue Technologien vor allem unter der Fragestellung diskutiert, ob sie dem religiösen Leben und der Maxime des Gruppenerhalts zuträglich sind.

Eine ausschlaggebende Rolle spielt dabei die Frage, ob man sich in ein Abhängigkeitsverhältnis nach außen begibt, wie es etwa bei der Versorgung mit Elektrizität aus dem öffentlichen Netz der Fall wäre. Solche Auslegungsfragen stellen die Gemeinschaft oft auf eine harte Probe, denn dem Einfluss der modernen Gesellschaft können sie sich nicht vollständig entziehen. Dabei werden nicht selten eigentümliche Kompromisse geschlossen. Wird ein heimischer Telefonanschluss auch rundweg abgelehnt, so ist die Benutzung eines Münzfernsprechers unter gewissen Voraussetzungen dennoch erlaubt.

Die selbstauferlegte Ordnung der Gruppe bestimmt die Entfaltung und den Lebensweg des Einzelnen. Die Kinder besuchen acht Jahre lang die selbstorganisierte Dorfschule, die ihre kulturelle Identität als Amish prägt. In der fortgeschrittenen Pubertät wird den Jugendlichen erlaubt, bis zu zwei Jahre lang die Gesellschaft der „Anderen" kennenzulernen. In dieser „Rumspringa" genannten Phase werden Autofahren, Alkoholkonsum, die Benutzung moderner Technologien und in gewissen Grenzen auch der freizügige Umgang mit den anderen Geschlecht gebilligt. Danach wird jedoch eine eindeutige Entscheidung für oder gegen die Einordnung in die religiöse und soziale Gemeinschaft erwartet. Einem positiven Entschluss, sein Leben als Amish fortzusetzen, folgen die feierliche

Taufe und die baldige Eheschließung.

Ein entscheidender Faktor für das jahrhundertelange Überleben der Amish als gesellschaftliche Außenseiter ist die Sprache. Bis heute wird in den Familien und der Gemeinschaft ein deutscher Dialekt gesprochen, „pennsylvanian dutch" genannt. Dabei steht „dutch" für „Deutsch" und nicht, wie man vermuten könnte, für Niederländisch.

Es handelt sich um eine Mischung süddeutscher, vor allem pfälzischer Dialekte, die sich im Laufe der Generationen weiterentwickelt haben und mit einer Reihe englischer Lehnwörter durchsetzt sind. Mit etwas Übung und viel Sprachphantasie ist eine Verständigung durchaus möglich – Englisch lernen die Kinder als Fremdsprache erst in der Schule.

Lange Zeit wurde den Amish prophezeit, ihre Kultur sei im Schmelztiegel Amerika zum Aussterben verurteilt. Mit tiefer religiöser Überzeugung, Gemeinschaftssinn und Anpassungsfähigkeit konnten sie das Gegenteil beweisen. Statt unreflektierter Ablehnung verdienen die Amish uneingeschränkte Toleranz und Bewunderung für das konsequente Ausleben ihrer Lebensprinzipien.

👁 Tourismus

Eine kleine Siedlungszone der Amish liegt etwa einhundert Kilometer östlich der Route66 im zentralen Illinois um die Orte Arthur und Arcola. Man schätzt ihre Zahl auf etwa 4.000. Besucher sind durchaus willkommen, sollten aber unbedingt einige Verhaltensregeln beachten: Die Amish sind einfache Menschen und empfinden allzu aufdringliche Neugier Fremder als störenden Eingriff in ihre Privatsphäre. Keinesfalls sollte man Personen ungefragt fotografieren. Grundsätzlich ist respektvoller Umgang mit fremder Kultur und Weltanschauung gefordert. Sonntags ist heiliger Feiertag, die Amish bleiben unter sich und die Läden geschlossen.

Einige Amish haben sich den Besuchern so weit geöffnet, dass sie kleine Geschäfte betreiben und authentische Souvenirs anbieten. Dabei handelt es sich meist um Lebensmittel wie Käse, Wurst, Marmelade oder Honig und Kunsthandwerk wie Möbel, Schnitzereien, Stickereien oder die populären Puppen.

🏛 Arcola

Illinois Amish Interpretive Center
Einen guten Einstieg ins „amish country" bietet dieses Museum in Arcola. Auf den ersten Blick meint man, sich in einem deutschen Heimatmuseum zu befinden. Längst überholte Werkzeuge und Großmutters Kinderspielzeug kennt man eigentlich von Zuhause. Doch im Kontext einer technisierten, extrem konsumorientierten Gesellschaft wird einem schnell klar, welche Konfliktpotenziale eine traditionelle Lebensweise aufwirft. Das Museum bietet auch geführte Touren an. Man sollte sich möglichst schon einige Wochen vor dem Besuch mit den Verantwortlichen in Verbindung setzen. Der einstündige Besuch einer Farm oder eines Wohnhauses kostet $4 pro Person. Eine eineinhalbstündige, begleitete Rundfahrt schlägt mit $27,50 pro Fahrzeug zu Buche. Eine kulturell wie kulinarisch im positiven Sinne interessante Erfahrung ist ein Mittagessen bei einer Amishfamilie. Preis für Personen ab 12 Jahren $15,95, für Kinder von 6 bis 11 Jahren $7,95. Dabei servieren die Amish das Essen, setzen sich aber normalerweise nicht zu den Gästen. Gespräche sind aber möglich, sofern man die Sprachbarriere überwinden kann.

✉ *111 S Locust Street, Arcola*
🕙 *Mo-Sa 9-17h, im Winter eingeschränkt*
♾ *Kinder unter 6 Jahren frei, bis 11 Jahre $6, Erwachsene $10, Senioren $8*
☎ *1-888-45-16474*
🖥 *www.amishcenter.com*

⚓ Arthur

Ähnliche Touren und Mittagessen wie das Interpretive Center in Arcola bietet der Veranstalter ACM Tours an:

- ✉ *138 S Vine Street, Arthur*
- 🕙 *Mo-Sa 9-17h*
- ☎ *1-888-321-9663*
- 🖥 *www.amishcountrymarketing.com*

▶ Restaurants

Von Amish betriebene Restaurants existieren keine, es gibt allerdings ein paar, die mehr oder weniger authentische Gerichte anbieten:

Yoder's Kitchen und Rockome Restaurant

- ✉ *East Route 133, Arthur, IL 61911*
- ☎ *1-217-543-2714*

Dutch Kitchen

- ✉ *127 East Main St., Arcola, IL 61910*
- ☎ *1-217-268-3518*
- ⇨ *Von Springfield, IL, auf dem IS72 in Richtung Osten, vor Decatur auf die US36, Decatur durchqueren, nach 12 km auf den HW32, in Lovington links auf den HW133 in Richtung Osten, geradeaus bis Arthur (insgesamt 112 km) oder noch 15 km weiter bis nach Arcola*

🖵 Filme

Die fremde Welt der Amish wird in einer Reihe von Hollywoodstreifen als kulturelles Spannungsmoment aufgegriffen. Ein realitätsnahes Bild wird indes nur von ganz wenigen Filmen gezeichnet.

🖵 Der einzige Zeuge	
Originaltitel	Witness
Jahr	1985
Regie	Peter Weir
Hauptdarsteller	Harrison Ford, Kelly McGillis
Genre	Krimi

🖵 Gebot des Schweigens	
Originaltitel	A Stoning in Fulham County
Jahr	1988
Regie	Larry Elikann
Hauptdarsteller	Brad Pitt, Theodore Bikel
Genre	Drama

🖵 Devil's Playground	
Jahr	2002
Regie	Lucy Walker
Genre	Dokumentarfilm

📖 Websites

Anhand einiger Audiofiles kann man seine Sprachbegabung testen und versuchen, das Pennsylvania Dutch der Amish zu verstehen.

- 🖥 *http://csumc.wisc.edu/AmericanLanguages/ search_clip_type.php?clip_type=PennDutch*

Online-Enzyklopädie in Pennsylvania Dutch
- 🖥 *http://pdc.wikipedia.org/wiki/Haaptblatt*

Tourismusseite des Ortes Arthur
- 🖥 *www.illinoisamishcountry.com*

Sprachkurs mit mp3 Dateien – hier kann man das Hörverständnis von Pennsylvania Dutch testen
- 🖥 *http://hiwwewiedriwwe.wordpress.com*

Kleine Selbstpräsentation der Amish und eine Einführung in ihr Leben und ihren Glauben
- 🖥 *www.amishillinois.com*

Von Springfield nach St. Louis

Das Zentrum Springfields verlässt man auf der 5th Street in Richtung Süden, die automatisch auf den IS55 führt, denn die Route66 wurde hier einfach von der modernen Autobahn überbaut. Wenige Kilometer südlich überquert man den romantischen Springfield Lake. Wem ein Picknick in lieblicher Landschaft vorschwebt, der nimmt den Exit 88, biegt nach links ab und folgt der Straße gut 6 mi/10 km nach Osten, wo man am Lake Park eine hübsche Picknick-Area findet.

Die Ausfahrt 88, 4 mi/6 km südlich des Autobahnanfangs in Springfield, bringt uns wieder zurück zur Route66, allerdings muss man sich zwischen zwei recht unterschiedlichen Alternativen entscheiden: Von 1926 bis 1930 bildete der weiter westlich verlaufende Highway 4 von Chatham nach Staunton eine „temporäre" Route66, bis der neu zu bauende Abschnitt von Springfield nach Litchfield fertiggestellt wurde. Diese etwas längere Trasse verläuft einige Kilometer westlich der modernen Autobahn, während die jüngere Führung der 66 kontinuierlich in Sichtweite des Interstate Highway liegt. Damit ist die Frage nach einer Empfehlung bereits beantwortet. Obendrein ist der Straßenzustand der westlichen Route bedeutend besser und man durchquert einige sehr ansehnliche Orte wie Chatham oder Carlinville. Trotzdem werden wir im Folgenden die interessantesten Punkte beider Strecken beschreiben. In Staunton, etwa hundert Kilometer südlich von Springfield vereinigen sich die beiden Routen wieder.

▶ **Alternativroute 1** über **Chatham und Carlinville**

Man verlässt das Zentrum Springfields wie bereits erwähnt auf der 5th Street, die direkt in den Interstate 55 mündet und nimmt nach 4 mi/6 km den Exit 88. Am Ende der Autobahnausfahrt folgt man der Beschilderung nach rechts in Richtung Chatham, das man nach 3 mi/5 km erreicht. An der Main Street biegt man links in den HW4, dem man dann für 60 mi/96 km bis nach Staunton folgt, wo sich die beiden Alternativstrecken wieder vereinigen.

🏘 Chatham (11.500 EW)

Ihren ausgeprägten Humor beweisen die Bewohner Chathams alljährlich Mitte Juli bei der Meisterschaft im Cow Chip Throw, zu Deutsch schlicht Kuhfladenweitwurf. Das Regelwerk des Wettbewerbs untersagt die Benutzung von Handschuhen.

Im Juli 2011 machte Chatham zumindest regional Schlagzeilen, weil innerhalb weniger Wochen mehrfach mysteriöse Fußabdrücke von 45 Zentimetern Länge entdeckt wurden, was etwa der Schuhgrösse 76 entsprechen würde. Spekulationen griffen um sich, dass sich das Fabelwesen Bigfoot im Ort herumtreiben könnte. Etliche Bewohner berichteten, nachts seltsame Geräusche vernommen zu haben. Die Polizei leitete Untersuchungen ein, doch kein Zeuge erklärte, das Monster mit eigenen Augen gesehen zu haben. Die rationalste Erklärung ist wohl, dass ein paar Spaßvögel in der Dorfkneipe einen kindischen Streich

Melvin Price Lock and Dam bei St Louis

ausgeheckt hatten. Einige Kilometer weiter finden sich nur wenig abseits der Landstraße zwei kleinere Attraktionen: Folgt man 3 mi/5 km südlich von Chatham dem Hinweisschild nach links zur Sugar Creek Covered Bridge, erreicht man nach 4 mi/6 km eine hölzerne, überdachte Brücke, die eine Hauptrolle in Clint Eastwoods Drama „Die Brücken am Fluss" spielen könnte. Der Film wurde allerdings größtenteils in Winterset im Nachbarstaat Iowa gedreht, zufälligerweise der Geburtsort von John Wayne.

💬 Die Brücken am Fluss	
Originaltitel	The Bridges of Madison County
Jahr	1995
Regie	Clint Eastwood
Hauptdarsteller	Meryl Streep, Clint Eastwood
Genre	Drama

Zurück auf dem Highway 4 kann man zwei Kilometer weiter ein inzwischen denkmalgeschütztes, ehemaliges Teilstück der Route66 bewundern, dessen Fahrbahn kurioserweise mit roten Backsteinziegeln konstruiert wurde. Die 1.200 Meter ungewöhnlicher Straßenoberfläche gehen Gerüchten zufolge darauf zurück, dass ein wichtiges Mitglied der Straßenbauverwaltung von Illinois in die Ziegelindustrie investiert hatte. Um es zu finden, biegt man

4 mi/7 km südlich von Chatham rechts in die Snell Rd, das Teilstück beginnt kaum hundert Meter hinter der Kreuzung. Folgt man dem Verlauf des roten Straßenbelags, landet man nach gut einem Kilometer wieder auf dem Highway 4. Dem Stoppschild am Ende des Abschnitts sollte man unbedingt Beachtung schenken.

🏔 Virden (3.500 EW)

Beim Anblick des hübschen Zentralplatzes des friedlichen Örtchens mag man nicht vermuten, das Virden zu Ende des 19. Jahrhunderts Schauplatz heftigster Arbeitskämpfe gewesen war. Der Ort sitzt direkt auf ehemals reichen Kohleflözen, die nach der Eröffnung der Eisenbahnstrecke nach Springfield 1847 intensiv abgebaut wurden. Die Chicago-Virden Coal Company untersagte die Bildung von Gewerkschaften, die Arbeiter traten Ende September 1898 in Streik, um ihren Forderungen nach höheren Löhnen, einem 8-Stunden-Tag und Koalitionsfreiheit Nachdruck zu verleihen. Die Minengesellschaft warb kurzerhand per Handzettel in Birmingham, Alabama 2.000 arbeitswillige Streikbrecher an, die sie per Eisenbahn flugs nach Virden verfrachtete. Die Bahn hielt direkt vor dem Bergwerksgelände, wurde aber von den Streikenden umzingelt. Die Sicherheitskräfte der Firma beschlossen, den Weg zur Mine freizuschießen, doch auch ein Teil der Arbeiter war bewaffnet. Der Konflikt ging als die „Schlacht von

Virden" in die Sozialgeschichte ein, wobei vier Sicherheitsmänner und sieben Streikende ums Leben kamen. Mindestens dreißig Verwundete waren zu beklagen. Ein Denkmal auf dem Zentralplatz erinnert an die Ereignisse. Nach Ende des 2. Weltkriegs wurde der Kohlebergbau im zentralen Illinois aufgegeben. Die hier lagernde Kohle enthält hohe Anteile umweltschädigenden Schwefels.

🏛 Carlinville (6.000 EW)

Auch das zauberhafte Carlinville saß auf reichen Kohlevorkommen, doch nahm die Geschichte hier einen ganz anderen Verlauf als in Virden. Gegen Ende des 1. Weltkrieges benötigte die Standard Oil Company dringend Brennstoff, um ihre Erdölraffinerien zu befeuern. Doch Arbeitskräfte waren Mangelware, allein in Illinois waren über 300.000 Männer im Krieg in Europa. Um die harte Arbeit in über hundert Meter Tiefe attraktiv zu machen, dachte sich Standard Oil etwas Besonderes aus: Jede Arbeiterfamilie sollte ein hübsches und modernes Eigenheim bekommen. Kurzerhand kaufte die Firma ein Stück Land und errichtete 156 Fertighäuser, die sie von der Chicagoer Handelskette Sears bezog.

Die Idee des Fertighauses war schon Jahrzehnte zuvor entstanden, doch Sears verfrachtete ab 1908 seine Kataloghäuser per Eisenbahn ins ganze Land, wo jede Familie mit Hilfe von Freunden und Nachbarn ihr neues Eigenheim aus bis zu 30.000 Einzelteilen selbst zusammensetzen konnte, ganz nach dem Ikea-Prinzip. Die Häuser waren nach damaligen Standards ausgesprochen modern und beinhalteten schon die komplette Wasser-, Strom und Heizungsinstallation. Bis 1940 soll Sears über 100.000 Bausätze von 370 verschiedenen Modellen an den Mann gebracht haben.

In Carlinville stehen heute noch 152 der ursprünglich 156 Häuser, die das größte zusammenhängende Stadtviertel von Sears Homes in den gesamten USA bilden. Man findet den noch heute Standard Addition genannten Ortsteil kurz hinter dem nördlichen Ortseingang auf der östlichen Seite. Rice und Washingten Street führen mitten hinein.

Carlinville ist die Heimat von Mary Hunter Austin, einer Wegbereiterin der feministischen Literatur und von Prairie Farms Dairy, einer Kooperative von etwa 800 Milchbauern, die mit Milchprodukten von der Butter bis zur Eiscreme jährlich an die drei Milliarden Dollar umsetzt.

Um dem Highway 4 nach Süden zu folgen, muss man kurz hinter dem sehenswerten zentralen Platz von Carlinville links abbiegen. Es geht weiter durch Gillespie bis nach Staunton, wo sich die beiden historischen Streckenverläufe der Route66 wieder vereinen.

▶ Alternativroute 2 über Litchfield und Mount Olive

Bereits 1930 wurde das Teilstück des Highway 4 durch eine neue, weiter öst-

Chain of Rocks Bridge über den Mississippi

lich verlaufende Straßenführung ersetzt. Die Route66 war als Fernverkehrsstraße gedacht und man sorgte sich bereits damals um einen guten Verkehrsfluss. Auf der Vorgängerstrecke lagen zu viele kleine Orte, also beschloss man, die 66 durch ein dünner besiedeltes Gebiet zu führen. Das heute noch operierende Ariston Café folgte der Straßenverlegung und zog von Carlinville nach Litchfield.

Vom touristischen Standpunkt ist diese Route allerdings weniger attraktiv. Die 66 verläuft praktisch kontinuierlich direkt parallel als Service Road zum Interstate Highway. Zwischen Glenarm und Divernon wird man vom Exit 82 bis zur Ausfahrt 80 auf die Autobahn gezwungen. Teilweise ist der Straßenbelag in bedauernswertem Zustand.

🏛 Litchfield (6.800 EW)

40 mi/64 km südlich von Springfield wartet das Örtchen Litchfield mit zwei 66-Attraktionen auf, die den Besucher in die gute alte Zeit zurück versetzen wollen: Das „historische" Restaurant Ariston Café im Ortskern an der Kreuzung Route66/HW16, das größtenteils von Besuchern in fortgeschrittenem Alter frequentiert wird und ein 1951 eröffnetes Autokino.

Litchfield Sky View Drive-in Theatre
- ✉ N Route66
- ⇒ Am Ortseingang auf der linken Seite
- 🕐 April-September, Fr-So bei Einbruch der Dunkelheit, frühestens aber um 19.30h
- ✆ $3 pro Person

- ☎ 1-217-324-4451
- 🖥 www.litchfieldskyview.com

🏛 Mount Olive (2.100 EW)

Auch Mount Olive wurde von den Bergarbeiterstreiks von Zentralillinois heimgesucht. Um die Mitte des 19. Jahrhunderts hatten sich hier die ersten deutschen Siedler niedergelassen, die bald darauf ein Vermögen mit der Kohleförderung verdienten. Die angestellten Bergarbeiter schufteten unter härtesten und gefährlichsten Bedingungen. Eigentümer ihrer Wohnhäuser waren die Unternehmen, die die Löhne überwiegend mit Gutscheinen bezahlten, die in firmeneigenen Läden gegen überteuerte Lebensmittel eingetauscht werden konnten. Die hochmobilen Arbeiter brauchten einige Zeit, um sich gegen den Widerstand der Bergbauunternehmen gewerkschaftlich zu organisieren. Über Jahrzehnte war Mary „Mother" Jones eine der zentralen Figuren der Minenarbeiterbewegung. Bis zu ihrem Tod 1930, im Alter von 100 Jahren, kämpfte sie an vorderster Front für die Bergleute, die sie liebevoll „my boys" nannte. Heute noch wie eine Märtyrerin verehrt, liegt sie zusammen mit vier erschossenen Streikenden aus Mount Olive auf dem Union Miners' Cemetery begraben.

In Staunton vereinigen sich die beiden Routen wieder. Man folgt dem Highway 4 4 mi/7 km weiter in südliche Richtung. Kurz bevor der Highway wieder auf die Autobahn trifft, folgt man dem 66-Schild

und biegt rechts ab. Nach 200 m geht es gleich wieder links in die Frontage Rd, die den Interstate Highway für gut 4 Kilometer begleitet, sich dann aber wieder entfernt. Ab dem Örtchen Hamel folgt man dem HW157, bis man nach 17 mi/28 km hinter Edwardsville steil ins Mississippi-Tal herabsteigt. An der folgenden Kreuzung fährt man einfach geradeaus weiter und folgt der Chain of Rocks Rd, bis sie nach 4 mi/7 km scharf links abknickt. Nach 1 mi/1,6 km biegt man an der ersten Möglichkeit nach links in die Maryville Rd, um an deren Ende wieder auf die Fortsetzung der Chain of Rocks Rd zu treffen. Man wendet sich erneut nach links und erreicht am Ende der Sackgasse nach 3,5 mi/5,5 km den Parkplatz der Chain of Rocks Bridge.

Die Westseite des Mississippi-Tals ist mit einer Reihe von Attraktionen gespickt, sodass man im Umkreis von 30 Kilometern einen ganzen Tag verbringen könnte. Obligatorisch für die Reise auf der 66 ist allerdings nur die Chain of Rocks Brücke, die zu einer ihrer Ikonen geworden ist. Die anderen Orte kann man je nach persönlichen Interessen auswählen.

▶ Lewis and Clark State Historic Site

Das hochinteressante Museum zeigt anschaulich, mit welchen Mitteln die 30-Mann Expedition 1804 in zwei Jahren vom Mississippi bis zur Pazifikküste vorstieß. Herzstück der Ausstellung ist ein originalgetreuer Nachbau des Kielbootes, das die Expedition den Missouri hinauf brachte. Der Ausgangspunkt der Expedition, Camp River Dubois, liegt nur wenige hundert Meter hinter dem Museum am Ufer des Mississippi.

✉ *Lewis and Clark Trail, Hartford, IL 62048*
⇨ *Vom Exit 3 des IS270 auf dem HW3 etwa 3 mi/5 km nach Norden, an der ersten Ampel links und gleich wieder links*
🕙 *Mi-So 9-16.30h*
♻ *Frei*
☎ *1-618-251-5811*
🖳 *www.campdubois.com*

▶ Confluence Tower

Der Bau des 55 Meter hohen Aussichtsturms dauerte volle acht Jahre, weil die Fertigstellung immer wieder von Finanzierungsproblemen unterbrochen wurde. Seit 2010 kann man endlich bis zur höchsten Aussichtsplattform klettern und den Zusammenfluss von Missouri und Mississippi überblicken. Bei gutem Wetter reicht die Sicht bis Downtown St. Louis mit dem Gateway Arch.

✉ *Von der letzten Ampel vor der Chain of Rocks Bridge auf dem HW3 4 mi/6 km nach Norden, unübersehbar auf der westlichen Seite der Straße*
🕙 *Mi-Sa 9.30-17h, So 12-17h*
♻ *Kinder (2-12 Jahre) $2 Erwachsene $4*
🖳 *www.confluencetower.com*

▶ National Great Rivers Museum at Melvin Price Lock and Dam

Das hochinteressante, interaktive Museum erklärt physikalische und biologische Prozesse des Mississippi und seine wirtschaftliche Bedeutung. Man muss erkennen, dass der Mississippi heute nichts mehr mit einem natürlichen Fluss zu tun hat, sondern in Wahrheit eine Abfolge von Stauseen und dadurch nicht viel mehr als eine Hochgeschwindigkeitstraße für den Schiffstransport ist.

✉ *2 Locks and Dams Way, Alton*
⇨ *4 mi/6,5 km vom Lewis & Clark Museum bzw. 7 mi/12 km vom Exit 3 des IS270 auf dem HW3 in Richtung Norden, dann nach links auf den HW143 abknicken, nach weiteren 2 mi/3 km auf der linken Seite*
🕙 *Mo-So 9-17h, Führungen durch die Schleusenanlagen täglich um 10, 13 und 15 Uhr*
♻ *Frei*
☎ *1-618-462-1713*
🖳 *www.mvs.usace.army.mil/Missions/ Recreation/RiversProjectOffice/ LockandDamTourInformation.aspx*

▶ Horseshoe Lake

Ein toter Flussarm des Mississippi hat sich zu dem hufeisenförmigen See abgetrennt, der heute Naherholungsgebiet für die Großstädter aus St. Louis ist. Die letzte Möglichkeit vor dem Großraum St.

Louis, noch ein bisschen Natur zu genießen und ein Picknick einzulegen.

⇒ IS55, Exit 6, HW111 Richtung Norden, nach 3 mi/5 km links ins Parkgelände

▶ Cahokia Mounds

Die archäologischen Reste von Cahokia, der ehemals größten Stadt der Mississippi-Indianer, sind heute als Weltkulturerbe der UNESCO geschützt. Die größte Erdpyramide, den 30 m hohen Monks Mound, kann man erklimmen und am Horizont den Gateway Arch in St. Louis erblicken. Man hat das Gefühl, an einem prähistorischen Ort zu sein, dessen Geschichte Tausende von Jahren zurückliegt. In Wirklichkeit dreht es sich nur um rund 600 Jahre. Sehr viel ist tatsächlich nicht zu entdecken, doch die Schlussfolgerung, dass sich die Kultur der amerikanischen Indianer nicht auf Winnetou und Tipis reduzieren lässt, ist eine durchaus wichtige Erkenntnis.

✉ 30 Ramey Street, Collinsville, IL 62234

⇒ IS55, Exit 6, HW111 in südlicher Richtung, nach links auf die Collinsville Rd, nach 2 mi/3 km rechts zum Visitor Center

🕐 Park 8h bis zum Einbruch der Dunkelheit, Museum: Mai-Oktober täglich 9-17h, sonst Mi-So 9-17h

👁 Frei, doch wird eine freiwillige Spende von $2 für Kinder und $7 für Erwachsene nahegelegt

☎ 1-618-346-5160

🖥 www.cahokiamounds.com

▶ Gateway Classic Cars

Autoliebhaber werden vielleicht gern einen Blick in den Showroom dieses Gebrauchtwagenhändlers werfen, der Dutzende Straßenkreuzer aus vergangenen Jahrzehnten an den Mann bringen möchte.

✉ 5401 Collinsville Rd, Fairmont City, IL 62201

⇒ Wie Cahokia Mounds, nur wenige Meter nach dem Einbiegen in die Collinsville Rd auf der linken Seite

🕐 Mo-Fr 10-17h, Sa 9-17h

☎ 1-800-231-3616

🖥 www.gatewayclassiccars.com

▶ Chain of Rocks Bridge

Die Brücke gilt als eines der markantesten Symbole der Route66, obwohl sie erst Ende der 30er Jahre für die Umgehung des Stadtzentrums von St. Louis in die Route integriert wurde. Herausragendes Merkmal ist der 22°-Knick in der Mitte, der für die Funktion des Schiffsverkehrs auf dem Mississippi notwendig war. Heute ist die Brücke für den Verkehr gesperrt und gilt als längste Fußgängerbrücke der Welt. Die Brücke diente als Schauplatz der Schlussszene des Films „Die Klapperschlange".

⇒ IS270, Exit 3B, HW3 Richtung Süden, nach 500 m rechts in die Chain of Rocks Rd, nach 2 mi/3,5 km erreicht man den Parkplatz (Keine Wertsachen sichtbar im Auto liegen lassen!)

🔲 Die Klapperschlange	
Originaltitel	Escape from New York
Jahr	1981
Regie	John Carpenter
Hauptdarsteller	Kurt Russell, Ernest Borgnine
Genre	Science Fiction

Nach dem obligatorischen Spaziergang auf der Brücke muss man zurück bis zur ersten Ampel, links abbiegen und gleich darauf auf den Interstate 270 in Richtung Westen/Kansas City, um den mächtigen Fluss zu überqueren. Am anderen Ufer verlässt man die Autobahn am Exit 34, biegt nach links und folgt dem Riverview Dr für etwa 3,5 mi/6km, wo sich die Straße teilt. Man folgt der linken der beiden Alternativen, die sich fortan Hall St nennt. Nach wiederum 3,5 mi/6 km geht es links in die Adelaide Ave, die nach wenigen hundert Metern die Autobahn überquert. Nach der Überführung biegt man sofort links ab und nimmt die Auffahrt auf den IS70, der einen direkt ins Zentrum von St. Louis bringt.

MISSOURI

Das Tor zum Westen – Missouri

Das Tor zum Westen – Missouri

Schon Meilen bevor man von Nordosten St. Louis erreicht, entdeckt man am Horizont den geometrisch simplen aber hocheleganten Gateway Arch, das symbolische Tor zum Westen. Denn in Missouri beginnt der amerikanische Westen, dünn besiedelt und zutiefst ländlich. Rechnet man die beiden Metropolen St. Louis und Kansas City – das man logischerweise eigentlich in Kansas und nicht in Missouri erwarten würde – heraus, kommt der Staat gerade noch auf eine Einwohnerdichte von 12 EW/km². 70 % der Bewohner des Staates konzentrieren sich auf die beiden Städte an der Ost- und Westgrenze, also auf weniger als 3 % der Staatsfläche.

Dass Missouri ein Grenzstaat zwischen Osten und Westen ist, beweist auch des Selbstverständnis der beiden großen Städte: St. Louis empfindet sich als die westlichste Stadt des Ostens und Kansas City als die östlichste Stadt des Westens.

Missouri in Zahlen	Missouri	Zum Vergleich: Rumänien
Einwohner	5,9 Mio.	21,5 Mio.
Fläche	180.000 km²	238.000 km²
Einwohner pro km²	31	94
Höchste Erhebung	Taum Sauk Mountain, 540 m	Moldoveanu, 2.544 m
Hauptstadt	Jefferson City	Bukarest

Die Lage an den beiden großen Wasseradern Nordamerikas, am Mississippi und am Missouri, prädestinierte den Staat als Durchgangskorridor und Verkehrsknotenpunkt. In der Gegend von St. Louis brach die Expedition von Lewis und Clark 1803 zu ihrem zweijährigen Weg bis zur Pazifikküste auf. Hier begann der Oregon Trail, der 3.500 km lange Weg, dem 1840 bis 1860 geschätzte 50.000 Siedler in den fruchtbaren Nordwesten folgten. Später zogen die Mormonen von Missouri aus nach Utah.

Aber Missouri musste durch sein Schicksal, als Grenzstaat zwischen den großen amerikanischen Regionen zu stehen, auch einiges erleiden. Denn nicht nur die Grenze von Ost nach West lag in Missouri, auch die von Nord nach Süd. Im 19. Jahrhundert gehörte Missouri zumindest emotional zu den Südstaaten, denn die Sklavenfrage, die später zum Bürgerkrieg führen sollte, spaltete die junge Nation schon damals. Als das Territorium Missouri 1821 den Status eines vollwertigen Mitgliedsstaates zugesprochen bekam, wurde die Sklaverei offiziell gebilligt. Die Frage führte sogar zu militärischen Konflikten mit den Nachbarstaaten Iowa und Kansas.

Obendrein brodelte es auch im Inneren des Staates: Zwar betrieb die überwältigende Mehrheit der Farmer Subsistenzwirtschaft und nur eine verschwindende Minderheit der Betriebe besaß mehr als

fünf Sklaven, doch gerade diese Höfe konzentrierten sich entlang des Missouri in einem Landstrich namens „Little Dixie". Im "Kleinen Süden" hatten sich vor allem Siedler aus den sklavenhaltenden Südstaaten niedergelassen. Doch um die Mitte des 19. Jahrhundert zogen immer mehr europäische Zuwanderer in den Westen, darunter viele Deutsche, die, von liberalem Gedankengut geprägt, die Institution der Sklaverei zutiefst verabscheuten. Der Konflikt war vorprogrammiert.

Als die Südstaaten die Sezession beschlossen, votierte das Parlament Missouris für das Verbleiben in der Union, obwohl die Meinung der Bevölkerung zutiefst gespalten war. Genauso verlief dann auch der Bürgerkrieg im Staate: Zwar kontrollierten die Unionstruppen das Terrain, doch führte der südstaatenfreundliche Teil der Einwohner einen brutalen Guerillakrieg, der von den regulären Truppen in nicht weniger grausamer Weise bekämpft wurde. Nach dem Ende des Bürgerkriegs und der endgültigen Abschaffung der Sklaverei, setzte der durch den Krieg pausierte Zuwandererstrom aus Europa wieder ein und die USA erholten sich recht schnell von den Folgen des Krieges.

Missouri blieb, mit Ausnahme der beiden großen Städte, ein Agrarstaat, dessen Struktur sich bis heute kaum verändert hat. Während St. Louis Sitz internationaler Konzerne wie dem Flugzeugbauer McDonnell Douglas oder der Budweiser Brauerei Anheuser Busch ist, produziert der Rest des Staates vor allem Mais, Soja, Rindfleisch und Geflügel.

Die Regierung fördert intensiv den Weinbau, der bis Anfang des 20. Jahrhun-

derts weit verbreitet war, doch durch die Prohibition einen herben Rückschlag hinnehmen musste und den meisten Winzern die Existenzgrundlage entzog. Inzwischen hat sich die Region von dieser Krise erholt und den Begriff „Missouri" als Herkunftsregion für Weine geschützt. Die internationale Anerkennung der Weine verdankt der Staat überwiegend deutschen und italienischen Winzern, die die günstigen Naturbedingungen für den Weinanbau erkannten: relativ dünne, steinige Böden und lange, heiße Sommer. Von St. Louis stromaufwärts erstreckt sich bis zur Hauptstadt Jefferson City das „Missouri Rhineland", das Herz der Weinkultur des Staates.

Die staatliche Gesetzgebung zum Konsum alkoholischer Getränke zählt zu den liberalsten der USA, ganz im Gegensatz zu den westlichen Nachbarn Oklahoma und Kansas, wo besonders strikte Alkoholgesetze gelten. Missouri ist einer der nur 7 Staaten, in denen kein Verbot des Alkoholkonsums auf öffentlichen Straßen existiert. Doch Vorsicht: Viele Städte und Gemeinden setzen lokale Restriktionen durch – ein Bier auf offener Straße kann also auch in Missouri teuer werden.

Geographisch lassen sich im Staat Missouri zwei Hauptregionen differenzieren: Nördlich des in West-Ost-Richtung fließenden Missouri erstrecken sich weite Ebenen bis tief in die Nachbarstaaten hinein. Die südliche Hälfte bedecken die Ozark Mountains, eine von tief eingeschnittenen Flusstälern durchzogene Hochebene, die sich bis tief nach Arkansas fortsetzt. Die bewaldeten Höhenzüge bilden eine nur stellenweise spektakuläre, aber insgesamt wunderschöne Naturlandschaft. Ein Paradies für Angler, Jäger und Wanderer.

 in Missouri

Den über 300 Meilen der Route66 kann man in Missouri fast vollständig auf historischem Asphalt folgen. Nur an zwei

Stellen ist man gezwungen, für einige Meilen auf die moderne Autobahn ausweichen. Die ausgedehnten Vorstädte von St. Louis kann man ebenfalls auf dem Interstate überbrücken. Hat man das Mississippi-Tal mit der Großstadt hinter sich gelassen, gelangt man in die Ausläufer der Ozarks. Die Landstraße schlängelt sich durch eine saftig grüne Mittelgebirgslandschaft und überquert alle paar Kilometer einen kleinen Fluss. In rhythmischem Auf und Ab geht es über die Hügelrücken und durch die Täler.

Wegen des unebenen Terrains wurde die Route vielfach erneuert und verlegt. Dadurch finden sich viele „tote" Abschnitte, die schlicht für den Verkehr geschlossen sind oder in Sackgassen enden. Die Strecke von St. Louis nach Joplin ist reich an reizvollen Naturlandschaften und gemütlichen, kleinen Städtchen.

Die Beschilderung der Route ist ähnlich gut wie in Illinois, wenn auch etwas sparsamer. Manchmal taucht das nächste Hinweisschild erst auf, nachdem man schon eine Weile gezweifelt hat, ob man noch auf der richtigen Straße ist. Der historische Asphalt folgt dem Korridor des Interstate Highway 44, wobei er bis nach Springfield ständig die Seite wechselt, insgesamt zehn mal.

In Missouri ist die 66 ähnlich ruhig und entspannt wie in Illinois und angesichts der dünnen Besiedlung ist das Verkehrsaufkommen größtenteils gering. Der Ruhm der Route wird weit weniger touristisch ausgebeutet und tatsächlich sind viel weniger Reisende auf der Strecke unterwegs als man erwarten würde.

Websites

Eine Linksammlung zu reisespezifischen Themen
www.mo.gov/outdoors/tourism-and-recreation

Website des Statepark-Netzwerks
www.mostateparks.com

Die offizielle Fremdenverkehrs-Website
www.visitmo.com

Soundtrack Missouri

Künstler	Titel	Album	Jahr	Genre
Johnny Cash	Big River	Sings the Songs That Made Him Famous	1958	Country
John Stewart	Missouri	California Bloodlines	1969	Folk
Ry Cooder	Leaving Missouri	The Long Riders (Soundtrack)	1980	Blues
Cry Cry Cry	Cold Missouri Waters	Cry Cry Cry	1998	Folk
Low	Missouri	Secret Name	1999	Alternativrock
Rhonda Vicent	Missouri Moon	One Step Ahead	2003	Country
Sara Evans	Missing Missouri	Real Fine Place	2005	Country
Ryan Auffenberg	Missouri in the Morning	The Bright Lights EP	2006	Folk
David Nail	Missouri	I'm about to come alive	2009	Country
David Ford	Missouri	Let the Hard Times Roll	2010	Songwriter
The Rainmakers	Missouri Girl	25 on	2011	Rock

The Big River – Der Mississippi

She loves you, Big River, more than me.   *Sie liebt dich, Großer Fluss, mehr als mich.*
Johnny Cash (1932-2003), in seiner Ballade „Big River" über eine unerwiderte Liebe

Der Mississippi ist die Lebensader der Vereinigten Staaten. Alle Amerikaner wissen um seine Bedeutung und in den Köpfen teilt er das Land in eine östliche und eine westliche Hälfte. Kein Schulkind, das nicht die großen Geschichten kennt, die William Faulkner und Mark Twain an seinen Ufern ansiedelten.

Doch dass der Strom bis zu seiner Mündung den Namen Mississippi trägt, beruht auf einem historischen Irrtum. Die Regeln der Nomenklatur von Flüssen besagen, dass die am weitesten von der Mündung entfernte Quelle den Namen des Flusses bestimmt. Die Quellen des Missouri sind hunderte von Kilometern weiter von der Mündung im Golf von Mexiko entfernt. Der Missouri ist

also schlicht länger als der Mississippi. Demnach müsste der Mississippi südlich von St. Louis also eigentlich Missouri heißen. Nur hatte man zum Zeitpunkt der Namensgebung keine Ahnung, wo der Missouri entspringt. So ist es beim Namen Mississippi geblieben, der auf den Ausdruck „Misi-ziibi" der Algonquin-Indianer zurückgeht und schlicht „Großer Fluss" bedeutet.

Missouri und Mississippi bilden gemeinsam das größte Flusssystem Nordamerikas und entwässern mehr als 40 % der Oberfläche der USA. Mit beinahe 6.300 km von der Quelle bis zur Mündung gilt er nach Nil, Amazonas und Yangtse als viertlängster Fluss der Erde. Doch solch scheinbar simple Aussagen

Zusammenfluss des Missouri und des Mississippi

verbergen ungeahnte Fallen: Ein Fluss ist ein lebendiges System, das ständig seinen Lauf verlegt und dementsprechend mal länger und mal kürzer ist. Folglich stößt man auf eine ganze Reihe widersprüchlicher Längenangaben.

Wie instabil der Lauf des Mississippi über weite Strecken ist, beweist ein Blick auf aktuelle Landkarten: Viele Staatsgrenzen wurden durch den Strom als natürliche Barriere definiert, doch heute überqueren die großen Brücken die braunen Wasser oft etliche Kilometer jenseits der gültigen Staatsgrenzen. Das Örtchen Reverie in Tennessee befindet sich heute westlich des Flusses, müsste also logischerweise zu Arkansas gehören, doch bei Grenzfestlegung lag der Mississippi im Osten und so gehört der Ort weiterhin zu Tennessee. Selbst im Oberlauf bei St. Louis zeigt eine genaue Karte, dass die Grenze der Staaten Illinois und Missouri überwiegend nicht mehr in der Flussmitte verläuft, wo sie ursprünglich definiert wurde.

Nach Amazonas und Kongo ist das Mississippi-System das drittgrößte Entwässerungsbecken der Erde. Aus 31 Staaten und zwei kanadischen Provinzen strömen die Wasser bis in den Golf von Mexiko. Die Quelle des Mississippi ist der Lake Itasca im Bundesstaat Minnesota, der knapp 150 km von der kanadischen Grenze entfernt ist. Und wie bei allen großen Flüssen ist der Ursprung ein kaum fünf Meter breites Bächlein, das man bequem durchwaten kann. Im Oberlauf, also bis zur Mündung des Ohio, dem wasserreichsten Zufluss, 280 km südlich von St. Louis, ist das Flusstal eher schmal und hat sich scharf in die Hügellandschaft eingeschnitten. Weiter südlich dagegen hat der Strom eine immense Fluvialebene geschaffen. Das Tal erreicht stellenweise eine Breite von beinahe 200 km und weite Landstriche werden alljährlich zur Schneeschmelze im Frühjahr natürlicherweise überflutet. Damit die Menschen trotz dieser Gefahren sicher an den Ufern des

Stromes wohnen können, musste die Gewalt des Stromes gebändigt werden. Der Mississippi ist dadurch heute wohl das Ökosystem Nordamerikas, das am entscheidensten durch die Eingriffe der Menschen verändert wurde. Schon seit 1717 wurden kontinuierlich Deiche entlang des Flusses zum Schutz vor Überflutungen errichtet – heute ist der gesamte Unterlauf vollständig eingedeicht.

Doch gerade diese Schutzmaßnahmen sichern dem Mississippi und seinen Zuflüssen die wichtige Bedeutung als effiziente Transportader: 60 % der amerikanischen Getreideexporte verlassen das Land über den Mississippi und mit allen Nebenflüssen und Kanälen summieren sich so 20.000 km schiffbarer Wasserwege von New Orleans nach Norden. 29 Schleusen unterstützen die Schifffahrt und machen den Mississippi bis hoch nach Minnesota als Wasserstraße befahrbar. In Wahrheit handelt es sich gar nicht mehr um einen einheitli-

Dampfer auf dem Mississippi

chen Fluss, sondern gewissermaßen um eine Abfolge von Stauseen.

Doch die vielfältige wirtschaftliche Nutzung hat natürlich auch negative Folgen: Die Ökologie der Flusslandschaft ist vom Menschen vollständig verändert worden und es wurde berechnet, dass von den natürlichen Wäldern der Uferzonen kaum noch sechs Prozent existieren. 99 Prozent der einst ausgedehnten Hochgrasprärien mussten Landwirtschaft, Industrie und städtischem Wachstum weichen. Und diese Städte haben den majestätischen Fluss wiederum in ein Gewässer transformiert, das man auch liebenswert mit dem Wort Kloake beschreiben könnte. Städtische und industrielle Abwässer und die in der intensiven Landwirtschaft reichlich eingesetzte Chemie werden von den braunen Fluten in den Golf von Mexiko entsorgt. Chemische Reaktionen lassen den Sauerstoffgehalt des Wassers so weit sinken, dass gut 20.000 Quadratkilometer im Mündungsbereich schlicht als ökologische „dead zone" gelten.

Die gesundheitsgefährdende Wasserqualität hielt den slowenischen Medienstar Martin Strel nicht davon ab, den gesamten Flusslauf innerhalb von 68 Tagen zu durchschwimmen. Im Neoprenanzug versteht sich.

Weblinks

Website des National Park Service
🖳 www.nps.gov/miss/riverfacts.htm

Nicht-Regierungsorganisiation, die sich für die Harmonisierung von Ökologie und Ökonomie am Mississippi einsetzt.
🖳 www.alcnet.org

Soundtrack Mississippi River

Künstler	Titel	Album	Jahr	Genre
Leadbelly	Mississippi River	Private Party	1948	Blues
Johnny Cash	Big River	Sings the Songs That Made Him Famous	1958	Country
Sam Cooke	A Change is gonna come	Ain't That Good News	1964	Soul
The Strangeloves	(Roll on) Mississippi	I Want Candy	1965	Rock'n'Roll
Neil Young	Down by the River	Crazy Horse, Everybody Knows This Is Nowhere	1969	Folkrock
Merle Haggard	Miss the Mississippi and You	Same Train, A Different Time	1969	Songwriter
Lynyrd Skynyrd	Mississippi Kid	Pronounced Leh-'nérd skin-'nérd	1973	Bluesrock
The Doobie Brothers	Black Water	What Were Once Vices Are Now Habits	1974	Folkrock
Janis Joplin	Mississippi River	Janis	1975	Rock
Bruce Springsteen	The River	The River	1980	Rock
JJ Cale	Mississippi River	Grasshopper	1982	Bluesrock
John Hiatt	Buffalo River Home	Bring the Family	1987	Rock

Vorstoß in den Westen –
Die Expedition von Lewis und Clark

Hollywood interessierte sich schon immer mehr für Bankräuber und Revolverhelden, sodass ein wild zusammengewürfelter Haufen friedfertiger amerikanischer Idole jenseits des Atlantiks fast unbekannt blieb. Dabei gäbe ihre Geschichte Stoff für ein Dutzend Filme ab. Zu Fuß, zu Pferd und zu Wasser legten 29 Männer, eine Frau und ein Kleinkind innerhalb von zwei Jahren tausende von Kilometern durch den amerikanischen Westen zurück. Durch Wüsten und Wälder, Steppen und Gebirge. Sie trafen auf Bären und Büffel, freundliche und feindlich gesinnte Ureinwohner und überlebten zwei entbehrungsreiche Winter in der Wildnis. Nur einer der Männer starb an einer Blinddarmentzündung. Die zahlreichen Zusammentreffen mit den Indianern verliefen überwiegend friedlich. Nur vereinzelt kam es zu Auseinandersetzungen, bei denen es aber auf keiner Seite Opfer zu beklagen gab.

Die Geschichte dieser außergewöhnlichen Gruppe begann mit der großen Politik. Die USA sahen ihre Zukunft in der Expansion nach Westen, doch die riesigen Territorien jenseits des Mississippi gehörten nicht ihnen, sondern Frankreich. Glück für die Amerikaner war, dass sich Napoleon wieder einmal in Kriegsvorbereitungen gegen den englischen Erzfeind befand und dringend Geld für seine Kriegskasse brauchte. So dauerte es nicht lange und die beiden Regierungen einigten sich über den Kaufpreis: Für scheinbar lächerliche 15 Millionen Dollar überließ Frankreich den USA die Kolonie Louisiana, die vom Mississippi bis zu den Rocky Mountains reichte. Ein Gebiet so groß wie Deutschland, Frankreich und Spanien zusammen.

Doch die Amerikaner kauften die Katze im Sack. Das Territorium war völlig unerforscht und außer einigen hundert Kilometern entlang des Missouri kannte man nur einen einzigen Fixpunkt: Die Mündung des Columbia River in den Pazifik, Luftlinie rund 3.000 km entfernt. Zwischen St. Louis und dem Ozean zeigten die Landkarten nur eines: gähnende Leere. Dafür umwoben Legenden von walisisch-sprechenden, blauäugigen Indianern und peruanischen Lamas den weiten Westen – keine besonders vielversprechende Perspektive.

Präsident Jefferson sah nur eine Möglichkeit: Eine Expedition, die stichhaltige Informationen zu Geographie und wirtschaftlichem Potenzial des neuen Territoriums liefern konnte. Und er hoffte, eine Nordwest-Passage zu finden, eine Flussverbindung, die den Schifftransport von Ost nach West erlauben würde.

Jefferson beauftragte seinen Privatsekretär, Meriwether Lewis, den er schon seit der Kindheit kannte, mit der großen Aufgabe, eine Expedition zusammenzustellen und zu leiten. Für den Fall des Falles wurde ein gleichberechtigter Anführer ernannt, Lewis' Freund und ehemaliger Vorgesetzter in der Armee: William Clark.

Monatelang wurde die Expedition vorbereitet, Lewis unterzog sich einem Crash-Kurs in Medizin, Botanik und Zoologie. Gleichzeitig wurde der Rest der Truppe zusammengestellt: rund 30 Männer mit Erfahrung im Grenzgebiet und in der Wildnis, darunter Spezialisten wie Schmiede, Bootsbauer und Jäger.

Am 14. Mai 1804 brach die Expedition von Camp Dubois am Zusammenfluss von Missouri und Mississippi auf. Ein speziell konstruiertes, 18 Meter langes Kielboot sollte die Männer 1.500 Meilen den Missouri hinauftragen. Bei guten Windverhältnissen konnte es segeln, ansonsten gerudert oder mit Stangen vorwärts geschoben werden. Auf zwei angehangenen Flößen wurden zwei Tonnen Material mitgeschleppt, darunter Gastgeschenke für die Indianer wie Nähnadeln, Scheren, Tabak oder Taschenspiegel.

Nach 11 Tagen passierte der Trupp das Dorf La Charette und damit die letzte weiße Siedlung. Bald darauf kam es zu ersten Kontakten mit noch freundlich gesinnten Indianern. Im September traf die Expedition allerdings auf Lako-ta-Sioux, die nicht weniger als eines der Boote als Wegezoll verlangten. Nicht willens, den Forderungen der Indianer nachzugeben, kam es unausweichlich zu einem kleinen Scharmützel, dem der Trupp durch eine geschickte Flucht entkommen konnte.

Danach ging die Reise vorerst ohne größere Unterbrechungen weiter, bis Lewis und Clark beschlossen, die Reise zu unterbrechen und für den hereinbrechenden Winter ein Quartier zu errichten. Aus Pappeln wurde in der Nähe des heutigen Ortes Washburn in North Dakota „Fort Mandan" konstruiert, wo der Trupp bis zum folgenden April ausharrte.

In der Zwischenzeit war ein kanadischer Trapper und Pelzjäger namens Toussaint Charbonneau aufgetaucht, der hier mit zwei indianischen Frauen vom Stamm der Shoshonen lebte. Lewis engagierte Charbonneau und seine Frau Sacajawea als Übersetzer. Sacajawea war als Kind von Hidatsa-Indianern entführt worden und sprach deshalb mehrere indianische Sprachen. Bevor sich die Expedition weiter nach Westen in Bewegung setzte, gebar sie einen Sohn, Jean Baptiste. Das Kind konnte un-

Fort Clatsop an der Mündung des Columbia River in Oregon

Lewis & Clark

möglich zurückgelassen werden und so machte sich die Truppe, bereichert um einen kleinen Expeditionsteilnehmer, wieder auf die Reise.

Als die immer geringer werdenden Wassertiefen das Fortkommen erschwerten, wurde das Kielboot aufgegeben und die Expedition musste sich in 6 Kanus und 2 Pirogen über den Yellowstone River bis zum Fuß der Rocky Mountains vorwärts kämpfen. Dort kam es zum Zusammentreffen mit den Nez Perce-Indianern, die sich selbst Nimi'ipuu nannten. Sie waren von befreundeten Stämmen längst vom bevorstehenden Eintreffen einer Gruppe Weißer unterrichtet worden. Dennoch boten diese blassen blauäugigen Geschöpfe einen befremdlichen Anblick. Sie verströmten einen unangenehmen Geruch und hatten die seltsame Angewohnheit, immer nach der Hand fremder Menschen zu greifen. Doch die Weißen taten ihnen leid: Während die Nez Perce im Sommer reichlich Lebensmittelvorräte für den langen Winter angehäuft hatten, waren die Fremden im Oktober schon halb

verhungert und hatten sogar eines ihrer Pferde schlachten müssen. Die Indianer nannten sie folglich „miyapkawits" – die Nichtswisser.

Doch die Bleichgesichter besaßen einige sonderbare Gegenstände, die die Neugier der Indianer weckten: „Lange Augen" holten entfernte Objekte näher an den Betrachter heran und die „stumme Sprache" erlaubte, eine Nachricht durch bloßes Betrachten seltsamer Zeichen auf Papier zu verstehen. Fasziniert von diesen fremdartigen Errungenschaften beschlossen die Nez Perce, den armen Geschöpfen zu helfen, und nahmen sie als Gäste auf. Die junge Freundschaft mündete bald in der Zeugung halbindianischer Nachkommen.

Nach der Überquerung der kontinentalen Wasserscheide folgte der Trupp in Kanus dem Columbia River bis zum Pazifik. Am 20. November 1805 war das Ziel der Reise erreicht. Ende März brach die Expedition den Heimweg an und erreichte im September 1806 nach zwei Jahren und vier Monaten den Ausgangspunkt St. Louis.

Lewis und Clark dokumentierten akribisch alle Beobachtungen ihrer Reise. Ihr Logbuch wurde veröffentlicht und kreierte den romantischen Mythos vom wilden und freien Westen, der in den folgenden Jahrzehnten hunderttausende Weiße ins Indianerland zog. Die beiden Anführer wurden zu Nationalhelden und machten Karriere in der Politik.

Doch die dunklen Seiten der romantischen Entdecker werden gern verschwiegen: Lewis wurde zwar kurz nach seiner Rückkehr zum Gouverneur des „Louisiana Territory" ernannt, war jedoch in seinem Handeln äußerst glücklos und politisch ungeschickt und entwickelte sich zum depressiven Alkoholiker. 1809 kam er schließlich unter mysteriösen Umständen ums Leben: In einem Hotel in der Nähe von Nashville wurde er mit zwei Schusswunden tot aufgefunden. Die Frage nach Mord oder Selbstmord ist bis heute ungeklärt.

William Clark hatte auf die Expedition auch seinen persönlichen Sklaven „York" mitgenommen, den er unterwegs als vollwertiges Mitglied der Crew akzeptierte und ihm erlaubte, eine Waffe zu tragen und bei gemeinsamen Abstimmungen mit vollem Stimmrecht mit zu entscheiden. Nach der Rückkehr in die Zivilisation kehrte Clark zu seiner klassischen Haltung zurück, verweigerte York die Entlassung in die Freiheit und hielt ihn weiterhin als Sklaven.

Toussaint Charbonneau arbeitete später weiter als Trapper und Führer und begleitete 1832 die Expedition von Naturforscher Prinz Maximilian zu Wied-Neuwied und dem Maler Karl Bodmer durch den amerikanischen Westen. Ihre Bilder und Reiseberichte inspirierten Karl May zu seinen Romanen von Winnetou und Old Shatterhand. Im Alter von 70 Jahren heiratete Charbonneau nochmals. Eine 14-jährige Indianerin.

👁 Schauplätze

▶ Bellefontaine Cemetery

William Clark liegt auf dem Friedhof an der 4947 W Florissant St in St. Louis zusammen mit anderen Prominenten wie dem Literaten William S. Burroughs und dem Bierbrauer Adolphus Busch begraben.

▶ Camp River Dubois

Der Ausgangspunkt der Expedition befindet sich nur wenige hundert Meter entfernt von der Lewis and Clark State Historic Site am Ostufer des Mississippi.

📖 Websites

Das vollständige Logbuch der Expedition zum Nachlesen
🖥 *http://lewisandclarkjournals.unl.edu*

Graphisch und inhaltlich aufwendige Darstellung der Expedition
🖥 *www.lewis-clark.org*

St. Louis – Das Tor zum Westen

Nähert man sich dem Mississippi von Nordosten entdeckt man am Horizont schon von Weitem das Wahrzeichen von St. Louis, den Gateway Arch. Der elegant geschwungene, silbrig schimmernde Bogen symbolisiert die Bedeutung der Stadt als Tor zum weiten Westen. Hier brach 1803 die Expedition von Lewis & Clark auf, um im Auftrag des Präsidenten die unbekannten Weiten des Landes zu erforschen. Von St. Louis, benannt nach dem französischen König Louis IX., zogen in den folgenden Jahrzehnten zehntausende Siedler in den gelobten Westen. Die in Hollywoodfilmen vielfach porträtierten Planwagentrecks folgten dem Oregon-Trail zu den fruchtbaren Ländern am Pazifik. Auch die Mormonen machten sich von Missouri auf den langen Weg nach Utah.

Fünf Kilometer südlich vom Zusammenfluss der beiden großen Ströme Nordamerikas gelegen, war St. Louis immer eine Kreuzung der wichtigsten Verkehrswege von Ost nach West und von Norden nach Süden. 1764 offiziell von französischen Pelzjägern gegründet, wurde der Handelsplatz schnell zu einer der größten Städte der USA. Die Erfindung der Dampfschifffahrt multiplizierte den Handel auf dem Mississippi. Mitte des 19. Jahrhunderts machten täglich bis zu 150 Schiffe an den städtischen Anlegern fest. Nach New York war St. Louis der größte Hafen des Landes.

Die frenetische wirtschaftliche Aktivität machte die Stadt zum Zuwanderungsmagneten. Vor allem deutsche, italienische und irische Migranten strömten im 19. Jahrhundert nach St. Louis, das zur damals viertgrößten Stadt der USA heranwuchs. Im 20. Jahrhundert folgten zehntausende ehemalige schwarze Plantagenarbeiter aus den Südstaaten, die auch heute noch das Stadtbild prägen. Mehr als 51 % schwarzen stehen heute 44 % weiße Bewohner gegenüber. Steigt man in die einzige U-Bahnlinie der Stadt, werden die sozialen Unterschiede schnell klar: Passagiere und Bahnbedienstete sind fast ausschließlich schwarzer Hautfarbe. Die meisten Weißen können es sich leisten, sich im eigenen Gefährt fortzubewegen.

St. Louis in Zahlen	St. Louis	Zum Vergleich: Bielefeld
Einwohner Stadtgebiet	354.000	326.000
Fläche	171 km²	258 km²
Einwohner Ballungsraum	2,8 Mio.	585.000
Einwohner pro km²	2.207	1.264
Durchschnittstemperatur	13,5 °C	11,4 °C
Jährlicher Niederschlag	942 mm	700 mm
Höhe über NN	139 m	118 m
Partnerstädte	Insgesamt 12, darunter Stuttgart, Stettin, Loyon und Bologna	

Das große Angebot an Arbeitskräften und die günstige Lage als Transportzentrum prädestinierten St. Louis auch als Industriestandort. Noch heute ist die Stadt Sitz etlicher Konzerne von weltweiter Bedeutung: Die Anheuser-Busch Brauerei ist der größte Bierproduzent der Welt. Der Flugzeugbauer McDonnell Douglas gehört zwar seit 1997 zum Boeing-Konzern, hat aber weiterhin seinen Hauptsitz am Mississippi. Der Spezialist für Biotechnologie, Monsanto, ist eines der Hauptangriffsziele der Anti-Globalisierungs-Bewegung. Der Konzern machte immer wieder negative Schlagzeilen durch seine Aktivitäten in Indien. Tausende ruinierte Kleinbauern konnten der Abhängigkeit von genmanipuliertem Saatgut nicht mehr entrinnen und eine Selbstmordwelle schwappte durch den Süden des Subkontinents.

Der Batteriegigant Energizer erfand 1898 in St. Louis die batteriebetriebene Taschenlampe. Bis vor wenigen Jahren war St. Louis nach Detroit der zweitwichtigste Standort der amerikanischen Automobilindustrie. Doch dann ging es bergab: Ford machte sein Werk schon vor Jahren dicht. Chrysler produzierte im Vorort Fenton die erfolgreichsten Minivans des Landes, den Dodge Caravan und den Chrysler Town & Country. Doch der rasante Anstieg der Benzinpreise seit dem Jahr 2000 machte die beiden durstigen Flaggschiffe zu Auslaufmodellen. Im Oktober 2008 schloss auch Chrysler seine Pforten und General Motors fuhr seine Produktion zurück.

St. Louis ereilte im 20. Jahrhundert das Schicksal der meisten amerikanischen Großstädte. Die vorwiegend weißen Mittel- und Oberschichten wanderten aus der Kernstadt in die grünen Randgemeinden ab. Von den 850.000 Einwohnern im Jahre 1950 blieben gerade einmal 350.000 im Jahr 2000 zurück. Die Tatsache, dass diese „Zurückgebliebenen" zu größten Teilen aus den unteren sozialen Schichten stammten, führte dazu, dass die innerstädtischen Viertel

Gateway Arch

immer mehr verslumten und St. Louis bald der Ruf einer Hochburg des Verbrechens vorauseilte. 2006 kürte der wegen mangelnder statistischer Systematik allerdings keineswegs unumstrittene Morgan Quitney Report St. Louis zur gefährlichsten Stadt der USA. Im folgenden Jahr verwies Detroit die Stadt am Mississippi auf den zweiten Platz. Tatsächlich ist die Mordrate in St. Louis dreimal höher als im verrufenen Los Angeles. Trotz aller Statistiken ist ein Besuch der touristischen Attraktionen aber nicht gefährlicher als es in vergleichbaren Städten der Fall wäre. Vorsicht ist in fast allen Großstädten beim Besuch bestimmter Viertel anzuraten.

Inzwischen zeigen sich aber auch Silberstreifen am sozialen Horizont: Der Abwanderungstrend hat sich umgekehrt, die Stadt wächst wieder. Viele heruntergekommene Gegenden sind saniert worden und im Zentrum wird wieder neue Substanz aufgebaut. Seit 25 Jahren versucht die Stadtregierung die de facto Segregation der Stadt durch Integrationsprogramme aufzubrechen und die getrennten „weißen" Viertel im Süden mit den „schwarzen" Stadtteilen im Norden wieder zu vereinen.

St. Louis weckt aber auch positive Assoziationen: Zum Beispiel als eine der sportverrücktesten Städte der Vereinigten Staaten. 1904 wurden hier zum ersten Mal die Olympischen Spiele in den USA ausgerichtet und St. Louis gilt als die „Baseball City USA". Die Cardinals tragen ihre Heimspiele seit 1997 im schicken neuen Busch-Stadium aus. Nach den New York Yankees sind sie mit immerhin 11 Meisterschaften das zweiterfolgreichste Baseballteam der USA.

Auch die europäische Spielart des Fußballs genießt große Popularität, verschiedene hochkarätige Spitzenteams kamen aus der Stadt. Allerdings ist St. Louis mangels eines angemessenen Stadions derzeit nicht in der Profiliga vertreten, was sich in Kürze wieder ändern soll.

Die Dynastie der Spinx hat zusammen mit dem Weltergewichtsweltmeister Henry Armstrong ungeheure Begeisterung für den Boxsport ausgelöst. Michael und Leon Spinx sind die einzigen Brüder, die jemals beide den Weltmeistertitel im Schwergewicht gewannen. Leons Sohn Cory war von 2003 bis 2005 Weltmeister im Weltergewicht. Doch die kosmopolite Stadt hat nicht nur große Sportler hervorgebracht, sondern auch Literaten von weltweiter Bedeutung wie Tennessee Williams, T.S. Elliot und William S. Burroughs. Ähnlich wie in Chicago, entwickelten die zugewanderten Afroamerikaner eine hochkreative Musikszene, aus der Josephine Baker, Chuck Berry, Miles Davis, Ike Turner und T-Bone Burnett herausragen.

Downtown St. Louis ist von Verwaltungs- und Geschäftshochhäusern geprägt. Vor allem nach Einbruch der Dunkelheit herrscht hier nicht viel Leben. Bars und Restaurants sind spärlich gesät. Die Stadt hat in den letzten Jahren versucht, das Zentrum wieder zu beleben. Herzstück ist das 2006 eingeweihte Busch Stadium. Nach den Baseball-Spielen strömen hungrige Bäuche und durstige Kehlen in die Kneipen der Umgebung. Im Block Broadway / Chestnut St finden sich ein paar passable Restaurants, in der Pine St auf der Rückseite des Blocks haben sich eine Reihe Frühstückscafés angesiedelt. In der Downtown ist die Washington Avenue zwischen 10th und 14th Street der lebendigste Abschnitt. Es gibt zumindest eine gewisse Angebotsvielfalt, wenn auch unter der Woche nicht wirklich viel los ist. Das Gleiche gilt für das restaurierte Hafenviertel Laclede's Landing. Die Ausgehviertel The Loop und Soulard liegen einige Meilen von der Innenstadt entfernt.

Eine Shopping-Meile sucht man im Zentrum ebenfalls vergebens. Die geschmackvoll umgestaltete Union Station stellt die einzige Einkaufszone dar und ist durchaus einen Besuch wert.

Eine Stadt voller Gegensätze und vor Allem eins: Eine durch und durch amerikanische Stadt.

🛈 Visitor Center

✉ *308 Washington Ave*
🕐 *Mo-So 9.30-16.30h*
☎ *1-314-241-1764*

👁 Die Highlights

▶ Gateway Arch and Museum of Westward Expansion

Der 193 m hohe Bogen, der das Tor zum Westen symbolisiert, ist das höchste Monument der Erde und empfängt jährlich rund eine Million Besucher. Aus der menschlichen Froschperspektive erscheint es überraschend, dass die Höhe genau dem Abstand der beiden Säulen am Boden entspricht. Der 1965 fertiggestellte Bogen wiegt über 17.000 Tonnen.

Angesichts der besonders im Sommer manchmal stundenlangen Wartezeiten, sollte man seinen Besuch entweder früh morgens oder am Abend einplanen. Eine andere Möglichkeit ist, die Eintrittskarten im Voraus via Internet zu kaufen. Trotzdem sollte man wegen der Sicherheitskontrollen mindestens eine halbe Stunde vor der gebuchten Uhrzeit eintreffen. Der Blick durch die zugegebenermaßen winzigen Fenster des Gateway Arch ist bei einbrechender Dunkelheit besonders beeindruckend. Im Osten strömt der Mississippi, im Westen breiten sich Downtown und Vorstädte aus. Für die Fahrt nach oben muss man sich in fünf Personen fassende Kapseln zwängen, die an einen russischen Sputnik erinnern. Im Erdgeschoß befindet sich das hochinteressante Museum zur Besiedelung der amerikanischen Westens. Der Eintritt zum Museum ist frei.

✉ *St. Louis Riverfront*
⇒ *Der weithin sichtbare Bogen am Mississippiufer ist nicht zu verfehlen. An der Nordseite des Parks befindet sich ein Parkhaus ($6 für 9 Stunden).*
🕐 *Sommer 8-22h, Winter 9-17h*
🎟 *Kinder $5, Erwachsene $10*
☎ *1-314-982-1410*
🖥 *www.gatewayarch.com*

▶ Mississippi River Cruise

Direkt unterhalb des Gateway Arch legen Raddampfer ab, die eine Stunde auf dem Mississippi kreuzen. Ein touristisch verkitschter aber entspannender Ausflug, der einen bis zur Mündung des Missouri in den Mississippi bringen kann.

🕐 *Sommersaison 12, 13.30 und 15h*
💰 *Kinder 3-15 Jahre $8, Erwachsene $14*
☎ *1-877-982-1410*
🖥 *www.gatewayarch.com*

▶ Laclede's Landing

Nur wenige hundert Meter nördlich des Gateway Arch liegt das alte Hafenviertel. Die roten Speicherhäuser und Schuppen aus dem 19. Jahrhundert wurden in ein kleines Vergnügungsviertel mit Restaurants, Bars und Casino umgewandelt. Eingefleischte Touristen können sich in der offenen Pferdekutsche durch das Viertel bis zum Gateway Arch chauffieren lassen und ein Wachsfigurenkabinett bewundern. Aber auch hier ist wochentags relativ wenig los, besonders wenn man sein Abendessen später als zu amerikanischen Mahlzeiten einnehmen will.

🖥 *www.lacledeslanding.com*

▶ St. Louis Union Station

Die 1890 vom in Deutschland geborenen Architekten Theodore Link entworfene viktorianische Bahnstation beherbergt heute eine Shopping Mall mit unzähligen Restaurants. Auf besonderes Interesse könnten neben dem Best of St. Louis Souvenirshop die Läden stoßen, die sich exklusiv Budweiser, den Beatles oder den St. Louis Cardinals widmen.

✉ *1820 Market St*
⇨ *Vom Gateway Arch die Market St in Richtung Westen*
🕐 *Mo-Sa 10-21h, So 10-18h, im Winter wochentags von 11-19.30h, So bis 18h*
☎ *1-314-421-6655*
🖥 *www.stlouisunionstation.com*

▶ St. Louis Walk of Fame

Der Idee aus Hollywood folgend, wurden bisher 132 Sterne zu Ehren berühmter Einwohner der Stadt in den Bürgersteig eingelassen. Die Entscheidung, wer aufgenommen wird, trifft ein 120-köpfiges Gremium in dem Frauen eine 51-prozentige Mehrheit innehaben. Es finden sich Berühmtheiten aus Musik, Film, Politik, Sport und Wirtschaft. Nicht alle dürften dem europäischen Besucher ein Begriff

sein, aber man kann vielleicht einige Namen entdecken, die man hier nicht erwartet hätte.

✉ *Delmar Blvd 6200-6600*

⇨ *Für die 8 mi/13 km nimmt man am besten ein Stück Autobahn. Auf der Market Street stadtauswärts, dann auf den IS64 in Richtung Westen, nach 4 mi/6,5 km Exit 33E, rechts in die McCauseland Ave, die mehrfach ihren Namen ändert, nach 1,7 mi/2,8 km links in den Delmar Blvd, nach 400 m erreicht man den Anfang des Walk of Fame. Es gibt eine Reihe von bewachten Parkplätzen.*

🖥 *www.stlouiswalkoffame.org*

▶ Scott Joplin House

Das bescheidene Wohnhaus des genialen Ragtime-Komponisten, dessen Melodien „Maple Leaf Rag" und „The Entertainer" jeder kennt (zumindest aus den Cartoons von Tom & Jerry), steht heute unter Denkmalschutz. Joplin hatte die Rechte am Maple Leaf Rag 1899 verkauft und erhielt pro Kopie der Partitur einen Cent. Man hat errechnet, dass er zu Lebzeiten insgesamt etwa $360 Tantiemen an dem Stück verdiente. Eine Ausstellung dokumentiert Leben und Werk des Künstlers, der im Alter von 49 Jahren kurz nach der Einweisung in eine psychiatrische Anstalt in New York an den Folgen einer Syphilis starb.

✉ *2658 Delmar Blvd*

⇨ *Vom Gateway Arch die Market St in Richtung Westen, nach knapp 1 m/1,5 km nach rechts in die N Jefferson Ave nach 0,4 mi/0,7 km links in den Delmar Blvd*

📷 *Mo-Sa 10-16h, So 12-16h, von November bis Januar geschlossen, im Februar Di-Sa 10-16h*

🔁 *Kinder von 6-12 Jahren $2,50, Erwachsene $4*

☎ *1-800-334-6946*

🖥 *www.mostateparks.com/scottjoplin.htm*

▶ Busch Stadium

Die 50.000 Zuschauer fassende, nagelneue Baseball Arena kann auch außerhalb der Spieltage besichtigt werden. Es ist die Spielstätte der Cardinals, des Erstliga-Baseball Teams aus St. Louis. Einen guten Blick ins Stadion kann man von der Dachetage des Parkhauses am South Broadway werfen. Bei einem Spiel hat man ungehinderte Sicht auf den Pitcher, allerdings aus etwa 200 Metern Entfernung. Das Museum der Cardinals wurde 2008 geschlossen, die im gleichen Komplex untergebrachte Bowling Hall of Fame wanderte nach Arlington bei Dallas in Texas ab.

✉ *Stadionnordseite an der Clark St, Gate 5*

⇨ *Von der Market St den S Broadway 2 Blocks in Richtung Süden*

📷 *Während der Baseballsaison von April bis September, 9.30, 11, 12.30, 14h*

🔁 *Kinder von 3-15 Jahren $6, Erwachsene $10, Senioren $8*

☎ *1-314-345-9565*

🖥 *www.stlcardinals.com*

▶ Orientierung

Obwohl das Straßennetz in St. Louis nicht ganz so perfekt im Schachbrettmuster angelegt ist wie in Chicago, fällt die Orientierung nicht allzu schwer. Der Mississippi liegt immer im Osten und das Zentrum ist relativ klein und kompakt. Das Autobahnsystem erleichtert den Weg nach und aus Downtown heraus erheblich. Parkplätze und Benzin sind generell bedeutend preiswerter als in Chicago.

▶ Nachtleben

Wie bereits erwähnt, sind Downtown St. Louis und die Touristenmeile Laclede's Landing wochentags scheintot und auch am Wochenende eher leichte Kost.

▶ The Loop und University City

Entlang des St. Louis Walk of Fame reihen sich nicht nur Läden sondern auch jede Menge Restaurants und Bars aneinander. Darunter das historische Blueberry Hill, wo Chuck Berry jeden Monat einmal aufzutreten pflegt (jeden dritten Mittwoch des Monats, ✉ 6504 Delmar Blvd, Eintrittskarten sind trotz der Regelmäßigkeit schwer zu ergattern. Vorbestellung unter 🖥 www.blueberryhill.com). Auch die wichtigste Konzertbühne der Stadt, das

Blick auf St. Louis vom Gateway Arch

Pageant, liegt im Distrikt (✉ 6161 Delmar Blvd, 🖥 www.thepageant.com).
⇨ *Wie St. Louis Walk of Fame*
🖥 *www.visittheloop.com*

▶ **Soulard**
Bars, Restaurants und Live-Blues findet man in der freundlichen Nachbarschaft, die sich auf ihr französisches Erbe beruft. Zentrum des Distrikts ist die Ecke S 9th St / Russel Blvd.
⇨ *Von der Westseite des Busch Stadium auf dem S Broadway in Richtung Süden, nach 1,3 mi/2 km rechts in den Russel Blvd*
🖥 *www.soulardthecity.com*

🖥 **Websites**

Offizielle Infoseite für den Fremdenverkehr
🖥 *www.explorestlouis.com*

Aktuelle Events, Konzerte, Kinoprogramm, Sportereignisse
🖥 *www.slfp.com*

Die städtische Website bietet auch Infos zur Stadtgeschichte und den einzelnen Vierteln
🖥 *http://stlouis.missouri.org*

🎵 Soundtrack St. Louis

Künstler	Titel	Album	Jahr	Genre
Steely Dan	East St. Louis Toodle-Oo	Pretzel Logic	1974	Jazzrock
Albert Lee	St. Louis	Black Claw & Country Fever	1991	Bluesrock
Ry Cooder	East St. Louis	Music by Ry Cooder	1995	Folk
Audio Karate	Hello St. Louis	Space Camp	2002	Punk
Kirk Fletcher	Stranded in St. Louis	Shades of Blue	2003	Bluesrock
The Junior Varsity	St. Louis	Cinematographic	2007	Alternativrock
Seasick Steve	St. Louis Slim	I started out with nothing ...	2008	Rock
Basement	Meet me in St. Louis	Songs about the Weather	2010	Punk

Whassup!? –
Budweiser und die Anheuser-Busch Brauerei

„Whassup!?" ging ab 1999 für einige Jahre in die populäre Alltagskultur ein. Die anarchistischen Werbespots, in denen sich vier Freunde eine Verballhornung der Frage „What's up?" – „Was geht ab?" in komischster Weise entgegenbrüllten, gingen um die ganze Welt. Für die Biermarke Budweiser ein Riesenerfolg. Eine Werbeagentur aus Chicago hatte den richtigen Riecher gehabt, als sie einen zweiminütigen Kurzfilm von Charles Stone für eine großangelegte Werbekampagne vorschlug. Dem Nachwuchsfilmemacher öffnete sich danach der Weg nach Hollywood, wo er Musik-Videos für Hip Hop Stars wie Public Enemy, The Roots oder A Tribe called Quest dreht.

Budweiser hat sich mit breit angelegten Werbestrategien als weltweit meistverkaufte Biermarke etabliert. Neben einfallsreichen Werbespots, die ausgelassenen Humor versprühen, setzt man intensiv auf Sportsponsoring. Die Marke prangt auf den Fußballtrikots der Los Angeles Galaxy, ist offizieller Sponsor der englischen Premier League und bei Autorennen, Baseball- und Basketballspielen präsent.

In den USA kommt heute jedes zweite getrunkene Bier aus dem Hause Anheuser-Busch. Die Unternehmensstrategen glauben jetzt an eine große Zukunft im Osten. In China hat man sich 1995 in die Tsingtao Brauerei eingekauft und ist bereits Marktführer. Der nächste Angriff gilt dem indischen Markt, wo dem einheimischen Kingfis-her und dem australischen Foster's das Fürchten gelehrt werden soll.

Der ungeheure Erfolg des Hauses Anheuser-Busch wird immer wieder von negativen Schlagzeilen überschattet. Seit einem Jahrhundert bereits schwelt der weltweit älteste Streit um einen Markennamen mit der tschechischen Budvar-Brauerei. Anheuser-Busch hatte zwar 1878 den Markennamen für die USA registriert, aber „Budweiser Bürgerbräu" aus dem tschechischen Budweis wurde schon seit einigen Jahren in die USA exportiert. Eine schier endlose Kette von Prozessen folgte und in dutzenden Ländern der Welt musste eine spezielle Kompromissformel gefunden werden. Mal wird das Bier als „Bud" wie in Frankreich oder als Anheuser-Busch-B, wie in Deutschland, vermarktet. Um die Konfusion auf den Höhepunkt zu treiben, arbeiten die Erzfeinde nun auch zusammen: Seit 2007 vertreibt Anheuser-Busch das Konkurrenzprodukt unter dem Namen „Czechvar" in den USA. Schließlich schaltete sich auch noch die Bitburger Brauerei ein, die befürchtete, ihre Konsumenten seien nicht im Stande, „Bit" und „Bud" auseinander zu halten.

Auch das in Deutschland geheiligte Reinheitsgebot erfüllt das Gebräu aus St. Louis nicht, weil außer den Standardzutaten Gerstenmalz, Hopfen, Wasser und Hefe auch Reis zugesetzt werden. 2007 klagte Greenpeace die Brauer aus Missouri obendrein an, gen-

Budweiser Brauerei

manipulierte Reissorten zu verwenden. Budweiser argumentierte, der Reis der Marke Bayer sei in den USA legal als Lebensmittel zugelassen und werde Exportbieren nicht zugesetzt.

Der größte Bierbrauer der Welt geht, wie die anderen großen amerikanischen Marken, auf deutsche Einwanderer zurück. Eberhard Anheuser aus Bad Kreuznach ging 1842 zusammen mit zwei Brüdern in die Staaten. Er baute sich eine Existenz als Kerzen- und Seifenhersteller auf und investierte in die lokale Bavarian Brewery Company, die er schließlich komplett übernahm und umbenannte. Für den großen Schritt nach vorne sorgte jedoch der Schwiegersohn Adolphus Busch, der als eines von 22 Kindern einer Familie aus Mainz-Kastel ebenfalls nach St. Louis ausgewandert war.

Der gut ausgebildete Busch hörte in den 1870er Jahren von neuen Methoden zur Konservierung von Lebensmitteln und experimentierte erfolgreich mit der Pasteurisierung von Bier. So konnte der Gerstensaft in weit größerer geographischer Ausdehnung verkauft werden, was das Unternehmen auf einen rasanten Wachstumskurs führte. Busch stieg in wenigen Jahren zum Millionär auf

und reiste regelmäßig mit seiner Frau in die deutsche Heimat, wo er sich in Bad Schwalbach im Taunus eine Sommerresidenz errichtete: die nach seiner Frau benannte „Villa Lilly", die heute ironischerweise eine Therapieanstalt für Suchtkranke beherbergt.

Um die Jahrhundertwende hatte sich Budweiser als nationale Nummer Eins etabliert, doch die Prohibition zwischen 1919 und 1932 ließ für die Bierbrauer schwere Zeiten anbrechen. Anheuser-Busch überstand die Krise, indem man auf die Produktion von Softdrinks, Backhefe und Eiscreme umstellte.

Die Aufhebung des landesweiten Alkoholverbots nach 13 Jahren wurde zur triumphalen Rückkehr des Biers aus St. Louis. Am 6. April 1933 versammelten sich 25.000 durstige Kehlen vor der Brauerei, die Freibier für alle versprochen hatte. Präsident August Busch Sr. persönlich hatte eine Kiste Bud per Luftexpress an Präsident Roosevelt nach Washington geschickt. In einer Radioansprache feierte er die wiedergewonnene Lizenz zum Trinken mit den Worten „beer is back ... happy days are here again".

Die Innovationsfreudigkeit der Gründer charakterisierte auch die nach-

folgenden Generationen des Familienunternehmens. 1936 warf man erstmals Dosenbier auf den Markt, in den 50ern errichtete Anheuser-Busch ein ausgeklügeltes logistisches Netz von Kühlhäusern an den wichtigsten Eisenbahnstrecken, um das Bier in bester Qualität vom Atlantik bis zum Pazifik an den Mann bringen zu können. Seitdem ist Budweiser unangefochten Weltmarktführer.

Anheuser-Busch vertreibt aber nicht nur Bud, sondern außerdem rund 75 weitere alkoholische und ein Dutzend nichtalkoholische Getränke, darunter beispielsweise auch das Bremer Beck's und das Münchner Löwenbräu.

Im Sommer 2008 wurde Anheuser-Busch von der Konkurrenz geschluckt. Der belgische Riesenkonzern InBev, dem auch Beck's, Franziskaner und Löwenbräu gehören, legte satte 52 Milliarden auf den Tisch. Ein Aufschrei ging durch das Land: Die Übernahme der amerikanischen Ikone durch einen ausländischen Investor wurde als nationaler Ausverkauf aufgefasst.

👁 Schauplätze

In den USA betreibt das Unternehmen 12 Brauereien, von denen die ersten fünf besichtigt werden können.

1	St. Louis, Missouri
2	Merrimack, New Hampshire
3	Jacksonville, Florida
4	Fort Collins, Colorado
5	Fairfield, California
6	Newark, New Jersey
7	Los Angeles, California
8	Houston, Texas
9	Columbus, Ohio
10	Williamsburg, Virginia
11	Baldwinsville, New York
12	Cartersville, Georgia

▶ Anheuser-Busch Brauerei
Die Firmenzentrale und größte Abfüllanlage des Konzerns sitzen in St. Louis.

Nach einer Tour durch Brauerei und Abfüllanlage kann man, vorausgesetzt man ist mindestens 21 Jahre alt, dann auch noch ein kostenloses Bud probieren.

Im Merchandising Shop findet man fast alles vom Billardqueue bis zum Bikini mit dem hauseigenen Emblem.

✉ *Ecke 12th und Lynch St*
⇒ *Aus dem Zentrum auf die IS55 in Richtung Süden, Ausfahrt Arsenal St, dann links und praktisch einmal um das Brauereigelände herum zum Besucherparkplatz. Will man nach dem Besuch auf die IS44 die Stadt nach Westen verlassen, fährt man auf dem IS55 zurück Richtung Zentrum, muss sich aber schnell links einordnen, da der Abzweig schon nach einem Kilometer erreicht ist.*
📷 *Juni-August: Mo-Sa 9-17h, So 11.30-17h, März-Mai & September-Oktober: Mo-Sa 9-16h, So 11.30-16h, November-Februar: Mo-Sa 10-16h, So 11.30-16h*
∞ *Frei*
☎ *1-314-577-2626*
🖥 *www.budweiser.com*

▶ Die Grabstätten

Die Mausoleen der Urväter von Budweiser, Eberhard Anheuser und Adolphus Busch, befinden sich auf dem Bellefontaine Friedhof in der ✉ 4947 W Florissant St im Block 77/78, Lot 2565.

Websites

Das Unternehmen betreibt ein gutes Dutzend Websites, von den sich einige an bestimmte Zielgruppen wenden, etwa Latinos oder Afroamerikaner.

Die zentrale Firmenwebsite
🖥 www.anheuser-busch.com

Website, die die Umweltstrategie des Unternehmens darstellt.
🖥 www.abenvironment.com

Die Bud Marketingseite ist theoretisch erst ab 21 Jahren zugänglich.
🖥 www.budweiser.com

Website des Familienweingutes, das seit dem 30-jährigen Krieg dokumentiert ist und inzwischen in der 13. Generation Wein keltert.
🖥 www.anheuser.de

Soundtrack Bier

Künstler	Titel	Album	Jahr	Genre
Jimmy Witherspoon	Drinking Beer	Evenin' Blues	1963	Blues
ZZ Top	Beer Drinkers & Hell Raisers	Tres Hombres	1973	Bluesrock
Tom Waits	Warm Beer, cold Women	Nighthawks at the Diner	1975	Songwriter
Johnny Cash	I Hardly Ever Sing Beer Drinking Songs	Look at them Beans	1975	Country
NOFX	Beer Bong	Liberal Animation	1988	Punk
Lagwagon	Beer Goggles	Duh	1992	Punk
The Reverend Horton Heat	Beer	The full-custom Gospel Sounds	1993	Surf
Bad Manners	Lager Delirium	Heavy Petting	1997	Ska
The Replacements	Beer for Breakfast	All for nothing / Nothing for all	1997	Punkrock
Indigo Girls	Cold Beer and Remote Control	Come on now social	1999	Folk
Koko Taylor	Beer Bottle Boogie	Deluxe Edition	2002	Bluesrock
Toby Keith	Beer for My Horses	Unleashed	2002	Country
Todd Snider	Beer Run	Near Truths and Hotel Rooms	2003	Folk
Psychostick	Beer!!!	We couldn't think of a Title	2003	Punk
The Adicts	Who Spilt My Beer	Joker in the Pack	2004	Punk
David Byrne	The Man who Loved Beer	Grown backwards	2004	Pop
Hank Williams III	Six Pack of Beer	Damn right, Rebel proud	2008	Country
People Under the Stairs	Beer	Carried away	2009	HipHop
Bowling for Soup	Hooray for Beer	Sorry for partyin'	2009	Rock
Billy Currington	Pretty good at drinking Beer	Enjoy yourself	2010	Country

Halt die Augen auf den Ball – Baseball

I think about baseball when I wake up in the morning. I think about it all day and I dream about it at night. The only time I don't think about it is when I'm playing it.

Ich denke an Baseball, wenn ich morgens aufwache. Ich denke den ganzen Tag daran und träume nachts davon. Der einzige Moment, in dem ich nicht an Baseball denke, ist, wenn ich Baseball spiele.

Carl Yastrzemski (geboren 1939), ehemaliger Baseballprofi der Boston Reds

Der Werfer holt aus und schleudert den Ball mit 150 km/h auf den Schläger zu. In weniger als einer halben Sekunde wird die Kugel ihr Ziel erreichen. Spätestens wenn der Ball sich auf zehn Meter genähert hat, muss der Baseballschläger in Bewegung gesetzt werden, um den Ball zu treffen. Kaum eine Viertelsekunde später schlägt der Ball auf das Holz des Schlägers. Die ungeheure Wucht des Aufpralls hat schon öfter den massiven Holzknüppel zerschmettert. Und Spieler oder Schiedsrichter verletzt.

Das Duell von Werfer und Schläger, von Pitcher und Batter, ist das zentrale Drama des Baseballspiels, immer am Rand der biologischen Reaktionsgrenzen. Ein professioneller Batter, der ein Drittel der geworfenen Bälle trifft, gilt als erstklassig. Und es geht nicht nur darum, überhaupt zu treffen, sondern dem Ball zusätzlich eine bestimmte Richtung und Flugbahn zu geben, die genügend Zeit lässt, um loszulaufen und mindestens das erste Feld zu erreichen.

Doch der Werfer hat Tricks auf Lager: Er gibt dem Ball einen Drall, der die Flugbahn in eine Kurve verwandelt. Man hat berechnet, dass der Ball bis zu 45 cm von der geraden Linie abweichen kann. Den größten Teil der Abweichung erfährt der Ball aber erst im letzten Viertel der rund 20 m langen Strecke.

Baseball gilt als Mannschaftssport, doch beim Duell von Pitcher und Batter stehen sich zwei Individuen gegenüber, die auf keine Unterstützung ihrer Mannschaftskameraden zählen können. Der Zweikampf dauert kaum eine Sekunde und fordert von Spielern ebenso wie vom Publikum höchste Konzentration. Trifft der Schläger den Ball, entlädt sich die Anspannung schlagartig und die Totenstille im Stadion explodiert in tosender Begeisterung. Baseball ist wie ein Fußballspiel, das nur aus Elfmetern besteht. Es ist diese knisternde Erregung, die Baseball zum Volkssport werden ließ. Die klassische Vater-Sohn-Beziehung in Amerika lebt vom gemeinsamen Besuch des Matches. Dennoch hat der einstige Arbeitersport seine alles überragende Popularität gegenüber American Football und Basketball eingebüßt.

Das Spielsystem ist relativ leicht zu durchschauen, es handelt sich um eine etwas komplexere Variante der deutschen Schulsportart Brennball. Zwei Mannschaften mit je neun Feldspielern stehen sich auf einem Spielfeld in Form eines Viertelkreises mit rund

Miller Park Stadion, Milwaukee

hundert Metern Seitenlänge gegenüber. Neun Mal pro Spiel hat jedes Team das Schlagrecht. Der Batter versucht, den Ball so zu treffen, dass er eines der „Base" genannten Felder erreichen kann, auf denen er sicher ist. Die verteidigende Mannschaft dagegen will den Ball unter Kontrolle bringen, bevor der Läufer sein Ziel erreicht, um ihn zu eliminieren und einen Punktgewinn zu verhindern. Ein Unentschieden gibt es nicht. Bei Gleichstand nach neun Runden wird automatisch verlängert.

Schon im 18. Jahrhundert wurde in England Baseball gespielt, das sich wahrscheinlich aus den Vorläufern des Cricket entwickelt hat. Schnell verbreitete es sich im Nordosten der USA, 1876 wurde dort bereits die erste Liga gegründet. Zunächst war Baseball ein weißer Sport, der Schwarze über Jahrzehnte ausschloss. In der ersten Hälfte des 20. Jahrhunderts wurden verschiedene „Negro"-Ligen gegründet, die in den 20er und 30er Jahren höchstes Spielniveau erreichten. 1947 spielte erstmals wieder ein Afroamerikaner in der weißen Liga.

Es dauerte bis 1950, bis das Spiel auch im Westen der Vereinigten Staaten eine so große Popularität gewann, dass die großen Städte versuchten, eigene Teams aufzubauen. Dabei wurde die enge Verflechtung von Sport und Business unübersehbar. San Francisco und Los Angeles kauften kurzerhand die beiden Profiteams aus New York und die Baseballhauptstadt an der Ostküste stand plötzlich ohne eigene Mannschaft da. Die Spielergehälter sind seitdem ins unermessliche gestiegen, 2004 musste die Liga mitten im Sommer wegen eines Spielerstreiks für einen Monat unterbrochen werden.

Die amerikanische Profiliga MLB ist in zwei Unterligen mit je drei Divisionen aufgeteilt. Nach Abschluss der regulären Saison erreichen die sechs Ligameister und die beiden besten Zweitplazierten die Endausscheidung. Im Oktober folgt dann das Finale, die „World Series".

Der Name geht schlicht auf die arrogante Überzeugung zurück, dass das beste Team der USA auch gleichzeitig das führende in der Welt sein müsse. Dem ist aber inzwischen längst nicht mehr so. Baseball ist auch in Japan, Taiwan oder Venezuela zum Volkssport aufgestiegen. Seit Baseball 1992 olympische Disziplin wurde, konnten die USA nur eine Goldmedaille verbuchen, Kuba dagegen drei!

Auch wenn die Konkurrenz anderer Sportarten gewachsen ist und die

Kette von Skandalen nicht abzureißen scheint, hat Baseball einen solchen Stellenwert in der amerikanischen Gesellschaft, dass eine Reihe sportlicher Fachbegriffe in die Alltagssprache übernommen wurde und öffentliche Auftritte bei Baseballspielen für Politiker zum Pflichtprogramm gehören. Doch nicht immer können sie das Bad in der Menge genießen: Als Präsident George Bush im März 2008 zur Einweihung des neuen Stadions der Washington Nationals den ersten Ball warf, wurde er von der Mehrheit der Zuschauer ausgebuht.

👁 Baseball live

Beim Baseball ist, im Gegensatz zu den meisten anderen Teamsportarten, eine im Frühling beginnende und im Herbst endende Saison ohne Sommerpause üblich. Da jede Profimannschaft pro Saison 164 Spiele austragen muss, kann man bei einer Reise über die Route66 mit etwas Glück und rechtzeitiger Planung durchaus ein Spiel sehen. Immerhin sechs Profi-clubs finden sich auf der Strecke. Wegen der großen Zahl der Partien sind sogar die Eintrittspreise vergleichsweise günstig.

▶ Chicago White Sox
- ✉ *U.S. Cellular Field, 333 W 35th St, Chicago, IL 60616*
- 💲 *$9-100*
- 🖥 *http://chicago.whitesox.mlb.com*

Wrigley Field, Chicago

▶ Chicago Cubs
- ✉ *1060 W Addison St, Chicago, IL 60613*
- 💲 *$10-80*
- 🖥 *http://chicago.cubs.mlb.com*

▶ Milwaukee Brewers
- ✉ *1 Brewers Way, Milwaukee, WI 53214*
- 💲 *$8-60*
- 🖥 *http://milwaukee.brewers.mlb.com*

▶ St. Louis Cardinals
- ✉ *700 Clark Ave, St. Louis, MO 63102*
- 💲 *$16-120*
- 🖥 *http://stlouis.cardinals.mlb.com*

▶ Los Angeles Dodgers
- ✉ *1000 Elysian Park Ave, Dodgertown, CA 90090*
- 💲 *$11-130*
- 🖥 *http://losangeles.dodgers.mlb.com*

▶ Los Angeles Angels of Anaheim
- ✉ *2000 Gene Autry Way, Anaheim, CA 92806*
- 💲 *$12-200*
- 🖥 *http://losangeles.angels.mlb.com*

▶ Fachbegriffe

Base	Spielfeldmarkierung, an der ein Läufer sicher ist.
Batter	Schläger der angreifenden Mannschaft
Batting Order	Vorher festgelegte Reihenfolge der Schläger
Catcher	Fänger, der hinter dem Schläger steht.
Defense	Das Team, das versucht, den geschlagenen Ball unter Kontrolle zu bekommen.
Fly Out	Wird ein Ball aus der Luft gefangen, ist der Schläger sofort „out", hat also keine Punkte für sein Team geholt.

White Sox im U.S. Cellular Field, Chicago

Hit	Den Ball so schlagen, dass der Schläger genug Zeit hat, um eine Base zu erreichen.
Home Plate	43 cm breites Feld, auf dem der Schläger steht.
Home Run	Der Ball wird über den Zaun geschlagen. Alle Offense-Spieler, die im Spiel sind, erreichen automatisch das Ziel. Der Angreifer kann maximal 4 Punkte gewinnen.
Inning	Durchgang
Offense	Schlagrecht eines Teams
Pitcher	Werfer der Defense

Run	Punktgewinn eines Läufers
Strike Zone	„Fenster", in das der Pitcher werfen muss.
Umpire	Schiedsrichter

🖳 Weblinks

Major League Baseball
🖳 *www.mlb.com*

Deutschsprachige Einführung
🖳 *www.baseball-fan.de*

🎵 Soundtrack Baseball

Künstler	Titel	Album	Jahr	Genre
Paul Simon	Night Game	Still crazy after all these Years	1975	Songwriter
Bruce Springsteen	Glory Days	Born in the U.S.A.	1984	Rock
John Fogerty	Centerfield	Centerfield	1985	Rock
Bob Dylan	Catfish	The Bootleg Series Vol 1	1991	Songwriter
Kenny Rogers	The Greatest	Comeback	1999	Country
Dropkick Murphys	Tessie	Tessie (EP)	2004	Punkrock
Eddie Vedder	All the Way	(Single)	2008	Songwriter

Die Mutter aller Tänze – Josephine Baker

I wasn't really naked. I simply didn't have any clothes on.

Ich war nicht wirklich nackt. Ich hatte einfach nur nichts an.

Josephine Baker (1906-1975)

Die Karriere vom Tellerwäscher zum Millionär wird in der Legende vom amerikanischen Traum nur von einem anderen Klischee übertroffen: aus extremer Armut zum glamourösen Superstar. Wenige Figuren verkörpern diesen mythischen Lebensweg so wie Josephine Baker. Sie würzte das Drehbuch ihres Lebens mit so vielen Extremen, dass sie nur Vergötterung oder Verdammung ernten konnte.

Eine härtere Kindheitsgeschichte kann man sich eigentlich kaum vorstellen: 1906 kam die „Schwarze Perle" in East St. Louis als uneheliche Tochter einer Wäscherin zur Welt. Ihren leiblichen Vater sollte sie niemals kennenlernen. Sie wuchs in ärmlichsten Verhältnissen auf, schon als 8-Jährige musste sie als Hausangestellte einer weißen Familie zum Auskommen der eigenen Familie beitragen. Mit 12 sah sie zum letzten Mal eine Schulbank, mit 13 wurde sie zum ersten Mal verheiratet. 1917 erlebte sie die Schrecken rassistischer Gewalt bei den schweren Rassenunruhen in East St. Louis zwischen weißen und schwarzen Industriearbeitern. Dutzende Tote waren zu beklagen und geschätzte 6.000 Afroamerikaner wurden aus ihren Häusern vertrieben.

Josephine schloss sich als Tänzerin einem Wandertheater an. Ihr wahres Alter musste sie vertuschen, als Minderjährige hätte sie keine Anstellung bekommen. Wenig später ging sie nach New York, wo sie sich allmählich bis zum Broadway hocharbeitete.

Ein Star wurde Josephine Baker aber erst fern der Heimat: In Paris provozierte sie mit ihrem fast unbekleideten erotischen Tanz am Théâtre des Champs-Élysées Begeisterungsstürme und empörte Ablehnung. Ihre Popularität schwappte über ganz Europa, die Reaktionen blieben die gleichen: Ihre Tourneen machten Furore, doch in vielen Städten wurden ihre Auftritte untersagt, nach Italien ließ man sie gar nicht erst einreisen. 1927 wurde sie zur ersten Schauspielerin afrikanischer Abstammung, die eine Hauptrolle in einem großen Film übernehmen sollte. Binnen weniger Jahre wurde Josephine Baker zur bestbezahlten und meistfotografierten Frau der Welt. Die Damen der französischen High Society kopierten ihre Kleidung, ihren Haarschnitt und ihr Auftreten.

Der ganzen Welt blieb das Bild ihres „Banana Dance" in Erinnerung. Mit einem Röckchen aus aneinander geflochtenen (unechten) Bananen legte sie einen überschwänglichen Shake Dance auf die Bretter. Oberflächlich betrachtet repräsentierte sie eine exotisch-naive Naturschönheit. Doch dahinter konnte eine ganz andere Symbolik entdeckt werden: Mindestens ein Dutzend Phallussymbole folgten dem Rhythmus der Weiblichkeit und waren unauflösbar an sie gebunden. So wurde Josephine Baker niemals zum Opfer von Stereotypen, im Gegenteil, sie veralberte diese.

Ein ausschweifendes Privatleben trug zu zusätzlichen Schlagzeilen bei. Auf der Liste illustrer Liebhaber finden sich Ernest Hemingway, Georges Simenon, Jean Gabin und Pablo Picasso. Die Baker wurde zur Personifizierung des „Flapper Girls": junge, emanzipierte Frauen, die kurze Röcke trugen, Jazz hörten, rauchten und tranken.

Der Versuch, ihren Erfolg auch in den USA fortzusetzen, scheiterte an rassistischen und puritanischen Vorurteilen. Ihre Theaterauftritte wurden von der Kritik verrissen, der Film „Princesse Tam Tam" sogar verboten, weil er die Romanze zwischen einer Farbigen und einem Weißen schilderte. Baker entschloss sich, endgültig in Europa zu bleiben und nahm die französische Staatsbürgerschaft an.

Doch dem Überschwang der wilden 20er folgte die schwere Wirtschaftskrise und schließlich der Einmarsch der deutschen Truppen in Paris. Mit den Unsummen an Geld, die sie mit ihren Theaterengagements, Filmen und Werbeposen für Damenstrümpfe und Autos verdient hatte, bezog sie ein Schloss in der Dordogne.

Ihr Ruhm machte Josephine Baker auch für die deutschen Besatzer unantastbar, was sie dazu nutzte, Agentendienste für den französischen Untergrund zu leisten: In ihren Notenblättern versteckt, schmuggelte sie geheime Nachrichten der Resistance.

Zeitweise ging sie nach Marokko, wo sie als Unterleutnant der französischen Luftwaffe diente. Von Charles de Gaulle persönlich wurde sie nach Kriegsende als Widerstandskämpferin ausgezeichnet und in die Ehrenlegion aufgenommen.

In Marokko sprang sie dem Tod von der Schippe, als sie eine schwere Bauchfellentzündung erlitt, die viele Zeitungen bereits dazu veranlasst hatte, ihr Ableben als Top-Schlagzeile zu melden. Möglicherweise war die Erkrankung auch die Ursache mehrerer Fehlgeburten, die sie in den folgenden Jahren erlitt. Baker begann, Kinder zu adoptieren und als ein persönliches Statement gegen Rassismus eine Regenbogenfamilie zu gründen: In ihrem Schloss zog sie 12 Kinder aller Hautfarben aus allen Kontinenten auf. Ihren Kampf gegen Rassismus setzte sie aber auch in der Öffentlichkeit weiter fort. 1963 nahm sie an der Seite Martin Luther Kings am Marsch auf Washington teil.

Doch ihre Karriere verlor mit zunehmendem Alter an Fahrt, die Unsummen, die sie für den Unterhalt ihres Anwesens aufbringen musste, ruinierten sie schließlich vollkommen. Das Schloss wurde zwangsversteigert und vor den Augen der Weltöffentlichkeit wurde sie von Rausschmeißern im Bademantel aus der Schlossküche gezerrt.

Am Ende lebte sie fast mittellos mit Unterstützung des Roten Kreuzes in Monaco, wo sie nach weitgehend misslungenen Comeback-Versuchen 1975 an den Folgen eines Schlaganfalls starb. Ihre zwölf Kinder schlugen ganz normale Lebenswege ein: Sie leben weit in der Welt verstreut als Journalisten, Finanzbeamte oder Gärtner.

👁 Schauplätze

Ihre früheste Kindheit verlebte Josephine Baker in dem überwiegend von Schwarzen bewohnten, zentralen Viertel Mill Creek Valley. Von der Bausubstanz aus Bakers Jugend ist kaum etwas erhalten, das Viertel verarmte und verfiel zusehends. Die meisten Gebäude mussten urbanen Erneuerungsprojekten weichen. Das Haus ihrer Familie lag in der Eugenia Street, direkt hinter dem West Parking Lot der Union Station.

Der Block zwischen Market St und Chestnut St, etwa 500 m westlich der Union Station, war das Amüsierviertel, in dem die junge Josephine Baker in Bars arbeitete und Sänger und Tänzer beobachtete, die sie zuhause imitierte. Hier schloss sie sich auch der ersten „Vaudeville" (Varietee) Gruppe an.

Etwa einen Kilometer westlich des Scott Joplin House trifft man auf den Josephine Baker Blvd, den die Stadt nach ihr benannt hat. Selbstverständlich ist ihr Stern auch auf dem St. Louis Walk of Fame vertreten, genauer: vor dem Haus
✉ *6501 Delmar Blvd*

🖳 Website

Offizielle Website
🖳 *www.cmgww.com/stars/baker*

Der Prinz der Finsternis – Miles Davis

Don't play what you know,
play what you don't know!

Spiel nicht, was du kennst,
spiel, was du nicht kennst!

Miles Davis (1926-1991)

Die Geschichte des Jazz ist die von Bewegung und Gegenbewegung, die Geschichte von regelmäßiger Erneuerung. Alle zehn Jahre entwickelte sich ein neues Modell, wuchs zum Mainstream und kam zum kommerziellen Ausverkauf, während im Untergrund schon eine neue Bewegung brodelte, der am Ende das gleiche Schicksal bevorstehen sollte.

Nur wenige Musiker haben an mehreren dieser Revolutionen teilgenommen, sich selbst immer wieder neu erfunden und ihre Vergangenheit über den Haufen geworfen. Während Rockmusiker, die in den 60ern groß geworden sind, niemals ihren Stil verändert haben, sich immer wieder selbst kopieren und seit nunmehr 40 Jahren die selben Songs herunterleiern und damit trotzdem Zehntausende in die Stadien ziehen, hat sich Miles Davis immer nur ein paar Jahre auf einen Stil konzentriert und dann wieder von Null begonnen. Und dabei die Musik und sich selbst jedesmal neu erfunden.

Man könnte fast sagen, Miles war ein Punk. Ohne exquisite formelle Ausbildung, sondern nach dem Do-it-yourself-Prinzip revolutionierte er die Musik immer wieder, schaffte sich Freunde hier und Feinde dort. Seine Beziehungen zu Musikern, Frauen, Produzenten und Plattenfirmen entwickelten sich nach dem immer gleichen Schema: Von stürmischer Liebe auf den ersten Blick zur traumatischen Trennung. Von kreativer Unruhe getrieben, wechselte er Frauen, Musikstile und Plattenfirmen wie seine Unterwäsche.

Als Instrumentalist stieß Davis immer wieder an seine eigenen Grenzen und stand hinter anderen Größen zurück. Als Erfinder, als Grenzgänger, als jemand, der immer bereit war, seinen Werdegang Geschichte sein zu lassen und neue Wege zu beschreiten, konnte ihm keiner das Wasser reichen. Miles Davis scheute sich nie, alle vor den Kopf zu stoßen, seine Freunde, seine Mitmusiker, seine Anhänger. Bei derartiger Experimentierfreudigkeit scheint es unmöglich, dass irgendwem alle seine Platten gefallen könnten. „Habe keine Angst vor Fehlern, es gibt keine" war sein Motto.

Dennoch ist Davis der kommerziell erfolgreichste Jazz-Musiker aller Zeiten. Über hundert Alben tummeln sich auf dem Markt, darunter die meistverkaufte Jazz-Platte aller Zeiten: „Kind of blue" aus dem Jahre 1959. Sechs Millionen Exemplare gingen seit ihrer Veröffentlichung über die Ladentische.

Auch die Biographie des „musikalischen Picasso des 20. Jahrhunderts" liest sich anders, als man es erwarten würde: Er stammte aus einem wohlsituierten Elternhaus. Sein Vater war Zahnarzt, seine Mutter Musiklehrerin. Als Miles ein Jahr alt war, zog die Familie angesichts der Rassenunruhen in seiner Geburtsstadt Alton ins 50 km weiter südlich gelegene East St. Louis. Im Alter von 13 Jahren begann er, ernsthaft Trompete zu spielen, mit 16 blies er bereits in professionellen Lokalkapellen. Angebote überregional bekannter Kombos musste er ablehnen, da seine Eltern auf einem ordentlichen Schulabschluss bestanden.

Mit 18 konnte er dann nach New York gehen, wo er eine formelle klassische Musikausbildung begann, die er jedoch bald wieder abbrach. Er verbrachte mehr Zeit in den Bars der 52. Straße, wo die Jazzszene brodelte. Er stieg in die Band von Charlie Parker ein, der führenden Figur der wilden Bebop-Bewegung. Von da an ging seine Karriere unaufhaltsam aufwärts. Nach kaum vier Jahren in New York formierte er die erste eigene Band, das „Miles Davis Nonett".

Von Anfang an war Miles Davis auf der Suche nach einem neuen Sound. Sein ruhiger, vibrato-armer Trompetenstil unterschied sich deutlich vom Ansatz des emotionsgeladenen Bebop. Davis suchte eine Fusion mit den raffinierten Arrangements der Bigband-Ära und leitete eine neue Epoche ein: den Cool Jazz.

Doch der schnelle Erfolg und die Allgegenwart von Drogen und Alkohol überrollten den jungen Mann ebenso wie viele andere Musiker seiner Epoche: Charlie Parker, Stan Getz und Chet Baker waren ausnahmslos heroinabhängig. Erst Mitte der 50er Jahre konnte sich Miles Davis von der Drogensucht befreien, als er sich für einige Monate in sein Elternhaus nach East St. Louis zurückzog.

Kurz darauf schaffte er sein Comeback und wurde nicht nur ein musikalischer Trendsetter. Sein cooles Auftreten, sein modischer Kleidungsstil und der Hang zum Luxus machten ihn zu einer der schillerndsten Figuren der Musikwelt. Er liebte elegante Sportwagen von Ferrari und Lamborghini und sein zur Schau gestelltes Selbstbewusstsein machte ihn zum Vorbild vieler junger Schwarzer, wurde aber ebenso oft als Arroganz ausgelegt. Genau wie seine

Miles Davis

© SONY BMG

Angewohnheit, mit dem Rücken zum Publikum zu spielen. Davis rechtfertigte sich, indem er auf den notwendigen Blickkontakt zu seinen Mitmusikern verwies. Schließlich wandte ja auch jeder Orchesterdirigent den Zuhörern den Rücken zu.

Davis' Erfolg ließ seine kreative Unruhe nicht verebben. Er entwickelte sich ständig weiter, blieb stets auf der Suche nach neuen Ausdrucksmöglichkeiten. Während der abstrakte Free Jazz die Befreiung von allen musikalischen Konventionen suchte, geriet Miles Davis Ende der 60er ins Fahrwasser der Rock- und Hippiebewegung. Er begann, seinen Trompetensound elektrisch zu verstärken, mit Effektgeräten zu modulieren und fusionierte Jazz und Rock.

Die Jazz-Kritik verriss seine Werke und brandmarkte den Innovator als Verräter oder erfolgsgierigen Populisten. Davis rutschte in eine neue Lebenskrise, Alkohol- und Drogenabhängigkeit ließen ihn erneut für Jahre von der Bildfläche verschwinden.

Erst 1981 versuchte er ein neues Comeback. Ohne Berührungsängste fusionierte er mit Musikern aus der Pop- und Rockszene. Er coverte Michael Jackson oder ging zusammen mit dem ehemaligen Sex Pistols-Punk John Lydon ins Studio. Entsprechend harsche Kritiken hagelten erneut aus dem traditionsbewussten Jazzlager auf ihn nieder. Wynton Marsalis, der neue Prinz der Jazztrompete, kritisierte Miles öffentlich für seine musikalischen Experimente. Als er eines Tages als Friedensangebot unangekündigt zu Miles Davis auf die Bühne stieg, beförderte der ihn unter offensichtlicher Androhung physischer Gewalt wieder vom Podium.

Von seinen langjährigen Exzessen gesundheitlich schwer angeschlagen, verstarb Miles Davis 1991 im Alter von 65 Jahren an den Folgen eines Schlaganfalls.

|||||||||||||||||||||||||||||||||||||||||||||||||||||||||||||||||||||||||||||||||||||||||||||||||||||||||||||

👁 Schauplätze

🏛 Alton
In seiner Geburtsstadt findet sich kein Hinweis auf den berühmtesten Sohn der Stadt; kein Museum, keine Straße, kein Denkmal. Eine Bürgerinitiative fordert, das Amphitheatre im Riverside Park zu Ehren des Trompeters umzubenennen.

🏛 St. Louis
Auf dem St. Louis Walk of Fame ist vor dem Haus ✉ 6314 Delmar Blvd ein Stern zu Ehren des Trompeters in den Bürgersteig eingelassen.

🏛 East St. Louis
Das Haus der Familie Davis stand an der Ecke ✉ 17th St / Kansas Ave und wird mit einer Bronzetafel geehrt. Miles besuchte die Lincoln High School in der ✉ 2600 Kansas Ave, wo er im Schulorchester spielte. Der Rhum Boogie Club, wo Miles in den frühen 40er Jahren des Öfteren mit den „Blue Devils" auftrat, befand sich in dem roten Backsteingebäude ✉ 409 North 9th St. Inzwischen wurde eine Grundschule in der ✉ 725 N 15th St auf den Namen „Miles D. Davis Elementary School" getauft.

📖 Weblinks

Familienmitglieder vermarkten Miles Davis' Nachlass und versuchen, seine Person ins rechte Licht zu rücken.
🖥 www.milesdavis.com

Offizielle Website von Sony Records
🖥 www.miles-davis.com

Homepage eines deutschen Fans
🖥 www.kind-of-blue.de

Von Saint Louis nach Springfield

Wie so oft im Leben gibt es auch zwei Wege, um St. Louis nach Westen zu verlassen. Die klassische Nordvariante der Route66 zieht sich durch endlose, unansehnliche Industriegebiete und Vororte, die man zumindest in der Dunkelheit meiden sollte. Die ebenso wenig romantische aber weit effizientere Methode ist, direkt im Zentrum auf den Interstate 44 zu fahren und der Beschilderung Richtung Westen zu folgen.

🐾 Route66 State Park

Der Name klingt vielversprechend, doch eine wirkliche Attraktion kann man den gerade mal 1,7 km² großen Park nicht nennen. Ein Visitor Center mit kleinem Museum bietet die üblichen 66-Memorabilia wie alte Straßenschilder und Zapfsäulen. Wäre der Park nicht so dicht an St. Louis gelegen, würde er sich zweifellos zumindest als hübsche Picknick Area anbieten. Auf dem Weg hinunter zum romantischen Flüsschen kann man mit Glück ein paar Rehe erspähen. Die Geräuschkulisse der nahe gelegenen Autobahn trübt allerdings die Idylle.

Der Park verbirgt eine ebenso kuriose wie erschreckende Geschichte: Die heutigen Spazierwege folgen den Straßen des Örtchens Times Beach, das in den 1920er Jahren als Wochenenddomizil für gestresste Großstädter entstand. Nur die Hauptstraße war asphaltiert. Um die unangenehmen Staubfahnen zu unterdrücken, die jedes fahrende Vehikel aufwirbelte, wurde 1972 ein Unternehmen beauftragt, die Feldwege regelmäßig mit

Altöl (!) einzusprühen. Das eingesetzte Öl war aber mit hochtoxischen Altlasten einer Chemiefabrik versetzt, die während des Vietnamkriegs die US-Armee mit dem Entlaubungsmittel Agent Orange versorgt hatte. Als 1983 die extreme Dioxinbelastung entdeckt wurde, ließ die Regierung den Ort niederreißen und setzte direkt 15 Jahre für das Sanierungsprogramm an. Inzwischen ist das Gelände saniert und soll offenbar keine Gefahr mehr darstellen.

✉ *97 North Outer Rd, Eureka, MO 63025*
⇨ *IS44, Exit 266, nach ein paar hundert Metern kommt man direkt zum Parkeingang*
🕐 *Park von 7h bis eine halbe Stunde nach Sonnenuntergang, Visitor Center 9-16.30h*
🕸 *Frei*
☎ *1-636-938-7198*
🖥 *www.mostateparks.com/route66.htm*

Der Weg nach Westen durchquert jetzt das zerschnittene Hochplateau der Ozarks, das die Südhälfte Missouris bedeckt und weit nach Arkansas hineinreicht. Eine hübsche, bewaldete Mittelgebirgslandschaft, die immer wieder mit tollen Aussichten aufwartet.

Verläßt man St. Louis auf der teils dreispurigen Autobahn ist wochentags viel Verkehr, doch wenn man am Exit 261 abfährt, findet man sich plötzlich mitten im ländlichen Missouri. Schicke Häuschen in provinziellen Dörfern, umgeben von bewaldeten Hügeln – das andere Amerika. Ab dem Örtchen Pacific windet sich die alte 66 in einiger Entfernung zum Interstate zumindest teilweise durch das

Meramec River, Route66 State Park

satte Grün, und wechselt das eine oder andere Mal die Seite der Autobahn. Ab Stanton verläuft die 66 für rund 50 Meilen auf der Südseite des IS44, dann wird wieder mehrfach die Seite gewechselt. Der schönste Abschnitt der 66 in Missouri beginnt südlich von Lebanon und reicht bis in die Außenbezirke von Springfield. Verschlafene Dörfer, tiefe Wälder und kaum etwas von der Autobahn zu sehen. Westlich von Springfield geht es in endlosen Geraden Hügel hinauf, Hügel hinab bis nach Carthage.

🏛 Pacific (7.000 EW)

Kurz vor dem Ortseingang von Pacific passiert man eine Sandgrube von U.S. Silica, einem der größten Sandproduzenten der USA. Seit dem frühen 20. Jahrhundert wird hier Sandstein abgebaut und fein gemahlen als Baumaterial oder zur Glasherstellung verwendet. Der Sand aus Pacific wurde direkt beim Bau der Route66 eingesetzt. Die sichtbare Vielzahl der Höhlen sind ehemalige Gruben und werden zum Teil noch als Lagerräume genutzt.

U.S. Silica betreibt Sandgruben in 13 Staaten der Osthälfte der USA. Doch zu Anfang des aktuellen Jahrtausends war die Zukunft des Unternehmens akut gefährdet, als eine Flut von 20.000 Klagen

ehemaliger und aktueller Angestellter über die Firma hereinbrach. Sie forderten Entschädigung für eine Berufskrankheit namens Silikose, eine Lungenerkrankung, die durch das Einatmen von quarzhaltigem Staub verursacht wird.

Die Ablehnung der Klagen ging landesweit durch die Presse: Einige wenige Anwaltskanzleien hatten gezielt nach aktuellen und ehemaligen Beschäftigten gesucht, um der Firma Entschädigungen abzupressen und dabei einen angemessenen Prozentsatz in die eigenen Taschen zu schaufeln. Die zuständige Richterin beurteilte die ärztlichen Diagnosen als wertlos, als sich herausstellte, dass zehntausend der Krankheitsfälle von nur zwölf Ärzten attestiert worden waren. Ein Mediziner zertifizierte innerhalb von 72 Arbeitsstunden über 800 Mal die Diagnose „Silikose". Ein klarer Fall von „Jackpot Justice".

🦇 Meramec Caverns

Durch Dutzende Werbetafeln schon aus riesigen Entfernungen angekündigt, sind die Tropfsteinhöhlen seit Jahrzehnten eine touristische Ikone im östlichen Missouri. In den vergangenen 400 Millionen Jahren hat eindringendes Wasser ein sieben Kilometer langes und weit verzweigtes Höhlensystem aus dem Kalkstein gewaschen.

Bourbon im öffentlichen Versorgungsnetz

Onondaga Cave State Park

Eine preiswertere Alternative zu den Meramec Caverns – allerdings auch mit weniger vollständigem Service – sind die nur wenige Meilen weiter westlich gelegenen Höhlen von Onondaga. Eine geführte Tour durch die Welt der Stalagmiten und Stalagtiten dauert etwa 75 Minuten.

✉ 7556 Hwy H, Leasburg, MO 65535
➪ IS44, Exit 214 Leasburg, auf der Landstraße H 7 mi/11 km in Richtung Süden
🕐 Visitor Center im März Fr-So 9-17h, April-Oktober täglich 9-17h
✆ Kinder 6-12 Jahre $7, Erwachsene $12, Senioren $10
☏ 1-573-245-6600
🖥 www.mostateparks.com/onondaga.htm

Bourbon (1.300 EW)

Der Name des Örtchens geht tatsächlich auf das gleichnamige Getränk zurück und huldigt nicht irgendwelchen französischen oder spanischen Monarchen. Als vorwiegend irische Arbeiter die Bahnlinie von Springfield nach St. Louis bauten, eröffnete ein Geschäftsmann namens Richard Turner einen Krämerladen, der in erster Linie Whiskey absetzte. Über dem Eingang prangte ein riesiges Fass mit der Aufschrift „Bourbon". Nach dem Tagewerk pilgerten die irischen Bauarbeiter täglich nach „Bourbon". Der Wasserturm der Ortschaft enthält allerdings tatsächlich Wasser und keinen Schnaps, wie die Aufschrift vermuten lassen könnte. So weit geht die Fürsorge der Stadtverwaltung dann doch nicht.

Die bizarren Formen der Tropfsteinformationen werden durch effektive Beleuchtung beeindruckend in Szene gesetzt. Die Preise für die 80minütige Tour sind allerdings ähnlich bemerkenswert. Einer Legende zufolge hat der sagenumwobene Bandit Jesse James in den Höhlen Unterschlupf gesucht. Während das Auge des Gesetzes am Höhleneingang wartete, soll der Schurke durch einen anderen Ausgang entkommen sein.

Die Attraktion der Höhlen ist zu einem vollständigen aber keineswegs unsympathischen Fremdenverkehrskomplex ausgebaut worden, mit Hotel, Campingplatz, Sovenirshops, Bootstouren und Picknickareal. Das Baden im Fluss ist offiziell untersagt, das Verbot wird aber nicht selten übertreten.

➪ IS44, Exit 230 Stanton, links abbiegen und der MO-W 3,5 mi/5,5 km bis zum Parkplatz folgen
🕐 Nov-Feb 9-16h, März&Okt 9-17h, April&Sept 9-18h, Mai-Juni 9-19h, Juli-Aug 8.30-19.30h
✆ Kinder je nach Alter $7-10, Erwachsene $19,50
☏ 1-573-468-2283
🖥 www.americascave.com

Cuba (3.200 EW)

Der Grund, warum sich eine Münsteraner Indie-Rock-Band ausgerechnet nach dem Provinznest „Cuba, Missouri" benennen musste, bleibt ein Geheimnis. Das Städtchen hat wenig gemeinsam mit der Exotik einer Karibikinsel. Die „People's Bank" in Cuba wird ihren Namen wohl kaum in Anspielung auf Fidel Castros Revolution bekommen haben. Elf im Zentrum verteilte Wandbilder zeigen Szenen aus der Geschichte des Ortes. Das kurioseste dokumentiert einen Besuch der Schauspielerin Bette Davis, die sich im Jahre 1948 hierher verirrte.

Kurz hinter Cuba prangt eine riesige Werbetafel mit der Aufschrift „Jesus – King of the Road". Vermutlich das Werk eines christlichen Kraftfahrers. Ein paar Kilometer weiter, in der Gemeinde Fanning, schreit der Souvenirshop „Route66 Outpost" mit dem weltgrößten Schaukelstuhl nach Aufmerksamkeit. Das knapp 13 Meter hohe Möbelstück, das auf den Namen „The Route66 Rocker" hört, schweißte eine lokale Firma des Metallgewerbes aus Stahlrohren zusammen.

🏛 St. James (3.700 EW)

In der Umgebung von St. James liegt eine der vier wichtigsten Weinbauregionen Missouris, von der Reisebranche zum „Hermann Wine Trail" deklariert. Aufmerksamen Beobachtern werden die Weingüter nahe der 66 nicht entgehen. Neugierige können auf mehreren Weingütern die lokalen Tropfen kosten.

▶ Meramec Vineyards
✉ 600 State Road Route B
⇒ Aus dem Zentrum von St James auf dem HW68 nach Norden, über die Autobahn (oder vom IS44 Exit 195, rechts), die erste rechts und der Straße 0,7 mi/1,2 km folgen
🕐 Mo-Sa 10-17h, So 12-17h
☎ 1-573-265-7847
🖥 www.meramecvineyards.com

▶ St. James Winery
✉ 540 Sidney St
⇒ Aus dem Zentrum von St James auf dem HW68 nach Norden, über die Autobahn (oder vom IS44 Exit 195, rechts), die zweite rechts und der Straße 0,4 mi/0,7 km folgen
🕐 Mo-Sa 8-18h, So 9-18h
☎ 1-800-280-9463
🖥 www.stjameswinery.com

▶ Ferrigno Winery
✉ 17301 State Route B
⇒ Aus dem Zentrum von St James auf dem HW68 nach Norden, über die Autobahn (oder vom IS44 Exit 195, rechts), die erste rechts und der Straße 4,5 mi/7,2 km folgen
🕐 Mo-Sa 10-18h, So 12-18h, Januar und Februar nur Sa&So
☎ 1-573-265-7742

🏛 Rolla (16.000 EW)

Rolla ist nicht irgendeine amerikanische Durchschnittsstadt. Nein, Rolla ist seit der Volkszählung im Jahr 2000 das geographische Zentrum der amerikanischen Bevölkerungsverteilung.

Das heißt: Wären die kontinentalen USA ein Bierdeckel und man verteilte darauf die Bevölkerung, müsste man mit einer Nadel genau in Rolla in den Bierdeckel stechen, um die Balance zu halten. Die Amerikaner sind ein mobiles Volk und deswegen hat sich dieser rein theoretische Bevölkerungsschwerpunkt seit Beginn der weißen Kolonisation kontinuierlich nach Westen verschoben. Seit Mitte des 20. Jahrhunderts wandert er außerdem nach Süden.

Lokalisiert man Rolla auf einer Karte der gesamten USA wird deutlich, dass die größte Bevölkerungskonzentration trotz Schwergewichten wie Los Angeles, San Diego, Phoenix oder San Francisco weiterhin im Nordosten der Staaten liegt.

Das geographische Zentrum liegt über 600 Kilometer weiter nordwestlich, im Städtchen Lebanon im nördlichen Kansas, nahe der Grenze zu Nebraska. Rolla bietet außer einer guten Reiseinfrastruktur nicht allzu viel Aufregendes. Eine als Attraktion verkaufte Nachbildung von Stonehenge bewertet der durchschnittliche Reisende auf seiner persönlichen Werteskala irgendwo zwischen hässlich und lächerlich. Einzig Liebhaber alter Autos können noch auf ihre Kosten kommen:

Devil's Elbow

▶ Memoryville USA

Bevor Detroit Absolutheitsanspruch als Standort der Automobilindustrie erhob, existierten in den USA jede Menge unabhängige Autobauer. In kleinen Werkstätten schraubten sie ihre Vehikel zusammen. Eine ganze Reihe hatte ihren Sitz in Missouri, besonders in der Region St. Louis. Die Weltwirtschaftskrise macht ihnen den Garaus, nur die Großen konnten die Krise überleben. Das Museum zeigt bis ins letzte Detail höchstselbst restaurierte, alte amerikanische Autos. Außerdem darf man wochentags einen Blick in die Werkstatt werfen, wo Rosthaufen in Kultobjekte verwandelt werden. Ob man im zugehörigen Antikshop ein schickes Andenken findet, ist Geschmackssache.

✉ 2220 North Bishop Avenue
🕐 Mo-Fr 8-18h, Sa 9-18h, So 9-17.30
🎟 Kinder 6-12 J. $2, Erwachsene $4,75, Senioren $3,50
☎ 1-573-364-1810
💻 www.missouriozarks.org/memory.html

Rolla verlässt man auf der Kingshighway St, auch als Business 44 ausgeschildert. Die 66 führt mal direkt neben dem Interstate, mal in größerer Entfernung nach Südwesten. Hinter Doolittle wird man für vier Meilen auf den Interstate gezwungen. Am Exit 172 kann man auf den historischen Asphalt zurückkehren. Nach drei

Meilen wechselt die 66 wieder auf die Südseite des Interstate. Man muss ein wenig auf der Hut sein, um den Abzweig nach Devil's Elbow nicht zu verpassen. Wenige hundert Meter hinter der Stelle, wo die 4-spurige Straße am Hooker's Cut durch den Berg gesägt wurde, kommt der Abzweig in die Teardrop Lane. Das kleine weiße Schild „Devil's Elbow" ist leicht zu übersehen. Der kleine Umweg durch die tiefen Wälder Missouris lohnt sich in jedem Fall. Für Wohnmobile ist die Straße allerdings ziemlich eng.

👍 Devil's Elbow

Der furchteinflößende Name des Dörfchens bezieht sich auf eine enge Flussbiegung. Holzfäller schlugen Bäume in den tiefen Wäldern, verfrachteten sie den Fluss hinunter und verfluchten die schwierig zu befahrende Kehre. Der 4 km kurze Umweg führt durch dichte Wälder am Big Piney River entlang, der von einer schönen aber stark reparaturbedürftigen Brücke überquert wird. Direkt vor der Brücke liegt rechts das Devil's Elbow Inn, ein sympathische Biker-Restaurant, das in den 30er Jahren eröffnet wurde. Nach der Durchquerung von Devil's Elbow geht es bergauf, auf der linken Seite kann man anhalten und einen schönen Blick ins grüne Tal werfen.

Devil's Elbow Inn

🏠 Lebanon (12.000 EW)

Lebanon unterscheidet sich wenig von anderen Kleinstädten des Mittelwestens, wartet aber mit drei ausgefallenen Geschäften in der Stadt und Umgebung auf:

▶ Nancy Ballhagen's Puzzles
Dieser allein auf Puzzle spezialisierte Laden hat etwa 3.000 Stück auf Lager, darunter die merkwürdigsten Motive von Wrestling über Traktoren, Route66 bis zum 2. Weltkrieg.
- ✉ 25211 Garden Crest Rd
- ⇨ S44, Exit 135, gleich rechts in die Garden Crest Rd
- 🕐 Mi-Sa 11-16h
- ☎ 1-417-286-3837
- 🖥 www.missouripuzzle.com

▶ Whirlwind Ranch
Hier wird die dem Lama verwandte südamerikanische Kamelart „Alpaca" gezüchtet. Pro Exemplar muss man tausend bis zweitausend Dollar hinlegen. Ein kleiner Laden bietet selbstgefertigte Produkte aus der wertvollen Wolle und Importware aus den Anden.
- ✉ 24649 Snowberry Drive, Lebanon, MO 65536
- ⇨ Aus dem Zentrum auf dem HW5 Richtung Süden, kurz nach der Autobahnbrücke links auf den HW32, nach 7 mi/11 km links in den Snowberry Drive (nicht Snowbird Drive!) und 2 mi/3 km auf der Schotterpiste geradeaus. Der Eingang ist am Ende der Steigung auf der linken Seite.
- 🕐 Unterschiedlich und nach Bedarf – eine vorherige Anmeldung ist dringend erforderlich.
- ☎ 1-417-533-5280
- 🖥 www.whirlwindranch.com

▶ Stoney Acres Sheep Dairy
Eine Schaffarm, die ihren eigenen Käse handwerklich ohne Farb- oder Konservierungsstoffe herstellt und außerdem Seife und Shampoo aus Schafsmilch braut. Der Besucher darf gern versuchen, ein Schaf zu melken und sich dabei fotografieren lassen.
- ✉ 11399 Claxton Road, Competition, MO 65470
- ⇨ Eine knappe Stunde südlich von Lebanon, IS 44 Richtung Westen, Exit129, auf den HW5 in Richtung Süden, nach 20 mi/32 km links in die MO-H, nach 7 mi/11 km links in die Claxton Rd und weitere 2 mi/3 km geradeaus, den Hügel hinauf
- 🕐 Unterschiedlich und nach Bedarf – eine vorherige Anmeldung ist dringend erforderlich.
- ☎ 1-417-668-5560
- 🖥 www.stoneyacres.biz

Die Durchquerung von Lebanon kann bedeutend mehr Zeit in Anspruch nehmen, als man sich angesichts des kleinen Punktes auf der Landkarte vorstellen möchte.

Wenige Meilen weiter, am Exit 118, beginnt ein sehr schöner Abschnitt der 66, der auf der Südseite des Interstate durch idyllische Wälder nach Springfield führt.

🏛 Springfield (150.000 EW)

Die Heimatstadt des Schauspielers Brad Pitt ist für den Reisenden nur bedingt attraktiv. Zwar bietet Springfield eine Reihe von Museen und hat ein durchaus reiches kulturelles Leben, aber echte Besuchermagnete fehlen. Springfields Klima ist bekannt für extreme Temperatursprünge und heftige Winde. In trockenen Sommern kann die Stadt ausgesprochen staubig sein. Etwas nördlich des Zentrums, am Ende der N Jefferson Ave kann man auf der ästhetisch ansprechenden Jefferson Avenue Fußgängerbrücke die Bahngleise überqueren. „Trainspotting", also „Eisenbahnengucken", ist eine beliebte Freizeitbeschäftigung auf der Brücke. Dem Revolverduell zwischen den Pokerbrüdern Wild Bill Hickok und Davis Tutt sind auf dem Park Central Square einige Gedenktafeln gewidmet.

Alpaca Farm

▶ Bass Pro Shops Outdoor World

Eine schier unglaubliche Erfahrung ist der mit 100.000 m² Ausstellungsfläche größte Outdoor-Sport-Shop der Welt. Der gigantische Laden bietet alles Erdenkliche für Wanderer, Jäger, Angler, Bergsteiger und Abenteurer aller Art. Ein Stopp ist allerdings nicht obligatorisch, denn in Oklahoma City findet sich ein Ableger der gleichen Kette, zwar etwas kleiner, aber dafür strategisch günstiger gelegen.

Bass Pro hat sich seit 1973 von einem kleinen Anglershop in Springfield zu einer landesweiten Kette mit über 60 Filialen gemausert.

✉ *1935 S Campbell*
⇨ *Schon auf der Autobahn ausgeschildert, IS44, Exit 80B, auf der Glenstone Ave 5 mi/8 km nach Süden, dann rechts in die Sunshine Ave*
🕐 *Mo-Sa 7-22h, So 9-19h*
☎ *1-417-887-7334*
🖥 *www.basspro.com*

🏛 Ausflug: Branson (6.000 EW)

Das in schöner Umgebung in den Ozarks gelegene Städtchen hat sich seit den 30er Jahren zu einem der wichtigsten amerikanischen Touristenmagnete entwickelt. Als „familienfreundliches Las Vegas" bietet es eine lange Reihe von Freizeitparks, Theatern, Casinos und Konzertsälen und jede Menge Möglichkeiten, seinen Kontostand zu senken. Ob's gefällt, ist zweifellos eine Geschmacksfrage – wer sich dem amerikanischen Freizeitkonsum gerne hingibt oder einen Selbstversuch starten möchte, ob diese Welt die seine ist, ist hier aber mit Sicherheit gut aufgehoben!

⇨ *Von Springfield auf dem IS65 nach Süden und direkt ins 40 mi/70 km entfernte Neongewitter nach Branson*
🖥 *www.bransontourismcenter.com*

Dead Man's Hand – Wild Bill Hickok

Whenever you get into a row be sure and not shoot too quick. Take time. I've known many a feller slip up or shootin in a hurry.	*Wann auch immer du in einen Streit verwickelt wirst, schieß nicht zu schnell. Ich kannte viele Kerle, die für überhastetes Schießen draufgegangen sind.*

Wild Bill Hickok (1837-1876)

Westernfilme und Pfennigromane kreierten die Legenden von Revolverhelden nicht erst im Nachhinein, sondern schon die Zeitungen und Wochenblätter der damaligen Epoche trugen die Mythen des Wilden Westens durch das Land. Sie machten „Wild Bill Hickok" schon zu Lebzeiten zum Star. Oder besser zur Legende, denn Wahrheit und Dichtung gingen fließend ineinander über.

Bill war eine schwer durchschaubare Persönlichkeit, die mal auf dieser, mal auf jener Seite des Gesetzes stand. Ein eitler Selbstdarsteller und Angeber. Ein Mann, der wohl mindestens 20 Leichen auf dem Gewissen hatte. Er selbst sprach von über Hundert – ein Grund mehr, die Wahrscheinlichkeit, dass er ein hohes Alter erreichen würde, gegen Null streben zu lassen.

James Butler Hickok hatte auf einer Farm im nördlichen Illinois das Licht der Welt erblickt. Im Alter von 18 Jahren glaubte er irrtümlicherweise, bei einer Schlägerei einen Mann getötet zu haben und floh, um einer Strafe zu entgehen, nach Westen. Er schloss sich freien Milizen und der Armee an, war Scout und Spion im Bürgerkrieg, wo er sich bereits einen gewissen Namen machte.

Nach Kriegsende diente er hier und da in den von rauen Sitten geprägten Grenzstädten des Westens als Sheriff. Er soll die neun-köpfige McCanles Bande von Pferdedieben und Eisenbahnräubern allein zur Strecke gebracht und dabei 11 Schusswunden eingesteckt haben. Bill bekam von den Zeitungen jede Menge Publicity, welche Einzelheiten der Geschichte aber nun wirklich wahr sind, lässt sich nicht mehr nachvollziehen. Inzwischen wird sogar die Existenz der McCandles Bande angezweifelt.

Wild Bills Karriere auf der rechten Seite des Gesetzes war nicht sonderlich erfolgreich, denn er widmete sich auch während der Dienstzeiten gerne seiner Lieblingsbeschäftigung, dem Pokern. Wenn er ohne Arbeit war, versuchte er, sich mit dem Kartenspiel durchzuschlagen.

Das tat er auch, als er sich für einige Zeit in Springfield niederließ, das in den Nachkriegsjahren ein sehr raues Pflaster war. In der Stadt waren versprengte Soldaten beider Seiten gestrandet, die auf eine neue Chance im zivilen Leben warteten. Bill traf auf Davis Tutt, einen Mann vom gleichen Schlage: Trinker, Spieler, Abenteurer. Aber mit dem Unterschied, dass Tutt bei den Konföderierten gedient hatte und Hickok ein zutiefst überzeugter Gegner der Sklaverei war.

Zunächst verstanden sich die beiden, spielten und tranken gemeinsam. Doch beim Konkurrenzkampf um die Herzen junger Frauen und dem endlosen Auf und Ab von Triumph und Niederlage am Pokertisch, wurden die beiden allmählich zu erbitterten Feinden.

Am Abend des 20. Juli 1865 spielte Bill im Lyon House in der South Street. Tutt nahm nicht am Spiel teil, unterstützte aber finanziell und moralisch Bill Hickoks Gegner. Wer an diesem Abend gewann, ist nicht ganz klar, die Berichte sind widersprüchlich. In jedem Fall machte Tutt Spielschulden geltend und verlangte Bills goldene Taschenuhr als Pfand. Bill gab sie wohl widerwillig heraus, warnte aber Tutt, die Uhr nicht öffentlich zu tragen. Eine Frage der Ehre. Tutt nutzte die Chance zur böswilligen Provokation und Wild Bill reagierte seinem Temperament entsprechend.

Am nächsten Morgen trägt Tutt die Taschenuhr voller Stolz öffentlich zur Schau. Auf dem zentralen Platz stehen sich die Männer plötzlich gegenüber. Mit bedächtigen Schritten gehen sie aufeinander zu. Die Passanten sprengen auseinander und suchen Schutz. Noch 25 Meter. Tutt zieht zuerst und schießt. Die Kugel verfehlt Bills Kopf. Dann zieht Bill, er stützt die Rechte mit dem linken Arm ab, zielt und feuert. Die Kugel durchbohrt Tutt in der Herzgegend. Wenige Minuten später ist er tot.

Wild Bill stellte sich freiwillig dem Sheriff, wurde wegen Totschlages angeklagt und gegen 2.000 Dollar Kaution wieder freigelassen. Im August kam es zum Prozess, nach drei Tagen wurde Bill endgültig freigesprochen. Provokation und Aggression waren von Tutt ausgegangen, befand die Jury, Bill hatte also in Notwehr gehandelt.

Bills Markenzeichen waren die zwei Pistolen, die er sich vor dem Bauch in den Gürtel steckte. Ein Interview in Harper's Weekly machte Wild Bill schlagartig im ganzen Land berühmt. In Springfield war er zwar bereits bekannt genug, scheiterte aber dennoch bei den Wahlen zum Sheriff und nahm dies zum Anlass, die Stadt zu verlassen und ruhelos durch den Westen zu ziehen.

Wild Bill Hickoks Grab in Deadwood, South Dakota

An keinem Ort hielt er es lange aus oder wenn, dann handelte er sich schnell irgendwelche Probleme ein. Er war Kundschafter bei Colonel Custer, Marshall in Abilene, Kansas, versuchte sich als Schauspieler in einer Wildwestshow in Niagara Falls, ging mit russischen Fürsten auf Büffeljagd oder wurde wegen Landstreicherei in Cheyenne, Wyoming, festgenommen.

Genau dort heiratete er Agnes Lake Thatcher und beschloss, so bald wie möglich ein Leben in friedlicher Zweisamkeit zu beginnen. Es fehlte lediglich das Startkapital. Zwei Wochen nach der Hochzeit machte sich Bill Hickok auf den Weg nach Deadwood, der berüchtigten Goldgräberstadt in den Black Hills in South Dakota, um dort sein Glück und Gold zu suchen. Er blieb über zwei Jahre und kehrte nie mehr zurück.

Es war der 2. August 1876, Bill spielte im Saloon Nr. 10. Er setzte sich üblicherweise mit dem Rücken zur Wand, um zu verhindern, dass man ihn von hinten überraschen könnte, und um den Eingang immer im Blick zu haben. Doch an diesem Abend war kein solcher Platz mehr frei. Bill saß also mit dem Rücken zur Eingangstür und sah nicht, wie Jack McCall eintrat. Er stellte sich hinter Bill, beobachtete eine Weile das Spiel, dann zog er seinen 45er Revolver und schoss aus neunzig Zentimetern Entfernung in Bills Hinterkopf. Bill sank vom Stuhl und eröffnete den Mitspielern sein Blatt. Die Kartenkombination zwei Asse, zwei Achten und eine Dame wird seitdem „Dead Man's Hand" genannt – das Blatt des toten Mannes.

Die genauen Motive des kaltblütigen Mordes kamen nie ans Licht; war es nun ein Auftragsverbrechen, waren es Spielschulden oder die Rache für eine Verletzung persönlicher Ehre? McCall begründete seine Tat als Vergeltung für die Ermordung seines Bruders, doch später kam heraus, dass McCall nie einen Bruder gehabt hatte. Nach dem zweiten Gerichtsverfahren wurde er schuldig gesprochen und gehenkt.

Wild Bill Hickcoks Grab findet sich noch heute auf dem Mount Moriah Friedhof in Deadwood. Neben ihm ließ sich die nicht weniger berühmte Westernfigur Calamity Jane bestatten.

👁 Schauplätze

Am Park Central Square markieren Gedenktafeln die genaue Position der Widersacher des berühmten Duells von Springfield. Dave Tutts Grab wurde auf den Maple Park Cemetery (✉ Ecke S Campbelle Ave / Grand St, Eingang Grand St) verlegt. Die Rückseite des Grabsteins zieren Gravuren eines Pokerblattes, einer Pistole und einer Taschenuhr. Hin und wieder weht eine kleine Südstaatenflagge vor dem Grab.

🎞 Filme

Als Nebenfigur taucht Wild Bill Hickok in einer Reihe von Filmen auf, etwa in Dustin Hoffman's „Little Big Man" oder in mehreren Streifen, die Calamity Jane gewidmet sind.

🎬 I Killed Wild Bill Hickok	
Originaltitel	I Killed Wild Bill Hickok
Jahr	1956
Regie	Richard Talmadge
Hauptdarsteller	Johnny Carpenter, Tom Brown
Genre	Western

🎬 Wild Bill	
Originaltitel	Wild Bill
Jahr	1995
Regie	Walter Hill
Hauptdarsteller	Jeff Bridges, Ellen Barkin
Genre	Western

Von Springfield nach Joplin

Westlich von Springfield entfernt sich die Route66 deutlich vom Interstate 44, der nicht durch Kansas führt. Das Teilstück bis nach Joplin ist eine teils schnurgerade aber ausgesprochen hübsche Strecke. Das ländliche Oklahoma präsentiert sich grün und weitgehend menschenleer. Zwischen Springfield und dem reizenden Westernstädtchen Carthage reiht sich nur eine Hand voll kleiner Nester auf. Die Route66 durchquert Springfield nördlich des Zentrums und der Eisenbahnlinie als HW744 oder Kearney St. Kurz vor dem nationalen Flughafen Springfield-Branson knickt sie senkrecht nach Süden auf den HW160 ab. Nach knapp vier Kilometern geht es wieder nach rechts auf den HW266.

Hat man Springfield auf dem IS44 umfahren, verlässt man die Autobahn am Exit 72 und biegt rechts auf den HW266. Vom Zentrum Springfields führt der Chestnut Expwy direkt zur alten Route66.

👁 Wilson's Creek National Battlefield

Die amerikanische Leidenschaft für historische Schlachtfelder der Indianerkriege und des Bürgerkriegs kann man nahe Springfield hautnah erleben.

Missouris Bevölkerung war in der Sklavenfrage zutiefst gespalten. Die Zugehörigkeit Missouris zur Union oder zu den Rebellenstaaten war für beide Seiten von großer strategischer Bedeutung. So lieferten sich schon zu Anfang des Krieges 10 Meilen südlich von Springfield 6.000 Unionssoldaten und 12.000 Kon-

föderierte eine blutige Schlacht. Auf beiden Seiten waren etwa gleich viele Opfer zu beklagen, insgesamt mehr als 2.500. Die Südstaatentruppen gingen als Sieger hervor, hatten aber keine Reserven, um weiter vorzustoßen und aus dem Sieg echte strategische Vorteile zu ziehen.

Das Schlachtfeld ist als historisches Denkmal geschützt und bietet ein hochinformatives Museum und einen fünf Meilen langen, dokumentierten Rundweg, den man zu Fuß oder mit dem Auto zurücklegen kann.

✉ 6424 West Farm Rd, Republic, MO 65738
➡ *Aus Springfield – statt dem HW266 nach Westen zu folgen – nimmt man den HW160 3 mi/5 km nach Süden, dann rechts auf den HW13, 7 mi/11 km bis Republic, links auf die Elm St, 3 mi/5 km geradeaus in Richtung Osten*
☎ 1-417-732-2662
🖥 www.nps.gov/wicr

Der HW266 verläuft in gerader Linie nach Westen und durchquert eine sanft gewellte, nur von einigen Flusstälern durchschnittene Landschaft. Die wenigen kleinen Örtchen wirken beinahe verlassen und Lichtjahre von Metropolen wie Chicago oder St. Louis entfernt. Hunde und Katzen streunen ungestört über Wiesen und Felder. Ein paar Traktoren und Pick-up-Trucks, vielleicht ein Tanklaster, der die tiefe Pampa mit Benzin versorgt – viel mehr ist auf der kleinen Straße nicht zu erwarten.

Einige Kilometer hinter Halltown schickt uns die Beschilderung nach links auf den größeren HW96. Hier sollte man in jedem Fall auf dem HW266 geradeaus

Carthage

weiter fahren. Die enge kurvige Straße ist eines der authentischsten Teilstücke der Route in Missouri, mündet aber nach wenigen Kilometer ebenfalls auf den HW96.

Die Landstraße durchschneidet Wälder und Felder, vorbei an kleinen Höfen, wo niemand je auf die Idee kommen würde, die Haustüre abzuschließen. Der kleine Kellog-Lake, ein hübsches Fleckchen für ein Picknick, begrüßt den Reisenden am Ortseingang von Carthage.

🏛 Carthage (12.600 EW)

Das beschauliche Städtchen lohnt durchaus einen Zwischenstopp. Am Historic Carthage Square, dem zentralen Platz, reihen sich Antiquitätenläden in historischen Gebäuden aus den Jahren 1880 bis 1910 auf. Eine Reihe denkmalgeschützter viktorianischer Villen aus der gleichen Epoche finden sich in verschiedenen Vierteln der Stadt.

▶ Civil War Museum
Nur wenige Schritte vom zentralen Platz entfernt, erklärt das hochinteressante kleine Museum, wie der Bürgerkrieg die Kleinstadt überrollte. Ein Großteil der Gebäude wurde von den „bushwreckers" genannten Guerilleros niedergebrannt.

Sehr gelungen ist auch die Darstellung der Rolle der Afroamerikaner auf beiden Seiten. Während bei den Konföderierten Schwarze vorwiegend in der Versorgung eingesetzt wurden, bestanden die für die Unionsseite kämpfenden Truppenverbände fast ausschließlich aus Schwarzen, die hochmotiviert für die Abschaffung der Sklaverei kämpften.

✉ *205 S Grant*
🕐 *Mo-Sa 8.30-17h, So 13-17h*
∞ *Frei*

▶ Route66 Drive in Theater
Das Autokino wurde zum Beginn des großen Booms 1949 mit zwei gebrauchten Filmprojektoren der US-Army aufgebaut. Doch mit dem Niedergang der Route66 verfiel es zusehends. 1998 wurde es mit Pauken und Trompeten renoviert und wiedereröffnet. Es werden immer zwei Filme hintereinander gezeigt.

✉ *17231 Old 66 Blvd*
⇨ *Auf der W Central Ave in Richtung Westen, links in den S Baker Blvd, rechts in die Oak St, nach einigen hundert Metern rechts*
🕐 *April bis Mitte September nur Fr, Sa&So, Filmbeginn nach Sonnenuntergang*
∞ *Kinder $3, Erwachsene $7*
☎ *1-417-359-5959*
💻 *www.66drivein.com*

► Lucky J Steakhouse & Arena

Ein Rodeo, die spektakuläre Darstellung der beruflichen Fähigkeiten des Cowboys, ist leider gar nicht so leicht aufzutreiben, wie man meinen möchte. Dafür gibt es zum Glück Luck J, ein Restaurant mit Rodeo Arena. Beinahe jeden Nachmittag findet eine Rodeo-Vorstellung statt, allerdings meist nur eine der vielfältigen Disziplinen vom „barrel race" (Hochgeschwindigkeitsreiten um einen Parcour aus Ölfässern) zum „team roping", bei dem zwei Cowboys einem Kalb hinterherreiten, es in Sekundenschnelle mit dem Lasso einfangen, zu Boden werfen und verschnüren.

✉ 11664 East Fir Rd, Carthage, MO 64836

⇨ Aus dem Zentrum von Carthage auf der Central Ave nach Westen, auf den HW71 nach Süden, nach 3 mi/5 km Exit Fir Rd, links und 3 mi/5 km geradeaus

▣ Restaurant Mo-Sa 17-22h. Den Vorstellungsbeginn kann man dem Kalender der Website entnehmen.

☎ 1-417-358-2370

▤ www.luckyjarena.com

Die Orientierung auf den folgenden Kilometern durch Joplin und Kansas ist nicht ganz einfach, die Beschilderung lässt einiges zu wünschen übrig. Die Oak St führt nach Westen aus der Stadt hinaus. Nach 2,5 km knickt der Old 66 Blvd nach halblinks ab und führt am Route66 Drive In Kino vorbei. Man überquert den HW71 und biegt am Ende links ab, nach einigen Kilometern endet die Straße erneut, und man biegt links in die Pine St, um nach 1,2 mi/2 km wieder rechts in die Main St des Ortes Carterville abzubiegen.

Nach einem Kilometer geht es rechts in die S Carter St, der man nach Webb City folgen muss. Nach der Durchquerung des Zentrums auf dem Broadway geht es links in S Madison St, die uns ins angrenzende Joplin bringt. Dort knickt die 66 dann als E 7th St nach rechts ab und bringt den Durchreisenden direkt nach Kansas.

🏛 Joplin (45.000 EW)

Die Industriestadt an der Grenze zu Kansas wuchs mit ihren Blei- und Zinkminen und ist kaum als Schönheit zu bezeichnen. Für den Reisenden bietet sie eigentlich nichts, außer dass man einiges an

Konzentration aufbringen muss, um den richtigen Weg zur Staatsgrenze zu finden. Die Beschilderung der 66 ist eher dürftig, die gewohnten braunen Hinweistafeln sind hier noch nicht angekommen. Stattdessen muss man wenige kleine schwarz-weiße Schildchen suchen. Höchstens ein chinesisches Restaurant mit dem polykulturellen Namen „Wok'n'Roll" kann dem Durchreisenden ein Lächeln entlocken (✉ Ecke 7th / Wall St).

Doch im Frühjahr 2011 zierte der Name Joplin die Titelseiten der Weltpresse. Am späten Sonntagnachmittag des 22. Mai verwüstete ein Tornado der Stärke EF5, also der schwersten Kategorie, das südliche Drittel der Stadt. Bei Windgeschwindigkeiten von bis zu 402 Stundenkilometern blieb kein Stein auf dem anderen. Nach offiziellen Angaben waren 162 Tote zu beklagen, die materiellen Schäden wurden mit 2,8 Milliarden Dollar beziffert.

Der Wirbelsturm hatte sich wenig westlich der Stadt in Kansas entwickelt und bewegte sich dann mit zunehmender Stärke durch die Südhälfte Joplins. Zwanzig Minuten vorher war eine Tornadowarnung verbreitet worden. Viele Menschen suchten Schutz in Kellern oder stabilen Gebäuden, doch selbst die hielten der Gewalt des Sturms nur zu einem kleinen Teil stand. Das Dach eines Baumarkts der Home Depot-Kette hob ab, woraufhin die Seitenwände aus Beton wie Dominosteine umkippten und sieben Menschen unter sich begruben. Der nahegelegene Wal Mart dagegen hielt durch und rettete über 200 Menschen das Leben.

Doch Joplin gibt nicht auf. Mit bewundernswertem Optimismus bauen die Menschen ihre Häuser und Geschäfte wieder auf und versuchen, über ihre Verluste hinwegzukommen.

Mitte der 30er Jahre hielt sich das berühmte Bankräuberpärchen Bonnie und Clyde zusammen mit Clyde Barrows Bruder und dessen Frau eine Weile in einem Häuschen in der ✉ 3347 34th St in Joplin versteckt. Ihr auffälliges Verhalten erregte die Aufmerksamkeit der Polizei, ohne dass sie wussten, mit wem sie es eigentlich zu tun hatten. Als sie die vermeintlichen Prohibitionsbrecher aufsuchten, schoss sich die Gang den Fluchtweg frei, zwei Polizisten kamen ums Leben.

Im Westen Missouris ist Benzin etwas teurer als im Osten, aber immer noch deutlich preiswerter als in Kansas.

🖥 *www.joplincvb.com*

Joplin nach dem Tornado

Natural Born Killers – Bonnie and Clyde

*I'm just going on
'til they get me.*

*Ich mache einfach so lange weiter,
bis sie mich kriegen.*

Clyde Barrow (1909-1934)

„Was suchst du da am Auto meiner Mutter?" ruft die unbekleidete Bonnie Parker dem elegant gekleideten jungen Mann aus dem Fenster im ersten Stock zu.

So beginnt der Film mit Warren Beaty, der dem Gangsterpärchen den Status von Superstars und Volkshelden einbrachte. Es ist der alte Mythos der jugendlichen Rebellion, ergänzt durch die Romantik einer großen und heftigen Liebe. Und das vor der Kulisse der Weltwirtschaftskrise, die die Armen noch viel ärmer machte und ihr Heer heftig anschwellen ließ.

Vor einer sich verändernden Welt, in der plötzlich neue Gesetze herrschten, wo nichts blieb wie es war, verkörperten diese Gangster die wahren Werte: Liebe, das Recht auf Selbstverwirklichung und -verteidigung, Solidarität und den gerechten Kampf gegen die Ausbeuter. Die Clyde Barrow Bande wurde zu Robin Hoods in Nobelkarossen hochstilisiert. Jung, schön und gut gekleidet ließen sie sich perfekt in den Medien vermarkten. Kein Zeitgenosse konnte sie teilnahmslos übersehen. Mit Arroganz und Brutalität zogen sie ebenso viel Hass auf sich wie Bewunderung für ihre Dreistigkeit.

Die Inszenierung der Räubergeschichte gleicht einem Amoklauf. Bei ihrem gewaltsamen Tod 1934 kannten sich die bereits verheiratete Barbedie-

nung und der vorbestrafte Kleinkriminelle gerade erst seit vier Jahren.

Bonnie Parker und Clyde Barrow begegneten sich erstmals 1930 im Haus einer gemeinsamen Freundin in West-Dallas. Schnell waren die beiden ein Paar, doch genauso schnell musste Clyde wegen Raubes wieder hinter Gitter. Bonnie schmuggelte eine Pistole ins Gefängnis und Clyde konnte ausbrechen, wurde jedoch kurz darauf wieder gefasst. Im Februar 1932 wurde er dann legal auf Bewährung entlassen.

Die „Bande", die eigentlich nur aus dem Pärchen und ein oder zwei anderen, temporären Mitgliedern bestand, zog in einem oder mehreren Autos von Stadt zu Stadt. Man lebte in Motels oder kam bei Familie und Bekannten unter. Wenn die Gelegenheit günstig erschien, fand ein Überfall statt. Zwar erlangte die Gang Berühmtheit für ihre Banküberfälle, doch tatsächlich bevorzugten sie einfachere, wenn auch weniger lukrative Ziele wie Tankstellen oder Gemüseläden. Meist drangen die jungen Männer mit vorgehaltener Pistole in die Läden ein und plünderten die Kasse, während Bonnie draußen mit laufendem Motor wartete. Dann ging es mit Vollgas über die nächste Staatsgrenze, wo man vor einer direkten Verfolgung weitgehend sicher war, denn die Bundespolizei FBI befand sich noch im Aufbau. Einige Male kidnappten sie auch ihre Raubopfer, um bei Verfolgung einen Faustpfand zu haben. Zeigten sich die Entführungsopfer kooperativ, wurden sie gut behandelt, in einigen Fällen bekamen sie sogar etwas Geld für die Rückfahrt in die Hand gedrückt. Wer sich jedoch der Flucht in den Weg stellte, wurde rücksichtslos niedergeschossen.

Ende März 1933 wurde Clydes Bruder Buck aus dem Gefängnis entlassen. Er hatte sich zwei Jahre zuvor freiwillig gestellt, nachdem er geheiratet hatte und ihn seine Frau Blanche überzeugen konnte, dem Gangsterleben abzuschwören. Buck versprach, von jetzt an keine krummen Dinger mehr zu drehen und wollte auch seinen Bruder Clyde überreden, auf den Pfad der Tugend zurückzukehren.

Wenige Tage nach Bucks Entlassung trafen er und seine Frau Bonnie, Clyde und den offiziell erst 17-jährigen William Daniel Jones bei Fort Smith in Arkansas. In drei Autos überquerten die Fünf die Grenze nach Missouri und beschlossen, eine Weile in Joplin zu bleiben.

Clyde stellte sich als J.W. Callahan, Ingenieur aus Minnesota vor und mietete am 1. April 1933 für monatlich 21 Dollar ein Apartment mit großer Garage in Joplin. Um keinen Verdacht zu erregen, zahlte er obendrein freiwillig einen zusätzlichen Dollar für eine Art Bürgerwehr, die nachts durch die Straßen patrouillierte.

Die Bande verbrachte eine friedliche Woche und richtete sich häuslich ein. Wahrscheinlich war es die beschaulichste Zeit, die Bonnie und Clyde als Pärchen zusammen verleben konnten.

Am 7. April wurde die Prohibition in Missouri aufgehoben, was alle außer Bucks Frau Blanche freudig begossen. Sie mochte die kriminelle Gemeinschaft nicht und ihre bösen Vorahnungen bestätigten sich. Die Gang überfiel im 40 Kilometer südlich gelegenen Neosho eine Mühle, fesselte und knebelte den Besitzer und dessen Frau, bis der Safe geknackt war.

Inzwischen hatten die Fremden durch ihr seltsames Verhalten bei den neugierigen Nachbarn bereits Verdacht erregt. Fünf Personen, drei Autos mit Nummernschildern aus verschiedenen

Bonnie & Clydes Versteck, Joplin

Staaten, ein Ingenieur, der nie aus dem Haus ging … das musste den aufmerksamen Nachbarn natürlich verdächtig vorkommen.

Am 13. April schickte die Polizei vier Beamten mit einem Durchsuchungsbefehl zum Gangsternest – ohne die leiseste Ahnung, mit wem sie es zu tun hatten.

Clyde und W.D. Jones hatten gerade eines der Autos in die Garage gefahren, als zwei Beamten auf sie zustürmten. Die beiden Polizisten wurden sofort niedergeschossen. Die anderen beiden suchten Schutz und es begann eine kurze aber heftige Schießerei. Ein weiterer Polizist wurde schwer am Kopf verletzt und W.D. erlitt einen Durchschuss, der direkt unter dem Schulterblatt einschlug und auf wundersame Weise kein lebenswichtiges Organ verletzte. Clyde und die Frauen packten den Verletzten in eines der Autos, während Buck hinausrannte, um das Polizeiauto, das die Ausfahrt blockierte, wegzuschieben. Er löste die Handbremse, der Wagen rollte den Hügel hinunter und krachte gegen einen Baum.

Buck sprang in den Fluchtwagen, der sofort hinunter zur Main Street raste, rechts abbog und in Richtung Oklahoma verschwand. Eine schnelle Alarmierung der Einsatzkräfte und eine großangelegte Fahndungsaktion waren damals technisch nicht möglich. Die Streifenwagen verfügten noch nicht mal über Sprechfunk. Die Polizisten mussten zum nächsten öffentlichen Fernsprecher hetzen, um sich mit der Zentrale in Verbindung zu setzen.

Bei ihrer überstürzten Flucht hatte die Bande fast alles zurücklassen müssen. Bucks Haftentlassungspapiere, seine Heiratsurkunde und eine Kamera mit mehreren belichteten Filmen. Die meisten der bekannten Portraitfotos von Bonnie und Clyde waren kurz zuvor in und um Joplin entstanden. Schwer bewaffnet hatten sie sich vor ihren Autos in Pose geschmissen, Bonnies berühmtestes Foto zeigte sie mit einer dicken Zigarre, obwohl sie niemals Zigarren rauchte.

Mit erstklassigen Fahndungsfotos ausgestattet, konnte die Polizei von nun an die Schlinge immer enger ziehen. Zwei Monate später war sie der Bande wieder auf den Fersen. Clyde hatte einen Unfall verursacht und war mit dem Wagen in einen Fluss gerast. Da sich Bonnie bei dem Unfall schwere Verbrennungen an den Beinen zugezogen hatte, beschloss die Gruppe, zur Unterstützung ihrer Genesung eine Zeit zu pausieren und mietete sich in einem Touristenbungalow in den Außenbezirken von Kansas City ein. Wieder erregte ihr merkwürdiges Verhalten schnell Verdacht. Gegen elf Uhr abends versuchte ein Polizeitrupp, die Bande zu überraschen und festzunehmen. Es entstand ein wildes Feuergefecht. Buck erlitt eine Schussverletzung am Kopf, doch überlegene Waffen ermöglichten die Flucht zu Fuß.

Im folgenden Monat wurden sie in Iowa erkannt. Vor den Augen von hundert Passanten wurde Buck bei einer Schießerei mit der herbeigeeilten Polizei in den Kopf getroffen und verstarb fünf Tage später im Krankenhaus. Blanche wurde von der Polizei überwältigt. Bonnie, Clyde und W.D. gelang die Flucht. Im August verabschiedete sich W.D. – er machte sich auf den Heimweg nach Dallas und wurde prompt geschnappt.

Clyde wollte sich noch den Traum erfüllen, dem texanischen Strafvollzug eine bösartige Niederlage beizubringen. Zusammen mit einem alten Komplizen heckte er einen Plan aus, um fünf Sträflinge aus der Strafanstalt Eastham in Texas zu befreien. Es gelang ihnen, eine Waffe ins Gefängnis zu schmuggeln, mit der die Häftlinge einen Wärter erschossen und entkommen konnten. Draußen wartete Clyde im Fluchtauto und der große Coup gelang. Der texanische Strafvollzug war der Lächerlichkeit preisgegeben und setzte nun alles daran, die Bande zu fassen.

Frank Hamer, ein pensionierter Fahndungsspezialist wurde mit der Verfolgung beauftragt. Er studierte die Bewegungen der Gruppe, durchschaute ihre Motive und Strategien und sagte ihre nächsten Schritte voraus. Sein wichtigster Schachzug: Er erkannte, dass einer der entflohenen Häftlinge, Henry Methvin, Familie in Lousiana hatte und versprach dem Vater Straffreiheit für seinen Sohn, wenn er Bonnie und Clyde verraten würde. Und der Vater gab der Polizei den entscheidenden Tipp, dass die Gesuchten am 23. Mai in Louisiana erwartet wurden.

So legte sich einige Meilen südlich von Gibsland ein Polizeitrupp auf die Lauer und als das ahnungslose Gangsterpärchen auftauchte, wurde ohne Vorwarnung das Feuer eröffnet. Das Auto und seine beiden Insassen wurden von rund 130 Kugeln geradezu durchsiebt.

Diese Vorgehensweise widersprach natürlich völlig den geltenden Gesetzen, doch der Zweck heiligte die Mittel und brachte die berüchtigte Gangsterbande endlich zur Strecke. Bonnie Parker war noch nicht einmal 24 Jahre alt, Clyde Barrow war gerade 25 geworden.

Die einzigen Überlebenden waren Blanche und W.D. Jones. Blanche schrieb im Gefängnis ihre Memoiren, die allerdings erst viele Jahre nach ihrem Krebstod 1988 veröffentlicht wurden. W.D. blieb nach seiner Haftentlassung alkohol- und drogenabhängig. 1974 wurde er in Houston bei einem Streit erschossen.

👁 Schauplätze

▶ Joplin Hideout

Das Versteck in Joplin steht noch genauso wie vor 75 Jahren und kann tageweise von bis zu vier Personen als Ferienwohnung gemietet werden. Man hat versucht, die Einrichtung an den Stil der dreißiger Jahre anzulehnen und natürlich etliche Fotos der Bande aufgehängt.

- ✉ 3347 1/2 W 34th Street
- ⇨ Aus dem Zentrum von Joplin auf der S Main St etwa 2,3 mi/3,7 km in Richtung Süden, dann nach rechts in die W 34th St
- ⚭ Für 2 Personen pro Übernachtung $80, für jede weitere Person $10
- ☎ 1-417-529-4664
- 🖳 www.joplinhideout.com

▶ The Dorothea B. Hoover Historical Museum

Die mit Einschusslöchern übersäte Eingangstür ihres Unterschlupfes in Joplin wird im Museum ausgestellt. Der Komplex bietet außerdem ein Kunst- und ein Mineralienmuseum und mehrere Bibliotheken.

- ✉ Joplin Museum Complex, 1 Schifferdecker Park, Ecke 7th Street / Schifferdecker Ave
- ⇨ Beinahe direkt an der 66, kurz vor der Ortsausfahrt Richtung Westen rechts in die Schifferdecker Ave

- 🕐 Di 10-19h, Mi-Sa 10-17h, So 14-17h
- ⚭ Erwachsene $2, Familie $5, Di&Fr Eintritt frei
- ☎ 1-417-623-1180
- 🖳 www.joplinmuseum.org

▶ Das Todesauto

Der damals nagelneue aber von Kugeln durchsiebte Ford Sedan, in dem Bonnie und Clyde ihr Leben ließen, hatte einen V-8-Motor mit 3-Gang-Schaltung. Das Wrack wechselte mehrfach den Besitzer und ist nun mitsamt zerschossenen Scheiben und blutbefleckten Sitzen in einem Casino 60 km südlich von Las Vegas zu bewundern. Leider geht das Original öfter auf Tournee. Hin und wieder werden Zweifel an der Echtheit des Wagens laut, obwohl die Ford Motor Company die Authentizität zertifiziert hat.

Terrible's Primm Valley Casino Resorts

- ✉ 31900 Las Vegas Blvd S, Primm, NV 89019
- ⇨ Vom Strip (Las Vegas Blvd) auf der Flamingo Rd oder der Tropicana Ave einen Block nach Osten, auf den IS15 in Richtung Süden, nach 37 mi/59 km Exit 1, links und nach der Autobahn wieder links
- 🕐 Durchgehend
- ⚭ Frei
- 🖳 www.primmvalleyresorts.com

Bonnie & Clydes Ford Sedan

🖳 Websites

Darstellung des Falles auf der FBI-Website:

🖳 *www.fbi.gov/about-us/history/famous-cases/bonnie-and-clyde*

Bonnie Parker verfasste einige Gedichte über ihr kriminelles Leben, nachzulesen unter:

🖳 *www.jeffreysward.com/tributes/boncly.htm#poem*

🖵 Filme

Neben vielen Streifen, die sich von der Geschichte des Gangsterpärchens inspirieren ließen, brachte Hollywood nur zwei Kinofilme heraus, die sich explizit auf Bonnie and Clyde bezogen.

🖵 The Bonnie Parker Story	
Originaltitel	The Bonnie Parker Story
Jahr	1958
Regie	William Witney
Hauptdarsteller	Dorothy Provine, Jack Hogan
Genre	Film Noir

🖵 Bonnie und Clyde	
Originaltitel	Bonnie and Clyde
Jahr	1967
Regie	Arthur Penn
Hauptdarsteller	Warren Beatty, Faye Dunaway, Gene Hackman
Genre	Gangsterkomödie

William Witneys Film mit der hinreißenden Dorothy Provine lehnte sich nur lose an die Geschichte von Bonnie and Clyde an und auch der Klassiker von Arthur Penn ist keine historisch exakte Wiedergabe der Ereignisse.

▶ Literatur

Die im Gefängnis verfassten und erst später veröffentlichten Memoiren von Blanche Caldwell können in ihrem Buch nachgelesen werden: **Blanche Caldwell Barrow: „My Life with Bonnie and Clyde"**. Die aktuellste englischsprachige Ausgabe ist im Januar 2008 bei der University of Oklahoma Press erschienen. Eine deutsche Ausgabe ist nicht erhältlich.

Soundtrack Bonnie & Clyde

Künstler	Titel	Album	Jahr	Genre
Merle Haggard	The Legend of Bonnie & Clyde	The Legend of Bonnie & Clyde	1968	Country
Serge Gainsbourg & Brigitte Bardot	Bonnie and Clyde	Bonnie and Clyde	1968	Chanson
Lester Flatt & Earl Scruggs	Theme from Bonnie and Clyde	The Story of Bonnie and Clyde	1968	Bluegrass
Die Toten Hosen	Bonnie & Clyde	Opium fürs Volk	1996	Punkrock
Eminem	97' Bonnie & Clyde	The Slim Shady LP	1999	HipHop
Jay Z	Bonnie and Clyde	The Blueprint 2: The Gift & The Curse	2002	HipHop
Bushido	Bonnie & Clyde	Heavy Metal Payback	2008	HipHop

KANSAS

Im Zentrum der USA – Kansas

Gerade mal 19 km lang ist die Strecke der Route66 durch Kansas. In der äußersten Südostecke des Staates führt die historische Überlandstraße durch ganze drei Orte mit zusammengenommen kaum 8.500 Einwohnern. Immerhin kann man behaupten, in Kansas gewesen zu sein.

Die Staatsgrenze markiert auch das Ende des ersten Abschnitts der Route66. Man verlässt den Mittleren Westen und landet in den großen Ebenen, den Great Plains. Der aufmerksame Beobachter registriert, dass das zerschnittene, hügelige Plateau der Ozarks ausläuft und in eine beinahe tischebene Fläche übergeht. Von jetzt an dominieren endlose Kornfelder, Sommerhitze, Trockenheit und Staub.

Klimatisch verlässt man die feuchtkontinentale Zone und gelangt in halbtrockene Steppen mit heißen bis sehr heißen Sommern. Hier lernt man, ein Auto mit einem Finger zu steuern, wenn man keine der aus der Mode gekommenen Autofahrerhandschuhe greifbar hat. In dieser Region treffen von Frühjahr bis Herbst feuchte Luftmassen aus dem Golf von Mexiko und trockene aus dem Zentrum des Kontinents aufeinander. Das Resultat sind regelmäßige, schwere Gewitter. Nach Texas verzeichnet Kansas statistisch mehr Tornados als jeder andere Staat.

Dementsprechend dünn ist der Staat besiedelt, im Schnitt ganze 13 Einwohner pro Quadratkilometer. Dies entspricht grob der Einwohnerdichte der Wüstenmonarchie Saudi Arabien. Und abgesehen von den wenigen nennenswerten Städten leert sich der nahezu viereckige Staat Kansas weiter. Man hat bis zu sechstausend verlassene Siedlungen gezählt und spricht vom ländlichen Exodus.

Die Eintönigkeit der Great Plains reißt den Rest Amerikas zu spöttischen Bemerkungen hin: Hier wird schon als Stau bezeichnet, wenn fünf Autos hinter einem Traktor herfahren und auf eine Überholmöglichkeit warten. Entgegenkommender Verkehr wird grundsätzlich durch frenetisches Winken begrüßt. Und man lernt, dass man auch durch geschlossene Autofenster einen Sonnenbrand bekommen kann. Das Schlimme an Klischees ist, dass sie immer mehr als nur ein Fünkchen Wahrheit enthalten.

Man sagt auch, der Staat sei flacher als ein Pfannkuchen, was auf den ersten Blick zutreffend erscheint. In Wirklichkeit aber ist die Ebene von Kansas geneigt, während die durchschnittliche Höhe an der Ostgrenze bei etwa 1.300 Metern liegt, dacht sich der Staat bis zu seiner Westgrenze bis auf etwa 230 Meter über Meereshöhe ab.

Kansas in Zahlen	Kansas	Zum Vergleich: Großbritannien
Einwohner	2,7 Mio.	60,2 Mio.
Fläche	213.000 km²	245.000 km²
Einwohner pro km²	13	246
Höchste Erhebung	Mount Sunflower, 1.232 m	Ben Nevis, 1.344 m
Hauptstadt	Topeka	London

Kansas repräsentiert auch das Klischee vom konservativ-bäuerlich-religiösen Grenzstaat. Die Agrarproduktion von Rindern, Schafen, Weizen, Mais und Soja ist der dominierende Wirtschaftszweig. Das einzige, international bekannte Unternehmen aus Kansas dürfte die Pizza Hut-Kette sein, die in Wichita gegründet wurde.

Das agrarisch geprägte Leben hat in den Great Plains eine eigene Mentalität hervorgebracht. Der Glaube an den Kreationismus, also die Überzeugung, dass Gott die Menschheit mit Adam und Eva erschaffen hat, ist hier besonders weit verbreitet. Darwin's Evolutionstheorie wird als moderner Humbug abgetan und weite Gesellschaftskreise fordern, diese Theorie aus den Schulbüchern zu entfernen.

Auch im Hinblick auf die Freiheit des Alkoholkonsums ist Kansas einer der konservativsten Staaten. Die Prohibition dauerte hier länger als in jedem anderen amerikanischen Staat, nämlich von 1881 bis 1948. Erst danach wurden die Restriktionen allmählich gelockert. Seit 1987 ist der freie Verkauf alkoholischer Getränke zwar in der Verfassung verankert, de facto liegt die endgültige Entscheidung aber in den Händen der Landkreise.

So ist Bier mit mehr als 3,2 % Alkoholgehalt nur schwer zu bekommen. Anheuser-Busch produziert in Anpassung an die bestehenden Gesetze extra ein mildes Bud mit geringem Ethylgehalt. Dennoch existieren weiterhin 19 „dry counties" in Kansas, also Landkreise mit strikter Prohibition.

Die Route66 führt durch einen genau dieser trockenen Landkreise, das Cherokee-County. Im Prinzip ist der Ausschank alkoholischer Getränke in Restaurants und Bars schlicht verboten. Doch die Regelungen können sich jederzeit kurzfristig ändern, anders ausgelegt werden oder in einer Grauzone der Legalität umgangen werden. In jedem Fall gilt es hier, äußerst sensibel und vorsichtig mit Alkohol in der Öffentlichkeit umzugehen. Die Gesetzeslage ist für Fremde undurchschaubar und die Strafen können empfindlich sein.

Diese aus europäischer Sicht ausgesprochen ungewohnte Rechtslage ist in den USA eine Normalität: Gut 18 Millionen Einwohner leben in Gegenden, in denen faktisch weiterhin ein absolutes Alkoholverbot herrscht.

Dabei ist die Praxis der Prohibition weiterhin ein Politikum. Viele interpretieren sie als essenzielle Einschränkung der persönlichen Freiheit. Der Widerspruch, mit 16 Auto fahren zu können, aber frühestens mit 21 eine Bar betreten zu dürfen, in der Alkohol ausgeschenkt wird, erscheint dem Europäer absurd. Ganz zu schweigen von einer absoluten Prohibition oder dem Recht auf Waffenbesitz. Doch die amerikanische Mentalität basiert auf einer gänzlich anderen Einschätzung.

Auch von Sozialforschern ist diese Art der lokal begrenzten Prohibition oft kritisiert worden. Denn – logischerweise möchte man meinen – ist die Zahl der alkoholbedingten Verkehrstoten in den „dry counties" größer als in den freien Landkreisen. Schließlich muss man sich mangels öffentlicher Verkehrsmittel erst in den Nachbardistrikt bewegen, um ein paar oder mehr kühle Biere feiern zu dürfen und dann irgendwie nach Hause kommen.

Der kurze Besuch im Cherokee County verspricht dem 66-Reisenden keine großen Erlebnisse. Dennoch ist diese

Region von einer bewegten Geschichte gesegnet – oder verflucht. Reiche Zink- und Bleivorkommen bescherten der Gegend ein ebenso vehementes Wachstum wie einen rasanten Niedergang. Die Bergbauregion war um die Wende des 19. zum 20. Jahrhundert ein kleines Ruhrgebiet; so bedeutend, dass ein Straßenbahnsystem die drei Nachbarstaaten des Dreiländerecks Kansas, Oklahoma und Missouri miteinander verband.

Mit der weitgehenden Ausbeutung der Erzadern wurde die letzte Bahnlinie 1939 geschlossen. Der Großteil der Bevölkerung wanderte auf der Suche nach neuen Anstellungsmöglichkeiten ab, die Städte schrumpften und zurück blieb ein Stück komplett umgepflügter Erde, das angesichts seines Grades ökologischer Zerstörung zum „hazardous waste site" deklariert werden musste. Seit 1983 werden die alten Schächte mit dem Material der Abraumhalden zugeschüttet und mit Plomben aus Beton versiegelt. Nicht umsonst wird die völlig zerstörte Landschaft östlich von Galena als „hell's half acre" – „halber Hektar Hölle" bezeichnet. Dem Reisenden fallen die Menge verlassener Gebäude auf den ersten Blick auf.

🖳 Websites

Folgende drei teils private, teils staatliche Websites können dem interessierten Reisenden als Ausgangspunkt für tiefere Studien der touristischen Möglichkeiten im Staate Kansas bieten:
- 🖳 www.travelks.com
- 🖳 www.kansas.gov/tourism
- 🖳 www.kansastravel.org

🖩 Informationen

Kansas unterhält ein kostenloses Info-Telefon, wo man sich über die aktuellen Straßenzustände informieren kann.
☎ 1-800-585-7623

🎵 Soundtrack Kansas

Künstler	Titel	Album	Jahr	Genre
Procul Harum	The Devil came from Kansas	A Salty Dog	1969	Rock
Melanie	Kansas	Gather me	1971	Folk
The Wolfgang Press	Kansas	Bird Wood Cage	1988	Alternativrock
Nightnoise	Her Kansas Sun	At the End of the Evening	1988	Folk
The Mountain Goats	Going to Kansas	Nothing for Juice	1996	Alternativrock
Regina Regina	Ticket out of Kansas	Regina Regina	1997	Country
David Lindley	Way out West in Kansas	Playing real good	2000	Folk
The Get Up Kids	Campfire Kansas	On a Wire	2002	Alternativrock
Ian McCulloch	Kansas	Slideling	2003	Alternativrock
XV	Boy from Kansas	Complex	2006	HipHop
Fred Eaglesmith	Kansas	Milly's Café	2006	Country
Vienna Teng	Kansas	Inland Territory	2009	Songwriter
Kelly Joe Phelps	East to Kansas	Western Bell	2009	Folk
Paleface	Kansas it's not	One big Party	2010	Alternativrock
The Mudbugs Cajun & Zydeco Band	Cajun in Kansas	Mudbugs	2010	Cajun
The Devil wears Prada	Kansas	Dead Throne	2011	Metal
White Willow	Kansas Regrets	Terminal Twilight	2011	Alternativrock

Kurz hinter der Staatsgrenze von Missouri dirigiert ein Schild mit der Aufschrift „Old Route66" den Reisenden auf ein fühlbar altes Teilstück der Überlandstrecke. Es endet nach zwei Kilometern auf der Main Street von Galena. Direkt an der Kreuzung kann man das rostige Vorbild für „Mater", dem Abschleppwagen aus dem Animationsfilm „Cars" bewundern. In der Originalversion verlieh ihm der populäre proletarische Südstaatenkomiker und Redneck-Imitator Larry the Cableguy seine Stimme. Bei einem Fotostop kommt üblicherweise jemand wie eine Pistolenkugel aus dem benachbarten Café „4 Women on the Route" geschossen, um zu einer Einkehr zu animieren. 600 Meter weiter südlich darf man den Abzweig nach rechts nicht verpassen, um der Route66 nach Riverton zu folgen.

🏛 Galena (3.300 EW)

Nach der Entdeckung der reichen Bleivorkommen im Jahre 1877 wurde Galena zu einer typischen Bergbau-Boomtown. Nur 15 Jahre später zählte man 265 Minen und rund 30.000 Einwohner. Angesichts der überwiegend alleinstehenden, männlichen Bevölkerung kann man sich vorstellen, wie in Saloons, Spielhöllen und Bordellen das Leben tobte.

Besondere Bekanntheit erlangte eine Puffmutter, die eines Abends einen fremden angetrunkenen Gast, der mit Goldklumpen bezahlen wollte, in ein Hinterzimmer führte. Dort wurde ihm kurzentschlossen mit einer Axt der Schädel gespalten. Die Leiche verschwand zu später Stunde in einem aufgegebenen Minenschacht. Diese Methode der zusätzlichen Bereicherung entpuppte sich als ebenso sicher wie lukrativ und wurde fortan des Öfteren angewendet. Die Zahl ihrer Opfer wurde später auf mehr als zwei Dutzend geschätzt.

Doch es kam, wie es kommen musste. Nach einem wüsten Streit mit der Chefin ging eine junge Angestellte zur

Polizei und verpfiff die ehemalige Arbeitgeberin. Die verbrachte den Rest ihres Lebens hinter Gittern, ohne aber zu enthüllen, wo sie die angehäuften Schätze versteckt hatte. Bis heute treiben sich Hobbyschatzsucher in der Gegend herum und suchen mit allen möglichen Gerätschaften nach dem Erbe von Miss Steffleback.

Bei Redaktionsschluss der aktuellen Auflage im Juli 2013 befand sich das Gebäude des ehemaligen Freudenhauses im Umbau zu einem "Museum", das in Kürze als "Haunted Bordello" als neue Touristenattraktion eröffnet werden soll. Es findet sich direkt gegenüber des Cafés "4 Women on the Road" an der Ecke Front St / Main St".

Die Erzvorkommen der Region waren allerdings nach wenigen Jahrzehnten ausgebeutet. Die letzten Bergwerke schlossen in den 70er Jahren und hinterließen einen Ort, der heute kaum mehr ein Schatten seiner großen Epoche ist.

▶ Galena Mining and Historical Museum

Das Heimatmuseum gibt einen Einblick in Leben und Arbeit der harten aber goldenen Jahre. Daneben hat man alles zusammengerafft, was irgendeine historische Bedeutung haben könnte, von Mineralien bis zu einem ausgemusterten Militärhubschrauber.

✉ *319 W 7th St*
⇨ *Am westlichen Ortsausgang direkt an der Route66*
🕐 *Im Sommer Mo-Sa 9-11h & 13-15.30h, im Winter Mo, Mi&Fr 13-15.30h*
💲 *Frei*
☎ *1-620-783-2192*
🖥 *www.kansastravel.org/galenaminingmuseum.htm*

🎬 Cars	
Originaltitel	Cars
Jahr	2006
Regie	John Lasseter
Genre	Animationsfilm

🏛 Riverton (600 EW)

Der einzige Blickfang auf der Fahrt durch Riverton ist das 1905 gebaute Wasserkraftwerk, das heute noch in Betrieb ist. Tragischere Berühmtheit erreichte das Dörfchen, als es im April 2006 durch ein geplantes Blutbad an der Riverton High School in die Schlagzeilen kam – ein Massaker, das glücklicherweise vereitelt werden konnte. Fünf Jugendliche im Alter zwischen 16 und 18 Jahren hatten für den Jahrestag des Blutbads an der Schule von Columbine bei Denver einen ähnlichen Amoklauf geplant, ihn aber vorher großspurig im Internet angekündigt. Die Polizei fand bei Hausdurchsuchungen die entsprechenden Waffen und Hinweise auf eine minutiöse Planung.

🏛 Baxter Springs (4.600 EW)

Im Amerikanischen Bürgerkrieg bildete Kansas einen der Brennpunkte. Politisch den Nordstaaten zugehörig, war die Bevölkerung über die Frage der Sklaverei doch zutiefst gespalten. Die Südstaatenanhänger betrieben einen grausamen Guerillakrieg, der von den regulären Truppen in nicht weniger brutaler Weise bekämpft wurde. So entstand der traurige Ausdruck „bleeding Kansas", den ein paar Kids aus Kalifornien gerade blutrünstig genug fanden, um ihre Heavy Metal Band so zu benennen.

Zum Schutz vor Einfällen der Partisanen nach Kansas wurde Fort Blair errichtet. Im Oktober 1863 wurde es zunächst erfolglos von den berüchtigten Guerillatruppen William Quantrills angegriffen. Wenige Tage später näherten sich Nachschubtruppen der Union, die Quantrills Geschwader bei einer Rast überraschten und im Blutrausch rund einhundert Männer töteten. Das Gemetzel ging als Baxter Springs Massacre in die Geschichte ein.

Nach den Schrecken des Bürgerkriegs erlebte auch Baxter Springs eine Hochphase. Cowboys aus Texas trieben ihre Rinderherden nach Norden und machten in dem Ort Station. Nach wochenlanger, harter Arbeit kam ihnen jede Abwechslung gelegen und so florierten auch in Baxter Springs alle Arten von Gewerben. Das Städtchen war, wie viele andere Orte in Kansas, berüchtigt für Schlägereien und Schießereien unter Cowboys, was letztendlich entscheidend zur frühen Einführung der Prohibition in Kansas beitrug.

Um die Geschichten von Gewalt und Verbrechen zu vervollständigen, darf man auch die Besuche von einigen von Amerikas beliebtesten Verbrechern nicht vergessen. Die Bande von Jesse James soll 1876 die Crowell Bank um 3.000 Dollar erleichtert haben. Am „Café on the Route" prangt jedenfalls ein entsprechendes Hinweisschild. Die Forscher vom Jesse James Home Museum in Kearney, Missouri zweifeln Jesses Urheberschaft des Überfalls allerdings an. Schließlich gab es schon immer Nachahmer, Trittbrettfahrer und Clevere, die den Verdacht gern auf jemand anderen lenken. Bonnie und Clyde sollen auf der Durchreise den General Store von Baxter Springs innerhalb einer Woche gleich zweimal ausgeraubt haben.

Heute ist Baxter Springs ein verschlafenes Städtchen, das mit seinen alten Gebäuden atmosphärisch stark an die Schauplätze des Films Bonnie und Clyde erinnert.

Seit dem Jahr 2007 verfügt man nun auch über das obligatorische Route66 Visitor Center, zu finden in der ✉ 940 Military Ave.

Etwa 7 Meilen südwestlich liegt der „TriStateMarker", der das Dreiländereck Missouri, Oklahoma, Kansas kennzeichnet. ⇨ Von der 66 biegt man in Baxter Springs nach Osten in die E12th St in Richtung IS44. Nach 5 mi/8,5 km nach rechts, weiter in Richtung IS44. Der letzte Abzweig, bevor man die Autobahnauffahrt erreicht (also nicht verpassen!) führt zum Treffpunkt der drei Staaten.

Wer von den rauen Sitten des Wilden Westens nicht genug bekommt, kann noch einen Ausflug ins 80 km westlich gelegene Coffeyville machen. Die durch die Lucky Luke Comics unsterblich gemachte Dalton Gang fand hier ihr Ende, als sie im Oktober 1892 gleich zwei Banken auf einmal überfiel. Bei dem anschließenden Schusswechsel ließen vier der sechs Bandenmitglieder ihr Leben. Das Dalton Defenders Museum (✉ 113 East 8th St) erzählt ihre Geschichte und zeigt etliche Erinnerungsstücke. Drei der Gangster liegen auf dem Elmwood Cemetery in Coffeyville begraben.

Die hier HW69 genannte Route66 überquert direkt am südlichen Ortausgang von Baxter Springs die Staatsgrenze nach Oklahoma und erreicht nach 24 km die erste größere Stadt mit dem vielversprechenden Namen Miami.

Die letzte Kugel gehört dir – Jesse James

My father was always heavily armed, and he told me that all men went armed the same way. I thought that was true because all the men I ever saw at our home were as heavily armed as he.	*Mein Vater war immer schwer bewaffnet und er sagte mir, alle Männer seien so bewaffnet. Ich glaubte, das wäre die Wahrheit, denn alle Männer, die ich jemals bei uns zu Hause sah, waren genau so schwer bewaffnet wie er.*

Jesse Edwards James (1875-1951), Sohn von Jesse James in seinen 1899 publizierten Kindheitserinnerungen

Kaum eine historische Figur entlarvt das System amerikanischer Mythenbildung so gnadenlos wie die des Jesse James. Ein frustriertes, hasserfülltes Opfer großer Politik und gesellschaftlicher Spaltung, ein kaltblütiger Killer und gesellschaftlicher Außenseiter mit wenig Sinn für menschliche Werte wird noch heute als amerikanischer Robin Hood verehrt.

Sicher, er war ein Opfer seiner Zeit und seiner selbst – aber ein ebenso gemeiner Räuber wie kaltblütiger Mörder. Er erschoss seine Opfer wehr- und hilflos und kein Detail beweist, dass er jemals den Armen gab – aber er raubte von den Reichen, ohne jeden Zweifel.

Anhand der Biographie des Jesse James lässt sich auch die Grausamkeit des Amerikanischen Bürgerkriegs erahnen. Und wie barbarisch Bürgerkriege im Allgemeinen sein müssen.

Jesse wuchs als Sohn eines Baptistenpriesters in „Little Dixie" auf, einem Landstrich in der Nordwestecke Missouris, der zutiefst von den Denkweisen seiner Einwanderer geprägt war. Und die waren nicht aus Gründen religiöser oder politischer Verfolgung aus Europa gekommen. Sie waren einfache Siedler aus den Südstaaten, die ihr gewohntes System der Sklaverei mitgebracht hatten.

Die Bevölkerung des Staates war schon vor dem Bürgerkrieg zutiefst über die Frage der Sklaverei gespalten, doch mit militärischem und politischem Geschick brachten die Abolitionisten den Staat schnell unter Kontrolle. Jedenfalls offiziell. In Wahrheit fand der amerikanische Bürgerkrieg auf kleiner Ebene auch als missourischer Bürgerkrieg statt.

Die Familie James waren kleine Bauern, deren größte Kapitalanlage sie-

Die berühmteste historisch anerkannte Fotografie von Jesse Woodson James

ben schwarze Sklaven waren, die ihnen staatlicherseits weggenommen werden sollten. Aus dem Blickwinkel der Betroffenen war diese Bevormundung fetter, reicher, krawattentragender Oststaatler aus einer 30 Tagesreisen entfernten Hauptstadt eine unfassbare Ungerechtigkeit. Und das nicht nur für die Familie James, sondern für die Hälfte der Einwohner Missouris. Und der Gegner kämpfte nicht nur mit politischen Mitteln, sondern suchte die faktische Ausrottung der Sklavenhalter. Die Unionstruppen brannten Höfe und Dörfer nieder – das Resultat war blinder Hass.

Guerillatruppen formierten sich, die weniger nach einer zielorientierten militärischen Strategie agierten, als aus dem Antrieb, sich am Feind zu rächen und ihn zu erniedrigen.

Jesse James wuchs in diesem Ambiente auf und schloss sich als 16-Jähriger der Guerillagruppe von William „Bloody Bill" Anderson an. Dieser hatte sich mit der Zeit zum blutrünstigen Psychopathen entwickelt, dessen höchste Erfüllung es war, nicht nur zu töten, sondern zu verstümmeln. Die Schule des Jesse James war der Bürgerkrieg, sein Lehrmeister der sadistische Bloody Bill. Sein einziges Ziel war Terror. Töten war nicht genug, Nasen, Ohren und Skalps mussten abgeschnitten werden.

Nach Ende des Bürgerkriegs übernahmen die radikalen Unionisten in Missouri die Macht, doch in den Köpfen war der Bürgerkrieg noch lange nicht zu Ende. Ehemalige Anhänger der Konföderierten wurden von Wahlen ausgeschlossen, ihre Bürgerrechte aberkannt. Für viele der „Bushwreckers", den konföderierten Partisanen, war diese Situation psychologisch unerträglich und bot praktisch keine Möglichkeit zur Rückkehr in ein ziviles Leben.

So wie sich am Ende vieler Bürgerkriege der Welt beobachten lässt, ist der Übergang vom politisch ideologisierten Kämpfer zum organisierten Kriminellen fließend. Versteinerter Hass und die Un-

Historisch anerkannte Fotografie von Zerelda James Samuel, der Mutter von Jesse James – sie steht neben dem Grab ihres Sohnes im Hof der Familienfarm in Kearney, Missouri

möglichkeit, die eigene Niederlage zu akzeptieren, münden in einen selbstzerstörerischen Rachefeldzug gegen den Sieger.

Genau das ist die Geschichte des Jesse James. Aus dem ideologisch überzeugten Guerillakämpfer wurde ein ehemals politisch motivierter Räuber und Killer. Er fand keine Chance, ein neues bürgerliches Leben zu beginnen und machte nach Ende des Bürgerkriegs genau da weiter, wo er niemals aufgehört hatte: Raubend und mordend durch die Lande zu ziehen.

Zusammen mit seinem älteren Bruder Frank und den vier Gebrüdern Younger formierte er die James-Younger-Gang. 1866 verübten sie ihren ersten Banküberfall. Gegen zwei Uhr mittags versammelte sich ein Dutzend Reiter vor der Clay County Savings Bank in Liberty, Missouri, heute ein Vorort von Kansas City, gerade mal 10 Meilen entfernt von Kearney, dem Wohnort der James-Brüder. Zwei Männer stiegen vom Pferd, betraten die Bank, baten den Angestellten, eine

10-Dollar-Note zu wechseln und zogen ihre Pistolen. Mit sechzig bis siebzig tausend Dollar in bar verließen sie die Bank, schwangen sich aufs Pferd und galoppierten euphorisch um sich schießend aus der Stadt. Dabei wurde ein Passant namens George Wymore unabsichtlich, aber nicht weniger tödlich getroffen. Nach ihm ist heute noch die örtliche Grundschule benannt. Er war das erste einer schier endlosen Liste von Todesopfern. Die Familie des unbeteiligten Opfers erhielt einen Brief, in dem die Bande um Entschuldigung bat. Ein Privileg, das einzigartig bleiben sollte.

Die Bank setzte eine Belohnung von fünftausend Dollar aus, doch obwohl einige der Täter wohl von Augenzeugen erkannt wurden, sagte niemand aus; aus Angst oder aus stillschweigender Verbundenheit. Die Bank jedenfalls stürzte in die Zahlungsunfähigkeit und musste verkauft werden.

Ob Jesse James persönlich schon an dem Überfall beteiligt war, bleibt ein Rätsel. In jedem Fall werden der Bande in den folgenden Jahren neun weitere Raubüberfälle zur Last gelegt, meist auf Banken, aber auch auf Postkutschen und Eisenbahnen.

Jesse James war zunächst höchstens eine Randfigur. Erst 1869 trat er schlagartig ins Rampenlicht, als er bei einem Banküberfall in Gallatin, Missouri, glaubte, im Kassierer den Mörder seines Mentors und Idols Bloody Bill Anderson zu erkennen und ihn ohne weitere Überlegung erschoss.

Jesse fand, was man heute einen Public-Relations-Manager nennen würde: den Herausgeber der Kansas City Times John Newman Edwards. Der frustrierte und alkoholkranke Verteidiger der Sache der Südstaaten kreierte den Mythos vom neuen Robin Hood. Er stellte den infamen Bankräuber als zutiefst menschlichen, christlichen Werten verbundenen Verteidiger der Aufrichtigkeit dar. Eine Legende, die bis heute in der Populärkultur aufgegriffen wird. Bob Dylan, Bruce Springsteen, Bob Seger oder Van Morrison interpretierten den heldenverehrenden Folksong „The Ballad of Jesse James". Brad Pitt verkörperte die Figur in dem konfusen Streifen „Die Ermordung des Jesse James durch den Feigling Robert Ford", einem von mehr als zwanzig Hollywood-Filmen, die bisher versuchten, die Legende zu Geld zu machen.

Ob James Dean, Che Guevara oder Kurt Cobain – zu einem echten Volks-

Jesse James' Heimat in Kearney, Missouri

helden gehört ein tragischer, sagenumwobener und vor allem früher Tod. Und ein solcher sollte auch Jesse James beschert werden.

Nach zehn Jahren weitgehend unbehelligten Überfällen zerbrach die James-Younger-Gang. Bei einem Bankraub in Northfield, Minnesota, konnten nur Jesse und sein Bruder Frank mit Mühe und Not den Verfolgern entkommen. Alle anderen Bandenmitglieder wurden erschossen oder verhaftet. Den Hals schon fast in der Schlinge, tauchten die beiden unter falschem Namen als harmlose Farmer in Tennessee unter.

Drei Jahre später hatten sie vom friedlichen aber harten Landleben genug und gründeten eine neue Bande. Doch der Versuch, alte Zeiten wieder aufleben zu lassen, stand von Anfang an unter einem schlechten Stern. Die harten Trainingseinheiten des Bürgerkriegs waren längst vergessen und die Gruppe war von gegenseitigem Misstrauen bis hin zur Paranoia geprägt. Nicht ohne Grund: Nach einem internen Streit mit Todesfolge, paktierte Robert Ford mit dem Gouverneur von Missouri, dass er bei der Beseitigung des Staatsfeinds James straflos ausgehen und obendrein eine Belohnung kassieren würde. Robert Ford erschoss Jesse James in dessen Wohnhaus von hinten, als der ein Bild an der Wohnzimmerwand gerade hängen wollte.

Ford wurde zum Tode durch den Strang verurteilt – doch der Gouverneur hielt Wort, begnadigte den Mörder und schüttete einen Teil der versprochenen Belohnung aus. Ford ging als feiger Verräter in die Geschichte ein. Zehn Jahre später sollte ihn das gleiche Schicksal ereilen. Er eröffnete in Creede, Colorado, einen Saloon, wo er mit einer abgesägten Flinte erschossen wurde. Auf seinem Grabstein in Richmond, Missouri, steht noch heute zu lesen: „The man that shot Jesse James".

Mit seiner Ermordung war die Legende Jesse James beinahe vollständig. Die letzte Zutat, die Gerüchteküche um ein heimliches Überleben, wurden genau wie bei Elvis und Marilyn Monroe nachgereicht. Noch heute beteuert eine erfolgreiche Publizistin namens J. L. Courtney, dass ihr Urgroßvater Jesse James gewesen und erst in den 1950ern im Alter von 96 Jahren in Texas gestorben sei.

Das mediale Interesse trieb die Geschichte so weit, dass die vermeintliche Leiche des legendären Verbrechers 1995 exhumiert und einer DNA-Analyse unterzogen wurde. Die Untersuchungen ergaben mit 99,7 %-iger Sicherheit, dass es sich bei dem längst verwesten Kadaver tatsächlich um Jesse James handelt. Courtney wirft der Wissenschaft Verfahrensfehler vor, besteht auf der Legende ihres Urgroßvaters und strickt weiterhin selbstlos am lukrativen Mythos. Auch das Jesse James Museum in Stanton, Missouri, vertreibt weiter mit religiösem Eifer die Sage, dass der Held der kleinen Leute in hohem Alter eines natürlichen Todes als liebenswerter Großvater gestorben sei.

Jesse James wird so weiter als Volksheld ausgeschlachtet. Dabei fällt seine Rolle als Guerillakämpfer der südlichen Sklavenhalterstaaten noch nicht mal gänzlich unter den Tisch. Auch die ultrakonservative Neo-konföderierte Bewegung, die Teils offen die Abspaltung der Südstaaten von den USA predigt, beruft sich auf das Idol Jesse James.

👁 Schauplätze

▶ Crowell Bank

Die James-Younger-Gang soll 1876 die Crowell Bank überfallen und knapp dreitausend Dollar erbeutet haben. Entgegen der beharrlichen Meinung der Lokalpatrioten soll aber Jesse James persönlich zumindest an der Ausführung des Raubzugs nicht beteiligt gewesen sein. Die

Räume der ehemaligen Bank nutzt heute das Café on the Route, das sich natürlich gern auf das historische Ereignis beruft.
✉ *Ecke Military Ave / 11th St, Baxter Springs KS*

🖥 Websites

Die Website der selbsternannten Urenkelin von Jesse James.
🖥 *www.jessejamesintexas.com*

📀 Filme

In über zwanzig Filmen wird die Figur des Jesse James porträtiert. Darunter finden sich einige hochkarätige Werke, aber auch so skurrile B-Movies wie „Jesse James meets Frankenstein's daughter".

📀 Long Riders	
Originaltitel	The Long Riders
Jahr	1979
Regie	Walter Hill
Hauptdarsteller	David Carradine, James Keach
Genre	Western

📀 Die Ermordung des Jesse James durch den Feigling Robert Ford	
Originaltitel	The Assassination of Jesse James by the Coward Robert Ford
Jahr	2007
Regie	Andrew Dominik
Hauptdarsteller	Brad Pitt, Casey Affleck
Genre	Western-Drama

📀 Jesse James	
Originaltitel	Jesse James
Jahr	1939
Regie	Henry King
Hauptdarsteller	Tyrone Power, Henry Fonda
Genre	Western

🎵 Soundtrack Jesse James

Künstler	Titel	Album	Jahr	Genre
Bob Dylan	Outlaw Blues	Bringing It All Back Home	1965	Songwriter
Laurel Aitken	Jesse James	High Priest of Reggae	1969	Reggae
Kate Bush	James and the Cold Gun	The Kick Inside	1978	Pop
The Pogues	Jesse James	Rum Sodomy & the Lash	1985	Folk
Cher	Just like Jesse James	Heart of Stone	1989	Pop
Prefab Sprout	Jesse James Symphony	Jordan: The Comeback	1990	Pop
Scarface	Jesse James	The Diary	1994	HipHop
Nick Cave	Song for Jesse	The Assassination of Jesse James (Soundtrack)	2007	Songwriter
Ry Cooder	El Corrido de Jesse James	Pull Up Some Dust and Sit Down	2011	Songwriter

OKLAHOMA

Oklahoma – Die Staubschüssel

When the Okies left Oklahoma and moved to California, it raised the I.Q. of both states.

Als die Okies Oklahoma verließen und nach Kalifornien zogen, hoben sie den Intelligenzquotienten in beiden Staaten.

Will Rogers (1879-1935), Humorist und Entertainer aus Oologah, Oklahoma

Oklahoma kämpft mit seinem negativen Image. Der Rest der Nation assoziiert Armut, kulturelle und landschaftliche Einöde, extremes Klima und schließlich noch das Attentat von 1995. Die Okies sind Gegenstand vieler Witze. Sie gelten als freundliche Bauerntölpel, die sonntags in Cowboystiefeln zum Gottesdienst erscheinen. Klischees haben fast immer einen wahren Kern – im Falle Oklahomas kann man einige zumindest in Frage stellen, wenn nicht sogar widerlegen.

Die Vorstellung von der endlosen, tischebenen und langweiligen Fläche scheint sich dem Durchreisenden zu bestätigen. Obwohl die mit Naturwundern verwöhnten Amerikaner hier keine Extremlandschaften finden, ist Oklahoma dennoch einer der landschaftlich abwechslungsreichsten Staaten. Nicht weniger als 11 verschiedene Ökoregionen sind katalogisiert. Knapp ein Viertel der Fläche ist mit Wald bedeckt.

Oklahoma in Zahlen	Oklahoma	Zum Vergleich: Kirgisistan
Einwohner	3,6 Mio.	5,3 Mio.
Fläche	181.000 km²	199.000 km²
Einwohner pro km²	19,4	26,3
Höchste Erhebung	Black Mesa, 1.515 m	Dschengisch Tschokusu, 7.134 m
Hauptstadt	Oklahoma City	Bischkek

Der Rest ist größtenteils Farm- und Weideland, das zwar als durchaus fruchtbar gilt, doch durch das außergewöhnliche Klima nicht einfach zu bewirtschaften ist. Oklahoma hat vier Jahreszeiten – und das oft innerhalb einer Woche. Kurzfristige Wetterumschwünge können extrem sein, denn in dieser Region treffen gegensätzliche Luftmassen kontinentalen Ausmaßes aufeinander. Im Jahresdurchschnitt wer-

den 54 Tornados gezählt, so viele wie in kaum einer anderen Region der Welt.

Doch die Okies sind daran gewöhnt. Anstatt bei Tornadoalarm auf dem schnellsten Wege im Schutzraum zu verschwinden, versammeln sie sich auf Balkons und auf der Straße, um einen Blick auf das Monster zu erhaschen. Als ich 2007 einen Tornadoalarm in South Dakota erlebte, luden mich meine Zim-

OKLAHOMA

mernachbarn im Motel ein, dem Tornado im Auto hinterherzujagen. „Wir nehmen unseren Wagen, der ist schwerer und fliegt nicht so hoch durch die Luft." Die drei kamen aus einem Kaff südlich von Oklahoma City.

Tatsächlich sind die Okies freundliche, hilfsbereite und kommunikationsfreudige Menschen. Der Rest der Nation witzelt, dass ein Telefongespräch hier mindestens eine Stunde dauert, auch wenn man sich verwählt hat.

Das Klischee der kulturellen Wüste muss zumindest relativiert werden. Ist das eigene Vehikel nicht mit einem Satellitenradio ausgestattet, ist es wahrhaft schwierig, einen Sender zu finden, der nicht pausenlos Allerwelts-Country oder Mainstream-Rock dudelt – ein Phänomen, das allerdings in allen zentralen Staaten vertreten ist. Wahr ist aber, dass Oklahoma die amerikanische Country-Musik dominiert – und dies auch noch äußerst erfolgreich: 2006 ging die Hälfte der nationalen Country Musik Awards nach Oklahoma. Carrie Underwood aus Muskogee, Siegerin bei der Superstar-Show „American Idol" im Jahr 2005, landet mit ihrem Country Pop immer wieder auf den vorderen Plätzen der nationalen Bestsellerlisten.

Oklahomas Geschichte fällt gänzlich aus dem Rahmen und erscheint als endlose Verkettung von Tragödien. Und das, obwohl die Gegend für die menschliche Besiedlung die längste Zeit völlig uninteressant erschien. Schon zu vorkolonialen Zeiten verloren sich gerade mal 20.000 Indianer in dem keineswegs kleinen Gebiet. Auch die europäischen Kolonial-

mächte brachten der Zentralregion der USA kein weiteres Interesse entgegen. Die ersten berittenen spanischen Expeditionen auf der Suche nach Gold und Edelsteinen zogen enttäuscht wieder ab. Es dauerte fast 200 Jahre, bis vereinzelte französische Pelzhändler über die Flüsse wieder in das Gebiet eindrangen. Erst 1802 errichteten den ersten festen Handelsposten 80 km östlich von Tulsa.

Auch die Vereinigten Staaten hielten das Gebiet, das ihnen 1804 mit dem Kauf Louisianas zugefallen war, für wertlos. Gerade gut genug, um die Indianer hierher zu verfrachten, die die weiße Expansion in wirtschaftlich interessantere Regionen störten. Also wurde kurzerhand das „Indian Territory" gegründet und 1830 begann die Umsiedlung – oder plastischer ausgedrückt: die Vertreibung ganzer Indianervölker aus dem Osten. Dabei kamen Tausende ums Leben. Die Anpassung der Indianer an die fremde Umgebung und die ungewohnten Naturressourcen war gelinde gesagt extrem schwierig.

Mit der Zeit wurden immer mehr Völker ins „Indianerland" abgeschoben, sodass noch heute 67 verschiedene Stämme offiziell in Oklahoma anerkannt sind. Ruhe vor den Weißen fanden sie aber auch hier nicht. Sie wurden in den Bürgerkrieg um die Sklavenfrage verwickelt, wobei die meisten Stämme auf der Seite der Konföderierten kämpften – denn viele Indianer hielten selbst Sklaven. Das Resultat war ein weiterer Rückschlag: Ein Großteil ihrer Siedlungen wurde im Partisanenkrieg vernichtet.

Unter dem Einwanderungsdruck aus Europa expandierte die weiße Bevölkerung immer weiter nach Westen und allmählich wurde auch das verschmähte Indianerland interessant. Zunächst begannen texanische Viehhändler, riesige Rinderherden quer durch das Indianerterritorium zu treiben, um die Tiere mit gutem Gewinn im Norden zu verkaufen. Vier der fünf großen „cattle trails" verliefen durch Oklahoma. Beflügelt vom wirtschaftlichen Erfolg begannen die

Viehzüchter, immer größeren politischen Druck auf die Freigabe des Indianerlandes für weiße Besiedlung auszuüben.

1889 hatten ihre Forderungen Erfolg: Die ersten Territorien wurden zur Besiedlung freigegeben. Am 22. April versammelten sich rund 50.000 weiße Siedler an der Grenzlinie und warteten auf den Startschuss. Um 12 Uhr mittags wurde der Grenzübertritt erlaubt und die Massen rannten oder ritten in das Gebiet, um sich schnellstmöglich ein Stück Land abzustecken, das sie dann als Eigentum legalisieren konnten. Innerhalb eines Tages entstanden aus dem Nichts die Städte Guthrie und Oklahoma City mit je rund zehntausend Einwohnern. In der zweiten Woche nahmen die ersten Schulen ihren Betrieb auf, innerhalb eines Monats zählte Oklahoma City fünf Banken und sechs Tageszeitungen – ein wahrer Besiedelungsrekordlauf.

Einige besonders clevere Siedler waren schon vor dem offiziellen Startschuss in die Siedlungsgebiete eingedrungen. Sie wurden „sooners" genannt, die „Verfrühten"; so kam Oklahoma zu seinem Spitznamen „the sooner state".

Anfang des 20. Jahrhunderts wurde Erdöl entdeckt und gab der Farmer- und Viehzüchterökonomie eine völlig neue Richtung. Oklahoma wurde zum wichtigsten Fördergebiet der USA und Tulsa erklärte sich gänzlich unbescheiden zur „Ölhauptstadt der Welt". Noch heute gehört Oklahoma zu den wichtigsten Bohrgebieten der USA, obwohl Erdöl längst vom Erdgas überholt wurde. Selbst das Regierungsgebäude in Oklahoma City steht direkt neben der Ölquelle Petunia 1.

Doch das Glück des schwarzen Goldes währte nicht lange. Die Weltwirtschaftskrise brach auch über Oklahoma herein und mitten in der Depression kam eine Katastrophe biblischer Dimensionen hinzu: Eine Folge von Jahren extremer Dürre verheerte die riesigen Flächen der Great Plains. Doch diese erste große ökologische Katastrophe der USA war zu einem guten Teil hausgemacht. Denn zur Bestellung ihrer Äcker zerstörten die Farmer rücksichtslos die dünne Graskrume, die den Boden vor Erosion schützte und pflügten viel zu tiefgründig. Das Ergebnis: Durch die anhaltende Trockenheit verdorrten die Böden vollends und die kräftigen Winde wehten den wertvollen Boden einfach fort. Riesige Staubstürme wälzten sich über das Land und begruben, im wahrsten Sinne des Wortes, die

Hoffnungen der Siedler im Sand. Einige Staubwolken wurden bis zur Ostküste geweht und Oklahoma wurde zum Inbegriff des „dust bowl", der Staubschüssel.

Über 200.000 Okies gaben auf und zogen in Richtung Westen, knapp ein Fünftel der gesamten Bevölkerung. Doch die Umweltflüchtlinge wurden im goldenen Westen keineswegs mit offenen Armen aufgenommen und Los Angeles schloss sogar zeitweise seine Stadtgrenzen für alle Neuankömmlinge. Trotzdem gibt es auch heute noch kaum einen Okie, der nicht irgendeinen Verwandten in Kalifornien hat. Diesen ruralen Exodus hat Nobelpreisträger John Steinbeck eindringlich und sozialkritisch in seinem monumentalen Roman „Früchte des Zorns" beschrieben.

Oklahoma brauchte Jahrzehnte, um sich von der Katastrophe zu erholen, wirtschaftlich wie mental. Zwar gehört das Pro-Kopf-Einkommen noch immer zu den niedrigsten im Lande, doch hat seit dem Jahrtausendwechsel ein beachtliches Wirtschaftswachstum eingesetzt, vor allem in der Biotechnologie und der Luftfahrtindustrie. In klarem Widerspruch zu diesen modernen Entwicklungen steht, dass Oklahoma zentraler Part des „bible belt", der tiefchristlich-konservativen Zone der USA ist. Weite Kreise der Bevölkerung lehnen die Evolutionstheorie ab und bestehen auf der biblischen Schöpfungsversion.

 **in Oklahoma**

In Oklahoma beendet die 66 ihren Abstieg nach Südwesten und richtet sich ab der Hauptstadt geradewegs in Richtung der untergehenden Sonne. Die Etappe durch den Agrarstaat ist auf den ersten Blick sicher nicht die aufregendste der Route66. Viele Reisende entscheiden, auf der Autobahn Kilometer zu fressen, um sich schneller den Naturwundern des Westens zu nähern. Andere finden aber gerade im ländlich verschlafenen Oklahoma die Essenz der Kontinentalquerung.

Von allen Route66-Staaten blickt Oklahoma auf die meisten fahrbaren Kilometer authentischen Asphalts. Wie fast überall, verläuft ein Teil als Service-Road parallel zur Autobahn, was der Route einen guten Teil ihres landschaftlichen Reizes raubt. Doch zumindest in der ersten Hälfte der rund 400 Kilometer entfernt sich die Strecke weit von der Hauptverkehrsader und man kann mit allen Sinnen die Weiten der großen Ebene aufsaugen. Die Strecke ist obendrein bestens ausgeschildert.

Für die unattraktive Alternative, auf der Autobahn Kilometer abzuspulen, müssen Mautgebühren entrichtet werden, allerdings auf einem wesentlich geringeren Niveau als in Italien oder Spanien. Der „Turner Turnpike" zwischen Tulsa und Oklahoma City, benannt nach dem Gouverneur, der das Projekt der Schnellstraße initiiert hatte, war das erste Teilstück, das 1953 die alte Route66 ersetzte und ihren Untergang einleitete.

Die Umsetzung des Mautsystems ist ausgesprochen ungewöhnlich: Bei Stroud, etwa auf halber Strecke zwischen den beiden größten Städten des Staates, liegt die zentrale Mautstelle, an der man die Gebühren von $3,50 für die gesamte Strecke entrichten muss. Fährt man bereits vorher ab, zahlt man an der Mautstelle der Ausfahrt eine geringere Summe. Verlässt man die Autobahn hinter Stroud, aber vor dem Endpunkt in Oklahoma City, bekommt man den proportionalen Teil der Gebühren zurück. Die sonst so rationalen und praktischen Amerikaner können den Europäer durchaus noch mit dezidierter Umständlichkeit überraschen.

Aufregende touristische Highlights sind in Oklahoma dünn gesät. Auch die beiden einzigen Großstädte sind weniger begeisternd, als man es sich wünschen möchte. Besonders in Tulsa fragt man sich schnell, wieso dieser gesichtslosen Stadt so viele Songs gewidmet wurden. Andenkenjäger werden immerhin eine Reihe von Route66-Museen als Anhang von Souvenirshops finden.

Eine Reise durch Oklahoma ist eher eine spirituelle Angelegenheit. Man entdeckt die ganze Durchschnittlichkeit Amerikas, die Einfachheit des amerikanischen Traums, den jeder schon geträumt hat und den die Wenigsten verwirklichen konnten. Doch die entschiedene Normalität und Mittelmäßigkeit dieser Erde und die gutmütige Einfachheit der Menschen stellen den Reisenden mit beiden Füssen auf den Boden. Das Glück des Daseins erlangt man nicht mit übermenschlichem Ehrgeiz und großen Errungenschaften, sondern mit bescheidener Aufrichtigkeit. Genau das verwirklichen die Okies in ihrem genügsamen aber zutiefst menschlichen Wesen auf höchst sympathische Art und Weise.

🖵 Websites

Offizielle Fremdenverkehrswebsite
🖵 www.travelok.com

Offizielle Fremdenverkehrswebsite
🖵 www.oklatourism.gov

Für aktuelle Veranstaltungen
🖵 www.oklahomatoday.com (Menü „Events")

Kosten für die mautpflichtigen Autobahnen
🖵 www.pikepass.com

Aktuelle Wetter- und Straßenzustandsberichte, Staus und Baustellen
☎ 1-888-425-2385

🎵 Soundtrack Oklahoma

Künstler	Titel	Album	Jahr	Genre
Arlo Guthrie	Oklahoma Hills	Running down the Road	1969	Folk
The Monkeys	Oklahoma Backroom Dancer	The Monkeys present	1969	Rock
The Kinks	Oklahoma U.S.A.	Muswell Hillbillies	1971	Rock
Leon Russell	Home Oklahoma	Leon Russell and The Shelter People	1971	Rock
JJ Cale	If You're Ever in Oklahoma	Really	1972	Songwriter
George Thorogood	Oklahoma Sweetheart	Boogie People	1991	Rock
Billy Joe Shaver	Oklahoma Wind	Tramp on your Street	1993	Country
Tom Paxton	My Oklahoma Lullaby	Looking for the Moon	2002	Folk
Heino	Beim alten Bill in Oklahoma	Heino's Hit Mix	2003	Schlager
Rascal Flatts	Oklahoma-Texas Line	Feels Like Today	2004	Country
Eli Young Band	Oklahoma Girl	Level	2005	Country
The Residentes	On the way to Oklahoma	Animal Lover	2005	Alternativrock
Bruce Springsteen	My Oklahoma Home	We Shall Overcome: The Seeger Sessions	2006	Country
Cross Canadian Ragweed	In Oklahoma	Mission California	2007	Rock
The Architects	Oklahoma	Vice	2008	Rock
Tony Clifton	Oklahoma Motorcars	White Elephant	2008	Rock
Bishop Allen	Oklahoma	Grrr	2009	Alternativrock
The Answering Machine	Oklahoma	Another City, Another Sorry	2009	Alternativrock
Nitty Gritty Dirt Band	Tulsa Sounds Like Trouble To Me	Speed of Life	2009	Folk
Hank Williams III	Lost in Oklahoma	Rebel Within	2010	Country

The Trail of Tears – Der Pfad der Tränen

John Ridge signed his death warrant when he signed that treaty [...] sooner or later he will have to yield his life as the penalty for signing.

John Ridge unterschrieb seine Todesurkunde als er das Abkommen unterzeichnete [...] früher oder später wird er mit seinem Leben dafür bezahlen.

John Ridge (1792-1839), Führer einer Cherokee-Fraktion, bereute im Nachhinein zutiefst die Unterzeichnung des Abkommens von New Echota

Als die Regierung in Washington 1830 die Umsiedlung der Indianer in fremde Territorien beschloss, glaubten die Cherokee nicht, dass die Staatsmacht das Dekret tatsächlich umsetzen und sie aus ihren Gebieten vertreiben würde. Seit 3.000 Jahren siedelten sie im Südosten, im Grenzbereich der heutigen Staaten Tennessee, Georgia und South Carolina. Sie pflegten traditionell gute Beziehungen zu den Weißen und hatten sich stark an deren Lebensweise angepasst. Zusammen mit den Chickasaw, den Choctaw, den Creek und den Seminole zählten die Cherokee zu den fünf „zivilisierten Stämmen". Sie lebten als Farmer, hatten christliche Namen angenommen, pflegten ein demokratisch geprägtes Wahlsystem und hielten schwarze Sklaven, ganz nach dem Vorbild der ehemaligen Europäer. Sogar eine eigene Schrift für ihre Sprache hatten sie erfunden, die auch heute noch benutzt wird.

Doch der Landhunger der Weißen kannte keine Freundschaft. Mit dem nicht endenden Zustrom von Migranten aus Europa rückte die Siedlungsgrenze der Europäer immer weiter nach Westen vor. Auf das Argument gestützt, weiße Farmer würden die fruchtbaren Ländereien effektiver nutzen, verabschiedete die Regierung den „Indian Removal Act", die gesetzlich vorgeschriebene Vertreibung der Indianer.

Der erste amerikanische Goldrausch ab 1829 in den Blue Ridge Mountains nördlich von Atlanta verschärfte die Situation. Die Staatsregierung verloste Land und Schürfrechte im Gebiet der Cherokee an Weiße. Wie es sich für zivilisierte Indianer gehörte, klagten sie am Obersten Gerichtshof gegen den Staat Georgia und bekamen im Prinzip Recht. Doch leider nur im Prinzip: Die beiden Präsidenten Andrew Jackson und Martin Van Buren drängten auf die Umsetzung des Umsiedlungsgesetzes, das einen theoretisch freiwilligen Umzug der Indianer in Länder westlich des Mississippi vorsah.

Die überwältigende Mehrheit der Cherokee wollte ihr Land zwar keinesfalls verlassen, doch die Indianerfraktion um John Ridge war der Meinung, als Volk nur überleben zu können, wenn man dem Druck der Weißen nachgab. Im Dezember 1835 unterschrieben zwanzig Cherokee das Abkommen von New Echota. Für fünf Millionen Dollar und neues Territorium im Westen verkauften sie das Land ihrer ganzen Nation. Keiner der Unterzeichner war ein gewählter

Repräsentant des Stammes. Dabei hatte ihr Anführer John Ridge noch 1928 persönlich ein Gesetz unterstützt, das es einem Cherokee unter Todesstrafe verbot, Stammesland zu verkaufen.

Im Mai 1838 begannen staatliche und föderale Truppen, die Cherokees in Konzentrationslagern zusammenzutreiben. Sofort rückten weiße Aasgeier nach, besetzten oder plünderten die verlassenen Häuser der Indianer. Im Sommer machten sich die ersten drei von der Armee bewachten Trecks mit je rund tausend Menschen auf den 800 Meilen langen Weg nach Westen. Hitze, Trockenheit, Mangelernährung, Erschöpfung, Cholera und Pocken forderten täglich Tote.

Die übrigen fünfzehntausend auf Aufbruch wartenden Cherokee fürchteten die Wanderung in diesem klimatisch extremen Sommer und forderten Aufschub bis zum Herbst. Doch auch dann waren die Umstände keineswegs besser: Schwere Regenfälle machten die Wege unpassierbar, Flussüberquerungen wurden lebensgefährlich. Schließlich brach auch noch ein sehr harter Winter herein und die schlecht ausgerüsteten Indianer erfroren reihenweise, besonders Kinder, Alte und Kranke. Auch die Frau des gewählten Häuptlings Chief John Ross wurde von einer Lungenentzündung dahingerafft. Nur etwa dreizehntausend der siebzehntausend Cherokee erreichten bis März 1839 ihre neue Heimat im Nordwesten Oklahomas. Dort rekonstituierten sie die Cherokee Nation. John Ross wurde wieder zum Chief gewählt und die Hauptstadt in Tahlequah errichtet.

Etwa tausend Cherokee konnten sich damals der Vertreibung entziehen und haben heute unter der Bezeichnung Eastern Band ihr Stammeszentrum in North Carolina. Die Cherokee sind der größte der 563 offiziell anerkannten und mit gewisser Autonomie ausgestatteten indianischen Stämme.

Der Pfad der Tränen war die Tragödie eines der vielen Völker Nordamerikas, die ausgerottet, vertrieben, gespalten, ihrer Kultur und Identität beraubt worden sind.

👁 Schauplätze

▶ Cherokee Heritage Center

Die Non-Profit-Organisation versucht, das kulturelle Erbe der Cherokee zu bewahren. Neben der Sammlung historischer Relikte ist besonders die Studie der Stammesgenealogie von zentraler Bedeutung für die zukünftige Sicherung des ethnischen Zusammenhaltes der Indianernation. Das Museum veranschaulicht Kultur und Geschichte der Cherokee, mit besonderem Schwerpunkt auf der Vertreibung aus den Stammesländern.

- ✉ 21192 Keeler, Park Hill, OK 74451
- ⇨ Tahlequa liegt 115 km südöstlich von Tulsa: Auf dem HW165 bis Muskogee, dann links auf den HW62.
- 🕐 Mo-Sa 9-17h
- 💰 Kinder $5, Erwachsene $8,50, Senioren und Studenten $7,50
- ☎ 1-888-999-6007
- 💻 www.cherokeeheritage.org

▶ Five Civilized Tribes Museum

Das Museum erläutert Gemeinsamkeiten und Unterschiede der fünf „zivilisierten" Indianernationen, die nach Oklahoma vertrieben wurden. Dabei zielt man nicht nur darauf ab, Fremden die eigene Kultur und Geschichte nahe zu bringen, sondern versucht auch, die Solidarität zwischen den fünf Stämmen zu bewahren.

- ✉ 1101 Honor Heights Dr, Muskogee, OK 74401
- ⇨ Auf dem HW165 78 km südöstlich von Tulsa
- 🕐 Mo-Fr 10-17h, Sa 10-14h
- 💰 Schüler $1,50, Senioren $2, Erwachsene $3
- ☎ 1-918-683-1701
- 💻 www.fivetribes.org

Von Miami nach Tulsa

Von Baxter Springs, dem letzten Ort in Kansas, führt die Route66 als HW69 direkt über die Grenze nach Oklahoma.

🏛 Commerce (2.600 EW)

Auch in Oklahoma hinterließen Bonnie and Clyde ihre blutigen Spuren. Zu Ostern 1934 blieben sie zusammen mit einem Komplizen mit dem Wagen im Schlamm stecken. Ein vorbeikommender Autofahrer sah Clydes Waffe und jagte mit Vollgas zur Polizeistation von Commerce. Als sich zwei Beamte dem Gangstertrio näherten, wurden sie mit einem Kugelhagel empfangen. Der eine erlag einem Kopfschuss; der andere, der Polizeichef von Commerce, wurde über die Grenze nach Kansas entführt, wo er am selben Abend in Fort Scott freigelassen wurde. Die Ganoven konnten mal wieder entkommen.

Commerce ist auch die Heimatstadt des wohl meist verehrten Baseball-Stars aller Zeiten: Mickey Mantle spielte 18 Jahre lang bei den New York Yankees und hält bis heute etliche Profiliga-Rekorde, darunter den der meisten Home Runs. Einer seiner Schläge soll den Ball 196 Meter weit getrieben haben.

Doch der Erfolg hatte, wie so oft, seine Schattenseiten. Als Vierjähriger war Mantle knapp einer Beinamputation entgangen, als er sich eine Knochenmarkentzündung zugezogen hatte. Bis kurz vor seinem Tod im Alter von 63 Jahren war er Alkoholiker, ebenso wie seine Frau und Söhne, die alle vorzeitig verstarben.

Folgerichtig heißt die Main Street, also die Route66, hier Mickey Mantle Boulevard. Vor dem Baseball-Feld auf der Westseite der Hauptstraße prangt zu seinen Ehren eine Statue, ebenso wie am Haupteingang des Bricktown Baseball Parks in Oklahoma City. Seit Jahren werden Pläne geschmiedet, dem berühmtesten Sportler des Staates ein eigenes Museum zu widmen, doch die Wirtschaftskrise hat vorerst die Handbremse angezogen. Joplin, Oklahoma City und Baxter Springs, wo er von einem Talentscout der New York Yankees entdeckt wurde, als er einen Ball direkt im Spring River versenkte, haben Interesse angemeldet. Das bescheidene Haus der Familie Mantle steht nach wie vor in der 319 S Quincy St.

🏛 Miami (13.700 EW)

Das mit seinen Zink- und Bleiminen zu Anfang des 20. Jahrhunderts schnell gewachsene Städtchen markiert den Beginn der an Attraktionen armen Durchquerung des Staates Oklahoma. Miamis ganzer Stolz ist das Coleman Theatre, mit dem ein Bergbaumillionär etwas Kultur unter den Minenarbeitern streuen wollte. Immerhin traten hier historische Showgrößen wie Bob Hope, Bing Crosby oder Will Rogers auf. Miami nennt sich auch „Wedding Capital of Oklahoma", weil man für fünfzig Dollar innerhalb einer Stunde in der Lavern's Wedding Chapel (✉ 15 B SE St) eine beschleunigte Trauungszeremonie arrangieren kann. Ein Pastor und eilig herangeholte Trauzeugen kosten fünfzig Dollar extra.

Neun Indianerstämme haben ihr Hauptquartier in Miami, darunter die Shawnee und Quapaw. Tatsächlich erreicht der Bevölkerungsanteil indianischer Abstammung aber nur 15 Prozent. Ihre wichtigste Einkommensquelle sind fünf Casinos, die sie im Ort betreiben.

⌨ www.visitmiamiok.com

▶ Coleman Theatre

Das 1929 für 600.000 Dollar gebaute Theater besticht durch sein höchst luxuriöses Interior in Imitation des französischen Barocks. Es wird für Veranstaltungen und Aufführungen aller Art genutzt, von Stummfilmen und Konzerten bis zu Hochzeiten.

✉ 103 N Main St
🕐 Besichtigung außerhalb der Veranstaltungen Di-Sa 10-16h
☎ 1-918-540-2425
⌨ www.colemantheatre.org

▶ Route66 Vintage Iron Motorcycle Museum

Für Zweiradliebhaber zweifellos eine wichtige Anlaufstation. Die Sammlung von Motorrädern und Trophäen des Schauspielers und Rennfahrers Steve McQueen wurde 2010 komplett nach Kalifornien verkauft. Jetzt ist das Museum dem Stuntman Evil Knievel gewidmet. Der Mann aus der Bergarbeiterstadt Butte in Montana ist in Deutschland vor allem ein Begriff durch das Kinderspielzeug, das seinen Namen trug. Scheinbar lebensmüde überlebte er die waghalsigen Versuche, die Springbrunnen des Caesar's Palace in Las Vegas und den Snake River Canyon in Oregon mit dem Motorrad zu überspringen. Der Luftraum des Grand Canyon wurde ihm trotz beharrlichen Bittens nicht freigegeben.

✉ 128 S Main St, Miami OK 74354
🕐 Di-Sa 10-18h
∞ freiwillige Spende
☎ 1-918-542-6170
⌨ www.route66vintageiron.com

In Miami teilt sich die Route66 in zwei unterschiedlich alte Teilstücke. Die empfehlenswerte Route ist, von der Main St nach rechts abzubiegen und dem HW69 zu folgen. Die Alternative, der HW125, gleicht stellenweise einem schlechten Feldweg und sollte besonders bei Nässe gemieden werden. Umgekehrt müssen besonders Motorradfahrer bei Trockenheit eine Menge Staub schlucken.

🏠 Vinita (6.500 EW)

Ob das McDonald's Restaurant, das den Interstate Highway überspannt, wirklich das größte der Welt ist, bleibt umstritten. Fakt ist, dass das Leibgericht der Bewohner Vinitas nicht der Quarterpounder ist, sondern vielmehr gebratene Stierhoden, „calf fry" genannt, denen jeden September ein Festival gewidmet wird.

⌨ www.vinita.com

Von Winita bis Catoosa verläuft die historische Route66 für rund fünfzig Meilen außer Sichtweite des Interstate Highway durch das grüne, ländliche Oklahoma. Ein zwar nicht wirklich spektakulärer, aber ausgesprochen angenehmer Streckenabschnitt. Obendrein heißt dieses Teilstück weiterhin HW66.

🏠 Claremore (16.000 EW)

Zwei Attraktionen machen Claremore zumindest für viele Amerikaner zu einem attraktiven Ausflugsziel: Die größte private Schusswaffensammlung der Welt und das Andenken an den in Europa allerdings wenig bekannten Komiker Will Rogers.

▶ J. M. Davis Arms and Historical Museum

Waffensammler Davis bekam seine erste Pistole im Alter von sieben Jahren und blieb seiner Passion ein Leben lang treu. Das Museum beherbergt mittlerweile zwanzigtausend Schusswaffen aus aller Welt und allen denkbaren Epochen.

Wem die Tatsache einer so großen privaten Schusswaffensammlung noch nicht skurril genug ist, kann sich im Museum außerdem an etwa 1.200 deutschen Bierkrügen erfreuen – wie auch immer es zu so einer Anhäufung mitten im Herzen von Oklahoma kommen konnte.

✉ 333 Lynn Riggs Blvd
🕐 Mo-Fr 8.30-17h, Sa 10-17h
⚙ Frei
☎ 1-918-341-5707
🖥 www.thegunmuseum.com

▶ Will Rogers Memorial Museum

Die Widersprüchlichkeit der amerikanischen Geschichte wird an der Figur Will Rogers besonders deutlich: Seine Eltern waren Cherokee-Indianer, doch einen Großteil seiner Berühmtheit verdankte Rogers seinen Rollen als Cowboy in frühen Western, drei davon unter der Regie von John Ford. Daneben war er aber auch als Solo-Komiker und Kolumnenautor aktiv. Rogers ist der populärste Sohn Oklahomas. Überall im Staat entdeckt man Straßen, Schulen und öffentliche Einrichtungen, die nach ihm benannt sind. Unter anderem auch der Flughafen von Oklahoma City – möglicherweise der einzige der Welt, der nach dem Opfer eines Flugzeugunglückes benannt wurde, denn Will Rogers kam 1935 bei einem Absturz in der Nähe von Point Barrow, Alaska, ums Leben.

✉ 1720 West Will Rogers Blvd,
   Claremore, OK 74017
⇨ Im Zentrum von der R66 rechts
   in den W Will Rogers Blvd
🕐 Täglich 8-17h
⚙ Freiwillige Spende
☎ 1-800-324-9455
🖥 www.willrogers.com

🏛 Chelsea (2.000 EW)

Als geschickte Überleitung zum nächsten Ort könnte man anführen, dass Will Rogers Eltern auf dem Dorffriedhof begraben liegen. In der bescheidenen Ortschaft nahm Oklahomas Ölboom seinen Anfang. Edward Byrd kaufte 1889 ein Stück Land von den Cherokee, installierte sein Bohrequipment und wurde praktisch sofort fündig: Das schwarze Gold lagerte in lächerlichen zwölf Metern Tiefe. Er förderte im Schnitt täglich über 6.000 Liter Rohöl, doch sein Unternehmen scheiterte trotzdem an mangelnden Transportmöglichkeiten, schließlich sollte die Route66 erst knapp vierzig Jahre später entstehen.

▶ Ed Galloway's Totem Pole Park

Der Kunstlehrer Ed Galloway aus Springfield, Missouri zog sich als Pensionär auf dieses Gelände zurück und kreierte im Lauf von 24 Jahren bis zu seinem Tod 1961 den Totempfahl-Park. Auf dem 5,5 Hektar grossen Gelände errichtete er elf Totempfähle aus Holz, Stahlrohren und Zement. Die Inspiration zu seinen bunt bemalten Werken bezog er angeblich vor allem aus dem National Geographic, denn die indianische Kultur der Totempfähle existierte nicht in den zentralen Prärien, sondern weit oben im pazifischen Nordwesten, vor allem im Staate Washington und im kanadischen British Columbia.

✉ 21300 E Highway 28a, Chelsea, OK 74016
⇨ 9 mi/14 km südlich von Chelsea geht es in
   dem Örtchen Foyil links ab auf den HW28,
   nach 4 mi/6 km auf der rechten Seite.
🕐 Mo-Sa 11-15h, So 12.30-16h
⚙ Frei
☎ 1-918-342-9149

🏛 Catoosa (5.500 EW)

Der nordöstliche Vorort fungiert als Hafen der Regionalmetropole Tulsa und ist über den Arkansas River und den Mississippi mit dem Golf von Mexiko verbunden. Der Blue Whale, Überbleibsel eines kleinen Freizeitparks aus den frühen 70er Jahren, wird immer wieder als Landmark in Route66-Führern genannt. Wer eine 25 Meter lange, grinsende Walfischfigur als historisches Denkmal betrachtet, stellt vermutlich relativ niedrige Ansprüche.

Das hellblaue Comic-Monster entdeckt man von der Straße aus erst im letzten Moment, etwa 2,5 km nach der Brücke über den Verdigris River in einer langgezogenen Rechtskurve.

Kurz nach Catoosa mündet die 66 automatisch in den Interstate 44, der die Stadt direkt durch- und danach den Arkansa River überquert. Wer seiner Neugier nachgeben muss, kann der Beschilderung Richtung Downtown auf dem IS244 folgen, den man am geschicktesten am Exit 6A verlässt. Links abgebogen führt die Cincinatti Ave geradewegs ins Zentrum.

Karte ▼ Seite 476

🏛 Tulsa (382.000 EW)

Die zweitgrößte Stadt Oklahomas hat einen klangvollen Namen und kaum einer anderen amerikanischen Mittelstadt wurde so viel musikalischer Tribut gezollt. „Tulsa time", „Tulsa shuffle", „24 Hours from Tulsa" und „Tampa to Tulsa" sind klassische und vielfach gecoverte Songs. Eric Clapton, Gene Pitney, Emmylou Harris und Dusty Springfield finden sich unter ihren Interpreten.

Tatsächlich war Tulsa mehrfach auf der musikalischen Landkarte vertreten. In den 1950ern war die Stadt ein Zentrum des Western Swing, einer Art tanzbarem, folkloristischem Jazz. Bob Willis and The Texan Playboys führten die Bewegung von Tulsa aus an. In den 60ern kreierten Musiker wie J.J. Cale, Elvin Bishop oder die Gap Band den „Tulsa Sound" – einen entspannten, blues-lastigen Rock, der besonders britische Musiker wie Clapton, Roxy Music oder die Dire Straits beeinflusste.

Tulsa in Zahlen	Tulsa	Zum Vergleich: Bochum
Einwohner Stadtgebiet	382.000	383.000
Fläche	484 km²	1.452 km²
Einwohner Ballungsraum	906.000	5,2 Mio.
Einwohner pro km²	820	2.576
Durchschnittstemperatur	16 °C	10,4 °C
Jährlicher Niederschlag	990 mm	809 mm
Höhe über NN	213 m	43 m
Partnerstädte	Insgesamt 8, darunter das niedersächsische Celle	

Wer jedoch eine brodelnde musikalische Metropole erwartet, wird enttäuscht werden. Tulsa erscheint trotz ansehnlicher Skyline und vollauf lebendiger Musikszene nur schwer greifbar. Die Stadt wirkt zerfasert und ungegliedert. Soziales Leben auf der Straße findet kaum statt. Restaurants und Bars liegen überwiegend weit verstreut. Tulsa ist zwar freundlich und entspannt, aber auch konservativ und distanziert. Eine amerikanische Durchschnittsstadt, fürs Auto gebaut und weitgehend charakterlos.

Die Gegend von Tulsa wurde nach der Gründung des Indian Territory von einer ganzen Reihe entwurzelter Indianerstämme besiedelt. Bis zur Wende des 20. Jahrhunderts war die Stadt kaum mehr als eine „cow town". Die Entdeckung reicher Erdölvorkommen ließ Tulsa rasant zur 100.000-Einwohner-Metropole wachsen, die sich großspurig zur „Oil Capital of the World" erklärte. Aus der Zeit des Ölbooms sind eine Reihe schöner Gebäude im Art Decó Stil erhalten, die von den Petrodollars finanziert wurden.

Wie in den meisten Boomtowns regierten Spekulation, Korruption und Verbrechen. Gewalt gehörte zum Alltag. Das war der Nährboden für den schlimms-

Ölpumpe mitten in der Stadt

ten Rassenkonflikt der amerikanischen Geschichte – den „Tulsa Race Riot" von 1921.

Denn auch die Petrokapitale wurde von der Weltwirtschaftskrise der 30er Jahre hart getroffen und konnte sich erst im 2. Weltkrieg erholen, als der Bedarf an Erdöl für die amerikanischen Truppen in die Höhe schoss. Auch nach dem Krieg hing das wirtschaftliche Schicksal der Stadt weiter am Auf und Ab der Ölpreise. Spätestens in den 90er Jahren wurde Tulsa dann vom texanischen Houston als Ölhauptstadt abgelöst.

Mit der Einsicht, dass die Rohstoffvorkommen keineswegs unerschöpflich sind, hat Tulsa versucht, seine Wirtschaftsbasis zu diversifizieren, allerdings nur mit mäßigem Erfolg. Tatsächlich siedelten sich Unternehmen aus anderen Branchen an, vom Finanzsektor über den Flugzeugbau bis zur Telekommunikation. Doch weiterhin liegen die Arbeitslosenzahlen vergleichsweise hoch und die Stadt ist permanent auf der Suche nach Investoren.

Tulsa ist zwar keine wirklich aufregende Stadt, doch einen halben Tag kann man ihr durchaus widmen. Unter einer Reihe interessanter Museen stechen besonders die Kunstsammlungen des Gilcrease Museums hervor.

▦ Websites

Website der Fremdenverkehrsbehörde
🖳 www.visittulsa.com

◉ Highlights

▶ Gilcrease Museum
Aus der Privatsammlung eines Petrodollar-Millionärs hervorgegangen, gilt das Gilcrease als eines der landesweit besten Museen für Kunst des amerikanischen Westens. Die Bandbreite reicht von indianischem Kunsthandwerk über Gemälde der Kolonialzeit bis zur Gegenwartskunst. Erweitert wird das Angebot mit wechselnden temporären Ausstellungen.
✉ 1400 N Gilcrease Museum Rd, Tulsa, OK 74127
🕐 Di-So 10-17h, kostenlose Führungen um 14h
🎟 Kinder frei, Studenten $5, Senioren $6, Erwachsene $8
☎ 1-918-596-2720
🖳 www.gilcrease.org

▶ Oklahoma Jazz Hall of Fame

Das Museum dokumentiert die Geschichte des Jazz in Oklahoma und ehrt seine wichtigsten Vertreter. Darunter finden sich der Trompeter Chet Baker, der Gitarrist Charlie Christian, die Sängerin Patti Page oder der Bassist Oscar Pettiford. Besondere Aufmerksamkeit wird der schwarzen Community im Tulsas Greenwood District und ihrem musikalischen Leben gewidmet. Regelmäßig veranstaltete Konzerte werden in der Website angekündigt.

- ✉ *111 E First Street*
- 🕐 *Mo-Fr 9-17h*
- ♾ *Frei*
- ☎ *1-918-281-8600*
- 🖥 *www.okjazz.org*

▶ Creek Council Oak Tree

Die uralte, heute umzäunte Eiche ist Tulsas Geburtsort. Für die Creek Indianer, die hier 1836 nach ihrer Vertreibung aus dem Süden Georgias siedelten, war der Baum Versammlungsort des Rates, der über die Geschicke des Stammes entschied.

- ✉ *Ecke 18th St / Cheyenne Ave*

▶ Tulsa Historical Society Museum

In der riesigen Villa der Ölbarone Travis beleuchtet eine umfangreiche Ausstellung die bewegte Geschichte der Stadt. Detailliert betrachtet wird die Bedeutung der Eisenbahn und des Erdöls für die Entwicklung der Stadt. Auch die Rassenunruhen von 1921 fallen nicht unter den Tisch.

- ✉ *2445 South Peoria, Tulsa, OK 74114*
- 🕐 *Di-Sa 10-14h*
- ♾ *Kinder & Studenten frei, Senioren $3, Erwachsene $5*
- ☎ *1-918-712-9484*
- 🖥 *www.tulsahistory.org*

▶ Ausgehen

Die Amüsierviertel Tulsas sind klein und über die Stadt verstreut. Eine Reihe von Clubs und Restaurants finden sich im Boston District, um die Ecke 18th St/Boston Ave.

Der historische Konzertsaal Cain's Ballroom (✉ 423 N Main) war schon in den 30er Jahren ein Jazz-Club. Im Backstage-Bereich findet sich ein Loch in der Wand, das Sid Vicious nach einem Sex Pistols Konzert 1978 mit der bloßen Faust geschlagen haben soll.

Cain's ist weiterhin aktiv und wird von attraktiven Bands verschiedenster Musikstile frequentiert.

- 🖥 *www.cainsballroom.com*

🎵 Soundtrack Tulsa

Künstler	Titel	Album	Jahr	Genre
Bob Wills and The Texas Playboys	Take Me Back To Tulsa	(Single)	1941	Country
Gene Pitney	Twenty Four Hours from Tulsa	(Single)	1963	Pop
Neil Young	The last trip to Tulsa	Neil Young	1968	Folk
The Byrds	Tulsa County Blue	Ballad of Easy Rider	1969	Rock
Emmylou Harris	Tulsa Queen	Luxury Liner	1977	Songwriter
Don Williams	Tulsa Time	Expressions	1978	Rock
Kenny Rogers	Tulsa Turnaround	Kenny	1979	Country
The Tractors	Tulsa Shuffle	The Tractors	1994	Country
The Jayhawks	Tampa to Tulsa	Rainy Day Music	2003	Country
Rufus Wainwright	Tulsa	Release the Stars	2007	Songwriter

Schandfleck der Geschichte – Der Tulsa Race Riot

Der Amerikanische Bürgerkrieg hatte die Abschaffung der Sklaverei durchgesetzt und laut Verfassungszusatz waren fortan alle Hautfarben gleich. „Gleich ja, aber getrennt" galt nun als Grundsatz in den Südstaaten und mit regionalen Abstufungen wurde de facto ein Apartheitssystem geschaffen. Unter vielen Weißen machte sich die Furcht breit, die Afroamerikaner könnten politische und ökonomische Macht gewinnen. Das war der Nährboden, auf dem der 1915 wiedergegründete Ku Klux Klan schnell auch in Tulsa Fuß fassen konnte.

In den Boomjahren bis 1920 zogen viele Schwarze in die Ölmetropole und etablierten eine relativ prosperierende schwarze Mittelschicht, von denen es einige sogar zu Reichtum gebracht hatten. Die Greenwood Avenue, nördlich des Stadtkerns galt als die „Negro Wall Street" – ein blühendes schwarzes Handelszentrum.

Das Ende des Ersten Weltkriegs leitete jedoch eine wirtschaftliche Krise in den USA ein. Inflation und Arbeitslosigkeit griffen um sich. Heimkehrende Kriegsveteranen fanden ihre Arbeitsplätze von Schwarzen aus dem Süden besetzt. Es entstand eine scharfe Konkurrenzsituation zwischen den Rassen. Auch die Angst vor der bolschewistischen Revolution in Russland trug zur Verschärfung der Spannungen bei. Schwarze Aktivisten wurden als Radikale verteufelt und mit kommunistischer Bedrohung gleichgesetzt.

1919 explodierten die aufgestauten Spannungen in einer Welle von Rassenkrawallen, die die USA von Arizona bis Neuengland und von Georgia bis Nebraska überrollte. In den meisten Fällen griff der weiße Mob schwarze Stadtviertel an, doch in einigen Städten richtete sich der Hass auch gegen europäische Immigranten aus Griechenland oder Italien. Zwischen Mai und Oktober tobten Auseinandersetzungen in 26 größeren Städten.

In Tulsa kam der Ausbruch erst 1921, am 31. Mai. Der Auslöser war eigentlich nichtig, doch die Emotionen schaukelten sich innerhalb weniger Stunden hoch: Ein 19-jähriger schwarzer Schuhputzer wurde beschuldigt, eine junge Weiße in einem Fahrstuhl belästigt zu haben. Das Gerücht von einem Vergewaltigungsversuch raste durch die Stadt, während die Polizei dem Fall scheinbar kaum Bedeutung beimaß. Die Sensationspresse sprach von geplanter Lynchjustiz und etwa hundert Schwarze versammelten sich vor dem Gerichtsgebäude, um den inzwischen festgenommenen Angeklagten zu beschützen. Es kam zu Tumulten und innerhalb weniger Stunden fiel der bewaffnete weiße Mob über das schwarze Stadtviertel Greenwood her.

Die Krawalle dauerten nur eine Nacht – genug, um 35 Häuserblocks in Schutt und Asche zu legen. Neben Hunderten von Wohnhäusern wurden Restaurants, Cafés, Gemüseläden, Zahnarztpraxen, vier Hotels, zwei Zeitungsredaktionen, zwei Kinos, ein Krankenhaus, ein Postamt und eine High School geplündert und anschließend in Brand gesetzt. Etwa 10.000 Schwarze wurden obdachlos. Der Gouverneur verhängte den Ausnahmezustand und am nächsten Morgen trafen Truppen ein, die dem Tumult ein Ende setzten. Offiziellen Angaben zufolge wurden 35 Tote gezählt, 26 schwarze und 9 weiße. Eine Jahrzehnte später eingesetzte Untersuchungskommission schätzte die Zahl der Opfer auf rund 300.

Nicht wenige Beobachter konstatierten, dass der Begriff Rassenkrawalle die Realität nicht annähernd beschreiben könne und nannten die Ereignisse ein Pogrom oder schlicht ein Massaker.

Niemand ist danach je für die Ausschreitungen zur Verantwortung gezogen worden. Auch hat es keinen Versuch gegeben, die Opfer in irgendeiner Form zu entschädigen. Im Gegensatz zum Attentat von Oklahoma verschwanden die Ereignisse von Tulsa zwar nach und nach aus dem öffentlichen Bewusstsein, zunächst aber waren die Riots noch Objekt des weißen Stolzes: Fotos des brennenden Greenwood wurden auf der Straße als Postkarten verkauft. Doch angesichts der schlechten nationalen und internationalen Presse wurde aus Stolz allmählich Scham.

Über Jahrzehnte erwähnten die Medien kaum ein Wort davon, zwei Generationen von Schulkindern erfuhren nichts von der Tragödie. Noch 1996 sagte der Staatsanwalt des Tulsa County in einem Interview: „Ich bin hier geboren und aufgewachsen, und ich hatte nie von den Riots gehört."

Erst 1997, volle 76 Jahre nach den Krawallen, setzte die Stadtregierung eine Kommission ein, die die Ereignisse untersuchen sollte. Der Abschlussbericht ist für die Stadt Tulsa eine hochgradig selbstkritische Lektüre. Doch die Generation der Opfer ist praktisch ausgestorben und außer einigen wenigen symbolischen Akten, wie der Vergabe von Stipendien an einige Nachkommen, haben die Tulsa Race Riots bis heute zu keinen wirklichen Konsequenzen geführt.

👁 Schauplätze

▶ Greenwood
Das Stadtviertel liegt just nördlich des Zentrums auf der anderen Seite des IS244. Zu sehen gibt es hier allerdings nichts, was in Verbindung mit den Ereignissen von 1921 stünde. Nach wie vor hat der etwas vernachlässigte Stadtteil einen hohen afroamerikanischen Bevölkerungsanteil.

▶ Black Settlers: The Search for the promised Land
Die Sammlung historischer Fotos auf dem Universitätscampus dokumentiert die schwarze Migration nach Oklahoma und Sozialgeschichte in Tulsa.
- ✉ 700 N Greenwood Ave, North Hall 151
- 🕐 Mo-Fr 7-22h, Sa-So 7-18h
- 🔗 Frei
- ☎ 1-918-594-8239

▶ Mt. Zion Baptist Church
Die schwarze Baptistengemeinde initiierte das Projekt eines eigenen Kirchengebäudes im Jahre 1914 und sammelte sieben Jahre lang Spenden, um das Gotteshaus zu finanzieren. Zwei Wochen nach der Einweihung wurde es bei den Rassenkrawallen niedergebrannt. Die Kirche wurde an gleicher Stelle wieder aufgebaut.
- ✉ 419 N Elgin Ave

💻 Websites

Hier kann der vollständige Abschlussbericht der historischen Untersuchungskommission eingesehen werden:
- 💻 www.okhistory.org/research/forms/freport.pdf

Linksammlung zu Materialien und Websites zu den Riots
- 💻 www.subliminal.org/tulsa

Spirale der Gewalt – Tornados

I heard a noise, and it sounded like a train coming, and I ran into my bathroom. The tree went right through the bedroom window where my head was.

Ich hörte ein Geräusch und es klang, als nähere sich eine Eisenbahn. Ich rannte ins Badezimmer und der Baum flog direkt durch das Schlafzimmerfenster, wo kurz zuvor noch mein Kopf gewesen war.

Überlebende eines Tornados, 2007 in Florida

Meldungen von Naturkatastrophen aus den USA gehören in den Massenmedien zum Alltag: Erdbeben, Hurricanes, Waldbrände. Die Amerikaner leben in einem der Gebiete mit der größten Häufung von Extremwetterlagen und kämpfen mit jährlich 10.000 Gewittern, 5.000 Überschwemmungen und im Schnitt sechs Hurricanes. In Kombination mit extremer sommerlicher Hitze und bitterkalten, schneereichen Wintern fordern Wetterkatastrophen alljährlich rund 500 Todesopfer.

Doch die Bilder der schier unglaublichen Zerstörungswut von Tornados ziehen den Zuschauer am meisten in den Bann. Das himmlische Inferno lässt den Beobachter durch seine wohlgeformte Ästhetik der Gewalt erschauern. Fliegende Kühe, abhebende Wohnhäuser und Schneisen völliger Zerstörung erwecken Assoziationen an biblische Strafen. Die Überlebenschancen einer ungeschützten Person in einem Tornado tendieren gegen Null.

Tornados sind die gewaltigsten Stürme der Erdatmosphäre. Die höchste je an der Erdoberfläche gemessene Windgeschwindigkeit betrug über 490 km/h (!) bei einem Tornado der 1999 die südlichen Außenbezirke von Oklahoma City verwüstete. Dabei ist die Vorwärtsbewegung eines Tornados vergleichsweise langsam und überschreitet selten 50 km/h. Es ist die Rotation des Luftwirbels, die solche ungeheuren Geschwindigkeiten erreicht. Schwache Tornados, die knapp 90 % ausmachen, rotieren mit 65 bis 180 km/h. Nur etwa jeder hundertste Tornado wird als verheerend eingestuft.

Tornados sind ausgesprochen kleinräumige und kurzlebige Phänomene. Meist beträgt ihr Durchmesser nur einige Dutzend oder ein paar hundert Meter, selten bis zu einem Kilometer. Auch hält sich ein Tornado selten länger als eine Stunde, oft sogar nur wenige Minuten.

Aber genau diese Merkmale machen das Phänomen so schwer zu untersuchen und vorherzusagen. Tatsächlich werden Tornados erst seit den 50er Jahren systematisch erforscht, um an Möglichkeiten einer sichereren Vorhersage zu arbeiten.

Das Storm Prediction Center in Norman, Oklahoma, ist als Ableger des National Weather Service für die Tornadowarnungen zuständig. Allerdings gibt es nur zwei relativ unkonkrete Alarmstufen: Ein „Tornado Watch" wird ausgerufen, wenn in einem bestimmten Gebiet meteorologische Faktoren auf eine Weise zusammentreffen, die die Entstehung

von Tornados ermöglicht. Diese Vorwarnung bezieht sich normalerweise auf eine Zone vom Umfang etlicher Counties, kann also viele hundert Quadratkilometer groß sein. Die zweite und eigentliche Alarmstufe „Tornado Warning" wird aktiviert, wenn die Doppler-Radarsysteme eine starke Rotation innerhalb eines Gewitters feststellen. In diesem Moment kann ein Tornado aber bereits entstanden sein. Eine dritte Alarmstufe „Tornado Emergency" ist in der Geschichte erst zwei Mal ausgerufen worden. Sie warnt vor dem Heranziehen eines Tornados auf eine Großstadt.

Die Radarüberwachung kann aber den Tornado selbst nicht entdecken, sondern nur mögliche Indizien. Darum arbeitet das Vorhersagezentrum mit Tausenden freiwilliger „storm spotter" zusammen. Sie werden in kurzen Kursen ausgebildet, Anzeichen eines schweren Sturms frühzeitig zu erkennen und ihre Beobachtungen schnell und präzise weiterzugeben. Bei einer Tornadowarnung werden alle Fernseh- und Radioprogramme sofort unterbrochen. Viele Orte aktivieren durchdringende Sirenen oder die Bevölkerung wird von Polizeiwagen per Lautsprecher gewarnt. Oft kommt der Alarm aber erst im letzten Moment, denn Tornados entstehen schnell und scheinbar spontan.

Der exakte Ablauf der Bildung von Tornados ist von der Wissenschaft bisher noch nicht vollends geklärt. Sicher ist aber, dass zumindest einige grundsätzliche Ausgangsbedingungen erfüllt sein müssen: Durch das Aufeinandertreffen von unterschiedlichen Luftmassen, meist feuchter Warmluft aus dem Golf von Mexiko und trockener Kaltluft aus den Rocky Mountains, bilden sich schwere Gewitterfronten. Dabei steigt die feuchtwarme Luft schnell in die Höhe, die Feuchtigkeit kondensiert und fällt schließlich als Niederschlag auf die Erde. Unter bestimmten komplexen Bedingungen kann eine solche Gewitterzelle in eine Rotationsbewegung versetzt werden, die sich selbst weiter beschleunigt. An der Unterseite der Gewitterwolke entsteht eine sichtbare, rotierende Trichterwolke, die den Erdboden erreichen kann. Die Amerikaner benutzen dann gern den aus dem Football entlehnten Begriff „Touchdown" und meinen damit einen voll entwickelten Tornado. Tatsächlich kann der Tornado aber bereits auf dem Boden aktiv sein, ohne dass die Trichterwolke sichtbar bis zur Erdoberfläche reicht.

Grundsätzlich treten Tornados in allen Staaten der USA auf, selbst in Alaska. Besonders häufig bilden sie sich aber in der sogenannten „Tornado Alley", einer wissenschaftlich nicht exakt definierten Zone zwischen den Rocky

Gewitterzelle bei Groom, Texas

Mountains und den Appalachen. Alljährlich werden etwa 1.200 Tornados gezählt, wovon circa die Hälfte auf die vier Bundesstaaten Texas, Oklahoma, Kansas und Nebraska entfallen. In den Grenzen von Oklahoma City wurden seit der Stadtgründung 1889 bereits über hundert Tornados gezählt.

Ebenso wenig wie geographische Grenzen respektieren Tornados die Jahreszeiten: Sie können sogar im Winter entstehen. Besonders häufen sie sich im Frühjahr, dem Zeitpunkt, den die Medien gerne „Tornado Season" nennen, der dann von der ebenso spektakulären „Hurricane Season" abgelöst wird.

Gerne werden Tornados auch mit dem Klimawandel in Verbindung gebracht und ein Ansteigen von Zahl und Schwere unterstellt. Tatsächlich ist aber bisher keine gesicherte Zunahme der Tornadoaktivität nachgewiesen worden. Die Annahmen, welche Auswirkungen der Klimawandel in Zukunft haben könnte, gehen weit auseinander. Eine Reihe von Wissenschaftlern unterstützt die Hypothese, dass die Erwärmung der Gewässer im Golf von Mexiko ein verstärktes Eindringen feuchter Luft in die Zentralregionen mit sich bringen könnte – und damit eine Zunahme von Extremwetterlagen bedingt. Laut Statistik fallen jährlich etwa 60 Menschen einem Tornado zum Opfer – mit steigender Tendenz. Doch die

Zunahme scheint keinen klimatischen Hintergrund zu haben. Vielmehr wird sie auf die stetig wachsende Zahl von Mobile Homes zurückgeführt, die auch ein schwacher Tornado in Sekundenschnelle wegblasen kann.

Damit wird auch die erste Grundregel für das Verhalten im Falle einer Tornadowarnung klar: So schnell wie möglich ein stabiles Gebäude aufsuchen. Am besten flüchtet man in den Keller. Ist keiner vorhanden, dann sucht man einen fensterlosen Raum im Inneren des Gebäudes. Die meisten Opfer werden nämlich nicht, wie man sich vorstellen könnte, vom Tornado durch die Luft gewirbelt, sondern von umherfliegenden Projektilen getroffen, wobei von Glas selbstredend die größte Gefahr ausgeht. Viele Hotels und öffentliche Gebäude im Mittleren Westen und in den Großen Ebenen haben unterirdische Schutzräume, wo man zweifellos am besten aufgehoben ist.

Befindet man sich irgendwo im Freien und findet kein stabiles Gebäude, wird es heikel. Einem Tornado im Auto davon zu fahren, kann einen Ortsunkundigen in eine tödliche Falle führen. Das Storm Prediction Center warnt davor, im Auto zu bleiben oder unter Brücken Schutz zu suchen. Autos sind ein leichtes Opfer für einen Tornado und unter Brücken beschleunigen sich die Winde. Also wird empfohlen, sich

bäuchlings in einen Straßengraben zu legen und mit den Händen Kopf und Nacken zu schützen. Aber auch dann hilft wahrscheinlich nur noch Beten.

👁 Schauplätze

Wer für sein Leben gern einen Tornado zu Gesicht oder vor die Kamera bekommen möchte, kann im Internet nach Tornado-Reiseveranstaltern suchen. Es gibt eine ganze Reihe, die erlebnishungrige Katastrophentouristen auf der Jagd nach schlechtem Wetter durch die zentralen Ebenen karren. Die meisten Touren starten in Dallas, Denver oder Oklahoma City.

🏛 Wakita

Das 400-Einwohner-Örtchen, 140 Meilen nördlich von Oklahoma City, war Drehort des Katastrophenfilms „Twister" (1996), einer Liebesgeschichte zwischen Tornadojägern vor stürmischem Hintergrund. Allerdings haben die Filmemacher offensichtlich mehr in Special Effects als in fundierte wissenschaftliche Beratung investiert. Viele Details in der Darstellung der Tornados sind widersprüchlich oder – wie so oft in Hollywoodproduktionen – schlicht unrealistisch.

🖵 Twister	
Jahr	1996
Regie	Jan de Bont
Hauptdarsteller	Helen Hunt, Bill Paxton
Genre	Katastrophenfilm

🏛 Tulsa

Jeweils mittwochs um 12 Uhr mittags werden in Tulsa die Tornado-Alarmsirenen getestet, allerdings nur bei schönem Wetter, um Verwechslungen auszuschließen.

▶ Storm Prediction Center

Das nationale Sturmwarnungszentrum 25 Meilen südlich von Oklahoma City veröffentlicht 5-mal täglich eine detaillierte Schlechtwettervorhersage mit statistischen Risikoprognosen. An einigen Wochentagen kann das Zentrum besichtigt werden. Eine Voranmeldung ist obligatorisch.

- ✉ *National Weather Center, 120 David L. Boren Blvd, Norman, OK 73072*
- ⇨ *Von Oklahoma City auf dem IS35 Richtung Süden, Exit 108A, OK9 3 mi/5 km Richtung Osten, links in die Jenkins Ave und gleich wieder rechts*
- 🕐 *Mo, Mi, Fr, 13h*
- 💲 *Frei*
- ☎ *1-405-325-1147*
- 🖥 *www.spc.noaa.gov*

Von Tulsa nach Oklahoma City

Das Zentrum Tulsas verlässt man auf dem IS244 in Richtung Oklahoma City. Wer auf den Stop in Tulsa verzichtet, durchkreuzt die Stadt auf dem IS44. Beide überqueren den Arkansas River und vereinigen sich am westlichen Ufer. Wer schnell vorwärts kommen möchte, bleibt auf der Autobahn, die allerdings eine Mautgebühr von $4 bis zur Hauptstadt verlangt. Der 1953 eröffnete Turner Turnpike war der erste Autobahnabschnitt, der die alte Route66 ersetzte.

„Oklahoma" klingt nicht allzu vielversprechend, die meisten Amerikaner assoziieren nur endlose, flache Einsamkeit. Im Herbst 2011 wählte der San Francisco Examiner Oklahoma zum fünfthässlichsten Staat der USA, Sieger wurde das kleine Delaware an der Ostküste. Oklahoma hat zweifellos keine der überwältigenden Extremlandschaften wie Utah, Arizona, Montana oder Oregon vorzuweisen, doch die 190 Kilometer Route66 von Tulsa in die Staatshauptstadt zählen zu meinen persönlichen Favoriten. Sanftes Grün, wenig Verkehr und verschlafene Käffer fernab der Autobahn lassen einen gemächlich dahingleiten, während man sich von ebenso stressfreiem Country-Gedudel aus dem Radio berieseln lässt. Der Abschnitt führt mitten durchs tiefste Amerika, da wo die gute alte Zeit stehengeblieben zu sein scheint und es offenbar nur friedliebende, freundliche und arbeitsame Menschen gibt.

Die Empfehlung lautet also eindeutig: Zwei Stunden länger unterwegs sein und sich gelassen über den alten Asphalt treiben lassen.

Um auf die alte Tante 66 zu gelangen, nimmt man die Ausfahrt 221B in Richtung Sapulpa, die etwa eine Meile südlich der Vereinigung der beiden Interstates von der linken Spur(!) abzweigt. Zunächst geht es noch auf einer breiten Schnellstraße durch unansehnliche Vororte und Gewerbegebiete. Nach 6 mi/9,5 km heißt es, sich konzentrieren und den hier weiß beschilderten Abzweig nach rechts auf die Dewey Ave nicht zu verpassen. Als Anhaltspunkt dient die Phillips 66 Tankstelle, direkt vor der Kreuzung. Dann geht es durch das hübsche Stadtzentrum von Sapulpa.

🏛 Sapulpa (20.500 EW)

Die Kreishauptstadt des Creek County wurde nach dem ersten Häuptling der Creek benannt, die hier nach ihrer Vertreibung aus Alabama in den 1840er Jahren siedelten. In der Umgebung der Stadt werden in großem Stil Walnüsse angebaut. Das Lokalblatt Sapulpa Daily Herald wurde 2008 des Rassismus bezichtigt, weil es auf der Titelseite nicht den Wahlsieg Barack Obamas meldete, sondern titelte, Widersacher John Mc Cain habe im hiesigen Wahlkreis die Mehrheit der Stimmen erhalten. Auch das ist tiefstes Amerika ...

🏛 Bristow (900 EW)

Nach einem kurzen Schlenker auf die Nordseite des Interstate kehrt die 66 gleich wieder auf die Südseite zurück, wo sie die nächsten 42 mi/67 km verbleiben wird. Gene Autry, in den vierziger Jahren einer der beliebtesten Stars der Unterhaltungsindustrie, verdingte sich in jungen Jahren auf dem Telegraphenamt in Bristow. Er ist der einzige Künstler, der auf dem Hollywood Walk of Fame mit fünf Sternen in allen Kategorien vertreten ist: Film, Radio, Musik, Fernsehen und Theater. Folksänger Tom Paxton zog mit seiner Familie im Alter von zehn Jahren von Chicago nach Bristow, wo er seinen High School Abschluss machte.

Wer eine Pause in Bristow einlegt, sollte überprüfen, ob die städtische Verordnung aus dem Jahre 1930 eingehalten wird, mit jedem Glas Wasser eine Erdnuss zu servieren.

In Bristow muss man wiederum nach rechts abbiegen, um der 66 zu folgen.

🏛 Stroud (2.700 EW)

Bevor Oklahoma 1907 zum 46. Staat der USA wurde, bestand es aus zwei getrennten Einheiten, dem Indian und dem Oklahoma Territory. Die damalige Grenze stimmte mit der heutigen Trennungslinie zwischen Creek und Lincoln County überein. Im östlichen Indian Territory herrschte Prohibition, Stroud war der erste Ort jenseits der Grenze und hatte mit seiner Vielzahl von Saloons einen dementsprechend wilden Ruf. Diese Zeiten sind allerdings offensichtlich lange vorbei.

Henry Starr aus Fort Gibson südwestlich von Tulsa war seinerzeit einer der berüchtigsten Outlaws des Westens. Schon Vater und Großvater hatten ihr Leben mit mittelmäßigem Erfolg dem Verbrechen gewidmet. Henry war möglicherweise talentierter, mit seiner Bande soll er im Lauf seiner 32-jährigen Karriere mehr Banken ausgeraubt haben als die Banden von Jesse James und den Daltons zusammen.

Im Oktober 1915 überfiel die Starr-Gang beide Banken Strouds gleichzeitig, doch die hartgesottenen Bürger der Stadt luden ihre Waffen und stellten sich der Räuberbande entgegen. Es kam zu einem wilden Feuergefecht, bei dem Starr und ein anderes Gangmitglied schwer verwundet und schließlich dingfest ge-

macht wurden. Der Rest der Bande entkam mit 5.815 Dollars. Starr wurde zu 25 Jahren Gefängnis verurteilt, von denen er allerdings nur vier Jahre absaß, weil er dem Verbrechen öffentlich abschwor. 1921 wurde er rückfällig. Bei dem Versuch, eine Bank in Harrisson, Arkansas auszurauben, wurde er vom Bankdirektor persönlich von hinten erschossen.

Stroud ist verschwistert mit drei weiteren Orten gleichen Namens in England, Kanada und Australien. Alljährlich veranstalteten die vier Namensvettern einen internationalen Wettbewerb im Ziegelsteinweitwurf. Doch wegen geringer Beteiligung hat die Meisterschaft zum vorerst letzten Mal stattgefunden.

🏛 Chandler (2.800 EW)

Das gemütsame Örtchen wird von der 66 in Nord-Süd-Richtung durchquert. Folglich muss man am Ortseingang der Linkskurve folgen und am Ende der Main Street wieder rechts abbiegen. Wer das lokale Route66-Museum besuchen möchte fährt bei angesprochener Linkskurve einfach geradeaus weiter.

▶ Route66 Interpretative Center

Das Museum zur Route gleicht weitgehend dem vom Clinton im westlichen Oklahoma. Fotos vom Dustbowl, dem Bau der Straße und Devolutionalien aus der guten alten Zeit illustrieren die Epoche, in der Route66 die zentrale amerikanische Überlandverbindung war. Ihrem Niedergang folgte der Abstieg der vielen kleinen Orte an der Straße.

✉ 400 E Route66, Chandler, OK 74834
🕐 Di-Sa 10-17h, So 13-17h,
   Oktober-April sonntags geschlossen
∞ Senioren $4, Erwachsene $5
☎ 1-405-258-1300
💻 www.route66interpretivecenter.org

▶ Seaba Station Motorcycle Museum

In der als Ortschaft kaum wahrnehmbaren 200-Einwohner-Gemeinde Warwick,

Die Skyline von Oklahoma City mit dem 2012 fertiggestellten, 50 Stockwerke und 259 Meter hohen Devon Tower.

11 Kilometer westlich von Chandler liegt direkt an der 66 ein winziges Motorradmuseum, das einige kuriose Uralt-Modelle ausstellt. Sicher nur für Zweiradfanatiker interessant.

✉ *336992 E Highway 66, Chandler, OK 74834*
🕐 *Täglich 10-17h außer mittwochs*
💰 *Freiwillige Spende*
☎ *1-405-258-9141*
🖥 *www.seabastation.com*

Hinter Warwick wechselt die 66 wieder auf die Nordseite des Interstate.

🏛 Arcadia (300 EW)

Der „Round Barn" in Arcadia, eine über hundert Jahre alte, runde Scheune mit Andenkenshop, wurde als „historic landmark" deklariert. Die Holzkonstruktion der Dachkuppel ist durchaus beeindruckend und einen kurzen Zwischenstopp wert.

✉ *Direkt an der Route66 zwischen Main St und Division St*
⇒ *Vom IS40 muss man bereits am Exit 158 bei Wellston abfahren und dann der OK66 16 mi/26 km nach Westen folgen.*
🕐 *Di-So 10-17h*
💰 *Frei*
☎ *1-405-396-0824*
🖥 *www.arcadiaroundbarn.org*

🏛 OKLAHOMA CITY (538.000 EW)

Karte ▶ Seite 477

Die Hauptstadt des gleichnamigen Staates trägt ähnlich wie Tulsa an einer schweren historischen Last. Allerdings ist das Attentat auf ein Regierungsgebäude von 1995 keineswegs unter den Teppich gekehrt worden. Ganz im Gegenteil wurde die nationale Tragödie von den Medien breit ausgeschlachtet und hat sich in all ihrer Grausamkeit in der amerikanische Seele festgefressen.

Doch der amerikanische Optimismus, dass man trotz aller Rückschläge nach vorn schauen und das Leben weitergehen muss, wird hier besonders deutlich. Oklahoma City trauert noch immer, doch die Stadt und ihre Bewohner zeigen den eisernen Willen, sich durchzubeißen.

Die Stadt erlebt gegenwärtig eine Renaissance, die sich in vielen Bau- und Kulturprojekten widerspiegelt. Die Fertigstellung des mit 259 Metern Höhe alles überragenden Devon Towers im Oktober 2012 hat die Skyline der Stadt völlig verändert. Inzwischen scheint auch endlich die Politik zu der Einsicht gelangt zu sein, dass eine Innenstadt vor allem von Ihren Bewohnern lebt. Nachdem das Zentrum in den 1970er und 80er Jahren in Richtung der Vorstädte verlassen wurde und zu einem toten Business-Distrikt verkam, versucht man jetzt, die Menschen wieder zurückzuholen und schicke Apartmenthäuser schießen allerorts im Innenstadtbereich aus dem Boden. Das zentrumsnahe Lagerhausviertel Bricktown fiel nicht den Bulldozern zum Opfer, sondern wurde geschmacklich durchaus ansprechend zu einem Vergnügungsviertel umgestaltet. Gleich daneben entstand ein dem Baustil angepasstes, neues Baseball-Stadion. Den Opfern des Attentats setzte die Stadt ein ästhetisch ausgesprochen gelungenes Denkmal, das in seiner Schlichtheit und Würde kaum hätte besser gestaltet werden können.

Doch ähnlich wie Tulsa erscheint Oklahoma City dem Kurzbesucher schwer greifbar. Die Stadt, in der mit der Parkuhr

und dem Einkaufswagen wegweisende Erfindungen für die moderne Welt gemacht wurden, erscheint ausschließlich für den Autoverkehr geschaffen. Fußgängerampeln werden trotz überraschend wenig Verkehr scheinbar niemals grün. Das Zentrum lädt nicht zum stundenlangen Spazierengehen ein und Shopping findet in den Einkaufszentren statt, die sich hinter quadratkilometergroßen Parkplätzen verschanzen. Den gar nicht wenigen Museen und Kulturzentren muss man sich über die Autobahn nähern.

Die Stadt ist einfach zutiefst amerikanisch und keinen Hauch von Geschichte oder Tradition weht der nicht selten starke Wind durch die breiten Straßen. Es gibt anscheinend nur zwei mögliche Alternativen: erbarmungslose Modernität oder Verfall.

Oklahoma City in Zahlen	Oklahoma City	Zum Vergleich: Bremen
Einwohner Stadtgebiet	538.000	548.000
Fläche	1.608 km²	325 km²
Einwohner Ballungsraum	1,3 Mio.	1,5 Mio.
Einwohner pro km²	336	1.685
Durchschnittstemperatur	14,9 °C	8,8 °C
Jährlicher Niederschlag	789 mm	640 mm
Höhe über NN	410 m	11 m
Partnerstädte	Insgesamt sechs, darunter Rio de Janeiro	

Oklahoma City entstand – wie wohl kaum eine andere Stadt der Welt – innerhalb weniger Stunden. Am 22. April 1889 wurde der Startschuss für den „Land Run" gegeben, bei dem 50.000 Siedler an der Staatsgrenze standen, um sich ein Stück Land in dem zur Besiedlung freigegebenen Territorium zu sichern. Die Euphorie, ein neues Leben zu beginnen, setzte aber nicht nur positive Gefühle unter den Siedlern frei. Der Kampf um das beste Stück Land endete nicht selten in tödlichen Auseinandersetzungen und föderale Truppen versuchten unablässig, die Ordnung halbwegs aufrecht zu erhalten.

Am selben Abend entstand Oklahoma City als Zeltlager und innerhalb weniger Wochen wurde eine Kleinstadt aus dem Boden gestampft: Häuser, Läden, Saloons und Schulen wuchsen aus dem Nichts. Die Einwohnerzahl sprang praktisch über Nacht von Null auf Zehntausend.

In den folgenden Jahrzehnten zogen abermals Zehntausende zu und als 1907 der Staat Oklahoma in die Föderation aufgenommen wurde, hatte Oklahoma City bereits 60.000 Einwohner. Zunächst wurde zwar das nördlich gelegene Guthrie zum Regierungssitz erklärt, das wirtschaftliche Übergewicht

Oklahoma State Capitol
und Ölbohrturm

überzeugte die Politik allerdings und Oklahoma City wurde schon drei Jahre später zur Hauptstadt ernannt. Doch als ein angemessenes Regierungsgebäude her musste, fehlten die Finanzmittel, um den klassizistischen Prachtbau mit der obligatorischen Kuppel auszustatten – eine Schande für einen stolzen Staat, die erst 2002 überwunden werden konnte. Die neue Haube wurde dementsprechend mit großem Brimborium gefeiert.

Den eigentlichen Wachstumsschub für Oklahoma City brachte das Erdöl. Der Zufall wollte es, dass die Hauptstadt exakt auf reichen Rohölvorkommen gebaut worden war. Es dauerte also nicht lange, bis das Kapitol schon bald von unzähligen Bohrtürmen überragt wurde. Das Öl brachte kurzfristig Arbeit und Geld nach Oklahoma City – zumindest bis in die 60er Jahre, als die Ölvorkommen ausgebeutet waren und der Stadt mangels Alternativen eine lange Depression bevorstand. Erst in den letzten Jahren mehren sich die Zeichen wirtschaftlicher Erholung. Seit der Jahrtausendwende verzeichnet die Stadt alljährlich ein weit überdurchschnittliches Wirtschaftswachstum.

Im Jahr 2008 erhielt Oklahoma Citys Selbstwertgefühl einen zusätzlichen Schub: Das Basketballteam der Seattle Supersonics zog einfach samt Spielern und Angestellten um und nennt sich nun Oklahoma City Thunder. Im finanzdominierten US-Sport ist das keine Seltenheit. Ein Viertel der 30 Mannschaften der NBA, der Basketball-Profiliga, ist schon einmal von einer Stadt in die andere gezogen.

Doch auf Rückschläge muss man sich in Oklahoma City weiterhin gefasst machen: Über keine amerikanische Großstadt ziehen so viele Tornados hinweg.

▶ Orientierung

Oklahoma City ist ohne eigenes Vehikel schwer zu erkunden. Viele Anziehungspunkte liegen außerhalb des Zentrums, selbst das Regierungsgebäude findet sich gut 2 Meilen vom Kern der Stadt entfernt.

Das Zentrum ist ausgesprochen übersichtlich und eigentlich problemlos zu Fuß zu erforschen. Kostenlos und strategisch günstig parkt man vor dem Bass Pro Outdoor Shop und lässt sich mit einer 2-Dollar-Tageskarte von einem Trolley Bus für Touristen ins Stadtzentrum oder zum Memorial und wieder zurück kutschieren. Die auf dem Fahrplan angegebenen Abfahrtszeiten sind allerdings wenig zuverlässig, unter Umständen muss man schon mal eine halbe Stunde warten.

⇒ *Auf dem IS35 in Richtung Süden, Ausfahrt 127, nach 1,5 km in Richtung Stadtzentrum auf der linken Seite*

▶ National Memorial

Zwei freistehende, bronzeverkleidete Mauern symbolisieren, wie sich das Schicksal von einer Minute zur anderen wenden kann. Die östliche Wand repräsentiert 9 Uhr und eine Minute, die westliche 9 Uhr drei. Dazwischen liegt ein schwarzer See – der Tod. Auf der Südseite des Denkmals stehen 168 Stühle, für jedes Opfer der Anschläge einen. Die kleinen Stühle stehen dabei für getötete Kinder – eine simple aber ergreifende Symbolik.

Vor dem Eingang haben Freunde und Angehörige tausende persönliche Objekte und Fotos im Gedenken an die Opfer aufgehangen – mindestens genauso überwältigend wie das offizielle Denkmal. Direkt darüber dokumentiert ein Museum die Einzelheiten der Tragödie. Alles in Allem kein Ort für schwache Nerven.

✉ *620 N Harvey Ave, Oklahoma City, OK 73102*
⇒ *Aus dem Stadtzentrum auf der Walker Ave nach Norden, nach etwa 800 m rechts in die 4th Street, die zweite links in die Harvey Ave, nach 100 m auf der rechten Seite*
🕐 *Museum Mo-Sa 9-18h, So 12-18h*
♿ *Denkmal frei, Museum: Erwachsene $12, Senioren $10, Schüler 6-17 Jahre $10*
☎ *1-405-235-3313*
🖥 *www.oklahomacitynationalmemorial.org*

▶ State Capitol Complex

Das Regierungsgebäude mit der neuen Kuppel ist sicher nicht die erste Wahl, wenn man nur wenig Zeit in OKC verbringt. Die klassizistischen State Capitols

gleichen sich sowieso wie ein Ei dem anderen. Kurios anzusehen ist der Ölbohrturm, der direkt gegenüber des Eingangs platziert ist. Der Bohrturm heißt Petunia 1, weil er mitten in einem Blumenbeet aufgestellt wurde. Die Förderung ist seit 1986 eingestellt.

✉ *2300 N Lincoln Blvd, Oklahoma City, OK 73105*
⇒ *Aus dem Stadtzentrum auf der Reno Ave nach Osten, nach 1,5 km links auf den Lincoln Blvd, nach 3 km sieht man das Capitol vor sich.*
🕐 *Mo-Fr 9-19h, Sa&So 9-16h*
♿ *Frei*
☎ *1-405-521-3356*

▶ Oklahoma History Center

Die Geschichte des Staates Oklahoma ist nicht wirklich feiernswert, sondern eher eine Verkettung von Tragödien. Ein pompöses Museum mit interaktiven Multimedia-Installationen ist eine Möglichkeit, sich seiner Vergangenheit zu stellen, kann aber ebenso die Realität verschleiern, indem es Geschichte als ferne Vergangenheit ohne Bezug zur Gegenwart darstellt. Hier findet man beides.

✉ *800 Nazih Zuhdi Dr, Oklahoma City, OK 73105*
⇒ *100 m nördlich des State Capitol rechts in die NE 23rd St, gleich die erste links in den Nazih Zuhdi Dr, nach 100 m wieder links auf den Parkplatz*
🕐 *Mo-Sa 10-17h*
♿ *Schüler $4, Senioren $5, Erwachsene $7*
☎ *1-405-522-0765*
🖥 *www.oklahomahistorycenter.org*

▶ National Cowboy and Western Heritage Museum

Das grandiose Museum dokumentiert und interpretiert das Erbe des Wilden Westens. Hochinteressante Ausstellungen widmen sich allen Aspekten der weißen Besiedlung, vom harten Leben in oft feindlicher Natur über die Indianer bis zum Rodeo. Die Kunstgalerie zeigt Gemälde der Western Art, die auf ihre Weise beeindruckend sind – egal, ob man den Stil nun mag oder nicht.

✉ 1700 NE 63rd St
⇨ IS235, Exit N 63rd St, dann knapp
2 mi/3 km in Richtung Osten
🕐 Täglich 10-17h
🎫 Kinder (4-12) $5,75, Schüler & Senioren
$9,75, Erwachsene $12,50
☎ 1-405-478-2250
🖥 www.nationalcowboymuseum.org

▶ Stockyard City

Echte Cowboys bei der Arbeit. Wer das Glück hat, ausgerechnet an einem Montag oder Dienstag in Oklahoma City zu sein, sollte sich das Spektakel einer Viehauktion keinesfalls entgehen lassen. In den Läden des Distrikts findet der Souvenirjäger alles zum Thema Kuh und Cowboy.
⇨ IS40, Exit 148A Agnew Ave, dann links
🕐 Mo & Di ab 9h
🎫 Frei, geführte Bustour $25, vorher anrufen!
☎ 1-405-235-7267
🖥 www.stockyardscity.org

▶ Unterhaltung

▶ Bricktown

Direkt ans Zentrum grenzt Bricktown, eine zum Ausgehviertel umfunktionierte Ansammlung ehemaliger Lagerhäuser. Die Leistung der Architekten ist durchaus anzuerkennen, wenn auch die Bootsfahrten für Touristen auf dem kleinen Kanal die amerikanische Konsumkultur der Lächerlichkeit preisgeben. Gleich daneben liegt das schöne neue Baseball-Stadion „Bricktown Ballpark". Wirklich lebendig wird es leider nur am Wochenende oder nach Ligaspielen. Ein Eingang befindet sich an der N Gaylord Ave einen halben Block nördlich der E Reno Ave.

▶ American Banjo Museum

Das hochinteressante Museum erzählt anhand von 300 ausgestellten Banjos die Geschichte des Instruments von seinen bescheidenen Wurzeln unter den afrikanischen Sklaven über seinen Einzug in Bluegrass und Folk bis zur modernen Weltmusik.

✉ 9 E Sheridan, Oklahoma City, OK 73104
⇨ Am westlichen Ende der nördlichsten Straße
von Bricktown, etwa 400 m vom Ballpark
entfernt
🕐 Di-Sa 11-18h, So 12-17h, an nationalen
Feiertagen geschlossen
🎫 Kinder & Jugendliche (5-17) $4, Studenten &
Senioren $5, Erwachsene $6
☎ 1-405-604-2793
🖥 www.americanbanjomuseum.com

▶ Asia District

Im Asia District, auch Little Saigon genannt, rund um den Classen Blvd zwischen 22nd und NW 30th St konzentriert sich die asiatische Bevölkerung und damit auch eine Menge chinesischer, thailändischer und vietnamesischer Läden und Restaurants.

▶ GLBIT Entertainment District

Überraschenderweise gibt es im konservativen und bibeltreuen tiefen Westen auch eine ansehnliche Schwulenszene. Im allerdings recht kleinen und äußerlich nicht übermäßig ansprechenden GLBIT Entertainment District an der Ecke NW 39th St / Barnes St finden sich eine Reihe von Bars und Lokalen für alle Orientierungen.
✉ 2199 NW 39th St
⇨ Vom National Memorial folgt man der Harvey
Ave nach Norden, die fünfte Straße rechts in
die NW 10th Ave, unter der Autobahn hindurch
und gleich links auf den IS235 nach Norden,
nach 2 mi/3 km Exit 36th St, rechts auf der
36th St für 2 mi/3 km nach Westen, dann
rechts in die Barnes Ave, nach 300 m auf der
rechten Seite.

▶ Shopping

Eine große Zahl unabhängiger Läden aller Art, von Antik-Shops bis zum Damenfrisör reihen sich entlang der N Western Avenue auf. Allerdings ist die gesamte Shopping-Meile fast fünf Kilometer lang. Man muss also entweder auf das eigene Vehikel zurückgreifen oder man konzentriert sich auf den interessantes-

Bricktown

ten Abschnitt zwischen 36th St und 50th St. Auf der Website der Einzelhandelsgemeinschaft kann man sich über die Lage der einzelnen Läden informieren und prüfen, ob ein Besuch von Interesse sein könnte.

⇨ *Entweder vom IS40 den Exit 149A zur Sheridan Ave nehmen, dann auf der Sheridan Ave 100 m nach Osten und links in die N Western Ave einbiegen. Der Shopping Distrikt beginnt 2,8 mi/4,5 km nördlich.*
Oder: Vom National Memorial folgt man der

Harvey Ave nach Norden, die fünfte Straße rechts in die NW 10th Ave, unter der Autobahn hindurch und gleich links auf den IS235 nach Norden, nach 2 mi/3 km Exit 36th St, rechts auf der 36th St für 1 mi/1,6 km nach Westen, an der Ecke N Western Ave rechts.
🖥 www.visitwesternavenue.com

🖥 Websites

Offizielle Website des Tourismusbüros
🖥 www.visitokc.com

🎵 Soundtrack Oklahoma City

Künstler	Titel	Album	Jahr	Genre
Bobby Sherman	Oklahoma City Times	With Love, Bobby	1970	Pop
The Fixtures	Oklahoma City Alarm Clock	Devil's Playground	1995	Alternativrock
Winston Grennan	Oklahoma City	Clean Slate	2000	Reggae

Der Dämon ist mitten unter uns –
Das Bombenattentat von Oklahoma City

Mr. McVeigh could very easily be considered the boy next door, and that is what is so serious about it. [...] He is everyman.

Mr. McVeigh könnte leicht als der Junge von nebenan erscheinen – und das ist, was es so schwerwiegend macht. [...] Er ist ein Jedermann.

Stephen Jones, (geboren 1940), republikanischer Parteiaktivist und Pflichtverteidiger des Attentäters Timothy McVeigh

Der Arbeitstag begann wie jeder andere für die 550 Staatsangestellten im Alfred P. Murrah Building, ein paar Blocks nördlich von Downtown Oklahoma City. Neben dem FBI, der Sozialversicherung und der Drogenbehörde belegte auch das Büro für Alkohol, Tabak und Feuerwaffen, ATF, einen Teil des 8-stöckigen Gebäudes. Im Untergeschoß lieferten einige der Angestellten gerade ihre Jüngsten in einer Kinderkrippe ab, als plötzliche eine gewaltige Explosion den sonnigen Frühjahrsmorgen in ein Inferno verwandelte.

Um 9.02 Uhr detonierte ein selbstgebauter Sprengsatz auf der Basis von 2,4 Tonnen Kunstdünger in einem direkt vor dem Gebäude geparkten Lieferwagen. Die gesamte Nordfassade des Gebäudes wurde weggerissen, über 300 weitere Gebäude in der Umgebung wurden beschädigt. Der US Geological Survey registrierte ein Erdbeben der Stärke 3 auf der Richter-Skala. 168 Tote und über 800 Verletzte wurden registriert.

In Minutenschnelle rasten konfuse Nachrichten des Bombenanschlags um den Erdball. Sofort fiel der Verdacht auf fundamentalistische Islamisten aus dem Nahen Osten. Ein Anschlag von Ameri-

kanern auf Amerikaner schien zu diesem Zeitpunkt unvorstellbar. Nur der FBI Agent Clinton Van Zandt lag mit seinem Instinkt richtig: Wenige Stunden nach dem Attentat wurde er von der BBC zitiert, dass der Täter sich als Weißer um Mitte 20 herausstellen würde, der weitgehend allein gehandelt habe.

Van Zandt hatte sofort bemerkt, dass der 19. April 1995 auf den Jahrestag des „Waco-Massakers" fiel. Zwei Jahre zuvor hatten FBI und ATF einundfünfzig Tage lang das Hauptquartier einer als friedlich bekannten christlichen Sekte nahe der texanischen Kleinstadt Waco belagert. Zunächst war der Vorwurf illegaler Waffenbesitz, doch eine Medienkampagne weitete die Anschuldigungen auf Inzest, Kindesmissbrauch und Entführung aus. Als das FBI mit Unterstützung föderaler Truppen zur endgültigen Räumung des Sektenzentrums schritt, gingen die Gebäude in Flammen auf. Siebenundsechzig Menschen, darunter einundzwanzig Kinder, fielen der Polizeiaktion letztlich zum Opfer.

Die zutiefst widersprüchlichen und verwirrenden Darstellungen der Ereignisse, zusammen mit der offensichtlichen Vertuschung von Fakten durch das FBI, führten zum Aufkommen verschiedenster Verschwörungstheorien. Bei nicht wenigen Amerikanern schüren die Vorfälle Ablehnung und Hass gegen die eigene Regierung.

FBI Agent Van Zandt lag also richtig, als er die Verbindung zwischen Waco und dem gerade verübten Anschlag herstellte. Ganze 90 Minuten nach der Explosion wurde wenige Dutzend Meilen nördlich von Oklahoma City ein junger Weißer von einer Polizeistreife gestoppt, weil er einen Wagen ohne Kennzeichen fuhr. Der Streifenpolizist bemerkte, dass der Fahrer bewaffnet war und nahm ihn widerstandslos fest. Nach wenigen Stunden wurde der 26-jährige Timothy McVeigh der verblüfften Öffentlichkeit als Hauptverdächtiger präsentiert.

Timothy McVeigh war als Sohn eines Arbeiters von General Motors in Michigan aufgewachsen. Er galt als sportlich und intelligent, aber auch als Einzelgänger. Schon als Jugendlicher war er von Waffen fasziniert. 1988 trat er in die US-Armee ein, wo er schnell Karriere machte. Er kam als Sergeant im ersten Golfkrieg zum Einsatz und wurde für seine Leistungen ausgezeichnet. Als er sich für eine Eliteeinheit bewarb und den harten physischen Bedingungen des Aufnahmetests nicht standhielt, verabschiedete er sich von der Armee und schlug sich im Mittleren Westen mit Waffenverkäufen und Jobs bei Sicherheitsdiensten durchs Leben.

McVeigh sympathisierte mit rechtsextremen Ideologien, scheint aber niemals irgendeiner Organisation angehört zu haben. 1993 fuhr er nach Waco, um die Ereignisse selbst mitzuerleben. Er sagte später, sein Attentat sei die Rache für das „Waco-Massaker" gewesen, das in der offiziellen Sprache „incident" also „Zwischenfall" genannt wird.

McVeigh gestand seine Tat von Anfang an und zeigte niemals Reue. Eine Horde von Psychologen versuchte, aus dem Fall schlau zu werden und die Frage zu ergründen, wie ein freundlicher, intelligenter und keineswegs verstörter junger Mann zu einem Massenmörder werden konnte. Die Versuche, diese Frage abschließend zu klären, füllen zwar mittlerweile ein ganzes Bücherregal, doch ein aufschlussreicher Einblick in die schwärzesten Tiefen der menschlichen Seele ist keinem gelungen. McVeighs Aussagen blieben immer oberflächlich und unkonkret – vielleicht verhinderte auch sein sofortiges Geständnis eine tiefergehende Untersuchung der Beweggründe.

Die obskuren Theorien der extremen amerikanischen Rechten sind für Außenstehende oft nur schwer nachzuvollziehen. Für den Waffennarr McVeigh waren die US-Waffengesetze und deren eiserne Durchsetzung ein Angriff auf menschliche Grundrechte. Er betrachtete sich selbst als Feind der föderalen Regierung und steigerte sich in Phantasien einer neuen amerikanischen Revolution. Er sah sich schlicht als Freiheitskämpfer.

Besonders beeinflusst zu haben scheint ihn ein rechtsextremer Schundroman, die „Turner Diaries". Die Geschichte beschreibt, wie ein Einzeltäter mit einem sehr ähnlichen Attentat den Sturz der Regierung in Washington auslöst. Bei McVeighs Festnahme wurde ein Exemplar des Buches in seinem Wagen gefunden.

McVeigh hatte nach eigenen Angaben das Attentat zwar mit zwei Freunden geplant, aber letztendlich allein ausgeführt. Sein Prozess dauerte angesichts der scheinbar klaren Faktenlage weniger als zwei Monate, wurde aber wegen des extremen öffentlichen Drucks auf die Jury von Oklahoma City nach Denver verlegt. Die Strategie der Verteidigung berief sich auf ein Selbstverteidigungsrecht gegen einen Staat mit diktatorischen Tendenzen, was vor Gericht offensichtlich kaum Chancen haben konnte.

McVeigh wurde für schuldig befunden und 1997 zum Tode verurteilt. Bis 2001 wartete er in dem neuen Hochsicherheitsgefängnis Terre Haute in Indiana auf seine Exekution.

National Monument

McVeigh zeigte keine Angst vor seiner Hinrichtung und verlangte als Henkersmahlzeit Pfefferminzschokoladeneis. Seine Familie war nicht anwesend und auch das Recht auf ein letztes Wort nahm er nicht wahr – er hatte aber kurz zuvor klargestellt, dass es 168:1 für ihn stände und er sich unbesiegt fühle.

McVeigh starb in der Positur eines Märtyrers, ohne Reue, in voller Überzeugung der Richtigkeit seiner Tat. Doch ein Märtyrer ist er nicht geworden, auch nicht in der extremen Rechten. Angesichts der Ungeheuerlichkeit seiner Tat hat sich keine einzige der radikalen „Militia"-Gruppen öffentlich zu ihm bekannt. Im Gegenteil: Die extreme Rechte hat seit dem Attentat erheblich an Sympathie und Zulauf verloren.

In der amerikanischen Öffentlichkeit wurde McVeigh zum Dämon und nicht wenige hätten ihn am liebsten sofort gelyncht. Als der zuständige Richter dem Anwalt Stephen Jones die Pflichtverteidigung des Attentäters übertrug, soll er gesagt haben: „Ich hoffe, ich habe nicht gerade ihr Todesurteil unterschrieben".

Die Auswirkungen des Attentats sind noch heute vor Ort genauso wie in der Gesellschaft zu spüren. Ein Auswuchs ist der Rattenschwanz an Verschwörungstheorien, die seither auf der Bildfläche erschienen sind. Aus jeder Ungereimtheit wird sofort ein Gebäude von Verdächtigungen errichtet. Nicht zuletzt die schnelle Festnahme des Angeklagten, sein hastiges Geständnis und die scheinbare Simplizität des Falles brachte dutzende Zweifler – oder Marketingstrategen – auf den Plan, die obskure Theorien verkauften. Einige vermuten sogar das FBI selbst als Drahtzieher des Anschlags, unterstützt von der Aussage einer Journalistin, die behauptet, McVeigh habe nach seiner Hinrichtung noch geatmet.

Die Bewohner von Oklahoma City dagegen leiden unter einem schweren Trauma. Der Schmerz sitzt tief und wird wohl nie vergehen. Die persönliche Tragödie, die viele durchmachten, wird nachvollziehbar, wenn man mit den Menschen spricht. Der Busfahrer oder der Tankstellenpächter, alle haben ihre eigene Geschichte zu erzählen. Wie sie gerade den Reifendruck prüften oder einen Kaffee schlürften, als sie die Explosion hörten. Oder von einem Freund oder einem Cousin, der bei dem Anschlag sein Leben verlor.

Oklahoma National Monument

Der Dämon ist mitten unter uns – Das Bombenattentat von Oklahoma City

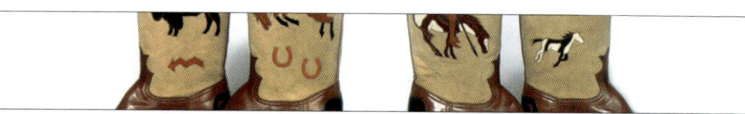

Ausflug: Guthrie

Ein schöner Ausflug bringt uns von Oklahoma City ins 25 Meilen nördlich gelegene Guthrie (10.000 EW). Der denkmalgeschütze Stadtkern besteht aus viktorianischen Bauten, die eine nette Wildwest-Atmosphäre verströmen. Entsprechend viele Touristen kommen in den Ort und werden von Souvenirshops, Kunstgalerien und Kutschfahrten umworben. Eine Übernachtung in einem viktorianischen Bed and Breakfast ist als Alternative zu den anonymen Motelketten auch eine Überlegung wert.

Guthrie wurde wie Oklahoma City binnen weniger Tage nach dem „Land Run" von 1889 aus dem Boden gestampft und war die erste Hauptstadt des Staates Oklahoma. Doch Oklahoma City lag strategisch günstiger an der Kreuzung wichtiger Bahnlinien und stellte den nördlichen Nachbarn bald wirtschaftlich völlig in den Schatten. Guthrie wurde auch nicht vom Ölboom erfasst und wuchs während des ganzen 20. Jahrhunderts praktisch nicht weiter. Zum Glück möchte man sagen, denn nur so konnte das historische Zentrum erhalten bleiben, das heute mit über 2.000 registrierten Gebäuden das größte seiner Art in den ganzen Vereinigten Staaten darstellt.

Man kann preiswert in Oklahomas ältestem Saloon, dem **Blue Belle** (⊠ 224 W Harrisson Ave) speisen und trinken. Der junge Tom Mix, später Amerikas erster Megastar in Stummfilm-Western, hat hier als Barmann eine Weile hinter dem Tresen gestanden.

Nicht ganz so preiswert, sondern höchst exklusiv ist **Sorrell Custom Boots and Gallery** (⊠ 217 E Oklahoma Ave). Die Künstlerin Sandra Sorrell entwirft, bestickt und bemalt Cowboystiefel ganz nach individuellen Kundenträumen. Eine positive Kaufentscheidung kann allerdings den Reisepreis leicht verdoppeln: Ein Paar Stiefel kosten ab $3.500 aufwärts.

In **Byron's Double Stop Fiddle Shop** (⊠ 121 E Oklahoma Ave) findet man Saiteninstrumente zu „normalen" Preisen, aber gelegentlich auch mal eine italienische Violine für $30.000. In der zugehörigen Music Hall finden regelmäßig Konzerte statt.

Die **Lazy E Arena** (⊠ 9600 Lazy E Dr) veranstaltet das ganze Jahr über Rodeos und andere Cowboy Events. Termine findet man unter ⌨ www.lazye.com.

Im **Oklahoma Territory Museum** (⊠ 406 E. Oklahoma) bekommt man die ganze Härte des Lebens an der Siedlungsgrenze vor Augen geführt.

▶ **Weg nach Guthrie**
⇒ Von Oklahoma City 25 mi/40 km auf dem IS35 nach Norden, Exit 153

▶ **Weg nach Guthrie**
⌨ www.guthrieok.com

Von Oklahoma City nach Texas

Die Route66 führt als NW39th Expressway vorbei am Lake Overholser nach Westen aus Oklahoma City hinaus. Wie in allen großen Städten ist der Weg auf der alten 66 innerhalb des Stadtgebiets ausgesprochen mühsam und obendrein unattraktiv. Ampeln, Gewerbegebiete, Satellitenstädte, Einkaufszentren, Parkplätze und Gebrauchtwagenhändler reihen sich aneinander. Schneller kommt man auf dem Interstate 40 aus der Stadt und fährt vom Exit 136 „Yukon" 2 Kilometer nach Norden, um auf die alte Route66 zu treffen. Dabei durchquert man die 20.000-Einwohner-Stadt Yukon, deren ganzer Stolz es ist, dass hier Garth Brooks geboren ist, der erfolgreichste Country-Sänger aller Zeiten. Doch das Verhältnis zum berühmten Sohn hat sich erheblich verschlechtert, seit der Star das lokale Krankenhaus auf Rückzahlung einer 500.000-Dollar-Spende verklagt hat. Als Gegenleistung hatte Brooks erwartet, dass das Hospital mit dem Namen seiner Mutter umbenannt würde, die hier 1999 verstarb. Mehr als den Straßennamen des Garth Brooks Boulevard, der zur Route66 führt, gibt es zum Thema Countrysänger in Yukon nicht zu entdecken.

🏙 El Reno (16.700 EW)

Die Durchfahrt durch die Kleinstadt erfordert ein wenig Konzentration, denn es gilt, eine links-rechts-links-Kombination zu meistern, die allerdings passabel beschildert ist. Die Ursprünge der Stadt gehen auf das nahegelegene Fort Reno zurück, das 1874 vom Bürgerkriegshelden General Sheridan aufgebaut wurde, der unter anderem entscheidenden Anteil an der Gründung des Yellowstone Nationalparks hatte. Andererseits trat er vor dem US-Kongress entschieden für die Abschlachtung der Büffelherden ein, um den Prärieindianern ihre Lebensgrundlage zu entziehen. Im Krieg gegen die Sioux 1876 war er Vorgesetzer des sagenumwobenen Colonel Custer, der bei der berühmten Schlacht am Little Big Horn in Montana zusammen mit allen seinen Männern sein Leben ließ. Aufgabe des Forts war zunächst, die Indianer der Region unter Kontrolle zu halten. Später wurde die Landnahme der weißen Siedler militärisch flankiert.

El Reno war Wanderungsziel deutscher Immigranten, die zeitweise drei deutschsprachige Zeitungen herausgaben, „Der Courier", das „Oklahoma Volksblatt" und die „Oklahoma Staatszeitung". Im Zweiten Weltkrieg waren im Fort Reno auch deutsche und italienische Kriegsgefangene interniert. Diejenigen, die nie mehr in die Heimat zurückkehrten, sind auf dem kleinen Friedhof des Forts begraben.

ℹ Fort Reno Visitor Center
- ✉ 7107 W Cheyenne St, El Reno, OK 73036
- ⇒ Auf der im Ort Sunset Dr genannten R66 4 mi/6 km nach Westen, in Sichtweite der Autobahn nach rechts der Beschilderung folgen und gleich wieder rechts, 1,5 mi/4 km geradeaus bis zum Parkplatz
- 🕐 Täglich 10-16h
- ⊘ Frei
- ☎ 1- 405 262 3987
- 🖥 www.fortreno.org

Canadian River Bridge

Route66 verlässt El Reno als Sunset Drive und führt nach sechs Kilometern dicht an Fort Reno vorbei. Kurz vor der Autobahn folgt man der Beschilderung nach rechts, um auf authentischem Asphalt weiter nach Westen vorzustoßen. Man bemerkt jetzt deutlich, wie sich die Landschaft westlich von Oklahoma City in eine weitgehend baumlose Steppe verwandelt, die allerdings stark agrarisch genutzt wird. Ende Mai 2011 fegte ein mächtiger Tornado über die glücklicherweise weitgehend unbewohnte Gegend hinweg, sodass nur 2 Todesopfer zu beklagen waren. Die ungeheure Gewalt des Naturereignisse wurde dem Durchreisenden dennoch radikal vor Augen geführt: Die Felder waren übersät mit unidentifizierbaren Schrott-, Metall- und Holzteilen. Der Sturm hatte ganze amerikanische Trucks hunderte Meter weit von der Straße geblasen.

Nach 4 mi/7 km geht es vorbei an einer hochmodernen Bohranlage. Kurz danach stößt man auf ein Stopschild, wo man rechts auf den HW270 biegt. Der führt geradewegs nach Norden, ist aber tatsächlich ein Teilstück der Route66. Auf einer Schleife geht es zunächst durch Calumet, wo man der Linkskurve folgen muss. In Geary biegt man links auf den nagelneuen HW281, der wieder nach Süden führt. Nach 4 mi/6 km muss man wieder nach rechts abbiegen, um ins Tal des Canadian River hinabzusteigen, das

von einer 1,2 Kilometer langen Brücke überspannt wird. Der normalerweise wenig Wasser führende Fluss ist der längste Zufluss des Arkansas River und entspringt im südlichen Colorado.

Westlich der Brücke ist die Straße in bedauernswertem Zustand. Nach 2,5 km macht der HW281, auf dem wir uns ganz nebenbei befinden, eine Linkskurve in Richtung Autobahn. Wir folgen jedoch der kleinen Straße schnurgeradeaus und ignorieren großzügig das Schild mit der Aufschrift „für den Durchgangsverkehr gesperrt"

Tiefer kann man in den amerikanischen Westen kaum eindringen. Den Reisenden durchdringt das Gefühl von Verlorenheit tief im Niemandsland. Vielleicht werden auch Kindheitserinnerungen an das Zonengrenzgebiet wach. Tatsächlich nähert man sich dem 100. Längengrad, der lange Zeit als natürliche Siedlungsgrenze angesehen wurde. Westlich dieser Linie galt eine halbwegs profitable Landwirtschaft, selbst zur Subsistenz als unmöglich. Westlich von Oklahoma City finden sich bis zum 420 Kilometer entfernten Amarillo ganze zwei Orte mit mehr als fünftausend Einwohnern. Die übrigen Nester liegen meist mindestens zwanzig, wenn nicht dreißig Kilometer voneinander entfernt. Selbst im ehemaligen deutschen Zonengrenzgebiet stößt man spätestens alle fünf Kilometer auf ein Schmuckstück aus dem Wettbewerb „Unser Dorf soll schöner werden". Doch das westliche Oklahoma ist vor allem eins: leer.

Zwischen Hydro und Sayre mutiert die Route66 wieder zur Service-Road des Interstate Highways.

🏛 Weatherford (10.800 EW)

Das kleine Weatherford wollte schon immer hoch hinaus. Den Pilotensitz hat ein Mann namens Thomas P. Stafford inne, seines Zeichens Astronaut und vor nunmehr über vierzig Jahren Kommandeur der Apollo 10 Mission, die die erste Mondlandung vorbereitete. Beim Wiedereintritt in die Erdatmosphäre erreichte die Landekapsel eine Geschwindigkeit von 39.897 Stundenkilometern, was bis heute als Weltrekord gilt.

Weatherford blickt auch voller Stolz auf den zweitgrößten Windpark des Staates. 98 Turbinen verwandeln den in der Steppe ungebremsten Wind in 150 Megawatt elektrischen Strom. Im städtischen Heritage Park kann man ein ausgedientes Rotorblatt in voller Größe bewundern, Route66 führt direkt daran vorbei.

Einen knappen Kilometer nach dem Einfall in den Ort muss man links abbiegen, am besten schon an der nicht ausgezeichneten Main Street kurz hinter dem Flughafen, oder später an der ersten Ampel in die Washington Street. Die Main Street ist die alte 66, die im Zentrum eine ausgeprägte Linkskurve vollzieht, nach der man an der nächsten Möglichkeit wieder rechts abbiegen muss, auch wenn die Straße auf den ersten Blick ein Parkplatz zu sein scheint. Die Rainey Avenue führt an besagtem Rotorblatt vorbei. Nach weiteren 200 Metern heißt es wieder links abbiegen und man ist auf dem richtigen Weg.

▶ Stafford Air & Space Museum

Astronaut Stafford lieh auch dem lokalen Luft- und Raumfahrtmuseum seinen Namen, wo man echte Raumfahrerkluft, eine Saturn V-Rakete und einen Brocken Mondgestein bewundern kann. Auch ein Planetarium gehört dazu.

✉ 3000 Logan Rd, Weatherford, OK 73096
⇒ Unübersehbar am Ortseingang direkt hinter dem ausrangierten Düsenjäger rechts abbiegen und der Straße 1 km bis zum Parkplatz folgen.
🕐 Mo-Sa 9-17h, So 13-17h
💲 Schüler (6-18) $2, Senioren $5, Erwachsene $7
🖥 www.staffordmuseum.com

Route66 Museum, Clinton

🏛 Clinton (8.000 EW)

Nicht der ehemalige Präsident oder Frau Hillary standen Pate für den Taufnamen des Städtchens, sondern ein lokaler Richter. Die Stadt im Westen Oklahomas lebte jahrzehntelang vom Durchgangsverkehr auf der Route66 und von einem Militärflughafen, der in den 70er Jahren geschlossen wurde. Nun sollen die Ruinen des Airports in einen Spaceport verwandelt werden, um Touristen ins Weltall zu schicken.

Berühmtester Sohn des Ortes ist der ehemalige Hilfsarbeiter der Ölindustrie, Philosophiestudent und spätere Country-Sänger Toby Keith. Der bekennende wertkonservative Patriot lieferte sich eine über Jahre andauernde Fehde mit den weiblichen Country-Stars Dixie Chicks, die die Invasion des Irak öffentlich kritisiert hatten.

Clintons Main Street war Szenerie der Verfilmung von John Steinbecks „Früchte des Zorns" mit Marlon Brando, ist aber natürlich mittlerweile kaum wiederzuerkennen.

▶ Route66 Museum

Das modern aufgemachte Museum erzählt die Geschichte von Amerikas Hauptstraße verständlich strukturiert und ist unter der Vielzahl der 66-Museen sicher nicht eines der besten. Ein gut bestückter Souvenirshop gehört natürlich auch dazu.

- ✉ 2229 Gary Blvd
- ⇒ Vom IS40 Exit 65 (nicht 65A!), auf dem Gary Blvd 200 m nach Norden
- 🕐 Mai-August Mo-Sa 9-19h, So 13-18h, September-April Mo-Sa 9-17h, So 13-17h, im Dezember und Januar So und Mo geschlossen
- ⚭ Kinder und Jugendliche bis 18 Jahre $1, Senioren $4, Erwachsene $5
- ☎ 1-580-323-7866
- 💻 www.route66.org

▶ Trade Winds Best Western Motel

Auf der gegenüberliegenden Straßenseite liegt das Trade Winds Motel. King Elvis persönlich ist hier einige Male auf dem Weg von Las Vegas ins heimische Memphis abgestiegen. Für mindestens $90 die Nacht kann man in seinem Lieblingszimmer mit der Nummer 215 übernachten.

Die alte 66 aus Clinton heraus zu finden, ist keine ganz einfache Aufgabe. Zunächst biegt man an der Ampel direkt südlich des Museums nach links in die Jaycee Lane, am zweiten Stopschild geht es rechts in die 10th Street und unter der Autobahn hindurch. Nach einem weiteren Kilometer teilt sich die Straße und man nimmt den rechten Abzweig der als Neptune Dr beschildert ist. Das Glücksgefühl, sich weit von der Autobahn zu entfernen, währt nur wenige Minuten und Route66 mutiert wieder zur Service Road des Interstate, die im Folgenden mehrfach die Straßenseite wechselt.

🏛 Elk City (11.700 EW)

Gerade mal 38 km westlich von Clinton kann man in Elk City direkt das nächste Route66-Museum bewundern. Allerdings eine poppigere Version, die mehr an einen Freizeitpark erinnert. Warum sich eine New Yorker Alternativrockband „Elk City" nennen musste, ist bisher noch ungeklärt.

Es gibt aber auch noch zwei Namensvetter in Kansas und Idaho, die vielleicht die Lösung des Rätsels bieten. Die Elch-Stadt benannte sich jedenfalls nicht nach einer Herde geweihtragender Paarhufer sondern nach einem ortsansässigen Indianerhäuptling. Der endgültigen Taufe ging allerdings der gescheiterte Versuch voraus, mit dem Namen „Busch" die Budweiser-Brauerei zur Ansiedlung einer Abfüllanlage zu bewegen.

▶ National Route66 Museum

Das multimediale Museum gehört zu einem ganzen Komplex mehrerer kleiner Museen und beschreibt die Reise vom Anfang- zum Endpunkt der Route66. Der Reisende kann sich also eine Vorstellung davon machen, was ihn auf den verbleibenden zweitausend Kilometern erwartet.

- ✉ 2717 W 3rd Rd
- 🕐 Sommer: Mo-Sa 9-19h, So 13-17h
  Winter: Mo-Sa 9-17h, So 14-17h
- 💰 Erwachsene $5, Schüler, Studenten, Senioren $4 für beide Museen, für ein Museum $3

▶ Farm and Ranch Museum

Direkt hinter dem Route66 Museum liegt das Farm and Ranch Museum, das bäuerliches Handwerkszeug vergangener Zeiten ausstellt. Hübsch anzusehen ist die Sammlung von Windrosen, den in Amerika millionenfach installierten kleinen Windrädern, die meist Wasserpumpen antrieben.

Elk City ist für viele Meilen die letzte größere Stadt. Auf dem Weg nach Westen bemerkt man, wie sich die Landschaft allmählich verändert. Während die sanften Hügel langsam auslaufen, werden die Bäume spärlicher und immer kleiner. Auch die Felder verschwinden nach und nach und die Landschaft geht in eine Steppe über, die nur noch zur Viehzucht genutzt wird.

🏛 Sayre (4.000 EW)

Auch das alte Gerichtsgebäude Sayres taucht im Film „Früchte des Zorns" auf. In der Umgebung beginnt eines der größten Erdgasfelder Nordamerikas, das sich bis nach Amarillo, Texas, ausdehnt. Das Erdgas wird in Pipelines bis nach Chicago und Indianapolis gepumpt. Es enthält relativ große Anteile des wertvollen Edelgases Helium, das außer für die Ballonfahrt in einer Vielzahl hochtechnologischer Anwendungen von der Raketentechnik bis zu Laserherstellung eingesetzt wird.

Ein Teilstück der alten Route66, das man in jedem Fall abfahren sollte, ist die Strecke im Grenzgebiet von Oklahoma und Texas. Man verlässt den Interstate 40 an der Ausfahrt 11 (Erick) und folgt der alten Landstraße über Texola bis sie in Texas wieder als Service Road neben dem Interstate verläuft.

🏛 Erick (1.000 EW)

In Erick atmet man schon eine eigenartige Grenzstadtatmosphäre. Viele Häuser sind verlassen und vernagelt, ein bunt dekorierter Kuriositäten-Laden, der weiterhin unter dem Namen City Meat Market firmiert, konstatiert in großen Lettern: „Welcome to Erick, Oklahoma – Redneck Capital of the world". Einfach nur eigenartiger Humor oder Folge allzu intensiver Sonnenbestrahlung? Die Eigentümer Harley und Annabelle sind in jedem Fall ein paar exzentrische Persönlichkeiten, die es kennenzulernen lohnt. Bei guter Laune tischen sie auch Dosenbier auf und legen ihre Mediocre Music Maker – Show auf die Bretter. Für den Auftritt erwarten sie sich natürlich eine angemessene Spende. Inzwischen erhalten sie öfter Besuch von Durchreisenden und Biker-Gruppen, sodass die offensichtlich eifersüchtige Gemeindeverwaltung auf die Einhaltung der Straßenverkehrsordnung pocht und mit Strafen droht.

▶ Roger Miller Museum

Die 1992 verstorbene Country-Legende ist in Erick aufgewachsen und dem berühmtesten Sohn des Ortes wird natürlich ein Museum gewidmet. Roger Miller bescherte der Welt nicht nur den Fernfahrer-Hit „King of the Road", sondern auch so logische und herzerfrischende Songtitel wie „You can't roller skate in a buffalo herd" – „Man kann in einer Büffelherde nicht Rollschuh laufen". Miller veröffentlichte 1969 als erster Kris Kristoffersons Song „Me and Bobby McGee", den im folgenden Jahr Janis Joplin wenige Tage vor ihrem Tod coverte.

✉ Roger Miller Blvd
⇒ Direkt an der einzigen Ampel des Ortes an der zentralen Kreuzung
📷 Mi-Sa 10-17h, So 13-17h
🎫 Schüler, Studenten, Senioren $2, Erwachsene $3
☎ 1-580-526-3833
🖥 www.rogermillermuseum.com

🏠 Texola (47 EW)

Texola kommt der Idee einer Geisterstadt schon sehr nahe, obwohl einige Häuser noch bewohnt sind. Im Jahr 2000 zählte der Ort laut Zensusdaten 47 Einwohner. Die meisten Häuser sind jedenfalls seit Jahren dem Verfall preisgegeben. Am Ortsausgang steht auf der linken Seite ein größeres Gebäude mit einem Schotterparkplatz. Das ist die Dorfbar „Hitching Post", die 2007 von ein paar jungen Leuten wieder zum Leben erweckt wurde. Inzwischen täglich geöffnet, kommen vor allem Texaner rüber, weil sie hier unbehelligt Bier trinken dürfen. Der Nachbarcounty ist nämlich „trocken". Im Frühjahr 2010 wurde die Bar überfallen, einer der jungen Besitzer griff nach der unter dem Tresen versteckten Waffe und wurde erschossen.

Ein paar hundert Meter hinter Texola markiert ein Schild die Grenze zu Texas und gleichzeitig den 100. Meridian.

Im nahen Gebüsch verbirgt sich ein Schild mit der Aufschrift „Road Closed", das offensichtlich gern als Zielscheibe benutzt wird: Es ist von Einschusslöchern durchsiebt.

Texola

TEXAS

Don't mess with Texas

Texas is a state of mind. Texas is an obsession. Above all, Texas is a nation in every sense of the word. [...] A Texan outside of Texas is a foreigner.

Texas ist ein Geisteszustand. Texas ist eine Obsession. Vor allem ist Texas eine Nation in jedem Sinn des Wortes. [...] Ein Texaner ist außerhalb von Texas ein Ausländer.

John Steinbeck

Außer um Kalifornien ranken sich um keinen anderen amerikanischen Staat so viele Klischees wie um Texas. Cowboys und Erdöl, Rancher und Republikaner, Klapperschlangen und Dallas. Und nicht zuletzt die Familie Bush und der tiefe amerikanische Konservatismus. Seit fast vierzig Jahren ist Texas fest in republikanischer Hand. George W. Bush gewann hier in beiden Präsidentschaftswahlen über 60 % der Stimmen.

Trotz oder wegen all den Stereotypen; kaum ein Europäer kennt Texas. Der Staat ist zwar größer als jedes Mitgliedsland der EU, doch finden sich keine touristischen Attraktionen ersten Ranges, die massenhaft Besucher anziehen würden.

Texas ist nach Alaska der zweitgrößte Bundesstaat der USA. Dementsprechend vielfältig gliedert sich der Staat in sehr unterschiedliche Klima- und Landschaftszonen.

Texas in Zahlen	Texas	Zum Vergleich: Frankreich
Einwohner	23 Mio.	62 Mio.
Fläche	696.000 km²	672.000 km²
Einwohner pro km²	31	96
Höchste Erhebung	Guadalupe Peak, 2.667 m	Montblanc, 4.808 m
Hauptstadt	Austin	Paris

Texas ist in vielerlei Hinsicht eine Ausnahmeerscheinung unter den US-Staaten. Er ist der einzige, der jemals eine unabhängige Nation war. Zunächst gehörte das Territorium zur spanischen Kolonie Neuspanien, die ganz Zentralamerika und weite Teile der heutigen USA umfasste. Nach elfjährigem Befreiungskampf konnte Mexico sich 1821 unabhängig erklären und Texas bildete einen peripheren Teil der mexikanischen Republik. Schon früh hatte Texas weiße amerikanische Siedler angezogen und bald lebten hier sechs mal so viele Amerikaner wie Latinos. Spannungen mit der Zentralregierung waren vorprogrammiert.

Wieder einmal war es die Sklavenfrage, das dominante Thema der amerikanischen Geschichte des 19. Jahrhunderts, die den entscheidenden Konflikt auslöste.

Als Präsident Santa Anna die Sklaverei verbieten wollte, rebellierte Texas und erklärte sich unabhängig, worauf Mexiko sofort mit der Entsendung von Truppen reagierte. Nach sechsmonatigen Kämpfen konnte Texas seine Unabhängigkeit durchsetzen und blieb bis zum freiwilligen Beitritt zu den USA 1845 eine eigenständige Republik. Damit ist Texas auch der einzige Staat, der nicht durch Annektierung in die Föderation aufgenommen wurde.

Armadillo

Texas zog weiterhin große Siedlerströme an, auch viele Zuwanderer aus Deutschland, die sich besonders in der Zone um Austin und San Antonio konzentrierten. Dort finden sich eine ganze Reihe von Orten mit Namen wie New Berlin, Schulenburg oder Niederwald.

Texas wurde wegen seiner weiten Grasländer schnell zum Rinderzüchter- und damit Cowboy-Land – zumindest so lange, bis Erdöl gefunden wurde. Das schwarze Gold veränderte alles. Die Hochhausmetropolen Houston, San Antonio und Dallas gehören heute zu den zehn größten Städten der Vereinigten Staaten und verdanken ihr Wachstum zu größten Teilen dem wertvollen Bodenschatz. Ein Teil der Petrodollars wurde sinnvoll in hervorragende Bildungseinrichtungen investiert, was eine weite ökonomische Diversifizierung erlaubte. Zentraltexas, Heimat der Computerhersteller Dell und Compaq wird das Silicon Valley des Südens genannt.

Doch Texas ist groß und widersprüchlich. Die andere Seite der Medaille sind zutiefst ländliche, verlassene oder zurückgebliebene Regionen. Von den hundert statistisch ärmsten Ortschaften der USA liegen 38 in Texas.

Die Route66 berührt Texas allerdings nur peripher: Nicht einmal 300 km trennen die Grenzen zu Oklahoma und New Mexico. Die Strecke führt durch den „Panhandle", den Pfannenstiel, wie der nördlichste geographische Zipfel genannt wird. Die Zone ist ausgesprochen dünn besiedelt. Nicht einmal zwei Prozent der texanischen Bevölkerung verteilen sich auf diesem Zehntel der Staatsfläche. Amarillo ist die einzige Stadt von einer gewissen Größe.

 in Texas

Direkt nach der Grenzüberquerung ändert sich die Landschaft zunächst nicht allzu sehr, man durchfährt in relativ gerader Linie die Rolling Red Plains, eine nur leicht gewellte und nahezu baumlose Ebene. Westlich von Shamrock klettert man dann allmählich einige hundert Meter höher auf die sogenannten Staked Plains und die Landschaft mutiert zu einer trockenen Hochebene, die exakt den gängigen Vorstellungen einer Prärie entspricht. Die baumlosen Grasländer waren die Heimat der riesigen amerikanischen Büffelherden, die in der zweiten Hälfte des 19. Jahrhunderts beinahe ausgerottet wurden.

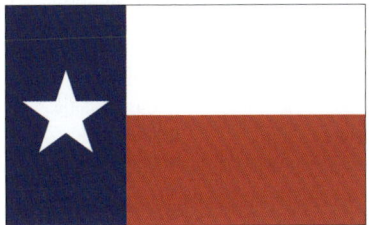

Ein großer Teil des historischen Asphalts der Route66 liegt entweder unter dem Interstate Highway 40 begraben oder begleitet ihn in kaum dreißig Metern Entfernung als Service Route. Fahrtechnisch also ein wenig aufregender Streckenabschnitt. Die Weite und Leere des Landes unter dem riesigen Himmel entschädigen den Reisenden mit melancholischen Anflügen. Und es warten ein paar echte amerikanische Ikonen, wie die millionenfach porträtierte Cadillac Ranch, der schiefe Wasserturm von Groom oder das größte christliche Kreuz der Welt.

⌨ Websites

Die offizielle Tourismus-Website des Staates
⌨ www.traveltex.com

Straßenzustandsberichte, Karten, Veranstaltungskalender und vielfältige Infos zu praktischen Aspekten des Reisens in Texas
☎ 1-800-452-9292
⌨ www.txdot.gov

🎵 Soundtrack Texas

Künstler	Titel	Album	Jahr	Genre
Hans Albers & Evelyn Künneke	Das gibt es nur in Texas	(Single)	1950	Schlager
Ray Charles	Deep in the heart of Texas	The Genius Hits the Road	1960	Soul
Johnny Winter	Hustled Down in Texas	Second Winter	1969	Bluesrock
The Doors	The WASP (Texas Radio and the Big Beat)	L.A. Woman	1971	Rock
The Doobie Brothers	Texas Lullaby	Stampede	1975	Country
Tanya Tucker	Texas (when I die)	TNT	1978	Country
Béla Fleck	Texas Barbeque	Crossing the Tracks	1979	Bluegrass
Ry Cooder	The Girls from Texas	Borderline	1980	Folk
The Gun Club	Texas Serenade	Miami	1982	Alternativrock
Rose Tatto	Texas	Scarred for Life	1982	Rock
Stevie Ray Vaughan	Texas Flood	Texas Flood	1983	Bluesrock
W.A.S.P.	Blind in Texas	The Last Command	1985	Metal
Gary Moore	Texas Strut	Still got the Blues	1990	Bluesrock
Little Feat	Texas Twister	Representing the Mambo	1990	Rock
Dale Watson	Texas Boogie	Cheatin' Heart Attack	1995	Country
Robbie Williams	Forever Texas	Sing when you're winning	2000	Rock
Stevie Nicks	Too far from Texas	Trouble in Shangri-La	2001	Pop
Johnny Cash	T for Texas	Unearthed	2003	Country
Bowling for Soup	Ohio (come back to Texas)	A Hangover you don't deserve	2004	Punkrock
The Raveonettes	Somewhere in Texas	Pretty in Black	2005	Alternativrock
Good Riddance	Texas	My Republic	2006	Punk
Whitey Shafer	All my ex's live in Texas	All my ex's live in Texas	2009	Country
Lo-Pro	Texas	Letting go	2009	Rock
The Reverend Horton Heat	There's a Little Bit of Everything in Texas	Laughin' & Cryin' with	2009	Country

Die Inkarnation des Bösen – Klapperschlangen

A rattlesnake loose in the living room tends to end all discussion of animal rights.

Eine wilde Klapperschlange im Wohnzimmer beendet meistens alle Diskussionen über den Tierschutz.

Lance Morrow (geboren 1940), langjähriger Essayist des Time Magazine

Die Straßen der Great Plains dokumentieren in tragischer Weise den Reichtum ihrer Tierwelt. In großer Zahl liegen überfahrene Gürteltiere, Stachelschweine oder schlicht unidentifizierbare Tierkadaver am Straßenrand. Lebendige Exemplare bekommt man dagegen eher seltener zu sehen, da die meisten größeren Wildtiere der Region nachtaktiv sind.

Eine Spezies, der man vielleicht lieber nicht begegnen möchte, ist die Klapperschlange. Seit der biblischen Geschichte von Adam und Eva gilt die Schlange als Inkarnation des Bösen mit telepathischen Kräften. In Hollywoodfilmen taucht die Klapperschlange immer wieder als unberechenbare und lebensgefährliche Bedrohung auf, der man sofort mit Gewalt zu Leibe rücken sollte – frei nach dem Motto „Ich oder sie". Zur Steigerung des Schauereffektes beim Zuschauer wird dabei am liebsten auf die Seitenwinder-Klapperschlange zurückgegriffen: Sie schlängelt sich nicht vorwärts, sondern mit seltsam ästhetisch anmutenden Bewegungen in einem Winkel von 45° schräg zur Seite. Dabei hinterlässt sie eine charakteristische Spur in Form einer regelmäßigen Folge von Abdrücken, die dem Buchstaben J ähneln.

Folglich wird die Klapperschlange als Freiwild aufgefasst und mit Vorliebe von Autos und Lkw gejagt. „Rattlesnake Roundups" – eine Art Treibjagd – werden als Volksfeste begangen. Das größte seiner Art in Sweetwater, knapp 400 km südlich von Amarillo, rühmt sich, seit 1958 über 120 Tonnen Klapperschlangen eingefahren zu haben. Ein zweifelhafter Rekord, der nicht weiter kommentiert werden muss.

Zum Beiprogramm gehören auch Kochwettbewerbe. Klapperschlange ist zwar nicht das texanische Nationalgericht, doch ist ihr Verzehr gebraten, gebacken, frittiert oder in einer Suppe in ländlichen Gegenden weit verbreitet. Der Standardvergleich lautet „sie schmeckt wie Hühnchen". Das trifft zwar nicht genau den Kern der Sache, kann aber von jedem kulinarisch mutigen Reisenden in einigen Restaurants im Süden durchaus am eigenen Leib nachvollzogen werden. Die meisten Probanden zeigen sich allerdings enttäuscht vom Ergebnis des Selbstversuchs.

Erst ganz allmählich verbreitet sich die Einsicht, dass die Klapperschlange auch für den Menschen wichtige Funktionen in den Ökosystemen Nordamerikas ausübt, beispielsweise die Populationsbegrenzung von Plagegeistern wie Mäusen, Ratten und Kaninchen.

In jedem Fall sollte der Europäer die amerikanischen Gepflogenheiten nicht zu voreilig be- oder verurteilen.

Die Härten des Überlebenskampfes in der Natur zwangen die Siedler, einen Instinkt der Selbstverteidigung zu entwickeln. Die Liste der Bedrohungen beginnt bei Tornados, Hurricanes, Überschwemmungen, Wald- und Steppenbränden, setzt sich mit Indianern, Banditen, Steuereintreibern und Agrarkonzernen fort und endet bei Wildtieren. Im ländlichen Raum sind Konflikte zwischen Umweltschützern und Farmern weit verbreitet, wenn es um Schutz oder Wiederansiedlung von Wölfen, Präriehunden oder Bären geht.

Im Falle der Klapperschlange ist die Verteidigungshaltung der Bewohner noch am ehesten nachvollziehbar. Während die anderen Raubtiere zumindest in der Plüschversion große Sympathien wecken, bleibt die Vorliebe für Schlangen auf eine Minderheit begrenzt.

Trotz ihrer für viele eher unangenehmen Erscheinung ist die Klapperschlange ein faszinierendes Tier. Insgesamt 29 Arten sind ausschließlich, aber dafür praktisch auf dem gesamten amerikanischen Kontinent verbreitet, von Kanada bis Patagonien. Die meisten sind nur einen halben bis einen Meter lang, doch einige Arten, wie zum Beispiel die Texasklapperschlange, können bis zu zwei Meter lang werden und fünf Kilogramm auf die Waage bringen. Sie leben bevorzugt in Wüsten, Steppen und Grasländern, sind aber auch in nahezu allen anderen Vegetationsgebieten anzutreffen und außer in Alaska in fast allen US-Staaten verbreitet.

Allen Arten gemeinsam ist die Schwanzrassel, eine Hornstruktur, mit deren charakteristischem Geräusch die Schlange versucht, eine potentielle Bedrohung auf ihre Präsenz aufmerksam zu machen. Verlassen kann man sich auf das Warnsignal aber leider nicht: Bei Jungschlangen bildet sich die Rassel erst nach einer oder mehreren Häutungen und ein älteres Tier kann die Rassel bei Auseinandersetzungen mit natürlichen Feinden durchaus eingebüßt haben.

Trotz des scheinbar effizienten Verteidigungsapparates von Rassel und Giftzähnen stehen Klapperschlangen auf dem Speiseplan von Raubvögeln, Kojoten, Füchsen und sogar anderen Schlangen, die gegen das Gift immun sind.

Die außergewöhnliche Warnvorrichtung deutet ebenso wie ihre Tarnfärbung darauf hin, dass die Klapperschlange keineswegs als aggressiv einzustufen ist. Nähert sich eine größere Kreatur, verhält sie sich still, um nicht entdeckt zu werden oder zieht sich sofort zurück.

Angriffslustig gegenüber einem Menschen wird die Schlange nur, wenn sie sich eindeutig bedroht oder in die Enge getrieben fühlt. Aber dann wird es umso gefährlicher. Klapperschlangen schlagen mit ungeheurer Geschwindigkeit zu, ein Ausweichen ist praktisch unmöglich. Aus einer eingerollten Position heraus strecken sie sich plötzlich, rasen mit dem Kopf auf den Feind oder die Beute zu und graben ihre Giftzähne blitzschnell in das Fleisch des Opfers. Spezielle Muskeln pumpen das Gift aus den zwischen den Augen sitzenden Drüsen durch die beiden Giftzähne in die Wunde. Nach dem Blitzangriff zieht sich die Schlange sofort wieder zurück und überlässt die Beute vorerst ihrem Schicksal. Die Beutetiere, die nach dem Biss flüchten, verfolgt die Schlange solange, bis das Gift seine volle Wirkung entfaltet hat.

Klapperschlangen haben keine weiteren Zähne und können die Beute nicht zerkleinern. Also müssen sie ihre Opfer komplett verschlucken, ein Mensch kann also unmöglich eine potentielle Beute sein. Klapperschlangen jagen vorwiegend Kleintiere wie Ratten, Mäuse, Vögel oder Eidechsen.

Je nach Art ist das Gift, dessen Wirkung bereits ein Teil des Verdauungsprozesses darstellt, unterschiedlich zusammengesetzt. Bei den meisten handelt es sich nicht um Nervengifte, sondern um Substanzen, die die Blutzellen und das umliegende Gewebe zerstören. Das äußert sich in schweren Blutungen,

Schwellungen, Übelkeit und extremen Schmerzen.

Nur wenige Arten sind für den Menschen potenziell tödlich, darunter sind aber die im Südwesten am meisten verbreiteten Arten, wie die Texas-, die Mojave- oder die Diamantklapperschlange.

Verschiedenen Presseberichten zufolge haben sich die Symptome von Klapperschlangenbissen in den letzten Jahren deutlich verschlimmert. Bisher ist allerdings noch völlig ungeklärt, ob die Ursache in einer veränderten Zusammensetzung des Giftes liegen könnte. Die Zahl der Todesopfer durch Klapperschlangenbisse ist in Wirklichkeit ausgesprochen gering. Die Zerstörung des Lebensraumes durch den Menschen und die systematische Verfolgung haben ihre Bestände sowieso erheblich reduziert. Die meisten Opfer sind Farmer und Landarbeiter. Unfälle häufen sich in den Aktivperioden der Schlangen, also im Frühjahr und Herbst.

Unangenehme Begegnungen mit Klapperschlangen kann man meist schon dadurch vermeiden, dass man sich ein wenig geräuschvoller bewegt:

fest auftreten und mit einem Stock im Gras oder in Büschen rascheln.

Hört man das Rasseln einer Klapperschlange oder sieht sie sogar in geringer Entfernung, wird meist empfohlen, ganz still zu stehen. Schlangen reagieren auf Bewegung. Eine bewegungslose Bedrohung wird keine Panikreaktion auslösen und lässt mehr Raum für den Rückzug. Selber wegzurennen ist keine gute Idee, da Klapperschlangen zwar, außer in der Paarungszeit, Einzelgänger sind, aber dennoch oftmals gehäuft auftreten. Beim Rennen ist die Chance, eine weitere Schlange aufzuschrecken, also noch viel größer.

Am häufigsten werden Menschen gebissen, die direkt auf eine Klapperschlange treten. Aus diesem Grund sollte man auch nicht einfach über ein Hindernis wie einen liegenden Baumstamm hinübersteigen, sondern besser darauf treten und sehen, was sich in seinem Schatten verbirgt.

Von selbst verbietet sich natürlich, in dunkle Löcher hineinzugreifen oder eine Schlange fangen zu wollen. Ein Großteil der Bissopfer tut genau die

Dinge, die man tunlichst unterlassen sollte.

Kommt es trotz aller Vorsicht zu einem Biss, heißt es, so schnell wie möglich ein Krankenhaus oder zumindest einen Arzt zu erreichen. In den Rattlesnake Areas steht das Gegengift schon bereit. Als Faustregel wird immer gesagt, dass man zwei Stunden Zeit hat, um einer eventuell lebensbedrohlichen Situation zu entgehen. Unnötig Zeit verlieren sollte man aber keinesfalls, denn jedes Individuum reagiert anders und die an der Bissstelle entstehenden Gewebeschäden sind nur schwer reversibel.

Mediziner raten gern, den Angreifer zur leichteren Identifikation gleich mit in die Klinik zu bringen. Sich oder einen Begleiter der Gefahr eines zweiten Bisses auszusetzen, erscheint allerdings wenig logisch. Hilfreich ist in jedem Fall, die Schlange so exakt wie möglich beschreiben zu können, besonders ihre Farbe und auffällige Zeichnungsmuster.

Ist man sich sicher, dass es sich um einen Klapperschlangenbiss handelt, sollte man zwei Dinge unterlassen, die bei anderen Bissen empfohlen werden: Die Wunde nicht abbinden und nicht vereisen – das effektive Zellgift verbleibt sonst konzentriert in der Bisszone und vergrößert die lokalen Gewebezerstörungen. Vereisen gilt als Hauptgrund für notwendige Amputationen.

Wichtig ist, die Bissstelle ruhig zu stellen, sie unterhalb des Herzens zu halten und sich zügig, aber nicht überhastet auf die Suche nach professioneller Hilfe zu begeben.

Trotz der Schauervorstellung eines Schlangenbisses im ländlichen Amerika sollte man sich aber vor allem eines vor Augen halten: Der Mensch ist der Hauptfeind der Klapperschlange. Nicht umgekehrt.

Von Shamrock nach Amarillo

Ein paar Kilometer hinter Texola, der fast verlassenen Grenzstadt Oklahomas, gesellt sich die Route 66 wieder zum Interstate 40 und verläuft als Service Road in wenigen Metern Entfernung. Da die Autobahnausfahrten, an denen man zumindest abbremsen muss, im menschenleeren Texas Panhandle relativ weit voneinander entfernt liegen, kommt man auf der Nebenstrecke fast genauso schnell vorwärts wie auf der Autobahn.

🏠 Shamrock (1.900 EW)

Zwanzig Kilometer nach der Grenze wartet der erste Ort in Texas. Nicht schwer zu erraten, dass irische Einwanderer diesen Namen wählten, um die grüne Insel zu ehren. Bis heute wird alljährlich der St. Patrick's Day feierlich begangen. Kurioser Höhepunkt ist ein Bart-Wettbewerb. Die Teilnehmer müssen sich am Neujahrstag perfekt rasiert zur Abnahme einfinden. Am 17. März werden die am besten gewachsenen Bärte prämiert. Allerdings muss es ein Donegal-Bart sein: Der Vollbart setzt sich über die Unterseite der Wangenknochen bis unter das Kinn fort. Wangen und Oberlippen bleiben haarfrei.

Das Städtchen erlebte ab den späten 1920er Jahren eine durch die Wirtschaftskrise allerdings gebremste Boomphase, als Öl und Erdgas in der Umgebung gefördert wurden. In den 40ern waren die Vorkommen allerdings schon ausgebeutet und einzig die auf der Route 66 Durchreisenden hielten den Ort am Leben. Mit dem Bau des Interstate versiegte auch diese Einnahmequelle und aktuell

schrumpft die Einwohnerzahl weiter. Ins Gerede kam Shamrock in den letzten Jahren durch den Kleinkrieg einer Gruppe von Einwohnern gegen die als korrupt und kriminell angeklagte Lokalregierung.

Im Wheeler County herrscht faktisch weiter die Prohibition, doch eine Stadt, die sich auf irische Wurzeln beruft, kann eine derartige Bevormundung kaum hinnehmen. Drum erklärte Shamrock 2010 Verkauf und Konsum von Alkohol auf dem Gemeindegebiet für legal. Das Beispiel zeigt, wie komplex und widersprüchlich die amerikanische Gesetzgebung sein kann.

Zu sehen gibt es nicht viel in Shamrock, erwähnenswert ist einzig die ehemalige Tankstelle mit dem Restaurant U-Drop Inn. Sie wurde 1936 in einem kuriosen Art-Decó Stil erbaut, war nach den goldenen Jahren der 66 aber dem Verfall preisgegeben. Inzwischen wurde das Gebäude renoviert, unter Denkmalschutz gestellt und beherbergt die örtliche Touristeninformation und ein kleines Museum.

✉ *Direkt an der Ecke Route 66/Highway 83*

Die 66 führt zunächst auf der Südseite der Autobahn weiter. Um auf die Service Road zu gelangen, heißt es kurz nach dem Ortsausgang das Schild zum nächsten Ort Mc Lean zu ignorieren und nicht nach rechts auf den Interstate abzuzweigen. Vielmehr fährt man einfach weiter geradeaus und überquert mit Vorsicht die Autobahnausfahrt. Nach 15 mi/25 km kreuzt man am Exit 146 auf die Nordseite des Interstate.

Leaning Tower of Britten

🏛 Mc Lean (800 EW)

Gegründet von einem englischen Rancher, der später beim Untergang der Titanic sein Leben ließ, erlebte auch McLean seinen Niedergang mit der Aufgabe der klassischen Reiseroute von Ost nach West. Die große Zahl leerstehender Motels und Tankstellen geben eine Vorstellung davon, welche wirtschaftliche Bedeutung der Durchreiseverkehr bis vor einigen Jahrzehnten hatte. Heute versucht man, die 66-Nostalgie als Einkommensquelle zu nutzen und einige der Tankstellen sind im Puppenhäuschenstil ziemlich kitschig restauriert worden.

▶ Devil's Rope Museum

Das „Seil des Teufels" – der Stacheldraht – spielte eine wichtige Rolle in der Geschichte des Ortes, der als Verladestation für Rinder auf die Schiene fungierte. Sammler aus aller Welt haben die verschiedensten Stacheldrahttypen zusammengetragen, die hier gemeinsam mit eher typischen Route66-Memorabilia ausgestellt werden. Zweifellos ein höchst kurioses Museumsthema.

- ✉ 100 S Kingsley St
- 🕐 Mo-Fr 10-17h, Sa 10-16h, vom 1.12.-1.3. geschlossen
- ⚭ Frei
- ☎ 1-806-779-2225
- 🖳 www.barbwiremuseum.com

Westlich von Mc Lean kann man zunächst auf der Nordseite des Interstate weiterfahren, muss aber nach 7 mi/12 km die Seite wieder wechseln. Man durchquert Alanreed von Nord nach Süd und biegt am Stopschild rechts ab.

🏛 Alanreed (52 EW)

Der Vorstellung von einer Geisterstadt ziemlich nahe kommt der Weiler Alanreed, der zu seinen Hochzeiten in den 20er Jahren als Anbauzentrum für Wassermelonen etwa das Zehnfache an Bewohnern hatte. Die Tankstelle ist gleichzeitig Postamt und Souvenirladen. Ein Schild im Fenster beschreibt in wenigen Worten, wie man sich Alanreed vorzustellen hat: „52 Bewohner, 104 Hunde, 88 Katzen, 2 Stinktiere und ein paar Schlangen".

Fünf Kilometer westlich von Alanreed wird man für einige Meilen auf die Autobahn gezwungen. Südlich des Interstate liegen einige verlassene Teilstücke der alten Landstraße. Erst Ende der 30er Jahre wurde der gefürchtete „Jericho Gap" asphaltiert. Nach Regenfällen verwandelte sich der wenige Kilometer lange Abschnitt in ein Schlammloch. Autos blieben reihenweise stecken und konnten nur mit Hilfe von Traktoren oder Pferden der Farmer aus der Gegend wieder befreit werden. Gegen entsprechendes

Trinkgeld versteht sich. Einer populären Legende zufolge kippten die Farmer nachts Wasser auf den Feldweg, um am nächsten Tag gutes Geld mit den Befreiungsaktionen verdienen zu können.

Ab dem Exit 124 kann man die Autobahn wieder verlassen und auf der parallel verlaufenden Service Road auf der Nordseite weiter nach Westen vorstoßen.

🏛 Groom (600 EW)

Der letzte nennenswerte Ort vor der Regionalmetropole Amarillo wartet gleich mit zwei Kuriositäten auf. Direkt an der östlichen Autobahnausfahrt 114 steht (noch) der „Leaning Tower of Britten". Der unbedarfte Durchreisende reibt sich die Augen, denn der Wasserturm neigt sich mindestens so weit wie der Schiefe Turm von Pisa. Die Erklärung für das Phänomen könnte simpler nicht sein: Der Turm wurde schlichtweg als Blickfang für Durchreisende konstruiert, um möglichst viele zu einer Rast im inzwischen verschwundenen Tower-Restaurant zu bewegen.

Am westlichen Ortsende reckt sich meilenweit sichtbar „The Cross of our Lord Jesus Christ" – das angeblich „höchste Kreuz der westlichen Hemisphäre" – in den Himmel. Allerdings ist der über 60 Meter hohe christliche Goliath keine 66-Reliquie. Es wurde 1995 von einem privaten Spender finanziert, der seinem persönlichen Glauben Ausdruck verleihen wollte und dem die Werbung für Sex-Shops am Highway ein Dorn im Auge war.

In Richtung Amarillo geht es auf der Südseite des Interstate weiter. Einige Kilometer hinter dem Örtchen Conway unterquert die 66 die Autobahn. Für den Vorstoß ins Zentrum von Amarillo kann man der 66 folgen. Wer sich auf ein Bier und ein Steak freut und direkt die Hauptattraktion der Stadt, die Big Texan Steak Ranch, ansteuern will, absolviert die letzten Kilometer besser auf der Autobahn.

Am Exit 96 liegt etwas versteckt und ziemlich verwahrlost die „Bug Ranch". Fünf halb eingegrabene VW-Käfer bilden eine wenig gelungene Persiflage auf die Cadillac Ranch im Osten der Stadt. Das eigenmächtige Besprühen der Karosserien ist auch hier ausdrücklich erlaubt.

Es geht vorbei an Amarillos Flughafen, ebenfalls nach einem Astronauten benannt. Eine Weile lang hatte sich Google Maps den Spass erlaubt, den Flughafen vom korrekten „Rick Husband" in „Rich Husband" (reicher Ehemann) umzutaufen. Inzwischen ist der Gag allerdings korrigiert.

Direkt am Exit 76 kann man sich im modernen Texas Info Center mit kostenlosen Werbebroschüren und Handzetteln zu allen möglichen Reisezielen in Texas eindecken.

🏛 AMARILLO (183.000 EW)

Auf den knapp 900 Kilometern von Oklahoma City nach Albuquerque ist Amarillo die einzige großstädtische Abwechslung in einem ansonsten leeren und zutiefst ruralen Landstrich. Doch Amarillo ist eine

Skyline Amarillo

überraschend lebendige Stadt. Obwohl kaum ein Drittel so groß, wirkt Amarillo temperamentvoller und vitaler als die Hauptstadt Oklahomas. Ohne Tony Cristie's Schlager „Is this the way to Amarillo", komponiert von Neil Sedaka, wäre Amarillo mit Sicherheit überhaupt kein Begriff in Europa. Schließlich belegt die Stadt nur Platz Nummer 119 der größten US-Metropolen, hinter Orten wie Irvine, Gilbert oder Boise, von deren Existenz noch nie ein Europäer etwas gehört hat.

Amarillo in Zahlen	Amarillo	Zum Vergleich: Kassel
Einwohner Stadtgebiet	183.000	192.000
Fläche	234 km²	107 km²
Einwohner Ballungsraum	236.000	450.000
Einwohner pro km²	783	1.799
Durchschnittstemperatur	14,9 °C	9,2 °C
Jährlicher Niederschlag	508 mm	629 mm
Höhe über NN	1.099 m	166 m

Amarillo wurde von einer Investorengruppe wohlüberlegt als zukünftiges Handelszentrum an der Bahnlinie von Fort Worth nach Denver gegründet. Schon nach wenigen Jahren wurde die Stadt zu einem der wichtigsten Viehverladezentren der USA. Noch heute weht in Amarillo der Geruch des Cowboy Country. Ein Viertel der gesamten Rindfleischproduktion der USA wird hier verpackt. Dazu kam die Versorgungsfunktion für die Ranches im gesamten Texas Panhandle, bis nach Oklahoma und New Mexico hinein. Erdöl und Erdgas gaben der Stadt zusätzliche Wachstumsimpulse, ebenso wie die Entdeckung und Förderung von Helium.

Früh entwickelte sich eine diversifizierte Wirtschaft und nur so konnte sich Amarillo zu einer ansehnlichen Stadt in einer von Gott verlassenen Gegend entwickeln. Die Depression und die Ära des Dustbowl trafen Amarillo hart, aber erschütterten die Stadt nicht in ihren Grundfesten. Dafür stand sie auf zu vielen Beinen, zu denen im Laufe der Zeit noch weitere hinzu kamen.

Amarillo wusste schon immer um die Bedeutung einer vielschichtigen wirtschaftlichen Basis, was dazu führte, dass sich die AECD, die lokale Wirtschaftsbehörde, über Jahre einen zweifelhaften Ruf erarbeitete. Äußerst aggressiv warb und wirbt sie mit niedrigen Löhnen, unangemessenen Subventionen und anrüchigen Methoden um Investoren. Der Erfolg konnte nicht ausbleiben: Der Hubschrauberfabrikant Bell siedelte seine neueste Produktionslinie 1999 an und American Airlines entschied, aufgrund einer alljährlichen Millionen-Dollar-Subvention in Amarillo zu bleiben.

Bereits im Zweiten Weltkrieg baute die Washingtoner Regierung hier die einzige amerikanische Atombombenfabrik, Pantex. Nur bedingt der Stolz der Gemeinde, waren die Anlagen ab 1968 Zielscheibe der Friedens- und Protestbewegung, die direkt nebenan ein Friedenscamp errichtete. Der Bau von Nuklearwaffen beschäftigt weit über 3.000 Mitarbeiter.

Mit den Steuereinnahmen, die die Großunternehmen direkt und indirekt generierten, setzte die Politik auf eine Revitalisierung des zeitweilig verwaisten Zentrums. Alles in allem, eine texanische, aggressive und manchmal anrüchige, aber höchst erfolgsorientierte Herangehensweise. Auf die gleiche Art und Weise wurde auch in den Fremdenverkehr investiert, was dazu führte, dass Amarillo für seine Größe erstaunlich viel zu bieten hat. Umgekehrt spiegelt sich die Aggressivität der Politik aber auch im Leben auf der Straße wider. Die Verbrechensraten liegen nahezu auf dem doppelten Niveau des Landesdurchschnitts. Für den Reisenden aber eine interessante, mit Glück sogar aufregende Stadt. Es kann nur eine Devise geben: Augen auf und rein!

🛈 Touristeninformation

Convention and Visitor Council
✉ *1000 S Polk St*
☎ *1-806-374-1497*

▶ Route66 District

Die historische Landstraße führte mitten durchs Zentrum von Amarillo. Der lebendigste Teil mit Ramsch- und Souvenirläden, Bars und Restaurants liegt aber westlich von Downtown. Die alten Gebäude wurden in den letzten Jahren von der Stadtregierung wieder hergerichtet und beherbergen Galerien und Wildwest-Läden. Praktisch aber die einzige Zone der Stadt, wo die Menschheit zu Fuß unterwegs ist.
✉ *W 6th Ave*

▶ Big Texan Steak Ranch

Von einigen als Touristenfalle verrufen, ist das Riesen-Restaurant trotzdem einen Besuch wert. 1960 öffnete der Vielfraß-Laden seine Pforten an der alten Route66, verstand aber die Zeichen der Zeit und siedelte 1968 an die Seite des Interstate 40 um. In einer barock überhöhten Cowboy-Atmosphäre, die angesichts der Dimensionen an ein Oktoberfest-Bierzelt erinnert, kann man zu fairen Preisen korrekt speisen.

Der Clou ist das „free 72 ounce steak": Wer großen Hunger mit besonderem Mut und Selbstvertrauen zu verbinden weiß, lässt sich auf einer kleinen Bühne ein rund 2 kg schweres Steak servieren. Verdrückt man das Menü mit Beilagen innerhalb von 60 Minuten, geht die Rechnung auf Kosten des Hauses. Ansonsten werden 55 Dollar fällig. Angeblich sollen sich seit 1960 unter 50.000 Probanden gut 8.500 Menschen kostenlos vollgestopft haben. Der jüngste im Alter von 11, die Älteste mit 69 Jahren. Nebenan kann man im Big Texan Motel relativ preiswert in rustikalem Interieur übernachten. Steigt man in einem anderen Etablissement der Stadt ab, kann man sich vom Shuttle-Service des

Big Texan Steak Ranch

Restaurants in einer uralten Limousine mit Büffelhörnern statt Mercedes-Stern kostenlos abholen lassen.

- ⊠ 7701 E I-40
- ⇨ Auf dem IS40 nach Westen, Exit 75, parallel zur Autobahn 500 m geradeaus
- ⌚ Täglich bis 22h
- ☎ 1-800-657-7177
- 🖥 www.bigtexan.com

▶ Amarillo Livestock Auction

Mehr als 100.000 Stück Vieh wechseln jährlich auf einer der weltweit größten Viehauktionen den Besitzer. Vom Züchter zum Rancher und vom Mäster zum Schlachter. Jeden Dienstag kann man echten Cowboys bei der Arbeit zusehen und beobachten, wie an einem Tag 2.000 Rindviecher verhökert werden. Neben der Auktionsarena verdrückt man im Stockyard Café zusammen mit den authentischen Kuhhirten ein mächtiges amerikanisches Frühstück.

- ⊠ 100 S Manhattan
- ⇨ Auf der SE 3rd St ca. 2,5 km aus dem Zentrum in Richtung Osten, dann links in die S Manhattan St, nach 200 m direkt nach dem Bahnübergang links parken
- ⌚ Montags 10-17h
- ∞ Frei
- ☎ 1-806-373-7464
- 🖥 www.amarillolivestockauction.com

▶ Kwahadi Kiva Indian Museum and Theater

Die Ursprünge der Kwahadi Tanzgruppe reichen bis in die 1920er Jahre zurück, als sie eine Art Pfadfinder-Tanzgruppe waren. Seit der offiziellen Gründung 1944 haben über 1.600 Jugendliche in der Gruppe getanzt. Eine grandiose Idee, um indianisches Kulturerbe lebendig zu erhalten. 2004 eröffnete die Non-Profit-Stiftung ein eigenes Museum zu den Indianerkulturen der Prärien und des Südwestens. Aufführungen der Kwahadi-Tänzer finden vor allem an Wochenenden des Sommerhalbjahres am frühen Abend statt.

- ⊠ 9151 E Interstate 40
- ⇨ IS40, aus dem Zentrum in Richtung Osten, am Exit 76
- ⌚ Juni-August Mi-So 13-17h, September-Mai Sa&So 13-17h
- ∞ Kinder $3, Erwachsene $5
- ☎ 1-806-355-3175
- 🖥 www.kwahadi.com

▶ Panhandle-Plains Historical Museum

Knappe 30 km südlich von Amarillo findet sich eine der größten Sammlungen zur texanischen Sozialgeschichte, von der Prähistorie über die Pioniere bis zum Ölboom. Ein Rundumschlag von Dinosauriern über indianische Handwerkskunst bis zum Automobil. Das Museum lässt sich hervorragend mit einem Besuch im Palo Duro Canyon verbinden.

- ⊠ 2503 4th Ave, Canyon TX, 79015
- ⇨ IS27 in Richtung Süden, Exit 110, HW60 bis Canyon, an der 4th Ave links
- ⌚ Juni-August Mo-Sa 9-18h, September-Mai Di-Sa 9-17h
- ∞ Kinder (4-12 Jahre) $3, Senioren $9, Erwachsene $10
- ☎ 1-806-651-2244
- 🖥 www.panhandleplains.org

▶ Palo Duro Canyon State Park

Das zweitlängste Canyonsystem der USA zieht kaum mehr als ein Zwanzigstel der Besuchermassen des großen Bruders in Arizona an und bietet eine gänzlich andere Atmosphäre. Während sich an den wenigen Aussichtspunkten über dem Colorado Autoschlangen bilden und Hubschrauber über den Köpfen kreisen, kann man im Palo Duro ausgiebig und in aller Ruhe wandern. Und: Man kann auf einer Straße tief hinein fahren.

Palo Duro ist natürlich weit weniger spektakulär als der große Bruder, aber eröffnet die Möglichkeit, die Canyon-Welt in ganz anderer Form zu erleben. Den zehn Kilometer langen, asphaltierten

Palo Duro Canyon

The Lighthouse

Rundkurs durch die Schlucht kann man in einer Stunde abfahren, Stops an Aussichtspunkten eingerechnet. Mit etwas mehr Zeit kann man aber auch sein Vehikel stehen lassen und einem der Wanderwege folgen, etwa dem Lighthouse Trail zu der gleichnamigen, einem Turm ähnelnden Felsformation.

Ein Zufluss des Red River hat den 120 mi langen Canyon in stetiger Erosionsarbeit in die texanische Hochebene gegraben und ein in Farben und Formen faszinierendes Landschaftsbild geschaffen. Die reichen Ressourcen an Wasser, Holz und Bisons luden schon vor 12.000 Jahren zur Besiedlung ein. Apachen, Commanchen und Kiowas lebten und jagten hier.

✉ Etwa 45 km südöstlich von Amarillo
⇨ IS27 17 mi/27 km in Richtung Süden, Exit 106, HW217 10 mi/16 km in Richtung Osten bis zum Parkeingang
🕐 Täglich von Sonnenauf- bis -untergang
∞ Für alle Personen ab 12 Jahren $5
☎ 1-806-488-2227 - 100
💻 www.palodurocanyon.com

▶ Unterhaltung

Das Essen im Herzen des Cowboylands lässt die meisten amerikanischen Regionen in Punkto Qualität und Geschmack weit hinter sich. Natürlich dreht sich fast alles um Rindfleisch. Die Big Texan Steak Ranch ist zweifellos eine Ikone, doch die Konkurrenz macht viele Sachen durchaus besser. Das Nachtleben dreht sich überwiegend um Country Music, ist aber nur in Richtung Wochenende wirklich lebendig.

Entlang der 6th Ave, der alten Route66, reihen sich zwischen Georgia und Western Street Bars und Diners auf. Allerdings ist der Straßenzug beinahe eine ganze Meile lang und die Lokale liegen teils relativ weit auseinander.

▶ Golden Light Cantina

Seit 1946 in Amarillo eine Institution für alle, die sich an kaltem Bier und Live-Musik zwischen Country, Folk und Rock erwärmen können. Besonders standhafte können sich durch fast die komplette Liste amerikanischer Biermarken kämpfen.

✉ 2908 W 6th St
🕐 Di-Sa 16-2h
☎ 1-806-374-9237
💻 www.goldenlightcafe.com

▶ Nachtleben

Die wichtigste Ausgehmeile ist die S Polk St im Zentrum zwischen der 7th und der 8th Ave. Hier konzentrieren sich Restaurants und Amüsierlokale für fast jeden Geschmack, von dunklen Kaschemmen bis zu gediegenen Cocktailbars.

▶ Midnight Rodeo

Im bekanntesten Country Club der Stadt sind Stetson und Cowboystiefel zwar keine Pflicht, bestimmen aber das Bild auf der Tanzfläche. Texas wie es leibt und lebt. Regelmäßige Konzerte nationaler Country-Größen machen den größten Honky-Tonk im Texas Panhandle zu einem magischen Anziehungspunkt im Leben eines Cowboys.

⊠ *4400 S Georgia St*
🕐 *Do-Sa 20-2h*
∞ *Je nach Veranstaltung ab $8 aufwärts*
☎ *1-806-358-7083*
🖥 *www.midnightrodeoamarillo.com*

🖥 Websites

Die städtische Fremdenverkehrswebsite
🖥 *www.visitamarillotx.com*

⚙ Soundtrack Amarillo

Künstler	Titel	Album	Jahr	Genre
Tony Christie	Is This the Way to Amarillo	(Single)	1971	Pop
Bruce Springsteen	Cadillac Ranch	The River	1980	Rock
George Strait	Amarillo by Morning	Strait from the Heart	1982	Country
Nitty Gritty Dirt Band	Cadillac Ranch	Plain Dirt Fashion	1984	Country
Jason Aldean	Amarillo Sky	Jason Aldean	2005	Country
Alan Jackson	Amarillo	High Mileage/Marlboro	2008	Country
Fair to Midland	Amarillo Sleeps on My Pillow	Arrows and Anchors	2011	Metal

The Cross of our Lord Jesus Christ

Eine amerikanische Ikone – Der Cowboy

What do you do on a cattle drive?   *Was macht ihr bei einem Viehtrieb?*
Well, ...we drive cattle.   *Nun, ...wir treiben Vieh.*

Ein Cowboy aus Wyoming in einem Radio-Interview 2008

Der einsame, wortkarge, kaffee- oder whiskeytrinkende und ab und an schießwütige Cowboy ist ein amerikanischer Mythos, der in allen kulturellen Bereichen zu finden ist. In Literatur, Musik, Mode und vor allem im Hollywood-Film. Die Zigarettenmarke Marlboro vollendete mit ihrer 1954 gestarteten Werbekampagne den Stereotyp vom Leben in Freiheit und Abenteuer.

Die Realität sah anders aus. Die Arbeit des Cowboys war hart, schlecht bezahlt, schmutzig, entbehrungsreich und gefährlich. Man schätzt, dass ein Drittel der Kuhhirten im amerikanischen Westen Schwarze waren. Nach dem Verbot der Sklaverei zogen viele Afroamerikaner in die Großstädte des Nordens, aber auch in die ländlichen Westen, wo die alltägliche Diskriminierung weniger spürbar war als im Süden. Auch viele Indianer und Mexikaner verdingten sich auf den Ranches. Die Cowboys gehörten zu einer der untersten sozialen Schichten.

Die Aufgabe der Cowboys war, eine große Tierherde zusammen und gesund zu halten. Im ausgehenden 19. Jahrhundert gab es noch keine Zäune in Texas und die großen Herden benötigten angesichts der spärlichen Vegetation riesige Flächen zur Fütterung. So verbrachte der Cowboy täglich zehn bis zwölf Stunden im Sattel, unter sengender Sonne, bei klirrender Kälte oder im peitschenden Regen und schlief gemeinsam mit den anderen Kollegen in einer Baracke auf der Ranch. Umso erstaunlicher, dass die Cowboykarriere meist sehr früh anfing – den Job erlernten sie bereits in jungen Jahren, meist im Alter von 12 oder 13.

Nach dem Amerikanischen Bürgerkrieg stieg die Nachfrage nach Rindfleisch rasant an. Die neuen Eisenbah-

nen konnten massenhaft Rinder über große Strecken in die Metropolen des Ostens transportieren, wo neue Technologien die Fleischverarbeitung und besonders die Konservierung verbesserten. Für die bis dahin nur lokal wirtschaftenden Rancher in Texas öffneten sich neue und besonders lukrative Märkte – während ein Rind in Texas für vier Dollar den Besitzer wechselte, wurde in Chicago locker das Zehnfache bezahlt.

1866 taten sich einige Rancher mit der Idee zusammen, eine riesige Herde zum nächstgelegenen Verladebahnhof zu treiben. Der war in Sedalia, Missouri, nicht weit entfernt von Kansas City. Die Route führte quer durch die Indianerterritorien des heutigen Oklahoma, was Konflikte vorprogrammierte. Besonders aber die weißen Farmer fürchteten, dass ihre Pflanzungen zertrampelt würden und stellten sich den Viehtreibern nicht selten bewaffnet in den Weg. Der erste Versuch, tausende Rinder über 1.000 km weit zu treiben, scheiterte. Noch weit vom Ziel entfernt gab man auf und die Tiere wurden zu Niedrigstpreisen an die lokalen Rancher verkauft.

Doch ein texanischer Rancher ist niemand, der beim ersten Rückschlag das Handtuch wirft. Im folgenden Jahr wurde der neue Verladebahnhof in Abilene, Kansas, anvisiert – und das zweite Experiment gelang. In den nächsten Jahrzehnten wurden hunderttausende Stück Vieh zu den großen Bahnhöfen Abilene, Wichita und Dodge City getrieben.

Für den Cowboy eine extrem harte und entbehrungsreiche Reise. Nur rund ein Dutzend Männer war für eine Herde von zwei- bis fünftausend Stück Vieh verantwortlich, die 24 Stunden am Tag bewacht werden mussten – bekanntermaßen war Viehdiebstahl eine beliebte Art der persönlichen Bereicherung. Um starkem Gewichts- und damit Wertverlust der Tiere vorzubeugen, konnten täglich nur etwa zehn bis zwölf Meilen zurückgelegt werden, während die Tiere nachts unter den wachsamen Augen der schichtweise Wache haltenden Cowboys ruhten und grasten. Dementsprechend dauerte ein solcher „cattle drive" durchaus schon mal zwei bis drei Monate.

Meist zog man in Frühjahr los, wenn frisches Gras wuchs und die Flüsse von der Schneeschmelze noch nicht angeschwollen waren. Eine Flussüberquerung mit tausenden von Rindern war eine höchst delikate Angelegenheit und konnte mitunter Tage dauern. Oder man musste tagelang warten, bis die Flusspegel wieder sanken. Die Strecke von Süden nach Norden wird direkt von einer Vielzahl kleinerer und einiger großer Flüsse in West-Ost-Richtung zerschnitten, darunter der Red River, die beiden Arme des Canadian River und der Arkansas.

Doch nicht nur Wasser, auch Gebirge, Canyons und Badlands mussten überwunden werden, was eine Vielzahl an möglichen Verzögerungen und Gefahren bedeutete. Dies führte allmählich dazu, dass sich erprobte Wege als feste Routen etablierten. Der „Chisholm Trail" von Fort Worth über Oklahoma City nach Wichita wurde zur zentralen Achse eines Wegenetzes, das mindestens neun Staaten überzog.

Das Leben der Rinderhirten fand vollständig im Freien statt. Unter freiem Himmel wurden alle Bedürfnisse verrichtet, wurde gegessen und geschlafen. Begleitet wurde der Zug von einem „chuck waggon", einem Ochsenkarren, der alles Lebensnotwendige mitführte. Sein Fahrer war gleichzeitig Koch, Frisör und Arzt. Ein zweiter Wagen transportierte oft die unterwegs geborenen Kälber, die nicht fähig waren, die weiten Strecken zu Fuß zurückzulegen.

Der Alltag in der rauen Natur war mehr als hart, der Umgang mit Tieren immer gefährlich. Indianer, Viehdiebe, Klapperschlangen und Unwetter bargen genauso Risiken wie die gefürchteten „stampedes": Eine Herdenpanik, die in einem kritischen Moment von einem Pistolenschuss oder einem einfachen Donner ausgelöst werden konnte. Dann setzte sich die gesamte Herde in Bewegung, raste los und walzte alles nieder, was sich ihr in den Weg stellte. Besonders sensibel waren die Longhorns, die in Texas am meisten gezüchtete Rinderrasse.

Für die Cowboys gab es dann nur zwei Alternativen: Die Herde rennen zu lassen bis sie sich beruhigte, um sie dann mühevoll wieder auf den richtigen Weg zurückzubringen oder sich aufs Pferd zu schwingen, um die Panik zu stoppen. Dazu mussten sie die tierische Lawine überholen und versuchen, sie seitlich abzulenken, sodass die Herde quasi im Kreis rannte bis ein Rückstau die Bewegung zum Stillstand brachte. Das war besonders nachts, wenn Sicht und Orientierung minimiert waren und die Pferde leicht stürzen konnten, ein extrem gefährliches Unterfangen.

Das Bild vom ewig singenden Cowboy hat hier einen realen Ursprung. In angespannten Momenten, etwa wenn sich ein Gewitter zusammenbraute, versuchten die Männer die Tiere – und vor allem auch sich selbst – mit sanften Melodien zu beruhigen.

Wenn endlich das Ziel der langen

Reise erreicht war, wartete die Bezahlung auf den Cowboy. Und endlich auch ein Bad, ein richtiges Bett – und vor allem etwas Abwechslung. So landete nicht selten ein guter Teil des Lohns innerhalb weniger Tage in den Taschen von Saloon-, Spielhöllen- und Bordellbesitzern. Die „Cow Towns" waren verrufene und gefährliche Pflaster, Schlägereien und Schießereien an der Tagesordnung. Dodge City erlangte den Ruf der „übelsten Stadt Amerikas".

Die große Zeit der Cattle Drives ging in den 1890er Jahren zu Ende. Eisenbahnlinien begannen, das Land mit einem dichten Netz zu überziehen und machten die langen Viehtriebe überflüssig. Die fleischverarbeitende Industrie baute Produktionsanlagen direkt in Viehzuchtregionen und für den Cowboy begann ein weniger entwurzeltes und stabileres Leben. Das Weideland wurde eingezäunt, sodass die Herden nicht mehr von Hirten zusammengehalten werden mussten, und neue, arbeitserleichternde Technologien erhielten Einzug. Das romantische alte Brandzeichen ist heute eine Ohrmarke aus Plastik oder sogar ein eingepflanzter Mikrochip. Pferde werden zwar noch punktuell eingesetzt, doch meist sind sie durch Pick-up Trucks, Geländefahrzeuge, Schneemobile oder Hubschrauber ersetzt worden.

Trotzdem werden die Traditionen aufrechterhalten. Die Kinder der Rancher werden mit drei oder vier Jahren aufs Pferd gesetzt und die besonders mutigen vergleichen ihr handwerkliches Geschick im Rodeo. Auch das Outfit hat sich kaum verändert: Der robuste Cowboyhut der Marke „Stetson", der auch schon mal zum Wasserschöpfen eingesetzt werden kann, ist der gleiche geblieben, ebenso wie Stiefel, Jeans oder das „bandana", das meist rote Halstuch.

Einige der Viehzuchtbetriebe haben zusätzlich eine neue Einkommensquelle entdeckt: die „dude ranches" bieten eine Art „Urlaub auf dem Bauernhof". Familien aus den Städten können hier die raue Luft des Wilden Westens schnuppern – in höchst komfortabler Unterkunft, versteht sich.

🖳 Websites

Wer ein paar Tage auf einer Ranch verbringen will, kann bei diesen Portalen sein Glück versuchen.

🖳 www.duderanches.com
🖳 www.guestranches.com
🖳 www.ranchweb.com
🖳 www.vacationranches.net

Website der Working Ranch Cowboy Association

🖳 www.wrca.org

🎵 Soundtrack Cowboys

Künstler	Titel	Album	Jahr	Genre
The Velvet Underground	Lonesome Cowboy Bill	Loaded	1970	Rock
David Crosby	Cowboy Movie	If I Could Only Remember My Name	1971	Folkrock
Thin Lizzy	Cowboy Song	Jailbreak	1976	Rock
Pantera	Cowboys from Hell	Cowboys from Hell	1990	Metal
George Michael	Cowboys and Angels	Listen Without Prejudice	1990	Pop
Faith No More	Midnight Cowboy	Angel Dust	1993	Alternativrock
Toby Keith	Should've been a Cowboy	Toby Keith	1993	Country
Sting	This Cowboy Song	Fields of Gold	1994	Pop
Jamiroquai	Space Cowboy	The Return of the Space Cowboy	1994	Funk
Ween	Japanese Cowboy	12 Golden Country Greats	1996	Country
Fugees	Cowboys	The Score	1996	HipHop
Portishead	Cowboys	Portishead	1997	Alternativrock
Dixie Chics	Cowboy take me away	Fly	1999	Country
Nickelback	Cowboy Hat	The State	1999	Rock
Bruce Springsteen	Black Cowboys	Devils & Dust	2005	Folk
John Fogerty	Broken down Cowboy	Revival	2007	Rock
Counting Crows	Cowboys	Saturday Nights & Sunday Mornings	2008	Rock
Carrie Underwood	Cowboy Casanova	Cowboy Casanova	2009	Rock
Necro	Thugcore Cowboy	Die!	2010	HipHop

Von Amarillo nach Glenrio

Um Amarillo zu verlassen, folgt man der 6th Street nach Westen. Nach der Ecke Belleview Street knickt man halblinks auf die Bushland Ave ab, die nach etwa einem Kilometer in einer leichten Rechtskurve in die 9th Ave übergeht. Nach einem halben Kilometer geht es wieder halblinks auf den Amarillo Blvd. Dieser mündet direkt auf den IS40 beziehungsweise seine nördliche Service Road. Am Exit 62A „Hope Street" wechselt man auf die Südseite des Interstate und erreicht das Symbol der Route66. Die gleiche Ausfahrt benutzen auch diejenigen, die bevorzugen, Amarillo auf der Autobahn zu verlassen.

👁 Cadillac Ranch

Die zehn mit der Schnauze in den Boden eingegrabenen Cadillacs sind in wenigen Jahrzehnten zur amerikanischen Ikone geworden. Auch auf Kunstlaien oder schlicht -desinteressierte übt das skurrile Monument in seiner simplen Geometrie eine mystische Anziehungskraft aus. In der völlig konturlosen und leeren Prärie erzeugt das Monument eine Atmosphäre der Dekadenz, die Kritik an der Konsumgesellschaft ist unübersehbar. Gleichzeitig ist es Kunst zum Anfassen. Keine Sicherheitsmaßnahme schirmt das Objekt vom Besucher ab, man kann schamlos auf den Autowracks herum klettern oder per Sprühdose seine persönliche Marke hinterlassen.

Die Cadillac Ranch entstand 1974. Der Ölmillionärserbe und als exzentrischer Kunstmäzen bekannte Stanley March 3 aus Amarillo bot der Aktionskünstlergruppe „Ant Farm" aus San Fran-

Cadillac Ranch

cisco ein Stück seiner Ländereien für ein Kunstobjekt an. Ein Konzept wurde entworfen, der Standort bestimmt und die teilweise noch fahrbereiten Karossen auf lokalen Schrottplätzen zusammengekauft. Es handelt sich um Cadillacs aus den Jahren 1949 bis 1963 – den goldenen und inzwischen vergangenen Jahren des amerikanischen Automobils. Bewegliche Teile wurden festgeschweißt und mit Hilfe von Baggern versenkte man die Karosserien im Boden. Anfangs trugen die Wagen ihre Originallackierung, doch schnell begannen Sprayer, die Objekte zu bemalen. Mehrfach wurden sie komplett neu lackiert, doch es dauerte nie mehr als 24 Stunden, bis der erste selbsternannte Graffiti-Künstler zuschlug.

1997 wurde die Installation einige Meilen weiter nach Westen verlegt. Die urbane Expansion Amarillos hatte begonnen, die eigentümliche Atmosphäre zu stören. Am stimmungsvollsten ist die Cadillac Ranch zum Sonnenuntergang, wenn die Wracks lange Schatten werfen.

⇨ *IS40 in Richtung Westen, Exit 62A „Hope Road", nach links auf die südliche Service Rd der Autobahn, nach 1 km auf der linken Seite. Nach 1 km ist rechts eine Parkbucht.*

🕐 *24h*

∞ *Frei*

Auf dem Weg nach Westen wird es allmählich immer einsamer. Die Namen von unordentlichen Nestern mit ein paar hundert Einwohnern wie „Bushland" oder „Wildorado" verdeutlichen, dass man sich am Rand der Wildnis befindet.

Landwirtschaft ist nur noch mit künstlicher Bewässerung möglich. Vielfach sieht man kreisrunde Felder, auf denen sich die Bewässerungsanlagen um eine zentrale Achse drehen. Die 66 führt als Frontage Rd auf der Nordseite parallel zur Autobahn entlang.

🏛 Vega (900 EW)

Die Hauptstadt des Oldham County ist kaum mehr als ein Dörfchen mit Wild-

west-Atmosphäre, das dem Reisenden renovierte Tankstellen und ein immerhin sehr empfehlenswertes Restaurant bietet. Der „Boot Hill Saloon and Grill" (✉ 909 Vega Blvd) ist atmosphärisch einem alten Saloon nachempfunden.

🏛 Adrian (160 EW)

Nach den seit Chicago gefahrenen Kilometern erscheint es unglaublich, dass erst hier die halbe Strecke der Route66 geschafft sein soll. Adrian rühmt sich als „Midpoint", sowohl nach Chicago als auch nach Los Angeles sollen es exakt 1.139 Meilen sein. In Zeiten von Google Earth könnte man sich ja die Mühe machen, diese Theorie von zu Hause zu überprüfen – man kann aber auch einfach die „romantische Vorstellung" akzeptieren und den Bewohnern ihre außerordentliche Position glauben. In jedem Fall hat sie dem Örtchen wohl das Überleben gesichert. Das Foto vor dem Midpoint-Schild und ein Besuch im gleichnamigen und sehr sympathischen Café fasst die Mehrheit der Reisenden als Verpflichtung auf. Verfehlen können Besucher beides nicht.

Drei Meilen westlich von Adrian wird man bis zur Staatsgrenze auf den Interstate Highway gezwungen. Die Landschaft nimmt immer stärkeren Wüstencharakter an. Die ersten für New Mexico so typischen Zeugenberge und isolierten Hochplateaus tauchen auf und die Vegetation wird immer spärlicher. Man spürt deutlich, wie man allmählich in eine andere Klimazone eindringt. Der Himmel wölbt sich als riesige Kuppel über endlose Leere. Ohne die Sicherheit des eigenen Vehikels und der modernen Straßen wäre man in der Wildnis unweigerlich verloren.

🏛 Glenrio (0 EW)

Direkt auf der Staatsgrenze zwischen Texas und New Mexico liegt die Geisterstadt

Glenrio

Glenrio. Zu Anfang des 20. Jahrhunderts als Viehzüchter-Community gegründet, florierte das Örtchen einige Jahrzehnte dank einer Bahnstation zur Rinderverladung und dem Durchgangsverkehr auf der Route66. Es gab ein Postamt und sogar eine eigene Zeitung. Von der Grenze zerschnitten, war der Ort Grund genug für einen jahrelangen Streit der beiden Staaten, die hier ihre Steuern eintreiben wollten. Auf der texanischen Seite gab es keine Bars, denn im östlichen County galt weiterhin die Prohibition. Auf neumexikanischem Territorium siedelte sich wegen der hohen Besteuerung keine Tankstelle an.

Die Schließung des Bahnhofs und der Bau der modernen Autobahn entzogen Glenrio seine Lebensgrundlage und versetzten ihm den Todesstoß. In den 80er Jahren verließen die letzten Bewohner den Ort und seitdem verfallen die Gebäude. Inzwischen sind ein paar wenige Gebäude zumindest zeitweise wieder bewohnt und etwas abseits der Hauptstraße lässt sich sogar ein Neubau entdecken, doch offiziell ist die Einwohnerzahl: Null.

⇒ *IS40, Exit 0, an der verlassenen Tankstelle nach links, nach knapp einem Kilometer ist man auf der einzigen Straße von Glenrio.*

Die alte Route66 verwandelt sich ab Glenrio in einen staubigen Feldweg, der nach Regenfällen nur mit einem geländegängigen Fahrzeug befahren werden sollte. Die 19 Meilen nach San Jon können das aufregendste Stück Strecke zwischen Chicago und Los Angeles sein – im positiven wie im negativen Sinne. Verkehr ist hier praktisch keiner unterwegs. Bei einer Panne muss man unter Umständen einige lange Meilen laufen, um bei irgendeinem Rancher Hilfe zu holen. Um die Strecke zu finden, durchquert man die Geisterstadt. Nach einem halben Kilometer teilt sich die Straße. Links beginnt die staubige Piste, die Teerstraße nach rechts endet nach wenigen hundert Metern im Nichts.

Die einzige Alternative ist, von Glenrio wieder zurück auf den Interstate Highway zu fahren.

Black o Blanco

Ein satirischer Exkurs von Zé do Rock über die Nomenklatur amerikanischer Städte

Ma can von el amis sage was ma will, immahin ha dey en unermessli kreativitee bei dare namesgebu. Ma can citys besuke, die Alexander, Alfred, Anton, Carlos, Charlie, Claude, Fred, Helena, Irene, Jean, Joaquin, Katy, Louise, Lucas, Natalia, Patricia, Ricardo, Sebastian, Vera heiss. Ma can die ganze welt in ein ta bereise, voraussezet ma bleib in Texas: es gebe citys, die Athens, China, Edinburgh, Egypt, Geneva, Holland, Ireland, Italy, Liverpool, London, Malta, Milano, Moscow, Münster, Nederland, New Baden, New Ulm, Oldenburg, Paris (aah, do kennen?), Sebastopol, Sydney, Sudan heiss. Texas hab einfak allu: ha do a kleine fusz, far do zu Bigfoot. Be do in die mamaleib un ma woll di nit rauslasse, probee's mit Birthright. Be do rassist, can do aussuke, wohin do woll, ob zu Black o zu Blanco. Be do müde, versuk es in Blanket o Goodnight. Is dei geld aus, see mall in Cash o Dinero nak. Ha do durst, nix wi zu Coke. Is dear langweilish, far zu Impact o glei zu Cut and Shoot. Be do spet dran, snell zu Early. Spreke die leute nur nok espanish, imediat zu English. Is heute monta, versuk es in Friday. Be do daun, auf zu Energy, Joy, Scherz, Smiley o glei zu Happy. Gesheftlig untaweegs? Da can i nur Kaufmann anbit. Hungry? Oatmeal salt does problem loes. Nix wi raus aus dare city? Wee were es mit Pampa o Paradise? Feel-light is Tarzan in dare nee. Da draussen gate does auto snell kaputt, dafür gebe's Tool, so come ma glei zu Mercedes. Wenn dare au sigh geist aufgebe, kannat man in Zorn gerat. Wem dare Zorn nit genug is, Reagan is gleik um die kurv. Aba feel-light be do nit sicher un woll vorlaufi zu Uncertain?

O guns wek, zu die Venus? Die Venus aber is heiss un do come zurük zu Earth. Earth klinge nit so richtli heimatlig un do woll direct zu Sweet Home. For her far do zu Telephone un sage besheid, does do come. In Telegraph air far do, does daheim el Unity come ha. Da-by denket do, does Utopia weita wek is?! Bleibe noh zeit für a slagzeil in dare zeitu, wobei ma sage muss, dat sowol ,Fertile' wi au ,Climax' stadtenamen sin: *fertile woman dies in Climax.*

ICH BIN SHRIFT STELLA

Zé do Rock ist ein brasilianisch-deutscher Kabarettist, Buchautor und Filmemacher. Nachdem er jahrelang durch 111 Länder der Erde getrampt ist, ließ er sich in München nieder. Seine Bücher verfaßt er in einer bizarr verzerrten Sprache, die er Ultradoitsch nennt. 2006 stellte er den satirischen Dokumentarfilm „Schröder liegt in Brasilien" fertig.

NEW MEXICO

Durch die Wüste – New Mexico

Die Route66 von Ost nach West zu fahren hat einen entscheidenden Vorteil: Das Beste kommt zum Schluss. Denn die westliche Hälfte der Route66 ist bei Weitem der aufregendere Teil. Die letzten drei Staaten New Mexico, Arizona und Kalifornien bieten so viele atemberaubende Naturwunder, dass man auch auf mehreren Reisen nicht alles entdecken kann. Hinzu kommen interessante Städte, eine andere Esskultur, starke indianische und lateinamerikanische Einflüsse.

Mit dem Grenzübertritt nach New Mexico befindet man sich endgültig in der großen amerikanischen Wüstenregion, die sich fast bis zum Pazifik und bis tief nach Mexiko hinein fortsetzt.

Aus der flachen Hochebene erheben sich die charakteristischen Mesas, die Inselberge, die von der Erosion noch nicht abgetragen worden sind und ein einzigartiges Bild formen. Das Land ist leer, der fast immer blaue Himmel wölbt sich als riesige Kuppel von einem weit entfernten Horizont zum anderen. Die von gelblichen, roten und braunen Farbtönen dominierte Erde wird vom Grün vereinzelter Büsche gesprenkelt.

Irgendwas scheint einem das Gefühl zu geben, endlich angekommen zu sein. Aber wo? Die endlose Weite des Landes wäre beängstigend, würde einem die schwarze Schnur des Highways nicht die Sicherheit geben, dass der Weg irgendwohin führen muss.

New Mexico in Zahlen	New Mexico	Zum Vergleich: Norwegen
Einwohner	2,08 Mio.	4,98 Mio.
Fläche	315.000 km²	385.000 km²
Einwohner pro km²	6	13
Höchste Erhebung	Wheeler Peak, 4.011 m	Galdhøpiggen, 2.469 m
Hauptstadt	Santa Fe	Oslo

New Mexico ist leer. Wäre der Staat unabhängig, würde er nach der Einwohnerdichte unter den 194 Staaten der Welt hinter dem Tschad auf Platz 182 rangieren.

Es ist vor allem der Wassermangel, der keine großflächige Besiedlung erlaubte. Nicht einmal 0,2 % der Oberfläche ist von Wasser bedeckt, der niedrigste Anteil aller US-Staaten. Nur die Gebirge des Nordwestens erhalten so

viel Niederschlag, dass dichte Wälder wachsen und sogar Skigebiete eingerichtet werden können. Der Rest des Staates ist staubtrocken.

Dennoch ist New Mexico seit mehr als zehntausend Jahren besiedelt. Die Pueblo-Indianer lebten in Dörfern mit festen Lehmbauten, deren Ästhetik die moderne Architektur gerne imitiert. Kurz vor der Ankunft der spanischen Kolonialisten hatten

1680 entsandte einer der verfolgten Schamanen, „Popé", von Taos aus Läufer in alle Dörfer, die verknotete Schnüre bei sich trugen und damit die verbündeten Stämme zur Revolution aufriefen. Die Zahl der Knoten entsprach dabei den verbleibenden Tagen bis zur Rebellion. Am 10. August brach schlagartig und überraschend der Aufstand aus und warf die Spanier aus dem Land. Doch interne Uneinigkeit schwächte die Indianer so weit, dass die Spanier zwölf Jahre später ihre Kolonie zurückerobern konnten.

Nach dem Unabhängigkeitskampf Lateinamerikas fiel die Region schließlich an Mexiko. Doch auch die junge Republik vernachlässigte ihren peripheren Norden und nach dem 1848 verlorenen Krieg gegen die USA musste sie New Mexico, Kalifornien und Arizona an den großen Bruder im Norden abgeben. Die Indianer kämpften auch gegen diesen neuen Besitzer erbittert – und erst 25 Jahre nach Ende des Amerikanischen Bürgerkriegs schlugen die US-Truppen den letzten Apachenaufstand nieder.

sich auch die kulturell verwandten, halb-nomadischen Stämme der Apachen und Navajos in dieser Region ausgebreitet.

Die Spanier verleibten sich zwar den ganzen Südwesten ein und schlossen ihn ihrer Kolonie Neuspanien an, aufgrund der dünnen Besiedlung und dem Mangel an natürlichen Reichtümern zeigten sie aber wenig Interesse an diesen Landstrichen. Die katholischen Missionare ließen sich davon allerdings nicht abhalten und versuchten trotzdem, die Indianer mit aller Gewalt zu bekehren und bestraften „Hexerei" und unchristliche Riten nicht selten mit dem Tode.

Vorerst bot der Wüstenstaat kaum andere wirtschaftliche Chancen als die Viehzucht. Nach und nach wurden Bodenschätze entdeckt, die bis dahin kaum von Interesse gewesen waren: Erdöl, Kupfer, Zinn und Uran. Dennoch fand eine industrielle Revolution praktisch nicht statt, die Industrie trägt auch heute zu kaum mehr als 2 % des Sozialprodukts bei.

Die große Wende trat ein, als die Washingtoner Zentralregierung ihre Politik der Isolation aufgab und begann, sich aktiv ins Weltgeschehen einzumischen. Die Militärs entdeckten, dass sie die riesigen Flächen New Mexicos als Manöver und Testgelände nutzen konnten. In den Geheimlaboren von Los Alamos und Albuquerque wurde die Technologie für die

Atombombe entwickelt, die erste Zündung der neuen Waffe fand auf dem Raketentestgelände bei Alamogordo statt.

Bis heute bleibt die US-Armee einer der wichtigsten Arbeitgeber im Staat. Ein Viertel aller Beschäftigten arbeitet direkt für die Zentralregierung und Forschung und Hochtechnologie spielen eine wichtige Rolle, in jüngster Zeit auch auf dem friedlicheren Sektor der erneuerbaren Energien. Durchaus einleuchtend, bietet New Mexico doch ungeheure natürliche Potentiale für die Nutzung von Sonnen- und Windenergie.

Ein ganz anderes Hightech-Projekt wird bald die Aufmerksamkeit der Welt auf sich ziehen: Bei Upham, 280 Kilometer südlich von Albuqerque, wurde 2011 „Spaceport America" fertiggestellt. Virgin Galactic, ein neues Unternehmen des englischen Multimillionärs Richard Branson, will von hier aus in den kommenden Jahren Touristen ins All schicken. Für schätzungsweise 200.000 Dollar pro Flug. Mehr als ein Dutzend erfolgreicher Testflüge bis zum Rand der Erdatmosphäre haben bereits stattgefunden.

 **in New Mexico**

Die Durchquerung New Mexicos gestaltet sich landschaftlich im Vergleich zu den vergangenen tausend Kilometern endlo-

ser Ebenen etwas abwechslungsreicher. Ab der Staatsgrenze geht es zunächst weiter durch flache, wüstenhafte Steppen, spektakulär eingerahmt von den Inselbergen, die als Zeugen der ehemals höher gelegenen Ebene von der Erosion stehengelassen wurden.

Wenige Meilen hinter Santa Rosa, wo man eine hübsche Pause am See einlegen kann, öffnet sich der Blick auf ein fast sechzig Kilometer langes und schnurgerades Autobahnstück. Während man die Spurtreue seines Vehikels testet, hat man noch einige Kilometer Zeit, bis eine schwierige Entscheidung ansteht: Die Route66 hatte in ihrer Geschichte zwei verschiedene Streckenführungen. Vor 1937 knickte sie nach Norden in Richtung Santa Fe ab, später führte sie auf sehr geradem Weg nach Albuquerque.

Der Umweg von 110 km über die alte Streckenführung nach Santa Fe lohnt sich unter touristischen und landschaftlichen Gesichtspunkten voll und ganz. Und die Region um Santa Fe lädt dazu ein, nach über 2.000 Kilometern einen Tag Pause einzulegen und den Umweg noch zu verlängern. Die vielen Attraktionen des Südwestens machen einem manche Entscheidungen nicht eben leicht.

Votiert man für die kürzere Verbindung, muss man mindestens 70 Meilen dem Interstate Highway treu bleiben. Die letzten 35 Meilen bis zur größten Stadt New Mexicos lassen sich dann wieder

auf der alten Landstraße bewältigen. Kurz vor Albuqerque durchquert die Route den spektakulären Tijeras Canyon, vorbei am voluminösen Massiv der Sandia Mountains, das sich bis auf 3.255 Meter Höhe in den Himmel reckt.

Westlich von Albuquerque erklimmt man auf 15 Kilometern den Nine Mile Hill. Am nördlichen Horizont entdeckt man perfekt geformte Vulkankegel und Lavafelder. Vulkanismus begleitet den Reisenden über weite Strecken bei der Durchquerung des westlichen New Mexico. Derzeit gibt es keine aktiven Vulkane im Staat, doch die Aktivität wird von Geologen nicht als beendet, sondern lediglich als ruhend betrachtet. Die jüngsten Ausbrüche liegen gerade mal 3.000 Jahre zurück. In geologischen Zeitspannen kaum mehr als ein Augenblick. Vor Grants durchfährt man ein riesiges und ausgesprochen unwirtliches Lavafeld.

Zwischen den Mesetas, den Hochebenen, hindurch klettert die 66 langsam bis zum Continental Divide, der kontinentalen Wasserscheide. Man befindet sich mitten im Indianerland. Verkaufsbuden und Trading Posts, wie sich die Läden für Souvenirs und indianisches Kunsthandwerk nennen, reihen sich am Straßenrand auf. Mit Gallup erreicht man schließlich die selbsternannte Indianerhauptstadt der Welt. Ein Drittel der Einwohnerschaft hat seine Wurzeln bei den Stämmen der Navajo, Hopi oder Zuni.

Die alte Route66 ist zum Teil einfach mit dem modernen Interstate Highway überbaut worden. Doch die verbleibenden Teilstücke faszinieren durch ihre Lage in grandiosen Gebirgs- und Wüstenlandschaften und die Präsenz der Indianer- und Latinokultur. Die Beschilderung ist ausgesprochen dürftig. Wer dem alten Asphalt treu bleiben will, wird des Öfteren zweifeln oder sich vielleicht auch mal verfahren. Doch das gehört zur Erlebnisreise dazu.

ℹ Informationen

Der Staat New Mexico unterhält ein kostenloses Info-Telefon, wo man sich über die aktuellen Straßenzustände informieren kann.
☎ 1-800-432-4269

💻 Websites

Staatliche Touristeninformation
🖳 www.newmexico.org

Die Website der Monatszeitschrift bietet einen Online-Reiseführer
🖳 www.nmmagazine.com

Links zu aktuellen Veranstaltungskalendern der einzelnen Städte
🖳 www.vivanewmexico.com/events.html

Soundtrack New Mexico

Künstler	Titel	Album	Jahr	Genre
Johnny Cash & the Tennessee Two	New Mexico	Roads Less Traveled	2001	Country
Billy Joel	New Mexico	My Lives	2005	Songwriter
Ariel Abshire	Goddamn New Mexico	Exclamation Love	2008	Songwriter
Heather Nova	Out in New Mexico	The Jasmine Flower	2009	Songwriter
The Cinematics	New Mexico	Love and Terror	2009	Alternativrock

Von Glenrio nach Santa Rosa

Vom texanischen Grenzort Glenrio nimmt man entweder die staubige Piste bis ins 19 Meilen entfernte San Jon oder man kehrt zum Interstate 40 zurück. Nach kaum einem Kilometer begrüßt den Reisenden das nagelneue New Mexico Welcome Center. Eine riesige moderne Touristeninformation, die einen mit Karten und hunderten bunter Broschüren versorgt. Eine Ausfahrt weiter, am Exit 369, kann man auf die parallel verlaufende Frontage Road ausweichen. 14 mi/23 km weiter, bei dem Truck Stop in San Jon, biegt man nach links, überquert die Autobahn und am Stopschild hinter der Tankstelle auf der Südseite geht es nach rechts weiter. Nach einigen Kilometern folgt ein landschaftlich hinreißender Abschnitt quer durch einen kleinen Canyon.

Südlich von Tucumcari endet die schöne Route jäh vor einem Schild mit der Aufschrift „Dead End". Straßen-Romantiker können hier kaum hundert Meter südlich einen unasphaltierten, noch älteren Abschnitt der Route66 ausmachen. Nach rechts abgebogen quert man die Autobahn und landet automatisch auf dem Tucumcari Blvd, der Hauptstraße des gleichnamigen Ortes.

🏛 Tucumcari (6.000 EW)

Bescheidenheit ist offenbar nicht die verbreiteteste Tugend in Tucumcari, das sich mit dem Titel „Gateway to New Mexico" brüstet und die nächtlichen Neonreklamen der Hauptstraße mit Las Vegas vergleicht. Tatsächlich ist das Nest aber

der größte Ort auf den 460 Kilometern zwischen Amarillo und Albuquerque und bietet offiziell mehr als 1.200 Hotelzimmer an. Der aggressive Ton beim Werben um Touristen hat jahrzehntelange Tradition. Ein Dinosaurier-Museum und eine kürzlich fertiggestellte Reihe von über 20 Wandbildern sollen die Reisenden vom Highway locken. Immerhin haben einige der klassischen Route66-Motels aus den 30er bis 50er Jahren gegen die übermächtige Konkurrenz der Ketten überleben können.

Ansonsten lebt man überwiegend von der Landwirtschaft. Zwei nahegelegene Stauseen bewässern das je nach Jahreszeit grüne oder braune Tal im staubtrockenen New Mexico. Doch seit zehn Jahren herrscht Dürre und das Wasser wird für die Farmer eisern rationiert. Folglich werden Brunnen gebohrt und das wertvolle Nass mit windgetriebenen Pumpen gefördert. Denn im Untergrund liegt der Ogallala-Aquifer, eines der weltweit größten Grundwasserreservoirs. Es erstreckt sich über acht Staaten von Texas bis nach South Dakota und bedeckt eine Fläche so groß wie Schweden. Angebaut werden im Tal von Tucumcari vor allem die Hirseart Sorghum, Baumwolle und Alfalfagras als Viehfutter und zur Produktion von Ethanol. Der „Bioalkohol" wird seit George Bushs Energiegesetz von 2005 in großem Stil zu 10 % dem US-Benzin zugesetzt. Der ökologische und wirtschaftliche Sinn des Gesetzes wird allerdings von verschiedenen Seiten in Frage gestellt. Obendrein wird der neue Boom für den rasanten Anstieg der

Lebensmittelpreise verantwortlich gemacht. Seit 2004 hat sich der Preis für eine Gallone Milch verdreifacht.

Die Eröffnungsszene von Sergio Leones „Für ein paar Dollar mehr" spielt in Tucumcari, das auch namentlich erwähnt wird. Der Film mit der grandiosen Musik von Ennio Moricone wurde allerdings im südspanischen Almería gedreht.

🖵 Für ein paar Dollar mehr	
Originaltitel	For a Few Dollars More
Jahr	1965
Regie	Sergio Leone
Hauptdarsteller	Clint Eastwood, Lee Van Cleef
Genre	Western

Wer eine Nacht in Tucumcari verbringen will, sollte sich für eines der klassischen Motels im 50er Jahre Stil entscheiden, die sich entlang der Hauptstraße aufreihen:

▶ Blue Swallow Motel
✉ 815 East Route66 Blvd
☎ DoZi ab $40
🖥 www.blueswallowmotel.com

▶ The Historic Motel Safari
✉ 722 East Route66 Blvd
☎ DoZi ab $40
🖥 www.smalltown-america.com

▶ Historic Route66 Motel
✉ 1620 East Tucumcari Blvd
☎ DoZi ab $32
🖥 www.tucumcarimotel.com

🎵 Soundtrack Tucumcari

Künstler	Titel	Album	Jahr	Genre
The Enkindels	Half way to Tucumcari	Buzzclip 2000	2000	Punk
Sammy Decoster	Tucumcari	Tucumcari	2008	Songwriter

Blue Hole

Man verlässt Tucumcari geradlinig auf dem Tucumcari Blvd in Richtung Westen. Kurz nach dem Ortsausgang führt die Straße automatisch auf die Autobahn. Man sollte sich nicht verleiten lassen, in der Linkskurve kurz vor der Autobahnausfahrt geradeaus zu fahren. Der alte Asphalt der Route66 endet nach wenigen Kilometern auf Privatbesitz, auch wenn die Sackgasse vorher nicht als solche ausgeschildert wurde. Man muss also wohl oder übel wieder umkehren.

Den Interstate 40 kann man am Exit 321 wieder verlassen. Nach der Überquerung der Autobahn geht es nach rechts auf einer schmalen Straße in teils bedenklichem Zustand weiter. Motorradfahrer sollten bei der Fahrt über die als „Cattle Guard" bezeichneten, eisernen Viehgitter vorsichtig sein. Wer im Wohnmobil unterwegs ist, wartet besser bis zum Exit 311, denn eine enge und niedrige Unterführung könnte der Weiterfahrt ein geräuschvolles Ende setzen. Nach Regenfällen kann die Unterführung verschlammt sein, auch Motorradfahrer sollten hier Vorsicht walten lassen. Auch auf den folgenden Kilometern hat man schon Überschwemmungen der Straße gesehen.

Nach Montoya wechselt die alte Straße zunächst wieder auf die Südseite der Autobahn um sie nach ein paar Kilometern erneut zu überqueren. Am Exit 291 wird man wieder auf die Autobahn gezwungen, die man kurz vor Santa Rosa, am Exit 277 wieder verlassen kann.

🏛 Santa Rosa (2.700 EW)

Wasser ist das entscheidende Element für das ansehnliche Städtchen. Das „Blue Hole", eine artesische Quelle, lockt Taucher an und hat Santa Rosa über regionale Grenzen hinaus bekannt gemacht. Noch ist die Quelle frei zugänglich, doch die Stadt plant die Errichtung eines Tauch- und Konferenzzentrums, das die freundliche Atmosphäre unter schattigen Bäumen zweifellos zerstören wird.

Am südwestlichen Ortsausgang überspannt eine Eisenbahnbrücke den Pecos River, die in einer Sequenz des Films „Früchte des Zorns" zu sehen ist, nachdem die Familie Joad auf dem Weg nach Westen erste Hinweise bekommen hat, dass sie in Kalifornien nicht das Paradies erwartet.

Santa Rosa veranstaltet jährlich Anfang September ein Route66-Festival, dessen Höhepunkt der mit $5.000 dotierte „Billy the Kid"-Pokerwettbewerb ist.

▶ Blue Hole

Das gut zwanzig Meter durchmessende natürliche Schwimmbecken ist überraschende 26 Meter tief und wird wegen des kristallklaren Wassers gern von Tauchern erforscht. Die konstante Wassertemperatur von 16 °C hat an heißen Tagen eine ausgesprochen erfrischende Wirkung. Ganz in der Nähe kann man im Santa Rosa Dive Center die Tauchausrüstung leihen und die $8 teure Erlaubnis erstehen.

⇨ Von der Route66 am Supermarkt „Family Dollar" links abbiegen, am Schwimmbad vorbei und am städtischen Hospital wieder links, dann eine halbe Meile bis zum Parkplatz

▶ Santa Rosa Dive Center

☎ 1-505-472-3370
🕓 Sa&So ab 8h

▶ Santa Rosa Lake State Park

Einige Kilometer außerhalb liegt der Santa Rosa Lake State Park. Der Blick auf die blauen Wasser des mitten in der farbenfrohen Wüste aufgestauten Rio Pecos wirkt ausgesprochen erfrischend. Ein kurzes Bad kann den Effekt noch verstärken. Von der Aussichtsterrasse auf dem Hügel nahe dem Staumauer genießt man einen herrlichen Panoramablick über den See. Beim Anblick des Warnschilds „Road ends in Water" am Bootsanleger fragt man sich, ob hier trockener Realismus oder eine gewisse Ironie am Werke waren.

⇨ Von der Route66 ausgeschildert, dem HW91 etwa 7 mi/11 km folgen

Von Glenrio nach Santa Rosa

Santa Rosa Lake

Santa Rosa Lake

Billy the Kid (1859–1881)

*There's guns across the river aimin' at ya
Lawman on your trail, he'd like to catch ya
Bounty hunters, too, they'd like to get ya
Billy, they don't like you to be so free.*

*Da sind Pistolen auf der anderen Flussseite,
die auf dich zielen, ein Mann des Gesetzes auf
deiner Spur, der dich fangen möchte, Kopfgeld-
jäger würden dich auch gern fassen. Billy, sie
mögen nicht, dass du so frei bist.*

Bob Dylan (geboren 1941) in dem Song „Billy 1",
veröffentlicht auf dem Soundtrack zu dem Film „Pat Garrett & Billy the Kid" (1973)

Bob Dylan beschäftigte sich gern mit den Außenseitern der Gesellschaft, mit tragischen Helden, die für ihre persönliche Freiheit ihr Leben aufs Spiel setzten. Jesse James hatte er als amerikanischen Robin Hood interpretiert und lag damit von der Wirklichkeit weit entfernt. Der Fall „Billy the Kid" ist komplizierter.

Unter den legendären Outlaws und Revolverhelden des Wilden Westens ist Billy the Kid wahrscheinlich der berühmteste. Über vierzig Kinofilme stellten seine Person in den Mittelpunkt der Handlung. Die Interpretation seines Lebens und Charakters fiel jedesmal anders aus. Und genau hier liegt das Problem: Die Faktenlage ist ausgesprochen dürftig. Die wichtigste historische Quelle ist die erste Biographie, die ausgerechnet von seinem Mörder Pat Garret verfasst wurde. Noch immer sind Horden von Hobbyhistorikern und Journalisten auf der Jagd nach Fakten, die Licht ins Dunkel und Geld in die eigenen Taschen bringen könnten.

Um die Figur „Billy the Kid" ranken sich so viele Legenden und Gerüchte, dass sie wahrscheinlich immer ein Mysterium, und damit hervorragend vermarktbar bleiben wird. Selbst Geburtsort und -datum sind umstritten. Die Mehrzahl der Historiker tendiert dazu, dass er 1859 in New York als Henry McCarty zur Welt kam. Diese Schlussfolgerung basiert aber nicht auf handfesten Belegen, sondern vielmehr auf einer Art historischer Wahrscheinlichkeitsrechnung.

Die Legendenbildung begann bereits zu Lebzeiten. Billy wurde zu einem schießwütigen Monster hochstilisiert, dem man jederzeit einen ungeklärten Mord anhängen konnte. Bis zu 21 Kerben soll er in seinen Colt geritzt haben, nachweisen lassen sich allerdings nur vier. Alle Opfer ließen ihr Leben in direkten Auseinandersetzungen, in keinem Fall handelte es sich um einen kaltblütigen oder geplanten Mord.

Denn Billy überfiel keine Banken, Eisenbahnen oder Postkutschen. Er raubte und vergewaltigte nicht. Er hatte mehrfach versucht, ins normale Leben zurückzukehren, nahm ehrliche Arbeit an und wurde doch immer wieder in Konflikte verwickelt. Eine kriminelle Karriere, die ihn mitunter eher als Opfer denn als Täter erscheinen lässt.

Billys Familie hatte sich nach etlichen Umzügen in Silver City im südwestlichen Zipfel New Mexicos niedergelassen. Im Alter von 15 Jahren war er an einem Diebstahl von Textilien(!) aus einer chinesischen Wäscherei beteiligt, wurde prompt erwischt und vom Sheriff ins örtliche Gefängnis gesperrt. Er wäre zweifellos mit einer milden Bestrafung davongekommen, doch Billy beging einen folgenschweren Fehler: Er kletterte durch den Schornstein ins Freie und floh. Für die verbleibenden fünf Jahre seines Lebens blieb er praktisch immer auf der Flucht.

Billy setzte sich nach Arizona ab, schlug sich mit Gelegenheitsarbeiten und kleinen Diebstählen durch und trieb sich gerne in Saloons und Spielhöllen herum. Zwei Jahre nach seinem Ausbruch geriet der schmächtige Teenager in eine handfeste Auseinandersetzung mit dem älteren und ungleich stärkeren Hufschmied Frank Cahill. Als der den auf dem Boden liegenden Billy mächtig verprügelte, zog Billy seinen Colt und streckte den Peiniger mit einem Bauchschuss nieder. Fortan war Billy wieder auf der Flucht, jetzt wegen Mordes gesucht.

Die Rückkehr in ein normales Leben war vorerst undenkbar. Also schloss sich Billy einer Bande von Vieh- und Pferdedieben an, die ihn in eine lokale Fehde verwickelte, die ihn das Leben kosten sollte. „The Boys" nahmen ihn auf und gemeinsam mit der Gruppe zog er in den Lincoln County im zentralen New Mexico.

Dort hatten ein paar windige Geschäftsmänner praktisch den gesamten Handel unter Kontrolle gebracht und nutzten ihr Monopol, um den Bewohnern, mit Rückendeckung des korrupten Sheriffs, horrende Preise abzuknöpfen. Ein junger englischer Geschäftsmann namens John Tunstall bot ihnen die Stirn und eröffnete eigene Läden, in denen er die überhöhten Preise unterbot – selbstredend war dies der lokalen Mafia ein Dorn im Auge.

Billy fand in John Tunstall einen Freund, vielleicht sogar eine Vaterfigur, und begann für ihn zur arbeiten. Doch der Konflikt eskalierte und Tunstall wurde von Mafiamännern erschossen. Damit war die Fehde aber noch lange nicht zu Ende. Im Gegenteil: Es folgte eine Serie von Auseinandersetzungen und Schießereien, die als „Lincoln County War" in die Geschichte eingingen. Der gerade 18-jährige Billy war an vorderster Front dabei und wurde zum Sündenbock.

Billy suchte einen höchst gefährlichen Ausweg. Er wandte sich an den Gouverneur des Territoriums New Mexico und handelte einen Deal aus: Gegen Straferlass würde er als Kronzeuge in den multiplen Mordfällen auftreten. Er könnte die Chance bekommen, ein neues Leben zu beginnen, aber handelte sich auch die Todfeindschaft seiner alten Gegner ein.

Billy ging also freiwillig ins Gefängnis, musste allerdings nach einer Weile erkennen, dass Gouverneur Lew Wallace wenig Interesse an den Vorkommnissen im Lincoln County hatte und sich lieber mit der Fertigstellung seines Romans „Ben Hur" beschäftigte. Also brach Billy aus dem Gefängnis aus und beging direkt den nächsten Fehler. Anstatt sich so weit wie möglich von den Konfliktherden fernzuhalten, blieb er in New Mexico und ging nach Fort Sumner.

Inzwischen war der ehemalige Barmann Pat Garrett in Lincoln zum Sheriff gewählt worden. Billy und Garrett waren zwar Bekannte, aber keineswegs Freunde, wie es oft dargestellt wurde, um den Fall noch weiter zu dramatisieren. Garrett wollte den Ruhm und die Belohnung einheimsen, die inzwischen auf Billys Ergreifung ausgesetzt worden war und setzte sich mit seinen Männern auf Billys Fährte. Während einer mehrtägigen Verfolgungsjagd erschossen sie zwei seiner Begleiter und konnten Billy und ein paar Freunde schließlich umzingeln und dingfest machen.

Billy kam vor Gericht und wurde zum Tode verurteilt. Inzwischen hatte der jugendliche Revolverheld eine solche Berühmtheit erlangt, dass der Gouverneur sich eine Begnadigung nicht mehr erlauben konnte. Wieder gab es nur den bereits öfters praktizierten Ausweg: Auf der Flucht aus dem Gefängnis erschoss Billy zwei Wärter.

Sheriff Garrett machte sich wieder auf die Jagd. Nach seiner Darstellung suchte er in Fort Sumner einen Freund Billys auf, Pedro Maxwell, als der Gejagte unerwartet aber höchstpersönlich ins Zimmer trat. Garrett feuerte sofort und erschoss Billy, der angeblich kampfbereit eine Pistole in der Hand hielt.

Diese Version der Ereignisse wird inzwischen stark angezweifelt. Eine Dokumentation des Discovery Channel stellte kürzlich eine ganz neue Theorie auf: Es soll sich um eine Falle gehandelt haben. Der Sheriff habe Maxwells Schwester, mit der Billy angebandelt hatte, ans Bett gefesselt und hinter dem Bett versteckt Billys Besuch erwartet. Als Billy ins Zimmer trat, habe Garrett sofort geschossen. Billy wurde am nächsten Tag in Fort Sumner begraben.

Billy the Kid, der inzwischen den Ruf eines blutdürstenden Ungeheuers erlangt hatte, war wahrscheinlich nicht einmal 21 Jahre alt geworden. Sein Spitzname leitete sich aus seinem jugendlichen Alter und Aussehen und aus dem falschen Namen William Bonney ab, den er zwischenzeitlich angenommen hatte. Seine Zeitgenossen hatten ihn entgegen seines Rufes als freundlichen und humorvollen Jungen beschrieben. In nur fünf Jahren hatte er eine kriminelle Karriere gemacht, die man nur als Kamikaze-Flug beschreiben kann. Die Liste seiner Straftaten ist lang, man kann ihn wohl kaum als Opfer der Umstände verstehen.

Eher war Billy wohl ein Opfer seiner selbst, seiner Jugendlichkeit und seines Leichtsinns, immer wieder an die falschen Orte zurückzukehren. Und seiner Freiheitsliebe, die ihn wiederholt aus dem Gefängnis ausbrechen ließ. Es ist genau diese Freiheitsliebe, die Bob Dylan an Billy the Kid faszinierte.

👁 Schauplätze

Billys Fährte kann in beinahe ganz New Mexico aufgenommen werden. Nahe der Route66 finden sich zwei Orte:

🏛 Puerto de Luna

Zehn Meilen südlich von Santa Rosa liegt das Grzelachowski Territorial House. Es gehörte einem lokalen Unternehmer, der eine enge Bekanntschaft mit Billy unterhielt. Am ersten Weihnachtstag 1880 machten Sheriff Pat Garrett, seine Männer und der zwei Tage zuvor festgenommene Billy hier Rast. Sie aßen zu Abend und machten sich dann weiter auf den Weg nach Las Vegas, wo Billy vor Gericht gestellt werden sollte.

⇨ *Von Santa Rosa auf dem HW91 in Richtung Süden, nach 10 mi/16 km erreicht man das 200-Seelen Dorf Puerto de Luna, das Haus steht direkt im Zentrum.*

🏛 Fort Sumner

Mit dem zu Billys Zeiten lebendigen Ort hat die verschlafene Gemeinde Fort Sumner heute wenig gemein. Billys Grab liegt im Zentrum des ummauerten, vernachlässigten Friedhofs, direkt hinter dem Museum. Es ist unübersehbar von einem Metallkäfig umgeben, der scheinbar verhindern soll, dass Billys Geist nochmals ausbricht. Tatsächlich soll er die Entwendung von Andenken verhindern, denn der Grabstein ist bereits dreimal gestohlen worden. Mit allergrößter Sicherheit befinden sich Billys Gebeine nicht unter dem Grabmal, denn schwere Überflutungen verwüsteten 1904 den Ort.

▶ Billy the Kid Museum

Eher eine Art Heimatmuseum, zeigt die Ausstellung viele Objekte, die mit der Person und Geschichte des Revolverhelden nicht allzu viel zu tun haben.

✉ *1435 E Sumner Avenue*
⇨ *Von Santa Rosa 45 mi/73 km auf dem HW84 in Richtung Süden bis Fort Sumner*
🕐 *Täglich 8.30-17h, 1.10.-14.5. So geschlossen*
🎟 *Kinder 7-15 Jahre $3, Senioren $4, Erwachsene $5*
☎ *1-575-355-2380*
🖥 *www.billythekidmuseumfortsumner.com*

▶ Die Eltern

Über Billy the Kids Vater ist wenig bekannt. Seine Mutter Catherine McCarty heiratete den 12 Jahre jüngeren William Antrim als Billy 14 Jahre alt war. Die Trauung fand 1873 in der First Presbyterian Church in Santa Fe statt. Der Stiefvater arbeitete sporadisch als Barmann oder Tischler, widmete sich aber vor allem dem Glücksspiel und zeigte wenig Interesse an seiner Familie.

✉ *208 Grant Ave, Santa Fe*

💿 Filme

💿 Geächtet

Originaltitel	The Outlaw
Jahr	1943
Regie	Howard Hughes
Hauptdarsteller	Jack Buetel, Jane Russel
Genre	Western

💿 Einer muss dran glauben

Originaltitel	The Left Handed Gun
Jahr	1958
Regie	Arthur Penn
Hauptdarsteller	Paul Newman, Lita Milan
Genre	Western

💿 Chisum

Originaltitel	Chisum
Jahr	1969
Regie	Andrew V. McLaglen
Hauptdarsteller	John Wayne, Forrest Tucker
Genre	Western

💿 Pat Garrett jagt Billy the Kid

Originaltitel	Pat Garrett & Billy the Kid
Jahr	1973
Regie	Sam Peckinpah
Hauptdarsteller	James Coburn, Kris Kristofferson, Bob Dylan
Genre	Western

💿 Young Guns

Originaltitel	Young Guns
Jahr	1988
Regie	Christopher Cain
Hauptdarsteller	Emilio Estevez, Kiefer Sutherland, Charlie Sheen
Genre	Western

🎵 Soundtrack Billy the Kid

Künstler	Titel	Album	Jahr	Genre
Tex Ritter	Billy the Kid	Sing, Cowboy, Sing	1937	Country
Woody Guthrie	Billy the Kid	The Asch Recordings	1944	Folk
Marty Robbins	Billy the Kid	Gunfighter Ballads & Trail Songs	1959	Country
Ry Cooder	Billy the Kid	Into the Purple Valley	1972	Folk
Bob Dylan	Billy 1	Pat Garrett & Billy the Kid	1973	Folk
Billy Joel	The Ballad of Billy the Kid	Piano Man	1973	Songwriter

Künstler	Titel	Album	Jahr	Genre
Kortatu	Este no es el Oeste	El Estado de las Cosas	1986	Punkrock
Jon Bon Jovi	Billy grab your Gun	Blaze of Glory	1990	Rock
Billy Dean	Billy the Kid	Billy Dean	1991	Country
Ataque 77	Como Billy the Kid	Angeles caidos	1992	Punkrock
Antiseen	Billy the Kid	Here to ruin your Groove	1996	Alternativrock
Polar	Pat Garret & Billy the Kid	Comes with a Smile	2004	Alternativrock

Billy the Kid (1859–1881)

Von Santa Rosa nach Albuquerque

Mehr als die Hälfte der direkten Route ins 190 Kilometer westlich gelegene Albuquerque muss man auf dem Interstate verbringen. Am westlichen Ortsausgang von Santa Rosa geht es gleich auf die Autobahn, noch vor dem Abzweig des HW84 beginnt eine 61 Kilometer lange Gerade, die sich bis zum Horizont zieht. Am Exit 203 kann man die Autobahn endlich wieder verlassen und der nördlichen Service Road folgen. 6 mi/10 km weiter wechselt man am Exit 197 auf die Südseite und kehrt mit dem 1.900-Seelen-Ort Moriarty wieder in die Zivilisation zurück. Am Westende des Ortes muss man in Höhe des McDonald's links abbiegen und sofort der Rechstkurve folgen, sonst landet man automatisch auf der Autobahn.

Nach dem Örtchen Sedillo führen Route66 und Interstate 40 geradewegs in den Tijeras Canyon, der die nördlichen Sandia von den südlichen Manzano Mountains trennt. Beide Bergketten ragen über 3.000 Meter hoch in den Himmel. Auf acht Kilometer Strecke werden etwa 400 Höhenmeter bis ins Becken von Albuquerque überwunden. Es kann als äußerster nördlicher Bestandteil der Chihuahua-Wüste betrachtet werden, die bis weit nach Mexiko hineinreicht und etwa so groß wie die Bundesrepublik Deutschland ist.

Wenn sich am Ende des Canyons die beiden nach Westen führenden Spuren teilen, nimmt man die linke, um auf der alten 66 ins Zentrum von Albuquerque zu gelangen. Etliche Motels aus den 50er Jahren sind an der Central Avenue erhalten. Bevor man hier absteigt, sollte man anhand der herrschenden Atmosphäre prüfen, ob es sich nicht um eine Junkie-Absteige handelt. Die Avenue durchquert das studentisch geprägte Ausgehviertel Nob Hill und führt am Campus der University of New Mexico vorbei. Kurz nach der Unterquerung des Interstate 25 heißt es auf der Hut sein, denn die zweispurige Straße teilt sich ohne weitere Vorankündigung. Die linke Spur führt geradewegs ins Zentrum von Albuquerque.

Indianer New Mexicos

► ALTERNATIVROUTE 2
VON SANTA ROSA ÜBER SANTA FE NACH ALBUQUERQUE

17 Meilen westlich von Santa Rosa folgt die Vegas Junction, der Abzweig zur Schleife über Santa Fe. Entscheidet man sich, nicht direkt nach Albuquerque durchzufahren, biegt man hier vom Interstate 40 auf den HW84 ab. Auf den folgenden 45 staubigen Meilen gibt es kaum menschliche Siedlungen. Zunächst geht es durch die relativ ebene Wüstensteppe. Einige Kilometer nach der erneuten Überquerung des Rio Pecos klettert die Straße allmählich am Fuss der Mesa Apache bis auf fast 2.000 Meter Meereshöhe. Am Interstate 25 angelangt, kann man sich wiederum direkt nach Westen in Richtung Santa Fe wenden oder einen Abstecher zum 10 Kilometer entfernten, kleinen Bruder des Casinoparadieses Las Vegas, New Mexico einlegen.

🏙 Las Vegas, NM
(14.500 EW)

Auf fast 2.000 Metern Höhe gelegen, da wo die Sangre de Christo Mountains in die Ebene übergehen, erwartet die schmucke Kleinstadt den Besucher mit über 900 denkmalgeschützten Gebäuden. Alle Epochen der Geschichte des Westens sind vertreten, von indianischen Lehmbauten über klassische Westernarchitektur bis zu viktorianischen Villen. Ein Rundgang durch die Stadt stellt also eine willkommene und interessante Abwechslung dar.

Las Vegas wuchs am Santa Fe Trail, der Hauptverbindung der Nordregion Mexikos zu den USA. Mit der Ankunft der Eisenbahn strömten respektable Geschäftsmänner wie auch jede Menge windige Gestalten in die Stadt. Darunter Jesse James, Billy the Kid, Wyatt Earp oder Doc Holliday. Letzterer betrieb in Las Vegas zunächst eine Zahnarztpraxis, erkannte aber bald, dass ein Saloon ein einträglicheres Geschäft darstellen würde. Der unternehmerische Erfolg war allerdings nur von kurzer Dauer. 1879 geriet er in seinem Saloon mit dem lokal sehr beliebten Revolverhelden Mike Gordon aneinander. Draußen auf der Straße streckte er ihn mit drei Schüssen nieder, am nächsten Tag erlag Gordon seinen Verletzungen. Der wütende Mob rief nach Lynchjustiz und Doc Holliday musste nach Dodge City flüchten.

Zeitweise galt Las Vegas als das härteste Pflaster des ganzen Westens. Schließlich drohten die ehrbareren Bürger jedem Übeltäter mit dem Galgen und setzten so dem Spuk auf radikale Weise ein Ende. Seit der Epoche der Stummfilm-Western ist Las Vegas ein beliebter Drehort für Hollywood-Filme. Einige Beispiele:

💿 Easy Rider	
Originaltitel	Easy Rider
Jahr	1969
Regie	Dennis Hopper
Hauptdarsteller	Dennis Hopper, Peter Fonda
Genre	Road Movie

Die Szene, in der sich die beiden einsamen Chopperfahrer in „Easy Rider" dem Motorradkonvoi anschließen, wurde in Las Vegas gedreht.

💿 Die rote Flut	
Originaltitel	Red Dawn
Jahr	1984
Regie	John Milius
Hauptdarsteller	Patrick Swayze, Lea Thompson
Genre	Kriegsfilm

Ein Großteil des umstrittenen Kalter-Krieg-Propagandaspektakels wurde in und um Las Vegas eingefangen.

🗗 No Country for Old Men	
Originaltitel	No Country for Old Men
Jahr	2007
Regie	Ethan und Joel Coen
Hauptdarsteller	Tommy Lee Jones, Javier Bardem
Genre	Thriller

Wenig außerhalb von Las Vegas wurde eine Kontrollstation der mexikanischen Grenze nachgebildet. Im zentralen Hotel Plaza inszenierten die Coen-Brüder eine Verfolgungsjagd.

Der IS25 in Richtung Santa Fe verläuft parallel zum halbkreisförmigen Südrand der Glorieta Mesa, des Hochplateaus, aus dem sich die Sangre de Christo Mountains erheben. Die kleinen Siedlungen liegen weit verstreut und wirken vernachlässigt. Die Region wird gern von Freizeitrambos mit ihren Allradvehikeln als Abenteuerspielplatz missbraucht.

Ab der Kreuzung des HW84 mit dem IS25 verläuft die alte Route66 wie üblich als Frontage Road parallel zur Autobahn. Die ersten 26 mi/42 km auf der Nordseite, am Exit 319 wechselt sie kurz auf die Südseite, um an der Ausfahrt 307 wieder auf die Nordseite zurückzukehren und als HW63 nach Pecos zu führen.

▶ Pecos National Historical Park

Die Ruinen des Indianerdorfes geben einen Eindruck vom hohen Niveau der Pueblo-Kultur. Wahrscheinlich um 1450 errichtet, beherbergte der Ort früher rund 2.000 Bewohner und die eindrucksvollen Gebäude der burgartigen Konstruktion hatten bis zu fünf Etagen. Vermutlich war Pecos eines der Machtzentren der Pueblo-Indianer auf dem Boden des heutigen New Mexico. 1598 bauten Franziskaner eine Missionsstation auf und die Indianer übernahmen widerstrebend Teile der fremden Religion. Bei der großen Pueblo Revolte 1680 wurde der Priester getötet und die Kirche zerstört. Unter der weiteren spanischen Herrschaft verschoben sich die Handelswege und Machtzentren und Pecos erlebte einen steilen Niedergang. Die letzten Bewohner verließen den Ort 1838. Das Visitor Center beherbergt ein Museum und ein zehnminütiger Film gibt eine Einführung in die Geschichte der Ruinen.

⇨ *IS25, Exit 307, dann auf dem HW63 5 mi/8 km in Richtung Norden, dann nach links zum Visitor Center*

🗐 *Sommer 8-18h, Winter 8-16.30h*

🔗 *$3*

☎ *1-505-757-6121*

🖳 *www.nps.gov/peco*

Pecos National Monument

Vom Pecos National Historic Park folgt man dem HW63 vier Kilometer nach Norden in den gleichnamigen Ort, wo man links in den HW50 abbiegt. Dieser mündet nach 9 km alternativlos in den IS 25. Ab dem Exit 294 bietet sich wieder die Service Road an, die sich hier Old Las Vegas Highway nennt. In den Außenbezirken von Santa Fe geht er fließend in den Old Pecos Trail über, dem man bis ins Stadtzentrum folgt.

Karte ▼ Seite 478

🏛 SANTA FE (70.600 EW)

Die Hauptstadt New Mexicos fällt vollkommen aus dem Rahmen der amerikanischen Durchschnittsstadt und wird dem Staatsnamen gerecht. Auf den ersten Blick könnte die historische Altstadt genauso gut auf der anderen Seite der südlichen Landesgrenze liegen.

Das quirlige, fußgängerfreundliche Zentrum mit der eigentümlichen Mischung aus mediterraner und indianischer Architektur bietet eine willkommene Abwechslung nach dem Besuch in Einheitsstädten wie Tulsa, Oklahoma City und Amarillo. Doch hinter der schmucken Fassade entdeckt man schnell wieder Amerika und die scheinbare Exotik löst sich im Eindruck einer Touristenenklave auf.

Santa Fe in Zahlen	Santa Fe	Zum Vergleich: Plauen
Einwohner Stadtgebiet	70.600	67.600
Fläche	97 km²	102 km²
Einwohner pro km²	745	662
Durchschnittstemperatur	11,8 °C	7,5 °C
Jährlicher Niederschlag	441 mm	582 mm
Höhe über NN	2.134 m	412 m
Partnerstädte	Insgesamt 6, darunter das spanische Santa Fe in der Provinz Granada	

Santa Fe hat eine lange und bewegte Geschichte, die die Stadt clever zu vermarkten weiß. Doch unter Amerikanern hat sie den Ruf, ein zum Überleben ausgesprochen schwieriges Pflaster zu sein. Die Preise sind hoch, besonders auf dem Wohnungsmarkt. Die Löhne im touristischen Dienstleistungssektor sind dagegen niedrig, soziale Sicherung fast inexistent und eine Anstellung beim sichersten Arbeitgeber, der staatlichen Verwaltung, schwer zu bekommen. Der Boden des heutigen Santa Fe war vor tausend Jahren von Siedlungen der Pueblo bewohnt. Der Ort am Schnittpunkt des waldreichen Gebirges, der trockenen Ebenen und des wasserspendenden Rio Santa Fe bot eine ideale Kombination verschiedener natürlicher Lebensgrundlagen.

Die ersten spanischen Kolonisten kamen gegen Ende des 16. Jahrhunderts in die Gegend und wählten zunächst San Juan Pueblo, 25 Meilen weiter nördlich gelegen, als Hauptstadt der Provinz Neumexiko, verlegten das Zentrum aber 1610 nach Santa Fe. Sie folgten bei der Stadtanlage den gleichen Grundsätzen wie in ihren süd- und mittelamerikanischen Kolonien: An einem zentralen Platz lag die Repräsentation der königlichen Macht, also der Gouverneurspalast. Um die Plaza herum wurde die Stadt in einem schachbrettartigen Grundriss angelegt.

New Mexico war für die Spanier eine wirtschaftlich wenig interessante Peripherie der Kolonie Neuspanien. So blieb Santa Fe auch als Hauptstadt der Provinz, die bis ins heutige Oklahoma

Santa Fe

reiche, nur eine Kleinstadt.

Santa Fe wuchs erst im 19. Jahrhundert, als die Stadt durch die Handelsverbindungen mit dem Rest der USA verbunden wurde. Die „Öffnung" nach Osten hatte jedoch wenig Einfluss auf den architektonischen Stil der Stadt – die lokalen Architekten folgte nicht den landesweit üblichen Schemata, sondern entwickelten in den 1920er und 30er Jahren den Spanish Pueblo Revival Style, indem sie die Ästhetik der indianischen Lehmbauten imitierten und spanische Elemente hinzumischten. Leicht geneigte Wände, gerundete Ecken, Flachdächer mit Brüstungen und lehmverputzte, erdfarbene Wände sind die wichtigsten Charakteristika dieses Stils. Die Stadtväter erkannten das touristische Potenzial dieser untypischen Ästhetik und seit 1957 darf im Stadtzentrum ausschließlich im Pueblo-Stil gebaut werden. Ältere Fassaden, die den Vorgaben nicht entsprachen, wurden angepasst. So entstand ein außergewöhnliches, aber auch oft als zu einheitlich oder künstlich kritisiertes Stadtbild. Nicht ganz zu Unrecht, denn in den Randbereichen des Zentrums findet man immer irgendein Betonskelett,

das gerade mit der Pueblofassade verziert und damit touristisch aufbereitet wird.

Die besondere Atmosphäre, das trockene, sonnenreiche Klima und die Kaufkraft der Touristen zog und zieht viele Künstler nach Santa Fe. Dutzende Galerien verteilen sich in der Stadt, die bevorzugte Lage ist natürlich das touristische Zentrum. Einen Gemüseladen wird man hier nicht finden, dafür aber alle Arten von Souvenir-, Kitsch-, Plunder-, Kunsthandwerk- und Juweliergeschäften. Indianischer Silberschmuck und Webarbeiten verkaufen sich offensichtlich besonders gut.

Das Zentrum von Santa Fe ist kompakt und daher bestens zu Fuß zu erkunden. Neben historischen Gebäuden und Souvenirgeschäften bietet die Stadt eine große Zahl teils exzellenter Museen.

❱ Touristeninformation

Santa Fe Visitor Information Center
✉ *201 W Marcy St, Santa Fe, NM 87501*
☎ *1-800-777-2489*
▭ *www.santafe.org*

▶ Palace of the Governors

Der Palast des spanischen Gouverneurs dominiert La Plaza, den zentralen Platz. Im Jahre 1610 fertiggestellt, ist er das älteste durchgehend genutzte öffentliche Gebäude der USA. Feste und wechselnde Ausstellungen dokumentieren Kultur, Geschichte und Kunst New Mexicos im Schnittpunkt von indianischer, spanischer und US-amerikanischer Kultur. Im Büro des Gouverneurs schrieb Lee Wallace seinen Roman „Ben Hur".

✉ 105 W Palace Ave
🕐 Sommer Di-So 10-17h
💰 $9, freitags von 17-20h frei
☎ 1-505-476-1140
🖥 www.palaceofthegovernors.org

▶ Saint Francis Cathedral

Die römisch-katholische Kathedrale stammt nicht, wie man vermuten möchte, aus der Kolonialzeit, sondern wurde erst in der zweiten Hälfte des 19. Jahrhunderts erbaut. Der Stilbruch der neoromanischen Kirche mit der übrigen Innenstadtarchitektur ist offensichtlich, wirkt aber keinesfalls störend. Die kolonialspanische Kirche, die an gleicher Stelle stand, war bei der Revolte der Pueblo-Indianer 1680 zerstört worden.

Der Erzbischof von Santa Fe, der den Bau leitete, war überaschenderweise weder Amerikaner noch Spanier, sondern Franzose. Eine Bronzestatue ehrt ihn direkt vor dem Haupteingang.

✉ Cathdral Pl

▶ Georgia O'Keeffe Museum

Als eine der wichtigsten Figuren der amerikanischen Malerei des 20. Jahrhunderts lebte und arbeitete Georgia O'Keeffe über 30 Jahre lang in Abiquiu, 50 Meilen nördlich von Santa Fe. Georgia O'Keeffe stammte aus dem tiefen Binnenland von Wisconsin, einem für Künstler wenig fruchtbaren Ort. Zunächst ging sie nach Chicago, dann nach New York und Amarillo und schließlich nach New Mexico. Verheiratet mit dem berühmten Fotografen Alfred Stieglitz, beeindruckte sie mit ihren Porträts von Objekten jeder Art, Blumen oder Wolkenkratzer, indem sie die Formen auf das Minimum reduzierte, sie aber dennoch in ihrer ganzen Wesensfülle darstellte. Gewissermaßen kann sie als Wegbereiterin der Pop Art gesehen werden. Zutiefst amerikanisch, immer weit entfernt von den europäischen Kunstströmungen, ist sie hierzulande kaum bekannt und auch in Nachbarländern kaum ausgestellt worden. Ihre letzten beiden Lebensjahre verbrachte sie gesundheitlich angeschlagen in Santa Fe, bevor sie 1986 im Alter von 98 Jahren verstarb.

✉ 217 Johnson St, Santa Fe, NM 87501
🕐 Sa-Do 10-17h, Fr 10-19h
💰 Schüler frei, Studenten & Senioren $10, Erwachsene $12
☎ 1-505-946-1000
🖥 www.okeeffemuseum.org

▶ New Mexico Museum of Art

Mehr als 23.000 Arbeiten von Künstlern, vorwiegend aus New Mexico, hat das älteste Kunstmuseum New Mexicos seit 1917 zusammengetragen, darunter Arbeiten der bedeutenden Fotografen Ansel Adams und Alfred Stieglitz. Auch der Künstlerkommune aus dem siebzig Meilen nördlich gelegenen Taos wird breiter Raum gegönnt. Das 1917 errichtete Gebäude gilt als Meilenstein der Pueblo Revivial Architektur.

✉ 107 W Palace Avenue
🕐 Di-So 10-17h, Fr 10-20h
💰 $9, Freitags 17-20h frei
☎ 1-505-476-5072
🖥 www.mfasantafe.org

▶ Institute of American Arts

Die nationale Sammlung indianischer Gegenwartskunst wird einen Block von der zentralen Plaza entfernt ausgestellt, wobei man versucht, die simple Unterscheidung von „modern" und „traditionell" aufzubrechen. Man bemüht sich, die nicht unkomplizierte Geschichte der indianischen Kunst unter den Einflüssen fremder Kulturen wie der spanischen und amerikanischen nachzuzeichnen. Das Museum wurde unter der Federführung von Präsident Kennedy zusammen mit der zugehörigen indianischen Kunsthochschule 1962 gegründet.

✉ 108 Cathedral Place
🕐 Mo & Mi-Sa 10-17h, So 12-17h
💰 Schüler, Studenten & Senioren $5, Erwachsene $10
📞 1-505-983-1222
🖥 www.iaia.edu

▶ Museum Hill

Gleich vier verschiedene Museen zur kulturellen Vielfalt New Mexicos konzentrieren sich auf dem Museumshügel. Alle Arten kolonialspanischer Kunst von Keramik bis zu Möbeln veranschaulichen den Einfluss der iberischen Kultur auf die südwestamerikanische Gegenwart. Ein Großteil der Ausstellungsstücke sind natürlich religiöse Kultobjekte, denn die Kirche war der Hauptauftraggeber für Künstler im ehemals tiefkatholischen Spanien und seinen Kolonien. Daneben wird der Folklore und Handwerkskunst der indianischen Kulturen besonders viel Raum gewidmet.

Es handelt sich um folgende Museen:

- Museum of Spanish Colonial Art
- Museum of Indian Arts & Culture
- Museum of International Folk Art
- Wheelwright Museum of the American Indian

✉ 750 Camino Lejo
🕐 Mo-So 10-17h, im Winterhalbjahr montags geschlossen
💰 $6 oder $8, zwei Museen für $15
🖥 www.museumhill.org

▶ Santa Fe Southern Railway

Eine ganz andere Form, die Landschaften des Wüstenhochlands zu genießen, ist eine Zugfahrt von Santa Fe ins 18 Meilen südliche Lamy. An einen Güterzug werden ein bis zwei historische Passagierwaggon angehangen. Die Bahnstrecke zu dem ehemals verrufenen Westernstädtchen ist über 120 Jahre alt.

✉ 410 S Guadalupe St
🕐 Im Sommerhalbjahr Sa&So Abfahrt um 12h, Rückkehr um 16h, April bis Oktober auch freitags um 11h, Rückkehr um 15h
💰 Erwachsene $32, Senioren $27, Kinder $18
🖥 www.sfsr.com

▶ Parken

Strategisch günstig und relativ preiswert stellt man sein Vehikel auf einem öffentlichen Parkplatz hundert Meter südöstlich der Kathedrale ab. Auch für Motorräder und Campingbusse ist Platz.

✉ Cathedral Pl
⇒ Direkt vor der Kathedrale nach rechts, nach 100 m links

🎵 Soundtrack Santa Fe

Künstler	Titel	Album	Jahr	Genre
Lightnin' Hopkins	Santa Fe	California Mudslide (and Earthquake)	1969	Blues
Bellamy Brothers	Santa Fe	Crazy from the Heart	1988	Country
Jon Bon Jovi	Santa Fe	Blaze of Glory	1990	Rock
Jimmie Dale Gilmore	Santa Fe Thief	Spinning Around the Sun	1993	Country
Scott H. Biram	Santa Fe	Graveyard Shift	2006	Alternativrock
Drive by Truckers	Santa Fe	The big to do	2010	Rock
Beirut	Santa Fe	The Rip Tide	2011	Alternativrock

Von Los Alamos nach Hiroshima – Die Entwicklung der Atombombe

Now, I have become Death,	*Jetzt bin ich der Tod geworden,*
the destroyer of worlds.	*der Zerstörer von Welten.*

Robert Oppenheimer (1904-1967), wissenschaftlicher Leiter des amerikanischen Atombombenprojekts, nach dem erfolgreichen ersten Test.

In der Morgendämmerung des 16. Juli 1945 stieg über dem Raketentestgelände von Alamogordo im Süden New Mexicos der erste Atompilz der Menschheitsgeschichte in den Himmel. Dreizehneinhalb Pfund Plutonium entwickelten die gleiche Zerstörungskraft wie fünfzehntausend Tonnen TNT. Der Test war ein voller Erfolg.

Dem Vater der Atombombe, dem Physiker Robert Oppenheimer, stand allerdings Entsetzen ins Gesicht geschrieben, denn er ahnte bereits die furchtbaren Konsequenzen seiner Erfindung. Nur drei Wochen später starben 126.000 Menschen bei den beiden Atombombenabwürfen auf die japanischen Großstädte Hiroshima und Nagasaki.

Schon vor Beginn des Zweiten Weltkriegs warnten hochkarätige Wissenschaftler, darunter Albert Einstein, den US-Präsidenten Roosevelt, dass die Nationalsozialisten in Deutschland an einer nuklearen Superbombe forschten und forderten eine Forcierung der amerikanischen Nuklearforschung. Der Präsident horchte auf und setzte eine Kommission ein, doch bis zum Kriegseintritt der USA 1941 bewegte sich wenig.

Dann ging es Schlag auf Schlag: Binnen weniger Monate stampfte das Kriegsministerium das größte Forschungsprojekt aus dem Boden, das die Menschheit bis dahin gesehen hatte. Robert Oppenheimer koordinierte die Aktivitäten eines riesigen Netzes von Forschungseinrichtungen in allen Winkeln des Landes. Insgesamt waren etwa 130.000 Menschen im Manhattan-Projekt beschäftigt, das, auf den heutigen Geldwert umgerechnet, über 20 Milliarden Dollar verschluckte.

Das Problem war, dass man nicht so einfach mit dem Bau einer Atombombe beginnen konnte, denn auf den verschiedensten Gebieten musste noch Grundlagenforschung betrieben werden. Doch im Krieg gegen Nazideutschland und seine Verbündeten ließen sich die hellsten Köpfe und exzellentesten Wissenschaftler zur Beteiligung motivieren. Darunter waren viele emigrierte Europäer wie der Italiener Enrico Fermi oder der Ungar Edward Teller. Oppenheimer als wissenschaftlicher und Brigadegeneral Groves als militärischer Leiter koordinierten das Projekt und wählten als Standort für die Zentrale eine abgelegene Hochebene in New Mexico. Weit entfernt von den Küsten sollte die Einrichtung für feindliche Raketenangriffe möglichst unerreichbar sein.

Innerhalb weniger Monate entstand in Los Alamos eine Forschungsstadt für rund 6.000 Mitarbeiter.

Angesichts der Dimensionen des Forschungsprogramms stellte die Geheimhaltung ein ungeheures Problem dar. Die überwältigende Mehrheit der Beteiligten hatte keine Ahnung von ihrer Einbindung in das Projekt, sondern glaubte, an einem isolierten Forschungsvorhaben der Regierung zu arbeiten. Selbst der Präsident der University of California, der gewissermaßen als Schirmherr auftrat, wusste bis zum Angriff auf Hiroshima nichts von den Zielen des Projekts. Für die gesamte Forschungsstadt Los Alamos und alle Mitarbeiter gab es nur eine einzige Postadresse: Das Postfach 1663 in Santa Fe.

Doch schon bevor der Zweite Weltkrieg zu Ende ging, bahnte sich der nachfolgende Kalte Krieg an. Man fürchtete, wichtige wissenschaftliche Ergebnisse könnten an die kommunistische Sowjetunion weitergegeben werden. Selbst der Projektleiter wurde vom FBI überwacht, sein Telefon abgehört und Wanzen in seiner Wohnung installiert. Die Bespitzelung Oppenheimers ging sogar so weit, dass er sein Verhältnis mit der Kommunistin Jean Tatlock unter großem politischen Druck beenden musste, da die Liebhaberin als Agentin verdächtigt wurde. Um ihren Selbstmord 1944 kreist bis heute der Verdacht, dass es sich um eine Inszenierung der US-Geheimdienste handeln könnte.

Doch trotz aller Sicherheitsanstrengungen waren mindestens drei Spione in Los Alamos aktiv: Der Kernphysiker Klaus Fuchs, in den 30er Jahren bereits Mitglied der deutschen KPD, schmuggelte über Umwege Informationen an die Sowjetunion. 1950 wurde er enttarnt und zu vierzehn Jahren Gefängnis verurteilt. Nach seiner Begnadigung ging er 1959 in die DDR, wo er seine wissenschaftliche Karriere fortsetzte und sogar Mitglied im Zentralkomitee der SED wurde.

Ein zweiter Spion namens Theodore Hall wurde erst Jahrzehnte später enttarnt und niemals für seine Aktivitäten belangt. Hall war der jüngste Wissenschaftler in Los Alamos. Auf Heimaturlaub in New York war er einfach in die sowjetische Botschaft spaziert und hatte geheime Informationen angeboten. Seine Beweggründe sind durchaus nachvollziehbar: In einem CNN-Interview erklärte er ein Jahr vor seinem Tod 1999, dass ein Atombombenmonopol der USA eine Gefahr für die Welt dargestellt hätte. Klaus Fuchs hatte zu seiner Verteidigung die gleichen Gewissensgründe angeführt.

Auch ein dritter Geheimnisverräter ging straffrei aus: David Greenglass sagte als Kronzeuge gegen seine Schwester Ethel Rosenberg aus, die 1951 zusammen mit ihrem Ehemann wegen Spionage und Landesverrats hingerichtet wurde. Es existieren Hinweise auf einen weiteren Spion, der unter dem Decknamen Perseus in Los Alamos agiert haben soll. Eine endgültige Antwort könnte nur das KGB-Archiv bieten. Doch das ist westlichen Historikern bis heute verschlossen geblieben.

Mit Hilfe der gewonnenen Informationen schaffte es die Sowjetunion, 1949 den ersten eigenen Nuklearwaffentest erfolgreich durchzuführen. Damit sollte der Kalte Krieg in seine heiße Phase treten.

Doch vorerst blieben die USA am Zug. Die Ergebnisse der im ganzen Land dezentralisierten Grundlagenforschung wurden im National Laboratory in Los Alamos gebündelt und in der Konstruktion zweier unterschiedlicher Kernwaffentypen umgesetzt.

Um die politisch-militärische Trumpfkarte noch ein wenig zurückzuhalten, deklarierte die US-Regierung den ersten Atomwaffentest im Juli 1945 als Explosion eines Munitionslagers. Eine vollständige Vertuschung war allerdings unmöglich, denn der Atompilz war bis in hundert Kilometern Entfernung zu sehen.

Der Zweite Weltkrieg befand sich zu diesem Zeitpunkt längst in seiner finalen Phase. Deutschland hatte bereits am 8. Mai bedingungslos kapituliert. Japan war völlig eingekreist, hatte seine Flotte verloren und war den amerikanischen Luftangriffen schutzlos ausgeliefert. Das Land lag militärisch wie wirtschaftlich am Boden. Die Kapitulation war für viele Beobachter nur eine Frage der Zeit.

So bleibt die Frage der politischen und militärischen Notwendigkeit des damaligen Atomwaffeneinsatzes gegen die beiden japanischen Städte bis heute umstritten. Von einem humanistischen Standpunkt aus betrachtet kann es keine Rechtfertigung geben. Doch die USA verteidigen ihr Agieren bis heute. Präsident Roosevelt argumentierte damals, eine Bodeninvasion hätte vielen amerikanischen Soldaten das Leben gekostet. Und diese Legitimation wird von Regierungsseite bis heute verteidigt, kein US Präsident hat sich je für das Massaker an der Zivilbevölkerung entschuldigt.

Zweifellos dachte die amerikanische Regierung bei ihrer Entscheidung weit über die Kapitulation Japans hinaus. Der Welt und vor allem der Sowjetunion sollte die neue Position als Weltmacht unmissverständlich demonstriert werden. Vor der Stabilisierung eines neuen Gefüges der Weltpolitik sollte der Kommunismus so weit wie möglich zurückgedrängt werden, insbesondere in Europa.

Viele der am Bau der Bombe direkt oder indirekt beteiligten Wissenschaftler standen ihrem Werk höchst kritisch gegenüber. Oppenheimer wurde von den USA aufgrund seiner persönlichen Ansichten bald als Sicherheitsrisiko eingestuft. Albert Einstein sagte, er müsste sich eigentlich die Finger verbrennen für die Tatsache, dass er 1939 Briefe an Präsident Roosevelt geschrieben hatte, in denen er eine Forcierung der Kernwaffenforschung gefordert hatte.

Los Alamos hat die Welt grundlegend verändert und eine Waffe geschaffen, die mindestens 45 Jahre lang die Weltpolitik bestimmte.

👁 Schauplätze

▶ Los Alamos National Laboratory

Das staatliche Forschungs- und Entwicklungszentrum beschäftigt heute rund 6.000 Mitarbeiter und betreibt weiterhin Grundlagenforschung zur Waffenentwicklung. Es ist der größte Arbeitgeber im Norden New Mexicos und nach wie vor militärisches Sperrgebiet. Auf dem Highway 501, der Laborzufahrt, durchfährt man zwei Kontrollposten, wirkliche Kontrollen sind aber eher selten.

⇨ *Von Santa Fe auf US Highway 285/84 15 mi/23 km nach Norden, dann nach links auf HW502 16 mi/25 km nach Los Alamos. Zwar werden die Geschwindigkeitsbegrenzungen auf der steilen Steigung nach Los Alamos von vielen ignoriert, doch das Auge des Gesetzes ist oft präsent und verlangt empfindliche Bußgelder.*

🖳 *http://visit.losalamos.com*

▶ Bradbury Science Museum

Das unvermeidliche Museum zur Geburtsstätte der Atombombe bezieht politisch klar Stellung für die Strategie der atomaren Abschreckung. Maßstabsgetreue Nachbauten der beiden Bomben Fat Man und Little Boy, die Hiroshima und Nagasaki dem Erdboden gleichmachten, lassen erahnen, mit welchen ungeheuren Zerstörungskräften die Atomtechnologie spielt. Die beiden Projektile sind erschreckend klein, um auf einen Schlag jeweils rund 80.000 Menschen zu töten.

✉ *1350 Central Avenue, Los Alamos, NM 87544*
⇨ *Vom HW502 nach Norden in die 15th St, an der Ecke 15th und Central*
🕐 *Di-Sa 10-17h, So 13-17h*
♻ *Frei*
🖳 *www.lanl.gov/museum*

► The Black Hole: Atomic Surplus Store

Eine ganz andere Sicht der Dinge hat der Besitzer und erklärte Bombengegner des Kuriositätenladens: „Wir recyclen Atommüll", erklärt er. Jeden Monat kauft der ehemalige Mitarbeiter Schrott und Restmaterialien des Atombombenlabors auf und verhökert sie an Touristen, Künstler und Pazifisten. Darunter finden sich alle möglichen und unmöglichen Apparate, Geigerzähler, Edelstahlrohre oder Vakuumdichtungen. Radioaktives Material soll nicht darunter sein.

- ✉ 4015 Arkansas Ave, Los Alamos, NM 87544
- ⇨ Vom HW502 nach Norden in den Diamond Dr, nach gut 2 km links in die Arkansas Ave, nach weiteren 300 m auf der linken Seite
- 🕐 Di-Sa 10-16h
- ☎ 1-505-662-5053
- 🖥 www.blackholesurplus.com

🏛 Albuquerque

The National Atomic Museum

Das Atommuseum dokumentiert ausgiebig die Geschichte des Manhattan Project. Daneben führt es unkritisch in die zivile und militärische Nutzung der Nukleartechnik ein. Die historischen und militärischen Umstände der Atombombenabwürfe auf japanische Großstädte werden immerhin halbwegs ausgewogen dargestellt. Eine kritische Stellungnahme darf allerdings nicht erwartet werden, denn das Museum wird zu gut einem Viertel von den Sandia National Laboratories, einem Zentrum der Militärforschung, finanziert.

- ✉ 601 SE Eubank Blvd, Albuquerque, NM 87123
- 🕐 Täglich 9-17h
- ♾ Jugendliche bis 17 Jahre und Senioren $7, Erwachsene $8
- ☎ 1-505-245-2137
- 🖥 www.atomicmuseum.com

Von Santa Fe nach Albuquerque

Für den Weg von Santa Fe nach Albuquerque kann man zwischen drei verschieden langen und unterschiedlich interessanten Routen wählen:

1 Von Santa Fe direkt nach Albuquerque
Wer keine Zeit verlieren will, kann die einhundert Kilometer bis nach Albuqerque auf dem IS25 in kaum mehr als einer Stunde zurücklegen.

2 Turquoise Trail
Der HW14 führt durch eine landschaftlich reizvolle Umgebung auf der Leeseite der Sandia Mountains nach Albuquerque. Zwei Stunden reine Fahrtzeit benötigt man für die rund 120km. Für den Abstecher auf den Sandia Crest muss man mit mindestens einer zusätzlichen Stunde rechnen.

3 Los Alamos und der Jemez Mountain Trail
Für die gut 180 Kilometer durch herrliche Gebirgslandschaften benötigt man drei Stunden reine Fahrtzeit. Will man die Strecke genießen und eingehend erkunden, kann man beinahe einen ganzen Tag einplanen.

1 Von Santa Fe direkt nach Albuquerque

Auch auf dem kürzesten Weg lohnt sich mindestens eine Unterbrechung:

▶ Coronado State Monument
In Bernalillo, wenige Kilometer nördlich von Albuquerque, liegen die Ruinen des Pueblo-Dorfes Kuaua, das etwa zwischen 1300 und 1500 bewohnt war. Als die spanische Expedition unter Vazquez de Coronado durch die Region zog, kam es in der Gegend von Bernalillo zu gewalttätigen Zusammenstößen mit den Indianern, die als „Tiguex War" in die Geschichte eingingen. Daraufhin wurde der Ort von den Indianern aufgegeben. Bekannt sind die Ruinen für einige präkoloniale Wandbilder, die im Visitor Center ausgestellt sind.

⇨ *IS25, Exit 242, HW550 2 mi/3 km nach Westen*

🕐 *Mi-Mo 8.30-17h*

💲 *$3*

☎ *1-505-867-5351*

🖥 *www.nmmonuments.org/coronado-state-monument*

2 Highway 14 und Sandia Crest

Man verlässt Santa Fe auf dem IS25 in Richtung Süden, nimmt aber schon nach rund 8 km den Exit 278B zum Highway 14. Die Konstruktion der Abfahrt ist reichlich verwirrend, man muss der Beschilderung zum HW14 in Richtung Süden nach Madrid folgen.

Highway 14 ist integraler Bestandteil des offiziell als „landschaftlich schöne Nebenstraße" deklarierten Turquoise Trail, des Türkis-Pfades. Schon lange vor der europäischen Entdeckung Amerikas bauten die Indianer den Schmuckstein im Südwesten der USA ab und verarbeiteten ihn. Man vermutet, dass Cerillos die älteste aller Minen war, doch sind die Lagerstätten seit langem ausgebeutet.

⛏ Cerillos (200 EW)

In der Umgebung der kleinen ehemaligen Bergbausiedlung suchten Glücksritter Ende des 19. Jahrhunderts nach Gold, Silber und Türkisen. Allzu viel war nicht zu holen und so wurde das Nest zur Geisterstadt. Doch der Tourismus hat es zu neuem Leben erweckt und einen Hauch vom Wilden Westen lockte etliche Filmproduzenten an. Unter anderem wurde „Young Guns", eine Interpretationen der Lebensgeschichte von Billy the Kid, hier gedreht.

💬 Young Guns – Sie fürchten weder Tod noch Teufel	
Originaltitel	Young Guns
Jahr	1988
Regie	Christopher Cain
Hauptdarsteller	Emilio Estevez, Kiefer Sutherland
Genre	Western

⛏ Madrid (150 EW)

Die Geschichte des folgenden Ortes ist beinahe identisch. Madrid wurde nicht von den spanischen Kolonisatoren, sondern in den 1850er als Kohlebergbaustadt gegründet. Hundert Jahre später wurde die letzte Mine geschlossen und der Ort verfiel. Es dauerte zwei weitere Jahrzehnte, bis sich freie Künstler und Handwerker niederzulassen begannen.

Heute bringt der Tourismus reichlich Abnehmer für die lokale Kunst. Auch in Madrid hat Hollywood einige Male Station gemacht. Das Chili-Festival der unterdurchschnittlichen Biker-Komödie „Born to be wild" wurde in Madrid gefeiert.

💬 Born to be Wild – Saumäßig unterwegs	
Originaltitel	Wild Hogs
Jahr	2007
Regie	Walt Becker
Hauptdarsteller	John Travolta, Tim Allen
Genre	Bikerkomödie

⛏ Tinkertown

Das Lebenswerk des 2002 verstorbenen, autodidaktischen Künstlers und Bildhauers Ross Ward ist kein Museum, sondern eine Art chaotisch-phantasievolle Miniatur-Westernstadt.

⇨ *HW536 in Richtung Sandia Crest, nach 1,5 mi/2,5 km auf der linken Seite*
📷 *1.4.-31.10. täglich 9-18h*
⚲ *Kinder 4-16 Jahre $1, Senioren $3, Erwachsene $3,50*
☎ *1-505-281-5233*
🖥 *www.tinkertown.com*

▶ Sandia Crest

Rund 14 mi/22 km windet sich der HW536 durch endlose Wälder weiter

Sandia Mountains

den Berg hinauf, bis endlich ein Parkplatz auftaucht. Noch fünf Minuten zu Fuß, dann hat man in 3.255 m Höhe ein überwältigendes Panorama vor sich. Zu unseren Füßen liegt das Becken von Albuquerque und die Wüsten von New Mexico. Die beste Sicht hat man gewöhnlich früh morgens oder spät nachmittags. In diesen Höhen kann es ziemlich frisch werden, Schnee ist bis in den Mai hinein keine Seltenheit.

Zur Weiterfahrt muss man dieselbe Straße wieder zurück ins Tal nehmen, biegt dann nach rechts auf den HW14 und trifft nach rund 10 km auf den IS40 oder den HW333, die uns in wenigen Minuten durch den Tijeraras Canyon ins Zentrum von Albuquerque bringen.

3 Los Alamos und Jemez Mountain Trail

Die vergleichsweise lange Strecke durch die waldreichen Gebirge New Mexicos ist zweifellos die schönste und abwechselungsreichste der drei Alternativen. Abgesehen vom Genuss großartiger Panoramablicke kann man historische wie zeitgenössische Indianerkultur und die Nuklearstadt Los Alamos kennenlernen.

Von Santa Fe nimmt man den HW285/84 in Richtung Norden und biegt nach 15 mi/23 km links nach Los Alamos ab. Nach einer langen Steigung erreicht man das 2.200 Meter hoch gelegene Los Alamos. Die Kleinstadt, die die Weltgeschichte veränderte, ist allerdings weder eine Schönheit noch anderweitig spektakulär. Das Bradbury Science Museum und der Black Hole Shop sind die beiden Hauptanlaufstellen für Atombomben-Touristen.

An den nördlich gelegenen Berghängen sieht man deutlich die Narben eines schweren Waldbrandes, der im Jahr 2000 vierhundert Familien obdachlos machte und auch Teile des Laboratoriums in Flammen aufgehen ließ. Die Nationalparkverwaltung des Bandalier Mo-

numents hatte angeordnet, kontrolliert das Unterholz des Nadelwaldes abzubrennen, um einen größeren Waldbrand zu verhindern. Ironie des Schicksals – das Feuer geriet außer Kontrolle und fraß 190 Quadratkilometer Wald auf.

Nach dem Zwischenstop in Los Alamos fährt man auf dem HW502 etwa 4 mi/7 km wieder zurück in Richtung Cuyamungue, biegt dann aber rechts auf den HW4. Nach 4 mi/6 km erreicht man White Rock.

▶ White Rock
Wenn man der Beschilderung zum Overlook Park folgt und nach links abbiegt, erreicht man einen Aussichtspunkt mit wunderschönem Panoramablick. Knapp 300 Meter tiefer bahnt sich der Rio Grande seinen Weg zum Golf von Mexiko. Er entspringt im Bundesstaat Colorado, in 3.900 Metern Höhe in den Rocky Mountains. Der mit 3.034 Kilometern drittlängste Fluss der USA fließt in südlicher Richtung an Albuquerque vorbei und ab El Paso markiert er die Grenze zu Mexiko.

Vom Aussichtspunkt kehrt man zurück auf den HW4 und folgt ihm in westlicher Richtung. Nach weiteren 8 mi/13 km zweigt links die Entrance Rd ab.

▶ Bandelier National Monument
Die Hauptattraktion des Parks sind indianische Höhlenwohnungen und Ruinen direkt am Fuß der Steilwand des Frijoles Canyon. Um 1150 begannen Pueblo Indianer im Canyon feste Behausungen zu errichten und natürliche Höhlen auszubauen. Das weiche Tuffgestein erlaubte eine relativ einfache Vergrößerung der Höhlen, sodass viele Höhlenwohnungen mehrere Stockwerke hatten. In der Nähe der Behausungen finden sich eine Reihe von Felszeichnungen und Gravuren.

Der Canyon bot hervorragende Bedingungen zum Jagen und Fischen, die Haupternährungsbasis bildete der Anbau von Mais und Bohnen. Zu Anfang des 16. Jahrhunderts wurden die Siedlungen je-

Soda Lake

der an zwei Wasserfällen vorbei bis hinunter zum 230 Meter tiefer fließenden Rio Grande führt.

Der Park ist Heimat einer reichen Fauna, allerdings muss der Zufall schon nachhelfen, damit man einen Elch, einen Berglöwen, eine Tarantel oder gar einen Schwarzbären zu Gesicht bekommt.

🕐 *Frühjahr & Herbst 9-17.30h,*
    Sommer 8-18h, Winter 9-16.30h
💲 *$12 pro Vehikel mit allen Insassen*
☎ *1-505-672-3861-517*
🖥 *www.nps.gov/band/index.htm*

Der HW4 windet sich in vielen Kurven durch die schöne Gebirgsregion mit kleinen Dörfern. Etwa 4 mi/6 km, nachdem der HW4 eine 180°-Kurve gemacht hat, liegt linker Hand eine bizarre Felsformation namens Battleship Rock, also Schlachtschiff-Felsen. Nach weiteren 5 mi/8 km führt die Straße durch einen schmalen Canyon. Heiße Quellen haben bizarre Kalkformationen abgelagert, den sogenannten Soda Dam.

▶ Jemez State Monument

Nur einen Kilometer südlich des Soda Dam stößt man auf eine weitere lange aufgegebene Siedlung der Pueblo Indianer. Nach der Gründung um 1500 war der Ort mindestens 200 Jahre lang eine der größten und wichtigsten Siedlungen der Jemez- oder Walatowa-Indianer. Die spanischen Kolonisten bauten im 17. Jahrhundert eine Kirche und Missionsstation, deren Ruinen ebenfalls zu sehen sind. Die Jemez-Indianer erlebten eine spirituelle Krise, als sie sich dem katholischen Glauben anschließen sollten. Sie brannten die Kirche nieder und verließen das Dorf zeitweise, um es etwa um 1700 endgültig aufzugeben.

⇨ *Knapp 1 km nördlich von Jemez Springs*
    zweigt vom HW4 eine kleine Straße nach
    Osten ab, die nach ein paar hundert Metern
    am Visitor Center endet.
🕐 *Mi-So 8.30-17h*
💲 *$3*
🖥 *www.nmmonuments.org/jemez*

doch aufgegeben und die Bewohner zogen in andere Pueblos.

Nach dem Parkeingang erreicht man nach einigen Kilometern das Visitor Center. Von hier folgt man zu Fuß dem zwei Kilometer langen Main Loop Trail, der direkt zu den Ruinen führt. Ein Abzweig von diesem Rundweg führt zum Alcove House, einer sehr großen Höhle knapp 50 Meter über dem Grund des Canyons. Man erreicht sie über steile Treppen und vier hölzerne Leitern.

Darüber hinaus durchziehen den Park eine große Zahl von Wanderwegen unterschiedlichster Schwierigkeitsgrade und Längen. Für den Tagesbesucher lohnt sich der vier Kilometer lange Falls Trail,

🔹 Jemez Springs (375 EW)

In der Umgebung des Dörfchens entspringen, wie der Name schon sagt, eine Reihe heißer Quellen. Einige davon werden kommerziell genutzt, andere finden sich im Naturzustand direkt am (kalten) Jemez River oder irgendwo mitten im Wald.

Ein populärer und vor allem leicht zu lokalisierender Badeplatz ist der bereits erwähnte Soda Dam. Angemessene Badebekleidung ist Vorschrift!

🔹 Jemez Pueblo (2.700 EW)

Fast alle Einwohner der größten Ortschaft auf der Strecke nach Albuquerque sind Mitglieder des Jemez-Stammes und sprechen die Indianersprache Towa. Wie viele andere Indianersiedlungen in den USA kämpft auch Jemez mit vielfältigen sozialen und wirtschaftlichen Problemen. Und wie viele andere setzt man auf das Projekt eines Spielcasinos, das Touristen und damit Dollars und Arbeitsplätze bringen soll.

Jemez Pueblo hat zwar ein Visitor Center mit Museum und reichlich Angebot an indianischem Kunsthandwerk, dennoch möchte man keine fremden Besucher in den Wohngebieten sehen. Filmen und Fotografieren ist im Ort ebenfalls unerwünscht.

ℹ Visitor Center

Die zentrale Anlaufstelle für Touristen bietet eine interessante kleine Ausstellung zum Leben der Indianer im Gebirge, einen nicht unbedingt preiswerten Laden für indianisches Kunsthandwerk und regelmäßige Tanzaufführungen. Draußen stehen eine Reihe von Verkaufsständen für Souvenirs oder ein ameromexikanischer Imbiss.

- ✉ 7413 Hwy 4
- 🕐 Im Sommer täglich 8-17h, im Winter Mi-So 10-16h
- ⚙ Frei
- ☎ 1-575-834-7235
- 🖥 www.jemezpueblo.com

Wenig südlich, bei San Ysidro trifft der HW4 auf den HW550, der nach rund 30 km in die Außenbezirke von Albuquerque führt.

🏛 ALBUQUERQUE (524.000 EW)

Die einzige Metropole New Mexicos beruft sich gern auf ihr kulturelles Erbe als spanische Kolonialstadt und indianisches Pueblo und versucht, Assoziationen mit Tradition, kultureller Vielfalt und Lebensfreude zu provozieren. All das lässt sich auch finden, als Stecknadel in einem ansonsten durch und durch amerikanischen Heuhaufen. Museen und große Kulturinstitutionen, mit denen die Stadt gespickt ist, erzeugen leider noch keine Atmosphäre.

Albuquerque ist für das Auto gemacht, lebendige Viertel, in denen man sich zu Fuß einfach treiben lassen und umsehen kann, sind Mangelware. Stattdessen sind die Entfernungen riesig, die vier- bis sechsspurigen Boulevards und die Autobahnen schneiden die Stadt in Stücke und erscheinen als unüberwindliche Hindernisse. Zu sehen gibt es einiges, aber von einem Punkt zum anderen benötigt man dringend einen fahrbaren Untersatz.

Die Ausnahme bildet Old Town um die Old Town Plaza, die Geburtsstätte Albuquerques. Das alte kolonialspanische Zentrum hat die Ausmaße eines Dorfkerns und entspricht in wesentlichen Aspekten der Altstadt von Santa Fe. In den knapp zehn Straßen im Pueblo-Revival-Stil reihen sich Restaurants, Antik- und Souvenirshops, Kunstgalerien und Juwelierläden aneinander. An der Nordseite der zentralen Plaza liegt die San Felipe de Neri Kirche. Erst kurz vor Ende der spanischen Kolonialzeit 1792 erbaut, ist sie dennoch das älteste Gebäude der Stadt.

Valle Grande zwischen Jemez Springs und Los Alamos

Albuquerque in Zahlen	Albuquerque	Zum Vergleich: Leipzig
Einwohner Stadtgebiet	524.000	510.000
Fläche	470 km²	298 km²
Einwohner Ballungsraum	841.000	1.000.000
Einwohner pro km²	1.080	1.716
Durchschnittstemperatur	13,9 °C	8,4 °C
Jährlicher Niederschlag	198 mm	516 mm
Höhe über NN	1.610 m	118 m
Partnerstädte	Insgesamt 8, darunter niedersächsische Helmstedt	

Albuquerque hat sich mehrfach neu erfunden. 1706 wurde der Militärposten am Camino Real, dem „Königsweg" von Mexiko Stadt nach Santa Fe, zu einer echten Siedlung, als sich 18 Familien niederließen. Nach der Trennung von Mexiko züchtete man vor allem Schafe in den trockenen Ebenen, die Goldsucher in den Gebirgen Colorados und Kaliforniens brauchten schließlich warme Kleidung. 1880 kam die erste Eisenbahn vorbei, allerdings zwei Meilen nördlich – also entwickelte sich dort eine neue Stadt. New Town wurde zur Reparaturwerkstatt der Santa Fe Railroad und zu einer typischen Westernstadt mit Spielhöllen, Bars und Bordellen.

Das trockene Klima und die infrastrukturelle Anbindung an die Bevölkerungsschwerpunkte im amerikanischen Osten und Westen eröffneten bald eine ganz andere Einkommensquelle: Sanatorien für Lungenkranke schossen wie Pilze aus dem Boden.

Ganz andere Pilze sprossen in den 1940er Jahren, als die US-Regierung das menschenleere New Mexico als ideale Geheimwaffenschmiede und Testgelände entdeckte. Im Fahrwasser des Manhattan Projects zur Entwicklung der Atombombe wurden in Albuquerque etliche wichtige Militär- und Forschungsinstitutionen angesiedelt, die der Ursprung des „Technology Corridors" sind, die Gegend wurde zum High-Tech-Zentrum.

Intel unterhält in der nördlichen Vor-

stadt Rio Rancho eine Halbleiterfabrik und der Software-Gigant Microsoft hatte in Albuquerque seinen ersten Firmensitz. Als die junge Firma einen Software-Deal mit dem Computerhersteller MITS abschloss, schmiss Bill Gates sein Harvard-Studium hin und zog in die Nachbarschaft des neuen Großkunden nach Albuquerque. Nur vier Jahre später, als sich ein Geschäft mit IBM anbot, siedelte die Firma in die hohen Nordwesten, nach Bellevue in der Nähe von Seattle um. Dennoch ist der Hochtechnologie-Sektor weiterhin die Triebfeder des Wirtschaftslebens in Albuquerque – die Vielzahl militärischer Institutionen in der Umgebung garantiert eine hohe Nachfrage.

Albuquerque setzt natürlich auch auf den Tourismus. Das vielfältige kulturelle Erbe und die Naturwissenschaften bilden die Themenschwerpunkte einer langen Liste von hochkarätigen Museen und Kulturzentren. Infrastrukturell hervorragend angebunden, erfreut sich die Stadt einer zentralen Lage, von der aus die Naturwunder des gesamten Staates gut erreichbar sind. Das Aushängeschild der Reisebranche ist die jährlich im Oktober stattfindende Balloon-Fiesta. Neun Tage dauert das größte Festival seiner Art, das seinen Höhepunkt in einem Massenaufstieg von 750 Heißluftballons erreicht. Im Jahr 2000 waren es sogar über tausend, doch organisatorische Schwierigkeiten führten zu der Entscheidung, die Zahl zukünftig zu begrenzen. Schwarz-weiß gestreifte Luftverkehrspolizisten koordinieren ein geordnetes und sicheres Abheben der Ballons. Das Festival lockt jährlich etwa 200.000 Besucher an, dementsprechend schwierig ist es, Anfang Oktober eine Unterkunft in der Gegend zu finden.

👁 Highlights

▶ American International Rattlesnake Museum

Das Haus rühmt sich, die weltgrößte Sammlung verschiedener Klapperschlangenarten zu zeigen. In natürlich gestalteten Terrarien tummeln sich Schlangen aus allen Teilen des amerikanischen Kontinents. Das Museum folgt der noblen Zielsetzung, Mythen aufklären, Phobien abbauen und Geheimnisse lüften zu wollen.

✉ *202 San Felipe NW*
🕐 *Juni-August Mo-Sa 10-18h, So 13-17h, September-Mai Mo-Fr 11.30-17.30h, Sa 10-18h, So 13-17h*
🎟 *Kinder $3, Studenten & Senioren $4, Erwachsene $5*
☎ *1-505-242-6569*
🖥 *www.rattlesnakes.com*

Kirche San Felipe de Neri, Albuquerque

▶ Indian Pueblo Cultural Center

Die 19 existierenden Pueblos des Staates New Mexico gründeten gemeinsam das Kulturzentrum zur Bewahrung und Verbreitung ihrer Kunst, Kultur und Geschichte. Die permanente Ausstellung erläutert ihre Lebensweise und Anpassung an die natürlichen Umweltbedingungen. Daneben werden regelmäßig wechselnde Ausstellungen gezeigt, an den Wochenenden gibt es indianische Tanzvorführungen.

✉ 2401 12th St NW
🕐 Täglich 9-17h
♿ Kinder, Jugendliche bis 17 Jahren, Studenten $3, Senioren $5,50, Erwachsene $6
☎ 1-866-855-7902
💻 www.indianpueblo.org

▶ New Mexico Holocaust & Intolerance Museum

Das Museum tritt engagiert gegen Intoleranz und Verfolgung auf. Die bittersten Völkermorde der jüngeren Geschichte werden aufgegriffen und ihre bodenlose Ungerechtigkeit entlarvt. Neben der deutschen und der türkisch-armenischen Geschichte wird aber auch besonderes Augenmerk auf die Vernichtung der amerikanischen Ureinwohner gerichtet. Eine ebenso beunruhigende wie notwendige Institution.

✉ 616 Central Ave NW
🕐 Di-Sa 11-15.30h
♿ Frei
☎ 1-505-247-0606
💻 www.nmholocaustmuseum.org

▶ Petroglyph National Monument

Direkt vor den Toren der Großstadt liegt eine von den Indianern seit Menschengedenken geheiligte Vulkanzone, in der sie über 20.000 Felszeichnungen hinterlassen haben. Da die Oberfläche des vulkanischen Gesteins sehr langsam oxidiert und dabei einen beinahe schwarzen Farbton annimmt, heben sich die Gravuren in gelblichen Tönen hervorragend ab. Man schätzt, dass die meisten Felszeichnungen zwischen 1300 und 1680 entstanden sind. Verschiedene Rundwege unterschiedlicher Länge führen zu den schönsten Zeichnungen. Im Sommer kann es in der schattenlosen Vulkanlandschaft ausgesprochen heiß werden. Einige der Rundwege sind sehr uneben und erfordern ein klein wenig Kletter-Geschick – sind aber mit festem Schuhwerk und Vorsicht gut zu meistern.

✉ 6001 Unser Blvd NW
⇨ IS40, Exit 154, dann auf dem Unser Blvd etwa 3,5 mi/5,5 km nach Norden
🕐 Täglich 8-17h
💲 Wochentags $1, am Wochenende $2 pro Fahrzeug mit allen Insassen
☎ 1-505-899-0205
🖥 www.nps.gov/petr

▶ National Hispanic Cultural Center

Der Vielfalt der hispanischen Kultur wird mit Kunstausstellungen und verschiedenen Aufführungen Rechnung getragen. Dabei kommen sowohl Künstler aus New Mexico als auch aus allen anderen Teilen der hispanischen Welt zu Wort. Beinahe täglich finden Theateraufführungen, Konzerte, Lesungen oder Konferenzen statt. Die Gebäude imitieren architektonisch die unterschiedlichen Baustile der Kolonialzeit und Mexikos.

✉ 1701 4th St SW
🕐 Di-So 10-17h
💲 Senioren $2, Erwachsene $3
☎ 1-505-246-2261
🖥 www.nationalhispaniccenter.org

▶ Microsoft in Albuquerque

Die Geschichte des Weltkonzerns begann 1975 in dem unscheinbaren Ladenlokal an der Ecke California St NE / Linn Ave NE, keine 50 m von der Central Ave, der historischen Route66 entfernt. Ende 2007 bot eine Immobilienfirma das Gebäude zum Preis von $83.000 zum Verkauf an. Der Betrag erschien vielen weit über dem realen Wert der Immobilie und man spottete, dass hier nur ein Investor für ein Microsoft-Museum einziehen könne. In einem lokalen Internet-Forum schlug ein Beitrag vor, ein Loch in die Außenwand zu sprengen und das Museum dann „Sicher wie Windows" zu nennen.

Später zog Microsoft in das 18-stöckige Compass Bank Building an der ✉ 505 Marquette Ave in Downtown Albuquerque.

▶ Ausgehen

In Old Town findet man eine reichliche Auswahl an Restaurants, wo man nach einem netten Rundgang durch die koloniale Altstadt einkehren kann. Allerdings schließen die Pforten recht früh, das Nachtleben findet woanders statt.

Downtown bietet ein vitaleres Nachtleben mit Restaurants, Bars und Clubs für fast jeden Geschmack auf der Central und der Gold Avenue östlich der 1st

Petroglyph National Park

Street. Dass Albuquerque ein kleines Kriminalitätsproblem hat, zeigt sich deutlich an der unübersehbaren Polizeipräsenz und den Sicherheitsdiensten, die die verschiedenen Etablissements beschäftigen.

Die Vorlage eines Ausweises (der am Eingang gescannt wird!) ist Pflicht, sonst kommt man am Abend in keine Bar. Freitag- und Samstagnacht verwandelt sich die Central Avenue in einen Laufsteg für extrovertierte Tuning-Fahrzeuge, die deutschen TÜV-Gutachtern Albträume bescheren würden.

Eine dritte Option ist die Gegend um die Universität, mit entsprechend studentischem Publikumsanteil. Zu finden auf der Central Avenue, westlich der Kreuzung Carlisle Blvd.

🖥 Websites

Offizielle Tourismus-Website
🖥 *www.itsatrip.org*

Web der Stadtverwaltung
🖥 *www.albuquerque.com*

Veranstaltungskalender
🖥 *www.alibi.com*

💿 Albuquerque im Film

Die vielfach ausgezeichnete und wirklich sehenswerte Fernsehserie "Breaking Bad" ist in Albuquerque angesiedelt und zeichnet ein sehr realistisches Portrait der unterschiedlichen sozialen Schichten und Subkulturen der Stadt. Viele der Originalschauplätze lassen sich identifizieren und besuchen.

🎵 Soundtrack Albuquerque

Künstler	Titel	Album	Jahr	Genre
Neil Young	Albuquerque	Tonight's the Night	1975	Folk
Jim Glaser	The lights of Albuquerque	Man in the Mirror	1983	Country
Motorpsycho	Albuquerque	The Tussler (Soundtrack)	1994	Alternativrock
Buck-O-Nine	Albuquerque	Twenty-eight Teeth	1997	SkaPunk
Weird Al Yankovich	Albuquerque	Running with Scissors	1999	Rock
The Amphetameanies	60 hours in Albuquerque	Right Line in Nylons	2000	Ska
Sentridoh/Lou Barlow	Albuquerque '89	Lou B's wasted Pieces '87 - '93	2003	Alternativrock
Conifer	Albuquerque	Conifer	2004	Metal
Joe Iconis	Albuquerque anyway	Things to ruin	2010	Songwriter
The 99ers	Albuquerque Annie	Everybody's Rocking	2011	Punkrock

Von Albuquerque nach Westen

Von Albuquerque in Richtung Westen teilt sich die Route66 in zwei unterschiedliche Streckenführungen.

Vor 1937 bog die Route in Albuquerque scharf nach Süden ab. Der Highway NM 314 folgt für 22 Meilen dem intensiv landwirtschaftlich genutzten Tal des Rio Grande. Vom Fluss selbst bekommt man allerdings wenig zu sehen. Durch wenig ansehnliche Vorstädte führt die Straße nach Los Lunas, wo Blueslegende Bo Diddley in den 70er Jahren als Hilfssheriff diente. In dem 10.000 Einwohner-Ort bog die Strecke dann wieder scharf nach Nordwesten ab. Sie durchquert als HW6 die grasbewachsene flache Steppe, um nach weiteren 33 Meilen wieder auf den Interstate 40 zu treffen. Der Umweg von gut 40 Kilometern belohnt mit einer sich in sanften Kurven durch die Wüstenlandschaft windenden Landstraße in gutem Zustand, vorbei an Canyons und Mesetas. 30 mi/48 km nach dem Verlassen von Los Lunas weist ein Schild nach links zur Route66. Dieses Teilstück ist allerdings nicht asphaltiert. Je nachdem, mit welcher Art Vehikel man unterwegs ist, sollte man auf diese Route besser verzichten und den Weg nach Westen 3 km weiter nördlich auf dem Interstate 40 fortsetzen.

Direkter und schneller geht es aus Albuquerque auf der Central Ave hinaus. Allerdings führt die alte Straße bald als North Frontage Road parallel zur Autobahn und nach der Ortschaft Rio Puerco wird man sogar für 33 Meilen auf den Interstate gezwungen.

Egal, welche Strecke man wählt, beide vereinigen sich wieder auf der Autobahn. Abfahren sollte man dann am Exit 117. Die Route führt mit einigem Abstand nördlich des Interstate entlang und durch das Dorf Mesita, bis sich die alte Straße kurzfristig weiter nach Norden entfernt. In langgestreckten Kurven geht es durch sehenswerte Wüstenlandschaften und kleine Indianersiedlungen.

Hinter San Fidel wechselt die Strecke als HW124 kurzfristig auf die Südseite der Autobahn, wo sie die desolaten Lavafelder des Malpais durchquert bevor man die Kleinstadt Grants erreicht.

Vorher, am Exit 108, kann man 12 Meilen südlich die eventuell gewonnene Zeit einem faszinierenden Indianerdorf widmen.

🏛 Acoma Pueblo (2.800 EW)

Das wohl schönste und interessanteste aller Pueblo-Dörfer New Mexicos erlaubt den direkten Vergleich der authentischen Pueblo-Architektur mit der modernen Interpretation von Albuquerque und Santa Fe. Eine mehr als hundert Meter hohe Mesa erhebt sich senkrecht aus der Ebene und bietet unvergessliche Rundblicke – deswegen wird Acoma Pueblo auch Sky City genannt. Das Indianerdorf gilt als der am längsten kontinuierlich besiedelte Ort der Vereinigten Staaten. Man schätzt den Ursprung der Siedlung auf das Jahr 1150. In einer exzellenten Verteidigungsposition galt der Ort für fremde Angreifer als uneinnehmbar. Die spanischen Konquistadoren sahen keine andere Möglichkeit zur Unterwerfung der Ureinwohner, als den Ort mit Kanonen zu beschießen.

Der Belagerung fielen geschätzte vier Fünftel der Bewohner zum Opfer.

Heute leben die meisten Indianer in der Ebene und betreiben ihre Souvenirgeschäfte hoch oben im alten Dorf. Man kann den historischen Ort nur mit einer offiziellen Führung besuchen, die Bedingungen sind ausgesprochen restriktiv. Die Touren gehen vom „Sky City Visitor Center" ab, ein Bus bringt den Besucher hinauf auf die Mesa. Filmen ist schlicht untersagt, Zuwiderhandlung wird streng geahndet. Zum Fotografieren muss man für $10 pro Kamera eine Erlaubnis erwerben. Die Tour endet mit einem Besuch der größten kolonialen Kirche des Staates, San Esteban del Rey.

⇨ IS40, Exit 108, auf dem HW23 in Richtung Süden bis Acoma Pueblo

🕙 9.30-15.30h

🎟 Kinder $12, Senioren $17, Erwachsene $20

☎ 1-800-747-0181

🖥 www.skycity.com

Route66 verläuft meist außer Sichtweite der Autobahn in einem breiten Tal, das fast ausschließlich zur Viehhaltung genutzt wird. Landwirtschaft findet praktisch nicht statt. Mit etwas Glück kann man Cowboys bei der Arbeit beobachten. Die Landstraße durchquert einige Dörfer wie Laguna und San Fidel, doch die Besiedlung ist ausgesprochen verstreut. Man sieht den Behausungen auf den ersten Blick an, dass hier nicht der große Reichtum ausgebrochen ist. Meist handelt es sich um Mobile Homes oder Fertighäuser, umstanden von etlichen Autowracks. Die sozialen Probleme der stark indianisch geprägten Region kann man sich leicht vorstellen.

Westlich von San Fidel wechselt die Route für einige Meilen auf die Südseite des Interstate, um wenig später wieder auf der Nordseite zu verlaufen.

🏛 Grants (9.000 EW)

Für drei Jahrzehnte war Grants das Zentrum des Uranbergbaus in den USA und förderte mehr als die Hälfte der Jahresproduktion. Zeitweise waren über

Sandstone Bluffs in El Malpais

sechstausend Menschen im Bergbau beschäftigt, doch so schnell wie die goldenen Jahre begonnen hatten, endeten sie auch wieder. Anfang der 80er schloss die letzte Mine ihre Tore. Grants verlor mehr als ein Viertel seiner Bewohner. Ein Bergbaumuseum erinnert an die Jahrzehnte der Prosperität, die allerdings auch mit den schweren gesundheitlichen Folgen der Minenarbeiter belastet ist. Die eingeatmeten Gase führten besonders bei den angestellten Navajo zu Lungenkrebs.

▶ El Malpais National Monument

Unter den 391 Parks und Monumenten, die vom National Park Service verwaltet und geschützt werden, ist El Malpais einer der unbekanntesten. Das Terrain ist ausgesprochen rau, das Klima feindselig und wenn man sich von den Hauptwegen entfernt, kann man sich leicht verlaufen. Ein Kurzbesuch ist allerdings schnell und problemlos möglich. Zwei Hauptstraßen, die direkt vom Interstate abzweigen, führen jeweils am östlichen und am nördlichen Rand des Parks entlang. Dummerweise muss man sich für eine der beiden entscheiden, da es außer der Autobahn keine Verbindung zwischen ihnen gibt.

Der auf die spanischen Konquistadoren zurückgehende Name sagt schon alles: schlechtes, böses Land. El Malpais besteht aus schattenlosen Lavafeldern und unzugänglichen Sandsteinfelsen. Es regiert eine Friedhofsruhe, wie man sie in kaum einem amerikanischen Nationalpark findet.

Die drei Hauptattraktionen des Parks liegen auf der Ostseite, in unmittelbarer Nähe des Highway 117. 10 mi/16 km südlich des Exit 89 erreicht man eine Abzweigung nach rechts, die zum grandiosen Panoramablick des Sandstone Bluffs Overlook führt. Nach weiteren 6 mi/10 km erreicht man La Ventana, „das Fenster", eine natürliche Sandsteinbrücke. Hier beginnen „The Narrows", senkrechte Felswände, die wie eine Festung wirken. Leider muss man von hier aus wieder auf der gleichen Strecke zurückfahren. Fast

Continental Divide

300 Höhlen verbergen sich im National-park, doch seit 2010 ist Besuchern das Betreten untersagt. Die Parkverwaltung verspricht, einige in näherer Zukunft zu-gänglich zu machen. Ebenso schade ist, dass das Visitor Center, das die Vielfalt der Naturphänomene erklärt, just an der anderen Zufahrt zum Park liegt. Wer also Hintergrundinformationen zu seinen ge-sammelten Eindrücken sucht, muss wohl oder übel nach der östlichen Straße auch noch einmal die nördliche besuchen.

⇨ *Vom IS40, Exit 89, führt HW117 nach Süden zum Sandstone Bluffs Overlook und La Venta-na Natural Arch. Die Nordseite des Parks mit dem Visitor Center fährt man von Exit 81 über den HW53 an.*

⊙ *Immer geöffnet, lediglich der Zugang zum Sandstone Bluffs Overlook wird mit Sonnenun-tergang geschlossen.*

∞ *Frei*

☎ *1-505-783-4774*

🖥 *www.nps.gov/elma/index.htm*

Ab Grants folgt die alte Straße weiterhin dem Interstate mal in einigem Abstand, mal direkt als Service Road.

▶ Continental Divide

Schön anzusehen aber doch unspekta-kulär kommt die zentrale Wasserscheide der Rocky Mountains daher. Wer sich ei-nen markanten Höhenzug vorstellt, wird enttäuscht. Der in der Landschaft kaum auszumachende Landrücken bildet eine geographisch scharfe Trennungslinie. Alle Gewässer westlich der Linie bewe-gen sich zum Pazifik, die östlichen mün-den über den Rio Grande in den Golf von Mexiko. Angesichts der doch eher gerin-gen Niederschläge und der Trockenheit der meisten Flussbette ist das geogra-phische Phänomen natürlich überwie-gend theoretischer Natur. Lediglich eine Bronzetafel und die Souvenirläden des Indian Village deuten auf den geogra-phisch wichtigen Standort in 2.223 Me-tern Höhe hin.

⇨ *IS40, Exit 47, direkt auf der Nordseite der Autobahn*

Ein paar Schritte von den Souvenirläden entfernt, weist ein Schild auf das „Dead End" dieses Abschnitts der 66 hin. Man

Red Rock State Park

muss also wieder für weitere neun Meilen auf die Autobahn. Am Exit 36 geht es auf Wunsch wieder auf die nördliche Service Road, die nach Gallup führt.

Red Rock State Park

Keine zehn Kilometer östlich von Gallup liegt der Red Rock State Park. Bizarre Felsformationen laden zu einer kleinen Wanderung ein. Die etwas ungeordnet hingewürfelten Gebäude am Fuß der roten Felswand werden in jedem August bei einem großen multitribalen Pow Wow, also einem Treffen der in der Gegend siedelnden Stämme, genutzt. Tausende Indianer versammeln sich zu traditionellen Tänzen und messen ihre Fähigkeiten im Rodeo.

Zu dem Komplex gehört auch das Red Rock Museum, das sich der Archäologie und Kultur der regionalen Indianerkulturen widmet.

⇨ IS40, Exit 33, HW66 nach Osten, dann links
☎ 1-505-722-3839
🖥 *Die genauen Daten des Pow Wow erfährt man unter www.powwows.com*

Gallup (19.300 EW)

Die letzte richtige Stadt in New Mexico ist keine Schönheit. Dominiert von Unordnung und Souvenirshops riecht es nach Grenzstadt. Gallup nennt sich gern Indianer-Hauptstadt oder auch Tor zum Indianerland. Mehr als ein Drittel der Einwohner berufen sich auf indianische Wurzeln, was dem aufmerksamen Beobachter nicht entgehen kann, ebenso wenig wie die sozialen und wirtschaftlichen Probleme, mit denen die Stadt zu kämpfen hat. Seit dem Niedergang des Bergbaus in den 70er und 80er Jahren konnte keine wirkliche ökonomische Alternative gefunden werden. Die Tourismus-Dollar landen in den Taschen einiger weniger, die Mehrheit schlägt sich irgendwie durch.

Kuriose Stilblüten trieb der Aberglaube der Amerikaner in Gallup. Der Highway nach Monticello in Utah trug früher die Nummer 666. Folglich hatte die Landstraße schnell den Beinamen „Devil's Highway". Besonders hohe Unfallzahlen überzeugten viele Menschen von einem

Fluch, der auf dieser Straße lag, auch wenn der schlechte Straßenzustand als Ursache wesentlich wahrscheinlicher war. Die Angst, Touristen könnten den Weg meiden, und der ständige Diebstahl der Straßenschilder überzeugten die Verantwortlichen im Verkehrsministerium schließlich, im Jahr 2003 die Straßennummer in 491 zu ändern. Bob Dylan behauptete in einem Interview 1961, als Waisenkind in Gallup aufgewachsen zu sein. Er wollte wohl seine gutbürgerliche Herkunft aus Minnesota verschleiern.

Im historischen „El Rancho"-Hotel (1000 E Route66) mieteten sich etliche Hollywood Filmcrews ein, darunter besonders viele Westernhelden wie John Wayne, Kirk Douglas oder der spätere Präsident Ronald Reagan. Einige Szenen des rasanten „Natural Born Killers" wurden in Gallup gedreht, der Ortsname fällt mehrfach in den Dialogen.

🎬 Natural Born Killers	
Originaltitel	Natural Born Killers
Jahr	1994
Regie	Oliver Stone
Hauptdarsteller	Woody Harrelson, Juliette Lewis
Genre	Road Movie

Ab Gallup folgt man der 66 durch aufregende Fels- und Canyonlandschaften durch die Hochwüsten bis zur Grenze von Arizona. Die Straße wechselt mehrfach die Seite der Autobahn. Dabei sollte man der Beschilderung des HW118 folgen, sonst landet man irgendwann im Nichts. Direkt hinter der Grenze wartet das Arizona Welcome Center, eine große Touristeninformation, wo man auf Anfrage kostenlos die staatliche Straßenkarte bekommt.

🎵 Soundtrack Gallup

Künstler	Titel	Album	Jahr	Genre
Jimmy Stallings	Gallup New Mexico	Heya	2003	Alternativrock

Indian Village

ARIZONA

Arizona – Im Land der Naturwunder

Der vorletzte Staat der Route66 ist schwer zu beschreiben, denn seine unvergleichliche Schönheit stellt alles in den Schatten. Geschichten und Geschichte werden zur Nebensache – Augen und Kinnlade öffnen sich, während sich die Ohren verschließen. Kaum sonstwo auf der Welt findet man eine derartige Ansammlung überwältigender Naturwunder in solch einer räumlichen Konzentration. Der Grand Canyon ist ohne Zweifel ein Highlight und die meistfotografierte Naturlandschaft der Welt. Ungerechterweise überschattet er fast alles andere, sodass vieles in seiner Nähe als unbeachteter State Park untergeht, obwohl es andernorts als Höhepunkt eines ganzen Landes herhalten könnte.

Arizona ist neben New York, Florida und Kalifornien der amerikanische Touristenmagnet schlechthin. Man könnte Wochen und Monate damit verbringen, seine Naturparks zu erforschen – durchaus mit der Gefahr im Blick, wahrscheinlich irgendwann sensorisch überfordert zu werden. Selbst der Grand Canyon ist zwar imposant, sättigt aber relativ schnell. Fährt man die Route der Aussichtspunkte an der South Rim, der südlichen Abbruchkante, an einem halben Tag ab, nimmt der Begeisterungsgrad stetig ab. „Más de lo mismo", „immer wieder das Selbe", würde der Spanier sagen. Jedesmal erscheinen die Dimensionen unfassbar, zu gigantisch für die menschliche Auffassungsgabe.

Arizona in Zahlen	Arizona	Zum Vergleich: Italien
Einwohner	6,2 Mio.	59,1 Mio.
Fläche	295.000 km²	301.000 km²
Einwohner pro km²	17	196
Höchste Erhebung	Humphrey's Peak, 3.851 m	Mont Blanc de Courmayeur, 4.748 m
Hauptstadt	Phoenix	Rom

Denkt man an Arizona, erscheinen sofort Bilder von steiniger Wüste, flirrender Hitze und trotzigen Kakteen. Die Klischees entsprechen aber nur zum Teil der Realität. Die von der Route66 durchquerte Nordhälfte gehört größtenteils zum Colorado Plateau, das sich in den vier Staaten Arizona, Utah, Colorado und New Mexico mindestens 1.500 Meter über den Mee-

resspiegel erhebt. Während man sich durch die Ebene allmählich dem zentral gelegenen Ort Flagstaff nähert, türmt sich am Horizont die gewaltige Silhouette der San Francisco Mountains auf, die mit Humphrey's Peak den höchsten Berg Arizonas formen. Folglich ist Flagstaff nicht nur das Tor zum Grand Canyon sondern auch eines der wichtigsten Wintersport-

zentren der USA. Hier kann es bis in den Mai hinein schneien, selbst im Sommer sinken die Temperaturen nach Sonnenuntergang rapide ab. Auch die dichten Nadelwälder in der Umgebung überraschen und die typischen Saguaro-Kakteen bekommt man, wenn überhaupt, viel weiter westlich, nahe der Grenze zu Kalifornien zu sehen.

Arizonas Reichtum an Naturwundern bestimmte auch seine wirtschaftliche Entwicklung, denn andere Ressourcen sind dünn gesät. Die spanischen Kolonisatoren, die 1539 erstmals das Territorium des Staates betraten, zeigten entsprechend wenig Interesse an den nördlichen Besitzungen. Erst 1752 gründeten sie mit Tubac, wenig nördlich der heutigen mexikanischen Grenze, die erste Siedlung, drei Jahre später folgte Tucson.

Abgesehen von etwas Baumwollkultur und Bergbau bestimmte extensive Vieh-

wirtschaft die Ökonomie Arizonas, das als letzter der 48 zusammenhängenden Bundesstaaten in die Union aufgenommen wurde. Im 20. Jahrhundert wurde der Tourismus zum bestimmenden Wirtschaftssektor. 1919 bekam der Grand Canyon Nationalparkstatus und machte den Anfang unter einer Vielzahl von Naturparks wie Monument Valley, Petrified Forest oder Canyon de Chelly. Das reiche archäologische Erbe der indianischen Kulturen wurde ebenfalls konserviert und etliche eindrucksvolle Ruinenstädte, teilweise in vertikale Felswände gemeißelt, faszinieren jeden Besucher.

Doch der Urlauber sucht nicht nur Natur- und Kulturwunder, sondern vor allem Entspannung und Bequemlichkeit. Um einen massenhaften Besucherstrom anzuziehen, fehlten Arizona zunächst noch zwei technische Errungenschaften: Die Klimaanlage erlaubte schließlich, die drückende Sommerhitze zu überstehen, und Stauseen machten den extrem wasserarmen Staat zum Strandurlaubsparadies. Mit dem Lake Powell, dem Lake Mead und dem Lake Havasu wurde der Colorado zu drei riesigen Seen aufgestaut, wo alle Arten von Wassersport betrieben werden. Die Region um den Lake Havasu an der Grenze zu Kalifornien wirbt ironisch mit dem

Am Grand Canyon

Slogan „Arizona's West Coast", obwohl der nächste Meeresstrand mindestens dreihundert Kilometer Luftlinie entfernt ist. Auf den staubtrockenen Straßen der Mojave-Wüste wirken die Bootsanhänger auf dem Weg zu dem Wassersportzentrum wie eine Fata Morgana.

Die modernen Annehmlichkeiten zogen nicht nur Touristen an, die ihre zwei jährlichen Urlaubswochen in Arizona verbrachten, sondern zunehmend auch die ältere Generation. Rentner und Pensionäre entflohen dem rauen Klima der Industriemetropolen des Nordens und blieben gleich den ganzen Winter. Ein findiger Unternehmer erdachte folgerichtig Ende der 50er Jahre ein ganz neues Geschäftsmodell: die abgeschlossene und unabhängige Rentnerstadt. Die vielfach kopierte Sun City, außerhalb der Hauptstadt Phoenix, schaffte zielgruppengerechte Freizeitangebote und bot preiswertes Wohneigentum. Binnen eines Jahres verkaufte das Unternehmen 1.300 Häuser. Sun City Arizona zählt heute fast 40.000 Einwohner. Die Del Webb Corporation betreibt inzwischen 34 Rentnerstädte in 13 verschiedenen Staaten, davon allein neun in Arizona.

 **in Arizona**

Die gut 600 Kilometer durch Arizona stellen für die meisten den Höhepunkt der *gesamten Route66 dar. Mit Abstechern zum Grand Canyon, nach Las Vegas oder zu anderen aufregenden Orten kann man leicht noch einige hundert Kilometer hinzuaddieren.*

Die östliche Hälfte der historischen Route66 wurde leider größtenteils vom Interstate 40 geschluckt. Nur einige kurze Abschnitte des alten Asphalts sind noch befahrbar. Doch zum Glück ist auf der Autobahn nicht allzu viel Verkehr zu erwarten. Wie auch, in einer ausgedörrten, sonnenverbrannten, von Gott und Teufel verlassenen Wüste? Die uferlose Leere ist von bizarrer Schönheit, lebensfeindlich, aber zutiefst ergreifend. Aus dem Auto heraus wirkt die Welt wie die Kulisse eines Musikvideos. Um die Wüste zu fühlen, muss man die Sicherheit der Schnellstraße verlassen und auf irgendeinem der kleinen Highways einige Kilometer tief ins Nichts hineinfahren. Und aus dem Auto aussteigen. Seit Walt Disney wissen wir, dass die Wüste lebt. Doch wohl nur im Film. Außer dem Wind bewegt sich nichts. Kein Geräusch, nur der eigene Atem.

Doch überall haben die Menschen ihre Spuren hinterlassen. Am Horizont lassen sich Stromleitungen ausmachen, irgendwo entdeckt man immer eine verfallene Hütte und man fragt sich, wer sie wohl gebaut hat. Und vor allem, warum? Wer schon einmal nachts im Flugzeug die Sahara überquert hat, weiß, dass die Wüste bewohnt ist. Irgendwo entdeckt man immer ein Licht in dem immensen Meer abgrundtiefer Schwärze.

Eine halbe Stunde hinter der Grenze zu New Mexico erreicht die Wüste ihren ersten Höhepunkt. Die Launen der Natur haben im Painted Desert National Park in Pastellfarben ein bizarres Gemälde gepinselt. Nach den Kleinstädten Holbrook und Winslow und den seit Jahren verlassenen Örtchen, die dennoch mit Namen auf der Landkarte brillieren, erreicht man auf einer wunderschönen kleinen Landstraße den Meteor Crater. Der nächste Höhepunkt, der die trostlose Erdoberfläche mit dem Rest des Universums verbindet.

Am westlichen Horizont erheben sich bereits die San Francisco Mountains wie eine gigantische Flutwelle. Auf dem Weg nach Flagstaff klettert die Straße bis auf über 2.000 Meter. Umgeben von tiefen Kiefernwäldern wähnt man sich plötzlich in Skandinavien oder Kanada. Die Wüste scheint auf einem anderen Kontinent zu liegen.

Der Ausflug zum Grand Canyon ist für die meisten Reisenden wahrscheinlich Pflicht. Auf dem Weg nach Westen folgt das touristisch durchaus liebenswerte Williams, bevor es wieder in tiefergelegene Gefilde geht. Im Gegensatz zur östlichen Hälfte Arizonas ist die Strecke zwischen Williams und der kalifornischen Grenze das längste vollständig erhaltene

Teilstück der Route66. Die Landschaft ist von hinreißender Schönheit und der anonyme Interstate verläuft weit entfernt. Bevor man sich von Seligman ins 143 km entfernte Kingman aufmacht, sollte man seinen Benzinvorrat kontrollieren und besonders bei Vehikeln mit geringer Reichweite auch auffüllen. Das gleiche gilt, wenn man sich von Kingman nach Norden in Richtung Las Vegas wendet. Wieder steht man vor einer transzendentalen Entscheidung. Die verführerische Glitzerwelt von Las Vegas oder der grandiose Aufstieg zum Sitgreaves Pass? Am besten beides.

💻 Websites

Die offizielle Reisewebsite des staatlichen Office of Tourism
💻 www.arizonaguide.com

🎵 Soundtrack Arizona

Künstler	Titel	Album	Jahr	Genre
Hans Albers	In Arizona	Sein Leben, seine Lieder	1950	Schlager
Paul Revere and the Raiders	Arizona	Arizona	1969	Rock
The Family Dogg	Arizona	(Single)	1969	Pop
Scorpions	Arizona	Blackout	1982	Rock
Faster Pussycat	Arizona Indian Doll	Wake me when it's over	1989	Rock
Instigators	Arizona Time	Recovery Sessions	1990	Punk
Los Lobos	Arizona Skies	Kiko	1992	Folk
EMF	Arizona	Stigma	1992	Rock
The Bluetones	Unpainted Arizona	Return to the last Chance Saloon	1998	Rock

Künstler	Titel	Album	Jahr	Genre
Reckless Kelly	Arizona Blues	The Day	2000	Rock
Jamie O'Neal	There is no Arizona	Shiver	2000	Country
Swell	California, Arizona	Whenever you're ready	2003	Alternativrock
Truck Stop	Arizona - Arizona	Trucker, Cowboys, Männer	2003	Schlager
Blues Explosion	Mars, Arizona	Damage	2004	Rock
Everclear	Your Arizona Room	Welcome to the Drama Club	2006	Rock
Kings of Leon	Arizona	Because of the Times	2007	Rock
Hey Monday	Arizona	Hold On Tight	2008	Rock
Amy Seeley	Arizona	Eight Belles	2008	Songwriter
The Kung Fu Monkeys	Arizona	Christmas for Breakfast	2008	Punkrock
Bomshel	Arizona	Fight like a Girl	2009	Country
Useless Keys	Arizona	Is the Painting changing	2010	Alternativrock
9th Scientist	Alright Arizona	Tru Kings of Boom	2010	HipHop
Maritime	Air Arizona	Human Hearts	2011	Rock
Colt Ford	Arizona	Tailgate: College Football Versions Vol 2	2011	Rock
Exene Cervenka	Alone in Arizona	The Excitement of maybe	2011	Songwriter

Painted Desert National Park

Direkt hinter der Staatsgrenze wartet schon das Arizona Visitor Center, die bestens ausgestattete staatliche Touristeninformation. Von hier aus kann man noch sieben Meilen auf der Frontage Road neben dem Interstate Highway entlangfahren. Westlich der Ausfahrt 354 „Hawthorne" wird die Strecke zur staubigen Piste und man nimmt besser die moderne Autobahn. Schließlich bleiben noch sechs Meilen historischer Asphalt zwischen den Ausfahrten 339 und 333. Von da an bleibt man erst einmal für einige Dutzend Meilen auf der Autobahn. Von der Staatsgrenze bis zum Painted Desert Park sind es ziemlich genau 50 Meilen.

⚜ DER ERSTE GROSSE NATIONALPARK
PAINTED DESERT AND PETRIFIED FOREST

Der Doppelname des Nationalparks suggeriert schon, dass es hier mehr als nur ein einzelnes Phänomen zu bestaunen gibt. Painted Desert, „die bemalte Wüste", steht vor allem für die nördliche Hälfte des Parks, wo die stark erodierte Landschaft der Badlands sich in einem Spektrum von Pastellfarben zwischen weiß und rot präsentiert. Zusätzlich wurde die Wüste an verschiedenen Stellen tatsächlich bemalt, die ansässigen Indianer haben hier vielerorts Felszeichnungen und Inschriften hinterlassen.

Die Bezeichnung „versteinerter Wald" (Pretrified Forest) weckt vielleicht übersteigerte Erwartungen, denn einen Wald gibt es hier definitiv nicht. Vielmehr handelt es sich um von der Erosion freigelegte Anhäufungen fossiler Baumstämme, die aber nur die Spitze des fossilen Eisberges darstellen. Denn tatsächlich wurden in dieser Gegend bisher über 200 versteinerte Pflanzenarten gefunden, ebenso wie Reste verschiedenster Tierarten wie Fische, Krokodile, Insekten, Amphibien und Dinosaurier. Diese Saurier befanden sich allerdings noch in einer Frühphase ihrer Entwicklung. Die im Park registrierten Arten waren mit maximal drei Metern relativ klein und noch weit entfernt von den Riesensauriern späterer Epochen.

Angesichts der wüstenhaften Umgebung überrascht die Artenvielfalt vorgeschichtlicher Flora und Fauna auf den ersten Blick. Doch der Park ist ein Fenster, durch das man rund 225 Millionen Jahre in der Evolutionsgeschichte zurückblicken kann. In jener Epoche herrschten gänzlich andere Klima- und Umweltbedingungen. Nordamerika war Teil des letzten Superkontinents Pangea und unsere heutigen sechs Kontinente bildeten eine einzige zusammenhängende Landmasse. Arizona lag unweit des Äquators und damit in der tropischen Klimazone.

Ein riesiges Stromsystem durchfloss die Region und die bewaldeten Ufer boten Lebensraum für eine vielfältige Flora und Fauna. Sieben verschiedene Arten konnten bisher unter den versteinerten Bäumen identifiziert werden. Am häufigsten finden sich zwei Gewächse aus der Familie der Araukarien: Bis zu fünfzig Meter hohe Nadelbäume, die heute auf der Nordhalbkugel praktisch ausgestorben sind. Lediglich in Südamerika, Australi-

Versteinerter Baumstamm des Petrified Forest

Kenner allerdings wenig. Jeder Staat feiert sich nicht nur mit einem Wappen und einer Flagge, sondern ebenso mit einem Staatsvogel, einer Staatsblume, einem Staatsreptil, einem Staatsfisch und eben auch mit einem Staatsfossil. Die Monsune der Regenzeit ließen die Flüsse im späten Trias, der geologischen Periode zwischen 250 und 200 Millionen Jahren vor unserer Zeit, mächtig anschwellen. Nicht selten wurden Bäume entwurzelt und zusammen mit abgestorbenen Stämmen von den Fluten mitgerissen. In der Gegend des Parks befand sich eine riesige Überflutungsebene, in der die mitgeschwemmten Materialien abgelagert wurden. Allmählich wurden die tierischen und pflanzlichen Reste von Sand, Staub und Vulkanasche begraben, damit luftdicht abgeschlossen und vor zerstörenden Fäulnisprozessen bewahrt. Stattdessen drangen Mineralien der Deckschichten in das poröse Holz ein und kristallisierten innerhalb der Zellstruktur. Im Lauf von Jahrzehnten oder Jahrhunderten verwandelte sich das Holz zu Stein, ohne dass die Struktur des Stammes zerstört wurde. Die Farbenvielfalt der Fossilien ist dabei auf die verschiedenen kristallisierten Mineralien zurückzuführen.

Im weiteren Verlauf der Erdgeschichte kehrten sich die Prozesse an der Oberfläche um, Erosionsprozesse legten die über Jahrmillionen vergrabenen Fossilien wieder frei und schafften sie an die Oberfläche.

Die Bewohner der umliegenden Pueblo-Dörfer verwendeten die reichlich vorhandenen, versteinerten Bäume als Baumaterial oder fertigten daraus Werkzeuge und Pfeilspitzen. Erst um 1850 entdeckten amerikanische Siedler die fossilen Lagerstädten, die sie natürlich sofort geschäftlich zu nutzen wussten. Sie verkauften die Versteinerungen in großen Mengen in die Metropolen der Ostküste oder verarbeiteten sie zu Schmuck. Anfang des 20. Jahrhunderts erkannte der Staat, dass das einzigartige Naturphänomen in Gefahr war und stell-

en und Neuseeland haben sie bis heute überleben können.

Eine dieser beiden Arten, die Konifere „araucarioxylon arizonicum", wurde denn auch zum Staatsfossil Arizonas erhoben. Die Ernennung eines Staatsfossils klingt für Europäer eigenartig, wundert den USAte das Gebiet unter Naturschutz.

Doch der Raub geht leider immer noch weiter. Die Nationalparkbehörde kalkuliert, dass jährlich etwa zwölf Tonnen fossilen Holzes in Taschen und Autos von Touristen verschwinden – angesichts der Androhung von vergleichsweise lächerlichen $275 Strafe ist das allerdings auch kein Wunder. Wer auf ein hunderte Millionen Jahre altes Souvenir nicht verzichten möchte, investiert aber besser ein paar Dollar in sein Fossil auf der Main Street in Holbrook. Die Stücke wurden allesamt außerhalb des Parks gesammelt und sind somit legal.

▶ Praxis

Der Park wird von einer einzigen, 27 Meilen langen Straße durchzogen, an der über 20 Aussichtspunkte liegen. Der Besuch ist also ausgesprochen unkompli-

Painted Desert National Park

ziert, man braucht nur der Park Road zu folgen und sich von der Beschilderung zu den Hauptattraktionen leiten zu lassen. Die Zahl der Wanderwege ist ausgesprochen gering, der längste bringt es gerade mal auf drei Kilometer.

⊞ Painted Desert Visitor Center

Gleich am nördlichen Parkeingang findet sich das Besucherzentrum, wo man einen kurzen Dokumentarfilm über die Entstehung des fossilen Holzes sehen kann. Natürlich dürfen Cafeteria, Buchund Souvenirshop nicht fehlen. Um die Naturphänomene zu verstehen und einige überhaupt erst in der Landschaft zu entdecken, sollte man sich hier in jedem Fall eine Weile umsehen. Sonst reduziert sich der Besuch auf ein „Oh wie schön".

▶ Rainbow Forest Museum

Das naturhistorische Museum wäre der optimale Ausgangspunkt für einen Besuch im Park, dummerweise liegt es am südlichen Parkeingang, also über 40 km vom Interstate entfernt. Ein Wanderweg führt zu „Giant Logs", den größten fossilen Baumstämmen und zum „Agate House", einer Pueblo-Ruine, die aus Blöcken versteinerten Holzes errichtet wurde. Für Naturliebhaber lohnt sich der weite Weg.

⇨ *Der Interstate 40 führt quer durch den Park und teilt ihn in zwei ungleiche Hälften, Exit 311 führt direkt zum Parkeingang.*

🕐 *1.1.-26.2. 8-17h,*
27.2.-7.5. 7-18h,
8.5.-5.9. 7-19h,
6.9.-22.10. 7-18h,
23.10.-31.12. 8-17h, 25.12. geschlossen
Achtung: Im Park gibt es keine Uhrenumstellung auf Sommerzeit!

⊗ *Auto mit allen Insassen $10,*
Motorrad pro Person $5

☎ *1-928-524-6228*

🖳 *www.nps.gov/pefo*

Holbrook und Winslow

34 Autobahnkilometer südwestlich des Nationalparks erreicht man wieder eine menschliche Siedlung. Man kann schon am Exit 289 abfahren und auf der Straße mit dem vielversprechenden Namen „Navajo Boulevard" nach Holbrook einfallen.

🏨 Holbrook (5.100 EW)

Die netteste Wildwest-Stadt diesseits von Flagstaff hat eine Menge Geschichten zu erzählen. In der zweiten Hälfte des 19. Jahrhunderts war Holbrook nicht mehr als ein einsames, kleines Nest von ein paar Hundert Einwohnern, das die verstreuten Ranches der Gegend versorgte. An freien Tagen verprassten die Cowboys ihren kargen Lohn in den Saloons. Das raue Leben formte hartgesottene Kerle. Meinungsverschiedenheiten wurden mit Vorliebe mit den Fäusten ausdiskutiert – oder gleich mit dem Revolver. 1884 begann das zweitgrößte Viehzuchtunternehmen des Westens, die „Aztec Land and Cattle Company", in Holbrook zu operieren. Die angeheuerten Cowboys waren besonders windige Gestalten, darunter etliche, die sich aus Texas abgesetzt hatten, um dem Auge des Gesetzes zu entgehen. Holbrook erwarb sich einen Ruf als „zu roh für Frauen und Kirchen".

Im Perkins' Cottage Saloon kam es im Anschluss an ein Kartenspiel zu einem Blutbad, bei dem zwei mexikanische Cowboys ihr Leben ließen. Fortan hieß der Saloon nur noch „Bucket of Blood" – „Eimer voll Blut". Auch der White Saloon auf der anderen Seite der Bahnlinie erregte regelmäßig mit Prügeleien und Schusswechseln zweifelhafte Aufmerksamkeit.

Doch die Situation sollte sich noch verschlimmern. Grund und Boden war zwar zum größten Teil in Privatbesitz, aber nicht eingezäunt, was die Eigentümer immer wieder dazu zwang, unerwünschte fremde Herden eigenhändig vertreiben zu müssen. Besonders kritisch wurde es, als sich in den 1880er Jahren die Schafhaltung in der bisher von der Rinderzucht dominierten Region immer weiter ausbreitete. Zwischen den beiden Zucht-Fraktionen herrschte von vornherein eher gegenseitige Verachtung als Sympathie, vor allem, weil sich die Rinderzüchter ärgerten, dass die Schafherden die spärliche Vegetation praktisch komplett abfraßen.

Die Konkurrenzsituation weitete sich in Holbrook zu einer Privatfehde aus, die als „Pleasant Valley War" ihren Platz in der Geschichte fand. Zunächst waren es die Rinderzüchterfamilie Graham und die Schafhalter der Tewksburys, die sich über Eigentumsgrenzen, Wasser- und Weiderechte stritten. Die Auseinandersetzungen begannen bereits um 1882, doch es dauerte noch fünf Jahre, bis der erste Tote zu beklagen war: ein indianischer Schafhirte der Tewksburys, der von Tom Graham erschossen wurde, weil er verabredete Weidegrenzen überschritten hatte. Danach eskalierte die Situation und der Privatkrieg forderte im Lauf der Jahre mindestens 19 Tote und löschte die beiden beteiligten Familien nahezu vollständig aus. Es kam zu Lynchjustiz und maskierten Überfällen. Professionelle Killer wurden angeheuert und andere Familien in den Zwist verwickelt. Der charismatische Commodore Perry Owens sollte als neuer Sheriff die Ordnung wiederherstellen, nachdem er sich in einem Nachbarcounty bereits den Ruf einer eisernen Hand erworben hatte.

Als Owens 1887 mitten in Holbrook den verdächtigen Andy Cooper alias Andy Blevins in seinem Haus festnehmen wollte, wurde er mit einem Kugelhagel empfangen. Der Shootout dauerte nur wenige Minuten und endete mit zwei Toten und einem schwer Verwundeten. Die Stadt war geschockt, denn von der Blevins-Familie waren innerhalb eines Sommers der Vater und vier Söhne dem Pleasant Valley Krieg zum Opfer gefallen.

Der neue Sheriff versuchte mit allen Mitteln, die Situation in Holbrook einigermaßen unter Kontrolle zu bringen, doch die Fehde schwelte noch bis 1892 weiter – bis Tom Graham im fast 300 Kilometer entfernten Tempe ebenfalls erschossen wurde. Danach kehrte allmählich Ruhe ein und der Sheriff zog nach Seligman, wo er einen Saloon eröffnete.

Die Zeiten des Wilden Westens sind (zum Glück?) Vergangenheit, doch Holbrook hat sich einen Teil der Atmosphäre bewahren können.

▶ Der Holbrook Meteorit

Am 19. Juli 1912 wurde der Frieden der Stadt erneut gestört, diesmal allerdings von einem ganz anderen Ereignis. Ein Meteorit, der in die Erdatmosphäre eingedrungen war, explodierte in einigen Kilometern Höhe und ein Regen außerirdischer Gesteinsbrocken ging wenige Kilometer östlich der Stadt nieder. Gesehen hatte die Explosion in der grellen Nachmittagssonne praktisch niemand, hören konnte man sie aber angeblich noch in vierzig Meilen Entfernung.

Über 14.000 Bruchstücke des Meteoriten wurden bisher gefunden, das größte mit einem Gewicht von fast sieben Kilogramm. Noch immer lassen sich Hobby-Schatzsucher und Astronomen nach Holbrook locken, da die Fragmente des Meteoriten anscheinend recht leicht aufzufinden sind. Die meisten suchen den Boden mit einem starken Magneten nach den sehr eisenhaltigen Steinen ab und werden nicht selten auf dem etliche Quadratkilometer großen Gebiet des Meteoritenniedergangs fündig. Die meisten extraterrestrischen Gesteinsbrocken wurden etwa zehn Kilometer östlich der Stadt gefunden.

⇨ *Wer sich auf die Suche nach außerirdischen Schätzen begeben will, nimmt den IS40 bis zum 7 mi/12 km östlich von Holbrook gelegenen Exit 294, dann die Sun Valley Rd in Richtung Süden, nach 1,8 mi/3 km halblinks bis zu den Bahngleisen.*

▶ Wigwam Village

Die Route66 brachte ab Ende der zwanziger Jahre neues Leben in die Kommune. Einer der kuriosen Auswüchse des Geschmacks der fünfziger Jahre ist das Wigwam Village. Das Motel besteht aus einer Reihe von bunt bemalten Tipis aus Zement, die als Gästezimmer dienen. Es gehörte zu einer in Kentucky gegründeten Kette von sieben Motels. Als der Interstate 1974 die alte 66 ersetzte, musste das Unternehmen vorerst die Pforten schließen. Doch 1988 renovierte die alte Besitzerfamilie die Gebäude und eröffnete das Business mit originaler Möblierung zum zweiten Mal. Die Nostalgiewelle bescherte ihnen den erhofften wirtschaftlichen Erfolg und brachte neues Publikum für die fünfzehn Zelte.

✉ *811 W Hopi Drive*
◉ *Übernachtung im DoZi ab $35*
☎ *1-928-524-3048*
🖥 *www.galerie-kokopelli.com/wigwam*

▶ Navajo County Historic Courthouse

Das Gebäude des ehemaligen County-Gerichts beherbergt heute ein historisches Museum. Im Sommer finden regelmäßig indianische Tanz- und Musikaufführungen statt. Das Gefängnis im Keller, das bis 1976 genutzt wurde, kann ebenfalls

besichtigt werden. Angeblich schaffte es kein Insasse jemals, den Mauern zu entwischen, ebenso wenig wie der Geist von George Smiley, dem einzigen Häftling, der hier gehängt wurde. Er soll noch heute sein Unwesen treiben.

⊠ 100 E Arizona St
🕙 Mo-So 8-17h
♿ Frei
☎ 1-928-524-6558

▶ Bucket of Blood Saloon
Die legendäre Kaschemme befand sich in einem der ersten nicht-hölzernen Gebäude. Die Stadt ist auf der Suche nach einem Investor, der den historischen Cowboy-Treff wieder zum Leben erweckt. Derzeit sind die Pforten noch geschlossen, was sich hoffentlich bald ändern wird.
⊠ SE Central Ave

▶ The Blevins House
Das Haus des sagenumwobenen Schusswechsels zwischen Sheriff Commodore Perry Owens und der Blevins-Familie beherbergt heute einen Senioren-Treffpunkt. Leider lassen sich unter den Besuchern keine Augenzeugen der Ereignisse von 1887 mehr finden.
⊠ Joy Nevin Ave

Von Holbrook geht es auf dem Interstate 40 weiter nach Westen. Wenige hundert Meter südlich der Autobahn verläuft der unregelmäßig Wasser führende Little Colorado River. Wir werden dem Flüsschen nahe seiner Mündung in den Grand Canyon später wieder begegnen.

Winslow (9.900 EW)

Wenn eine Stadt ihre einzige Daseinsberechtigung darin findet, in einem langweiligen aber wohlbekannten Pop-Song erwähnt zu werden, muss es schlimm um sie bestellt sein. Das scheint jedenfalls das Schicksal von Winslow zu sein.

Die Kapazitäten des menschlichen Gedächtnisses sind leider oder vielleicht auch glücklicherweise ausgesprochen begrenzt: Einige Monate, nachdem man die viertausend Kilometer der Route66 abgefahren hat, beginnen die Erinnerungen zu verschwimmen. Orte mit Charakter bleiben identifizierbar, andere scheinen sich in einem US-Standard zu vermengen, der eine exakte Lokalisierung nicht mehr erlaubt.

Winslow ist genau einer dieser Orte. Zurück bleibt ein diffuses Gefühl, schon einmal dort gewesen zu sein, eine genauere Artikulation fällt aber schwer. Und bei Winslow stellt sich dieses Gefühl nicht erst nach Monaten ein, sondern schon nach zwei Tagen. Selbst der Eagles-Song „Take it easy" aus dem Jahre 1972 sagt „wir werden nie wieder hierher zurückkommen".

Doch Winslow selber scheint das nicht weiter zu stören und die Stadtväter ließen sich nicht nehmen, stolz einen „Standing on the corner park" zu errichten, der aus einem Wandgemälde, einem riesigen 66-Logo und der Bronzestatue eines Hippies mit Gitarre besteht. Ob es sich um eine Darstellung des eigentlichen Song-Schreibers Jackson Browne, des Eagles-Sängers Don Henley oder eines imaginären Musikers handelt, ist umstritten. Henley persönlich stiftete $2.500 für den Erwerb der Statue.

Aber wir wollen nicht ungerecht sein. Winslow hat zwar wenig Ecken und Kanten, die die Stadt einzigartig machen könnten, aber es ist allemal eine angenehme Kleinstadt, in der man gern eine Pause einlegen kann.

✉ Ecke 2nd St/Kinsley St
⇨ IS40, Exit 257, auf der 3rd Street ins Zentrum, links in die Kinsley Ave bis zur nächsten Kreuzung

▶ La Posada Hotel

Das historische Hotel hebt sich weit ab vom üblichen 50er-Jahre Kitsch der 66-Motels. La Posada besticht durch geschmackvolles Design und gediegene Atmosphäre. Entworfen wurde das Gebäude von der berühmten Architektin Mary Colter, die im Südwesten der USA etliche wegweisende Bauten hinterließ. Die kettenrauchende Perfektionistin bezog in ihre Entwürfe immer die natürliche und historische Umgebung mit ein und verarbeitete Elemente des spanischen Kolonialstils wie der indianischen Pueblo-Architektur. Wir werden ihr entlang der Route66 im Südwesten noch mehrfach begegnen.

Der Bauherr des Posada Hotels war kein anderer als Fred Harvey, der Erfinder erfolgreichen Restaurantkette Harvey House. Während Bahnhofsrestaurants üblicherweise ranzige Bohnen und kalten Kaffee boten, servierten die Ableger des Harvey House gutes Essen zu fairen Preisen in gepflegter Umgebung.

Statt rüder Kellner beschäftigte er weiße, wohlerzogene junge Frauen, die die Kundschaft zuvorkommend behandelten. Die „Harvey Girls" wurden großzügig entlohnt, mussten sich aber zur Einhaltung striktester Verhaltensnormen verpflichten. Schminke oder Kaugummis waren schlicht verboten und im Schlafzimmer musste pünktlich um zehn Uhr das Licht gelöscht werden. Das Musical „The Harvey Girls" mit Judy Garland, setzte den gesitteten Kellnerinnen, denen ein beträchtlicher Beitrag zur Zivilisierung des Südwestens zugeschrieben wird, ein Denkmal.

✉ 303 E 2nd St, Winslow, AZ 86047
⇨ Direkt auf der Südseite der Route66 an der Kreuzung 2nd St / HW87
♾ Doppelzimmer ab $120
☎ 1-928-289-4366
🖥 www.laposada.org

💬 The Harvey Girls	
Originaltitel	The Harvey Girls
Jahr	1946
Regie	George Sidney, Robert Alton
Hauptdarsteller	Judy Garland, John Hodiak, Angela Lansbury
Genre	Musical

▶ Homolovi State Park

Zwischen etwa 1260 und 1400 siedelten Hopi Indianer in bisher sieben entdeckten Pueblos entlang eines 20 Meilen langen Abschnitts des Little Colorado River. Ihre Dörfer bildeten praktisch einen einzelnen Gebäudekomplex, der weit über tausend Räume für bis zu zweitausend Bewohner umfassen konnte. Die antiken Hopi lebten in erster Linie von der Landwirtschaft, sie bauten vor allem Mais, Bohnen und Kürbisse an. Hier, in der Nähe von Winslow, kam Baumwolle hinzu. Die Frauen webten Textilien, die in einem weit verzweigten Handelsnetz gegen andere Produkte getauscht wurden.

Seit Jahren graben Archäologen die überwiegend aus Naturstein konstruierten Indianerdörfer aus dem Wüstensand. Reste offenbar gerösteter menschlicher Knochen lösten eine heftige und bisher nicht endgültig abgeschlossene wissenschaftliche Debatte um möglichen Kannibalismus aus, die die heutigen Nachfahren der Hopi verständlicherweise zutiefst brüskiert. Die Gegner der Kannibalismus-Theorie verweisen auf religiöse Rituale, Bestattungsverfahren oder Hinrichtungsmethoden als alternative Erklärung für die Funde.

Der Park bietet ein Visitor Center mit Museum und vier kurze Wanderwege zu den Ruinen. Eine kostenlose mp3-Audiotour kann man von der Homepage des Parks downloaden.

⇨ Parkeingang 1,3 mi/2 km nördlich des Exit 257 am HW87

🕙 Visitor Center täglich 8-17h

💰 Pro Vehikel $7, Einzelpersonen $3

☎ 1-928-289-4106

🖥 www.azstateparks.com/Parks/HORU

▶ McHood Park und Clear Creek Canyon

Ein erfrischendes Bad in freier Natur lässt sich keine zehn Kilometer südlich von Winslow einplanen. Der kleine Stausee, der früher für die städtische Wasserversorgung verantwortlich war, ist jetzt das örtliche Planschbecken. Wer etwas mehr Aufregung beim Wasserbad sucht, sollte sich weiter flussaufwärts begeben, wo das Flüsschen einen engen Canyon in die Ebene gegraben hat. An einigen Stellen kann man sich aus fünf, zehn oder zwanzig Metern Höhe in die Fluten stürzen. Dass das nicht ungefährlich ist, eine gute Portion Mut erfordert und nur von guten Schwimmern getestet werden sollte, versteht sich von selbst.

⇨ Aus dem Zentrum von Winslow auf der Williamson Ave / HW87 in Richtung Süden, nach 1,2 mi/2 km links auf den HW99, 4 mi/7 km bis über die Talbrücke, sofort links auf den Parkplatz

*Auch in Winslow wird man wieder auf die Autobahn gezwungen, doch nur wenige Minuten weiter erwartet den Reisenden mit dem **Meteor Crater** schon das nächste Naturwunder. Besonders im Frühjahr wird dieser Streckenabschnitt von teils heftig blasenden Südwestwinden geplagt. Hin und wieder entwickeln sich schwere Staubstürme und die Autobahn wird von der Polizei gesperrt. Während die Lkws zu Hunderten in Winslow warten müssen, dürfen kleinere Vehikel die mit 180 Kilometern nahezu doppelt so lange Alternativstrecke nach Flagstaff benutzen. Auf dem HW87 geht es zunächst nach Südwesten, nach 51 mi/82 km folgt man rechts der Beschilderung in Richtung Flagstaff. Nach zwei Meilen stößt man auf eine Gemeinde mit dem fröhlichen Namen Happy Jack. Hier weihte der Discovery Channel im Jahr 2012 ein Observatorium ein, das zusammen mit der Universität von Arizona betrieben wird und in Zukunft Antworten auf populärwissenschaftliche Fragen liefern soll.*

🎵 Soundtrack Winslow

Künstler	Titel	Album	Jahr	Genre
Eagles	Take it easy	Eagles	1972	Rock
The Greenberry Woods	Winslow to Arizona	Big Money Item	1995	Rock
The Walkabouts	Winslow Place	Shimmers	2003	Alternativrock
The Revivalists	Hurricane Winslow	Vital Signs	2010	Rock

Leben und sterben lassen – Der Meteor Crater

Lautlos gleitet ein einsamer Felsbrocken durch die endlose Leere des Weltalls. Mit einem Durchmesser von etwa 40 Metern und einem Gewicht von mehreren hunderttausend Tonnen ist er nicht mehr als ein Staubkorn im Universum. Seine unregelmäßigen Umrisse bezeugen, dass er ein Bruchstück eines größeren Asteroiden ist. Bei der Kollision mit einem anderen Asteroiden irgendwo zwischen Mars und Jupiter war der Brocken abgesprengt und aus seiner alten Flugbahn geworfen worden. Denn jetzt wandert er nicht mehr in einer gestreckten Ellipse um die Sonne, sondern befindet sich auf geradem Weg ins Zentrum des Sonnensystems.

Der unförmige Brocken besteht vor allem aus Eisen und Nickel, genug Metall für die Produktion von 40.000 Autos. Während er sich langsam um die eigene Achse dreht, rast er mit vielfacher Schallgeschwindigkeit durchs All. Wahrscheinlich sind schon eine halbe Milliarde Jahre vergangen, seit er seine neue Bahn um die Sonne aufgenommen hat, doch jetzt bleiben dem Objekt nur noch Sekunden. Der Zufall will es, dass sich seine Bahn bei diesem Umlauf genau mit der der Erde kreuzt.

Beim Auftreffen des Meteors auf die Erdatmosphäre entstehen ungeheuer hohe Reibungstemperaturen. Die Metalle an der Oberfläche beginnen zu schmelzen, die Temperaturunterschiede zwischen Kern und Randzonen des Metallbrockens provozieren Spannungen, die zum massenhaften Abbrechen kleiner Fragmente führen. In wenigen Sekunden durchquert der Meteorit als Feuerball die Erdatmosphäre und schlägt mit ungeheurer Wucht auf der Oberfläche auf. Wissenschaftler hatten ursprünglich eine Aufprallgeschwindigkeit von 64.000 km pro Stunde berechnet – das sind 18 km pro Sekunde. Neueste Forschungen reduzieren die Geschwindigkeit um ein Drittel auf etwa 12 km pro Sekunde. Aber immer noch schnell genug, um die Strecke von Berlin nach New York in weniger als neun Minuten zurückzulegen.

Der Einschlag des Meteoriten mit vielfacher Schallgeschwindigkeit setzt die Energie von zwanzig Millionen Tonnen TNT frei. Gesteine des Wüstenbodens und Teile des Meteoriten schmelzen und verdampfen. Eine riesige heiße Wolke steigt auf. Gesteinsbrocken werden mehrere Meilen weit aus der Einschlagstelle herausgeschleudert. Als die Wolke sich verzieht und der Gesteinsregen in der Umgebung nachlässt, bleibt ein nahezu perfekt kreisförmiger Krater mit einer Tiefe von 230 Metern und 1,3 Kilometern Durchmesser zurück.

Im Laufe der Jahrtausende wurde der Kraterrand von der natürlichen Erosion allmählich abgesenkt und der Boden des Kraters mit Material aufgefüllt, sodass seine Tiefe heute nur noch etwa 180 Meter beträgt.

Zum Glück hat das Wüstenklima aber eine viel geringere Erosionskraft als feuchtere Klimazonen. Deshalb ist der Krater auch nach 50.000 Jahren noch phantastisch erhalten, was ihn beinahe einzigartig auf der Erde macht. Einschläge von Meteoriten sind zwar in der Erdgeschichte keineswegs eine Selten-

Meteor Crater

heit, doch die meisten hinterlassenen Krater sind bis zur Unkenntlichkeit abgetragen oder aufgefüllt worden.

Der Barringer Krater in Arizona ist zweifellos einer der schönsten Meteoritenkrater auf der Erdoberfläche, aber keineswegs einer der größeren. Das Nördlinger Ries an der Grenze der Schwäbischen und der Fränkischen Alb ist rund zwanzig Mal größer – aber damit auch viel zu groß, um vom menschlichen Auge erfasst zu werden. Erst 1960 konnte nachgewiesen werden, dass es sich um einen Einschlagkrater und nicht um ein vulkanisches Phänomen handelt. Nur rund 40 km entfernt befindet sich das Steinheimer Becken, dessen Ursprung wahrscheinlich auf das gleiche Phänomen zurückgeht.

Jährlich prasseln etwa viertausend Tonnen außerirdischen Materials auf die Erde nieder. In der ersten Jahreshälfte 2008 wurden weltweit etliche mittlere Meteoritenniedergänge registriert, in der Türkei, im nördlichen Argentinien, im kanadischen Ontario und im US Staat Oregon. Bisher gilt aber nur ein einziger Fall als gesichert, bei dem

ein Mensch von einem außerirdischen Gesteinsbrocken getroffen wurde: 1954 durchschlug ein Meteorit das Dach eines Wohnhauses in Alabama und verletzte eine auf dem Sofa liegende Hausfrau. Sie kam mit Blutergüssen an den kräftigen Oberarmen davon.

Jedoch sind Einschläge größerer Meteoriten – glücklicherweise – relativ selten. Denn selbst wenn ihre Größe und Masse im Vergleich zur Erde gering erscheinen, sind die Folgen eines Einschlags wegen der hohen Geschwindigkeit verheerend. Das Aussterben der Dinosaurier und tausender anderer Tierarten wird auf die Folgen eines Meteoriteneinschlags zurückgeführt. Es existiert zwar kein Beweis für diese Theorie, doch der Mangel an alternativen Erklärungen führt zur allgemeinen Akzeptanz dieser Ansichten.

Der Einschlag eines Meteoriten mit einem Durchmesser von mehreren Kilometern soll das Weltklima so beeinflusst haben, dass sich alle Ökosysteme veränderten. Die gewaltige Explosion führte zu einer derartigen Konzentration von Ruß- und Staubpartikeln in der

Atmosphäre, dass die Sonneneinstrahlung verringert wurde. Damit sanken weltweit die Temperaturen, das Pflanzenwachstum verlangsamte sich und die Nahrungsketten wurden verändert. Tausende Ticrarten, die sich den neuen Bedingungen nicht ausreichend anpassen konnten, starben aus.

Verantwortlich gemacht wird dafür ein Meteorit, der vor etwa 65 Millionen Jahren auf der mexikanischen Halbinsel Yucatan einschlug. Der Chicxulub-Krater hat einen Durchmesser von 180 Kilometern, ist aber praktisch nicht in der Landschaft wahrzunehmen, da er im Lauf der Jahrmillionen unter Sedimenten begraben wurde und zu einem großen Teil vom Karibischen Meer bedeckt ist.

Der erneute Einschlag eines solchen Objekts stellt eine potentielle Gefahr für die Menschheit dar. Ein Meteorit von nur 500 Metern Größe könnte ungeheure globale Folgen auslösen. Allerdings rechnet die Wissenschaft mit einem solchen Ereignis nur etwa alle hundert Millionen Jahre.

Nichtsdestotrotz hat Hollywood das Szenario der globalen Katastrophe schon immer gern zum Thema gemacht und einige Abenteuerfilme über die Rettung der Erde vor interplanetaren Flugobjekten produziert. Besonders gefährlich wäre der Einschlag eines großen Meteoriten in einem Ozean, da er riesige Flutwellen und Überschwemmungen an den Küsten auslösen würde. Und da die Ozeane gut 71 % der Erdoberfläche bedecken, ist ein solches Szenario nicht das unwahrscheinlichere ...

Tatsächlich zerbrechen und verglühen aber die meisten Meteoriten in der Erdatmosphäre, die ein lebensrettendes Schutzschild darstellt. Historisch sind nur wenige Einschläge belegt, die tatsächlich Menschenleben gekostet haben, so zum Beispiel in China im Jahre 1490, wo etwa zehntausend Opfer berechnet wurden.

Doch Meteoriten scheinen nicht nur Tod und Zerstörung auf der Erde verursacht zu haben. Viele Wissenschaftler sind überzeugt, dass Meteoriteneinschläge organisches Material auf die Erde gebracht haben, das die Evolution des Lebens erst ermöglichte. Wie so oft in der Wissenschaft allerdings eine Theorie, die ebenso Zweifler auf den Plan ruft, allerdings eher eine Minderheit.

Der Krater in Arizona faszinierte aus ganz anderen Gründen einen Bergbauingenieur aus Philadelphia. Daniel M. Barringer war überzeugt, dass der Meteorit im Krateruntergrund begraben liegt und spekulierte auf die Ausbeutung von Tausenden von Tonnen hochkonzentrierten Eisenerzes. 1902 kaufte er den Krater und die Schürfrechte. Zunächst begann er im Kraterzentrum zu bohren, doch er stieß nicht auf den Meteoriten. Später glaubte er, dass der Meteorit nicht senkrecht, sondern aus Nordosten kommend eingeschlagen war und bohrte in der südlichen Kraterwand. Nach 27 Jahren vergeblicher Bemühungen, den Schatz zu heben, gab er auf. Seine finanziellen Ressourcen waren erschöpft und er starb noch im selben Jahr. Barringer hatte nicht geahnt, dass der Meteorit durch die Wucht des Aufpralls explodiert und teilweise verdampft war. Alles was er gefunden hatte, waren zahllose kleine Bruchstücke.

Noch heute kann man im Umkreis von einigen Meilen um den Krater kleine Brocken des Meteoriten finden. Einiges Glück gehört allerdings dazu, denn das Feld ist weitgehend abgegrast. Während die Gesteine der Umgebung eher eine gelblich-rote Farbe aufweisen, sind Meteoritenfragmente silbrig-schwarz und deutlich schwerer. Wichtigstes Indiz für den möglichen außerirdischen Ursprung eines Steins ist sein hoher Metallgehalt, den man mit einem simplen Magneten testen kann. Doch den endgültigen Nachweis kann nur ein spezialisiertes Labor erbringen.

Der Blick in den Krater ist beeindruckend und absolut lohnenswert. Leider begrenzt sich der Besuch gezwungenermaßen auf drei dicht beieinander liegende Aussichtspunkte am nördlichen Kraterwall, den Krater selbst darf man nicht erforschen. Mit einem Fernglas lassen sich weit entfernt ein paar Überbleibsel von Barringers Bohrungen ausmachen. An der gegenüberliegenden, südlichen Kraterwand erkennt man einen weißen Fleck, die Halde eines Stollens, den Barringer auf der Suche nach dem Meteoriten graben ließ. Die Reste eines Kleinflugzeugs, das vor Jahrzehnten mitten im Krater abstürzte, lassen sich aus der Entfernung leider nicht entdecken.

Das zugehörige Museum präsentiert sich populärwissenschaftlich anschaulich und familienfreundlich. Die Informationen entsprechen im Detail nicht dem aktuellen Forschungsstand, was aber dem Gesamtverständnis des Phänomens keinen Abbruch tut. Ein 10-minütiger Dokumentarfilm und ein ansehnliches Bruchstück des Meteoriten runden den Eindruck ab.

Zwischen 9.15 und 14.15h verlässt eine stündliche Wandertour den eng begrenzten Bereich des Visitor Center, führt aber nur einige hundert Meter am Kraterrand entlang. Zum Museum gehört natürlich auch der obligatorische Souvenirshop, wo man alles Erdenkliche erstehen kann, was auch nur im Entferntesten mit dem Meteoritenkrater zu tun hat. Für das leibliche (Un-) Wohl sorgen die belegten Brötchen eines Subway-Schnellrestaurants.

🛈 Visitor Center

⇨ IS40, Exit 233, etwa 6 mi/10 km nach Süden bis zum Visitor Center

🕐 31.05.-31.08. 7-19h, sonst 8-17h

♾ Kinder & Jugendliche (6-17 Jahre) $8, Senioren (>60 Jahre) $15, Erwachsene $17

☎ 1-928-289-2362

🖥 www.barringercrater.com

🖥 www.meteorcrater.com

Von Winslow nach Flagstaff

Zwischen Winslow und Flagstaff liegt die Route66 unter dem Interstate Highway begraben. Die sechs Autobahnausfahrten führen überwiegend ins Nichts. Kleine Siedlungen, wie Two Guns oder Canyon Diablo, die früher vom Durchreiseverkehr lebten, sind zu Geisterstädten verkommen. Schon von weitem sieht man das mächtige, beinahe tausend Megawatt starke Kohlekraftwerk Cholla, das im Winter Elektrizität bis hoch in den pazifischen Nordwesten liefert. Die Kohle wird auf der Schiene aus der hundert Meilen entfernten McKinley-Mine bei Gallup in New Mexico herantransportiert. Seit 2006 wird die ehemalige Dreckschleuder mit moderner Umwelttechnologie ausgestattet. Beim Exit 219 liegen die Ruinen des Twin Arrow Trading Post. Die Service Station mit Streichelzoo machte mit zwei schräg im Boden steckenden, sieben oder acht Meter hohen Pfeilen auf sich aufmerksam. Zuletzt waren sie noch in einer Szene des Films „Forrest Gump" mit Tom Hanks zu sehen.

🎬 Forrest Gump	
Originaltitel	Forrest Gump
Jahr	1994
Regie	Robert Zemeckis
Hauptdarsteller	Tom Hanks
Genre	Drama

Inzwischen sind die Ruinen teilweise eingezäunt und verfallen. Es gibt Gerüchte, dass eine Immobilienfirma hier groß investieren will. Die Hotelkette Hampton Inn hat den Ort in sein Landmark-Register aufgenommen, was möglicherweise bedeutet, dass Geld für die Restaurierung locker gemacht wird. Winona, im Prinzip schon ein Vorort von Flagstaff, bietet nicht viel mehr, auch wenn Bobby Troups Route66-Song den Reisenden beschwört, Winona nicht zu vergessen.

⛽ Soundtrack Winona

Künstler	Titel	Album	Jahr	Genre
Matthew Sweet	Winona	Girlfriend	1991	Country
Drop Nineteens	Winona	Delaware	1992	Alternativrock
Arizona Baby	Winona	Stop	1994	Rock
Johnny Panic	Winona	You're a Fool	2004	Punk
Hollywood Porn Stars	Winona	Year of the Tiger	2005	Alternativrock
Adam Hill	Next Stop Winona	Four Shades of Green	2007	Folk

Von der Autobahnausfahrt 204 kann man noch ein paar Kilometer Route66 fahren, bevor man Flagstaff erreicht. Vom gleichen Exit erreicht man nach wenigen Kilometern in Richtung Süden ein beeindruckendes Kulturdenkmal in herrlicher Umgebung:

Humphrey's Peak bei Flagstaff

▶ Walnut Canyon National Monument

Unter den vielen prähistorischen indianischen Siedlungen des Südwestens ist Walnut Canyon nicht nur eine der schönsten sondern auch besonders leicht zugänglich. In der spektakulären Schlucht hatten sich im 12. Jahrhundert Sinagua-Indianer niedergelassen und ihre Behausungen in die überhängende Steilwand des Canyons gebaut. Sie jagten in den umliegenden Wäldern und bearbeiteten ihre Felder auf der Ebene oberhalb des Canyons. Nach 150 Jahren gaben sie die Siedlung auf und wanderten weiter. Der eineinhalb Kilometer kurze, aber teilweise steile Island Trail führt direkt zu den Felswohnungen. Der weniger anstrengende Rim Trail folgt dem oberen Canyonrand und bietet schöne Panoramablicke.

⇨ IS40, Exit 204, auf der Walnut Canyon Rd
3 mi/5 km in Richtung Süden bis zum Visitor Center

🕐 Mai-Oktober 8-17h, November-April 9-17h

💰 $5

☎ 1-928-526-3367

🖥 www.nps.gov/waca

🏠 Flagstaff (58.200 EW)

Die sympathische Kleinstadt ist eine Touristenmetropole, in der viele Amerikaner gleich ihren ganzen Urlaub verbringen. Die Umgebung bietet eine Fülle von interessanten Ausflugszielen, hinreißende Gebirgslandschaften und im Winter eines der südlichsten Skigebiete der USA. Die höchste Erhebung Arizonas, der Humphrey's Peak, ist quasi der Hausberg der Stadt und türmt sich in kaum zehn Kilometern Entfernung bis über 3.850 Meter auf.

In derselben Bergkette liegt der Arizona Snowbowl, das modernste Skigebiet rund um Flagstaff. Auch im Sommer kann man mit dem Sessellift bis auf 3.500 Meter Höhe hinaufgleiten und findet sich in hochalpiner Landschaft wieder. Doch das riesige Wintersportzentrum ist keineswegs unumstritten: Zunächst protestierten und klagten die Hopi- und Navajo-Indianer gegen die Bauvorhaben, denn sie reklamieren das Gebirge als heilige Stätte ihres Glaubens. Auch Umweltgruppen kämpfen gegen eine weitere Expansion des Skigebiets in den weltgrößten zusammenhängenden Wald von Gelbkiefern, in Amerika „Ponderosa Pine" genannt.

Alle Motelketten sind in der Stadt vertreten und das Angebot an Restaurants und Bars konzentriert sich auf angenehme Weise im Zentrum. Dementsprechend sind die Hotels auch ein wenig teurer als anderswo und im Sommer oder an Feiertagswochenenden kann es schwierig werden, überhaupt eine Unterkunft zu finden. Eine Reihe freundlicher Bed & Breakfast Herbergen bieten eine ansprechende Alternative zu den immer gleichförmigen Motels.

In jedem Fall ein Ort, in dem man es aushalten kann. Allerdings liegt Flagstaff über 2.100 Meter hoch und es wird nachts oft empfindlich kalt. Bis in den Mai hinein kann es schneien, meist schmilzt die Sonne dann die weiße Pracht aber am nächsten Tag schon wieder dahin.

Die Stadt selbst kann man in einem halben Tag locker erkunden und das kompakte Zentrum ist schnell erschlendert, wenn man nicht vom Shopping-Fieber überwältigt wird. Echte Attraktionen bietet der Ort selbst kaum. Ein Besuch im Lowell-Observatorium, wo 1930 der Planet Pluto entdeckt wurde, und das Museum of Northern Arizona sind sicher noch die spannendsten Optionen.

🖳 *www.flagstaffarizona.org*

▶ Lowell Observatory

Die Sternwarte auf dem Hügel westlich der Innenstadt wurde schon 1894 erbaut und ist ein historisches Monument und keine lebendige Forschungseinrichtung. Die Wissenschaftler des Instituts arbeiten inzwischen in einem zweiten Observatorium auf der Anderson Mesa, 12 Meilen südöstlich der Stadt. So widmet sich der historische Teil des Observatoriums in erster Linie dem Publikumsverkehr. Der Discovery Channel sponsert publicityfreudig ein neues Teleskop, das 2010 an einem dritten Standort eingeweiht wurde.

Tagsüber gibt es stündlich Führungen durch die historische Einrichtung, aufgelockert mit einem Dokumentarfilm und einer Ausstellung. Abends kann man dann wirklich einen Blick durch die historischen Teleskope in die Fernen des Weltalls werfen.

Die Hauptattraktion ist natürlich der mit 33 cm Objektivdurchmesser eher kleine Refraktor, mit dem 1930 der Planet Pluto entdeckt wurde. Der Astronom Clyde Tombaugh war vom Leiter des Instituts gezielt darauf angesetzt worden, den Himmel systematisch nach einem Planeten jenseits des Neptuns abzusuchen. Dazu wurden in zeitlichen Abständen immer die gleichen Himmelssegmente fotografiert, um bewegende Objekte identifizieren zu können.

Der nur 2.300 km durchmessende Pluto wurde als der neunte Planet im Sonnensystem gefeiert, doch inzwischen wurde er in die zweite Liga zurückgestuft. 2006 beschloss die Internationale Astronomische Union die Einführung einer neuen Klasse von Himmelskörpern, den Zwergplaneten. Man hatte nämlich entdeckt, dass Pluto bei weitem nicht der einzige Himmelskörper ist, der sich jenseits des Neptuns um die Sonne dreht. Im sogenannten Kuipergürtel sind bisher 800 Objekte identifiziert worden. Man schätzt die Zahl der Sonnentrabanten mit einem Durchmesser von mehr als 100 Kilometern auf rund 70.000. Und zumindest einer mit dem Namen Eris ist sogar noch ein bisschen größer als Pluto. So ließ sich das liebgewordene Modell vom neunten Planeten nicht mehr aufrechterhalten. Plutos Entdecker verstarb 1997 und musste die Schmach des Entzugs der Planetenlizenz nicht mehr miterleben.

✉ *1400 W Mars Hill Rd*

⇒ *Ein wenig westlich des Zentrums knickt die Route66 um 90° nach links, hier geradeaus auf W Santa Fe Ave weiter, die sich als W Mars Hill Road 2 km weit bis zum Observatorium den Berg hinauf schlängelt. Auf halber Strecke liegt ein Aussichtspunkt mit einem schönen Blick über die Stadt*

🕐 *Die häufig wechselnden Öffnungszeiten entnimmt man am besten der Homepage oder ruft das automatische Infotelefon an.*

🎫 *Kinder & Jugendliche bis 17 Jahren $5, Studenten & Senioren $10, Erwachsene $12*

☎ *1-928-774-3358, automatische Informations-ansage: 1-928-233-3211*

🖥 *www.lowell.edu*

▶ Museum of Northern Arizona

Das Regionalmuseum bietet einen Rundumschlag von Natur- und Kultur-geschichte bis zur Gegenwartskunst der Region. Sehenswert sind besonders die Sammlungen zu Flora und Fauna und zur Geologie des Colorado Plateaus. Im Jahre 2009 wird das Museum in ein neues Gebäude umziehen.

✉ *3101 N Ft Valley Rd*

⇨ *Auf dem HW180 etwa 3 mi/5 km nördlich des Stadtzentrums*

🕐 *Täglich 9-17h*

🎫 *Jugendliche von 10-17 Jahren $4, Studenten $7, Senioren $9, Erwachsene $10*

☎ *1-928-774-5213*

🖥 *www.musnaz.org*

▶ Sunset Crater Volcano National Monument

Der 300 Meter hohe, nahezu perfekt ge-formte Vulkankegel bietet aus der Ferne einen schönen Anblick. Der Besucher wird aber arg enttäuscht, wenn er feststellen muss, dass der Aufstieg zum Kraterrand verboten ist. Das Visitor Center am Fuß des Berges erklärt die verschiedenen Aus-brüche zwischen 1064 und 1250. In den vergangenen sechs Millionen Jahren war der südliche Rand des Colorado-Plateaus vulkanisch höchst aktiv und hat insge-samt rund 600 Vulkankegel in der Umge-bung von Flagstaff aufgeworfen.

⇨ *Von Flagstaff auf dem HW89 12 mi/19 km nach Norden, dann nach rechts auf die Sunset Crater - Wupatki Loop Road und noch 2 mi/3 km bis zum Visitor Center*

🕐 *Mai-Oktober 8-17h, November-April 9-17h*

🎫 *$5 für Sunset Crater und Wupatki*

☎ *1-928-526-0502*

🖥 *www.nps.gov/sucr*

▶ Wupatki National Monument

Wenige Kilometer nördlich des Sunset Craters führt die gleiche Straße zu wei-teren Ruinen der Pueblo-Kultur. Im 12. Jahrhundert lebten im Dorf etwa 100 In-dianer. In der näheren Umgebung lagen etliche andere solcher kleiner Dorfkerne, sodass man von ehemals etwa 2.000 Bewohnern auf der Fläche des Schutzge-biets ausgeht. Die bis zu drei Etagen ho-hen Gebäude waren dem harschen Klima von brennender Sonne und schneidend kalten Wintern hervorragend angepasst. Ein 45-minütiger Fußweg führt durch die Ruinen. Von der Website des Parks lässt sich ein Führer herunterladen, der detail-liert die Bau- und Lebensweise der India-ner beschreibt.

⇨ *Vom Sunset Crater Park der Sunset Crater - Wupatki Loop Road weitere 13 mi/21 km nach Norden folgen*

🕐 *9-17h*

🎫 *$5 für Sunset Crater und Wupatki*

☎ *1-928-679-2365*

🖥 *www.nps.gov/wupa*

Soundtrack Flagstaff

Künstler	Titel	Album	Jahr	Genre
Jeff Caudill	Flagstaff	The Way back	2002	Songwriter

Sedona (11.000 EW)

Dreißig Meilen südlich von Flagstaff liegt inmitten beeindruckender roter Sandsteinfelsen der nicht weniger touristische Ort Sedona. In den bizarren Sandsteinformationen hat die Menschheit immer Ähnlichkeiten mit realen Gegenständen entdeckt. Diese Assoziationen führten zu Namensgebungen wie Coffepot Rock oder Rabbit Ears. Einer der Felsen soll sogar den Peanuts-Helden Snoopy rücklings auf seiner Hundehütte liegend darstellen. Der Phantasie sind keine Grenzen gesetzt. Das gilt auch für die New Age Bewegung, die sich von den natürlichen Energien der Umgebung hat inspirieren lassen und in Sedona einen regelrechten Esoterik-Tourismus-Sektor entstehen ließ.

Die in jungen Jahren schon mit Platin honorierte Country Sängerin Michelle Branch stammt aus Sedona, hat sich aber genretypisch nach Nashville abgesetzt. Sedona brilliert außerdem in jedem Februar mit einem eigenen Filmfestival und dem jeweils Ende September stattfindenden Sedona Jazz on the Rocks Festival.

⇨ *Von Flagstaff auf dem HW89/IS17 nach Süden, nach 5 mi/8 km Exit 337 auf den HW89A, auf der schönen und kurvenreichen Strecke 25 mi/40 km bis nach Sedona*

Die gigantische Schlucht – Der Grand Canyon

People like going to the Grand Canyon.
It's like when Americans go to China,
they have to go to the Great Wall.

Die Leute fahren gern zum Grand Canyon.
Genauso wie Amerikaner nach China reisen
und unbedingt zur Chinesischen Mauer müssen.

Ken Pontone, Eigentümer von Las Vegas Grand Canyon Tours

Die riesige Narbe in der Erdkruste ist das weltbekannteste Naturphänomen Nordamerikas und eines der herausragenden in der Welt.

Das Foto vom Sonnenuntergang über der Schlucht ziert weltweit wahrscheinlich eine halbe Milliarde Fotoalben. Und auch wenn die Menschheit das Porträt schon hundertmal gesehen hat – oder wohl eben deswegen – fühlt sie sich vom Original magisch angezogen. Jährlich pilgern etwa fünf Millionen Touristen zum Canyon, darunter über 800.000 Ausländer und knapp 100.000 Deutsche. Der Besucherstrom bringt die Infrastruktur allsommerlich an den Rand des Kollapses. Große Teile des Parks unterliegen inzwischen strikten Beschränkungen, insbesondere für den Autoverkehr. Neuerdings versucht man, dem Chaos mit öffentlichen Transportmitteln beizukommen.

Nur wenige Besucher wagen sich tatsächlich in die Tiefen der Schlucht hinein; die große Mehrheit wirft nur ein paar Blicke in den Abgrund, denn die Wasser des Colorado River erreicht man nur mit einer ganztägigen Wanderung oder einer mehrtägigen Bootstour. Denn der Canyon ist genau so, wie man ihn sich vorstellt: gigantisch. Die Dimensionen machen ihn ausgesprochen unzugänglich. Weite Teile zählen zu den abgelegensten Gegenden der USA und sind schlichtweg Wildnis.

Über fast 450 Kilometer Länge zerschneidet der große Graben das weitgehend ebene Colorado-Plateau. An der schmalsten Stelle sechs Kilometer breit und bis zu einer Meile tief, ist er für jede Verkehrsinfrastruktur ein unüberwindliches Hindernis. Die Brücken von Marble Canyon im Osten und am Hoover Damm im Westen trennen Luftlinie 290 Kilometer, auf der Straße sind dies satte 465 Kilometer oder eine halbe Tagesreise – über die Südroute via Flagstaff wären es sogar noch hundert Kilometer mehr. Gerade so, als gäbe es zwischen Salzburg und Zürich keine einzige Passstraße über die Alpen.

Nicht nur die für menschliches Ermessen unfassbaren Dimensionen machen den Grand Canyon einzigartig. Das sich stündlich verändernde Spiel von Licht und Schatten und die facettenreiche Farbpalette provozieren religiöse Gefühle von der Einzigartigkeit der Schöpfung und der Nichtigkeit des menschlichen Daseins.

Jenseits des emotionalen Pathos bietet der Canyon grandiose wissenschaftliche Einblicke in die Entwicklungsgeschichte des Planeten. Die sauber horizontal geschichteten Gesteinsformationen kommen einer graphischen Darstellung der vergangenen 1,8 Milliarden Jahre gleich, auf dieses Alter wird die unterste Gesteinsschicht am Fuß der Schlucht geschätzt. Angesichts des angenommen Erdalters von 4,5 Milliarden Jahren erscheint der Grand Canyon als aufgeschlagenes Geschichtsbuch.

Das im Schnitt 1.500 Meter über dem Meeresspiegel liegende Colorado Plateau begann sich vor 20 Millionen Jahren über den Meeresspiegel zu heben und die niederschlagsgespeisten Flüsse, die die Ebene durchflossen, fingen an, sich in den Untergrund einzuschneiden. So auch der Colorado River, der 250 Meilen weiter nördlich im Rocky Mountains National Park im Bundesstaat Colorado entspringt. Neueste wissenschaftliche Erkenntnisse deuten darauf hin, dass er bereits vor 17 Millionen Jahren mit seiner Erosionsarbeit begonnen hat und nicht erst vor 6 Millionen Jahren, wie es im Park offiziell heißt. Wie eine Laubsäge fraß er sich immer tiefer in den weichen Untergrund und brachte Gesteine zu Tage, die Abermillionen von Jahren zuvor abgelagert worden waren.

Inzwischen hat die Hand des Menschen die Kräfte der Natur in andere Bahnen gelenkt. Die Staudämme des Colorado sind unersetzlich für die Wasser- und Stromversorgung von Agglomerationen wie Tucson, Phoenix oder Los Angeles und neue Städte entstanden an künstlichen Ufern. So wie beispielsweise Lake Havasu City, das meinte, die in England nicht mehr zeitgemäße London Bridge könnte ihr einen Hauch von Authentizität verleihen. So wurde die alte Brücke ein bisschen verkürzt und kurzerhand importiert.

Die massive Wassernutzung verhindert, dass der Colorado überhaupt sein Ziel erreicht. Die Mündung im Golf von Baja California ist fast immer trocken. Zu viel Wasser wird dem Fluss für Bewässerungsprojekte entnommen, zu viel Wasser verdunstet aus den riesigen Stauseen. Vom ursprünglichen Ökosystem des Colorado ist nicht mehr viel übrig, da die Stauseen den kontinuierlichen Abfluss bremsen. Statt auf Sandbänken und Stränden werden die mitgeführten Sedimente vor den Staumauern abgelagert, wodurch viele heimische Fische ihre Laichzonen verlieren. Seit 2008 sollen einmal jährlich die Schleusen des Glen Canyon Staudamms geöffnet werden, um die natürlichen Fluten zu imitieren und dem Ökosystem neue Sedimente zuzuführen. Umweltverbände kritisieren die Aktion als „Alibiveranstaltung". Ähnlich wie im Falle des Mississippi ist vom Naturwunder Colorado River nur noch das Wunder übrig. Doch eines mag

Little Colorado Canyon

Grand Canyon

den Naturfreund trösten: Die Tiefen der Schlucht werden die Menschheit mit Sicherheit überleben.

Der Ausflug zum Südrand des Canyon

Wer von der Route66 einen Abstecher zum Grand Canyon machen möchte, wird dafür kaum mehr als einen Tag einplanen, was für die Erforschung der South Rim auch vollkommen ausreicht. Bester Ausgangspunkt ist Flagstaff, das man möglichst früh morgens verlassen sollte. Wenn man sich das leidige Ein-und Auspacken ersparen will, kehrt man am Abend ins gleiche Hotel zurück. Wer bevorzugt, auf der 66 noch ein wenig vorwärts zu kommen oder eine andere Stadt kennenlernen möchte, übernachtet nach dem Abstecher zum Canyon in Williams.

Von Süden kommend gibt es zwei Eingänge zum Nationalpark, den Haupteingang im Westen und den sechzig Kilometer weiter östlich gelegenen „Desert View"-Eingang. Strategisch cleverer erscheint es von Flagstaff aus, den kleineren Osteingang anzupeilen. 80 % Prozent der Besucher nehmen die Hauptzufahrt, so muss man sich zumindest die ersten Stunden nicht in den Touristenmassen

tummeln. Auch ist die Anfahrt in der Morgensonne auf der Ostseite wesentlich schöner.

9 mi/15 km westlich des Abzweigs bei Cameron weist ein Schild zur Little Colorado River Gorge nach links. Die etwa 280 Meter tiefe Schlucht nimmt sich in ihren Dimensionen im Vergleich mit dem großen Bruder zwar geradezu lächerlich aus, ist aber dennoch einen Stop und eine freiwillige Spende wert. Empfohlen werden ein bis zwei Dollar pro Person. Zuvor muss man den Markt für indianisches Kunsthandwerk durchqueren, wo man ansehnliche Mitbringsel zu akzeptablen Preisen erstehen kann. Es folgen weitere, weniger spektakuläre Aussichtspunkte mit Souvenirshops, die allerdings keinen Eintritt verlangen.

Nachdem man auf den folgenden 21 mi/34 km noch einige Höhenmeter erklettert hat, erreicht man den Eingang zum Nationalpark. Direkt dahinter findet sich mit Desert View der erste einer langen Kette von Aussichtspunkten am Rim Drive. Der Aussichtsturm wurde von der Architektin Mary Coulter entworfen, den wir schon in Winslow begegnet sind.

Wenn man die Aussichtspunkte abgefahren hat und mittags oder früh nachmittags im Grand Canyon Village ankommt, findet man die komplette Inf-

rastruktur zum Essen und Shoppen vor, was in der Gegenrichtung nicht geboten wird. Am Eingang bekommt man automatisch zum Ticket eine Infobroschüre mit Karte, auf Nachfrage auch auf Deutsch.

Je nach Jahreszeit kann es eine ziemlich nervenaufreibende Angelegenheit sein, einen Platz in einem Restaurant zu finden. Diese sind aber wider Erwarten ganz passabel und auch nicht extrem überteuert. Ein Picknick am Canyon ist trotzdem eine attraktive Alternative, nur sollte man sich schon in Flagstaff mit allem Notwendigen eindecken.

Die beiden Parkeingänge verbindet nur eine einzige Straße, der Desert View Drive. Meist verläuft er in einigen hundert Metern Entfernung zum Canyonrand im Wald, sodass einem während der Fahrt nicht allzu viele Ausblicke geboten werden. Im Abstand von einigen Kilometern reihen sich Ausfahrten zu den Aussichtspunkten wie an einer Perlenschnur auf. Das Panorama ist immer wieder atemberaubend und der Blickwinkel jedesmal ein anderer.

Nachdem man von Ost nach West die Aussichtspunkte angesteuert hat, erreicht man das Zentrum Grand Canyon Village, eine großflächige Ansammlung touristischer Infrastruktur, in der die Orientierung nicht eben leicht fällt. Viele Straßen sind gesperrt, die Lage mitten im Wald behindert das Fahren auf Sicht, die Parkplatzsuche kann je nach Tageszeit zur Geduldsprobe werden. Das neue und sehr sehenswerte Visitor Center liegt an der Canyon View Information Plaza, wenige hundert Meter vom Mather Point-Aussichtspunkt entfernt. Hier ist auch der einzige nahegelegene Parkplatz, ansonsten ist das Information Center nur mit dem Shuttle-Bus zu erreichen, der tagsüber alle 15 Minuten die drei Kernzonen des Village miteinander verbindet.

Einen guten Kilometer weiter westlich liegt die Market Plaza mit Post, Bank und dem General Store. Hier sind auch die größten Parkplätze zu finden. Hotels, Cafés und Restaurants konzentrieren sich gut zwei Kilometer weiter westlich direkt am Canyonrand. Man kommt dort entweder mit dem Shuttle Bus oder dem eigenen Vehikel an. Das Thema Parken kann je nach Tageszeit wiederum schwierig sein. Die Unterkünfte im Grand Canyon Village sind aufgrund ihrer privilegierten Lage tendenziell teuer. Günstigere Angebote findet man außerhalb des Parks, im 7 mi/10 km südlichen Tusayan.

⇨ *Zum Osteingang: von Flagstaff auf dem HW89 41 mi/75 km nach Norden, links auf den HW64 und weitere 30 mi/47 km bis zum Parkeingang*

- ⏲ *Ganzjährig Tag und Nacht geöffnet*
- 💰 *$25 pro Auto, $12 pro Person auf einem Motorrad*
- ☎ *1-928-638-7888*
- 🖥 *www.nps.gov/grca*

▶ Rundflüge

In Tusayan liegt auch der lokale Flughafen, von dem aus die Rundflüge mit Hubschrauber und Kleinflugzeug abheben. Buchen kann man direkt im Flughafengebäude. Für eine Tour im Kleinflugzeug ist mit rund $130 zu rechnen, im Hubschrauber kostet der Spaß mindestens $50 mehr. Bei schlechtem Wetter, besonders bei Wind, werden die Flüge konsequent abgesagt, nachdem es vor einigen Jahren zu einem schweren Unfall gekommen ist.

Zur Hauptreisezeit ist die telefonische Reservierung einige Tage vor dem Flug angeraten. (Papillon Helicopter Tours Tel. 1-888 635 7243).

▶ Abstieg in den Canyon

Für den Abstieg zum Colorado River sollte man unbedingt zwei Tage einplanen – einen für den Weg hinunter in die Schlucht und einen zurück zum Canyonrand. Vernünftiges Schuhwerk, viel Wasser und Proviant sind absolute Pflicht. Die beiden Pfade in den Abgrund sind jeweils über 20 Kilometer lang und überwinden gut tausend Höhenmeter. Zur Übernachtung benötigt man entweder ein Zelt und die zugehörige Erlaubnis oder man muss Ewigkeiten im Voraus ein Bett in der Phantom Ranch buchen. Der Trip in die Tiefe verlangt auch einiges an Vorbereitung.

Die Camp-Erlaubnis beantragt man per Fax (☎ 1-928-638-2125) beim Backcountry Information Center für $10 pro Gruppe plus $5 für jede Person. Den Antrag lädt man von der Website 🖥 www.nps.gov/grca/planyourvisit/upload/permit-request.pdf herunter. Allerdings sind Obergrenzen für die Ausgabe von Erlaubnissen festgelegt. Man kann den Antrag frühestens am Monatsersten vier Monate vor dem geplanten Besuch einreichen. Angesichts des Ansturms kann der Versuch, das Fax zu senden, zur Geduldsprobe werden.

Noch schwieriger ist die Buchung eines Betts in der Phantom Ranch, der einzigen festen Unterkunft im Abgrund des Canyon. Hier kann man bis zu 13 Monate im Voraus reservieren, ebenfalls jeweils am Monatsersten. Infos zur Reservierung und den Antrag bekommt man unter 🖥 www.grandcanyonlodges.com/lodging-704.html. Die Übernachtung in den einfachen Holzhütten kostet $36. Es wird empfohlen, die Mahlzeiten gleich mitzubestellen. Für die Übernachtung auf der Phantom Ranch braucht man keine Backcountry-Erlaubnis zu beantragen.

▶ National Geographic IMAX Theatre

Eine Meile südlich des westlichen Parkeingangs hat National Geographic ein eigenes kommerzielles Visitor-Center gebaut. Herzstück ist das 500 Zuschauer fassende IMAX Theater. Auf der 18 (!) Meter hohen Leinwand wird tagein tagaus der „Grand Canyon Movie" gezeigt: Ein 35-minütiger Dokumentarfilm, der den Besucher in unerreichbare Tiefen des Canyons entführt, die ein normaler Mensch nicht zu sehen bekommen könnte. Nachgestellte Szenen stellen historische Episoden wie das Leben der Anasazi-Indianer im Canyon oder die Expedition von Major John Wesley Powell im Jahre 1869 dar.

- ✉ *118, Highway 64, Grand Canyon, AZ 86023*
- ⇒ *Am Highway 64, das Gebäude am nördlichen Ortsausgang auf der westlichen Seite*
- ⏲ *März-Oktober 8.30-20.30h, November-Februar 10.30-18.30h, Filmvorstellungen stündlich jeweils zur halben Stunde*
- 💰 *Erwachsene $13,72, Kinder unter 11 Jahren $10,42*
- ☎ *1-928-638-2468*
- 🖥 *www.explorethecanyon.com*

► Grand Canyon Railroad

Eine schöne Alternative ist die Fahrt mit der Eisenbahn zum Grand Canyon. Dort kann man dann zwar nicht den Desert View Drive abfahren, aber die Shuttle Busse bringen einen zu einer ganzen Reihe schöner Aussichtspunkte. Die Bahn verkehrt zweimal pro Tag. Der Morgenzug verlässt Williams um 9.00h und wird von einer Dampflokomotive gezogen. Ankunft ist um 11.15h im Grand Canyon Village, kaum hundert Meter vom Canyonrand entfernt. Zurück nach Williams geht es um 15.00h oder um 16.30h. Der Preis für Hin- und Rückfahrt liegt je nach Klasse zwischen $85 und $190.

🖳 www.thetrain.com

► Grand Canyon Skywalk

Im März 2007 ging die Nachricht von der Eröffnung der gläsernen Aussichtsplattform um die ganze Welt. Die neue Attraktion am südlichen Canyonrand ist vielfach als Touristenfalle und Nepp kritisiert worden. Der Eintrittspreis summiert sich auf $85, das Mitnehmen von Kameras ist verboten. Der Skywalk liegt weit entfernt vom Grand Canyon Nationalpark. Ein Besuch erfordert einen weiteren Tagesausflug.

⇨ *Am besten von Kingman aus auf der Stockton Hill Rd 42 mi/67 km nach Norden, rechts auf die Pierce Ferry Rd, nach 7 mi/11 km wieder rechts auf die Diamond Bar Road, nach 21 mi/34 km erreicht man den Eingang, gesamte Fahrtzeit etwa 100 Minuten.*

🖳 www.grandcanyonskywalk.com

🖳 Weblinks

Offizielle Website der Nationalparkverwaltung

🖳 www.nps.gov/grca

Kommerzielle Seite mit Restaurant- und Hotelverzeichnis

🖳 www.grand.canyon.national-park.com

🎵 Soundtrack Grand Canyon

Künstler	Titel	Album	Jahr	Genre
The Stranglers	Grand Canyon	Stranglers in the Night	1992	Alternativrock
The Magnetic Fields	Grand Canyon	69 Love Songs	1999	Songwriter
Ani DiFranco	Grand Canyon	Educated Guess	2004	Songwriter
Far From Home	Grand Canyon	Voice from home	2005	Songwriter

Von Williams nach Kingman

Von Williams nach Kingman

Die alte Route66 mündet knappe vier Kilometer westlich von Flagstaff in den Interstate 40, der 50 Kilometer durch die Kiefernwälder führt. Vom Exit 165 rollt man dann auf der historischen Route direkt ins Zentrum von Williams.

🏠 Williams (3.100 EW)

Die schnucklige Westernstadt lebt ganz allein vom Tourismus. Die Nähe zum Grand Canyon, die Eisenbahnverbindung, die schöne Umgebung und die im Sommer angenehm niedrigen Temperaturen prädestinieren Williams zum „Gateway to Grand Canyon", wie es sich selbst nennt. Das vielfältige Angebot an Unterkünften füllt sich zur Hochsaison fast vollständig, dementsprechend gestaltet sich das Preisniveau. An der alten Route66 quer durch die historische Downtown reihen sich Restaurants und Souvenirshops aneinander. Eine Stadt, in der man gern die Hauptstraße auf und ab schlendert und sich in einem der vielen Restaurants auf amerikanisch verwöhnen lässt.

Williams wehrte sich lange Jahre gerichtlich gegen die Umgehung durch den Interstate Highway. 1984 gab man schließlich als letzte Stadt der gesamten Route66 unter der Voraussetzung nach, dass der Ort drei Autobahnausfahrten bekommt.

Für Freunde brackiger amerikanischer Populärkultur gibt es 30 Meilen nördlich einen Flintstones-Freizeitpark namens Bedrock City.

🖥 www.williamschamber.com

Von Williams muss man wohl oder übel zunächst erst einmal wieder auf die Autobahn. 22 mi/35 km weiter westlich erwartet den Reisenden dann aber eins der längsten und besterhaltenen Stücke Route66 der ganzen Strecke von Chicago nach Los Angeles. Man verlässt den Interstate an der Ausfahrt 139. Es folgen über 100 Kilometer friedliche Landstraße weit abseits der Autobahn durch erfrischende und wunderschöne Landschaften.

🏠 Seligman (450 EW)

Das Ein-Straßen-Dorf ist der Höhepunkt des Route66-Kitsches auf der ganzen Strecke. Augen zu und durch könnte man denken, aber Seligman beweist Humor. Wie sonst konnte sich ein Themenrestaurant an der ehemals wichtigsten Überlandverbindung „Roadkill Saloon" nennen?

In Seligman entstand 1940 das berühmte Route66-Foto des amerikanischen Fotografen Andreas Feininger. Unter grandios kontrastierten Wolkenlandschaften steht ein Tramper vor den Werbeschildern einer Tankstelle. Das runde Texaco Schild ziert heute den Eingang des Visitor Center, das vor Kitsch überquellt. In Seligman wird deutlich, dass Route66 vor allem die nostalgische Erinnerung an die gute alte Zeit einer ganzen Generation bedeutet.

In jedem Fall sollte man in Seligman die Tanknadel seines Vehikels kontrollieren, denn auf den folgenden 140 Kilometern bis Kingman kann es unter Umständen schwierig werden, Benzin aufzutreiben.

Seligman

den stark rauchende Fackeln im Inneren der Höhle abgebrannt. Zwei Wochen später wurde der rote Rauch am Grand Canyon gesichtet. Die Trockenhöhle, in der es keine Tropfsteine gibt, wurde erst 1927 offiziell entdeckt, als ein Bahnarbeiter in ein Loch stürzte. Er stieß auf zwei menschliche Skelette, offensichtlich war er also nicht der erste Entdecker. Später fand man heraus, dass es sich um zwei Hualapai-Indianer handelte, für die man im Winter 1917 wegen des gefrorenen Bodens kein Grab ausheben konnte.

In den goldenen Jahren der Route66 waren die Höhlen eine der Hauptattraktionen an der Ost-West-Achse. Mit dem Bau des Interstate Highway haben sie viel Publikum verloren, doch irgendwie hat man es geschafft, trotzdem zu überleben.

Jede halbe Stunde führt eine 45-minütige Tour 70 Meter unter der Erde durch die riesigen Gewölbe, vor denen auch Klaustrophobiker keine Angst haben müssen, sofern sie die kurze Fahrstuhlfahrt überstehen. Für $45 wird eine Tour angeboten, die noch tiefer in die Höhlen vorstößt.

⇨ *24 mi/38 km westlich von Seligman*
◙ *Täglich 9-17h*
⚭ *Kinder 5-12 Jahre $12,95, Erwachsene $16,95*
☎ *1-928-422-3223*
🖳 *www.gccaverns.com*

▶ Burma Shave

Auf dem Weg nach Peach Springs stehen eine Reihe neuer Burma Shave Werbungen an der Straße. Die Kampagnen entlang der Highways der seinerzeit zweitgrößten Rasierschaummarke prägten eine Epoche. Auf einer Abfolge von kleinen Straßenschildern werden pointenreiche Gedichtchen und Schüttelreime im Stil von „You can drive one mile a minute, but there is no future in it" zitiert. Zwischen 1925 und 1963 standen sie an den Highways fast aller Bundesstaaten. Viele ältere Amerikaner verbinden nostalgische Kindheitserinnerungen mit der Kampagne. Kurioserweise ist Arizo-

▶ Grand Canyon Caverns

Rund 100 Kilometer vom Grand Canyon entfernt mag der Name nach einer Touristenfalle klingen. Tatsächlich konnte aber nachgewiesen werden, dass die Höhlen eine natürliche Verbindung bis zum Canyon haben. Zwar hat sich niemand je so tief in eines der größten Höhlensysteme der USA hineingewagt, doch um die Dimensionen zu erforschen, wur-

na einer der wenigen Staaten, in denen das Unternehmen niemals ein Werbeschild aufgestellt hatte. Als die Marke in den 60er Jahren ihren Zenit überschritten hatte, wurde sie vom Tabakgiganten Philip Morris gekauft. Doch bald darauf verschwanden die Schilder von den Straßen und die Produkte aus den Regalen. 1997 wurde die Marke von der American Safety Razor Company wieder eingeführt.

Hackberry

Die vollständige Sammlung der Verse findet sich auf

🖥 www.burma-shave.org

🏛 **Peach Springs** (600 EW)

Die Hauptstadt der Hualapai-Nation bewohnen fast ausschließlich Indianer. Die Hualapai leben seit etwa 1.400 Jahren in dieser Region. Die Reservatsverwaltung hat mit schweren sozialen Problemen zu kämpfen, die zwar durch den Tourismus in den letzten Jahren abgeschwächt wurden, aber immer noch präsent sind. Seit 2002 hat das Reservat eine eigene indianische Polizeieinheit. Im Ort gibt es einen Lebensmittelladen und eine Übernachtungsmöglichkeit, aber keine Tankstelle. Peach Springs inspirierte die Drehbuchschreiber des Animationsfilms „Cars" zu der fiktiven Stadt „Radiator Springs", die angesichts einer Umgehungsautobahn ihre Bedeutung und wirtschaftliche Lebensbasis einbüßt.

💿 Cars	
Originaltitel	Cars
Jahr	2006
Regie	John Lasseter
Genre	Animationsfilm

Von Peach Springs führt die Diamond Creek Road nach Norden. Sie ist die einzige befahrbare Straße, die nach gut 30 Kilometern zum Grund des Grand Canyon führt.

Auf dem weiteren Weg nach Kingman führt die Route66 parallel zur Bahnlinie und erhöht so die Chance, einen der immens langen Güterzüge zu sehen. Viele Siedlungen gibt es nicht, zu nennen wäre höchstens noch Hackberry mit seinem historischen General Store, der heute natürlich ein Souvenir-Shop ist.

🏛 **Hackberry** (68 EW)

Der General Store des als solchen nicht zu identifizierenden Ortes ist ein beliebter Stop von 66-Reisenden. Man erspäht ihn sofort anhand der Menge von Motorrädern, die im Sommer beinahe rund um die Uhr geparkt in der Sonne glitzern. Der General- hat sich allerdings in einen Souvenir-Store verwandelt und besticht durch seinen ausgeprägten Humor. Das Schild „Hippies benutzen den Seiteneingang" hat sicher schon mehr als ein Grinsen provoziert. Dass hier schon mehr Mitteleuropäer vorbeigekommen sind, beweist ein HSV-Aufkleber am Fenster.

Zwischen Seligman und Kingman

🏛 Kingman (20.000 EW)

Die einzige größere Stadt seit Flagstaff ist ein wichtiger Verkehrsknotenpunkt im nordwestlichen Arizona. Sie entstand 1880 als Eisenbahnersiedlung. Auf der Bahnstrecke herrscht auch heute noch reger Verkehr. Das schrille Pfeifen der Lokomotiven bei der Ortsdurchfahrt ist ein höchst musikalisches Erlebnis.

Die historische 66 trifft kurzzeitig wieder auf den modernen Interstate Highway und der HW93 zweigt nach Norden in Richtung Las Vegas ab. Kingman ist eine angenehme, aber vergleichsweise moderne und prosperierende Stadt. Anlaufpunkt für den 66-Traveller ist das Powerhouse, das zum Route66 Visitor Center und Museum umgebaute alte Kraftwerk. In Kingmans Methodist Church (⊠ 133 Avenue D East) heirateten Clark Gable und Carole Lombard. Das historische Hotel Brunswick schloss im Verlauf der Wirtschaftskrise 2010 leider seine Pforten.

Am westlichen Ortsausgang, direkt an der Route66, bietet ein Gebrauchtwagenhändler jede Menge alter Straßenkreuzer an. Es lohnt sich in jedem Fall, zwischen den alten Schlitten umherzuschlendern und ein paar Worte mit dem sympathischen Verkäufer zu wechseln. Für viele Besucher ist der Laden wohl sogar die Hauptattraktion in Kingman. Die meisten Vehikel kosten zwischen 2.000 und 6.000 Dollar. Durchaus ein attraktives Preisniveau, es ist allerdings fraglich, ob man die Kisten nach der Verschiffung auch durch den TÜV bekommen würde.

▶ Historic Route66 Museum

Im geschmackvoll umgebauten alten Powerhouse ehrt die Stadt die für sie lebenswichtige alte Straße. Die Ausstellung und ein Kurzfilm geben plastische Eindrücke, wie die amerikanischen Entfernungen vor etlichen Jahrzehnten überwunden wurden. Die Härten, die die Dustbowl-Flüchtlinge der 30er Jahre durchleben mussten, sind heute kaum noch vorstellbar.

⊠ 120 West Andy Devine Ave
🕐 Täglich 9-18h, Dezember - Februar 9-17h
💰 Erwachsene $4, Senioren $3, Kinder unter 12 Jahren frei
☎ 1-928-753-9889
🖥 www.kingmantourism.org

▶ Mohave Museum of History & Arts

Das Museum dokumentiert alle Epochen der Regionalgeschichte und zeigt indianische Handwerkskunst. Der Besuch lohnt sich besonders wegen der großen Wandgemälde verschiedener Künstler zu historischen Themen.

⊠ 400 W Beale St
🕐 Mo-Fr 9-17h, Sa 13-17h
💰 $3
☎ 1-928-753-3195
🖥 www.mohavemuseum.org

Sin City – Stadt der Sünde: Las Vegas

The only way to win
is not to play.

Der einzige Weg zu gewinnen,
ist nicht zu spielen.

Ein Computer im Film „Wargames"

Viele sagen, man kann Las Vegas nur lieben oder hassen. Auf die Frage, wie man Las Vegas lieben kann, bekommt man von erklärten Enthusiasten selten mehr als einsilbige Antworten. Vegas macht einfach Spaß oder ist unglaublich witzig, heißt es dann. Die Sprachlosigkeit hat ihre Logik: Die Welthauptstadt der vollständigen Reizüberflutung macht perplex. Eine Woge visueller Wahrnehmungen rollt über den wehrlosen Menschen hinweg wie ein Tsunami und überfordert ihn mental genauso wie eine Achterbahnfahrt.

Nichts ist echt in der Kapitale des schlechten Geschmacks, aber sie ist dabei ehrlich und gibt gar nicht erst vor, echt zu sein. Es existieren nur blinkende Fassaden – und auf der Rückseite der Gebäude schuften mexikanische Bauarbeiter und litauische Elektriker, damit die Lichter niemals ausgehen. Die meisten Läden auf dem Strip, der amerikanischen Reeperbahn, sind durchgehend geöffnet, vom 1. Januar bis zum 31. Dezember. Viele haben nicht mal ein Schloss an der Eingangstür, wozu auch? Vegas ist keine Stadt, es ist ein

Unternehmen, das Exzesse verkauft. Bescheidenheit ist ein verdurstendes Waisenkind in der Wüste von Nevada.

Jährlich strömen knapp 40 Millionen Besucher nach Vegas. Die meisten sind Amerikaner, die ihrer angeborenen Freude am Glücksspiel nachgehen, das normalerweise in den USA äußerst restriktiv gehandhabt wird. Die große Mehrheit gehört zur Arbeiterklasse und ist im Rentenalter. Stundenlang sitzen sie mit einem preiswerten Cocktail so konzentriert vor den einarmigen Banditen als schrieben sie eine Doktorarbeit.

Casino und Hotel bilden eine Einheit, im besten Falle verlässt der Gast das Haus tagelang gar nicht. Das ist ja auch nicht nötig, hier kann er schlafen, essen, schwimmen und spielen. Die Casinos haben keine Fenster und keine Uhren, der Weg hinein ist leicht, aber der Ausgang nur schwer zu finden. Eine reale Welt draußen existiert nicht – nur der Spieler, seine Münzen und die Maschine. Und die schluckt fleißig. Die Spielautomaten müssen in Las Vegas zwischen 90 und 97 % der Spielsumme wieder an Gewinn ausschütten. Statistisch gesehen muss man also nur lange genug spielen,

um zu verlieren. Man sagt, die Frage ist am Ende nicht, ob man gewinnt oder verliert, die Frage ist, mit welcher Geschwindigkeit man verliert.

Wer nicht zum Spielen nach Vegas kommt, sucht Entertainment. Und das gibt es in allen Formen und Farben. Zu Tausenden wälzen sich die Vergnügungssüchtigen allabendlich den Strip rauf und runter. Das Angebot ist überwältigend; die Frage, in welcher thematisch dekorierten Umgebung man sein nächstes Bier schlürft, ist oft Anlass größerer Diskussionen. Ob Hollywood, Autorennen, Harley Davidson, Regenwald, Tahiti oder Raumschiff Enterprise. Jedes Klischee der Massenkultur hat seinen Tempel.

Und dann sind da natürlich noch die Shows und Spektakel. Eins trägt dicker auf als das andere. Ob beleuchtete Wasserspiele oder Piratenüberfall vor den großen Hotels, ob Musicals wie Mamma Mia oder das Phantom der Oper, der Unterhaltungswert ist immens, der kulturelle Wert tendiert gegen Null. Der Las Vegas Boulevard ist ein riesiger Jahrmarkt, das ganze Jahr lang – wie der Name schon sagt. Und dieser Jahrmarkt muss sich immer wieder selbst übertreffen, sonst verliert er seine Daseinsberechtigung. Größer, lauter, bunter, verrückter. Eine Achterbahnfahrt ist eine Allerweltsangelegenheit, in Vegas muss sie in 270 Metern Höhe auf dem Stratosphere Tower stattfinden.

Die Spielermetropole begann als Wasserloch auf der langen Reise der Pioniere in den Goldenen Westen. Anfang des 19. Jahrhunderts wurden die Wagenspuren durch die Eisenbahn ersetzt. Das Wüstennest fungierte als Versorgungszentrum für den Bergbau, doch erst die Legalisierung des Glücksspiels und der Bau des Hoover Dams legten den Grundstein für ein beispielloses Wachstum.

Touristen strömten in die Stadt, angelockt von den erfrischenden Wassern des Lake Mead und der spielerischen Freiheit. Die Einwohnerzahl schnellte von 8.400 im Jahre 1940 auf aktuelle 1,7 Millionen. Entwickelt hat das Casino-Hotel-Konzept die Mafia. Bugsy Siegel, ein New Yorker Mafiosi, baute zusammen mit einem kriminellen Konsortium mit Sitz in Los Angeles das Flamingo-Hotel. Als das zu Anfang nur rote Zahlen abwarf, wurde Siegel von seinem Managerposten entfernt – mit vier Pistolenschüssen.

Sein Nachfolger wurde Meyer Lanski, der wesentlich cleverer agierte. Ohne dass man ihm je eine Straftat nachweisen konnte, erreichte er in Miami Beach in einer äußerlich bescheidenen Existenz das hohe Alter von 80 Jahren. Das FBI kalkulierte, dass Meyer Lanski auf ausländischen, vor allem schweizer Konten rund 300 Millionen Dollar besaß, die nie gefunden wurden.

Die allererste Güteklasse populärer Stars wurde nach Las Vegas geholt: Elvis, Frank Sinatra und Liberace verliehen der Stadt den Glamour, der fehlte, um Weltruhm zu erlangen. Dabei ist Las Vegas in der Rangliste der größten Spielhöllen der Welt nur Nummer zwei hinter dem chinesischen Macao. Dafür zählt der Strip aber 8 der 10 nach Bettenzahl größten Hotels der Welt. Zusammen summieren sie über 26.000 Zimmer. Die endlose Kette von Hotels, Casinos, Bars und Restaurants zieht sich praktisch vom Flughafen über knapp sieben Kilometer Länge nach Norden.

Abseits des Strip ist Las Vegas alles andere als beschaulich. Eher hässlich und eintönig. Voller verwahrloster Leerflächen verliert die Stadt ihre magische Anziehungskraft auf den Fremden. Trotzdem lockt sie weiterhin einen konstanten Strom von Zuwanderern an. Vergleichsweise preiswerter Wohnraum, die Nichtexistenz einer Einkommenssteuer und ein extrem flexibler Arbeitsmarkt klingen für viele ausgesprochen vielversprechend. Schon die Anzahl der Baukräne in der Stadt verrät, dass der Boom der Stadt noch lange nicht vorbei ist.

▶ Auf nach Vegas

⇨ Von Kingman 104 mi/166 km auf dem HW93 nach Norden, dann auf dem IS215 nach Westen, Exit 13 führt direkt auf den Las Vegas Blvd nach Norden.

In Kingman sollte man volltanken, es gibt kaum eine Tankstelle. Etwa ab der Meile 29 tauchen die ersten vereinzelten Joshua Trees am Straßenrand auf, später werden es mehr. Nach dem Meilenstein 13 liegt auf der westlichen Seite ein Parkplatz mit Aussichtspunkt, von dem man einen Panoramablick über das wilde Gebirge genießen und in einiger Entfernung einen kurzen Abschnitt des Colorado Rivers ausmachen kann. Kurz vor dem Hoover Dam erwartet einen eine Polizeikontrolle, die freundlich aber distanziert einen Blick in den Kofferraum werfen möchte. Ein paar Meilen nördlich des Hoover Dam steht unübersehbar östlich der Straße das Hotelcasino Hacienda. Von hier kann man einen schönen Blick auf den Lake Mead werfen.

Empfehlenswerter als der direkte Weg nach Las Vegas ist der Umweg von Kingman über den Sitgreaves Pass nach Oatman, drei Kilometer weiter teilt sich die Straße und man nimmt den rechten Abzweig in Richtung Bullhead City. Nach der Überquerung des Colorado folgt man dem HW95 Richtung Las Vegas.

Zurück zur Route66 kommt man von Las Vegas entweder auf der gleichen Strecke, auf dem HW95 der westlich von Needles auf den IS40 trifft, oder auf dem IS15 bis Barstow. Wählt man die letzte und kürzeste Möglichkeit, verpasst man die grandiose Durchquerung der Mojave-Wüste auf der alten 66.

Der möglicherweise beste Kompromiss ist, Las Vegas auf dem IS15 nach Süden zu verlassen und nach 52 mi/85 km vom Exit 272 die Cima Road nach Süden zu nehmen, die das einsame Mojave National Preserve durchquert und kurz vor Amboy wieder auf die Route66 trifft.

Filme

Viva Las Vegas

Originaltitel	Viva Las Vegas
Jahr	1964
Regie	George Sidney
Hauptdarsteller	Elvis Presley, Ann-Margret
Genre	Romantische Komödie

Diamantenfieber

Originaltitel	Diamonds are Forever
Jahr	1971
Regie	Guy Hamilton
Hauptdarsteller	Sean Connery, Charles Gray
Genre	James Bond-Film

Rain Man

Originaltitel	Rain Man
Jahr	1988
Regie	Barry Levinson
Hauptdarsteller	Dustin Hoffman, Tom Cruise
Genre	Drama

Bugsy

Originaltitel	Bugsy
Jahr	1991
Regie	Barry Levinson
Hauptdarsteller	Warren Beatty, Harvey Keitel, Ben Kingsley
Genre	Gangsterfilm

Ein unmoralisches Angebot

Originaltitel	Indecent Proposal
Jahr	1993
Regie	Adrian Lyne
Hauptdarsteller	Robert Redford, Demi Moore
Genre	Drama

Leaving Las Vegas

Originaltitel	Leaving Las Vegas
Jahr	1995
Regie	Mike Figgis
Hauptdarsteller	Nicholas Cage, Elisabeth Shue
Genre	Drama

Fear and Loathing in Las Vegas

Originaltitel	Fear and Loathing in Las Vegas
Jahr	1998
Regie	Terry Gilliam
Hauptdarsteller	Johnny Depp, Benicio Del Toro
Genre	Roadmovie

Ocean's Eleven

Originaltitel	Ocean's Eleven
Jahr	2001
Regie	Steven Soderbergh
Hauptdarsteller	George Clooney, Brad Pitt, Julia Roberts
Genre	Gangsterfilm

Websites

Deutschsprachige Websites für die Planung
- www.vegas-online.de
- www.vegas4you.de
- www.visitlasvegas.de

Website zum städtischen Wachstum, die ebenso aktuelle wie gescheiterte Projekte vorstellt.
- www.vegastodayandtomorrow.com

👁 DER HOOVER DAM

Vor etlichen Jahrzehnten als Meisterleistung der Ingenieurskunst gefeiert, lockt der 221 Meter hohe und 380 Meter breite Staudamm nach wie vor Besuchermassen an. In der Hochsaison und an Wochenenden kann der Straßenverkehr aus Richtung Las Vegas vollständig zusammenbrechen. An einigen Tagen im Jahr überschreitet die Besucherzahl die Fünftausender-Marke.

Der amerikanische Geist musste einen unvorhersehbaren wilden Fluss einfach in seine Schranken weisen. Die frühjährlichen Hochwasser überschwemmten ganze Landstriche und im Sommer fehlte Wasser an allen Ecken und Enden, wenn sich der Strom in ein Rinnsal verwandelte. 2,6 Millionen Kubikmeter Beton stauten den je nach Jahreszeit bis zu 177 Kilometer langen Lake Mead auf, der mitten in der Wüste mediterrane Badefreuden verspricht. Für mindestens 10 Jahre nach dem Abschluss der Bauarbeiten 1935 war der Hoover Damm das größte Wasserkraftwerk der Welt. Etwa 20 Millionen Menschen in Nevada, Arizona und Kalifornien werden von hier aus mit Wasser versorgt. 2010 wurde eine neue Autobahnbrücke eingeweiht, die sich in 270 Metern Höhe über den Colorado spannt und dem Verkehrschaos am Damm ein Ende setzte. Ein kurzer Spaziergang über die Staumauer mit Blick in die Tiefe lohnt sich aber in jedem Fall.

⇨ *Von Kingman auf dem HW93 nach Norden. Für einen Blick in die Tiefe parkt man am besten von Süden kommend wenige hundert Meter oberhalb des Damms auf dem Parkplatz auf der rechten Seite kurz nach der 180°-Haarnadelkurve. Man kann zu Fuß bis auf die Staumauer gehen.*

🖳 *www.usbr.gov/lc/hooverdam*

Von Kingman nach Topock

Westlich von Kingman erwartet den Reisenden der landschaftlich extremste Abschnitt der Route66. Durch einen Canyon geht es etwa 300 Höhenmeter tiefer ins Golden Valley.

Die ersten Yuccas beweisen, dass man jetzt die „echte" Wüste erreicht. Der Oatman Road genannte Highway 10 ist in keinem guten Zustand und wird häufig mit Sand überweht, die Temperaturen überschreiten im Sommer nicht selten die 40 °C-Marke. Auf den ersten Blick überraschen die gelben Schilder, die vor Überflutungen warnen. Doch wenn es hoch oben in den Black Mountains regnet, schießen die Fluten ungebremst ins Tal. Auch in der Sahara sollen ja angeblich mehr Menschen ertrunken als verdurstet sein.

Nach 15 mi/23 km hat man das Tal durchquert und es beginnt der lange und kurvenreiche Aufstieg zum knapp 1.200 Meter hoch gelegenen Sitgreaves Pass. Die Haltebucht auf der rechten Seite garantiert einen grandiosen Blick über die durchfahrene Wüsten- und Gebirgslandschaft. Angeblich mussten in den frühen Jahren des Autoverkehrs die Wagen teilweise im Rückwärtsgang den Berg erklimmen, da mangels Benzinpumpe der Treibstoff den Motor nicht erreichte. Viele ängstliche Durchreisende ließen sich den Wagen auch von Einheimischen die Kurven hinauflenken.

In Oatman

🏠 Oatman (160 EW)

Als 1904 der Glücksritter Ben Taddock durch die Gegend von Oatman ritt, sah er etwas im Sand glitzern. Aufgeregt sprang er vom Pferd und seine Hoffnung wurde nicht enttäuscht: Es war Gold. Innerhalb eines Jahres entstand ein Goldgräbernest mit 3.500 Einwohnern, zwanzig Saloons und allem, was ein Goldsucher so braucht. Bis in die 30er Jahre sollen insgesamt geschätzte zwei Millionen Unzen Gold, also rund 56 Tonnen geschürft worden sein. Doch dann war der Boom vorbei und die Vorkommen weitestgehend ausgebeutet. Hätte man die Route66 nicht extra durch die Goldstadt geführt, wären heute von Oatman kaum mehr als ein paar Ruinen übrig. Inzwischen ist allerdings wieder eine Goldmine in der Gegend aktiv.

So konnte sich Oatman zu einer kuriosen, oft den schlechten Geschmack streifenden Westernstadt für Touristen mausern. Im Sommer werden täglich Schießereien auf der Hauptstraße inszeniert. Auch eine Hochzeit mit Entführung der Braut und anschließender Befreiung durch den Sheriff und seinen Deputy lässt sich arrangieren.

Ein Dutzend Esel läuft frei im Ort herum und lässt sich von Touristen füttern. Karotten gibt es dafür praktisch in jedem Laden zu kaufen. Die Tiere sind Nachkommen der Lastesel, die die Goldgräber bei ihrem Abzug einfach ihrem Schicksal überlassen hatten. Die Streuner sind zwar an Touristen gewöhnt, können aber trotzdem auch mal zubeißen – besonders Kindern wird zur Vorsicht geraten. In der weiteren Umgebung der Stadt sollen über tausend weitere, wilde Esel leben, für beide Populationen gilt, dass sie keinesfalls mit Brot, Süßigkeiten oder Fastfood gefüttert werden sollten. Jungtiere tragen ernstgemeinte Sticker auf der Stirn, die das Füttern untersagen, da sie an einer Karotte ersticken könnten.

Die geschäftsfreudigen Oatmänner und -frauen haben aus der Not der brutalen Sommerhitze eine Tugend gemacht:

Zwischen Kingman und Topock

Am Independence Day, dem 4. Juli, findet jährlich ein Spiegeleier-Wettbewerb statt. Die Teilnehmer bekommen je zwei Eier, die sie auf dem Gehsteig nur mit Hilfe des Sonnenlichts braten müssen. Dazu dürfen alle Hilfsmittel wie Spiegel oder Lupen benutzt werden, aber keine externen Wärmequellen. Prämiert wird alles Mögliche, der schnellste Brater, der originellste Einfall, die lustigste Verkleidung und der Teilnehmer mit der weitesten Anreise. Da hat man als Europäer natürlich keine schlechten Chancen.

Mitten auf der Hauptstraße steht das Oatman Hotel, das älteste Gebäude im Ort. Hier verbrachte Clark Gable seine Flitterwochen nach der Heirat in Kingman. Als Promotion-Gag wird immer wieder die Geschichte gestreut, dass sein Geist im Hotel gesichtet wurde – angeblich deshalb, weil es dem Hollywood-Star so gut gefallen hat, dass er das Hotel nie wieder verlassen wollte. Seine Braut soll ihm Gesellschaft leisten, zusammen mit einem irischen Goldgräber, der im Hotel verstarb.

Oatman wird in den USA zwar oft noch als Geisterstadt bezeichnet, doch bei nahezu einer halben Million Besuchern pro Jahr kann man wohl kaum davon sprechen. In den 50er und 60er Jahren fand Hollywood in Oatman eine ansprechende Szenerie für etliche Western.

🎬 Das war der Wilde Westen	
Originaltitel	How the west was won
Jahr	1962
Regie	John Ford
Hauptdarsteller	Henry Fonda, Karl Malden, Gregory Peck
Genre	Western

Die kurvenreiche, kleine Landstraße windet sich durch die grandiosen Mondlandschaften der Black Mountains. Auch hier überraschen wieder die Warnungen vor Überflutungen. Nach 20 mi/32 km erreicht man das Tal des Colorado River und damit die Grenze zu Kalifornien.

🏚 Topock (1.790 EW)

Die letzte auf der Karte verzeichnete Ortschaft in Arizona ist eigentlich nicht viel mehr als ein Bootsanleger für Freizeitkapitäne. Topock war als Übergang über den Colorado River aber immer ein strategisch wichtiger Punkt. 1890 überquerte die erste Eisenbahnbrücke den Fluss, Autos wurden vorerst noch per Fähre übergesetzt. Die letzten Jahre vor dem Bau der Straßenbrücke im Jahre 1916 durften Autos die Eisenbahnbrücke zwischen den durchkommenden Zügen benutzen. Inzwischen wurde auch diese durch die große Interstate Brücke ersetzt. Die strahlend weiß lackierte, alte Brücke dient heute als Übergang für eine Erdgaspipeline. Im Film „Früchte des Zorns" ist sie noch in ihrer Originalfunktion zu sehen. Vor der Überfahrt über den Colorado stehen die Joads am Flussufer und kommentieren den enttäuschenden Anblick des ersehnten, aber hier ausgesprochen desolaten Kaliforniens.

💬 Früchte des Zorns	
Originaltitel	The Grapes of Wrath
Jahr	1940
Regie	John Ford
Hauptdarsteller	Henry Fonda
Genre	Drama

Die Pipeline gehört der Pacific Gas and Electric Company mit Sitz in San Francisco. Das Unternehmen war für einen schweren Umweltskandal verantwortlich, als das Grundwasser der südkalifornischen Stadt Hinkley mit krebserregenden Chromverbindungen verseucht wurde. Die Firma versuchte, den Fall zu vertuschen und herunterzuspielen, wurde aber 1996 verurteilt, 333 Millionen Dollar an die Betroffenen zu zahlen. 2006 kamen nochmal 295 Millionen für weitere Tausend Opfer hinzu. Der Fall wurde 2000 unter dem Titel „Erin Brockovich" verfilmt. Die echte Erin Brockovich bekam eine kleine Nebenrolle als Kellnerin Julia – in Anspielung auf Julia Roberts, die wiederum die Anwältin spielte.

💬 Erin Brockovich	
Originaltitel	Erin Brockovich
Jahr	2000
Regie	Steven Soderbergh
Hauptdarsteller	Julia Roberts, Aaron Eckhart, Albert Finney
Genre	Drama

In Topock geht es gezwungenermaßen wieder auf den IS40, der den Colorado River in Richtung Westen nach Kalifornien überquert.

KALIFORNIEN

California über Alles!

Kalifornien ist der Inbegriff Amerikas, der Fokus des amerikanischen Traums und das Ziel der Route66. Kein anderer Staat ist so überrepräsentiert in den Medien, den Nachrichten, den Filmen und den Klischees aus Amerika. Dabei ist Jedem klar, dass Kalifornien anders ist. Auch den übrigen Amerikanern. Sie halten Kalifornier für liberaler, weniger religiös und besorgter um die Umwelt. Gleichzeitig gelten die Kalifornier als fröhlich, ein bisschen arrogant, individualistisch und hochgradig eitel. Kalifornier halten sich fit aber fahren immer mit dem Auto, auch wenn der Fußweg nur fünf Minuten dauern würde.

All das stimmt und stimmt nicht, so wie das mit Klischees nun mal ist. 36 Millionen Menschen kann man schlecht über einen Kamm scheren. Schon gar nicht in einem Staat, der gegensätzlicher und abwechslungsreicher kaum sein könnte. Deutlich weniger als die Hälfte der Bevölkerung sind Weiße, Latinos machen mehr als ein Drittel aus, Asiaten stellen mehr als 12 Prozent. Der schwarze Bevölkerungsanteil liegt mit rund 7 Prozent überraschenderweise unter dem amerikanischen Durchschnitt, doch konzentriert er sich in ganz bestimmten Gegenden, wie dem verrufenen South Central Los Angeles.

Kalifornien ist kein Schmelztiegel, aber ein Sammelbecken der Kulturen der Welt. Jeder vierte Kalifornier wurde außerhalb der USA geboren und die Staatsregierung verkündet stolz, es gebe keine Sprache, keine Ethnie und keine Kultur, die nicht in Kalifornien vertreten sei. Vierzig Prozent der Kalifornier sprechen zu Hause eine andere Sprache als Englisch.

Zur gesellschaftlichen Vielfalt gesellt sich die geographische Bandbreite. Ein Viertel des Staates ist von Wüsten be-

deckt, ein Drittel von Wald. Die großen Städte konzentrieren sich überwiegend im mediterranen Klima der Pazifikküste. Der höchste Berg außerhalb Alaskas, der Mount Whitney, liegt kaum hundert Meilen vom tiefsten Punkt der USA entfernt, dem Death Valley, das bis 85 Meter unter den Meeresspiegel reicht. 2012 wurde das Tal des Todes offiziell zum heissesten Ort der Erdoberfläche erklärt. Die Sommertemperaturen können die 40 Grad-Marke weit überschreiten. Und weil Kalifornier die Extreme lieben, findet alljährlich im Hochsommer ein mörderisches Wettrennen von Death Valley auf den Mount Whitney statt. Unter brutalen Temperaturen rannten 2008 beim Badwater Marathon 90 Läufer mit. Der schnellste überwand die 135 Meilen in weniger als 23 Stunden. Einer der Teilnehmer, Phil Rosenstein aus New Jersey, machte sich nur einen Monat später auf, die Route66 von Los Angeles nach Chicago zu laufen. Er brauchte 65 Tage.

Kalifornien in Zahlen	Kalifornien	Zum Vergleich: Spanien
Einwohner	36,5 Mio.	46 Mio.
Fläche	424.000 km²	505.000 km²
Einwohner pro km²	90	91
Höchste Erhebung	Mount Whitney, 4.421 m	Pico del Teide, 3.718 m
Hauptstadt	Sacramento	Madrid

Die natürliche Vielfalt machte das seit über zehntausend Jahren besiedelte Gebiet schon vor der Ankunft der Europäer zu einem bunten kulturellen Mosaik. Siebzig verschiedene indianische Volksgruppen sammelten, sähten, jagten und fischten in perfekter Anpassung an ihre jeweilige natürliche Umgebung.

Die Spanier verleibten Kalifornien offiziell ihrer Kolonie Neuspanien ein, überließen den Landstrich aber weitestgehend sich selbst. Außer einer Handvoll missionierender Jesuiten interessierte sich keiner für die abgelegene Gegend. 1579 landete der königliche englische Pirat und Erzfeind der Spanier Francis Drake in der nach ihm benannten Bucht nördlich von San Francisco. Er nahm das Land kurzerhand – wie es europäische Entdecker zu tun pflegten – für die Krone in Besitz. Für die Ureinwohner hatte das keinerlei Konsequenzen, denn vorerst ließ sich kein Engländer mehr blicken. Erst gegen Ende des 18. Jahrhunderts verstärkten die Spanier ihre Anstrengungen und gründeten entlang des Camino Real, des Königspfads, eine Kette von Missionsstationen.

Doch kurz darauf musste sich Spanien schon den Unabhängigkeitsbestrebungen Mexikos erwehren, das sich 1821 endgültig von der Kolonialmacht lossagte. Kalifornien gehörte fortan zu Mexiko.

Bald kamen die ersten Weißen aus dem Osten, um sich in Kalifornien niederzulassen. Im Streit um Texas kam es zum Krieg zwischen den USA und Mexiko, die Regierung in Washington annektierte Kalifornien und machte es 1850 zu einem vollwertigen Mitgliedsstaat.

Das wurde auch Zeit, denn zwei Jahre zuvor hatte der Tischler James W. Marshall zufällig im Sacramento River ein Goldnugget gefunden und den großen Goldrausch ausgelöst. Zu Tausenden strömten Abenteurer aus dem Osten auf der Suche nach Glück und Reichtum ins Land. Als 1869 die erste Eisenbahnverbindung quer durch den Kontinent fertiggestellt wurde, multiplizierte sich die Zahl der Zuwanderer in einem Strom, der bis heute nicht mehr abgeflaut ist. Später war es die Route 66, die die ruinierten Farmer des Dustbowl ins goldene Land trug. Kalifornien war der Inbegriff des amerikanischen Garten Eden, das Land, wo Milch und Honig fließen. Um 1900 hatte Kalifornien kaum eine Million Einwohner, heute ist es der bevölkerungsreichste Staat der USA.

Angeles Crest Highway

Der Staat boomte in allen Wirtschaftssektoren. Das günstige Klima brachte eine vielfältige und intensive Landwirtschaft hervor, die noch heute ein wichtiger Wirtschaftsfaktor ist. Inzwischen sind die USA zum viertgrößten Weinproduzenten der Welt aufgestiegen, 90 % davon kommen aus Kalifornien.

Auch die Vielfalt an Bodenschätzen trieb das stetige Wachstum an, am Ende war der entscheidende Faktor aber wohl der Geist und Erfindungsreichtum der Goldgräber, der Kalifornien nach vorn getrieben hat und immer noch treibt. Praktisch alle Industriezweige sind vertreten, darunter die Hightechsektoren, die die Welt revolutionieren. Und dabei steht das Silicon Valley für nichts anderes als einen neuen Goldrausch.

Kalifornien ist die größte Wirtschaftsmacht der USA, im Staat wird ein Viertel des amerikanischen Sozialprodukts erwirtschaftet. Wäre Kalifornien ein unabhängiges Land, stünde es unter den wichtigsten Wirtschaftsnationen der Welt auf Platz acht. Hinter Italien, aber vor Spanien, Russland, Brasilien oder Australien.

Aber die Natur, die den goldenen Staat so begünstigt, ist auch feindselig. Nirgendwo sonst in der entwickelten Welt häufen sich Naturkatastrophen so wie hier. Die Nachrichten von Waldbränden, Erdbeben und Flutkatastrophen gehören zum Alltag. Quer durch den Staat zieht sich die San Andreas Verwerfung, die Grenze zweier Kontinentalplatten die knirschend aneinander vorbeitreiben. Jährlich werden etwa 500.000 Erdstöße registriert, von denen einer 1906 San Francisco praktisch komplett zerstört hatte – und nicht wenige Wissenschaftler sagen ein ähnliches Ereignis für die nähere Zukunft voraus.

Die brummende Wirtschaft und die Konsumfreudigkeit der Bevölkerung resultiert natürlich in einem ungeheuren Energieverbrauch. Kalifornien muss mehr Elektrizität von den Nachbarn importieren als jeder andere US-Staat. Dennoch ist das Versorgungssystem schon mehrfach zusammengebrochen. So investiert man jetzt in erneuerbare Energien und kein anderer Staat produziert mehr Wind- und Sonnenenergie. Und man ist überzeugt, dass hier ein neuer Industriezweig entsteht, der Kalifornien ein neues Silicon Valley bescheren wird.

Unangefochtener Marktführer, zumindest in der westlichen Welt, ist natürlich die Filmindustrie, die jährlich rund 300 Streifen produziert, gefolgt von der Musikbranche, die dem Kino nur wenig nachsteht.

Kalifornien hat seit den 60er Jahren eigene Stilrichtungen geprägt und eine Fülle musikalischer Moden angeführt. Nach der Surf-Musik der Beach Boys kam in den späten 60ern die psychedelische Bewegung mit Bands wie Grateful Dead oder Jefferson Airplane. Die experi-

mentierfreudigen Frank Zappa und Captain Beefheart beeinflussten Musiker in der ganzen Welt. Es folgte der Country Rock mit den Eagles und Jackson Browne an der Spitze. Die 70er gebaren eine Funk-Bewegung angeführt von Sly and the Family Stone und Quicksilver Messenger Service.

Der Punk hinkte New York und Washington zunächst etwas hinterher, aber mit Black Flag und den unvergleichlichen Dead Kennedys setzte Kalifornien neue Maßstäbe. In den 90ern entwickelte sich um NOFX und Pennywise der typisch kalifornische Hardcore.

In den Gefilden des harten Rock prägten Mötley Crüe oder Quiet Riot die 80er mit ihrem dick aufgetragenen Glam Metal, der später vom Trash abgelöst wurde. Dessen bekanntesten Vertreter sind wohl Metallica und Slayer.

Die HipHop-Bewegung musste erst aus dem Osten hinüber schwappen, fand aber äußerst fruchtbaren Boden. In den großstädtischen Ghettos packten die Gangster Rapper Ice T, 2Pac oder Snoop Dogg ihre diskussionswürdige Lebensphilosphie in jugendgefährdende Reime.

All diese Beispiele zeigen, dass es Kalifornien immer wieder geschafft hat, sich an die Spitze zu setzen. Ein gewisser Übermut der Bevölkerung lässt sich daher nicht bestreiten – vielleicht ist es aber auch ein Überbleibsel der alten Goldgräbermentalität. Wo sonst könnte der Terminator persönlich zum Gouverneur gewählt werden?

 in Kalifornien

Von den 320 Meilen Route66 ist auch in Kalifornien noch ein großer Teil auf historischem Asphalt zu erfahren. Ein Viertel geht aber im Moloch der Großagglomeration Los Angeles verloren. Gut die Hälfte der Strecke verläuft quer durch die Mojave-Wüste, vorbei an einer Kette von Geisterstädten. Die Landschaft ist streckenweise eintönig, Temperaturen und brennende Sonne können vor allem Motorradfahrern zusetzen. Dafür haben Wüstenkäffer wie Amboy ein ganz eigenes Flair. Der Reisende fühlt sich in einen Roadmovie versetzt – und weiß nicht in welchen.

Man kann sich eine gute Vorstellung machen, was Reisen vor 60 oder 70 Jahren bedeutete, als die Fahrzeugtechnik noch weniger zuverlässig war und sich Motoren leicht überhitzten. Familien lagen am Fahrbahnrand in der schattenlosen Wüstenhitze gestrandet, hoffend, dass irgendjemand anhält und helfen kann. Oder sie trampten los, um im nächsten Ort Hilfe zu holen. In der Wüste liegen die Siedlungen aber dummerweise etwas weiter voneinander entfernt. Viele fuhren die Mojavestrecke nachts,

Angeles Crest Highway

um der Hitze zu entgehen. Diese Zeiten haben die Amerikaner geprägt. Wenn man sich auf eins verlassen kann, dann ist es ihre uneingeschränkte Hilfsbereitschaft. Heute, im Zeitalter von Klimaanlage und Mobiltelefon haben sich diese Probleme minimiert.

Hinter Victorville verlässt man dann die Wüste und die Straße durchquert am Cajon Pass das Tal, das die gewaltig erscheinenden San Gabriel- und San Bernardino Mountains trennt. Kurz darauf erreicht man San Bernardino und damit den Großraum Los Angeles. Der Strand von Santa Monica ist aber immer noch satte 78 Meilen entfernt. Theoretisch könnte man der alten Route66 quer durch die riesige Agglomeration folgen. Wie viele Stunden man dabei vor roten Ampeln summieren würde, müsste man in einem masochistischen Selbstversuch herausfinden. Die logische Konsequenz ist, sich dem Zentrum von Los Angeles auf dem Interstate Highway anzunähern.

Eine grandiose Alternative, die allerdings wahrlich nichts mit der 66 zu tun hat, stellt der Angeles Crest Highway dar. Achtzig Meilen kurvige Landstraße über das mediterran anmutende Hochgebirge der San Gabriel Mountains sind besonders für Motorradfahrer ein Genuss. Es bieten sich überwältigende Panoramablicke über das smoggeplagte Becken von Los Angeles oder nach Norden ins wüstenhafte Antelope Valley. Ein kurzer Abstecher von fünf Meilen führt zum Mount Wilson. Das bekannte, gleichnamige Observatorium beherbergte das von 1917 bis 1948 größte Teleskop der Welt.

Zur Gebirgsstrecke gelangt man vom IS15, indem man an der Ausfahrt „Palmdale" rechts auf den HW138 biegt und nach 8 mi/13 km links dem HW2 bis nach Wrightwood folgt. Hier sollte man unbedingt den Stand der Tanknadel überprüfen, denn auf die nächste Tankstelle trifft man erst 59 mi/95 km weiter westlich in La Cañada, wo die aufregende Gebirgsstrecke endet. Von hier kann man über den IS 210 einen Abstecher ins Zentrum des schicken und sehr lebendigen Pasadena wagen oder man begibt sich über den HW2 direkt nach Downtown Los Angeles.

Die zweitgrößte Stadt der USA ist ästhetisch eher enttäuschend, vor allem im Vergleich zu der architektonischen Perle Chicago. Doch zu sehen gibt es eine Menge zwischen Downtown, Hollywood, Santa Monica und Venice. Wer die Stadt tiefer ergründen will, kann gut und gern ein paar Tage dafür einplanen.

🖥 Websites

Die offizielle Touristeninformation
🖳 www.visitcalifornia.com

Auch die Website des Staates Kalifornien bietet wertvolle Reiseinformationen.
🖳 www.ca.gov/VisitPlay

Straßenzustandsberichte und aktuelle Verkehrshinweise findet man unter
🖳 www.ca.gov/Driving/RoadConditions.html

🎵 Soundtrack California

Künstler	Titel	Album	Jahr	Genre
Ray Charles	California here I come	The Genius Hits the Road	1960	Rhythm 'n' Blues
Beach Boys	California Girls	Summer Days	1965	Surf
Bob Dylan	California	As Good as It Gets: The Ultimate Emmett Grogan Acetates	1965	Folk
The Mamas & the Papas	California dreamin'	If You Can Believe Your Eyes and Ears	1966	Folk

In der Mojave Wüste

Künstler	Titel	Album	Jahr	Genre
Merle Haggard	California Blues	Pride in what I am	1969	Country
Joni Mitchell	California	Blue	1971	Songwriter
Led Zeppelin	Going to California	IV	1971	Rock
The Ramones	California Sun	Leave Home	1977	Punkrock
Cheap Trick	California Man	Heaven Tonight	1978	Rock
Chuck Berry	California	Rock it	1979	Rock'n'Roll
Dead Kennedys	California über alles	Fresh Fruit for Rotting Vegetables	1980	Punk
The Barracudas	California Lament	Drop Out with the Barra-cudas	1981	Surf
R.E.M.	I remember Cali-fornia	Green	1988	Rock
LL Cool J	Going back to Cali	Walking with a Panther	1989	HipHop
2Pac	California Love	All Eyez on Me	1996	HipHop
Tom Petty & the Heartbreakers	California	Songs and Music From „She's the One"	1996	Rock
Propellerheads	Take California	Decksandrumsandrockan-droll	1998	Elektronik
Billy Bragg & Wilco	California Stars	Mermaid Avenue	1998	Folkrock
Red Hot Chili Peppers	Californication	Californication	1999	Rock
Phantom Planet	California	The Guest	2002	Rock
Nancy Sinatra	How Are Things in California?	California Girl	2002	Pop
Kings of Leon	California waiting	Holy Roller Novocaine	2003	Rock
Vampire Weekend	California English	Contra	2008	Alternativrock
Wolfmother	California Queen	Cosmic Egg	2009	Rock
PJ Harvey	Leaving California	A Woman a Man Walked By	2009	Songwriter
Social Distortion	California (Hustle and Flow)	Hard Times and Nursery Rhymes	2011	Punkrock

Gier ohne Grenzen – Der kalifornische Goldrausch

Blow, boys, blow, For Californio,   *Blast, Jungs, blast! (in die Segel), Nach Kalifornien,*
There's plenty of gold, so I am told,   *Es gibt eine Menge Gold, wurde mir erzählt,*
On the banks of Sacramento.   *an den Ufern des Sacramento.*

Refrainzeile des Shantys vom Hamborger Veermaster

Der kalifornische Goldrausch begann genau so wie man sich das gemeinhin vorstellt. Ein ganz normaler Tag, der 24. Januar 1848. Bei der Konstruktion einer wassergetriebenen Sägemühle am American River stieß der Zimmermann James Marshall ganz zufällig auf das erste Goldnugget. Sein Chef, der aus der Schweiz stammende Grundbesitzer Johann Sutter, wollte den Fund geheim halten, doch der Ladenbesitzer Sam Brannan galoppierte übermütig vor Begeisterung in die nächste Stadt. In der einen Hand hielt er eine Flasche mit Goldstaub, mit der anderen schwang er seinen Hut und posaunte enthusiastisch den Fund in die Welt hinaus. Am nächsten Tag waren kaum noch Männer in der Stadt. Die Entdeckung löste eine Massenmigration aus und gab der Geschichte Kaliforniens und der USA eine neue Richtung.

Doch bis zum Beginn des wahren Goldrausches sollte noch ein Jahr vergehen. Die Nachricht verbreitet sich zunächst in der näheren Umgebung und es waren die noch wenigen Siedler der Gegend, die sich mit primitivstem Werkzeug auf die Suche machten. Einige hatten das Glück, auf wirklich reiche, oberflächennahe Goldadern zu stoßen.

Die Gerüchte von den Goldfunden erreichten nur langsam den amerikanischen Osten. Doch wenn Geschichten über große Entfernungen reisen, haben sie die seltsame Tendenz, sich mehr und mehr aufzublähen. Außerdem hatten die glücklichen ersten Goldgräber keinen Zweifel an der Unendlichkeit der Goldreserven. Hatten sich im ersten Jahr nach der Initialzündung nur geschätzte 500 Amerikaner auf den Weg in den fernen Westen gemacht, so begann der wirkliche Goldrausch im darauffolgenden Jahr. Inzwischen war der Goldreichtum des Westens zum Tagesgespräch geworden und schätzungsweise 90.000 Glücksritter wanderten in Richtung Pazifik.

Die Reise war teuer und kein Zuckerschlecken. Im Prinzip gab es drei Möglichkeiten in den fernen Westen zu gelangen: Über Land, per Schiff nach Panama, wo man einen Teil der Landenge zu Fuß überwinden musste oder die Seereise um die Südspitze des Kontinents. Wer sich letztere leisten konnte, hatte eigentlich keine Veranlassung, im Dreck nach Gold zu graben.

Der Weg über Panama war auch nicht preiswert, aber scheinbar der kürzeste und ungefährlichere. Doch die Reise hatte ihre Tücken. Zunächst ging es mit dem Schiff von New York an die Karibikküste Panamas. Direkt am Anleger begann der Run auf Begleiter und Transportmittel, um irgendwie schnell an den

Pazifik zu gelangen. Die schlechtesten Karten hatten die, die mit viel Gepäck oder gar schon mit ihrer Bergbauausrüstung beladen waren. Das Chaos muss unvorstellbar gewesen sein. Jeder wollte der Erste sein. Sprach- und Kulturbarrieren, Wucherpreise, Jeder gegen Jeden. In Panama war niemand auf den Ansturm vorbereitet. Es gab keine Unterkünfte und nicht genug zu essen. Auf dem Weg durch den tropischen Dschungel wurden nicht wenige von Gelbfieber und Malaria dahingerafft.

In Panama Stadt, dem Hafen auf der pazifischen Seite, gab es auch kein leichtes Weiterkommen. Logischerweise gab es auf der atlantischen Seite bedeutend größere Schiffskapazitäten als an der Westküste. Jeder versuchte, irgendwie seinen Weg nach San Francisco zu machen, etliche blieben auf der Strecke.

Abgesehen von einigen wenigen, die in Veracruz anlandeten und sich durch Mexiko den Weg zum Pazifik suchten, blieb dem Rest nur der Weg über Land. Der dauerte mit Glück nicht unwesentlich länger, je nachdem wo der Startpunkt lag. Bis zum Mississippi bewegte man sich in sicherem Territorium, doch nach der Flussüberquerung befand man sich in der wilden Natur, im Indianerland. Die Migranten organisierten sich in Trecks, um den rund fünf Monate langen Weg in den goldenen Westen zu überwinden. Die meistgenutzte Route folgte dem Missouri nach Nordwesten, durch Wyoming, Idaho und Nevada.

Auf dem Weg durch die Great Plains lauerten zwar jede Menge Gefahren, wie Indianerüberfälle und Klapperschlangen, doch der wahrhaft schwierige und gefährliche Part waren die Wüsten und Gebirge des Westens. Das mitgetriebene Vieh und die Zugtiere verhungerten, trinkbares Wasser war ein seltener Fund. Das mitgeschleifte Gepäck wurde täglich weiter reduziert und die meisten erreichten das gelobte Land als körperliche und seelische Wracks. Den „Trail" nach Westen markierte eine lange Reihe improvisierter Gräber derer, die die Strapazen nicht überstanden hatten.

Der Lockruf des Goldes hallte aber nicht nur im Osten der USA, sondern erklang auch in Europa und Australien. In Frankreich wurden Lotterien veranstaltet, der Preis versprach die kostenlose Überfahrt ins Goldland, wo man sich angeblich in Windeseile bereichern konnte.

Wer auf der Landroute anreiste, blieb direkt im Gebirge, um nach seinem Glück zu suchen. Alle, die auf dem Seeweg nach Kalifornien kamen, landeten in San Francisco, das bis dahin ein unbedeutendes kleines Kaff gewesen war. Doch binnen eineinhalb Jahren wuchs die Bevölkerung schätzungsweise um das Fünfundzwanzigfache. San Francisco war die Stadt, die am meisten vom Goldrausch profitierte und die, die am meisten unter ihm zu leiden hatte. Die Einwohnerzahl schnellte von 1.000 Anfang 1848 auf 50.000 Mitte der fünfziger Jahre hoch. Alle Infrastrukturen kollabierten, die meisten Menschen lebten in Zelten oder Barackensiedlungen. Die Versorgung mit Gütern aller Art reichte nicht aus, schließlich musste fast alles aus dem Osten importiert werden. Von Recht und Ordnung keine Spur, es herrschten schlichtweg anarchische Zustände. Innerhalb von nur zwei Jahren wüteten sechs Großfeuer, die große Teile der Stadt in Schutt und Asche legten.

Die ersten Glücksritter zogen mit primitivster Ausrüstung in die Berge und da eigentlich niemand vom Goldsuchen eine Ahnung hatte, wurden die kuriosesten Erfindungen ausprobiert. Die Einen gruben mit Hacke und Spaten, die Anderen versuchten ihr Glück mit Goldwaschen im Fluss. Um 1850 war das am leichtesten zugängliche Gold schon von der Oberfläche verschwunden und die Neuankömmlinge mussten frustriert feststellen, dass ihr Weg zum Reichtum keineswegs kurz und direkt sein würde.

Zwischen den Goldgräbern herrschte erbitterte Konkurrenz, jeder wollte der Erste sein, jeder fürchtete, vom anderen überholt zu werden. Als es zunehmend schwieriger wurde, das edle Metall zu finden, mündete die Konkurrenzsituation in Feindseligkeit. Die Ersten, die diskriminiert wurden, waren wie üblich die Ausländer, besonders Lateinamerikaner und Chinesen. Viele wurden vom Mob mit Gewalt vertrieben. Der kalifornische Staat – aus offensichtlichen Gründen inzwischen hastig in die Union aufgenommen – erhob eine Sondersteuer für ausländische Goldsucher.

Hand in Hand mit der zunehmenden Verknappung einfach auszubeu-

tenden Metalls ging die geographische Expansion der Goldsuche. Die Glücksritter überrollten besonders den Norden Kaliforniens, aber auch die südlichen Gebirge. Die Leidtragenden waren natürlich die Ureinwohner. Die hysterischen Abenteurer drangen in die Jagd- und Fischgründe der Indianer ein und scherten sich wenig um ihre geheiligten Stätten. Sie vergifteten die Flüsse mit Quecksilber und versklavten Indianerfrauen und -kinder.

Die Indianer reagierten mit Selbstverteidigung und griffen die Goldsucher an, waren deren Bewaffnung aber meist unterlegen. Es kam zu regelrechten Massakern an der indianischen Bevölkerung. Unterschiedlichen Schätzungen zufolge lebten vor der Ankunft der Europäer zwischen 300.000 und 700.000 Indianer auf dem Territorium des späteren Kalifornien. Zu Beginn des Goldrausches hatten die eingeschleppten Krankheiten die Bevölkerung auf die Hälfte reduziert. Zwanzig Jahre später zählte ein offizieller Zensus gerade noch 30.000.

Gold war nicht nur in Kalifornien die Ursache von Tod und Vertreibung. Schon der erste nordamerikanische Goldrausch 1829 in Georgia führte direkt zur Vertreibung der Indianer. Ähnliches wiederholte sich später in Colorado, Idaho, Oregon und den Black Hills in South Dakota. Gier kennt keinen Respekt vor dem Leben und der Kultur der anderen.

Das Glück, auf eine wirklich reiche Goldader zu stoßen, hatte nur eine Minderheit, und zwar vor allem am Anfang des Goldrauschs. Später wurde die Jagd nach dem edlen Metall zu einer mühseligen Arbeit, die zwar noch Profit abwarf, aber angesichts der Investitionen für Anreise und Werkzeuge kein großes Geschäft war. Wie so oft waren es eher clevere Geschäftsleute, die wirklich profitierten. Für Versorgung und Ausrüstung der Goldsucher konnten sie horrende Preise verlangen und Saloons und Bordelle boomten, in denen vielfach der gerade gewonnene Reichtum gleich wieder verprasst wurde. Der größte Gewinner des Goldrauschs war der Mann, der ihn ausgelöst hatte: Sam Brannan. Anstatt sich selbst auf die Jagd nach dem Edelmetall zu machen, baute er eine Ladenkette in Goldgräbersiedlungen auf, wurde eine wichtige Figur in der Politik San Franciscos und verlegte die erste Tageszeitung der Stadt. Er gilt als erster Millionär Kaliforniens.

👁 Schauplätze

Im südlichen Kalifornien begann die Goldsuche erst später. Die Route 66 führt quer durch den Buckeye Mining District. In der Umgebung der Geisterstädte Ludlow und Ragtown liegen viele Minen verstreut, die Kupfer und Gold förderten. Am Ort der inzwischen verschwundenen Minenstadt Ragtown erinnert eine Kupfertafel an die ehemals produktivste Gold- und Kupfermine der Region. In Oro Grande, südwestlich von Barstow wurde bis 1880 Gold gefördert.

Oatman in Arizona wurde ebenfalls von Goldsuchern gegründet. Wenige Kilometer außerhalb arbeitet eine weiterhin aktive Goldmine.

Von Needles nach San Bernardino

Neun Kilometer nach der Überquerung des Colorado folgt der obligatorische Halt an einer Kontrollstation. Es ist verboten, irgendwelche Pflanzen, Gemüse oder Obst nach Kalifornien einzuführen. Die schwitzenden Beamten lassen sich von riesigen Ventilatoren ein wenig Kühlung verschaffen.

🏛 Needles (5.700 EW)

Nach weiteren 8 Kilometern erreicht man die Abfahrt zur ersten Stadt in Kalifornien. Hier legte auch die Familie Joad in John Steinbecks „Früchte des Zorns" eine Pause ein. Der Broadway ist die originale Route66, an der sich auch heute noch Motels und Restaurants aufreihen. Ein Paar stilechte Original-Etablissements sind noch darunter. Außer sengender Sommerhitze hat die amerikanische Allerweltsstadt nicht viel Aufregendes zu bieten. Die bewässerten, saftig-grünen Rasenflächen bilden einen eklatanten Kontrast zur desolaten Wüstenlandschaft.

Needles bekam seinen Namen zu Ehren der Bergspitzen im Süden, die jenseits der Staatsgrenze in Arizona liegen. Die Stadt lebte immer vom Durchgangsverkehr, ob auf der Straße oder der Schiene. Ihre Lage am Colorado und das milde Winterklima ziehen auch einige Touristen an, doch kann Needles nicht mit dem nahe gelegenen Lake Havasu City konkurrieren. Needles gehört zu den heißesten Städten der USA, jedenfalls unter klimatischen Gesichtspunkten. Im Juli und August klettert das Thermometer praktisch täglich über die 40 °C-Marke. Der Rekord lag 2005 bei 51,6 °C.

Die Stadt gehört zum San Bernardino County, dem flächenmäßig größten Landkreis der USA. Er ist sogar größer als neun Bundesstaaten. Needles liegt aufgrund von Differenzen in der Finanzpolitik mit der Kreisverwaltung im Dauerclinch und

Amboy

hat 2008 erklärt, es möchte entweder einen eigenen Landkreis gründen, oder sich gar den Nachbardistrikten in Arizona oder Nevada anschließen. Das entbehrt nicht einer gewissen Logik, denn die wirtschaftlichen und sozialen Beziehungen nach Norden und Osten sind weit intensiver als die nach Kalifornien. Schließlich ist Barstow, die nächste größere kalifornische Stadt über zweihundert Kilometer entfernt. Ob der Staat Kalifornien die abtrünnige Provinz in die Freiheit entlassen wird, ist allerdings fraglich.

Für den weiteren Weg in Richtung pazifischer Frische muss man erst mal wieder auf die Autobahn, vorher sollte man unbedingt den Tank auffüllen. Dann kann man entscheiden, ob man die Wüste mit Höchstgeschwindigkeit auf dem Interstate durchquert, oder sich auf der einsamen Landstraße durch die Mondlandschaft treiben läßt. Acht Meilen hinter Needles kann man auf historischem Asphalt einen 50 Kilometer langen Schlenker durch das Herz der Wüste einlegen. Dazu verlässt man die Autobahn auf den Highway 95 in Richtung Norden. Nach 6 mi/10 km biegt man nach links auf die Goffs Road, die einen wieder zur Autobahn zurückbringt. Zehn Meilen südlich von Goffs unterquert die Straße den Interstate Highway. Verlassene kleine Ortschaften zieren alle paar Kilometer die Landstraße: Ein wirklich schöner Anblick sind die Ghost Towns nicht, sie gleichen eher ungeordneten Schrottplätzen. Essex, Danby, Summit und Cadiz sind auf detaillierten Straßenkarten immer noch verzeichnet. Vielleicht kommt ja mal jemand zum Aufräumen vorbei und haucht den Ruinen neues Leben ein.

Die Wüste präsentiert sich erbarmungslos trocken und desolat. Von menschlicher Besiedlung sind kaum mehr als Ruinen zu entdecken. Für die Flüchtlinge aus dem Dustbowl muss der erste Eindruck vom kalifornischen Paradies niederschmetternd gewesen sein.

🏚 Amboy (< 10 EW)

Der letzte Überlebende in der Todeszone der Mojave Wüste stand dem Tod schon Auge in Auge gegenüber. Herz und Seele des Ortes, die Tankstelle mit Roy's Café, war schon zeitweise geschlossen. Zumindest das Café ist wieder in Betrieb und vertreibt jetzt sogar Wasser in Plastikflaschen der eigenen Hausmarke.

Der ganze Ort scheint immer vollständig Eigentum eines einzelnen Besitzers gewesen zu sein. 2003 stand ganz Amboy bei eBay zur Versteigerung. Doch für die angepeilten zwei Millionen Dollar fand sich kein Käufer. Eine Immobilienfirma nahm sich des Falles an und fand tatsächlich einen solventen Investor. Zwei Jahre nach dem gescheiterten Auktionsversuch

Der Shoe Tree 2006

kaufte der Unternehmer Albert Okura das Städtchen, angeblich für $425.000. Okura ist Besitzer der Hühnchengrill-Kette Juan Pollo und des ersten McDonald's-Restaurants in San Bernardino.

Amboy ist einer der hitzegeplagtesten Orte der USA, man sagt, die Temperatur liege immer just zwei Grad unter der des Death Valleys. Im selben Tal liegt der Bristol Salt Lake, ein vertrockneter See aus dem seit Ewigkeiten Salz gewonnen wird. Die harten, obskur geformten Salzkrusten stehen denen in Death Valley in wenig nach und bilden stellenweise schöne, sechseckige Formen. Der Salzsee wird von der Amboy Road durchquert, die an der einzigen Kreuzung des Ortes nach Süden abzweigt.

Wer genau beobachtet, entdeckt oberhalb des Ortes seltsame Dammkonstruktionen. Diese Dämme schützen den Ort vor Regenwasser, das durch immer wieder auftretende, schwere Gewitter auf der gesamten Breite des flachen Hangs langsam ins Tal niedergeht und den Ort zu überfluten droht. Aufgrund der ungewöhnlichen Form des Phänomens spricht man von einer „sheet flood", grob übersetzt also einer Schichtflut. Amboy ist demnach eine der seltenen eingedeichten Wüstenoasen.

Die desolate Wüstenlandschaft und die 40er Jahre-Atmosphäre von Roy's Café locken des Öfteren Filmteams aus Hollywood nach Amboy, denn der Ort bietet die perfekte Umgebung, um skurrile Typen oder psychopathische Massenmörder in Szene zu setzen.

Kurz vor dem östlichen Ortseingang stand an einer Brücke einer der wenigen Bäume der Region. Er war bis vor wenigen Jahren mit hunderten Paaren von Schuhen behangen. Irgendwann in den letzten Jahren ist er scheinbar unter dem Gewicht zusammengebrochen und vertrocknet nun erbarmungswürdig in der sengenden Sonne.

Die lokale Legende erzählt, dass Ende der 60er Jahre ein Hippie-Pärchen durch den Ort kam. Die beiden litten unter der Hitze, und um die Entscheidung zu unterstreichen, dass sie keinen Schritt weiter gehen würde, band der weibliche Part die Schnürsenkel ihrer Schuhe zusammen und warf sie hoch in den Baum. Seitdem sind hunderte Paare von Schuhen hinzu gekommen. Niemand wird wohl jemals den Wahrheitsgehalt der Geschichte nachweisen können, denn „shoe flinging" ist nicht nur in den USA ein beliebter Zeitvertreib. Neben Bäumen sind Starkstromleitungen besonders beliebte Angriffsziele – da sich niemand traut, die Schuhe dort wieder runterzuholen.

Etwa vier Kilometer südwestlich türmt sich ein perfekt geformter Vulkankegel auf, der Amboy Crater. Der 76 Meter hohe Vulkan entstand vor etwa 6.000 Jahren und ist von einem immensen Lavafeld umgeben. Man kann bis zum Kraterrand hochsteigen, allerdings muss man zuerst das schwer begehbare Lavafeld überwinden.

Vor einigen Jahrzehnten wurde beobachtet, wie schwarzer Rauch aus dem Kegel austrat. Die damals noch zahlreichere Bevölkerung Amboys bereitete sich auf die Evakuierung vor, die Polizei sperrte die Zufahrtsstraßen und der Bahnverkehr wurde unterbrochen. Man fürchtete einen größeren Ausbruch. Ein Geologenteam rauschte aus Los Angeles an, überflog den Vulkan im Hubschrauber und fand statt glühender Lava lediglich einen brennenden Müllhaufen im Krater. Die weiteren Nachforschungen ergaben, dass sich ein paar Jugendliche aus Barstow einen Spaß erlaubt hatten. Zum Vulkan biegt man etwa drei Kilometer westlich des Ortes links ab und kommt nach einigen hundert Metern zu einem Parkplatz.

Nur zwei Kilometer südwestlich des Kraters beginnt das Marine Corps Air Ground Combat Center. Ein riesiger Truppenübungsplatz der US-Marines, wo Kampfeinsätze unter Wüstenbedingungen geprobt werden. Bevor sie in den Irak oder nach Afghanistan geschickt werden, werden die meisten Marines hier einen Monat lang auf den Wüsteneinsatz vorbereitet.

Joshua Tree

Wer die Wüste auf ihrem Höhepunkt an natürlicher Schönheit erleben will, kann von Amboy nach Süden abzweigen und den grandiosen Joshua Tree Nationalpark besuchen. Bis zum Parkeingang sind es allerdings gut 80 Kilometer.

🎵 Soundtrack Amboy

Künstler	Titel	Album	Jahr	Genre
Disaster us	Amboy	Disaster us	2008	Punk
Tracker	Amboy, CA	Ames	2001	Alternativrock

Die 66 arbeitet sich von Amboy stetig weiter nach Westen vor. In Ludlow, immerhin mit einer regelmäßig geöffneten Tankstelle gesegnet, wechselt die 66 auf die Nordseite des Interstate, um sie kurz darauf wieder zu überqueren. Bis Newberry Springs verbleibt sie auf der Südseite.

Westlich von Amboy hört der nächste auf der Karte verzeichnete Ort auf den wohlbekannten Namen Bagdad. Zu sehen ist er praktisch nicht. Die Gebäude wurden 1991 abgerissen und nicht, wie man vielleicht vermuten möchte, von den trainierenden US-Soldaten dem Erdboden gleich gemacht.

Bagdad war das fiktive Szenario der 1987 gefilmten Komödie „Out of Rosenheim" mit Marianne Sägebrecht. Ein Bagdad Café hatte hier wirklich existiert, gedreht wurde der Film aber gut 80 Kilometer weiter westlich, in Newberry Springs. Das Restaurant hieß damals noch Sidewinder Café, benannte sich dann aus Publicitygründen natürlich in Bagdad Café um.

Cinephile Europäer fallen scharenweise über das tendenziell eher schmuddelige Etablissement her und berappen ohne Murren vier Dollar für ein Bier. Immerhin findet sich im Gästebuch der eine oder andere Protest gegen die unverfrorene Preispolitik.

✉ 46548 National Trails Highway, Newberry Springs, CA 92365

⇒ IS40 Exit Newberry Springs, nach links über die Autobahn und gleich wieder rechts, nach 2 km auf der rechten Seite

☎ 1-760-257-3101

🖥 www.newberrysprings.com/bagdadcafe

Spanischer Protest gegen empörende Bierpreise – "Schurken!"

💬 Out of Rosenheim	
Originaltitel	Bagdad Café
Jahr	1987
Regie	Percy Adlon
Hauptdarsteller	Marianne Sägebrecht, CCH Pounder
Genre	Komödie

🎵 Soundtrack Newberry Springs

Künstler	Titel	Album	Jahr	Genre
Jevetta Steele	Calling You	Bagdad Café (Soundtrack)	1988	Pop

Allen geographischen Kenntnissen zum Trotz sind es von Bagdad nach Siberia nur ein paar Kilometer. Der Wunsch war wohl der Vater des Gedankens bei der Taufe der Wüstensiedlung, die inzwischen ebenfalls komplett beseitigt ist.

🏛 Barstow (21.100 EW)

Als Verkehrsknotenpunkt für Straßen und Schienen hat Barstow das bewegte Flair einer Stadt, in der alle auf der Durchreise zu sein scheinen. Hier treffen die Highways aus Arizona, Las Vegas und Bakersfield zusammen, um den Verkehr in den Großraum Los Angeles zu kanalisieren. Nach hunderten Kilometern durch die nahezu ausgestorbene Wüste erscheint Barstow ein Ort frenetischer Aktivität. Der Eindruck täuscht, Barstow gehört zu den ärmsten Städten Kaliforniens. Mehr als ein Drittel der Einwohner überlebt mit Zuschüssen der Wohlfahrt.

Hunter S. Thompson leitet die Beschreibung der persönlichen Erlebnisse des Protagonisten im Buch „Fear and loathing in Las Vegas" mit folgendem Satz ein: „Wir waren irgendwo bei Barstow am Rande der Wüste, als die Drogen zu wirken begannen ...".

Obwohl keine wirkliche Schönheit, hat Barstow dem (Durch-)Reisenden doch einige Kleinigkeiten zu bieten:

▶ Western American Railroad Museum

Ein schön restauriertes, altes Bahngebäude beherbergt ein Eisenbahn- und – natürlich – ein Route66-Museum. Eisenbahnliebhabern wird ein Einblick in die Geschichte und Bedeutung der Bahn bei der Erschließung des amerikanischen Westens versprochen. Auf dem Gelände kann man eine ganze Reihe historischer Waggons und Lokomotiven besteigen. Das Gebäude wurde von der Architektin Mary

Colter entworfen, der wir schon in Winslow und am Grand Canyon begegenet sind.

- ✉ 685 N 1st St
- ⇨ *Von der Main St rechts in die 1st St, nach 600 m rechts um die Kurve, unübersehbar auf der rechten Seite*
- 🕐 *Fr-So 11-16h*
- ☎ *1-760-256-9276*
- 🖥 *www.barstowrailmuseum.org*

▶ Desert Discovery Center

Das unter anderem von der Nationalparkverwaltung betriebene Museum will einen tieferen Einblick in die Naturgeschichte der Wüste vermitteln, von der Geologie bis zu allen Arten von Bewohnern. Bekanntestes Ausstellungsstück ist „Old Woman", der zweitgrößte Meteorit, der in den USA gefunden wurde.

- ✉ 831 Barstow Rd
- ⇨ *Von der Main St links in die Barstow Rd, nach 600 m auf der linken Seite*
- 🕐 *Fr-So 11-16h*
- ⊘ *Frei*
- ☎ *1-760-256-9276*
- 🖥 *www.barstowrailmuseum.org*

▶ Calico Ghost Town

Zehn Meilen nordöstlich von Barstow liegt eine ehemals verlassene Bergbausiedlung, wo nach Silber geschürft wurde. 1881 wurde das Edelmetall tatsächlich gefunden und löste einen Silberrausch aus, der etwa 15 Jahre andauerte. Kurz nach der Jahrhundertwende verließen die letzten Bewohner den Ort und hinterließen eine Geisterstadt. Inzwischen wurde Calico in einen mittelmäßig aufregenden Vergnügungspark mit den klassischen Attraktionen für jung und weniger jung verwandelt: Ein Museum, Gold waschen, eine Eisenbahnfahrt, fiktive Schießereien vor dem Saloon.

- ✉ 36600 Ghost Town Rd, Yermo, CA 92398
- ⇨ *Von Barstow auf dem IS15 nach Norden, Exit „Ghost Town"*
- 🕐 *täglich 9-17h*
- ⊘ *Erwachsene $8, Kinder & Jugendliche (6-15 Jahre) $5*
- ☎ *1-800-862-25426*
- 🖥 *www.calicotown.com*

▶ Solar One

Bei Daggett, zehn Meilen östlich von Barstow, liegt Solar One, das erste große Solarkraftwerk der Vereinigten Staaten. 1.800 Spiegel konzentrierten das Sonnenlicht in einem Punkt und produzierten zwischen 1981 und 1999 rund 10 Megawatt Elektrizität. Seitdem wird mit der inzwischen veralteten Technologie keine Energie mehr in öffentliche Netze gespeist. Die University of California nutzt die Anlagen jetzt für andere Forschungszwecke. Eine Besichtigung ist im Prinzip nicht möglich, aber von außen kann man problemlos einige Blicke auf die Anlagen werfen.

- ⇨ *Vom IS40 Exit Barstow Airport, die zweite links in die Santa Fe St, nach 2 mi/3 km rechts auf die ungeteerte Straße und eine weitere Meile nach Norden*

🎵 Soundtrack Barstow

Künstler	Titel	Album	Jahr	Genre
David Grisman	Barstow	Dawg Jazz/Dawg Grass	1983	Bluegrass
Doobie Brothers	Outside of Barstow	Long Train Runnin': 1970-2000	1999	Rock
Pete Greenwood	Bats over Barstow	Sirens	2008	Songwriter
Tangerine Dream	Down to Barstow	Music For Sports – Cool Races	2009	Elektronik
D.S. Yancey	Barstow to Vegas	Salt the Earth & Fill your Hands	2011	Songwriter

Galico Ghost Town

Ab Barstow wendet sich die Route66 allmählich nach Süden. Bis Victorville folgt die 66 unter dem Namen National Trails Highway dem Tal des Mojave River. Angesichts des Wüstenklimas überrascht der Anblick des trockenen Flussbetts nicht. Doch der Mojave River hält eine Überraschung bereit: Das Wasser fließt unterirdisch! Es zwängt sich nämlich durch die dick abgelagerten Sande und tritt nur an einigen Engstellen ans Tageslicht, beispielsweise bei Victorville. Und noch eine Überraschung: Der Mojave fließt nicht zum Pazifik sondern geradewegs in die Wüste, wo er im Soda Lake versickert und verdunstet. Während der letzten Eiszeit, als er bedeutend mehr Wasser führte, entwässerte der Mojave River im Death Valley.

Um den richtigen Weg aus Barstow herauszufinden, folgt man einfach der Main Street, die im Ort einen langgezogenen Bogen nach links vollzieht.

Der nächste unscheinbare Ort namens Helendale birgt eine weitere Attraktion vom Typ „hausgemachte exzentrische Folklore-Kunst": Elmar's Bottle Tree Ranch. Im Vorgarten von Elmar Long, ehemals Arbeiter in der nahegelegenen Zementfabrik, steht unübersehbar ein Wald eiserner Bäume, deren Blätter, namentlich Glasflaschen, im Herbst nicht abfallen.

Vorbei an einigen Ruinen kommt man nach Oro Grande, zu Deutsch „großes Gold". Der Name enthüllt die Intentionen der spanischen Kolonisatoren. Die Hoffnungen erfüllten sich nicht, stattdessen wurde die Gegend zu einem Zentrum der Zementindustrie.

Am Ortseingang von Oro Grande, schon in Sichtweite der Zementfabrik, liegt rechter Hand die sympathische Bikerbar „**Iron Hog Saloon**". Wenig westlich des Flusstals kann man zumindest aus einiger Entfernung einen Blick auf einen echt amerikanischen Flugzeugfriedhof werfen. Über hundert ausgemusterte Maschinen stehen scheinbar ungeordnet, aber ordnungsgemäß umzäunt im Wüstensand. Ein paar wenige kleine Firmen in der Umgebung schlachten die ehemaligen Hochglanzflieger aus.

⇨ *An der Ampel bei den vielen Hochspannungsmasten nach rechts in die Air Base Rd, nach 5mi/8 km rechts in die Adelanto Rd. Nach dem Ende der Asphaltierung liegt linker Hand ein Hügel, den man zwecks einer besseren Überblicks erklimmen kann.*

🏠 Victorville (107.000 EW)

Die südkalifornische Boomtown war 2007 die am zweitschnellsten wachsende Stadt der USA. Die businessfreundliche Gemeinde zieht mit preiswertem Baugrund und einem internationalen Frachtflughafen massenhaft Industrieansiedlungen an. Schweppes baut gerade eine neue Abfüllstation für Softdrinks, um die durstigen Kehlen im Großraum Los Angeles und dem Rest der Welt zu befriedigen.

Die anekdotenarme Stadt kann lediglich darauf verweisen, dass Sammy Davis Jr. hier bei einem Autounfall ein Auge verlor und dass Teile des Drehbuchs von Citizen Kane hier entstanden. Der Autor Herman J. Mankiewicz war ein trinkfreudiger Zeitgenosse und Orson Welles verfrachtete ihn von Hollywood ins friedliche Victorville, um ihn fernab aller Verlockungen zu wissen. Touristische Attraktionen sind schwer auszumachen, einzig das Feuchtgebiet des Mojave Narrows Regional Park ist als kleine Oase am Wüstenrand ein nettes Picknick-Plätzchen.

⇨ *Vom IS15, Exit Bear Valley Rd, links, Bear Valley Rd 4 mi/6 km folgen, links in den Ridgecrest Rd, nach 2,5 mi/4 km links in Park Rd.*

In Victorville endet die historische Route66 erst einmal wieder und man muss wohl oder übel auf den Interstate 15, der wenig südlich über den Cajon Pass die grandiosen San Bernardino Mountains überwindet. Dichter Verkehr und hohe Geschwindigkeiten lassen erahnen, dass man allmählich den Großraum Los Angeles erreicht. Am Exit 129 kann man nochmal zehn Kilometer historische Route genießen, sie führt abseits der Autobahn im Tal des Cajon Wash Flusses entlang. Kurz vor San Bernadino wird man wieder auf die Autobahn gezwungen.

Der unangefochten **aufregendste Weg nach Los Angeles** *führt über den bereits beschriebenen Angeles Crest Highway durch die San Gabriel Mountains.*

▶ Der San Andreas Graben

Zwischen Victorville und San Bernardino überfährt man die berüchtigte San Andreas Verwerfung. Bei aufmerksamer Beobachtung kann man entdecken, wie die Gesteinstypen radikal wechseln. Hier treffen zwei tektonische Platten aufeinander, oder genauer gesagt, sie driften mit einer Geschwindigkeit von jährlich sechs Zentimetern aneinander entlang. Das klingt nach wenig, doch die Spannungen, die sich dabei aufbauen, entladen sich in teils heftigen Erdbeben. Eines dieser Erdbeben zerstörte im Jahre 1906 die Stadt San Francisco fast vollständig, da diese praktisch genau auf der 1.100 Kilometer langen Verwerfung gebaut wurde. Auch heute streut die Sensationspresse mit Vorliebe Meldungen über ein bevorstehendes Super-Erdbeben, mit Sicherheit voraussagen kann dies allerdings niemand.

Die Trennungslinie zwischen der pazifischen und der nordamerikanischen Platte lässt sich besonders gut beobachten, wenn man den kurzen Abschnitt der Route66 nimmt. Etwa vier Kilometer nach der Autobahnausfahrt 129 folgt

Flugzeugfriedhof bei Oro Grande

eine langgezogene Rechtskurve. Blickt man nach rechts, sieht man einen breiten, ansteigenden Canyon. Er markiert die Grenzlinie der beiden Erdplatten. Man erkennt bei näherem Hinschauen, wie völlig unterschiedliche Gesteinsarten aufeinandertreffen, bei denen die Erosion gänzlich andere Oberflächenformen hinterlassen hat.

🏛 San Bernardino (205.000 EW)

Zusammen mit der pazifischen Platte hat man nun auch den Großraum Los Angeles erreicht. Von jetzt an durchfährt man endlose urbane Landschaften und besonders San Bernardino ist kein Schmuckstück. Die Downtown wurde zur enttäuschendsten Innenstadt Kaliforniens gewählt und die lokale Tageszeitung nannte sie schlicht einen urbanen Albtraum.

▶ The First Mc Donald's Restaurant

Trotz seiner urbanen Belanglosigkeit hat San Bernardino seinen Platz in der Kulturgeschichte der Menschheit ergattert.

Hier entstand 1940 das erste Restaurant von inzwischen über 31.000 der McDonald's Kette. Es brüstet sich damit, mehr als eine Million Hamburger verkauft zu haben. Das originale Gebäude ist allerdings nicht mehr erhalten.

Der durchschlagende Erfolg des ersten McDonald's beruhte auf der Erfindung des Drive-In, oder Drive-Through, wie sie in Amerika meist genannt werden. Bis dahin war ein anderes System üblich, bei dem man zum Essenholen nicht aus dem Auto aussteigen mußte: „Carhops" genannte Bedienungen hetzten zu den Vehikeln, nahmen die Bestellungen auf und kassierten. Durch die Personaleinsparung konnte der erste Mc Donald die Preise der Konkurrenz deutlich unterbieten.

Das Restaurant mit Museum gehört übrigens der Juan Pollo-Kette, der wir schon in Amboy begegnet sind.

- ✉ 1398 N East St
- ⇨ Auf dem IS215 nach Süden, von der linken Spur Exit Base Line St
- 🕐 Täglich 10-17h
- ⊗ Frei
- ☎ 1-909-885-6324

🎵 Soundtrack San Bernardino

Künstler	Titel	Album	Jahr	Genre
Voodoo Glow Skulls	San Bernardino	Symbolic	2000	Punk
Johnny Hickman	San Bernardino	Palmhenge	2005	Folk
James Wilsey	San Bernardino	El Dorado	2008	Surf

Tatsächlich könnte man von San Bernardino weiterhin dem Verlauf der alten Route66 bis zum Pazifik folgen. Wie viele Stunden man für die rund 90 km bis ins Zentrum von Los Angeles brauchen würde, ist schwer abzuschätzen. Man müsste die Ausfahrt San Bernardino „6th Street" nehmen, die von der linken Spur abgeht, und gleich zweimal rechts abbiegen. Und schon befindet man sich auf der 5th Street, die mit leichten Schlenkern bis nach Pasadena führt. Von dort folgt man dem Huntington Drive bis nach

Downtown LA. An einem Tag sollte das zu schaffen sein ...

Die endlosen Vororte von Los Angeles haben dem Besucher wenig zu bieten, also wird man wohl die Autobahn bevorzugen. Und selbst hier muss man einiges an Konzentration aufbringen, um sich im dichtgewobenen Gewirr der städtischen Freeways nicht zu verfahren. Der einfachste und direkteste Weg von San Bernardino nach LA ist der Interstate 10, der direkt nach Downtown führt.

Lieblinge der Sensationspresse – Die Hells Angels

"The way we were depicted, we were like vikings on acid, raping our way across sunny California on motorcycles forged in the furnaces of hell."

„So wie man uns darstellte, waren wir wie Wikinger auf LSD, die vergewaltigend durch Kalifornien zogen, auf Motorrädern, die in den Schmelz-Schmelzöfen der Hölle geschmiedet worden waren."

Ralph „Sonny" Barger (geboren 1938), Gründungsmitglied und jahrzehntelang Anführer der Hells Angels

Hollister, ein Dorf 100 Meilen südlich von San Francisco, stellte der ahnungslosen Öffentlichkeit 1947 eine neue Jugendbewegung vor. Viertausend Motorradfahrer fielen über das Nest her, betranken sich, veranstalteten improvisierte Motorradrennen und warfen mit leeren Bierflaschen um sich. Ein paar verdurstende, übermütige Biker fuhren direkt auf dem Motorrad in die Bar. Sechzig Verletzte wurden gezählt, 50 wurden festgenommen. Die überforderte Lokalpolizei verhängte den Ausnahmezustand.

Die Presse stürzte sich voller Vorfreude auf die Auflagensteigerung in die wilde Party und sprach von einem „Ausbruch des Terrorismus". Gestellte Fotos multiplizierten bei der medialen Übertreibung den visuellen Schockeffekt.

Die Öffentlichkeit des konservativen Nachkriegsamerika war bestürzt. Der Krieg war gerade gewonnen, die Welt könnte in schönster Ordnung sein, und da begann die Jugend verrückt zu spielen. Kurioserweise fanden sich unter den neuen Rebellen jede Menge Kriegsveteranen, die gerade erfolgreich die amerikanischen Werte verteidigt hatten.

Das Motorrad war inzwischen vom agilen Transportmittel zum Kultobjekt geworden und Motorradclubs formierten sich zu Dutzenden. Die meisten waren harmlos, doch einige deuteten schon in der Namensgebung an, dass es hier um mehr ging: „The pissed off Bastards" – „die stinkwütenden Bastarde", war wahrscheinlich der brillanteste Spross rebellischer Kreativität.

Hollister schockierte nicht nur die Öffentlichkeit, sondern gab der Bewegung noch einen deutlichen Schub. In Fontana, 10 km westlich von San Bernardino direkt an der Route 66, formierte sich im Jahr Eins nach Hollister eine neue Bande. Eines der Gründungsmitglieder war im 2. Weltkrieg für die Bomberstaffel „Hells Angels" Einsätze in China geflogen und steuerte gleich den Namen bei. Kurz darauf gründeten sich auch in San Francisco und Oakland Clubs unter gleichem Namen. Für Oakland war Sonny Barger zuständig. Er führte seine Riege mit militärischer Präzision und schwang sich zur Führungsfigur auf. 1957 schaffte er es, die Clubs gleichen Namens zu vereinigen.

Barger war eine gescheiterte Existenz und bewegte sich am Rande der Gesellschaft. Mit 16 war er von der Schule geflogen, weil er seinen Lehrer geohrfeigt hatte. Er fälschte seine Geburtsurkunde, um als Minderjähriger in die Armee eintreten zu können, was zunächst gelang. Als der Betrug zwei Jahre später aufflog, wurde er entlassen. Bei den Angels fand er Anerkennung und Freundschaft. Denn darum dreht es sich im Selbstverständnis der Rocker: Als freie Underdogs verbanden sie Brüderlichkeit und absolute Loyalität. Doch eben aus der Absolutheit der letzteren erwuchsen die Gewaltexzesse, die die Presse so erfreut aufgriff. Ein anderer Angel hat immer Recht, wenn es zum Konflikt mit einem Outsider kommt und wird bedingungslos unterstützt.

Im Lauf der 60er Jahre gründeten sich immer neue „chapter", wie die lokalen Gruppierungen genannt werden, auch schon der erste ausländische im weit entfernten Neuseeland. Trinkend, prügelnd und Drogen konsumierend ritten die Angels über Land und trieben dem Normalbürger den Angstschweiß auf die Stirn.

Doch die Gleichsetzung mit dem Teufel kam erst 1969. In Altamont, unweit von Oakland, sollte das Woodstock der Westküste gefeiert werden. Dreihunderttausend Menschen versammelten sich, um Jefferson Airplane, Grateful Dead und die Stones zu hören. Die Hells Angels wurden für Freibier als Ordner angeheuert. Das Konzert verzögerte sich, das mit Rauschmitteln bestens ausgestattete Publikum wurde unruhig, die Situation unübersichtlich. Während des Auftritts der Stones fuchtelte ein 18-jähriger Schwarzer direkt vor der Bühne mit einer Pistole herum, ein fleißiger Ordner war sofort zur Stelle und erstach ihn.

Drei Kameras filmten die Szene. Im Dokumentarfilm „Gimme Shelter" kann man das Chaos verfolgen, ohne zu verstehen, was tatsächlich passiert. In der öffentlichen Meinung waren die Hells Angels endgültig und für immer gebrandmarkt, ungeachtet der Tatsache, dass das Gericht den Verantwortlichen von der Mordanklage freisprach und den Akt als Notwehr einstufte. Jahrelang kursierten Gerüchte um einen zweiten Täter und tatsächlich wurde der Fall erst 2005 endgültig zu den Akten gelegt, 36 Jahre nach den Ereignissen.

Doch die Wogen schlugen hoch, die friedliche Epoche der Flower-Power-Bewegung war vorbei und die Angels wurden von allen Seiten attackiert, es kam sogar zum Streit mit Stones-Sänger Mick Jagger. 2008 enthüllte eine Reportage der BBC, dass die Hells Angels damals sogar einen Mordanschlag auf ihn geplant hatten. Von der Seeseite wollten sie in sein Feriendomizil auf Long Island bei New York eindringen und ihm eine letzte Lektion erteilen. Ein Sturm brachte das Boot zum kentern und man ließ den Plan fallen.

Die soziale Aburteilung der Angels nach den Vorfällen von Altamont war ungebrochen und das Abdriften in kriminelles Fahrwasser nicht mehr zu bremsen. Wie Barger selbst, waren viele Mitglieder schwer kokainabhängig und finanzierten ihren Konsum mit dem Drogenverkauf. Die uneingeschränkte Loyalität zur Gruppe und latente Gewaltbereitschaft prädestinierte sie, wie eine Mafiaorganisation aufzutreten und ihre Territorien zu sichern. Der Staat verfolgte sie mit zunehmender Härte, angetrieben von den Medien und der öffentlichen Meinung. Barger selbst verbrachte insgesamt 13 Jahre im Gefängnis. Die Liste seiner Verurteilungen ist lang. Einer Bestrafung wegen dreifachen Mordes konnte er in den 70ern entgehen, 1980 wurde er erneut verurteilt, weil er geplant hatte, den Treffpunkt einer verfeindeten Bikergang in die Luft zu sprengen.

Die Angels fühlen sich als Opfer und ungerecht Ausgestoßene der Gesellschaft. Auf ihrer Homepage verkünden Sie: „Wenn wir was Gutes tun, erinnert sich keiner daran, wenn wir was Schlechtes tun, wird es niemand vergessen."

Auf der anderen Seite identifizierten sich weltweit Tausende mit dem Lebensstil und dem unbändigen Freiheitswillen, den die Hells Angels repräsentierten. In den USA formierten sich über 200 Chapter und weltweit existieren Ableger in 29 Ländern, von Argentinien nach Finnland und von Südafrika nach Australien. Deutschland zählt allein 32. Auch hier ähnelt die Geschichte der der Brüder in den Vereinigten Staaten. Als durchstrukturierte Gruppe von Außenseitern wurden und werden sie der organisierten Kriminalität bezichtigt. Das Hamburger Chapter wurde 1983 verboten, weil es kräftig im Kiezgeschehen auf St. Pauli mitmischte.

In den letzten Jahren machen die Angels vor allem durch Bandenkriege mit verfeindeten Gangs Schlagzeilen. In den USA, in Skandinavien und in Deutschland wird eine jahrzehntealte Rivalität mit den ebenfalls aus den Staaten stammenden „Bandidos" ausgetragen, die bereits etliche Todesopfer gekostet hat. Behörden und Medien sprechen wie immer von mafiaähnlichen Territorialkämpfen. Doch der eiserne Ehrenkodex spielt zweifellos keine geringe Rolle.

Andererseits haben die Angels nach sechzigjähriger Existenz einen folkloristischen Wert gewonnen. Die friedliche Jubiläumsfeier in Oakland wurde 2007 von der Polizei ausgesprochen entspannt begleitet. In Hollister, dem Terroropfer der 40er Jahre, veranstaltet man seit Ende der 90er ein Revivalfestival und freut sich über Besucher und Publicity. Sonny Barger ist zum Medienstar geworden und hat inzwischen seine Autobiographie, zwei Romane und ein Selbsthilfebuch veröffentlicht.

👁 Schauplätze

Exakt definierte Schauplätze der Frühphase der Hells Angels sind nicht bekannt. Der Gründungsort Fontana liegt 10 km westlich von San Bernardino direkt an der historischen Streckenführung der Route66, nördlich des Interstate 10.

🎬 Filme

🎬 Die wilden Engel

Originaltitel	The Wild Angels
Jahr	1966
Regie	Roger Corman
Hauptdarsteller	Peter Fonda, Nancy Sinatra, Bruce Dern
Genre	Biker-Drama

🎬 Engel der Hölle

Originaltitel	The Born Losers
Jahr	1967
Regie	Tom Laughlin
Hauptdarsteller	Tom Laughlin, Elizabeth James, Jeremy Slate
Genre	Biker-Drama

🎬 Gimme Shelter

Originaltitel	Gimme Shelter
Jahr	1970
Regie	Albert Maysles, David Maysles, Charlotte Zwerin
Genre	Dokumentarfilm

🎬 Die wilden Schläger von San Francisco

Originaltitel	Hells Angels on Wheels
Jahr	1970
Regie	Richard Rush
Hauptdarsteller	Adam Roarke, Jack Nicholson, Sabrina Scharf
Genre	Biker-Drama

🖥 Websites

Der ehemalige Anführer der Angels züchtet Pferde, schreibt Bücher und vermarktet sich selbst:
🖥 www.sonnybarger.com

Auch die Angels sind im Internet aktiv. Die weltweite Vereinigung präsentiert sich unter:
🖥 www.hells-angels.com

Die deutschen Kollegen findet man unter:
🖥 www.hells-angels-germany.de

Der Weg war das Ziel – Los Angeles

I love Los Angeles. I love Hollywood. They're beautiful. Everybody's plastic, but I love plastic.

Ich liebe Los Angeles. Ich liebe Hollywood. Sie sind schön. Alle sind aus Plastik, aber ich liebe Plastik.

Pop Art Künstler Andy Warhol über Los Angeles

🏛 LOS ANGELES

Nordamerika hat Kultur immer als Unterhaltung verstanden und höchst selten einen Widerspruch zwischen Kultur und Kommerz gesehen. Dieser pragmatische Ansatz und die tendenziell leichte inhaltliche Zugänglichkeit machen die amerikanische Popkultur weltweit so erfolgreich. Amerikanische Musik und Filme sind mit wenigen geographischen Ausnahmen weltweit omnipräsent.

Downtown L.A.

Keine andere Stadt identifiziert sich so stark durch die Popkultur wie Los Angeles. Hollywood kennt jeder 10-Jährige. In Deutschland hat das amerikanische Kino einen Marktanteil von über 80 Prozent, und auch die Fernsehproduktionen sind überproportional stark vertreten. Mehr als ein Dutzend kapitalstarker Plattenfirmen haben ihren Sitz oder zumindest einen Ableger in L.A., darunter Giganten wie Atlantic, Geffen, Columbia oder Epic. Die Zahl der Independent Label aller möglichen und unmöglichen Stilrichtungen übersteigt locker die 200.

Zählt man noch die sechs Themen- und fünf Vergnügungsparks hinzu, so kann man sich in etwa ausmalen, welches wirtschaftliche Gewicht die Unterhaltungsindustrie im Südwesten Kaliforniens hat. Hollywoods Filmbranche setzt alljährlich über 30 Milliarden Dollar um. Hunderttausende finden Beschäftigung in der Vergnügungsmaschinerie. In Los Angeles entstand 1902 das erste richtige Kino der USA und 1977 die weltweit erste Videothek. Das Skateboard, Surfen und Aerobic wurden hier groß und traten ihren Siegeszug um die Welt an. Los Angeles ist immer an der Spitze des Vergnügungsbusiness.

Doch nicht nur die Unterhaltungsbranche macht den Großraum Los Angeles hinter Tokio und New York zur wirtschaftlich drittstärksten Metropolregion der Welt. Es ist auch die wichtigste Industrieregion der USA und hat die global größte Konzentration von Unternehmen der Luft- und Raumfahrtbranche. Die Liste der Großunternehmen ist endlos, der Flughafen der fünftgrößte der Welt und der Containerhafen der umschlagsstärkste des Kontinents. Soweit eine gekürzte Liste der Superlative.

Los Angeles in Zahlen	Los Angeles	Zum Vergleich: London
Einwohner Stadtgebiet	3,79 Mio.	7,82 Mio.
Fläche	1.291 km²	1.579 km²
Einwohner Ballungsraum	14,94 Mio.	8,28 Mio.
Einwohner pro km²	3.168	4.761
Durchschnittstemperatur	18 °C	9,7 °C
Jährlicher Niederschlag	385 mm	753 mm
Höhe über NN	100 m	24 m
Partnerstädte	Insgesamt 25, darunter Berlin, Bordeaux und St. Petersburg	

Über Jahrzehnte galt Los Angeles als das amerikanische Paradies, das Zentrum des Landes, wo Milch und Honig fließen. Die Bevölkerung explodierte von 11.000 im Jahre 1890 auf aktuell 4 Millionen Einwohner. Doch diese letzte Zahl bezieht sich nur auf die administrativen Stadtgrenzen. Der urbane Großraum zählt knapp 13 Millionen Seelen und bedeckt ein Gebiet von 10.000 Quadratkilometern. Noch heute lassen sich jährlich etwa 50.000 Neuankömmlinge im engeren Stadtgebiet nieder.

Doch die Zuziehenden stellen vielfach nicht nur ein gravierendes soziales Problem dar, sondern bringen die Stadt an

Downtown L.A.

den Rand einer Identitätskrise. Während die weiße und schwarze Bevölkerungszahl seit Jahren stagniert, steigen der lateinamerikanische und asiatische Anteil rasant an. Los Angeles ist eine der größten mexikanischen Städte. Für 42 % der Schüler ist Englisch praktisch die erste Fremdsprache.

Billige Arbeitskräfte werden in der hyperaktiven Wirtschaftsmetropole immer gebraucht. Laut Los Angeles Times werden 40 % der Arbeiter im County in Cash bezahlt und entrichten keine Steuern. Solchen höchst unsicheren und möglicherweise weit übertriebenen Schätzungen kann man fast schon einen ausländerfeindlichen Hintergrund unterstellen. Und Rassenkonflikte haben in Los Angeles eine lange Tradition. Schon 1870 kam es zu schweren Übergriffen auf die chinesische Minderheit mit 20 Toten.

Im Laufe der Jahrzehnte folgten weitere, ähnliche Ereignisse, die 1992 ihren Höhepunkt fanden. Nachdem veröffentlichte Videoaufnahmen der Misshandlung des schwarzen Autofahrers Rodney King durch weiße Polizisten zu keiner Verurteilung führten, explodierte die Gewalt in den schwarzen Stadtvierteln und expandierte bis nach Hollywood.

Vier Tage lang tobten die Unruhen, bis Polizei und Militär die Situation unter Kontrolle brachten. Die tragische Bilanz: 53 Tote, 2.400 Verletzte, über 10.000 Festnahmen und 1.100 ausgebrannte Gebäude. Um die traurige Erinnerung zu verwischen, benannte die Stadt das am schlimmsten betroffene Viertel South Central in South Los Angeles um, was geographisch nur bedingt korrekt ist.

Doch Gewalt und Kriminalität bringen Los Angeles immer wieder in die Schlagzeilen. Spektakuläre Verfolgungsjagden gehören zum Standardprogramm sensationshungriger Fernsehsender. Dass ein Großteil dieser Aufnahmen aus Los Angeles stammt, liegt aber nicht nur an hohen Kriminalitätsraten. Vielmehr lädt das weitverzweigte Netz städtischer Autobahnen die Vielzahl hochprofessioneller Medienunternehmen zur perfekten Dokumentation ein.

Los Angeles gilt als Hochburg der Jugendbanden. Je nach Quelle wird ihre Zahl auf zwischen 400 und 1.350 beziffert. Namen wie „Nothing but trouble" – „Nichts als Ärger" oder „Big Hazard" – „Große Gefahr" sprechen für sich. In fast allen Stadtgebieten stören Jugendgangs die schöne Ordnung und markieren ihr

Territorium mit Graffitis. Besonders konzentriert treten sie in zentrumsnahen Stadtvierteln auf.

In den letzten Jahren konnte die Kriminalität in Wahrheit aber immer weiter zurückgedrängt werden. Unter den zwölf größten Städten der USA liegt LA nur knapp über dem Durchschnitt und wird von Philadelphia, Dallas und Chicago weit in den Schatten gestellt. Dem pragmatischen demokratischen Bürgermeister Antonio Villaraigosa, Sohn mexikanischer Einwanderer, werden in der Sozialpolitik und Kriminalitätsbekämpfung überwiegend gute Noten ausgestellt.

Doch die Liste der Probleme, mit denen er sich auseinanderzusetzen hat, ist lang. Los Angeles hat jahrzehntelang entschieden auf das Auto als bevorzugtes Transportmittel gesetzt. Niemand sollte weiter als vier Meilen von einer Autobahnauffahrt entfernt wohnen. Wie ein Spinnennetz überzieht das Freeway-System das Stadtgebiet. Folgerichtig blickt Los Angeles heute auf die größte Fahrzeugdichte der Welt. Staus und Verzögerungen gehören zum Alltag, während der öffentliche Nahverkehr völlig vernachlässigt wurde. Gerade mal 0,4 % aller täglichen Wege werden mit der U-Bahn zurückgelegt. Die Folgen sind offensichtlich: Los Angeles gehört trotz Küstenlage zu den Städten mit der höchsten Luftverschmutzung.

Trost bietet das milde mediterrane Klima. Von Mai bis Oktober ist es fast immer sonnig, Niederschlag fällt kaum und die Temperaturen bewegen sich üblicherweise in den Zwanzigern. Bestimmte Wetterlagen können aber zu extremen Hitzewellen führen, dann steht Südkalifornien wieder mit Waldbränden und Buschfeuern im Mittelpunkt der Schlagzeilen.

Dies sind aber nicht die einzigen Naturkatastrophen, die Los Angeles bedrohen. Die Stadt steht mitten in einem Erdbebengebiet, in dem jährlich etwa 10.000 kleine und kleinste Erschütterungen registriert werden. In den letzten 200 Jahren wurde Los Angeles von neun größeren Beben getroffen. Inzwischen wird die Gefahr eines schweren Erdstoßes hier noch höher eingeschätzt als in San Francisco.

Lange Zeit erlaubte die Stadt daher keine höheren Gebäude. Erst in den letzten Jahrzehnten ist die so amerikatypische Skyline erdbebensicherer Hochhäuser gewachsen. Doch die fällt wesentlich kleiner aus als in vielen anderen Großstädten. LA zählt gerade mal 70 Gebäude über einhundert Meter, in Chicago sind es über 200.

Nicht wenige Besucher sind von Los Angeles auf den ersten Blick enttäuscht. Mit der grandiosen urbanen Ästhetik von New York oder Chicago kann die Stadt nicht mithalten. Los Angeles gliedert sich in viele Stadtviertel, wirkt unstrukturiert und zusammenhangslos.

Die historische Downtown, gleich unterhalb des modernen Business Districts, ist überwiegend in mexikanischer Hand und ein wenig heruntergekommen. Man fühlt sich eher nach Tijuana versetzt als in eine Weltmetropole. Je nach Geschmack kann man die alte Innenstadt aber auch ausgesprochen sympathisch finden, sie verströmt einen ganz eigenen Charme.

Für den Durchschnitts-Europäer ist das gut acht Kilometer nordwestlich gelegene Hollywood vermutlich interessanter. Nicht nur wegen des Medienrummels, sondern auch wegen der Einkaufsmöglichkeiten und des Nachtlebens. Wer den Spuren von Stars und Sternchen folgen will, wird hier und im benachbarten Beverly Hills reichlich bedient. Busladungsweise werden Touristen von einer Superstarvilla zur nächsten gekarrt, an fast jeder Straßenecke kann man entsprechende Stadtpläne erstehen. Inwieweit man auf deren Korrektheit und Aktualität vertrauen kann, wissen wahrscheinlich nur die Immobilienmakler der Gegend.

Die exhibitionistischen Tendenzen des kalifornischen Lifestyles kann man an den Stränden von Venice, Santa Monica und Malibu aufspüren. Für Freunde von Kunst und Kultur hält Los Angeles ebenfalls einiges bereit. Die Frage, was man sich für ein oder zwei Tage in Los Angeles vornimmt, wird nicht ganz leicht zu beantworten sein. Die touristischen Highlights sind teils großräumig verteilt, ohne eigenes Transportmittel bleibt die Bewegungsfreiheit weitgehend auf Downtown und Hollywood beschränkt. Das Taxi darf man als praktisches Transportmittel natürlich nicht unterschlagen. Aber das kann unter Umständen auf den Geldbeutel gehen, wenn die Entfernungen groß sind oder der Verkehr zusammenbricht.

▶ Orientierung

Los Angeles und seine Vororte breiten sich an einer großen flachen Bucht im Küstengebirge aus. Der Highway One verläuft küstennah von Long Beach über Venice nach Santa Monica, etwa 20 Kilometer westlich von Hollywood und 25 von Downtown LA. Das Netz von Freeways ist ausgedehnt und überzieht, oder vielleicht besser gesagt durchschneidet das gesamte Stadtgebiet. Trotzdem ist die Orientierung nicht immer einfach, die Beschilderung für den Ortsfremden oft dürftig, in jedem Fall sollte man vor der Abfahrt genau die Karte studieren.

Der Verkehr fließt meist nur langsam, Staus sind an der Tagesordnung und entsprechende Meldungen werden von den meisten Radiostationen regelmäßig verbreitet. Ein ernsthaftes Problem im Verkehrsfluss, das man großräumig umfahren sollte, wird als „sig-alert" von den meisten Radiostationen kommuniziert. Im Volksmund wird „sig" als „stay in garage", also schlicht als „bleib zu Hause" übersetzt.

Wer kein GPS dabei hat, kann sich an jeder Tankstelle für runde 5 Dollar einen brauchbaren Stadtplan zulegen.

Der internationale Flughafen findet sich ebenfalls an der Küste, 10 Kilometer südlich von Santa Monica. Die Stationen der Mietwagenfirmen liegen in der Umgebung verstreut und werden von kostenlosen Shuttle-Bussen an den Flughafen angeschlossen. Der Flughafen ist auch über das U-Bahnsystem an Downtown und Hollywood angebunden.

▶ Öffentlicher Nahverkehr

Los Angeles blickte zu Anfang des 20. Jahrhunderts stolz auf das größte Straßenbahnnetz der Welt. Doch die städtische Politik setzte auf das Auto. Ein Konsortium aus Auto- und Reifenherstellern kaufte die Straßenbahngesellschaft auf und ließ den Nahverkehr – ihrem ureigensten Interesse folgend – verhungern. Die fünf U-Bahnlinien nehmen sich angesichts der städtischen Dimensionen lächerlich aus. Immerhin verbinden sie Downtown mit Hollywood und dem Flughafen, sodass der Reisende durchaus bequem, preiswert und zeitsparend die beiden wichtigsten Viertel besuchen kann.

Zu den Pazifikstränden von Malibu, Santa Monica und Venice kommt man mit der U-Bahn nicht. Da bleibt nur der Sprung in den Bus. Buslinien gibt es zwar reichlich, doch man kommt im Getümmel und mit vielen Haltestellen nur im Schneckentempo vorwärts. Wer sich kein stressiges Besuchsprogramm auferlegt, kann eine Bustour aber auch als alternative Stadtrundfahrt interpretieren. Viele Stadtbusse tragen vorn ein Gestell für die Mitnahme von Fahrrädern und im Inneren einen Bildschirm, der den aktuellen Ausschnitt des Stadtplans anzeigt.

▨ Websites

- 🖳 www.discoverlosangeles.com
- 🖳 Website des öffentlichen Nahverkehrs mit Karten zum Ausdrucken: www.metro.net
- 🖳 Los Angeles Police Department, Kriminalstatistiken, Karten und eine beeindruckende Fotoserie der meistgesuchten Delinquenten: www.lapdonline.com

🛈 Downtown L.A. Visitor Information Center

- ✉ 685 S Figueroa St, Los Angeles CA 90017
- ☎ 1-213-689-8822

▶ Die Highlights

▶ Downtown

Die Innenstadt von Los Angeles gliedert sich in drei für den Besucher interessante, aber völlig unterschiedliche Bereiche: Den von Wolkenkratzern geprägten Business District, das lebendige und mexikanisch dominierte, alte Stadtzentrum rund um den Broadway und das kolonialspanische Dorf „el pueblo". Auf relativ engem Raum kann man also durch die drei historischen Hauptphasen der Stadt spazieren: Die spanisch-mexikanischen Ursprünge, den Boom der 20er Jahre und das moderne globalisierte Los Angeles.

▶ El pueblo

Das Dörfchen Los Angeles wurde erst gegen Ende der spanischen Kolonialzeit gegründet, aus dieser Epoche sind aber keine Gebäude erhalten. Das älteste noch existierende Haus stammt aus dem Jahr 1818, also aus der Zeit, als Kalifornien schon zu Mexiko gehörte. Der kleine Dorfkern ist heute als Geschichtspark denkmalgeschützt und beherbergt in erster Linie kleine Museen, mexikanische Restaurants, Souvenirläden und einen Markt mit Sombreros und Kunsthandwerk in der Olvera Street. Die kolonialen Ursprünge der Weltstadt liegen wenige hundert Meter östlich der Wolkenkratzer auf der anderen Seite des Hollywood Freeways.

⊠ *500 N Main St, Los Angeles, CA 90012*

▶ Union Station

Der 1939 erbaute Hauptbahnhof ist eine architektonisch kuriose Mischung aus spanischem Kolonialstil und Art Decó. Im Inneren bewahrt er eine dichte Atmosphäre der 30er Jahre. Man kann sich vor dem geistigen Auge tief in die Kriminalgeschichten von Raymond Chandlers Detektiv Philip Marlow zurückversetzen.

Heute dient die Union Station weiterhin als zentraler Knotenpunkt des öffentlichen Nahverkehrs. Fernverkehrszüge binden Los Angeles an den Rest des Landes an, bis nach Chicago, Seattle oder New Orleans.

⊠ *800 N Alameda St, Los Angeles, CA 90012*

▶ Los Angeles City Hall

Mit seinen 138 Metern Höhe war das Rathaus jahrzehntelang das höchste Gebäude der Stadt. Schon 1928 wurde es so gebaut, dass es Erdstößen bis zu 8,2 auf der Richter Skala standhalten soll. Im 27. Stock liegt eine Aussichtsplattform, von der man einen schönen Blick auf die nahegelegene Downtown genießen kann. In dem Kinoklassiker Krieg der Welten von 1953 wird die City Hall von den außerirdischen Invasoren zerstört.

⊠ *200 N Spring St, Los Angeles CA 90012*
⊗ *Frei*

▶ Broadway

Das kulturelle Zentrum der 20er und 30er Jahre ist heute vollständig in lateinamerikanischer Hand. Beim Klang mexikanischer Rancheras kann man sich auf der höchst lebendigen Haupteinkaufsstraße einen Taco und einen Tequila genehmi-

Los Angeles City Hall

gen. Oder man isst ausgesprochen gut und preiswert im Grand Central Market, mexikanisch, chinesisch, indisch oder japanisch. Wer sich nicht an den dreisten Tauben stört, die sich uneingeladen auf den Tischen niederlassen, kann am Nordostausgang unter schattenspendenden Bäumen sitzen und zusammen mit vielen anderen Nationalitäten die frisch zubereiteten Spezialitäten genießen. (Broadway zwischen 3rd und 4th Street). Der Broadway ist zwar kein schickes Einkaufszentrum, die finden sich anderswo in Los Angeles, aber einige Kuriositäten wird der mit offenen Augen umherschlendernde Besucher trotzdem erspähen.

Die kulturelle Blüte des Broadways lässt sich an den zahlreichen Theatern und Kinos nachvollziehen, die fast alle geschlossen sind und sich als Location für die Filmcrews aus Hollywood anbieten. Darunter das Los Angeles Theater, das mit der Uraufführung von Charlie Chaplins „Lichter der Großstadt" eröffnete.

Ein paar Blocks südöstlich des Broadways ändert sich das Ambiente schlagartig, von einer Straßenseite zur anderen beginnt South Central, ein vernachlässigtes, von Armut und Obdachlosigkeit geprägtes Viertel. Tagsüber nicht unbedingt gefährlich, sollte man sich einen Spaziergang nach Einbruch der Dunkelheit vielleicht doch vorher überlegen.

▶ Business District

Direkt nordwestlich des alten Zentrums um den Broadway erheben sich etwas höher gelegen die Wolkenkratzer des modernen Los Angeles. Hier dreht sich fast alles um Verwaltung, Finanzen und Versicherungen. In jüngster Zeit sind allerdings auch schicke neue Wohnungen gebaut worden, sodass auch nach Dienstschluss noch ein bisschen Leben herrscht. Zwischen den Hochhäusern gruppieren sich kleine geometrisch angelegte Plätze, alles ist blitzsauber und modern.

Für 25 Cents kann man die 20 Höhenmeter zum Business District mit dem Angel's Flight Railway überwinden.

Mit 91 Metern Länge nennt sie sich die kürzeste Bahnlinie der Welt, was leider schlichtweg nicht richtig ist, es gibt tatsächlich noch kürzere. Die zweiminütige Fahrt beginnt direkt gegenüber des Hinterausgangs des Grand Central Markets. An der Endstation erwartet den Besucher ein kleiner Platz mit Café und Auditorium. Die nächste Straße, die S Grand Avenue, führt einen Block nach rechts zum Museum of Contemporary Art und nach links in Richtung des höchsten Gebäudes der Stadt, dem 310 Meter hohen US Bank Tower. Im Film Independence Day wurde das Hochhaus von Aliens zerstört.

✉ 633 W Fifth St

Independence Day	
Originaltitel	Independence Day
Jahr	1996
Regie	Roland Emmerich
Hauptdarsteller	Will Smith, Jeff Goldblum
Genre	Science Fiction

▶ Museum of Contemporary Art

Das MOCA beherbergt eine der reichsten Sammlungen moderner Kunst der USA. Es konzentriert sich besonders auf amerikanische Künstler aus Pop Art, Minimalismus und abstraktem Expressionismus, darunter Jackson Pollock, Roy Lichtenstein, Robert Rauschenberg und Elizabeth Murray. Beeindruckend ist auch die umfangreiche Sammlung dokumentarischer Fotos.

✉ 250 S Grand Ave, Los Angeles, CA 90012
🕐 Mo 11-17h, Do 11-20h, Fr 11-17h, Sa & So 11-18h
💰 Erwachsene: $10, Schüler, Studenten und Senioren: $5, Kinder: frei, Do 17-20h: Eintritt frei
☎ 1-213-621-1741
🖥 www.moca-la.org

▶ Walt Disney Concert Hall

Kaum hundert Meter vom MOCA glitzert das Music Center in der Sonne. Entworfen vom Stararchitekten Frank Gehry, der im gleichen Stil das Guggenheim Museum in Bilbao und eine Reihe von Gebäu-

Walt Disney Concert Hall

den in Deutschland entwarf, beherbergt der Konzertsaal das Los Angeles Philharmonic Orchestra. Das Gebäude kann außerhalb von Konzertereignissen besichtigt werden, allerdings bleibt einem das Auditorium selbst wegen Orchesterprobe verschlossen.

✉ 135 N Grand Ave, Los Angeles, CA 90012
🕙 10-14h, je nach Veranstaltung aber unregelmäßig geschlossen
⊘ Frei
☎ 1-213-972-4399
🖥 www.musiccenter.org

▶ Grammy Museum

Was der Oskar in der Filmwelt, ist der Grammy im Musikbusiness. Seit 1959 werden alljährlich herausragende Werke und Künstler in den vier Hauptkategorien „Bestes Album", „Bester Song", „Bester Newcomer" und „Bestes Produktionsteam" geehrt. Weniger beachtet werden die meisten der über 100 Spartenpreise. Das vierstöckige Museum versucht, die moderne amerikanische Musik in ihrer Vielfalt zu dokumentieren und musikalische Innovation in Beziehung zu sozialen Veränderungen zu setzen.

✉ 800 W Olympic Blvd, Los Angeles, CA 90015
🕙 Mo-Fr 11.30-19.30h, Sa & So 10-19.30h
⊘ Erwachsene: $12,95, Senioren: $11,95, Kinder 6-17 Jahre: $10,95
☎ 1-213-765-6800
🖥 www.grammymuseum.org

▶ Chinatown

Das Zentrum der chinesischen Community in L.A. ist bedeutend kleiner als die Chinatown San Franciscos, aber mit seinen kitschig anmutenden Pagoden, Läden, Restaurants und Galerien durchaus einen Spaziergang wert. Die Straßenschilder sind zweisprachig englisch und chinesisch.

Schon in den 1850er Jahren waren die ersten chinesischen Immigranten an die kalifornische Westküste gekommen. Um die Wende zum 20. Jahrhundert zählte Chinatown gut 3.000 Bewohner. Es gab damals sogar eine chinesische Oper.

✉ 900 N Hill St, Los Angeles, CA 90012
⇨ Das Zentrum bildet der Block zwischen N Hill St und N Broadway, oberhalb der W College St, etwa 500 m von El Pueblo. Chinatown hat auch eine eigene Metrostation an der Golden Line.
🖥 www.chinatownla.com

Chinatown

▶ Hollywood

Der Distrikt am Fuße der Hollywood Hills, die eigentlich Santa Monica Mountains heißen, ist natürlich der Besuchermagnet schlechthin in Los Angeles. Glamour und Reichtum ziehen Neugierige wie Karriereträumer magisch an. Hollywood bietet aber etwas für jeden Geschmack. Es gibt eine Fülle von Museen, (film-) historische Flecken, schicke Boutiquen, hochspezialisierte Läden und ein ausgeprägtes Nachtleben. Natürlich spekulieren viele Besucher darauf, einen Blick auf irgendeine Berühmtheit werfen zu können, die Chance ist aber ohne Insiderinformationen eher gering. Die „Celebs" sind ein öffentlichkeitsscheues Völkchen und obendrein meist von einer Horde von Leibwächtern umgeben. In jedem Fall dreht sich fast alles um die Filmindustrie, die allerdings eher zufällig nach Hollywood kam. Als die New Yorker Produktionsfirma Biograph 1910 ein Filmteam nach Los Angeles schickte, waren das Dörfchen Hollywood und die Stadt Los Angeles noch nicht miteinander verwachsen. Man drehte in Downtown, doch auf der Suche nach alternativen Kulissen stieß man auf das freundliche Hollywood. Das Team nistete sich monatelang ein und drehte gleich mehrere Filme. 1911 baute eine Firma aus New Jersey das erste Studio auf. Dann ging es Schlag auf Schlag, wenige Jahre später schon wurde die Mehrheit der amerikanischen Stummfilme am Fuße der Hollywood Hills gedreht.

Hollywood ist ein selbständiger Distrikt innerhalb der Stadt Los Angeles und zählt rund 200.000 Einwohner, entspricht also einer mittleren Großstadt. Zwar ist die Bevölkerungsdichte hoch, dennoch sind die Ausdehnungen und damit auch die Entfernungen ganz ansehnlich. Der Hollywood Boulevard beispielsweise ist sieben Kilometer lang.

▶ Hollywood Sign

Die riesigen Lettern hoch in den Hügeln Hollywoods kennt jeder. Der meistfotografierte Star des Filmbusiness ist genauso abgeschirmt wie die zweibeinigen Berühmtheiten. Es ist strikt verboten, sich den 16 Meter hohen Buchstaben auch nur zu nähern, die meterhohen Sicherheitszäune werden von Kameras und uniformiertem Wachpersonal beschützt.

1923 wurden die gigantischen Zeichen als Werbegag für das Immobiliengeschäft in der aufblühenden Filmmetropole errichtet. Ursprünglich lautete der Schriftzug „Hollywoodland" und sollte nur ein Jahr stehenbleiben. Daraus wurden dann acht Jahrzehnte. 1949 fand eine umfangreiche Renovierung der zwischenzeitlich ziemlich heruntergekommenen Ikone statt, wobei das „land" endgültig entfernt wurde. 1973 erklommen unbekannte Vertreter der Hippiebewegung die Hügel und modifizierten die Lettern in „Hollyweed", um damit für eine Aufweichung des Verbots von Marihuana zu demonstrieren.

In der urbanen Landschaft ist es gar nicht so einfach, einen ungehinderten Blick auf das Symbol zu werfen, und in den Hauptstraßen Hollywoods ist man gut 3,5 Kilometer weit entfernt. Die beste Sicht kann man an folgenden Stellen erhaschen.

Hollywood Boulevard

▶ Die beste Sicht

Hollywood & Highland Center
Der Shopping- und Vergnügungskomplex wurde von den Architekten so geplant, dass sich für den Besucher multiple Fotomöglichkeiten ergeben. Die Entfernung beträgt aber knapp 4 Kilometer.
✉ Ecke Hollywood Blvd / Highland Ave

Canyon Lake Drive
Auf der kleinen Bergstraße kommt man bis auf etwa 700 Meter an das Kultobjekt heran, allerdings mit einem Blickwinkel von schräg unten. Von einem Park an der Straße hat man ungehinderte Sicht.

North Beachwood Drive
Den besten Blickwinkel hat man zwischen den kleinen Querstraßen Glen Holly und Glen Oak. Distanz zu den Lettern: 1,7 Kilometer.

▶ Hollywood Walk of Fame
Abgesehen von den Lettern in den Hügeln, ist die vielfach kopierte Spaziermeile mit

den Sternchen für die Stars bestimmt das bekannteste Feature Hollywoods. Knapp 2.400 Sterne mit den eingravierten Namen von Stars aus Musik- und Medienwelt sind alle paar Meter in die Gehwegplatten eingelassen. Jährlich kommen zwei Dutzend neuer Namen hinzu. Vier Sterne sind bisher gestohlen und natürlich schnell ersetzt worden. Die Glücklichen waren James Stewart, Kirk Douglas, Gene Autry und zuletzt Gregory Peck.

Wer seinen persönlichen Liebling sucht, muss entweder einige Meilen zu Fuß zurücklegen oder sucht sich vorher im Internet den genauen Standort.

✉ *Hollywood Blvd zwischen Gower St und La Brea Avenue und Vine St zwischen Sunset Blvd und Yucca St*

🖥 *www.hollywoodchamber.net/index.php?module=wof*

▶ Hollywood Boulevard

Die berühmte Ost-West-Achse war in den 90er Jahren ziemlich heruntergekommen, sodass die Stadt Los Angeles ein Revitalisierungsprogramm ins Leben rufen musste. Zentraler Bestandteil waren das Kodak Theatre und das zugehörige Shopping Center Hollywood and Highland. Inzwischen ist die Vergnügungsmeile wieder

in. Der lebendigste Abschnitt liegt westlich der Kreuzung mit der Vine Street. Ein angenehmer Zufall, genau hier liegt die Metrostation Hollywood and Vine. Und hier knickt auch der Hollywood Walk of Fame um 90 Grad in die Vine Street ab.

▶ Capitol Records

Der Sitz der berühmten Plattenfirma war beim Bau 1956 das erste runde Bürogebäude der Welt. Capitol Records gehört dem Giganten EMI. Die Beach Boys, die Beatles, Pink Floyd, Frank Sinatra und die Beasty Boys wurden neben vielen anderen von dem Label verlegt. Im Gebäude finden sich auch die Capitol Studios, in denen nicht nur Künstler des Labels ihre Platten aufnehmen.

✉ *1750 N Vine St, Los Angeles, CA 90028*

🖥 *www.capitolrecords.com*

▶ Grauman's Egyptian Theatre

Mit seiner neo-ägyptischen Dekoration ist das 1922 erbaute Kino eines der berühmtesten der Welt. Die Idee wurde von Filmtheatern in anderen Städten der USA kopiert. Mit dem Niedergang Hollywoods in den 80er und 90er Jahren, ging es auch mit dem Egyptian Theatre bergab.

Kodak Theatre (bis 2012)

Grauman's Chinese Theatre

1996 verkaufte es die Stadt Los Angeles für einen symbolischen Dollar an einen Investor, der in eine umfangreiche Renovierung investierte.

✉ 6712 Hollywood Blvd, Los Angeles, CA 90028
🕐 Abendvorstellung meist 19.30h oder 20.00h, seltener Nachmittags- und Nachtvorstellungen
💰 Erwachsene: $11, Studenten & Senioren: $9, Kinder: $7
☎ 1-323-466-3456
🖥 www.egyptiantheatre.com

▶ Hollywood Wax Museum

Ein Wachsfigurenkabinett mit den Stars des Films darf keinesfalls in Hollywood fehlen. Wenn man die Berühmtheiten schon nicht lebendig trifft, kann man sich wenigstens 180 lebensgroßen Modellen von Marilyn Monroe bis Angelina Jolie gegenüberstellen.

✉ 6767 Hollywood Blvd, Los Angeles, CA 90028
🕐 Täglich 10-24h
💰 Erwachsene: $16,99, Senioren: $14,99, Kinder 5-12 Jahre: $8,99
☎ 1-323-462-5991
🖥 www.hollywoodwax.com

▶ Dolby Theatre

Das 3.400 Besucher fassende Theater wurde für die speziellen Bedürfnisse der Oscar-Verleihungen entworfen und hieß bis Februar 2012 Kodak Theatre. Beispielsweise wurde ein besonderer Pressesaal eingegliedert, damit 1.500 Journalisten ihre Berichte in alle Welt leiten können. An den restlichen 364 Tagen im Jahr finden hier Konzerte, Musical- und Theateraufführungen oder auch Firmenkonferenzen statt. Außerhalb von Veranstaltungen kann das Theater auch besichtigt werden.

✉ 6801 Hollywood Blvd, Los Angeles, CA 90028
🕐 Besichtigungstouren vom 1.6.-31.8. täglich 10.30-16h, sonst 10.30-14.30h
💰 Je nach Veranstaltung. Besichtigung: Erwachsene: $15, Senioren, Kinder & Jugendliche: $10, Kinder unter 3 Jahren: frei
☎ 1-323-308-6300
🖥 www.dolbytheatre.com

▶ Grauman's Chinese Theatre

Nach dem durchschlagenden Erfolg des nahegelegenen Egyptian Theatre wurde schnell noch die chinesische Variante nachgeschoben. Anlässlich der regelmäßig stattfindenden Filmpremieren versammeln sich Hunderte vor dem Eingang, um einen Blick auf die Darsteller werfen zu können. An anderen Tagen ist es ein normales, wenn auch weltberühmtes Filmtheater. Vor dem Chinese Theatre findet man Hand- und Fußabdrücke von 200 Persönlichkeiten von Harold Lloyd bis Johnny Depp. Auch die deutsche Sängerin und Schauspielerin Hildegard Knef, die knapp 20 Jahre in den USA aktiv war und amerikanische Staatsbürgerin wurde, hat sich hier verewigt, allerdings mit der amerikanisierten Version ihres Namens „Hildegarde Neff". Anstehende Filmpremieren werden auf der Website angekündigt.

- ✉ 6925 Hollywood Bvd, Los Angeles, CA 90028
- 🎬 Etliche Filmvorführungen, täglich vom späten Vormittag bis zum späteren Abend
- 💲 Normalerweise Erwachsene: $11,75, Senioren: $9, Kinder: $9
- ☎ 1-323-464-8111
- 💻 www.manntheatres.com

▶ Roosevelt Hotel

Im historischen Roosevelt steigen seit Jahrzehnten Berühmtheiten ab oder ziehen gleich ganz ein. Marilyn Monroe verbrachte zu Anfang ihrer Karriere zwei Jahre in der Suite 1200 mit Blick auf den Pool. Eine Reihe von Leuten behauptet, ihren Geist im Ballsaal tanzen gesehen zu haben. Genau hier wurde 1929 der erste Oscar vergeben.

- ✉ 7000 Hollywood Blvd, Los Angeles, CA 90028
- 💲 Doppelzimmer: ab ca. $300
- ☎ 1-800-950-7667
- 💻 www.hollywoodroosevelt.com

▶ Hollywood Museum

Das unentbehrliche Museum für die Filmgeschichte zeigt eine riesige Sammlung von Objekten aus Filmen aller Epochen, so zum Beispiel Hannibal Lectors Zelle aus „Das Schweigen der Lämmer", Kleider von Marylin Monroe oder Indiana Jones' Peitsche.

- ✉ 1660 N Highland Ave, Los Angeles, CA 90028
- 🎬 Mi-So 10-17h
- 💲 Erwachsene: $15, Senioren & Kinder: $12
- ☎ 1-323-464-7776
- 💻 www.thehollywoodmuseum.com

▶ Sunset Boulevard

Die zweite berühmte Straße Hollywoods ist noch wesentlich länger und erreicht zwischen Santa Monica und Malibu den Pazifikstrand. Der bekannteste und lebendigste Abschnitt ist der Sunset Strip in West Hollywood mit Läden, Restaurants und Nachtleben. Die Krimiserie 77 Sunset Strip aus den frühen 60ern war hier angesiedelt. Die Adresse existiert in Realität nicht, da die Straße offiziell Sunset Boulevard heißt. Interessant ist der Sunset Boulevard besonders für Musikfreunde, denn hier reihen sich Tonstudios, Plattenläden, Instrumentengeschäfte und Musikclubs auf.

▶ Amoeba Records

Der gigantische Plattenladen ist eine Fundgrube für neue und gebrauchte Schallplatten und CDs. Gelegentlich finden sogar Konzerte statt. Fabrikneue Artikel tragen weiße Preisschilder, gebrauchte farbige.

- ✉ 6400 Sunset Blvd, Los Angeles, CA 90028
- 🎬 Mo-Sa 10.30-23h, So 11-21h
- 💻 www.amoeba.com

▶ Sunset Sound Studios

Die in den 1962 gegründeten Studios haben fast alles aufgenommen, was in der Musikwelt Rang und Namen hat, von den Stones über Tom Waits zu den Dixie Chicks. Über 200 goldene Schallplatten sind hier eingespielt worden. Leider kann man das Studio nicht besuchen, denn es ist weiterhin als Produktionsstätte für Millionenhits aktiv.

- ✉ 6650 Sunset Blvd, Los Angeles, CA 90028
- 💻 www.sunsetsound.com

▶ Book Soup

Einer der bestbestückten, unabhängigen Buchläden weit und breit veranstaltet regelmäßig Lesungen mit teils hochkarätigen Autoren. Auf dem amerikanischen Buchmarkt, fast vollständig in der Hand von einigen wenigen gigantischen Buchhandelsketten wie Barnes & Noble, lassen sich nur noch wenige solcher Perlen finden.

- ✉ 8818 Sunset Blvd, Los Angeles, CA 90028
- 🎬 Mo-Sa 9-22h, So 9-21h
- 💻 www.booksoup.com

Griffith Observatory

▶ Hollywood Bowl

In dem berühmten Freilufttheater mit einer Kapazität von 17.000 Sitzplätzen finden im Sommer fast täglich Konzerte aller Musikrichtungen statt. In Europa ist die Bühne vor allem durch den Film vom Auftritt der britischen Komiker-Truppe Monty Python bekannt geworden.

Die Parkplatzkapazitäten sind bei Veranstaltungen äußerst begrenzt. An der Ecke Hollywood Blvd / Highland Ave fährt ab etwa zweieinhalb Stunden vor Konzertbeginn ein Shuttle Bus ab, der praktischste Anfahrtsweg.

⊠ *2301 N Highland Ave, Los Angeles, CA 90068*
⇨ *HW101, Exit Highland Ave (9B)*
🖳 *www.hollywoodbowl.com*

💬 Monty Python Live at the Hollywood Bowl	
Originaltitel	Monty Python Live at the Hollywood Bowl
Jahr	1982
Regie	Terry Hughes, Ian McNaughton
Hauptdarsteller	Graham Chapman, John Cleese, Terry Gilliam
Genre	Aufzeichnung eines Live-Auftritts

▶ Griffith Observatory

Die alte Sternwarte mit Planetarium bietet außer Vorführungen und Ausstellungen einen grandiosen Blick über den urbanen Giganten Los Angeles. Hier wurde die berühmte Messerkampf-Szene von James Deans „ ...denn sie wissen nicht, was sie tun" gedreht. Die Hollywood-Ikone wird mit einer Bronzebüste geehrt. Im Hintergrund schillert weit entfernt das Hollywood-Sign. Auch einige Prügelszenen des Terminators wurden hier abgedreht.

Das Observatorium liegt im größten städtischen Park von Los Angeles. Am Nordende des Parkplatzes geht der populäre Charlie Turner Wanderweg ab, der auf einer vier Kilometer langen Rundtour den 500 Meter hohen Gipfel des Mount Hollywood erklimmt. Von dort bieten sich großartige Blicke in die Bucht von Los Angeles, das San Fernando Valley und auf die San Gabriel Mountains.

⊠ *2800 E Observatory Rd, L.A., CA 90027*
⇨ *Vom Hollywood Boulevard auf der N Western Ave nach Norden, nach der Rechtskurve gleich die erste links in den Ferm Dell Dr, nach 2 mi/3 km rechts in die Observatory Rd*
🕐 *Mi-Fr 12-22h, Sa-So 10-22h*
💰 *Planetariumsvorstellungen: Erwachsene: $7, Senioren: $5, Kinder: $3*
☎ *1-213-473-0800*
🖳 *www.griffithobservatory.org*

🖵 ...denn sie wissen nicht, was sie tun	
Originaltitel	Rebel Without a Cause
Jahr	1955
Regie	Nicholas Ray
Hauptdarsteller	James Dean, Natalie Wood
Genre	Pubertätsdrama

🖵 Terminator	
Originaltitel	The Terminator
Jahr	1984
Regie	James Cameron
Hauptdarsteller	Arnold Schwarzenegger
Genre	Science Fiction

Am Griffith Observatory vermöbelt der Terminator ein paar Punks und stiehlt ihre Klamotten. Auch die schönen Nachtaufnahmen der Stadt entstanden hier.

▶ **Warner Bros Studio**

Die 45 Hektar großen Studioanlagen beherbergen auch alle Werkstätten und die Einrichtungen für die Postproduktion. Hier wurden hunderte von Filmen für jeden Geschmack produziert, von Kung Fu bis zum Exorzisten, von Batman bis Jenseits von Eden. Der Filmliebhaber erfährt jede Menge Klatsch und Tratsch aus Hollywood. Zum Beispiel, dass einst das Gerücht gestreut wurde, der spätere Präsident Ronald Reagan sollte die Hauptrolle in Casablanca übernehmen und nicht Humphrey Bogart.

✉ *3400 Riverside Dr, Burbank, CA 91505*
⇨ *Von Hollywood auf der Highland Ave nach Norden, nach 1 km rechts in die Odin St, nach 300 m links in den N Cahuenga Blvd, der Straße 2,5 km folgen, rechts in den Barham Blvd, dem Straßenverlauf 3 km folgen und rechts in den W Riverside Dr*
🕐 *Mo-Fr 8.20-16h*
💰 *Pro Person: $52*
☎ *1-818-972-8687*
🖥 *http://vipstudiotour.warnerbros.com*

▶ **Universal Studios Hollywood**

Einen Blick hinter die Kulissen des Filmgeschäfts verspricht auch der Themenpark der Universal Studios mit Originalku-

lissen von Psycho bis Jurassic Park. Dazu gibt's Achterbahnen und alle Arten amerikanischer Unterhaltung. Der Park gliedert sich in zwei Ebenen, die durch die weltgrößte Rolltreppe verbunden sind. Auf der oberen Ebene liegen die eigentlichen Studios. Mit einer Art Straßenbahn durchfährt man die Kulissen etlicher populärer Streifen und wird schließlich noch bei einem simulierten Erdbeben kräftig durchgeschüttelt.

✉ *100 Universal City Plaza, Los Angeles, CA 91602*
⇨ *Von Hollywood auf der Highland Ave nach Norden, nach 1 km rechts in die Odin St, nach 300 m links in den N Cahuenga Blvd, nach 3 km rechts in den Universal Studios Blvd*
🕐 *Variieren von Monat zu Monat, im Sommer 9-20h, Sa-So 9-18h*
💰 *Erwachsene: $84, Kinder bis 1,22 Meter Größe: $76*
🖥 *www.universalstudioshollywood.com*

▶ **Watts Towers**

Das skurrile Architekturkunstwerk errichtete der italienische Einwanderer und unausgebildete Arbeiter Simon Rodia zwischen 1921 und 1954 in seiner Freizeit. Vorher hatte Rodia trinksüchtig und obdachlos in San Francisco gelebt. 1959 erging eine Abrissverfügung gegen die Türme aus Stahlrohren und die seltsamen Gebäude aus Zement, Flaschen, Schrottteilen, Muscheln und Porzellanscherben. Glücklicherweise blieben die Strukturen stehen und wurden 1990 unter Denkmalschutz gestellt. Der berühmte Jazzbassist Charles Mingus stammt aus Watts und wirkte bei der Gründung des Charles Mingus Youth Arts Center mit, das im Besuchszentrum der Watts Towers junge lokale Nachwuchskünstler unterstützt und ausstellt.

✉ *1765 East 107th St, Los Angeles, CA 90002*
🕐 *Mi-Sa 10-16h, So 12-16h*
💰 *Erwachsene: $7, Jugendliche 13-17 Jahre: $3, Kinder: frei*
☎ *1-213-847-4646*
🖥 *www.wattstowers.us*

Watts Towers

▶ Getty Center

Der Öl-Milliardär Jean Paul Getty aus Minneapolis trug im Laufe seines Lebens eine riesige Kunstsammlung zusammen. Dabei konzentrierte er sich auf europäische Malerei vor dem 20. Jahrhundert und etruskische, griechische und römische Antiquitäten. Aus Italien und Griechenland kamen Klagen wegen Kunstdiebstahls. Die namhafte Sammlung ist im eigens errichteten Getty Center zu bewundern.

- ⊠ *1200 Getty Center Dr, Los Angeles, CA 90049*
- 🕐 *Di-Fr 10-17.30h, Sa 10-21h, So 10-17.30h*
- ∞ *Frei, aber eine Parkgebühr von $15 wird fällig, nach 17h: frei*
- ☎ *1-310-440-7300*
- 🖥 *www.getty.edu*

🏠 Beverly Hills (35.000 EW)

Der teuerste Immobilienmarkt der USA ist weltweit ein Begriff und steht für meterhoch ummauerte Luxusvillen, in denen sich Multimillionäre vor dem Rest der Welt verschanzen. Entgegen ihrem Ruf beherbergt die Stadt auch eine Menge Apartmentblocks, vor allem südlich des Wilshire Boulevard. Auch die große Zahl an Einwanderern, besonders aus Asien und dem Mittleren Osten mag überraschen. Nach dem Sturz des Schahs 1979 zogen viele gut betuchte Iraner in den Distrikt.

Doch der Hang zum Luxus ist unübersehbar und findet seinen Höhepunkt in den surrealistisch anmutenden Boutiquen des Rodeo Drive, der teuersten und exklusivsten Shoppingmeile von Los Angeles oder wahrscheinlich des ganzen Landes. In der romantischen Komödie „Pretty Woman" ging Julia Roberts mit Kreditkarten des Liebhabers ausgestattet auf dem Rodeo Drive auf Einkaufstour.

🎬 Pretty Woman	
Originaltitel	Pretty Woman
Jahr	1990
Regie	Gary Marshall
Hauptdarsteller	Richard Gere, Julia Roberts
Genre	Romantische Komödie

In einem Geschäftsdistrikt im südlichen Beverly Hills steht das 150 Meter hohe Nakatomi Plaza Bürohochhaus, in dem sich die Handlung von „Stirb langsam" abspielt. Das Gebäude heißt in Wirklichkeit Fox Plaza und erhebt sich an der ⊠ 2121 Avenue of the Stars.

◯ Stirb langsam	
Originaltitel	Die Hard
Jahr	1988
Regie	John McTiernan
Hauptdarsteller	Bruce Willis
Genre	Action Komödie

◢▢ Soundtrack Los Angeles

Künstler	Titel	Album	Jahr	Genre
Charles Mingus	Smog L.A.	Charles Mingus	1956	Jazz
Peggy Lee	Los Angeles Blues	Blue Cross Country	1961	Swing
Arlo Guthrie	Coming into Los Angeles	Running down the Road	1969	Songwriter
Lightnin' Hopkins	Los Angeles Boogie	California Mudslide	1969	Blues
Al Stewart	Electric Los Angeles Sunset	Zero she flies	1970	Songwriter
The Doors	L.A. Woman	L.A. Woman	1971	Rock
Booker T. & the MG's	L.A. Jazz Song	Melting Pot	1971	Soul
Neil Young	L.A.	Time fades away	1973	Folk
War	L.A. Sunshine	Platinum Jazz	1976	Funk
Slade	L.A. Jinx	Nobody's Fools	1976	Glamrock
Harpo	The Ballad of Los Angeles	The Hollywood Tapes	1977	Songwriter
The Adolescents	L.A. Girl	The Adolescents	1981	Punkrock
Frank Sinatra	L.A. is my Lady	L.A. is my Lady	1984	Swing
The Fall	L.A.	This Nation's Saving Grace	1985	Alternativrock
Frank Black	Los Angeles	Frank Black	1993	Alternativrock
Butthole Surfers	L.A.	Electric Larryland	1996	Punk
Bad Religion	Los Angeles is burning	The Empire strikes first	2004	Punkrock
Sugarcult	Los Angeles	Lights Out	2006	Alternativrock
Amy MacDonald	L.A.	This Is the Life	2007	Songwriter
Counting Crows	Los Angeles	Saturday Nights & Sunday Mornings	2008	Rock
Snoop Dogg	Los Angeles	Revival	2008	HipHop
Mötley Crüe	Saints of Los Angeles	Saints of Los Angeles	2008	Rock
They might be Giants	Los Angeles	Venue Songs	2010	Rock

🏛 Malibu (12.000 EW)

Das exklusive kleine Städtchen steht synonym für ein friedliches Leben der Reichen an sonnenverwöhnten Pazifikstränden. Die Liste der Berühmtheiten, die dieser Traum anzieht und die sich hier niedergelassen haben, ist lang. Über etliche Kilometer zieht sich die Linie der schnuckligen kleinen und großen Häuschen, die auf Stelzen direkt am Strand, keine zehn Meter vom Wasser gebaut sind.

Vom Highway 1, der wunderschönen Küstenstraße nach San Francisco, sieht man zunächst Malibu Pier weit in den Ozean hinauswachsen. Direkt dahinter beginnt der Surfrider Beach. Die lang auslaufenden Wellen ziehen Surfer magisch an. Der entscheidenden Bedeutung, die der Strand in der Geschichte des Wellenreitens hat, soll in Kürze mit einem Museum auf der Pier ein Denkmal gesetzt werden.

Ein Stückchen weiter folgt der Badestrand vor der Malibu Lagoon, die eine mächtige Pelikankolonie ihr Zuhause nennt. Zwischen November und Januar kann man mit etwas Glück von hier die südwärts migrierenden Grauwale beobachten. Im Frühjahr ziehen sie wieder nach Norden, allerdings meist in größerer Entfernung von der Küste.

🏛 SANTA MONICA (88.000 EW)

Der konsonantenarme Name und die Assoziation mit güldenen Sonnenuntergängen über tiefblauem Ozean prädestinieren Santa Monica als Kulisse für romantische Schlagertexte. Der abendliche Blick auf die alte Pier vom rauchfreien Palisades Park, hoch über dem Strand und dem verkehrsreichen Highway 1, ist tatsächlich ein inspirierender Moment.

Santa Monica ist ein lebenswertes Städtchen. Modern und liberal, sauber und vergleichsweise sicher, zieht es seit langem Reisende wie Wohlbetuchte an. Kleidung und Umgangsformen sind leger, die gar nicht wenigen Touristen fallen im Stadtbild kaum ins Gewicht. Schicke Restaurants und eine lebendige Shoppingmeile tragen ihren Teil zur Attraktivität der Stadt bei. Die Obdachlosen im Park mit Panoramablick werden stillschweigend hingenommen und gehören einfach dazu.

Auch die Hollywoodgrößen, die den Kontakt zum einfachen Leben noch nicht ganz verloren haben, bewegen sich gern im vergleichsweise „normalen" Santa Monica. Sean Penn, Christina Ricci, Robert Redford und Suzanne Vega sind ihrer Heimat treu geblieben.

Santa Monica in Zahlen	Santa Monica	Zum Vergleich: Flensburg
Einwohner Stadtgebiet	87.600	88.800
Fläche	41 km^2	56 km^2
Einwohner pro km^2	2.136	1.585
Durchschnittstemperatur	16,2 °C	8,2 °C
Jährlicher Niederschlag	337 mm	919 mm
Höhe über NN	32 m	12 m
Partnerstadt	Hamm	

Wie alle südkalifornischen Strandgemeinden verweist Santa Monica auf seine prominente Rolle in der Geschichte des Surfens. Zwei entscheidende Impulse zum Fortschritt der Menschheitskultur eroberten aber nachweislich vom Strand am Fuß der Santa Monica Mountains die Welt: Die Frisbee-Scheibe und Beach Volleyball.

Santa Monica Beach

Die Geschichte der Frisbee verlief genau so, wie man sie sich vorstellt: Der 17-jährige Fred Morrison aus Utah vergnügte sich am Erntedankfesttag mit seiner Freundin und warf den runden Deckel einer Popcornbüchse durch die Luft. Ein paar Jahre später verkaufte er die runden Plastikscheiben für 25 Cent am Strand von Santa Monica, verbesserte die Flugeigenschaften und meldete 1958 ein Patent an. Seitdem wurden mehr als 200 Millionen Frisbees auf der Welt verkauft.

Beach Volleyball wurde zwar zuerst auf Hawaii gespielt, doch Duke Kahanamoku, der auch das Surfen an die kalifornische Küste mitgebracht hatte, ließ als Sportdirektor des Beach Club die ersten Volleyballnetze am Strand von Santa Monica errichten. 1924 wurden die ersten Meisterschaften ausgerichtet.

Santa Monicas Geschichte war als am dichtesten an Los Angeles gelegener Strand natürlich vorherbestimmt. Zwei findige Geschäftsleute namens Jones und Baker kauften das landwirtschaftlich wertlose Land auf, priesen eine große Zukunft als Strandbad an und schlugen es parzellenweise wieder an erholungswillige Stadtbürger ab. 1875 veranstalteten sie eine Versteigerung. Bis aus San Francisco reisten hunderte entschlossene Käufer an, um 75 bis 500 Dollar für ein Stück Land anzulegen. Innerhalb von 2 Tagen setzte das Investorengespann 80.000 Dollar um. John P. Jones, republikanischer Senator aus Nevada, vergrößerte sein Vermögen weiter mit dem Bau der Eisenbahn von Los Angeles nach Santa Monica, die noch im gleichen Jahr ihre Jungfernfahrt machte.

Damit hätte Santa Monica auch noch zum städtischen Hafen von Los Angeles werden können, doch der US-Senat entschied sich für den endgültigen Standort im südlicheren San Pedro. Santa Monica musste sich also weiterhin auf die Freizeitindustrie konzentrieren. 1909 wurde die hölzerne Pier als Vergnügungspark errichtet, mondäne Hotels und schnieke kleine Wochenendhäuschen schossen aus dem sandigen Boden. Die hölzernen Ferienbungalows wurden „shotgun houses" genannt, angeblich weil ein Pistolenschuss durch die Vordertür auf der Rückseite wieder austrat. In der 2712 2nd Street kann man das letzte, inzwischen denkmalgeschützte Beispiel bewundern.

Das erste große Hotel brannte schon zwei Jahre nach seinem Bau wieder ab. Es wurde durch das opulente Arcadia mit 125 Zimmern ersetzt. Hier stieg regelmäßig der walisische Bergbaumillionär Griffith J. Griffith ab. Der schwerreiche Mann vermachte der Stadt Los Angeles den gleichnamigen Park mit Observatorium

als „Weihnachtsgeschenk". Doch Griffith war nicht nur erfolgreicher Unternehmer, sondern auch heimlicher Alkoholiker. In einem obsessiven Rausch schoss er seiner Frau bei einem Streit im Hotelzimmer aus nächster Nähe eine Kugel in den Kopf. Die Schwerverletzte überlebte wie durch ein Wunder und ließ sich konsequenterweise scheiden. Griffith wurde zu zwei Jahren Haft nach San Quentin verbannt und verstarb ebenso konsequent 1919 an Leberzirrhose.

In der wirtschaftlichen Blüte der 20er Jahre wurde Santa Monica ein bedeutender Industriestandort. Die Douglas Aircraft Company baute und verkaufte Passagierflugzeuge der Serie DC in die ganze Welt. Im Zweiten Weltkrieg beschäftigte das Unternehmen 44.000 Angestellte. Später konstruierte es auch die Triebwerke der Saturnraketen für die Apollo-Missionen. Doch die astronomischen Entwicklungskosten der DC-10 stürzten Douglas in wirtschaftliche Schwierigkeiten, die 1968 zur Fusion zu McDonnell Douglas und zur Schließung des Standorts Santa Monica zwangen. Die Stadt verlor ihren wichtigsten Arbeitgeber. Die letzte DC-10 wurde 1989 gebaut, doch bis heute werden die Maschinen von Luftfrachtunternehmen eingesetzt. FedEx betreibt noch über achtzig Stück. 1997 fusionierte McDonnell Douglas mit dem Konkurrenten Boeing.

Santa Monica konnte sich angesichts seiner privilegierten geographischen Lage von dem Rückschlag erholen. Da sich die zwölf Meilen nach West Hollywood und die 16 Meilen bis Downtown Los Angeles meist zügig auf der Autobahn zurücklegen lassen, stehen Häuschen und Apartments in Strandnähe hoch im Kurs. Auch das liberale Image der Stadt zieht den modernen und gut verdienenden Teil der Menschheit an. Bürgermeister Bobby Shriver gilt als ökologisch und sozial bewusster Stadtvater. Zusammen mit U2-Sänger Paul Hewson alias Bono rief er die Hilfsorganisation DATA – Debt, AIDS, Trade in Africa ins Leben, die sich für Schuldenerlass und AIDS-Hilfe auf dem ärmsten Kontinent einsetzt. Nebenbei ist Shriver Schwager von Gouverneur Schwarzenegger und Spross der Kennedy-Familie: Seine Mutter war die Schwester des ermordeten Präsidenten.

Shriver ist von Beruf Anwalt, doch nebenbei agierte er auch als Filmproduzent, zum Beispiel der James Bond Parodie „Wahre Lügen", natürlich mit Schwager Arnold in der Hauptrolle. Zur Lokalpolitik kam er nach eigenen Aussagen durch einen Streit mit der Stadtverwaltung: Die drohte ihm nämlich mit 25.000 Dollar Strafe, wenn er die Verordnung aus dem Jahre 1948 nicht befolge, die Hecken um

Santa Monica

sein Eigenheim auf maximal 1,07 Meter Höhe zu trimmen.

Stadtpolitik wird aber in Amerika nicht nur vom Bürgermeister gemacht. In regelmäßigen Referenden stimmen die Bürger über wichtige oder unwichtige Fragen ab. 2006 entschied eine Mehrheit von 65 %, dass Santa Monica fortan eine marihuana-freundliche Stadt zu nennen sei. Was bedeutet, dass Konsum und Besitz von Gras praktisch nicht mehr verfolgt werden. So spart sich die Stadtkasse jährlich rund 600.000 Dollar, und die Polizei kann sich auf wichtigere Aufgaben konzentrieren. Der Anbau in großem Stil ist aber weiterhin illegal, und so muss die Nachfrage mit versteckten Plantagen gedeckt werden. 2009 spürten die Ordnungshüter zwei Pflanzungen im Malibu Creek State Park auf. Der Marktwert der 3.500 Pflanzen wurde auf zehn Millionen Dollar geschätzt. Um ihr Eigentum zu sichern, hatten die illegalen Landwirte ihre Felder mit automatischen Fallen geschützt.

Nicht nur durch den Wegfall der Missbrauchsfälle weicher Drogen liegen die Verbrechensraten niedrig in Santa Monica. Auch Banden- und Gewaltkriminalität sind eher von geringer Bedeutung. Dennoch ging ein Fall besonders in Deutschland groß durch die Presse: 1998 wurde Horst Fietze, Hausmeister des Geschwister-Scholl-Gymnasiums des sächsischen Löbau, von vier Jugendlichen am Strand erschossen. Sie hatten seine Brieftasche gefordert, was der deutsche Urlauber offenbar nicht verstand. Inzwischen sind alle Täter gefasst und zu lebenslänglicher Haft verurteilt.

Santa Monica befand sich zu dieser Zeit in einer Phase des Um- oder besser Aufbruchs. Vier Jahre zuvor war die Stadt vom Northridge Erdbeben schwer getroffen worden. Frühmorgens um halb fünf riss das Beben der Stärke 6,7 die Bewohner aus dem Schlaf. Innerhalb von kaum 2 Minuten wurden 2.300 Wohnungen unbewohnbar. Die beiden Krankenhäuser wurden schwer beschädigt, und der auf Stelzen stehende Freeway nach Los Angeles knickte in sich zusammen, was zügige Hilfe zusätzlich erschwerte. Wochenlang war eine Rückkehr zur Normalität undenkbar.

Langfristig blieb Santa Monica nur die Flucht nach vorn. Neue Bürogebäude entstanden, die Entertainment-Industrie verließ den alten Stammplatz Hollywood und zog nach Norden oder eben nach Westen. Produzierende Gewerbe verschwanden fast vollständig und wurden durch Verwaltungsjobs ersetzt. Zwar zog Metro Goldwyn Mayer sein Hauptquartier 2003 wieder ab und nahm über tausend Angestellte mit, doch ist der Trend zur „Gentrification" weit fortgeschritten. Santa Monica ist modern und fortschrittlich, setzt auf Recycling und grünes Bauen, Fahrradwege und erdgasbetriebene Busse. Doch aufs Fahrrad schwingt man sich nur in bunter Freizeitmontur. Den Weg zum Großraumbüro macht jeder hübsch für sich allein auf ebenso sportlichen vier Rädern.

Websites

- www.santamonica.com
- www.smgov.net

Highlights

▶ Santa Monica Pier

Die 1909 gebaute Pier trug zunächst nur die Abwasserkanäle der Stadt, Fußgänger konnten aber vom westlichen Ende den Blick auf Stadt und Wellen genießen. Ab 1916 wurden die Attraktionen des Freizeitparks hinzugefügt. In den 60er Jahren sank das Interesse und die Pier begann zu verfallen. Die Stadt beschloss den Abriss des Wahrzeichens, der jedoch von einer Bürgerinitiative verhindert werden konnte.

Zwölf verschiedene Attraktionen für alle Altersgruppen locken zum Familienvergnügen, von Kinderkarussells bis zur Achterbahn. Das Riesenrad wird mit Solarenergie betrieben und bietet schöne Ausblicke aus 40 Metern Höhe über den Wellen. Natürlich gibt es auch reichlich Essbares wie Pizza, Tacos und Burger.

⊠ 380 Santa Monica Pier
⇒ Vom HW1 nicht abbiegen, sondern dem Lincoln Blvd 300 m weiter geradeaus folgen, links in die Colorado Ave und bis zum Ende zu den gebührenpflichtigen Parkplätzen
🕐 Die Öffnungszeiten variieren und können auf der Website nachgesehen werden. Im Sommer üblicherweise So-Do 11-23h, Fr & Sa 11-0.30h
💰 Eintritt: frei. Die Attraktionen kosten $5 für Erwachsene und $3 für Kinder bis 8 Jahren. Unbegrenzte Fahrten bekommt man mit dem „Unlimited Ride Wristband" für $21,95 bzw. $15,95
☎ 1-310-260-8744
🖳 www.pacpark.com
🖳 www.santamonicapier.org

▶ Frank Gehry House

Die respektlosen und unorthodoxen Entwürfe des Stararchitekten Frank Gehry bieten weltweit Diskussionsstoff. Der Gehry Tower in Hannover, das Vitra Design Museum in Weil am Rhein, das MARTa in Herford, der Neue Zollhof im Medienhafen in Düsseldorf und die DZ Bank in Berlin sollten auch weniger Architekturinteressierten ein Begriff sein. Da fragt man sich natürlich, wie so ein über 80-jähriger Nonkonformist wohl sein Eigenheim gestaltet. Gehrys Frau kaufte in den 70er Jahren ein normales kleines Häuschen in Santa Monica. Der Meister selbst fand es „liebenswert aber langweilig". Drum machte er sich gleich an die Umgestaltung zu einer verschachtelten expressionistischen Struktur. Die konventionelle Nachbarschaft reagierte überwiegend mit Ablehnung auf den verwirrenden Eindringling. Angeblich ist das Haus mehrfach beschossen worden.

⊠ Ecke Washington Ave / 22nd St
⇒ Auf dem Santa Monica Boulevard nach Nordosten, nach 1,4 mi/2,2 km links in die 2nd St, nach 500 m wieder rechts in die Colorado Ave, nach 300 m auf der rechten Seite

▶ McCabe's Guitar Shop

Der weltberühmte Laden für Musikinstrumente wirbt mit „der größten Auswahl besaiteter Dinger, mit denen man Musik machen kann". Tatsächlich findet man neben konventionellen Gitarren, Banjos und Mandolinen auch hochgradig kuriose Konstruktionen, die man als Saiteninstrument interpretieren könnte.

McCabe's veranstaltet auch Kurse, Workshops und Konzerte im Laden. Die Crème de la Crème der Musikwelt ist hier im Laufe der Jahre aufgetreten: Tom Waits, John Lee Hooker, Beck, Ginger Baker, Tom Verlaine, JJ Cale, PJ Harvey und so weiter und so weiter. Einige, wie der ehemalige Black Flag Sänger Henry Rollins, nahmen sogar Liveplatten im McCabe's auf.

⊠ *3101 Pico Blvd*
⇨ *Vom HW1 auf den IS10 in Richtung Los Angeles, Exit 2 „Centinela Ave", scharf rechts auf den Pico Blvd, nach 250 m auf der rechten Seite*
🕓 *Mo-Do 10-22h, Fr & Sa 10-18h, So 12-18h*
☎ *1-310-828-4497*
🖥 *www.mccabes.com*

▶ Shopping

Durch die Boutiquen schlendern kann man in Santa Monica's Main Street, ganze zwei Blocks vom Meerblick entfernt, oder in der Montana Avenue zwischen 7th und 17th St.

🗍 Filme

🗍 Rocky 3 – Das Auge des Tigers	
Originaltitel	Rocky 3
Jahr	1982
Regie	Sylvester Stallone
Hauptdarsteller	Sylvester Stallone, Carl Weathers, Talia Shire
Genre	Boxerdrama

🗍 Beverly Hills Cop III	
Originaltitel	Beverly Hills Cop III
Jahr	1994
Regie	John Landis
Hauptdarsteller	Eddie Murphy, Judge Reinhold, Hector Elizondo
Genre	Komödie

🗍 Forrest Gump	
Originaltitel	Forrest Gump
Jahr	1994
Regie	Robert Zemeckis
Hauptdarsteller	Tom Hanks, Robin Wright Penn
Genre	Drama

🎵 Soundtrack Santa Monica

Künstler	Titel	Album	Jahr	Genre
Sweet	Santa Monica Sunshine	Funny How Sweet Co-Co Can Be	1971	Glam Rock
The Nitty Gritty Dirt Band	Santa Monica Pier	Symphonion Dream	1975	Folk Rock
Die Amigos	Santa Monica	Liebe und Sehnsucht	1989	Schlager
Die Flippers	Die Nacht von Santa Monica	Träume vom Süden	1990	Schlager
Everclear	Santa Monica	Sparkle and Fade	1995	Alternativrock
David Hasselhoff	Santa Monica Feeling	B-Seite "Hooked on a Feeling	1999	Pop
Alice und Ellen Kessler	Komm zurück nach Santa Monica	Zwei blonde Señoritas	2003	Schlager

🏛 VENICE (41.000 EW)

Straßenmusiker, Pantomimen, Freaks, Hippies und Exzentriker. Muskelprotze, Spinner und groteske Sonnenbrillen. Dank der vielen Exhibitionisten wird die Strandpromenade von Venice gern als Schaufenster des kalifornischen Lebensstils hingestellt. Dabei haben wir längst gemerkt, dass die wahre kalifornische Seele eher im patriotischen, wertkonservativen Orange County beheimatet ist. Venice ist die Ausnahme, nicht die Regel. Das Strandstädtchen blickt auf eine lange Geschichte dickköpfiger Andersartigkeit und brilliert erst seit wenigen Jahren als Aushängeschild des liberalen und optimistischen Kaliforniens.

Abbot Kinney, ein weltreisender, kulturbeflissener Tabakmillionär aus New Jersey mit Studium in Heidelberg, folgte der pädagogischen Vision, dem Durchschnittsamerikaner über Amüsement hohe Kultur zu vermitteln. Er kaufte die Marschländer südlich von Santa Monica, um sie in ein kulturelles Mekka zu verwandeln. Auf den künstlich angelegten Kanälen sollten venezianische Gondeln verkehren, umgeben von stolzen klassischen Villen. Ein Themenpark mit Tanz, Theater, Kunstgalerien und Dichterlesungen sollte die amerikanische Populärkultur auf ein neues Niveau heben. Vier Monate vor der großen Einweihung zerstörte ein schwerer Sturm die Pier und das Auditorium. Der starrköpfige Geschäftsmann und Kulturpädagoge heuerte sechshundert Arbeiter an, die rund um die Uhr schufteten. Kinney setzte seinen Dickschädel durch, und am Unabhängigkeitstag 1905 strömten 40.000 Besucher zur ersehnten Eröffnungszeremonie. Am selben Tag verkauften sich Bauparzellen im Wert von 400.000 Dollar. Venice, das zunächst noch Ocean Park hieß, boomte. Kein Wunder, damals erreichte man den Strand von Downtown Los Angeles mit der roten Eisenbahn in weniger als 30 Minuten, was heutzutage kaum denkbar ist.

Die Vollendung des Traumes schien in greifbarer Nähe, doch Kinney wurde von der Menschheit enttäuscht: Die Besucher kamen nicht zur Erweiterung ihres kulturellen Horizonts, sondern wegen der einfachen Unterhaltung. Während die Literaturveranstaltungen weitgehend publikumsfrei blieben, platzten Kasinos und Bingohallen aus allen Nähten. Die wahren Attraktionen waren die erste Achterbahn der Westküste und die „Freak Show", die einen zwei Meter vierzig großen Mann und eine achtzig Zentimeter kleine Frau präsentierten. Auch Hagenbecks Tierpark hat so begonnen.

Kinney versuchte, zumindest seine Investition zu retten, und gab dem Volk, was es forderte; kein Brot, aber jede Menge Spiele. Die frühen Hollywood-Stars gaben sich ein Stelldichein, Charlie Chaplin mietete sich in einer Suite im Waldorf Hotel direkt an der Strandpromenade ein. Aus der zweiten Renaissance Venedigs wurde ein „Coney Island am Pazifik". Doch dem visionären Kleinstadtprojekt lag von Anfang an die finanzielle Schlinge um den Hals. Eine dilettantische Planung mündete in immensen Instandhaltungskosten für die versandenden Kanäle, die nach totem Fisch rochen. Die Prohibition zog die Schlinge weiter zu, bis ein Feuer die hölzerne Pier und vier Blöcke des Zentrums auffraß. Siebenhundert Feuerwehrleute konnten immerhin die totale Verwüstung verhindern.

Natürlich stand der gefräßige Krake Los Angeles schon in den Startlöchern, um sich die potentiell lukrative Strandkommune einzuverleiben. 1925 verwandelte sich die bis dahin selbständige Kleinstadt in einen Vorort der wuchernden Metropole. Die verfolgte gänzlich andere Visionen als Stadtvater Kinney und beschloss als erstes, die venezianischen Kanäle zuzuschütten. Dass sechs der Kanäle bis heute unangetastet blieben, ist einzig und allein einem der beauftragten Bauunternehmer zu verdanken: Der sackte nämlich die Bezahlung im Voraus ein und verschwand spurlos.

Skateboarder in Venice Beach

Die Stadtverwaltung wollte nicht doppelt zahlen und überließ die Kanäle ihrem Schicksal.

Venice verkam zu einem morbiden schmutzigen Amüsierviertel. Bill Harrah betrieb zusammen mit Vater John eine kleine Spielhalle, doch der verbotswütige Staat schloss per Verordnung alle Bingohallen. Bill blieb unbehelligt, indem er ein artverwandtes Spiel unter dem Namen „circle game" veranstaltete. Bei jeder neuen Verordnung suchte er ein legales Schlupfloch und änderte die Spielregeln. Dem Gesetz immer einen Schritt voraus, konnte der clevere Bill eine Spielhölle nach der anderen eröffnen, während die Konkurrenz ihre Pforten schließen musste. Doch 1937 war auch er von der ständigen Verfolgung so angenervt, dass er nach Reno in Nevada abwanderte. Er verband Spiel mit Unterhaltung, heuerte Entertainer wie Sammy Davis Jr. an und machte Harrah's zum weltgrößten Glücksspielunternehmen mit Milliardenumsatz. Zu

Harrah's gehören mit Caesar's Palace, Flamingo, Paris, Planet Hollywood und Imperial Palace fünf der größten und berühmtesten Hotelkasinos von Las Vegas. 1971 ging das Unternehmen an die Börse, 1980 wurde es von der Holiday Inn-Kette übernommen.

Harrah's ging, Venice blieb zurück. Anfang der 30er wurde Erdöl entdeckt, innerhalb eines Jahres schossen 150 Bohrtürme aus dem Boden. Das brachte zwar Arbeitsplätze, zerstörte aber das Stadtbild und verschmutzte die Strände. Für viele verkam Venice zum „Slum am Meer", doch gleichzeitig war es ein idealer Nährboden für die Gegenkultur. In den 50ern wurde Venice bevorzugte Heimat der Außenseiter, der Beatnicks, die die dominierenden Werte von Arbeit, Erfolg und Familie ablehnten. Stattdessen florierten der „bohemian lifestyle", Kunst, Jazz und Poesie. Allen Ginsberg, Jack Kerouac, William S. Burroughs, die drei berühmtesten Poeten der Beat-Generation, strandeten in Venice.

Nach den Beats folgte direkt die Hippie-Generation. Schließlich war Venice der einzige Ort an Hunderten von Kilometern Küste, wo sich auch der arme Teil der Amerikaner ein Apartment leisten konnte. Jim Morrisson und Ray Manzarek gründeten hier die Doors und durchlebten manchen Drogenexzess, ebenso wie Iggy Pop, der zeitweise aus dem kalten Detroit übersiedelte, Bob Dylan und Beach Boy Brian Wilson, der hier 1976 zum ersten Mal erfolgreich auf einem Surfbrett stand, nachdem er bereits 25 Millionen Dollar mit Surfmusik verdient hatte. Arnold Schwarzenegger stählte seine Muskeln am Muscle Beach, einem Freiluft-Fitnesscenter direkt am Strand.

Dennoch war Venice niemals eine Kommune von Freaks, sondern nur eine Arme-Leute-Gegend, in der weiterhin der bürgerliche Traum vom sozialen Aufstieg regierte. Außenseiter waren immer in der Minderheit, wenn auch weitgehend geduldet. Den Umschwung brachte die Olympiade von Los Angeles 1984. Die aus aller Herren Länder einfallende Horde von Reportern entdeckte die kuriose Kommune und projizierte sie weltweit auf die Fernsehschirme. Venice wurde berühmt, plötzlich war es hip. Schicke Apartments wurden gesucht und nach den Gesetzen von Angebot und Nachfrage gebaut. Einen Teil der „Alternativen" unter den Hollywood-Millionären wie Julia Roberts, Dennis Hopper oder Oliver Stone verschlug es zumindest zeitweise nach Venice. Auch die durchgedrehten Punker Butthole Surfers und die Alternativ-Metal Band Suicidal Tendencies gediehen im lokalen Humus.

Henry Rollins, wortgewaltiger Entertainer, Punkrocker und Menschenrechtsaktivist, erlebte 1991 in Venice den Alptraum seines Lebens. Mit seinem besten Freund Joe Cole teilte er ein Häuschen in der 809 Brooks Avenue. Auf dem Heimweg von einem Konzert im Whiskey A Go Go in West Hollywood liehen die beiden noch einen Film in einer Videothek aus und kauften Essbares in einem Gemü-seladen. Keine zwanzig Meter vor der Haustür wurden sie von zwei bewaffneten Männern bedroht und ins Haus gezwungen. Plötzlich fiel ein Schuss, Joe Cole starb sofort. Rollins flüchtete durch den Hintereingang und rief von der nächsten Telefonzelle die Polizei, die ihn zunächst als Tatverdächtigen festnahm. Der Raubmord konnte nie aufgeklärt werden. Man vermutet, dass die Täter aus dem Nachbarviertel stammten, einer seinerzeit ziemlich finsteren Gegend, die im Volksmund „Ghost Town" genannt wurde. Rollins hat den Tod seines Freundes in Büchern und bei vielen Auftritten in bewegender Weise verarbeitet.

Heute repräsentiert Venice ein von seiner Geschichte geprägtes Konglomerat aus Liberalität, Untergrund und Schickeria. Die Konflikte zwischen Wohnungslosen und -eigentümern, zwischen Straßenverkäufern und Ladenbesitzern, zwischen Kleinkriminellen und Millionären sind in ein neues Stadium getreten. Lustige Sonnenbrillen, zerschossene Skateboards, Piercings und verrückte Frisuren sind noch lange kein Statement alternativer Lebensweise, sondern markieren haarscharf die verschwommene Grenze zwischen Untergrund und inhaltsloser Massenkultur. Venice bleibt eine bunte Mischung aus Gegenkultur und Jetset. Bis San Francisco lässt sich nichts Vergleichbares finden.

▶ The Boardwalk

Die zweieinhalb Meilen Strandpromenade repräsentieren exakt das, was Reiseveranstalter als den kalifornischen Lebensstil missinterpretieren. Jogger und Rollerblader halten sich fit, Obdachlose betteln für ein Bier, Touristen erstehen Modeschmuck und aufsehenerregende T-Shirts. Die Straßencafés bieten die optimale Aussichtsterrasse.

⇨ *Vom HW1 in den Venice Blvd, bis zum Ende Richtung Strand und einen Parkplatz suchen. Kostenlose Parkplätze sind rar, aber die Parkgebühren sind vertretbar. Keine Wertgegenstände sichtbar im Wagen lassen!*

▶ Binoculars

Der schwedische Künstler Claes Oldenburg ist so etwas wie der Andy Warhol der Bildhauer. Seine überdimensionierten Alltagsgegenstände sind Pop Art; ob ein gigantischer Besen in Denver, eine Wäscheklammer in Philadelphia, eine umgestürzte Eistüte in Köln oder eine Spitzhacke in Kassel. Venice rühmt sich eines 15 Meter hohen Feldstechers als Eingang zum Bürogebäude einer Werbeagentur, das obendrein Frank Gehry entwarf.

✉ *340 Main St, 100 m südlich der Ecke Rose Ave*

▶ Jim Morrisson Mural

Der Lokalheld und Sänger der Doors wurde im Stil eines Bravo-Starschnitts auf die Fassade eines ansonsten ausgesprochen unansehnlichen Apartmentblocks gepin-selt. Inzwischen ist das Wandgemälde schon reichlich ausgebleicht.

✉ *Ecke Speedway / 18th Place*

🖵 Filme

Venice diente als Hintergrund für Dutzende von Hollywood Streifen, deren Aufzählung ein eigenes Kapitel einnehmen würde. Eine Bilderflut von Venice in den 60ern liefert Oliver Stones Portrait der Doors. Die Venice High School, 13000 Venice Blvd im benachbarten Del Mar, bildete die zentrale Location für das Teenager Musical „Grease". Außerdem wurde Venice von der geballten Schönheit der Rettungsschwimmerinnen in 25 Prozent der Serie „Baywatch" überschattet.

🖵 Im Zeichen des Bösen	
Originaltitel	Touch of Evil
Jahr	1958
Regie	Orson Welles
Hauptdarsteller	Charlton Heston, Janet Leigh, Orson Welles
Genre	Kriminaldrama

🖵 Inside Daisy Clover	
Originaltitel	Inside Daisy Clover
Jahr	1964
Regie	Robert Mulligan
Hauptdarsteller	Robert Redford, Natalie Wood
Genre	Drama

🖵 Die wilden Engel	
Originaltitel	The Wild Angels
Jahr	1964
Regie	Roger Corman
Hauptdarsteller	Peter Fonda, Nancy Sinatra
Genre	Bikerdrama

🖵 Grease	
Originaltitel	Grease
Jahr	1977
Regie	Randal Kleiser
Hauptdarsteller	John Travolta, Olivia Newton John
Genre	Musical

🖵 Atemlos	
Originaltitel	Breathless
Jahr	1983
Regie	Jim McBride
Hauptdarsteller	Richard Gere, Valerie Kaprisky
Genre	Thriller

🖵 The Doors	
Originaltitel	The Doors
Jahr	1991
Regie	Oliver Stone
Hauptdarsteller	Val Kilmer, Kyle MacLachlan
Genre	Drama

🖵 Falling Down – Ein ganz normaler Tag	
Originaltitel	Falling Down
Jahr	1993
Regie	Joel Schumacher
Hauptdarsteller	Michael Douglas, Robert Duvall
Genre	Thriller

Jim Morrison Mural in Venice Beach

🖵 American History X

Originaltitel	American History X
Jahr	1998
Regie	Tony Kaye
Hauptdarsteller	Edward Norton, Eward Furlong
Genre	Drama

🖵 The Doors: When You're Strange

Originaltitel	When You're Strange
Jahr	2009
Regie	Tom DiCillo
Genre	Dokumentarfilm

🎵 Soundtrack Venice

Künstler	Titel	Album	Jahr	Genre
Doors	Peace Frog	Morrisson Hotel	1970	Rock
Van Morrison	Venice U.S.A.	Wavelength	1978	Pop
Red Hot Chili Peppers	Venice Queen	By the way	2002	FunkRock

Film Locations in Los Angeles

Als Zentrum der amerikanischen Filmindustrie gibt es Tausende von Filmen, die in Los Angeles spielen. Mehr als eine kleine Auswahl kann hier nicht geboten werden. In den Shops des Hollywood Boulevard findet man einschlägige Literatur.

Die Reifeprüfung

Originaltitel	The Graduate
Jahr	1967
Regie	Mike Nichols
Hauptdarsteller	Dustin Hoffmann, Anne Bancroft
Genre	Komödie

Das Taft Hotel, wo sich der junge Benjamin mit der reifen Nachbarin Mrs. Robinson regelmäßig einlässt, ist das ehemalige Ambassador Hotel am ✉ 3400 Wilshire Boulevard.

Grease

Originaltitel	Grease
Jahr	1977
Regie	Randal Kleiser
Hauptdarsteller	John Travolta, Olivia Newton-John
Genre	Musicalkomödie

Die Rydell High School heißt in Wirklichkeit Venice High School und steht ✉ 1300 Venice Boulevard. Viele Außenaufnahmen wurden hinter der Schule gedreht.

Terminator

Originaltitel	The Terminator
Jahr	1984
Regie	James Cameron
Hauptdarsteller	Arnold Schwarzenegger
Genre	Science Fiction

Am Griffith Observatory vermöbelt der Terminator ein paar Punks und stielt ihre Klamotten. Auch die schönen Nachtaufnahmen der Stadt entstanden hier.

Thelma & Louise

Originaltitel	Thelma and Louise
Jahr	1991
Regie	Ridley Scott
Hauptdarsteller	Susan Sarandon, Geena Davis
Genre	Road Movie

Die Country Bar des Mittelwestens, wo sich der Vergewaltigungsversuch ereignete, heißt Cowboy Country und steht in der ✉ 3221 S Street. Das Motel, wo sie auf J.D. (Brad Pitt) treffen, ist das Vagabond Inn, in der ✉ 3101 S Figueroa St.

Halloween	
Originaltitel	John Carpenter's Halloween
Jahr	1978
Regie	John Carpenter
Hauptdarsteller	Jamie Lee Curtis, Donald Pleasence
Genre	Horror

Das Haus, wo Laurie von einem Mann mit weißer Maske durch das Schlafzimmerfenster beobachtet wird, steht in South Pasadena, an der ⊠ Ecke Oxley St / Fairview Ave.

Stirb langsam	
Originaltitel	Die Hard
Jahr	1988
Regie	John McTiernan
Hauptdarsteller	Bruce Willis
Genre	Action

Das 150 Meter hohe Nakatomi Plaza Bürohochhaus, in dem sich die zentrale Handlung des Films abspielt, heißt in Wirklichkeit Fox Plaza und erhebt sich an der ⊠ 2121 Avenue of the Stars.

Independence Day	
Originaltitel	Independence Day
Jahr	1996
Regie	Roland Emmerich
Hauptdarsteller	Will Smith, Jeff Goldblum
Genre	Science Fiction

Der US Bank Tower, ⊠ 633 W 5th St, das höchste Gebäude in Los Angeles, wird von den angreifenden Aliens zerstört.

Pretty Woman	
Originaltitel	Pretty Woman
Jahr	1990
Regie	Gary Marshall
Hauptdarsteller	Richard Gere, Julia Roberts
Genre	Romantische Komödie

Um sich für ihre sozialen Auftritte an der Seite ihres neuen Arbeitgebers auszustatten, geht Vivian auf dem ⊠ Rodeo Drive in Beverly Hills shoppen. Am südlichen Ende der Nobelmeile steht am Wilshire Boulevard das edle Beverley Wilshire Hotel, wo etliche Szenen abgedreht wurden.

Universal Studios

Rolex und Pistolen – Gangsta Rap

... when I used to be a crook	*... als ich ein kleiner Gangster war*
Doin whatever it took	*Tat ich alles Mögliche*
from snatchin chains to pocketbooks ...	*Klaute alles von Halsketten*
I got some drugs tried	*bis zu Taschenbüchern ...*
to get the avenue sold.	*Ich kam an ein Paar Drogen und versuchte,*
I wanted it all from the Rolexes	*sie auf der Straße zu verkaufen.*
to the Lexus.	*Ich wollte alles, von der Rolex bis zum Lexus.*

Rapper Notorious B.I.G. alias Christopher Wallace (1972-1997) in dem Stück „Ready to die".

Eine Prominenten-Party in West Hollywood. Schauplatz: Ein exklusives Automuseum, eine Samstagnacht im September 1997. In der Luft schwebt das Aroma von Marihuana, der Saal ist überfüllt. Beamte treffen ein und fordern, das private Fest umgehend abzubrechen. Die Menge strömt nach draußen, darunter der Rap-Star Notorious B.I.G. mit Freunden und Leibwächtern. Sie beschließen, eine andere Party heimzusuchen. Minuten später stehen die zwei Wagen vor einer roten Ampel, keine fünfzig Meter von der vorzeitig beendeten Party. Plötzlich tauchen zwei Wagen neben ihnen auf. Der Fahrer des schwarzen Chevy Impala lässt das Fenster hinunter und feuert ohne Vorwarnung mindestens sechs Kugeln ab. Vier treffen den prominenten Rapper. Die anderen Fahrzeuginsassen bleiben unverletzt. Die Täter rasen davon, „Biggies" Fahrer jagt zu einem kaum fünf Minuten entfernten Krankenhaus. Jede Hilfe kommt zu spät. Um 1.45 Uhr wird der Star für tot erklärt.

Drei Wochen später erscheint seine neueste Scheibe und stürmt sofort auf Platz Eins der Verkaufslisten. Der Höhepunkt des Erfolgs und der öffentlichen Diskussionen um den Gangsta Rap.

Der Rap war erst wenige Jahre zuvor aus den Ostküstenmetropolen New York und Philadelphia an die Westküste geschwappt. In den schwarzen Ghettos von Los Angeles und Oakland erfuhr die Musik eine neue Interpretation. Die Texte drehten sich fast ausschließlich um die Lebenswelt des Gangsters. Im Zentrum standen der tägliche Überlebenskampf, Ehre, Drogen, Kleinkriminalität. Die Glorifizierung von Gewalt, Sexismus und Homophobie wurde von der amerikanischen Öffentlichkeit mit Schaudern aufgenommen. Doch ausgerechnet bei der eigenen Jugend schlug der neue Stil mit voller Kraft ein. Die Mehrheit der Konsumenten des Gangsta Rap waren weiße pubertierende Jünglinge aus der Mittelschicht.

Rap Musik ist Teil der Hiphop-Kultur. Zwei Begriffe, die konstant durcheinander geworfen werden. Das Wort Rap wird gelegentlich als Abkürzung für „Rythm and Poetry", also Rhythmus und Poesie interpretiert. Das trifft den Kern, Rap ist Sprechgesang über einem selten komplizierten, rhythmischen Grundmuster. Hiphop dagegen umfasst mehr Bereiche der schwarzen Jugend-kultur: Graffitis, Breakdance, modische Klamotten und DJing, also das Platten-auflegen und Scratchen.

Die musikalische Bewegung ent-stand gegen Ende der 70er Jahre in der New Yorker Bronx. Die jamaikanische Tradition der Sound Systems, der im-provisierten Partys mit einer Art Disco-mobil, mischte sich mit dem schwarzen Funk und Soul. Ein MC – Master of Ceremony – animierte das Publikum, während der Discjockey die Musik aus-wählte. Mit der Zeit wurden die MCs immer kreativer, begannen zu reimen und schließlich komplette Songstruktu-ren zu entwickeln. 1979 wurden die ers-ten Schallplatten des neuen Stils aufge-nommen. Die akrobatische Ästhetik des Breakdance katapultierte die Musik in die Medien und der Siegeszug um den Erdball begann. Rapper gibt es inzwi-schen wohl in jedem Land der Welt, in allen europäischen Ländern haben sich nationale Szenen etabliert. In Afrika ist er als moderne aber genuin schwarze Musik ähnlich wie der jamaikanische Reggae mit offenen Armen aufgenom-men worden. Music is coming home.

Doch die kreative Speerspitze blieb immer in den USA. Die Bewegung diversifizierte sich in die unterschied-lichsten Fraktionen und das Leben im Ghetto war immer einer der zentralen Inhalte. Doch während Bands wie Pu-blic Enemy sich der Thematik hochgra-dig sozialkritisch und politisch enga-giert annahmen, verherrlichten andere die Härte des Lebens auf der Straße. Tatsächlich hatte der Gangsta Rap der Westküste bereits eindeutige Vorläufer im Osten. Doch in Kalifornien wurde er zur dominanten und kommerziell erfolgreichsten Stilrichtung. Ice Cube, Ice-T und Snoop Dogg machte ihr Image des Bösewichts Anfang der 90er Jahre zu Millionensellern. Im Schlepp-tau stieg Tupac Shakur zu Ruhm auf.

Doch bald wurde klar, dass das Gangster-Image nicht nur eine kom-merzielle Maske war. Tatsächlich sum-mierten die Protagonisten in prall gefüllten Gerichtsakten eine stattliche Liste von Straftaten, meist im Zusam-menhang mit Drogenkonsum und phy-sischer Gewalt.

Zwischen verschiedenen Lagern ent-wickelten sich Konflikte zu regelrechten Fehden, den „beefs". Zunächst wurden sie im Rahmen der traditionellen „batt-les" ausgetragen: Gewissermaßen ein Gesangswettbewerb, bei dem es darum ging, den Gegner mit Worten öffentlich der Lächerlichkeit preiszugeben. Doch irgendwann wurden die Beleidigungen nicht mehr nur mit Reimen beantwortet.

Der größte Fraktionskrieg entwi-ckelte sich über Jahre und ging als East Coast/West Coast-Fehde in die Musik-geschichte ein. Es ging vor allem um die regionale Dominanz des amerikani-schen Hiphop. Das Pendel schlug nun eindeutig in Richtung Westen aus und die Rapper des New Yorker Bad Boy La-bels und die des Plattenverlegers Death Row Labels aus Los Angeles ergingen sich in gegenseitigen, öffentlichen Be-leidigungen. Die Medien dokumentier-ten den Konflikt farbenfroh und gossen weiter Öl ins Feuer. Bald waren über 20 Rapper und Bands in den Streit verwi-ckelt. 1994 fielen erstmals Schüsse. Im März 1996 standen sich Vertreter der beiden Plattenlabel nach einer Preis-verleihung in Los Angeles direkt mit gezogenen Waffen gegenüber. Keiner drückte den Abzug.

Der Auseinandersetzung kulminier-te im Streit zwischen Notorious B.I.G. und Tupac Shakur. Letzterer gilt bis heute als der meist verkaufte Rapper und war nebenbei auch als Schauspieler erfolgreich. 1996 verkündete er unzwei-deutig gleich in der zweiten Textzeile des Songs „Hit ‚Em Up", ein Verhältnis mit Biggies Ehefrau gehabt zu haben. Eine tödliche Beleidigung.

Im September des gleichen Jahres fiel er in Las Vegas an einer Kreuzung genau wie sein Gegenspieler ein Jahr später einem Kugelhagel zum Opfer. Der Verdacht fiel sofort auf Biggies Umfeld, doch die genauen Umstände des Mordes wurden niemals aufgeklärt, der einzige Verdächtige 1998 in Los Angeles erschossen.

Notorious B.I.G. blieb nach dem Tod Tupac Shakurs noch ein Jahr am Leben, dann wurde er das nächste prominente Opfer der Fehde um die Führerschaft des amerikanischen Rap. Nach seinem Tod schalteten sich völlig genrefremde prominente Afroamerikaner ein und versuchten zu vermitteln. Unter Federführung des Führers der Nation of Islam konnte ein Waffenstillstand zwischen den beiden Fraktionen ausgehandelt werden. 1999 schließlich bestiegen die Mütter der beiden prominenten Opfer die Bühne bei den MTV Video Awards, um gemeinsam die endgültige Beilegung des blutigen Streits zu fordern.

Seitdem ist zwar kein Schuss mehr gefallen, doch hat der Gangsta Rap ebenfalls seinen kommerziellen Zenit überschritten. Sei es nun, weil sich die Konsumenten angesichts sinnloser Gewalt abgewandt haben oder weil sie die ewige Beschwörung der Ghettoromantik irgendwann einfach satt hatten.

📺 Websites

Die Verleger der beiden Protagonisten verkaufen weiterhin fleißig Schallplatten der berühmten Mordopfer und ehren zumindest 2pac mit einer umfangreichen Website.

🖥 www.2pac.com

Die beiden in die Ost-West-Fehde verstrickten Plattenlabels sind natürlich auch im Web vertreten.

🖥 www.deathrowrecordings.com
🖥 www.badboyonline.com

🎬 Filme

Tupac Shakur wirkte in gut einem Dutzend Spielfilmen mit, bei vielen davon in einer Hauptrolle. In den beiden bekanntesten trat er an der Seite von Janet Jackson und Mickey Rourke auf.

🎬 Poetic Justice

Originaltitel	Poetic Justice
Jahr	1993
Regie	John Singleton
Hauptdarsteller	Janet Jackson, Tupac Shakur
Genre	Drama

🎬 Bullet – Auge um Auge

Originaltitel	Bullet
Jahr	1996
Regie	Julien Temple
Hauptdarsteller	Mickey Rourke, Tupac Shakur, Adrien Brody
Genre	Action

Sieben Jahre nach seinem Tod wurde ihm mit einem Dokumentarfilm aus Zusammenschnitten von Videos und Originalaufnahmen ein Denkmal gesetzt.

🎬 Tupac: Resurrection

Originaltitel	Tupac: Resurrection
Jahr	2003
Regie	Lauren Lazin
Genre	Dokumentarfilm

Auch Notorious B.I.G. hat sein filmisches Monument erhalten.

🎬 Notorious

Originaltitel	Notorious
Jahr	2009
Regie	George Tillman Jr.
Hauptdarsteller	Jamal Woolard, Angela Bassett, Anthony Mackie
Genre	Drama

Tod in L.A.

Himmel und Hölle, Fluch und Segen liegen im Leben oft dicht beisammen. Hollywood verspricht den Himmel. Ruhm und Verehrung, Reichtum und Luxus, Glück und Selbstverwirklichung. Zu Tausenden strömten junge Talente und solche, die sich dafür hielten, in das Mekka des Films und der Musikbranche, um sich nach oben zu spielen. Sie schlugen sich mit Gelegenheitsjobs durch, mit kleinen Rollen und Auftritten, während sie bei den Produzenten die Klinken putzen. Man braucht Kontakte. Bei vielen Starlets gingen die persönlichen Kontakte mit Produzenten und Castingverantwortlichen über das gewöhnlich notwendige Maß bei der Jobsuche hinaus.

Die Bars von Hollywood waren vor und hinter dem Tresen immer gefüllt mit Leuten, die auf die große Chance, auf den entscheidenden Anruf warteten. Die meisten warteten vergebens, nur einige wenige hatten das Glück oder das Durchsetzungsvermögen, ihren Traum zu verwirklichen.

Doch für Traum und Albtraum gilt das gleiche wie für Himmel und Hölle. Die wenigen, die die Karriereleiter erklommen, fanden nicht automatisch das große Glück. Von allen geliebt und doch vereinsamt, ihrer Privatsphäre beraubt oder vom Glauben an die eigene Übermenschlichkeit beseelt, endeten viele große Karrieren in persönlichen Desastern.

Jeder kennt das Schicksal der Marilyn Monroe. Trotz immensen Erfolges mangelte es ihr an Selbstvertrauen.

Sie war lange Jahre in psychologischer Behandlung, bevor sie sich mit einer Überdosis Schlaftabletten das Leben nahm.

Judy Garland, bereits im Alter von 17 Jahren im „Zauberer von Oz" zum Weltstar aufgestiegen, erging es ähnlich. Je nach Gefühlslage schluckte sie Beruhigungs- oder Aufputschmittel und setzte ein Mittelchen gegen die Wirkung des anderen ein. Ihr Privatleben geriet aus den Fugen, ihre Ehe scheiterte und 1950 unternahm sie einen ersten Selbstmordversuch.

Zwei beispielhafte Werdegänge. Alkohol, Drogen, Psychopharmaka und Psychotherapie spielten in vielen Karrieren eine Rolle. Wobei die vermeintliche Unterstützung durch Pillen die Vorreiterrolle einnahm und schon in den frühen Jahren Hollywoods reißenden Absatz fand, psychologische Behandlungen wurden erst allmählich populär. Es waren entweder die Schauspieler selbst, die Hilfe suchten oder vielfach die Filmproduzenten, die ihren Stars zur Stabilisierung der Leistungsfähigkeit mentalen Beistand verschrieben. In der zweiten Hälfte der 50er war der regelmäßige Gang zum Psychologen fast schon eine soziale Verpflichtung. Ganz Hollywood war in Therapie, es war einfach in Mode.

Die Fälle von Judy Garland und Marilyn Monroe füllten die Schlagzeilen der Weltpresse. Die tragische Geschichte von Frances Farmer wurde von Hollywood selbst wieder publikumsgerecht aufbereitet. Eine zynische

Spirale: Ein Mensch zerbricht an Hollywood und Hollywood vermarktet die Tragödie.

Weniger populären Figuren wurde kaum Beachtung geschenkt, von Gescheiterten spricht keiner. Ein Fall erregte dennoch Aufsehen: Die junge Schauspielerin Peg Entwistle zog Anfang der 30er Jahre nach ersten Erfolgen auf New Yorker Theaterbühnen in den goldenen Westen. Inzwischen etablierte sich der Tonfilm und man benötigte Schauspieler mit ein- und ausdrucksvoller Stimme, Peg glaubte an ihre Chance. Doch die kam nicht. Als sie schließlich die Hoffnung aufgab, kletterte sie auf das H des Hollywood-Signs und stürzte sich in die Tiefe. Der Legende nach ging am nächsten Tag per Post das Angebot für eine Hauptrolle ein.

Viele andere wählten nicht den Freitod, wurden aber von Alkohol und Rauschmitteln überwältigt. Blues Brothers Ikone John Belushi raffte eine Mischung aus Koks und Heroin in seinem Hotelzimmer dahin. Jungstar River Phoenix, gerade mal 23 Jahre alt, erlag in der Halloween Nacht 1993 der gleichen Kombination. Auf dem Gehsteig vor dem Nachtclub Viper Room brach er zusammen. Johnny Depp war Mitinhaber der Bar.

Hippie-Ikone Janis Joplin konnte nur ganze drei Studioalben aufnehmen, eine Überdosis Heroin setzte ihrem kurzen Leben 1970 ein Ende. Bei Ike Turner, der immerhin 76 Jahre alt wurde, war es Kokain. Er wurde 2007 in seinem Haus in San Marcos, südlich von Los Angeles, tot aufgefunden.

Vergleichsweise profan erscheinen dagegen die Unfalltode von James Dean, der 1955 mit seinem Porsche 180 Meilen nördlich von LA in ein abbiegendes Fahrzeug krachte oder der des Countrystars John Denver, der mit seinem Privatflugzeug in den Pazifik stürzte.

Auch physische Gewalt ist nicht unüblich als Todesursache bei den Berühmtheiten. 1964 wurde Soulsänger Sam Cooke von der Managerin des Hotels, in dem er residierte, erschossen. Die Umstände konnten nie eindeutig geklärt werden, doch die Jury entschied auf Notwehr und die Täterin wurde freigesprochen.

Der aufsehenerregendste Fall war zweifellos 1969 der Mord an der hochschwangeren Sharon Tate, Ehefrau von Roman Polanski. Bis heute bleiben die Umstände und vor allem das Tatmotiv nebulös. Vier Mitglieder der Manson Family, einer ständig unter Halluzinogenen stehenden Hippie-Sekte mit satanischen Visionen, drangen nachts in Tates Haus ein und massakrierten sie zusammen mit mehreren Freunden.

Soulsänger Marvin Gaye kam 1983 von einer Tournee nach Los Angeles zurück. Von Depressionen und gesundheitlichen Problemen geplagt, zog er ins Haus seines Vaters, mit dem er ständig Zwist hatte. Bei einem dieser Streits zog der Vater eine Waffe, die Marvin ihm zur Selbstverteidigung gegeben hatte und erschoss seinen Sohn.

Ganz andere Hintergründe hatte der Tod des Rappers Notorious B.I.G. Ein teils öffentlicher Disput zwischen zwei Plattenlabeln und seinen musikalischen Vertretern eskalierte zunächst verbal und später physisch.

Prominentestes Opfer der Fehde war Tupac Shakur, der 1996 an einer roten Ampel in Las Vegas einem Kugelhagel durch die Beifahrertür eines schwarzen BMW erlag.

Im folgenden Jahr erlitt „Biggie" das gleiche Schicksal. Aus einem vorbeifahrenden Wagen wurden 7 Schüsse auf den Rapper abgegeben, die er trotz sofortigem Transport ins Krankenhaus nicht überlebte.

Kommerzieller Erfolg ist kein Garant für persönliches Glück, das wird nirgends so deutlich wie im Showbusiness. Und nirgendwo häufen sich die persönlichen Tragödien ihrer Protagonisten so wie in Los Angeles.

John Belushi residierte im Chateau Marmont Hotel. (24.1.1949–5.3.1982)
✉ *8221 Sunset Boulevard*

Janis Joplin verstarb im Zimmer 105 des Landmark Hotel, heute das Highland Gardens Hotel. (19.1.1943–4.10.1970)
✉ *7047 Franklin Avenue*

River Phoenix brach vor der Bar Viper Room zusammen, die weiterhin existiert. (23.8.1970–31.10.1993)
✉ *8852 Sunset Blvd*

Marilyn Monroe erlag in ihrem Haus in Brentwood einer Überdosis Schlaftabletten. (1.6.1926–5.8.1962)
✉ *12305 Fifth Helena Drive*

Marvin Gayes Familiendrama geschah im Haus seines Vaters. (2.4.1939–1.4.1984)
✉ *2101 S Gramercy*

Sharon Tates Haus wurde 1994 abgerissen, nachdem es aufgrund der Ereignisse weiter unverkäuflich war. (24.1.1943–9.8.1969)
✉ *10066 Cielo Drive*

Sam Cookes mysteriöser Tod ereignete sich im Hacienda Motel, das später in Star Motel umbenannt wurde. (22.1.1931–11.12.1964)
✉ *9137 S Figueroa Street*

Notorious B.I.G. wurde nach einer Party im Peterson Automotive Museum an der 50 Meter entfernten Ampel erschossen. (21.5.1972–9.3.1997)
✉ *6060 Wilshire Boulevard*

Michael Jackson Tod in seiner Villa direkt am Sunset Blvd in Berverly Hills war über Wochen ein dominierendes Thema in der Weltpresse. (29.8.1958–25.6.2009)
✉ *100 North Carolwood Drive*

Whitney Houston war das zu Redaktionsschluss letzte Opfer unter den Berühmtheiten Hollywoods. Sie verstarb Anfang 2012 im Beverly Hilton Hotel. (9.8.1963–11.2.2012)
✉ *9876 Wilshire Boulevard, Beverly Hills*

REISEVORBEREITUNG UND UNTERWEGS

Reisevorbereitung

Bis zu welchem Grad man seine Reise vorbereitet, hängt von den Gewohnheiten jedes Einzelnen ab. Man kann jede Etappe detailliert durchplanen und seine Unterkunft reservieren oder aufs Geratewohl losfahren. Jeder muss seinen eigenen Kompromiss zwischen Sicherheit und Freiheit finden. Die touristische Infrastruktur ist auf der gesamten Strecke hervorragend, eine Unterkunft und etwas Essbares findet man immer. Nur in der Hochsaison kann es in Flagstaff und Williams in Arizona schwierig werden, abends ein Zimmer aufzutreiben. Generell sind auf der Route viel weniger Reisende unterwegs, als man sich angesichts ihres Ruhmes vorstellen würde – die 4.000 Kilometer scheinen am Ende auf viele doch abschreckend zu wirken.

Einige grundsätzliche Planungen sind in jedem Fall unerlässlich, vor allem was die Miete eines entsprechenden Vehikels betrifft. Eine gute Idee ist auch, im Voraus ein Hotel in Chicago zu buchen. Dann weiß man, wo man hin muss und man erspart sich nach dem langen Flug die nervende Arbeit, verschiedene Hotels abzufahren.

Unerlässlich ist, die Gültigkeit der erforderlichen Dokumente zu prüfen: Reisepass, Führerschein, Kreditkarte. Bei der Letzteren ist obendrein das erlaubte Kreditlimit von entscheidender Bedeutung, damit man nicht im falschen Moment am falschen Ort ohne Geld dasteht.

Die Vorlaufzeit der Reiseplanung hängt natürlich davon ab, wie tief man ins Detail gehen möchte. Einen Monat vor Reiseantritt Flugzeug und Mietvehikel zu buchen ist sicher vernünftig, vor allem,

wenn man die Tour im Sommer machen will. Mit etwas längerer Vorausplanung hat man größere Chancen, preiswerte Flüge zu erwischen. In jedem Fall sollte man gut überdenken, wie viel Zeit man für die Reise einplanen will. Eine ungefähre Etappenstruktur zu entwerfen ist dabei ausgesprochen hilfreich. Am besten man beginnt mit der Frage, wie viel Zeit man den beiden Metropolen Chicago und Los Angeles einräumen will. Irgendwo unterwegs einen etappenfreien Tag einzuplanen ist auch keine schlechte Idee. Den kann man dann entweder zur Entspannung, als Marge für eine eventuelle Panne oder als Puffer nutzen, wenn man spontan entscheidet, irgendwo einen Tag länger zu bleiben.

▶ Reisezeit

Die Route66 führt durch mehrere Klimazonen und stellenweise in Höhen von über 2.000 Metern. Egal zu welcher Jahreszeit man reist, man sollte auf unterschiedlichste Wetterlagen gefasst sein. Die Sommertemperaturen können in den Prärien und in der Mojave-Wüste Extreme von 40 °C übersteigen und schwere Gewitter sind jederzeit möglich. Außerdem ist im Sommer auch in den USA Hauptreisezeit und die touristischen Attraktionen des Westens können ziemlich überlaufen sein. Dementsprechend schwierig könnte sich in der Gegend des Grand Canyon die Suche nach einer Unterkunft gestalten – ebenso steigt natürlich das Preisniveau. Im Winter kann man die Tour im Auto zweifellos ebenfalls angehen, muss dann aber auf schlechtes Wetter gefasst sein.

Ab November kann es in Chicago und den höheren Lagen Arizonas schneien.

Folglich sind die Übergangsjahreszeiten die beste Reisesaison. Dennoch muss man auch hier mit Hitze, Kälte, Regen und Gewitter rechnen. Bis in den Mai kann am Grand Canyon Schnee fallen. Eine absolut beste Reisezeit gibt es nicht, ein bisschen Glück gehört – wie in jeder anderen Urlaubsregion – natürlich dazu. Insbesondere Motorradfahrer sollten aber die klimatischen Bedingungen in ihre Planung mit einbeziehen. Mai, Juni und September sind sicher die Monate mit der höchsten Wahrscheinlichkeit, dass man mit dem Wetter einigermaßen Glück hat. Kleidungstechnisch sollte man also auf fast alle Eventualitäten vorbereitet sein, wenn man außerhalb von Juli und August auf Reisen geht. Zu dieser Zeit wird es zwar durchgehend warm bis heiß sein, aber schlechtes Wetter in Form von Regen, Sturm und Hagel kann es trotzdem geben.

Umgekehrt gilt natürlich die Regel, nur das Notwendigste mitzunehmen. Wie immer gilt es, einen im wahrsten Sinne des Wortes „tragbaren" Kompromiss zu finden. Die Reise auf der man sich nicht irgendwann sagt, „verdammt, hätte ich doch xy mitgenommen" existiert sowieso nicht.

▶ Reisedauer und Routenplanung

Manche Leute fahren die 4.000 Kilometer in einer Woche ab, andere lassen sich einen Monat Zeit. Zwei bis drei Wochen sind zweifellos ein vernünftiger Kompromiss, um Chicago und Los Angeles jeweils einen bis zwei Tage zu gönnen, genug Zeit für alles Andere und eine entspannte Reise zu haben.

Auch wenn man die Etappen nicht im Detail durchplanen möchte und sich einfach treiben lassen will, ist eine grobe Etappenplanung vernünftig. Wenn man am Anfang zu viel Zeit verliert, wird man es am Ende der Reise bereuen. In jedem Fall sollte man sich bewusst sein, das

4.000 Kilometer kein Zuckerschlecken sind und viele Stunden im oder auf dem Vehikel bedeuten. Von Hamburg nach Istanbul und zurück fährt man auch nicht in einer Woche, wenn man unterwegs etwas erleben möchte.

Als Marge für schlechtes Wetter oder eine Panne bieten sich beispielsweise Albuquerque oder Santa Fe in New Mexico an. Man kann sein Vehikel stehen lassen und die Städte zu Fuß erkunden oder einen netten Ausflug in die Gebirgswelt unternehmen. Eine Faustregel, wie viel Zeit man einplanen sollte, gibt es nicht. Das hängt ganz von den eigenen Wünschen und Erwartungen ab. Am besten, man rechnet die Strecke einmal nach seinen Vorstellungen durch und schlägt dann einen oder zwei Tage zusätzlich drauf.

Man muss natürlich nicht die ganze Route66 abfahren, sondern kann sich auf eine Teilstrecke beschränken. Dann wird allerdings die Anreise bedeutend komplizierter, denn es befindet sich kein einziger internationaler Flughafen an der Route66, der direkt von Europa aus angeflogen wird. Mit einer oder maximal zwei Zwischenlandungen kann man seine Reise aber auch in Tulsa, Oklahoma City oder Albuquerque beginnen.

Für die Routenplanung außerordentlich praktisch sind die erfolgreichen Online-Atlanten, mit denen man seine Reise schon vorher durchleben kann. Herausragend ist natürlich Google-Maps mit Features wie „Street View", mit denen man jede Straße der großen Städte online bereisen kann.

- 🖥 http://maps.google.com
- 🖥 www.mapquest.com
- 🖥 www.viamichelin.com
- 🖥 http://maps.yahoo.com

Als Service und in Ergänzung zu dem vorliegenden Routenreiseführer stellt der Verlag eine eigene Website zur Verfügung, auf der weiterführende und aktuelle Informationen aufgeführt sind.
🖥 www.route66.conbook.de

Die nächste Frage, die sich aufwirft, ist, wie treu man der historischen 66 folgen möchte. Man kommt zwar auf der kleinen Landstraße langsamer vorwärts, der Erlebniswert auf der friedlichen Strecke durch die kleinen Ortschaften ist aber bedeutend höher. Auf den Abschnitten, wo die Route66 als Service-Road für die moderne Autobahn dient und in kaum zwanzig Meter Entfernung parallel verläuft, ist der Genuss natürlich eingeschränkt. Aber das kann man je nach Lust, Laune und Wetterlage spontan entscheiden. Detaillierte Informationen zum Zustand des jeweiligen Abschnitts und persönliche Empfehlungen stehen in den jeweiligen Kapiteln. Eine grobe Übersicht über den Streckenverlauf findet sich in der Einleitung zu jedem Staat.

▶ Kosten

Die individuelle Tour über die Route66 ist schon etwas teurer als der Last-Minute-Trip nach Mallorca oder Antalya. Es gibt zwar all-inclusive-Angebote von Fly-and-Drive-Veranstaltern und besonders viele organisierte Motorradreisen, doch irgendwie widerspricht diese Reiseform dem Charakter der Strecke. Route66 kann für die Wenigsten ein Abfahren von Sehenswürdigkeiten sein, sondern heißt, seinen Gefühlen und Instinkten zu folgen und Zeit zu haben, um sich auf Einzelheiten und die Menschen entlang der Strecke einzulassen.

Die Kosten lassen sich zumindest grob überschlagen. Kostenfaktor Eins ist der Flug. Zwischen 800 und 1000 Euro sollte man von vornherein veranschlagen, mit Glück kommt man billiger weg. Als Zweites steht das Mietfahrzeug an. Da sich die Preise natürlich von Gefährt zu Gefährt unterscheiden, ist es hier schwierig, exakte Anhaltspunkte zu geben. Mietwagen sind im Allgemeinen preiswert, mit Glück kommt man bei einem Kleinwagen mit weniger als 50,- Euro pro Tag aus, bei einem Motorrad geht es eher über die 80,- und ein Wohnmobil schlägt mindestens mit 130,- Euro pro Tag zu Buche. Hinzu kommen Bereitstellungs- und Rückführgebühren.

Auch die Kosten für die Unterkunft hängen von der Reisedauer und den eigenen Ansprüchen ab. Außerhalb der Metropolen kann ein runtergekommenes Motel für 30,- Euro pro Doppelzimmer gefunden werden, wer Wert auf minimalen Komfort legt, sollte eher mit 50,- Euro kalkulieren.

Die ungefähren Benzinkosten kann man ebenfalls leicht hochrechnen: Die Gallone Benzin für etwa 0,65 Euro multipliziert man mit mindestens 4.000 zu fahrenden Kilometern, was in der Realität eher Richtung 5.000 gehen wird. Dass amerikanische Vehikel generell etwas mehr verbrauchen als europäische gleicht sich durch die niedrigeren Höchstgeschwindigkeiten in etwa wieder aus. Um einen groben Anhaltspunkt zu geben, kann man bei den veranschlagten 5.000 Kilometern bei einer Harley etwa mit 200 Euro, bei einem Mittelklassewagen mit 300 Euro und bei einem Wohnmobil mit 500 bis 600 Euro Benzinkosten rechnen. Da die Benzinpreise gerade aktuell starken Schwankungen unterliegen, empfiehlt es sich, diese Angaben mit einem kurzen Check der aktuellen Preislage zu vergleichen.

Fehlen noch die Ausgaben für die eigene Verköstigung. Bei den meisten Standard-Motels ist ein kontinentales Frühstück inklusive. Das heißt im Normalfall Selbstbedienung an dünnem Kaffee, industriellem Orangensaft, Corn Flakes, Bagels, Donuts, Waffeln, Toast mit Marmelade, Sirup und Erdnussbutter. Von allem soviel wie man möchte. In etwas besseren Etablissements kann es auch Wurst, Käse oder Joghurt geben.

Ernährt man sich aus dem Supermarkt, ist die Kostenersparnis gegenüber dem Standard-Fastfood überraschenderweise nicht extrem groß. Lebensmittel sind nicht wirklich preiswert, vor allem frische. Für sechs bis zehn Euro wird man in einem Fastfood-Restaurant zum Mittagessen mit Sicherheit satt, bedeutend bessere Qualität bekommt man aber für den gleichen Preis in den Diners, den privaten Hamburger-Restaurants.

Ein vernünftiges Mahl im Restaurant kommt derzeit nur wegen des günstigen Dollarkurses etwas preiswerter als in Mitteleuropa. Für ein ordentliches amerikanisches Steak mit Beilagen legt man mindestens zehn Euro auf den Tisch. In Restaurants, die Wert auf etwas Ambiente legen, schnell das Doppelte. Es sei denn, man stürzt sich auf „all you can eat" - Buffets in den chinesischen Restaurants.

▶ Informationen

Für die Reisplanung kann man auf umfangreiche Ressourcen zurückgreifen. Die Reisebranche ist in den Vereinigten Staaten ein wichtiger Wirtschaftsfaktor. Das amerikanische Reiseinformationsbüro in Frankfurt ist allerdings geschlossen worden. Die staatlichen Tourismuszentralen betreiben aufwendig gestaltete Websites, der Wert der publizierten Informationen ist für den neugierigen Reisenden aber leider eher gering. Hintergründe werden stiefmütterlich behandelt, man präsentiert die USA als Spaß- und Freizeitparadies. Die Tourismuszentralen verschicken kostenlose Infobroschüren, die inhaltlich wenig über schön bebilderte Gelbe Seiten hinausgehen. Das Gleiche gilt für die Website der US-Touristeninformation. Man beschränkt sich auf schöne Fotos der allseits bekannten Attraktionen.

🖥 www.discoveramerica.com
🖥 www.seeamerica.org

Alle Bundesstaaten betreiben große Informationsbüros in den Großstädten, an Flughäfen und an den Staatsgrenzen. Liegt solch ein Infocenter auf der Strecke, wird im jeweiligen Abschnitt darauf hingewiesen. Man bekommt Tonnenweise bunte Broschüren, die einem neue Ideen geben können. Der Informationsgehalt ist aber auch hier eher niedrig. Bei speziellen Interessen hilft natürlich immer ein ganz einfaches Mittel: nachfragen.

▶ Karten

Vernünftiges Kartenmaterial ist unerlässlich für eine individuelle Reise quer durch den Kontinent. Die in diesen Routenreiseführer integrierten Karten sind für eine grobe Navigation und die Verfolgung der Strecke bestens geeignet, aber es empfiehlt sich dringend, zur Feinorientierung vor Ort mit entsprechend detailliert aufgelöstem Kartenmaterial zu arbeiten. Herausragend sind die jährlich aktualisierten Straßenatlanten von Rand McNally, die man an jeder Tankstelle für $14 bekommt. In Deutschland kann man die etwas unhandlichen Atlanten auch bekommen, allerdings zu einem deutlich höheren Preis. Weniger detailliert sind die deutschen Kartenwerke von R&V, Hallwag oder vom ADAC. Für die Planung zu Hause reichen sie sicher aus und die große amerikanische Version kann man sich ja dann unterwegs besorgen.

Die staatlichen Fremdenverkehrsämter geben hervorragende, kostenlose Straßenkarten des jeweiligen Staates heraus. Man bekommt sie unterwegs bei den Touristeninformationsbüros. Allerdings sind die meisten Büros nur von 9-17 Uhr geöffnet und am Wochenende geschlossen.

Bei den staatlichen Informationswebsites kann man die Karten zusammen mit reich bebilderten, aber inhaltlich bescheidenen Broschüren bestellen. Angesichts der Portokosten senden aber nicht alle Staaten das Material nach Übersee. Eine Bestellung per e-mail, in der man sein besonderes Interesse und seine Reisepläne darlegt, kann aber Wunder bewirken. Allerdings sollte man sich rechtzeitig um diese Informationen kümmern, denn die Post ist oft wochenlang unterwegs.

Illinois	🖥	www.enjoyillinois.com
Missouri	🖥	www.visitmo.com
Kansas	🖥	www.travelks.com
Oklahoma	🖥	www.travelok.com
Texas	🖥	www.traveltex.com

New Mexico	🖥 www.newmexico.org
Arizona	🖥 www.arizonaguide.com
Kalifornien	🖥 www.visitcalifornia.com
Nevada	🖥 www.travelnevada.com

Ein Navigationssystem ist natürlich ausgesprochen hilfreich. Den Wert einer Karte zur eigenen Orientierung kann es nicht ersetzen, aber dafür den Reisenden auf direktem Weg zum Ziel bringen. Das GPS-Gerät kann man zu Tagesraten von 8 bis 12 Euro zusammen mit dem Vehikel mieten. Ist man aber zwei Wochen unterwegs, kann es schon preiswerter kommen, sich ein eigenes zu kaufen. Sonderangebote für Geräte der gängigen Marken wie TomTom oder Garmin findet man in Einkaufszentren, WalMarts oder Elektronik-Stores ab 100 Euro. Wer bereits ein eigenes Gerät besitzt, kann schon zu Hause eine geeignete US-Karte kaufen und installieren. Die gängigen Software-CDs bekommt man zu Preisen von etwa 70 Euro an aufwärts.

Um möglichst viele Meilen abseits der Autobahn auf altem Asphalt zurückzulegen, aber trotzdem mit passabler Geschwindigkeit voran zu kommen, sollten die Karten dieses Routenreiseführers in Verbindung mit der Routenbeschreibung und der vorhandenen Beschilderung eigentlich ausreichen.

Wer stark ins Detail gehen und so genau wie möglich der originalen Route folgen möchte, kann zusätzlich auf verschiedene Kartenwerke zurückgreifen.

In Papierform kommt die englischsprachige „Route66 Map Series" von Ghost Town Press daher. Acht handgezeichnete Karten von etwas zweifelhafter graphischer Gestaltung, stellen den Verlauf der fahrbaren Route66 immer in Beziehung zum Verlauf des modernen Interstate Highway. Besonders praktisch ist dabei die genaue Bezeichnung der Autobahnausfahrten. Die Kartensammlung hilft, ein Maximum an Meilen abseits der Autobahn zu fahren. Für die Routenplanung im Vorfeld ist sie nicht notwendig. In den USA findet man sie in den meisten Souvenirshops der 66-Museen zum Preis von etwa 8 Euro. Die erste Möglichkeit unterwegs wäre also das „Route66 Welcome Center in Joliet", 70 km südlich von Chicago, was völlig ausreicht. Amazon USA verschickt die Karten auch nach Europa, räumt aber bis zu 31 Arbeitstage ein, bis das Paket angeliefert wird.

Im Internet finden sich zwei hochdetaillierte Werke in englischer Sprache, die genauestens die verschiedenen historischen Routenverläufe darstellen. Ein kurzer Blick beweist, dass die Erforschung der alten Straßenführungen eine Wissenschaft für sich ist.

Eine textliche Beschreibung der Route mit relativ simplen Kartenskizzen liefert die Website 🖥 www.historic66.com. Druckt man die 31 Beschreibungen der Routenabschnitt im Originalformat aus, kommt man allerdings auf satte 119 DinA4-Seiten.

Noch tiefer in die Einzelheiten geht 🖥 www.stjo66.de. Die 300 (!) farbigen Karten stellen die historische Routenführungen mit den zugehörigen Jahreszahlen dar. Hier hat jemand mit wissenschaftlicher Akribie einige Monate oder Jahre seines Lebens geopfert. Angesichts der ungeheuren Detailfreude ist eine schnelle Orientierung auf der Straße aber nicht unbedingt immer möglich.

🖥 www.historic66.com/description
🖥 www.stjo66.de

▶ Einreiseformalitäten und Dokumente

Bis 2008 genügte für die Einreise in die USA ein noch mindestens drei Monate gültiger, maschinenlesbarer Reisepass für Staatsbürger Deutschlands, Österreichs und der Schweiz.

Ab dem 12. Januar 2009 ist eine vorherige Autorisation via Internet verpflichtend. Ohne die „ESTA" genannte Erlaubnis wird man nicht mal in den Flieger einsteigen können. Bis maximal 72 Stunden vor Reiseantritt muss man online eine Reihe persönlicher Daten eingeben. Inzwischen wird eine Barbeitungsgebühr von $14 verlangt, die direkt bei der Antragstellung per Kreditkarte zahlbar ist. Die Autorisation ist für zwei Jahre und mehrere Einreisen gültig, man muss die Prozedur also nicht jedes Mal wiederholen. Verliert der Pass in diesem Zeitraum seine Gültigkeit, muss ein neuer Antrag gestellt werden.

Man sollte in jedem Fall die Antragsnummer notieren oder ausdrucken und gut aufbewahren, um persönliche Daten ändern zu können. Für die Einreise wird die Nummer nicht benötigt. Spätestens innerhalb von 72 Stunden erhält man eine Antwort. Fällt sie negativ aus, muss man ein Visum beantragen. Theoretisch kann man trotz positiver Autorisation an der Grenze abgewiesen werden, was in der Praxis aber höchst selten der Fall sein wird.

Um Probleme zu vermeiden, sollte man darauf achten, die Daten exakt genau so wie im Reisepass einzugeben. Möglicherweise werden die Reisebüros die ganze Prozedur übernehmen, in jedem Fall werden diese aber über die angewandte Praxis informiert sein und dafür sorgen, dass die Formalitäten problemlos erfüllt werden. Inzwischen ist das Online-System auch in deutscher Sprache verfügbar.

Weiterhin wird man im Flieger das hellblaue Formular der „customs declaration", also eine Zollerklärung, ausfüllen müssen. Die Einfuhr von Obst, Gemüse, Pflanzen oder Fleisch ist verboten.

Bei der Ankunft an einem US-Flughafen heißt es meist erst einmal, geduldig in der Schlange für „Non US citizens" zu warten. Einer nach dem Anderen muss dann die Einreiseprozedur über sich ergehen lassen. Die nicht immer sympathischen Beamten geben sich normalerweise mit ein paar Fragen zum Reisegrund und -ziel zufrieden. Hilfreich ist die Adresse der ersten Unterkunft im Kopf oder auf dem Zettel zu haben. Ohne sich als Bittsteller fühlen zu müs-

sen, kann ein freundliches und respektvolles „Good morning, Sir" die Prozedur verkürzen. Hin und wieder stößt man auf einen Beamten, der in Deutschland als G.I. gedient hat und sich über einen deutschen Besucher freut. Man wird aufgefordert, für das biometrische Foto in die Kamera zu schauen und muss auf dem kleinen Scanner seine Fingerabdrücke hinterlassen. Dann holt man sein Gepäck vom Laufband, muss durch die Zollkontrolle und die Prozedur ist durchgestanden.

Alles in allem verliefen die Einreiseformalitäten in den letzten Jahren bedeutend entspannter als die gängigen Gerüchte beschreiben. Eine Änderung der weltpolitischen Situation wird aber automatisch ihre Auswirkungen haben. Bei konkreten Fragen zu den Zoll- und Einreisebestimmungen wendet man sich an die nächstgelegene diplomatische Vertretung der USA im Heimatland.

▶ Deutschland
Visainformationen: 0900-1-850055

Der telefonische Informationsservice ist nicht mehr kostenlos. Ein Anruf aus dem deutschen Festnetz wird mit 1,86 € pro Minute abgerechnet, aus Mobilfunknetzen kann das Gespräch noch teurer werden. Bevor Anfragen aus dem Ausland beantwortet werden, muss man die Daten seiner Kreditkarte durchgeben, die dann pauschal mit 15 € belastet wird.

Website der US-Vertretungen
🖥 *http://german.germany.usembassy.gov*

Amerikanische Botschaft Berlin
✉ *Pariser Platz 2, 10117 Berlin*
☎ *(030) 2385 174*

Konsularabteilung
✉ *Clayallee 170, 14195 Berlin*

Generalkonsulat der Vereinigten Staaten
✉ *Alsterufer 27/28, 20354 Hamburg*
☎ *(040) 411 71 100*

Amerikanisches Generalkonsulat Düsseldorf
✉ *Willi-Becker-Allee 10, 40227 Düsseldorf*
☎ *(0211) 788 - 8927*

Amerikanisches Generalkonsulat Frankfurt
✉ *Gießener Str. 30, 60435 Ffurt am Main*
☎ *(069) 7535-0*

Amerikanisches Generalkonsulat Leipzig
✉ *Wilhelm-Seyfferth-Straße 4, 04107 Leipzig*
☎ *(0341) 213-840*

Amerikanisches Generalkonsulat München
✉ *Königinstraße 5, 80539 München*
☎ *(089) 2888-0*

▶ Österreich
Botschaft der Vereinigten Staaten
✉ *Parkring 12a, 1010 Wien*

Individuelle Visum-Informationen
☎ *0900-510300*
🖥 *www.usembassy.at*

▶ Schweiz
Botschaft der Vereinigten Staaten
✉ *Sulgeneckstraße 19, CH-3007 Bern*
☎ *031 357 70 11*
🖥 *http://bern.usembassy.gov*

▶ Anreise

Ein Gabelflug Chicago / Los Angeles muss nicht teurer als €800 sein. Bei rechtzeitiger Buchung kann man die preiswerten Kontingente erwischen. Air Berlin fliegt Chicago nicht an, tendenziell unterscheiden sich die Flugpreise sowieso kaum von den klassischen Fluggesellschaften. Das Angebot ist vielfältig, die Preise bei Internet-Brokern sind selten deutlich besser als die der klassischen Reisebüros.

▶ Verkehrsmittel & Fahrzeugmiete

▶ Mietwagen
Die Wenigsten werden versuchen, die Route66 ohne eigenen fahrbaren Unter-satz zu bereisen. Ob Mietwagen, Motorrad oder Wohnmobil – in jedem Fall sollte man sich rechtzeitig um ein Vehikel kümmern. Die Mietkosten sind wesentlich günstiger, wenn man vorher reserviert. Überraschenderweise kommt die Miete auch preiswerter, wenn man über einen Agenten bucht, insbesondere über die Internet-Anbieter in Deutschland. Das vereinfacht den Prozess natürlich ungemein. Allerdings muss man vor der Buchung genau darauf achten, welche Zusatzkosten für eine Einwegmiete von Chicago nach L.A. fällig werden. Diese können nämlich sehr ins Gewicht fallen. Am preiswertesten ist die Gebühr bei National, die $250 für die gesamten USA berechnen. Die übrigen nationalen Anbieter verlangen üblicherweise das Doppelte. Auch sollte man das Kleingedruckte, besonders die Versicherungsbedingungen, genau unter die Lupe nehmen.

Bei der Ankunft am O'Hare Airport in Chicago, verlässt man den Terminal und direkt gegenüber sieht man schon die Bushaltestelle, wo die kostenlosen Shuttle-Busse zu den verschiedenen Mietwagenfirmen abfahren. Mit dem Voucher, der Reservierungsbestätigung, einer Kreditkarte und dem Führerschein sind die Formalitäten schnell erledigt. Wird man gefragt, ob man ein „upgrade" möchte, also einen Vertreter der nächsthöheren Wagenklasse, beginnt ein Glücksspiel. Sagt man „ja" wird es teurer, sagt man „nein" ist es gut möglich, dass man zum gleichen Preis einen größeren Wagen bekommt, weil in der ursprünglich gewünschten Klasse kein Modell verfügbar ist.

Alle Fahrer müssen in den Mietvertrag mit aufgenommen werden, sonst kann es im Schadensfall zu Versicherungsproblemen kommen. Allerdings gibt es Vermieter, die für zusätzliche Fahrer eine Gebühr erheben. Beim Autovermieter bekommt man dann eine Reihe möglicher Zusatzversicherungen angeboten. Eine zusätzliche Haftpflichtversicherung macht durchaus Sinn, da die in den USA gesetzlich vorgeschriebene Deckungssumme von etwa $50.000 ausgesprochen niedrig liegt. Besser ist jedoch, eine solche Versicherung schon zu Hause abzuschließen. Die Kfz-Versicherer bieten eine Traveller Police an, die eine wesentlich höhere Schadenssumme abdeckt.

Danach wird man auf den Parkplatz geschickt und man kann sich ganz allein seinen Untersatz aussuchen, natürlich nur innerhalb der gebuchten Wagenklasse. Bei der Auswahl sollte man besonders auf Ausstattung und Kofferraumgröße achten. Vorteilhaft sind in jedem Fall Modelle, bei denen der Kofferraum vom Wageninneren getrennt und von außen nicht einsehbar ist. Ein Luxus, den man auf der langen Reise zu schätzen lernen wird, sind die neuen Satellitenradios, die erlauben, im ganzen Land etwa 200 unterschiedliche Radiosender in CD-Qualität empfangen zu können. Man erkennt sie an der kleinen Haifischflosse auf dem Dach. Die Geräte werden oft zu Promotionszwecken an die Mietwagenfirmen verschenkt, die Lizenz ist aber von begrenzter Dauer. Man sollte also kurz testen, ob der Satellitenempfang tatsächlich funktioniert. Es kann nämlich sein, dass die Lizenz abgelaufen ist und man trotz des schicken, modernen Radios nur UKW empfangen kann.

Zur Vermeidung von Missverständnissen sollte man den Wagen auf Schäden überprüfen und im Zweifelsfall gefundene Makel von einem der Techniker in den Papieren vermerken lassen. Ansonsten kann es passieren, dass man für Schäden aufkommen muss, die man nicht verursacht hat.

Über die Kreditkarte wird als Kautionsbetrag die Summe der Selbstbeteiligung blockiert, die im Falle eines Schadens am Wagen dann zur Reparatur eingezogen wird. Bucht man über einen Agenten, kontraktiert man meist automatisch eine Vollkaskoversicherung. Die Verleihfirmen bestehen dennoch auf die Hinterlegung einer Kaution.

Oft bekommt man zwar zwei Schlüssel für den Wagen ausgehändigt, doch sind beide mit einem Stahlseil so verbunden, dass man sie nur mit Gewalt trennen kann. Wenn man keinen Ersatzschlüssel für den Wagen hat und einen verliert, kann es ziemlich kompliziert werden. Die modernen Zündschlüssel können wegen der eingebauten Elektronik nicht ohne weiteres ersetzt werden und man kann durchaus Tage und jede Menge Nerven verlieren, bevor Ersatz beschafft ist. Man sollte also zumindest fragen, ob man die zusammenhängenden Schlüssel nicht trennen darf.

Sicherstellen sollte man auch, welche Art von Beistand man vom Vermieter im Fall einer Panne zu erwarten hat. Die entsprechende Notfallnummer gehört natürlich auch dazu. Im Falle eines Unfalls sollte man in jedem Fall die Polizei hinzuziehen, sei der Schaden auch noch so klein. Hat man den Schaden nicht verschuldet, ist das die einzige Möglichkeit, nicht vom Vermieter für die Reparaturkosten haftbar gemacht zu werden.

Üblicherweise bekommt man den Wagen vollgetankt und muss ihn ebenso wieder abgeben. Bei andersartigen Regelungen sollte man sicher gehen, dass man sie genau versteht und auch erfüllt. Denn wenn der Verleiher das Gefährt am Ende auftanken muss, werden schnell Wucherpreise fällig. In letzter Zeit hat sich die unfaire Praxis verbreitet, Mietwagen leer zurückgeben zu müssen. Über den Rest im Tank freut sich dann der Vermieter.

Im Allgemeinen ist die Wagenmiete erst ab einem Alter von 21 Jahren möglich, oder es werden teils horrende Zuschläge verlangt. Wer jünger ist, muss den Markt noch wesentlich genauer ausloten. Sollen mehrere Personen den Wagen lenken dürfen, müssen diese im Mietvertrag vermerkt werden. Unter Umständen wird dadurch ein Zuschlag auf den Mietpreis fällig.

Wichtig bei allen vertraglichen Angelegenheiten, besonders bei der Wagenmiete ist es, sich alle Bestimmungen genau durchzulesen und nur zu unterschreiben oder zuzustimmen, wenn man genau verstanden hat, was die Bedingungen inhaltlich bedeuten. Auch wenn man sich als nervender Tourist fühlt, braucht man sich nicht zu scheuen, den Vermieter mit Fragen zu löchern.

▶ Online-Mietwagenagenturen

Die meisten Agenturen lassen in ihrer Eingabemaske gar keine Einwegmiete über große Entfernungen zu. Also muss man per e-mail oder Telefon Kontakt aufnehmen und Angebote erfragen. Von vornherein vorgesehen haben die Einwegmiete folgende Anbieter:

- 🖥 www.billiger-mietwagen.de
- 🖥 www.autoeurope.de

▶ Mietwagenklassen

Es ist nicht möglich, ein bestimmtes Modell zu reservieren, sondern man kann sich bei der Abholung normalerweise einen Wagen der reservierten Klasse aussuchen.

Mietwagenklassen	
Convertible	Cabriolet
Economy	Kleinwagen
Compact	Klein, aber sportlich
Midsize	Mittelklassewagen
Fullsize	PS-starke Limousine
Premium	Große starke Limousine
Luxury	Luxus-Limousine
SUV / ATV	Geländewagen
4WD	Allradantrieb
Minivan	Kleinbus
RV	Wohnmobil

▶ Wohnmobilmiete

Die Camper werden RV („Recreational Vehicle") genannt und üblicherweise nach ihrer Länge in Fuß klassifiziert (C23, C25, C29, C31 also 7,0m/7,6m/8,8m/9,4m). Man muss sich vor der Buchung also genau überlegen, welchen Kompromiss zwischen Geräumigkeit und Beweglichkeit man schließen möchte. Auf modernen amerikanischen Straßen kommt

man auch mit einem solchen Ungetüm ganz gut klar, die historische 66 ist allerdings eine alte, kleine Landstraße und stellenweise ziemlich schmal.

Angesichts des extrem dünnen Verkehrs ist das eigentlich auch kein wirkliches Problem, man sollte aber aufpassen, dass man nicht zum Verkehrshindernis wird und schnelleren Fahrzeugen das Überholen ermöglichen. Zum Führen eines Campingmobils reichen ein normaler PKW-Führerschein und ein Mindestalter von 21 Jahren.

Schon bei der Buchung sollte man klarstellen, inwieweit das Mobil mit allem Nötigen und Nützlichen ausgestattet ist. Meist muss man die Küchen-Utensilien gegen Gebühr ausdrücklich ordern. Gleiches gilt für Handtücher und Bettwäsche.

Viele Verleiher erlegen dem Mieter gewisse Beschränkungen auf. Meist darf man weder die USA noch seine asphaltierten Straßen mit dem Vehikel verlassen. Einige verbieten auch die Fahrt durch das Death Valley, das von der 66 relativ weit entfernt liegt, aber für die, die sehr viel Zeit mitbringen durchaus ein attraktives Ziel sein könnte.

Die Reservierung eines Wohnmobils ist keine ganz unkomplizierte Angelegenheit. Die großen Vermieter funktionieren wie eine Börse und variieren ihre Preise ständig nach Angebot und Nachfrage. Bekommt man auf Anfrage ein Angebot zugesandt, ist dies meist nur ein bis zwei Tage gültig. Das genuine Interesse der Vermieter ist, die Vehikel so früh und so lange wie möglich zu vermieten.

Für die weite Tour von Chicago nach L.A. muss man auf die großen Verleihfirmen zurückgreifen, da nur diese eine Einwegmiete zulassen.

- 🖥 www.cruiseamerica.com
- 🖥 www.motorhomesworldwide.com

Die Verleihstation von Cruise America ist etwa 5 Meilen südlich von Chicago's O'Hare Airport.

- ✉ The Truck Shop, 2732 Mannheim Rd, Franklin Park, IL 60131

Die Rückgabe erfolgt etwa 20 mi/32 km südlich des Zentrums von Los Angeles.

✉ *Cruise America - Los Angeles, 2233 E 223rd St, Carson, CA 90810*

⇨ *Von Downtown LA IS110 in Richtung Süden, nach 11 mi/18 km wechselt man auf den IS405 nach Osten, nach 5 mi/8 km Exit 33A, nach rechts, nach 600 m auf der rechten Seite.*

Im Anhang findet sich eine Liste mit ausgewählten RV-Campgrounds entlang der Route66. Sucht man einen Campingplatz abseits der Route, wird man auf folgender Website fündig:

🖥 *www.koa.com*

▶ Motorradmiete

Für die Motorradmiete hat man nicht allzu viel Auswahl, die wenigsten Anbieter erlauben eine Einwegmiete über eine derartige Entfernung. Marktführer ist Eagle Rider, der neben Harley Davidson auch verschiedene Honda- und BMW-Modelle im Angebot hat. Reservieren ist Pflicht für die lange Strecke, die Prozedur verläuft genauso wie bei der Automietung direkt über die Website von Eaglerider. Eine Garantie, dass man das gewünschte Motorradmodell tatsächlich bekommt, gibt es nicht. Die Preise sind im Vergleich zu Mietwagen gesalzen. Man kann mit rund 90 Euro pro Tag plus Einweggebühr von 300 Euro rechnen, je nach Dollarkurs.

🖥 *www.eaglerider.com*

Einziger Konkurrent von Eagle Rider ist Street Eagle. Deren einziger Nachteil ist, dass sie über wesentlich weniger Mietstationen verfügen. Die Rückgabe in Südkalifornien müsste in Anaheim oder Oceanside erfolgen, die 53 bzw. 136 Kilometer von Downtown Los Angeles entfernt liegen.

🖥 *www.streeteagle.com*

Eaglerider-Bikes können auch über eine lange Reihe von Agenten in Deutschland gebucht werden. Die folgende Liste ist sicher noch nicht mal vollständig. Eine einfache Anfrage genügt, um Preise zu vergleichen.

🖥 *www.bikeworld-travel.de*
🖥 *www.am-tours.com*
🖥 *www.mercator-reisen.de*
🖥 *www.xxs-biker.de*
🖥 *www.usareisen.de*

Eagle Rider stellt kostenlos zwei Helme pro Motorrad zur Verfügung, die Auswahl ist allerdings begrenzt, meist handelt es sich um die Amerika-typischen Halbschalen. Man sollte sich also überlegen, ob man nicht den eigenen Helm mitnimmt. Regenkleidung bekommt man keine, die sollte man also entweder von zu Hause mitbringen oder in Chicago kaufen. Dafür ist der Harley Davidson-Laden auch direkt gegenüber. Und der ist tatsächlich größer und besser bestückt als der im Zentrum Chicagos (✉ 66 E Ohio St).

Auch die Frage, wie viel Gepäck man mitnimmt, sollte gut bedacht werden. Einen Koffer kann man kaum aufs Motorrad schnallen. Die Motorräder werden zwar auf Wunsch mit Satteltaschen ausgestattet, viel Stauraum bieten diese aber natürlich nicht.

Welches Modell man wählt, hängt vom persönlichen Geschmack ab. Passionierte Motorradfahrer kennen ihre Vorlieben natürlich genau. Dennoch sollte man sich die Frage gut überlegen und praktischen Aspekten den Vorzug vor ästhetischen Gesichtspunkten geben. Bei über 4.000 Kilometern auf teils rumpeligen Landstraßen ist eine bequeme Sitzposition von entscheidender Bedeutung. Auch die Unbilden des Klimas sollte man in Betracht ziehen: Auf einer derart langen Strecke kann man fast mit Sicherheit davon ausgehen, dass man es mit Regen oder starkem Wind zu tun bekommt.

Die Verleihstation von Eagle Rider ist über 20 Kilometer vom internationalen Flughafen entfernt. Eine Taxifahrt ist eine kostspielige Angelegenheit. Bedeutend preiswerter kommt man mit der Metro zu seinem Motorrad. Man nimmt am Flughafen die Blue Line bis zur Endstation Forest Park. Die Reise dauer gut 75 Minuten. Von der Metrostation muss man

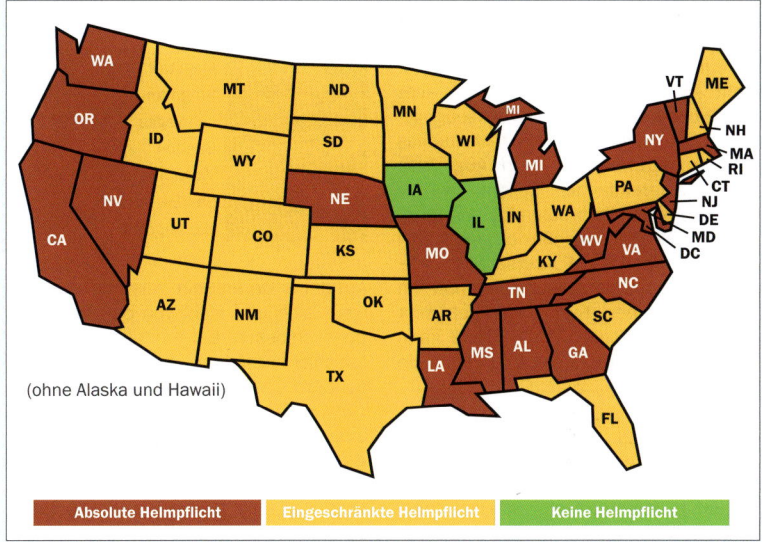

WA MT ND MN MI VT ME
OR ID SD WI NY NH MA RI CT
NV WY NE IA MI PA NJ DE MD DC
CA UT CO KS IL IN WA WV VA
AZ NM OK MO KY NC
TX AR TN SC
LA MS AL GA
FL

(ohne Alaska und Hawaii)

Absolute Helmpflicht **Eingeschränkte Helmpflicht** **Keine Helmpflicht**

der Harlem Avenue gut einen Kilometer Richtung Süden folgen. Mit Gepäck beladen ist die kurze Strecke sicher besser mit dem Taxi zu bewältigen.

Je nachdem, wie lang die Schlange vor einem ist, können für die reichlich umständliche Übernahmeprozedur schon einmal ein bis zwei Stunden ins Land gehen. Dabei wird vorgeschlagen, für umgerechnet etwa 12 oder 15 Euro pro Tag zusätzliche Versicherungen abzuschließen, die die Schadensselbstbeteiligung und die zu hinterlegende Kaution senken. Darüber hinaus bekommt man eine Zusatzhaftpflichtversicherung und eine Unfallversicherung angeboten.

Die gesetzlich vorgeschriebene Haftpflichtversicherung ist schon im Mietpreis enthalten. Inwieweit man sich zusätzlich versichert, hängt von dem Sicherheitsbedürfnis jedes Einzelnen ab. Den Unfallschutz sollte man schon zu Hause abschließen. Eine Versicherung des Motorrads für Fälle von Beschädigung oder Diebstahl macht da schon eher Sinn, da man sonst für den vollen Schaden verantwortlich gemacht werden kann.

Die Rückgabestation in Los Angeles liegt ein paar Meilen südlich des Internationalen Flughafens.

Eagle Rider – Chicago
✉ *1301 S Harlem Ave, Berwyn, IL 60402*

Eagle Rider – Los Angeles
✉ *11860 S La Cienega Blvd, Hawthorne, CA 90250*
⇨ *Von Downtown LA auf dem IS110 nach Süden, nach 7 mi/11 km auf den IS105 nach Westen, nach 6 mi/10 km Exit S La Cienega Blvd, rechts auf den Imperial HW, nach 500 m rechts auf den S Cienega Blvd, nach 1 km auf der linken Seite*

In Europa wird allgemein angenommen, dass in den USA generell keine Helmpflicht besteht. Das ist allerdings nur bedingt richtig. Absolut keine Vorschriften existieren nur in Illinois und Iowa. Dagegen ist das Tragen eines Helms in Missouri, Nevada und Kalifornien zwingend vorgeschrieben. In Kansas, Oklahoma, New Mexico und Arizona ist der Helm für unter 18-Jährige obligatorisch, in Texas für unter 21-Jährige.

▶ Führerschein

Ein internationaler Führerschein ist nicht zwingend notwendig, kann aber die Prozeduren bei der Fahrzeugmiete beschleunigen und ein eventuelles Zusammentreffen mit dem Auge des Gesetzes vereinfachen. Er kann bei der Führerscheinstelle problemlos beantragt werden. Die Mietwagenfirmen geben sich mit dem nationalen Führerschein zufrieden. Zu Hause vergessen darf man ihn aber auf keinen Fall, sonst bekommt man keinen Wagen. Wohnmobile kann man mit dem normalen Autoführerschein Klasse 3 fahren.

▶ Öffentliche Verkehrsmittel

Der Route66 mit öffentlichen Verkehrsmitteln zu folgen ist grundsätzlich möglich, Greyhound Busse halten aber nur in den größeren Städten, und benutzen natürlich die Autobahn. Obendrein wird man je nach Abfahrtszeit einen Teil der Strecke in dunkler Nacht bereisen. So verpasst man einen wichtigen Teil der Essenz der Route66, namentlich die kleinen Nester und Geisterstädte.

Die öffentlichen Busse halten in folgenden Städten:

Illinois	Chicago
	Joliet
	Bloomington
	Springfield
Missouri	St. Louis
	Rolla
	Lebanon
	Springfield
	Joplin
Oklahoma	Tulsa
	El Reno
	Elk City
Texas	Amarillo
New Mexico	Tucumcari
	Albuquerque
	Gallup
Arizona	Holbrook
	Winslow
	Flagstaff
	Kingman
	Las Vegas
Kalifornien	Barstow
	Victorville
	San Bernardino
	Los Angeles

Auf der anderen Seite reist man umweltfreundlich und nicht von der Außenwelt abgeschlossen. Ein amerikanischer Mittelschichtler nimmt natürlich keinen Bus, sondern das Auto oder Flugzeug. Einen Trip im Greyhound kann man somit als Sozialstudie des amerikanischen Undergrounds auffassen. Mit einem Minimum von Interesse an seinen Mitmenschen wird man eine Menge kuriose Gestalten kennen lernen und viel Spaß haben.

🖥 www.greyhound.com

Das Gleiche gilt für den Daumen im Wind: Von amerikanischen Straßen ist der Tramper zwar ähnlich wie in Europa weitgehend verschwunden, doch gerade in ländlichen Räumen sind die Amerikaner erstens hilfsbereit und zweitens ausgesprochen neugierig. Man kommt zwar nur langsam vorwärts, macht aber Erfahrungen, die dem Reisenden in der Seifenblase des eigenen Vehikels verwehrt bleiben. Achtung: In einigen Regionen der USA ist das Trampen verboten. Dies betrifft zwar keinen der Route66-Staaten, das Reisen per Anhalter vom Interstate aus ist aber auch hier verboten – man darf sich also nur an die Auffahrten stellen.

▶ Übernachten

Unterkünfte in den großen Städten sind teuer, besonders wenn sie zentrumsnah sein sollen. Außerhalb von Chicago und LA kann man preisgünstig übernachten, also ab etwa 30 Euro aufwärts pro Doppelzimmer. Generell sind die Preise ausgesprochen variabel. Bei den gängigen

Motelketten, die den Markt dominieren, kann man eine Nacht für 40 Euro unterkommen und am nächsten Tag kostet ein gleichwertiges Zimmer derselben Kette in einer anderen Stadt das Doppelte. Die Gesetze von Angebot und Nachfrage werden radikal angewandt. Trifft ein potentieller Gast erst spät am Abend ein, geht man davon aus, dass er bereit ist, einen höheren Preis zu akzeptieren, weil er keine Lust hat, noch ein anderes Hotel zu suchen. Diese Maximalpreispolitik kann man umgehen, indem man kurz vorher im Hotel anruft und nach dem Preis fragt.

Die preiswerten Motels sind eine ausgesprochen anonyme und standardisierte Angelegenheit. Wichtig ist, auf die Lage der Unterkunft zu achten. Die meisten Motels liegen weit außerhalb der Innenstädte nahe der Autobahnausfahrten und der Industriegebiete. Wer abends noch etwas unternehmen möchte, ist dann wieder auf sein Vehikel angewiesen. Die räumlichen Ausdehnungen amerikanischer Städte sind gewaltig, selbst in Kleinstädten kann man etliche Kilometer vom Zentrum entfernt landen – in der näheren Umgebung findet sich aber fast immer ein Ableger einer Fastfood-Kette. Interessanter ist es aber selbstverständlich, in einer lebendigeren Gegend abzusteigen, wo es auch nach Einbruch der Dunkelheit noch etwas Leben gibt. Will man Motels im Voraus buchen, macht man das entweder über einen der Internet-Agenten oder direkt bei den Motelketten. Die richtige Auswahl ist übers Internet natürlich nicht leicht, hinsichtlich der Qualität kann man bei den großen Ketten aber nicht allzu viel falsch machen – zumindest wenn man nicht von überhöhten Ansprüchen geplagt wird. Für alle wichtigen Orte entlang der Route findet sich im Anhang eine Hotelliste, wobei versucht wurde, die omnipräsenten Motelketten möglichst zu meiden und stattdessen atmosphärisch ansprechendere Etablissements aufzunehmen.

Die Zimmer sind fast immer mit Klimaanlage, Fernseher, Telefon und Kühlschrank ausgestattet. Amerikanische Betten sind groß und außerordentlich bequem. An der Rezeption wird man immer mit der Frage konfrontiert werden, welchen Bettentyp man möchte. King Size steht dabei für ein riesiges Ehebett, Double-Queen bedeutet zwei getrennte Betten. Drei-Bett-Zimmer sind nicht üblich, aber fast immer wird gegen einen geringen Aufpreis ein Klappbett aufgestellt.

▶ Hotel-Agenten

Hotel-Agenten gibt es zu Dutzenden im Internet, ungerechterweise kann hier nur eine Auswahl der größten gegeben werden:

Hotel Reservation Service
🖥 www.hrs.de

Expedia
🖥 www.expedia.de

Holiday Check
🖥 www.holidaycheck.de

Travel Jungle
🖥 www.traveljungle.de

▶ Die wichtigsten Motelketten

Best Western
🖥 www.bestwestern.com

Day's Inn
🖥 www.daysinn.com

Red Roof Inn
🖥 www.redroof.com

Super 8
🖥 www.super8.com

Econo Lodge
🖥 www.choicehotels.com

Motel 6
🖥 www.motel6.com

Budget Host

🖥 www.budgethost.com

Best Value

🖥 www.bestvalueinn.com

Knights Inn

🖥 www.knightsinn.com

Travelodge

🖥 www.travelodge.com

Die Motels der großen Ketten gleichen wie ein Ei dem anderen. Atmosphärisch ansprechender sind zweifellos die vergleichsweise dünn gestreuten Bed and Breakfasts oder die klassischen Route66 Motels, von denen viele sich ihr 50er Jahre Flair bewahrt haben. Allerdings sind einige ziemlich heruntergekommen, daher sollte man sich vor dem Einchecken sein Zimmer zeigen lassen.

▶ Campgrounds

Mit dem Wohnmobil kann man natürlich völlig unabhängig reisen und sich im Prinzip dort hinstellen, wo man möchte. An vielen landschaftlich reizvollen Orten ist eine Übernachtung im Wohnmobil allerdings untersagt. Eine Ausnahme bilden die State Parks, die fast alle Stellplätze bieten. Eine weitere Möglichkeit sind kommerzielle Campgrounds. Entlang der Route66 gibt es nicht allzu viele, doch genügend, um auf jeder Etappe unterzukommen. Im Anhang findet sich eine Liste von Campgrounds entlang der Route66.

▶ Gesundheit und Versicherungen

Das amerikanische Gesundheitssystem ist entgegen seinem schlechten Ruf exzellent aber auch dementsprechend teuer. Ohne Versicherung wird man entweder nicht behandelt oder es werden ungeahnte Kosten eingefordert. Die gesetzliche Krankenversicherung deckt eine Behandlung in den USA nicht ab. Auf der anderen Seite geht die Tendenz eher zur Überversicherung. Kreditkarte und Mitgliedschaft im Automobilclub enthalten oft Versicherungspolicen, von denen man oft gar nicht weiß, wozu sie gut sind. Also macht man sich entweder keine weiteren Gedanken und kauft eine Reisezusatzversicherung zusammen mit dem Flugticket im Reisebüro oder man macht sich die Arbeit, all das Kleingedruckte zu lesen, um zu verstehen, inwieweit man in den USA abgesichert ist.

Persönliche Medikamente sollte man in ausreichender Menge mitnehmen, insbesondere rezeptpflichtige, und, um Missverständnisse zu vermeiden, diese in der Originalverpackung belassen. Standardmedikamente für die alltäglichen Wehwehchen bekommt man preiswert im Supermarkt oder in Drugstore-Ketten wie z.B. Walgreens.

▶ Mitnehmen

Außer den eigenen Papieren und der Kreditkarte kann man sich in den USA eigentlich alles besorgen, was man zu Hause vergessen könnte. Und das dank des derzeit niedrigen Dollarkurses außerdem relativ günstig. Einzig die Adapter für amerikanische Steckdosen sind praktisch nicht aufzutreiben. Was man an Kleidung mitnimmt, hängt vor allem von der Jahreszeit und den eigenen Plänen ab. Wer die Natur entdecken will, braucht natürlich entsprechendes Schuhwerk. Motorradfahrer benötigen die vollständige Ausrüstung, lediglich den Helm können sie bei der Motorrad-Vermietung bekommen.

Die Amerikaner kleiden sich informal, bequem und leger. Das gilt auch für Hotels und Restaurants der gehobenen Klasse. Die Anlässe, zu denen man formale Abendgarderobe benötigt, sind eher selten. Regnen kann es das ganze Jahr über, eine Regenjacke ist also mehr als empfehlenswert.

▶ Umwelt und Gewissen

Eine Ozeanquerung per Flugzeug und eine Autofahrt über 4.000 Kilometer sind als Freizeitvergnügen natürlich eine zutiefst verdammenswerte Umweltsünde. Auch wenn man das schlechte Umweltgewissen überwindet, sollte man sich im Klaren sein, dass man mit dem Interkontinentalflug mehr als zwei Tonnen Kohlendioxyd in die Atmosphäre bläst, plus knapp einer Tonne für die Fahrt von Chicago nach Los Angeles. Heutzutage kann man natürlich freiwillig den entsprechenden Ablass zahlen, beispielsweise bei

⊞ www.atmosfair.de
⊞ www.climatecare.com

Die durch die Reise entstandenen klimaverändernden Gase werden direkt in Bargeld umgerechnet, das in Umweltprojekte investiert wird, die die Emissionen wieder ausgleichen. Die Rechenergebnisse fallen bei den verschiedenen Umweltorganisationen durchaus unterschiedlich aus.

Einigermaßen umweltbewusstes Verhalten sollte man unterwegs genauso wie zu Hause an den Tag legen. Dazu gehört es selbstverständlich, verbrauchsarm zu fahren, so wenig Müll wie möglich zu produzieren und ihn entsprechend zu entsorgen.

Bleibt man mehrere Nächte im gleichen Hotel bedeutet ein auf dem Boden liegendes Handtuch für den Zimmerservice, dass man ein neues wünscht. Aufgehangene Handtücher wollen nicht gewaschen, sondern nochmal benutzt werden.

Unterwegs

▶ Botschaften

Wichtige Anlaufstelle bei Verlust oder Diebstahl von Papieren und rechtlichen Problemen sind die deutschen, österreichischen oder schweizer Konsulate in den USA.

▶ Deutschland

Botschaft der Bundesrepublik Deutschland
✉ 4645 Reservoir Road NW., Washington, D.C.
☎ 1-202-298-4000

Deutsches Generalkonsulat Chicago
✉ 676 North Michigan Avenue, Suite 3200, Chicago, IL 60611
☎ 1-312-202-0480

Generalkonsulat Los Angeles
✉ 6222 Wilshire Boulevard, Suite No. 500, Los Angeles, CA 90048
☎ 1-323-930-2703

▶ Österreich

Österreichische Botschaft in den USA
✉ 3524 International Court NW, Washington, DC 20008
☎ 1-202-895-6700

Generalkonsulat Chicago
✉ Wrigley Bldg, Suite 707, 400 N Michigan Avenue, Chicago, IL 60611
☎ 1-312-222-1515

Generalkonsulat Los Angeles
✉ 11859 Wilshire Blvd, Suite 501, Los Angeles, CA 90025
☎ 1-310-444-9310

▶ Schweiz

Schweizerische Botschaft
✉ 2900 Cathedral Avenue NW, Washington, DC 20008
☎ 1-202-745-7900

Generalkonsulat Chicago
✉ 737 North Michigan Avenue, Suite 2301, Chicago, IL 60611
☎ 1-312-915-4500

Generalkonsulat Los Angeles
✉ 11766 Wilshire Boulevard, Suite 1400, Los Angeles, CA 90025
☎ 1-310-575-1145

▶ Elektrizität

Mit 110 Volt Spannung wird die Mehrzahl der europäischen elektrischen Apparate in den USA nicht funktionieren. Batterien von Handys, Laptops und Kameras kann man laden, es dauert nur ein wenig länger. Den Adapter sollte man unbedingt schon in Europa kaufen, in Amerika wird man ihn nicht finden.

▶ Essen

Fast alle Motels bieten ein kostenloses „Continental Breakfast", das aber selten aus mehr besteht als einem kleinen

Büffet mit Donuts, Bagels, Corn Flakes, Toast, frisch gerührtem Instant-Orangensaft und amerikanischem Kaffee. Ein kräftiges amerikanisches Frühstück mit Eiern, Speck und Würstchen in allen möglichen Variationen schlägt mit schätzungsweise acht bis zehn Dollar zu Buche, ist also nicht nur sättigend sondern auch preiswert.

Das Angebot für das Mittagessen wird überwiegend von dem bestimmt, was man in Europa unter Fastfood einordnen würde. In den familienbetriebenen Burger-Restaurants würde diese Klassifizierung allerdings als Beleidigung aufgefasst werden. Entlang der Route66 findet man jede Menge davon und die Burger werden nicht nur als vollständiges und ausgewogenes Mahl mit Fleisch, Brot und Salat betrachtet, sondern oft auch mit Liebe zubereitet. In jedem Fall ist dieser Typ von Etablissements sympathischer, stilsicherer und gesünder als irgendeine Fastfood-Kette. Für acht bis zehn Dollar wird man auch hier satt.

Die naturnahe Alternative ist ein Picknick. Entlang der Landstraßen findet man in regelmäßigen Abständen kleine schattige Picknick-Areas mit Bänken und Tischen. In den Supermärkten werden für ein paar Dollar Styropor-Campingkühlboxen, sogenannte „Styrofoam Cooler", verkauft, die man an jeder Tankstelle mit Eis füllen kann. So bleiben die Lebensmittel und das (besser alkoholfreie) Bier kühl und frisch. Die Ersparnis an Bargeld ist gering, Wurst und Käse sind von maximal mittelmäßiger Qualität und vergleichsweise teuer. Dafür ist ein Picknick in der Natur einfach fröhlicher und nach dem Mittagsmahl folgt nicht die große Müdigkeit.

Wer ausgiebiger Speisen möchte, findet entlang der Route66 auch eine Vielzahl an guten Restaurants. Neben amerikanischer und mexikanischer Küche findet man jede Menge chinesische und italienische Restaurants und in den größeren Städten auch fast alle anderen Nationalitäten. Das beste Preis-Leistungsverhältnis bekommt man zum Abendessen entweder am chinesischen „all you can eat"-Buffet oder in Saloons, Sport Pubs und Roadhouses. Die sind eine Mischung aus Bar und Restaurant und bieten normalerweise Burger, Pizza, Salate, Steaks und Nudelgerichte an. Dazu gibt es Country oder Mainstream Rock zu hören, auf einem oder mehreren Fernseher laufen live die aktuellen Baseball- oder Football-Spiele. Oft kann man hier nach dem Abendessen die Verdauung mit körperlicher Aktivität beim Billard, Dart oder Hufeisenwerfen anregen.

Die amerikanische Küche ist der deutschen nicht unähnlich, wirkt aber oft überladen. Viele Gerichte werden von schweren Soßen begleitet und Salat ist keineswegs automatisch ein vegetarisches Gericht. Großartig ist dagegen das Rindfleisch, ganz besonders in Texas - man schmeckt, dass die Tiere ihr Leben auf der Weide verbracht haben.

Die amerikanische Dienstleistungsmentalität mit dem eisernen Willen, den Kunden absolut zufrieden zu stellen, kann dem Fremden im Restaurant das Leben schwer machen. Wenn man nicht hundertprozentig Englisch spricht, kann die Bestellung des Frühstücks schon mal eine Viertelstunde dauern. Die Fragenserie, welchen Toast und wie man die Eier wünscht, scheint kein Ende zu nehmen. Zur Hilfestellung stehen weiter unten die wichtigsten Begriffe.

Ob man Wein oder Bier zum Essen serviert bekommt, hängt nicht nur von der Politik des Hauses ab, sondern auch von der des Staates oder des Countys. In den Fastfood-Ketten-Restaurants gibt es üblicherweise keinen Alkohol.

Die meisten Restaurants wenden die „wait to be seated"-Regel an und weisen oft mit einem Schild am Eingang darauf hin. Das bedeutet, dass man beim Betreten des Restaurants im Eingangsbereich wartet, bis man einen Platz zugewiesen bekommt.

Bestellt man ein Steak, fragt die Bedienung automatisch, wie stark gebraten man es möchte. Tendenziell wird in Amerika wesentlich stärker durchgebraten als in Europa. Blutig wird man ein Steak kaum bekommen, wenn man es nicht ausdrücklich verlangt. „Bloody", wie man direkt aus dem Deutschen übersetzen möchte, wird man sein Fleisch kaum bekommen, sondern nur ein verständnisloses Kopfschütteln ernten. Denn wer fragt im Restaurant schon nach einer besch... eidenen Mahlzeit? Wer sein Steak also relativ roh möchte, sagt mit ernster Mine „extra rare" oder „rare, rare".

▶ **Alkohol**

Die amerikanische Alkoholgesetzgebung ist konfus und schwer zu durchschauen. Jeder Staat hat seine eigenen Alkoholbestimmungen, hinzu kommen lokale Restriktionen, die bis zum völligen Verbot reichen können. Es ist also Vorsicht geboten, wenn man keine Probleme bekommen möchte. Dementsprechend sollte man auf öffentlichen Plätzen keinen Alkohol konsumieren. Kaufen kann man Alkohol entweder im Supermarkt, in den lizensierten „liquor shops" und auch oft an Tankstellen. In jedem Fall sollte man seinen Einkauf im Kofferraum verschwinden lassen. Im Fahrgastraum des Autos kann einem schon eine ungeöffnete Flasche unter Umständen Probleme bescheren.

Frühstück	
bacon	Schinkenspeck
boiled egg	gekochtes Ei
bread	Brot
cereal	Cornflakes in allen Formen und Farben
cheese	Käse
cream	Kaffeesahne
crispies	knusprige Getreideflocken
eggs	Eier
french toast	in Fett gebackener weicher Toast
fried eggs	gebratene Eier

Frühstück	
ham	Schinken
ham and eggs	Spiegeleier mit Schinken
hash browns	Minireibekuchen
jam	Marmelade
jelly	Gelee
maple syrup	Ahornsirup
milk	Milch
pancakes	Pfannkuchen
pancakes	Eierpfannkuchen
peanut butter	Erdnußbutter
rolls	Brötchen
sausage	Würstchen
spanish omelette	Omelett mit Gemüsefüllung
waffles	Waffeln
white bread	Weißbrot
wholewheat bread	Vollkornbrot

Eier	
boiled	gekocht
scrambled	Rührei
sunny side up	Spiegelei
over easy	Spiegelei, von beiden Seiten gebraten

Beilagen	
baked potatoes	Folienkartoffeln
boiled potatoes	normale Salzkartoffeln
chips	gebratene Kartoffelscheiben
french fries	Pommes frites
grits	Mais-Griesbrei
hash browns	geriebene und dann gebratene Kartoffeln
mashed potatoes	Kartoffelbrei
potatoe pancakes	Kartoffelpuffer
potatoe salad	Kartoffelsalat
salad	Salat
tots	Kartoffel-Kroketten
vegetables	Gemüse

Gemüse

asparagus	Spargel
beans	Bohnen
beetroot	Rote Beete
cabbage	Kohl, Kraut
carrots	Karotten
cauliflower	Blumenkohl
cole slaw	Krautsalat
corn	Mais
cucumber	Gurke
garlic	Knoblauch
horseradish	Meerrettich
lettuce	Feldsalat
mushrooms	Pilze
onion	Zwiebel
onion rings	frittierte Zwiebelringe
parsley	Petersilie
peas	Erbsen
potatoes	Kartoffeln
pumpkin	Kürbis
radish	Radieschen
red & green pepper	rote & grüne Paprika
rice	Reis
spinach	Spinat
tomatoes	Tomaten

Obst

apples	Apfel
apricots	Aprikosen
cherries	Kirschen
dates	Datteln
grapes	Trauben
lemon	Zitrone
peaches	Pfirsiche
pears	Birnen
pineapple	Ananas
plums	Pflaumen
strawberries	Erdbeeren

Zubereitungsformen

boiled	gekocht
broiled	gebraten
fried	frittiert
grilled	gegrillt
sauteed	gedünstet
steamed	gedampft

Fisch und Meeresfrüchte

clams	Muscheln
bass	Barsch
catfish	Wels
clams	Herz-Muschel
cod	Kabeljau
crab	Krabbe
crayfish	Languste
fish chowder	Weiße Fischsuppe
halibut	Heilbutt
herring	Hering
lobster	Hummer
oysters	Austern
salmon	Lachs
seafood	Meeresfrüchte
shrimp	Garnelen
swordfish	Schwertfisch
trout	Forelle
tuna	Thunfisch

Fleisch

beef	Rindfleisch
chicken	Hähnchen
duck	Ente
filet mignon	Filetstück
fried chicken	Brathähnchen
ham	Schinken
lamb	Lamm
liver	Leber
meat balls	Hackbällchen
pork chops	Kotelett
poultry	Geflügel
prime rib	Rinder-Rippe
sirloin steak	Lendensteak
spareribs	Schweinerippchen

Fleisch	
T-bone steak	Steak mit Knochen
tenderloin steak	Filet
turkey	Truthahn
veal	Kalbfleisch
wings	Flügel

rare	außen angebraten, innen roh
medium	gut durchgebraten
done	voll durchgebraten

Tex-Mex	
burritos	hackfleischgefüllte Tortilla
chili relleno	käsegefüllte Pfefferschoten
enchiladas	gerollte Tortillas mit Chili und Fleisch
guacamole	Avocadomus
nachos	Maischips
tacos	gefüllte Mais-Tortillas
tamales	Maisblätter mit Chili und Hackfleisch
tortilla	Runder Maisfladen

Getränke	
beer	Bier
champagne	Sekt
coffee	Kaffee
decaf	koffeinfreier Kaffee
diet	kalorienarm
draught	Fassbier
hot chocolate	heiße Schokolade
iced tea	Eistee
milk	Milch
orange juice	Orangensaft
sugar free	kalorienarm
tea	Tee
vegetable juice	Gemüsesaft
water	Wasser
wine	Wein

▶ Feiertage

Offizielle nationale Feiertage gibt es theoretisch nicht, die Entscheidung liegt bei den einzelnen Staaten. Doch praktisch überall werden folgende Feiertage begangen:

Neujahr	1. Januar
Geburtstag von Martin Luther King	dritter Montag im Januar
Washington's Birthday (President's Day)	dritter Montag im Februar
Memorial Day (Volkstrauertag)	letzter Montag im Mai
Independence Day (Unabhängigkeitstag)	4. Juli
Labor Day (Tag der Arbeit)	erster Montag im September
Columbus Day (Kolumbustag)	zweiter Montag im Oktober
Veteran's Day (Tag der Veteranen)	11. November
Thanksgiving Day (Erntedankfest)	vierter Donnerstag im November
Weihnachten	25. Dezember

▶ Geld

Der Umgang mit den Dollarnoten und Münzen ist am Anfang etwas ungewohnt. Die Geldscheine sind nur mit genauem Blick auf die Zahlen voneinander zu unterscheiden, mit den Münzen passiert zum Teil das gleiche. Außerdem spricht kein Mensch von 10 cent sondern nur von „dimes" – so hat jede Münze ihren eigenen Namen:

Penny, Cent	$ 0,01
Nickel	$ 0,05
Dime	$ 0,10
Quarter	$ 0,25
Half Dollar	$ 0,50
Dollar	$ 1,00

Oft werden Preise ohne Steuern angegeben, die dann bei der Bezahlung natürlich fällig werden und man wundert sich, wieso man mehr als die erwartete Summe auf den Tisch legen muss. Obendrein sind die Steuersätze in jedem Staat unterschiedlich.

Mit der Kreditkarte kann man in den USA alles und überall bezahlen. Denkt man. Die Route66 führt durch sehr entlegene Gebiete, in denen es durchaus passieren kann, dass zum Beispiel eine Tankstelle Barzahlung verlangt. Auch wenn der Gebrauch der Kreditkarte überwiegend zum Alltag gehört, ist etwas Bargeld also immer nützlich.

Auch sollte man vor der Abreise unbedingt sein Kreditlimit überprüfen und gegebenenfalls erhöhen lassen. Denn wenn man Flug und Vehikel mit der Karte bezahlt, ist die Grenze schnell erreicht und man wird trotz wohlgefülltem Konto zahlungsunfähig. Das kostet dann umständliche Anrufe bei der heimischen Bank und ist besonders ärgerlich, wenn es am Wochenende passiert.

Wichtig ist auch, seine Kreditkartennummer und die Notfallnummer zu notieren und die Information getrennt von der Karte aufzubewahren. Nur damit kann man seine Karte bei Verlust in Windeseile sperren lassen.

Viele Dollars in bar muss man allerdings nicht mitnehmen. In den großen Supermärkten und an fast allen Tankstellen gibt es Geldautomaten, die ATM ("Automatic Teller Machine") genannt werden. Die meisten funktionieren mehrsprachig, die Bedienung ist simpel und die einbehaltene Provision relativ gering, normalerweise $1,50 für jede Operation. Die Summe, die man maximal abheben kann, ist allerdings begrenzt, selten auf $100, meist auf $300. Trotzdem ist es vernünftig, so viel Bargeld bei sich zu tragen, dass man auch drei oder vier Tage ohne Kreditkarte überleben könnte. Denn die kann verloren gehen oder der Magnetstreifen seine Funktionstüchtigkeit verlieren. Und dann geht gar nichts mehr.

Bei Verlust oder Diebstahl sollte man die Kreditkarte sofort sperren lassen.

Allerdings nur, wenn man sich wirklich sicher ist – denn eine Reaktivierung ist normalerweise nicht möglich.

American Express
☎ 1-800-548-4800
Mastercard
☎ 1-800-826-2181
Visa
☎ 1-800-336-8472

Den aktuellen Dollarkurs bekommt man im Internet. Unter folgender Adresse man sich gleich eine praktische Umrechnungstabelle ausdrucken.
🖳 www.oanda.com/convert/classic

▶ Internet

Einen Computer mit Internet-Anschluss findet man natürlich in Internet-Cafés in allen größeren Städten. Viele Motels bieten ihren Gästen ebenfalls die Möglichkeit, kostenlos oder gegen Gebühr einen Rechner zu benutzen.

Wer ein Laptop mitschleppt, achtet bei der Suche nach einer Unterkunft auf den Hinweis "Free Wireless". Dann kann man bequem und kostenlos vom Zimmer ins Netz gehen. Trotzdem sollte man immer an der Rezeption nachfragen, ob das System auch funktioniert und ob es tatsächlich kostenlos ist. Einige betreiben Systeme, bei denen man zuerst per Kreditkartennummer seine Online-Zeit kaufen muss.

In vielen öffentlichen Einrichtungen, wie Bibliotheken oder Universitäten, finden sich ebenfalls Wireless-Hotspots. Auch viele Cafés bieten diesen Service. Listen öffentlicher Hotspots findet man im Netz unter
🖳 www.wififreespot.com
🖳 www.hotspot-locations.com

▶ Nationalparks

Die Nationalparks kosten ihr Eintrittsgeld. Am Besten man überlegt sich rechtzeitig, welche man besuchen will und stellt eine kurze Rechnung auf. Dann weiß man rechtzeitig, ob es sich lohnt, für $80 einen „America the beautiful - Annual Pass" zu kaufen, der für ein Jahr zum Eintritt in alle Nationalparks des Landes berechtigt. Direkt an der Route66 liegt nur ein einziger: Painted Desert and Petrified Forest. Zu allen anderen ist ein Abstecher nötig.

▶ Notfälle

Die Notrufnummer 911 gilt zwar in den gesamten USA, ist aber in einigen wenigen ländlichen Gegenden noch nicht erreichbar. In über 90 % des Territoriums wird auch ein Handy-Notruf automatisch an die nächstgelegene Notfallstation weitergeleitet.

Außerdem gibt es noch die 1-888-87-1-4636, ein landesweites Servicetelefon für Ausländer, wo dem Fremden in 140 Sprachen weitergeholfen wird.

▶ Öffnungszeiten

In den USA genießen Geschäftsbetreiber größte Freiheiten hinsichtlich ihrer Öffnungszeiten. Große Supermärkte und Einkaufszentren haben oft rund um die Uhr und auch sonntags geöffnet. Eine einheitliche oder übliche Regelung gibt es nicht, aber im Normalfall werden Besucher eher positiv von den flexibleren Öffnungszeiten überrascht sein. Öffentliche Stellen wie Postämter oder Touristeninformationen sind meist zwischen 9-17h geöffnet und am Wochenende geschlossen.

▶ Orientierung

Die Beschilderung amerikanischer Straßen ist nicht nur spärlicher, sondern für einen Europäer auch ungewohnt. Es wird weniger auf Städte als Ziel hingewiesen, als vielmehr auf Straßennummer, -name und Himmelsrichtung. Da kann man leicht durcheinander kommen, wenn Westen angekündigt wird, die Straße aber real in diesem Abschnitt in südlicher Richtung verläuft.

Die Highways sind nach einem allgemeingültigen System nummeriert, das aber viele Ausnahmen kennt. Die Interstate Highways, also die Überlandautobahnen, tragen gerade Zahlen, wenn sie generell in Ost-West-Richtung verlaufen. Die Nord-Süd-Autobahnen haben ungerade Nummern. „Generell" heißt aber nicht, dass die Straße nicht an bestimmten Stellen in eine ganz andere Richtung verlaufen kann. Ist die Nummer dreistellig handelt es sich um eine Zubringerautobahn.

Außer in Kalifornien sind auch die Autobahnausfahrten nummeriert, allerdings nach keinem einheitlichen System. Einige Staaten benutzen die Entfernung in Meilen zum südlichen oder westlichen Startpunkt der Autobahn, andere nummerieren die Ausfahrten einfach geradlinig durch.

▶ Post

Die gute alte Postkarte benötigt immer noch ein bis zwei Wochen, um überseeische Ziele zu erreichen. Briefmarken bekommt man bei den dünn gesäten Postämtern, aber auch in vielen Läden und an Tankstellen. Ein Standardbrief nach Europa kostet derzeit 98 cents.

▶ Rauchen

Die restriktive Rauchgesetzgebung der USA ist weithin bekannt, doch auch hier gibt es große lokale und regionale Unterschiede. Am weitesten vorangetrieben wurden die Anti-Tabak-Normen in Illinois und Kalifornien, wo man praktisch in keinem öffentlichen Raum und in keiner Bar oder keinem Restaurant rauchen darf. Selbst in vielen öffentlichen Parks stehen Verbotsschilder. Also sollte man sich an Ort und Stelle nach den gültigen Regeln erkundigen bevor man loslegt.

▶ Sicherheit

Die Staaten sind ein sicheres Reiseland. Das gilt ganz besonders für die ländlichen Gegenden, die die Route66 durchquert. Die Zentren der Metropolen sind ebenso sicher oder unsicher wie europäische Großstädte. Opfer eines Diebstahls wird meist nur der, der sich als Opfer anbietet. Folglich sollte man nicht mit seinem Reichtum protzen und seinen gesunden Menschenverstand einsetzen.

Die Horrorgeschichten von Ghettos, aus denen man nicht mehr rausfindet und automatisch überfallen wird, sind weit übertrieben. Zweifellos gibt es aber Viertel, die besonders nachts gemieden werden sollten. Vielfach grenzen solche Gegenden direkt ans Stadtzentrum. Hier hilft der gesunde Menschenverstand. Mit ein wenig Aufmerksamkeit bemerkt man, wie sich die Atmosphäre verändert. Wenn man sich nicht sicher fühlt, fragt man am besten den erstbesten, greifbaren Einheimischen, sei es die Rezeptionistin des Hotels oder ein vertrauenerweckender Passant.

▶ Straßenverkehr

Die USA sind das Autoland schlechthin. Die Stadtplanung orientierte sich über Jahrzehnte ausschließlich an den Bedürfnissen des Straßenverkehrs. Die der Fußgänger wurden völlig vernachlässigt.

Der Straßenverkehr funktioniert dementsprechend gut. Die Amerikaner sind hochgradig disziplinierte Fahrer, wozu auch die mit eiserner Faust durchgesetzten Verkehrsregeln beigetragen haben. Außerhalb der Großstädte läuft der Verkehr flüssig und in den ländlichen Gegenden nimmt die Zahl der Fahrzeuge extrem ab. Auf der Route66 ist wenig los, da sie als Überlandverbindung ausgedient hat.

In den Metropolregionen bricht der Verkehr trotz des dichten Autobahnnetzes schon öfter mal zusammen. Hier ist höchste Konzentration gefordert, denn vielfach sind Abzweigungen oder Ausfahrten nur ein einziges Mal ausgeschildert. Auch gibt es Autobahnausfahrten, die von der linken Fahrspur abzweigen, eine durchaus ungewohnte Situation.

Rechts überholen ist grundsätzlich auf Autobahnen erlaubt, wird aber meist nur in den Stadtregionen praktiziert. Das Fahren auf der Autobahn ist außerordentlich entspannt, die Amerikaner schalten ihr Cruise Control (Tempomat) ein und beschränken sich für die nächsten hundert Meilen aufs Lenken.

Grundsätzlich ähneln die Verkehrsregeln denen in Europa, mit einigen Abweichungen. Am besten man beobachtet und kopiert das Verhalten der anderen Verkehrsteilnehmer, dann kann man nicht viel falsch machen. Gurt anlegen ist natürlich Pflicht, eine Zuwiderhandlung kann teuer werden.

Ampeln befinden sich meist in der Mitte der Kreuzung, man muss also vor der Kreuzung halten und darf nicht bis zur Ampel vorfahren.

Ein „4-way Stop" bedeutet, dass Fahrzeuge aus allen vier Richtungen an der Kreuzung anhalten müssen. Wer zuerst steht, hat das Recht, als erster wieder über die Kreuzung zu fahren. Oft wird sich aber auch mit Handzeichen verständigt, denn die Autofahrer sind nicht nur diszipliniert, sondern auch zuvorkommend.

Außer in New York darf man an roten Ampeln rechts abbiegen. Vorher muss das Fahrzeug aber vollständig zum Stehen gebracht werden und es darf niemand, auch kein Fußgänger, behindert werden. Der Hinweis „no turn on red" verbietet das Rechtsabbiegen bei rot.

Anhaltende Schulbusse darf man keinesfalls überholen, auch ein Vorbeifahren aus der Gegenrichtung ist nicht erlaubt.

In Europa grassiert noch immer der Glaube an die einheitliche Höchstgeschwindigkeit von 55 Meilen pro Stunde. Inzwischen darf auf vielen Autobahnen aber bis zu 75 mph gefahren werden. Die erlaubte Höchstgeschwindigkeit variiert von Staat zu Staat. Die Beschilderung fordert in regelmäßigen Abständen ihre Einhaltung ein. Überhaupt ist die Vorstellung von der Einzigartigkeit des deutschen Schilderwalds ein Aberglaube. In den USA wird man schon lange vor einer

Geschwindigkeitsbegrenzung auf deren zukünftige Existenz hingewiesen.

Obendrein spart man nicht mit Drohungen: „$375 für überhöhte Geschwindigkeit" oder „3 Jahre Knast, wenn du einen Bauarbeiter anfährst" sind keine Seltenheit, und auch durchaus ernst zu nehmen. „Buckle up for next 1 Million miles", „Anschnallen auf der nächsten Million Meilen" ist mein Lieblingsschild.

Die Polizei kontrolliert die Geschwindigkeit auch auf entlegenen Straßen. Die Strafen sind drakonisch, man hält sich also besser an die Vorschriften. Polizeikontrollen erscheinen wie ein Klischee aus Hollywoodfilmen, gehören aber tatsächlich zum Alltag. Wird man von einer Streife zum Halten aufgefordert, sollte man ohne Panikreaktion so schnell wie möglich, aber ohne irgendeine Gefahr zu provozieren, rechts ranfahren, nicht aussteigen, sondern sitzenbleiben, das Fenster herunterkurbeln und die Hände auf dem Steuerrad belassen.

Meist hält der Polizeiwagen in einigem Abstand hinter dem eigenen Fahrzeug und es kann eine Weile dauern, bis ein Beamter aussteigt und zur Fahrertür kommt, auf Autobahnen auch manchmal auf die Beifahrerseite. Mit Sicherheit wird er den Führerschein sehen wollen, den man am besten griffbereit hat. Einfachste Verhaltensregel: Korrekt und freundlich sein, der Mann macht nur seine Arbeit, und sich bemühen, ihm seine Aufgaben zu erleichtern. Und keine überschnellen Handbewegungen, diese könnten ebensolche provozieren.

Bei kleineren Vergehen kommt man als Tourist denn auch öfters mit einer Verwarnung davon. „Yes Sir, thank you. Have a nice day."

Hart durchgegriffen wird aber, wenn Alkohol im Spiel ist – dann kann man sich schneller, als einem lieb ist, mit Handschellen im Streifenwagen auf dem Weg zum County-Gefängnis wiederfinden.

 Kreuzung, das erste ankommende Fahrzeug hat Vorfahrt.

 An der nächsten Kreuzung Vorfahrt gewähren

 Bei roter Ampel hier halten

 Rechts abbiegen bei roter Ampel verboten

 Links abbiegen an der Ampel nur bei grünem Pfeil

 Linksabbieger müssen bei grüner Ampel Gegenverkehr durchlassen

 Einbahnstraße

 Einbahnstraße

 Einfahrt verboten

 Geschwindigkeitsbegrenzung voraus

SPEED LIMIT 50	Geschwindigkeit begrenzt auf 50 mi/h
DO NOT PASS	Überholverbot
(Bauarbeiten-Symbol)	Bauarbeiten
ROAD CONSRUCTION 1500 FT.	Straßenarbeiten in 1.500 Fuß Entfernung (ca. 500 m)
ROAD CLOSED	Straße geschlossen
RIGHT LANE ENDS	Rechte Fahrbahn endet
DETOUR	Umleitung
(Kinder-Symbol)	Kinder
(Fußgänger-Symbol)	Fußgängerüberweg
R X R	Bahnübergang

In den USA wird wesentlich weniger mit Symbolen beschildert als in schriftlicher Form – viele Ausdrücke sind dabei auch einem gut englisch sprechenden Besucher fremd. Andere wichtige Ausdrücke, die regelmäßig auf Straßenschildern Verwendung finden:

buckle up	Anschnallpflicht
bump	Bodenwelle
dead end	Sackgasse
fine	Bußgeld
merge left/right	Links oder rechts einfädeln
no through street	Keine Durchgangsstraße
no U-turn	Keine 180°-Wende erlaubt
pavement ends	Asphaltierung endet
pedestrian	Fußgänger
ped X-ing	Fußgängerüberweg
slippery	Rutschgefahr
watch for ...	Auf ... achten

▶ Tanken

Autos und Motorräder laufen in den Staaten praktisch ausschließlich mit Benzin, nur Lkws benutzen Diesel. Es gibt üblicherweise drei Typen: Regular (87 Oktan), Midgrade (89 Oktan) und Premium (91 Oktan). Die Oktanzahlen können leicht variieren. Welcher der richtige ist, erfährt man bei seinem Autovermieter.

Tanken kann manchmal durchaus kompliziert sein, da Tankstellen unterschiedliche technische Systeme verwenden. Mit der Zeit entwickelt man aber einen Instinkt dafür, was als nächstes zu tun ist.

Fast überall kann man direkt an der Zapfsäule mit Kreditkarte tanken, man braucht also nicht mal ins Kassenhäuschen zu gehen. Die Prozedur verläuft im Prinzip genau gleich. In den Großstädten oder in sehr abgelegenen Gebieten findet man auch Tankstellen, die Vorkasse verlangen.

Um eine Zapfsäule zu aktivieren, muss bei älteren Modellen die Halterung des Zapfhahns nach oben geklappt werden. Fast immer wählt man den richtigen Benzintypen per Knopfdruck. Meist gibt es ein digitales Display, das einem den nächsten Schritt erklärt. Wenn gar nichts funktioniert oder man nichts versteht, muss man sich wohl oder übel als doofer Tourist preisgeben, ins Kassenhäuschen stiefeln und um Hilfe bitten, was glücklicherweise höchst selten unfreundlich beantwortet wird.

Entlang der Route66 gibt es drei längere Strecken mit sehr wenigen Tankstellen. Sollten diese geschlossen sein, steht man auf dem Schlauch: Von Williams nach Kingman, von Kingman nach Needles und von Kingman nach Barstow. Man sollte also vorher nochmal volltanken, besonders bei Motorrädern mit geringerer Reichweite. Gleiches gilt für den Abstecher von Kingman nach Las Vegas.

Die Benzinpreise sind in den USA in letzter Zeit zwar deutlich gestiegen, liegen aber weiterhin etwa bei der Hälfte dessen, was in Deutschland verlangt wird. Allerdings können die Preise extrem schwanken, der Unterschied zwischen zwei dreihundert Meter entfernten Tankstellen kann leicht mal 20 cent pro Galone betragen. Die Preise variieren auch stark von Staat zu Staat, aufgrund der erhobenen Steuern sind Illinois und Kalifornien mit Abstand die teuersten. Es lohnt sich also, vor einer Staatsgrenze nochmal zu tanken, oder umgekehrt auf den letzten Tropfen noch über die Grenze zu kommen. In abgelegenen Gegenden ist Benzin auch tendenziell teurer. Aktuelle Benzinpreise gibt es bei:
💻 www.gasbuddy.com

▶ Telefon

Längst nicht alle europäischen Handys funktionieren auch in den USA, da dort mit einer anderen Sendefrequenz gearbeitet wird. Die Roaming-Gebühren sind außerdem sündhaft teuer. Trotzdem ist ein Mobiltelefon in abgelegenen Regionen keine schlechte Idee, um im Fall einer Panne oder gar eines Unfalls Hilfe holen zu können. Dummerweise kann man sich gerade in diesen Gegenden außerhalb des Funknetzes befinden.

In der Elektroabteilung jedes WalMart-Supermarkts findet man für knapp $20 ein Handy der Marke Trackfone, für das man zusätzlich einen Kredit von mindestens $10 in Form einer Karte kaufen muss. Die Aktivierungsprozedur ist allerdings umständlich.

Einfacher ist, in einen Telefonladen zu gehen und dort seine Bedürfnisse zu erklären. Für $20 bis $30 bekommt man dann ebenfalls ein preiswertes Handy und die Aktivierung übernimmt das fachkundige Personal. Die am weitesten verbreiteten Mobilfunkanbieter sind T-Mobile, Verizon, AT&T und US Cellular.

Mobiltelefone werden in einem bestimmten Gebiet registriert, verlässt man diese Zone, steigen auch die Telefongebühren. Dann kann der Kredit relativ schnell aufgebraucht sein. Obendrein bezahlt man auch, wenn man angerufen wird.

Das Mobiltelefon wird in den USA als „cell phone" bezeichnet, den so schön englisch klingenden Begriff „Handy" wird dort keiner verstehen.

Die preiswerteste und praktischste Art, in die Heimat zu telefonieren, ist vom Hotelzimmer aus. Allerdings nicht, indem man direkt anruft – das kann je nach Hotel ebenfalls sehr teuer werden – sondern mit einer Telefonkarte. Die findet man in breiter Auswahl an Tankstellen und Supermarktkassen. Einige werben mit speziellen Tarifen für Auslandsgespräche.

Man wählt zunächst die Nummer für eine externe Leitung, meist die Null oder die Neun, dann die Nummer der Telefongesellschaft, die auf der Karte angegeben ist. Danach folgt der auf der Karte abgedruckte Code. Schließlich fehlen noch die 011 für Auslandsgespräche, die Landeskennzahl des Heimatlandes und die Telefonnummer. So kommen für ein einziges Gespräch zwar schon mal 30 Ziffern zusammen, doch für $10 kann man dann auch zwischen 60 und 90 Minuten nach Übersee telefonieren. Mit der gleichen Prozedur kann man auch von öffentlichen Fernsprechern aus telefonieren, allerdings wird eine zusätzliche Gebühr abgezogen.

In den letzten Jahren hat die unpraktische Sitte um sich gegriffen, die letzten Ziffern der Telefonnummern in Buchstaben anzugeben. Wer nicht ständig SMS schreibt, wird auf sein Handy sehen müssen, um die Nummer richtig zu verstehen. Das Western American Railroad Museum (WARM) gibt seine Durchwahl beispielsweise mit 760-256-WARM an, was übersetzt 760-256-9276 bedeutet. Man muss also das Handy-Display im Kopf haben:

1	**2**	**3**
	abc	def
4	**5**	**6**
ghi	jkl	mno
7	**8**	**9**
prqs	tuv	wxyz

Wichtig: Für Gespräche innerhalb der USA muss immer die 1 vorgewählt werden!

▶ Trinkgeld

In Restaurants ist es üblich, 15 % Trinkgeld auf den Rechnungspreis aufzuschlagen. Nicht selten macht das Restaurant das direkt selbst und weist den Servicepreis schon auf der Rechnung aus.

Zahlt man mit Kreditkarte, bekommt man den Zahlungsbeleg zum Unterschreiben an den Tisch gebracht. Auf der unteren Linie notiert man den Betrag den man als Trinkgeld (Tip) geben möchte. Er wird dann zusammen mit der Rechnungssumme von der Kreditkarte abgebucht.

Ein Taxifahrer erwartet ebenfalls rund 15 % Trinkgeld.

▶ Umrechnungstabellen

Mit den folgenden Tabellen kann man auf einfache Weise die amerikanischen Maßeinheiten in gewohnte und einschätzbare Werte umrechnen.

Distanzen in Meilen			
Miles	Km	Km	Miles
0,5	0,81	0,5	0,3
1	1,61	1	0,6
2	3,22	2	1,2
5	8,05	5	3,1
10	16,1	10	6,2
15	24,1	15	9,3
20	32,2	20	12,4
25	40,2	25	15,5
30	48,3	30	18,6
35	56,3	35	21,7
40	64,4	40	24,8
50	80,5	50	31
60	96,6	60	37,2
70	112	70	43,4
80	128	80	49,6
90	144	90	55,8
100	161	100	62
120	193	120	74,4
130	209	130	80,6
150	241	150	93
200	322	200	124
300	483	300	186
500	805	500	310
1.000	1.610	1.000	620
1.500	2.415	1.500	930

Geschwindigkeit in Meilen/h			
mph	km/h	km/h	Mph
mph=km	1,609	km=mph	0,62
1	2	5	3
5	8	10	6
10	16	15	9
15	24	20	12
20	32	25	16
25	40	30	19
30	48	35	22
35	56	40	25
40	64	45	28
45	72	50	31
50	80	55	34
55	88	60	37
60	97	65	40
65	105	70	43
70	113	75	47
75	121	80	50
80	129	85	53
		90	56
		95	59
		100	62
		105	65
		110	68
		115	71
		120	74

Temperaturen in Fahrenheit			
°F	°C	°C	°F
75	23,9	18	64,4
78	25,6	20	68
81	27,2	22	71,6
84	28,9	24	75,2
87	30,6	26	78,8
90	32,2	28	82,4
93	33,9	30	86
96	35,6	32	89,6
99	37,2	34	93,2
102	38,9	36	96,8
105	40,6	38	100,4
108	42,2	40	104

Größen in Fuß			
Feet	Meter	Meter	Feet
1foot=m	0,305	m=feet	3,28
10	3	10	33
50	15	20	66
100	31	50	164
200	61	100	328
300	92	150	492
400	122	200	656
500	153	300	984
600	183	400	1.312
700	214	500	1.640
800	244	600	1.968
900	275	700	2.296
1.000	305	800	2.624
2.000	610	900	2.952
3.000	915	1.000	3.280
4.000	1.220	1.500	4.920
5.000	1.525	2.000	6.560
6.000	1.830	2.500	8.200
7.000	2.135	3.000	9.840
8.000	2.440	3.500	11.480
9.000	2.745	4.000	13.120
10.000	3.050	4.500	14.760
11.000	3.355	5.000	16.400
12.000	3.660	6.000	19.680
13.000	3.965	7.000	22.960

Temperaturen in Fahrenheit			
°F	°C	°C	°F
0	-17,8	-20	-4
10	-12,2	-15	5
20	-6,7	-10	14
30	-1,1	-5	23
40	4,4	0	32
50	10	2	35,6
55	12,8	4	39,2
58	14,4	6	42,8
61	16,1	8	46,4
63	17,2	10	50
66	18,9	12	53,6
69	20,6	14	57,2
72	22,2	16	60,8

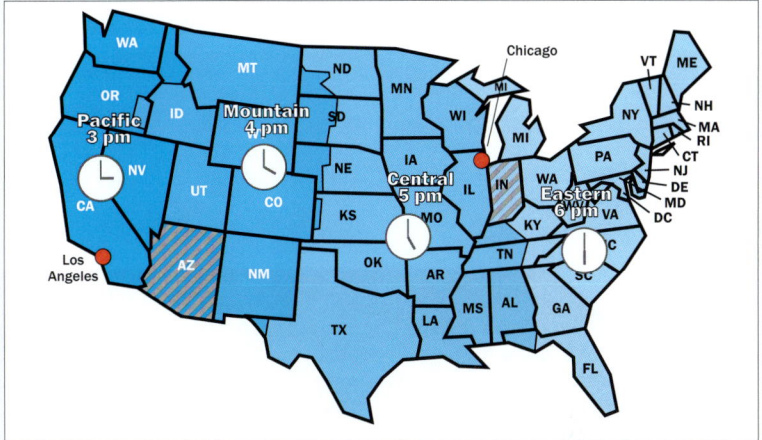

Volumen in Gallonen			
Galons	Liter	Liter	Galons
1	3,79	1	0,26
2	7,58	2	0,52
3	11,37	3	0,78
4	15,16	4	1,04
5	18,95	5	1,3
6	22,74	6	1,56
7	26,53	7	1,82
8	30,32	8	2,08
9	34,11	9	2,34
10	37,9	10	2,6
11	41,69	15	3,9
12	45,48	20	5,2
13	49,27	25	6,5
14	53,06	30	7,8
15	56,85	35	9,1
16	60,64	40	10,4
17	64,43	45	11,7
18	68,22	50	13
19	72,01	55	14,3
20	75,8	60	15,6
25	94,75	65	16,9
30	113,7	70	18,2
35	132,65	85	22,1
40	151,6	90	23,4
45	170,55	95	24,7

▶ Zeitzonen

Die kontinentalen USA sind in 4 Zeitzonen unterteilt: Eastern (-6h), Central (-7h), Mountain (-8h) und Pacific (-9h). Bei der Ankunft in Chicago hinkt man also 7 Stunden hinter der heimatlichen Uhrzeit hinterher. Die erste Zeitumstellung wird an der Grenze von Texas nach New Mexico fällig. Die Uhr wird eine weitere Stunde zurückgestellt. Beim Eintritt nach Kalifornien und Nevada wird die Prozedur wiederholt. Etwas verwirrend kann die Situation in Arizona sein. Dort wird außerhalb der Indianerreservate die Sommerzeit nicht beachtet. Das bedeutet im Prinzip, dass man im Sommerhalbjahr die Uhr schon beim Eintritt nach Arizona aus New Mexico eine Stunde zurückstellen muss.

ANHANG

Hotels

Die folgende Liste von Hotels entlang der Route66 kann nur eine kleine Auswahl des reichhaltigen Angebots darstellen. Diese Beschränkung ist den anderen Anbietern gegenüber natürlich ungerecht. Vorherige Buchung ist besonders in den großen Städten sinnvoll. Will man in kleineren Orten übernachten, ist eine Reservierung nicht nötig und man bewahrt sich mehr Freiheit bei der Etappengestaltung. Entlang der Haupteinfallstraßen und den Autobahnzubringern reihen sich die Motels wie an einer Perlenkette auf. Gerade in den Metropolen bekommt man aber bei vorheriger Buchung über das Internet oft bessere Preise. Die Tarife variieren stark mit der Nachfrage. Vielfach sind die Angebote der Internet-Reisebüros günstiger als direkt bei den Hotels. Die in der Liste angegebenen Preise sind Minimalpreise. Sie können nur eine grobe Orientierung darstellen und müssen mit Vorsicht aufgefasst werden. Je nach wirtschaftlicher Entwicklung können sie sich kurzfristig deutlich ändern. Keinesfalls kann man an der Hotelrezeption auf die unten angegebenen Preise bestehen.

ILLINOIS

Chicago

Hotelzimmer sind im Zentrum Chicagos ausgesprochen teuer und bei großen Kongressen vielfach ausgebucht. Preiswerte Unterkünfte findet man in der Umgebung des Flughafens. Mit der Metro kann man von dort in einer guten halben Stunde günstig und bequem die Innenstadt erreichen.

Congress Plaza Hotel

✉ 520 S Michigan Ave
☎ 1-312-427-3800
🖳 www.congressplazahotel.com
🔗 $ 175
🅷 Historisches Hotel am Grand Park

Best Western Grant Park

✉ 1100 S Michigan Ave
☎ 1-312-922-0134
🖳 www.bwgrantparkhotel.com
🔗 $ 190
🅷 Freibad

Renaissance Chicago O'Hare Suites Hotel

✉ 8500 W Bryn Mawr Ave
☎ 1-773-380-9600
🖳 www.marriott.com
🔗 $ 100
🅷 Nahe der Metrostation Cumberland, $22 Parkgebühr
⇨ Vom Flughafen O'Hare auf dem IS90 Richtung Downtown, Exit 79A, rechts und wieder rechts auf die W Bryn Mawr Ave

Marriott Chicago O'Hare

✉ 8535 W Higgins Road
☎ 1-773-693-4444
🖳 www.marriott.com
🔗 $ 100
🅷 Nahe der Metrostation Cumberland, $22 Parkgebühr
⇨ Vom Flughafen O'Hare auf dem IS90 Richtung Downtown, Exit 79B, die nächste links auf die Higgins Rd, nach 200 m auf der linken Seite

Super 8 Chicago O'Hare Airport

✉ 2951 Touhy Avenue, Elk Grove Village
☎ 1-847-827-3133
🖥 www.oharesuper8.com
💲 $ 70
🅷 Gratis-Shuttle zur Metrostation

⇒ Vom Flughafen O'Hare auf dem IS90 Richtung Westen, Exit Elmhurst Rd, Elmhurst Rd 0,6 mi/1 km nach Süden, rechts in die Landmeier Rd und gleich wieder links in die E Higgins Rd

Joliet

Harrah's Casino and Hotel

✉ 151 N Joliet Street
☎ 1-815-740-7800
🖥 www.harrahs.com
💲 $ 100
🅷 Zentrale Lage, sehr empfehlenswert
⇒ Im Zentrum die westlichste Verbindung der beiden Hauptstraßen Cass St und Jefferson St

Red Roof Inn Joliet

✉ 1750 McDonough Street
☎ 1-815-741-2304
🖥 www.redroof.com
💲 $ 65
🅷 3,5mi außerhalb des Zentrums
⇒ Vom Zentrum Joliets auf der S Chicago St nach Süden, auf den IS80 Richtung Westen, Exit 130B, Larkin Ave nach Norden, nach 300 m rechts in die McDonough Street

Bloomington

Vrooman Mansion

✉ 701 E Taylor St
☎ 1-309-828-8816
🖥 www.vroomanmansion.com
💲 $ 110
🅷 B&B in einer alten Villa
⇒ Vom IS55 oder der Frontage Rd, Exit 167, Veterans Parkway (HW55) nach Süden, nach 3,5 mi/5,5 km rechts in die E Empire St, nach 1,5 mi/2,5 km links in die N Clinton St, nach 0,8 mi/1,3 km rechts in die E Taylor St

Days Inn Bloomington

✉ 1707 West Market Street
☎ 1-309-829-6292
🖥 www.daysinn.com
💲 $ 70
🅷 Kostenloser Internet-Zugang.
⇒ IS55 Exit 160, links, Market St 0,4 mi/0,6 km nach Osten

Springfield

President Abraham Lincoln Hotel

✉ 701 E Adams
☎ 1-217-544-8800
🖥 www.presidentabrahamlincolnhotel.com
💲 $ 100
🅷 Zentrale Lage, einen Block vom Capitol
⇒ R66 (HW55) bis ins Zentrum von Springfield folgen, rechts in die E Adams St. Vom IS55, Exit 98B, Clear Lake Ave nach Westen ins Zentrum, nach 2,4 mi/3,8 km links in die 9th St, die zweite rechts in die E Adams St

Homestyle Inn & Suite

✉ 500 N First St
☎ 1-217-522-1100
🖥 www.homestyleinns.com
💲 $ 70
🅷 Preiswert, relativ zentral.
⇒ R66 (HW55) bis ins Zentrum von Springfield folgen, rechts in die E Jefferson St., durchs Zentrum, rechts in die N First St, nach 600 m auf der rechten Seite. Vom IS55, Exit 98B, Clear Lake Ave nach Westen bis auf die E Jefferson St, dann genauso

Litchfield

Super 8 Motel Litchfield

✉ 211 Ohren Lane
☎ 1-217-324-7788
🖥 www.super8.com
💲 $ 55

🅷 Sehr preiswert
⇒ R66, rechts auf den HW16, erste links in die Ohren Lane. IS55, Exit 52, links auf HW16, nach 0,8 mi/1,3 km rechts in die Ohren Lane

MISSOURI

St. Louis

Millenium Hotel

- ✉ 200 S 4th St
- ☎ 1-314-241-9500
- 🖥 www.millenniumhotels.com/millenniumstlouis
- ⊗ $ 120
- ℹ Zentrale Lage
- ⇨ Von Norden kommend auf den IS70, Exit 250B, geradeaus weiter auf N Memorial Dr, nach 0,5 mi/0,8 km rechts in die Spruce St, gleich wieder rechts in die S 4th St

Moonrise Hotel

- ✉ 6177 Delmar Blvd
- ☎ 1-314-721-1111
- 🖥 www.moonrisehotel.com
- ⊗ $ 180
- ℹ Einziges Hotel im Loop
- ⇨ IS270, 5 mi/8 km nach Mississippi-Brücke Exit 26A auf IS170 Richtung Süden, nach 10 mi/16 km Exit 1E, auf Forest Park Pkwy 2 mi/3,5 km nach Osten, links in den Big Bend Blvd, nach 0,4 mi/0,6 km rechts auf Delmar Blvd, nach 0,8 mi/1,3 km auf der linken Seite.

Ramada St. Louis Airport North

- ✉ 9079 Dunn Road, Hazelwood MO
- ☎ 1-314-731-7700
- 🖥 www.ramada.com
- ⊗ $ 55
- ℹ Preiswert aber 17 mi vom Zentrum
- ⇨ IS270, Exit 25, rechts in die Taylor Rd, gleich rechts auf den Douglas W Palmer Pl, links in die Dunn Rd

Rolla

Day's Inn 1207

- ✉ 1207 Kingshighway Street
- ☎ 1-573-341-3700
- 🖥 www.daysinn.com
- ⊗ $ 65
- ℹ Preiswertes Standard-Motel
- ⇨ IS44, Exit 184, links, 300 m in Richtung Rolla auf Kingshighway St

Lebanon

Munger Moss Motel

- ✉ 1336 East Route66
- ☎ 1-417-532-3111
- 🖥 www.mungermoss.com
- ⊗ $ 54
- ℹ Historisches R66-Motel
- ⇨ R66 am Ortseingang. IS44, Exit 130, rechts auf die Millcreek Rd, nach 400 m rechts auf die Historic Route66

Springfield

Days Inn Springfield South

- ✉ 621 W. Sunshine Rd
- ☎ 1-417-862-0153
- 🖥 www.daysinn.com
- ⊗ $ 70
- ℹ Nahe dem Bass Pro Shop
- ⇨ R66 (HW744), 2 mi/3 km nach IS-Brücke links in Glenstone Ave, nach 4 mi/6,5 km rechts in Sunshine Ave, nach 2 mi/3 km auf der rechten Seite

Carthage

Boots Motel

- ✉ 107 S Garrison Ave
- ☎ 1-417-310-2989
- 🖥 www.bootsmotel.com
- ⊗ ab $ 66
- ℹ Historisches Motel, die Eigentümer restaurieren liebevoll mit Materialien und Fundstücken.
- ⇨ Von R66 (HW96) mitten in Carthage links in die S Garrison Ave, das Motel liegt direkt rechts.

Joplin

La Quinta Inn

- ✉ 3320 S Range Line Rd
- ☎ 1-417-781-0500
- 🖥 www.lq.com
- ⊗ $ 75
- ℹ Standard-Motel, viele andere in der Nähe
- ⇨ R66 (HW71) von Linksabbieger in Webb City 6 mi/10 km dem HW71 nach Süden folgen, auf der rechten Seite. IS44, Exit 8B, rechts auf die Range Line Rd, nach 0,3 mi/0,5 km auf der linken Seite

OKLAHOMA

Vinita

Super 8 Big Cabin

- ⊠ 30954 S Hwy 69
- ☎ 1-918-783-5888
- 💻 www.super8.com
- ⚭ $ 60

- 🅷 6 mi außerhalb Vinitas
- ⇒ Von Vinita auf der R66 (HW60) 4 mi/6 km nach Westen, links, 2 mi/3 km auf dem HW69 nach Süden

Tulsa

The Savoy

- ⊠ 631 S Peoria Ave
- ☎ 1-918-347-2869
- 💻 www.tulsasavoy.com
- ⚭ $ 140
- 🅷 Historisches Hotel nahe Downtown.
- ⇒ IS2444, Exit 6C „1st St", links auf die Lansing Ave, die vierte links auf die 6th St, die nächste halbrechts und wieder halbrechts auf die S Peoria Ave

Doubletree Hotel

- ⊠ 616 W 7th St
- ☎ 1-866-656-7127
- 💻 www.downtowntulsahotels.com
- ⚭ $ 135
- 🅷 Großes zentrumsnahes Hotel
- ⇒ IS244, Exit 6B auf IS444 South, dem IS444 nach rechts folgen, Exit C „Houston Ave", rechts in die Houston Ave, rechts in die W 7th St

Clarion Hotel

- ⊠ 2600 N. Aspen, Broken Arrow
- ☎ 1-918-258-7085
- 💻 www.clarionhotel.com
- ⚭ $ 70
- 🅷 Großes Hotel 10 mi südöstlich des Zentrums
- ⇒ Von Tulsa auf dem HW64/51 7 mi/11 km nach Osten, Exit 145th E Ave, rechts, direkt nach der Autobahnausfahrt

Days Inn Tulsa Airport

- ⊠ 35 N Sheridan Road
- ☎ 1-918-836-3931
- 💻 www.daysinn.com
- ⚭ $ 60
- 🅷 Standard-Motel am IS244
- ⇒ IS244, Exit 11, Achtung: Ausfahrt von der linken Spur!, links auf die N Sheridan Rd, nach 150 m auf der linken Seite

Oklahoma City

Bricktown Hotel

- ⊠ 2001 E. Reno Avenue
- ☎ 1-866-378-0966
- 💻 www.bricktown-hotel.com
- ⚭ $ 50
- 🅷 Zentrumsnahes Motel
- ⇒ IS35, Exit 127, direkt nach der Ausfahrt die erste rechts

Colcord Hotel

- ⊠ 15 N Robinson Ave
- ☎ 1-405-601-4300
- 💻 www.colcordhotel.com
- ⚭ $ 180
- 🅷 Zentrale Lage
- ⇒ Vom IS35 auf den IS40 West, Richtung „Amarillo", Exit 150C, rechts auf die Robinson Ave, nach 0,3 mi/0,5 km auf der linken Seite an der Ecke Sheridan Ave

Clinton

Ramada Inn

- ⊠ 2140 W Gary Blv
- ☎ 1-580-323-2010
- 💻 www.ramada.com
- ⚭ $ 55

- 🅷 Nahe des R66 Museums
- ⇒ IS40, Exit 65, rechts auf den W Gary Blvd, nach 0,5 mi/0,8 km auf der rechten Seite

Elk City

Econo Lodge

- ⊠ 108 Meadowridge Dr
- ☎ 1-580-225-5120
- 💻 www.econolodge.com
- ⚭ $ 55

- 🅷 Standard-Motel am IS40
- ⇒ Von R66 auf den HW6 (Main St) nach Süden, über den IS40, erste rechts. IS40: Exit 38, links, die erste rechts

TEXAS

Shamrock

Econo Lodge

- ✉ 1006 E 12ᵗʰ St
- ☎ 806-256-2111
- 🖥 www.econolodge.com
- 💲 $ 60

- 🏠 Standard-Motel am IS40
- ⇒ An der Route66, kurz nach dem Ortseingang auf der linken Seite. IS40, Exit 164, links, über die Autobahn und rechts auf die Route66

Amarillo

Big Texan Motel

- ✉ 7701 East I-40
- ☎ 1-800-657-7177
- 🖥 www.bigtexan.com/motel.htm
- 💲 $ 60
- 🏠 Route66-Ikone
- ⇒ IS40, Exit 75, parallel zum IS geradeaus, nach 300 m auf der rechten Seite

Parkview House Bed and Breakfast

- ✉ 1311 S Jefferson St
- ☎ 1-806-373-9464
- 🖥 www.parkviewhousebb.com
- 💲 $ 85
- 🏠 Rustikales Bed & Breakfast
- ⇒ IS40, Exit 69B, rechts in die S Washington St, nach 500 m rechts in 14 St, an der nächsten Ecke linke Seite

Howard Johnson Amarillo

- ✉ 1620 I 40 East
- ☎ 1-806-374-2020
- 🖥 www.hojo.com
- 💲 $ 60

- 🏠 Standard-Motel am IS40
- ⇒ IS40, Exit 71, geradeaus, an der zweiten Kreuzung links unter dem IS durch, wieder links, parallel zur Autobahn in Richtung Osten

Vega

Best Western Country Inn

- ✉ 1800 W Vega Boulevard
- ☎ 1-806-267-2131
- 🖥 www.bestwesterntexas.com
- 💲 $ 75

- 🏠 Standard-Motel am IS40
- ⇒ An der Route66 am westlichen Ortsausgang. Vom IS40 Exit 37, geradeaus durch Vega

NEW MEXICO

Tucumcari

Blue Swallow Motel

- ✉ 815 East Route66 Blvd
- ☎ 1-575-461-9849
- 🖥 www.blueswallowmotel.com
- 💲 $ 40

- 🏠 Historisches 66 Motel
- ⇒ Direkt an der Route66. IS40, Exit 335, geradeaus, nach 3 km auf der rechten Seite.

Santa Rosa

Super 8 Santa Rosa

- ✉ 1201 Will Rogers Dr
- ☎ 1-575-472-5388
- 🖥 www.super8.com
- 💲 $ 65

- 🏠 Standard-Motel am IS40
- ⇒ Direkt an der Route66, hinter der Autobahnbrücke auf der rechten Seite. IS40, Exit 275, rechts, nach 400 m auf der rechten Seite

Albuquerque

The Hotel Blue

- ✉ 717 Central Ave NW
- ☎ 1-505-924-2400
- 🖥 www.thehotelblue.com
- 💲 $ 70
- 🏠 Sehr zentrales, gutes Hotel
- ⇒ IS40, Exit 170, links auf R66 (HW333), 11 mi/17 km geradeaus, durch das Stadtzentrum, an der Ecke Central Ave/8ᵗʰ St

The Plaza Inn

- ✉ 900 Medical Arts Ave
- ☎ 1-505-243-5693
- 🖥 www.plazainnabq.com
- 💲 $ 70
- 🏠 Zentrales, gutes Hotel
- ⇒ IS40, Exit 170, links auf R66 (HW333), 10 mi/16 km geradeaus, rechts auf die Oak St, nach 1 km rechts auf Lomas Blvd und sofort wieder rechts

Santa Fe

Garretts Desert Inn

- ✉ 311 Old Santa Fe Trail
- ☎ 1-505-982-1851
- 🖳 www.garrettsdesertinn.com
- ∞ $ 70
- 🛈 Zentral, stark variierende Preise
- ⇒ IS25, Exit 282B, HW84 4 mi/6 km nach
  Norden, rechts in den Paseo de Peralta, nach
  1 mi/1,6 km links in den Old Santa Fe Trail

Inn on the Paseo

- ✉ 630 Paseo de Peralta
- ☎ 1-505-984-8200
- 🖳 www.innonthepaseo.com
- ∞ $ 120
- 🛈 Charmantes B&B
- ⇒ IS25, Exit 282B, HW84 4 mi/6 km nach
  Norden, rechts in den Paseo de Peralta, dem
  Straßenverlauf 1,7 mi/2,7 km folgen

Grants

Days Inn

- ✉ 1504 E Santa Fe Ave
- ☎ 1-505-287-8883
- 🖳 www.daysinn.com
- ∞ $ 70
- 🛈 Standard-Motel am IS40

- ⇒ Von der R66 (HW117) kurz nach dem Ortseingang links auf den HW122 nach 600 m
  auf der linken Seite. Vom IS40 Exit 85, nach
  Norden, nach 500 m auf der rechten Seite

Gallup

Super 8 Gallup

- ✉ 1715 West Hwy 66
- ☎ 1-505-722-5300
- 🖳 www.super8.com
- ∞ $ 55
- 🛈 Standard-Motel an der R66
- ⇒ Auf der R66, 500 m nach der Kreuzung
  HW602 auf der linken Seite. Vom IS40 Exit 20,
  links, nach 500 m rechts auf die R66, nach
  500 m auf der linken Seite

El Rancho Hotel

- ✉ 1000 E Hwy 66
- ☎ 1-505-722-2285
- 🖳 www.elranchohotel.com
- ∞ $ 105
- 🛈 Historisches Hotel, in dem viele Berühmtheiten abgestiegen sind
- ⇒ Direkt an der Route66, linker Hand kurz vor
  dem Ortszentrum

ARIZONA

Holbrook

Wigwam Motel

- ✉ 811 W Hopi Drive
- ☎ 1-928-524-3048
- 🖳 www.galerie-kokopelli.com/wigwam
- ∞ $ 60

- 🛈 R66 Kuriosität
- ⇒ IS40, Exit 286, links, 1 mi/1,6 km dem HW77
  folgen, rechts in den W Hopi Dr, nach 1 km auf
  der linken Seite

Winslow

La Posada

- ✉ 303 E 2nd Street
- ☎ 1-928-289-4366
- 🖳 www.laposada.org
- ∞ $ 120

- 🛈 Schönes historisches Hotel
- ⇒ IS40, Exit 257, links und wieder rechts, der
  R66, 4,5 mi/7 km folgen, das Hotel liegt an
  der Ecke HW87/Second St

Flagstaff

Highland Country Inn

- ✉ 223 S Milton Rd.
- ☎ 1-928-774-5041
- 🖳 www.highlandcountryinn.com/6.html
- ∞ $ 50
- 🛈 Standard Motel
- ⇒ Auf der R66 durchs Zentrum, 150 m nach der
  Linkskurve auf der rechten Seite

Little America Hotel

- ✉ 2515 East Butler Avenue
- ☎ 1-928-779-7900
- 🖳 www.littleamerica.com
- ∞ $ 150
- 🛈 Luxuriöses Hotel im Wald
- ⇒ Von der R66 am Ortseingang in die Enterprise
  Rd nach Süden, links in die E Butler Ave, über
  den IS, nach 100 m rechts

Grand Canyon Village

El Tovar

- ✉ West Rim Dr
- ☎ 1-928-638-2961
- 🖥 www.grandcanyonlodges.com
- 🐚 $ 175
- 🏨 Riesiges Luxushotel direkt an der Kante des Canyons
- ⇨ HW180 nach Norden, 4 km nach Parkeingang links, dem Straßenverlauf folgen

Bright Angel

- ✉ West Rim Dr
- ☎ 1-928-638-2961
- 🖥 www.grandcanyonlodges.com
- 🐚 $ 80
- 🏨 Rustikales Hotel
- ⇨ HW180 nach Norden, 4 km nach Parkeingang links, dem Straßenverlauf folgen

Williams

Grand Canyon Hotel

- ✉ 145 W Route66
- ☎ 1-928-635-1419
- 🖥 www.thegrandcanyonhotel.com
- 🐚 $ 60

- 🏨 Schönes historisches Hotel
- ⇨ Auf der R66 ins Zentrum, an der 4th St links und wieder links auf die Bill Williams Ave in Richtung Osten

Seligman

Romney Motel

- ✉ 22430 W Highway Route66
- ☎ 1-928-422-4673
- 🖥 www.romneymotel.com

- 🐚 $ 70
- 🏨 Motel im Stil der 50er Jahre
- ⇨ Auf der R66, unübersehbar in Seligman

Kingman

Knights Inn Kingman

- ✉ 1225 W Beale St
- ☎ 1-928-753-3881
- 🖥 www.knightsinn.com
- 🐚 $ 50

- 🏨 Standard Motel
- ⇨ Aus dem Zentrum dem HW93 in Richtung Las Vegas folgen, 1,5 km nach der Autobahnbrücke

NEVADA

Das Hotelangebot in Las Vegas zählt zu den größten der Welt. Dennoch ist es vernünftig, vorher zu reserviern, denn auf dem Strip zu parken und sich zu Fuß auf die Suche nach einer Unterkunft zu machen, ist eine mühsame Angelegenheit. Bei den bekannten Websites zur Hotelreservierung kann man Preise weit unterhalb der Standardraten bekommen.

Las Vegas

Luxor

- ✉ 3900 Las Vegas Blvd S
- ☎ 1-702-262-4102
- 🖥 www.luxor.com
- 🐚 $ 80
- 🏨 Die berühmte Hotel-Pyramide
- ⇨ Vom HW93 auf IS215 nach Westen, Exit 13, 2 mi/3 km auf dem Las Vegas Blvd nach Norden, unübersehbar auf der linken Seite

Flamingo

- ✉ 3555 Las Vegas Blvd S
- ☎ 1-702-733-3111
- 🖥 www.harrahs.com
- 🐚 $ 65
- 🏨 Das erste Hotel-Casino in Las Vegas
- ⇨ Vom HW93 auf IS215 nach Westen, Exit 13, 2,5 mi/4 km auf dem Las Vegas Blvd nach Norden, Einfahrt nach der Kreuzung Flamingo Rd auf der rechten Seite

KALIFORNIEN

Needles

Americas Best Value Inn

- ✉ 1102 E Broadway
- ☎ 1-760-326-4501
- 🖥 www.americasbestvalueinn.com
- 🐚 $ 40

- 🏨 Einfaches Standard-Motel
- ⇨ Auf der R66 am Ortseingang gegenüber dem Friedhof

Barstow

Days Inn Barstow

- ✉ 1590 Coolwater Lane
- ☎ 1-760-256-1737
- 🖥 www.daysinn.com
- ⚭ $ 60
- 🛈 Standard Motel
- ⇨ IS40, Exit „East Main St", geradeaus, über die Autobahn-brücke und sofort links in die Roberta St, nach 300 m auf der rechten Seite

Quality Inn

- ✉ 1520 E Main St
- ☎ 1-760-256-6891
- 🖥 www.qualityinn.com
- 🛈 Motel mit schönem Garten, Freibad und Grills für ein Picknick
- ⇨ IS40, Exit „East Main St", nach 200 m auf der linken Seite

Victorville

Victorville Travelodge

- ✉ 12175 Mariposa Blvd
- ☎ 1-760-241-7200
- 🖥 www.travelodge.com
- ⚭ $ 55

- 🛈 Standard Motel
- ⇨ IS15, „Exit Bear Valley Rd", links in die Bear Valley Rd, dann die erste links in die Mariposa Rd

Hollywood

Quality Inn Hollywood

- ✉ 1520 N La Brea Ave
- ☎ 1-323-464-3243
- 🖥 www.choicehotels.com
- ⚭ $ 110
- 🛈 Hübsches kleines Motel im Herzen Hollywoods
- ⇨ In Downtown LA auf den Hollywood Freeway (HW101), Exit 8A, Sunset Blvd nach Westen, nach 2 mi/3 km rechts in die La Brea Ave, nach 100 m auf der rechten Seite

Saharan Motor Hotel

- ✉ 7212 Sunset Boulevard
- ☎ 1-866-211-6431
- 🖥 www.saharanhotel.com
- ⚭ $ 80
- 🛈 Stilvolles Motel in Hollywood
- ⇨ In Downtown LA auf den Hollywood Freeway (HW101), Exit 8A, Sunset Blvd nach Westen, nach 2,2 mi/3,5 km auf der linken Seite

Hollywood Roosevelt Hotel

- ✉ 7000 Hollywood Blvd
- ☎ 1-323-466-7000
- 🖥 www.hollywoodroosevelt.com
- ⚭ $ 280
- 🛈 Historisches Luxushotel
- ⇨ In Downtown LA auf den Hollywood Freeway (HW101), Exit 8A, Sunset Blvd nach Westen, nach 1,7 mi/2,7 km rechts auf die Highland Ave, nach 300 m links auf den Hollywood Blvd, nach 300 m auf der linken Seite

Highland Gardens Hotel

- ✉ 7047 Franklin Ave
- ☎ 1-323-850-0536
- ⚭ $ 110
- 🖥 www.highlandgardenshotel.com
- 🛈 Hotel mit tropischem Garten und kleinem Freibad. Die Zimmerqualität kann allerdings stark variieren. Die Zimmer zur Straße sind sehr laut. Janis Joplin verstarb im Zimmer 105.
- ⇨ Ein Block oberhalb des Hollywood Blvd, auf der La Brea Ave nach Norden, rechts in die Franklin Ave, nach 300 m auf der linken Seite

Venice

Venice on the Beach Hotel

- ✉ 2819 Ocean Front Walk
- ☎ 1-310-429-0234
- 🖥 www.veniceonthebeachhotel.com
- ⚭ $ 125
- 🛈 Hotel direkt am lebendigen Strand von Venice

- ⇨ Aus Downtown LA auf dem IS10 nach Westen, Exit 3B auf IS405 South, nach 2 mi/3 km Exit Venice Blvd, links in den Sawtelle Blvd, rechts auf den Washington Pl, nach 3,5 mi/5,6 km rechts auf den Speedway,nach 100 m auf der linken Seite

Santa Monica

Ocean View Hotel

⊠ 1447 Ocean Ave
☎ 1-800-452-4888
🖳 www.oceanviewsantamonica.com
∞ $ 220
🅗 Hotel mit Blick auf den Pazifikstrand

⇨ Aus Downtown LA auf dem IS10 nach Westen, Exit 1A, rechts in die 4th St, die zweite links auf den Broadway, die zweite rechts auf den Ocean Drive, Hotel auf der rechten Seite

Malibu

The Malibu Motel

⊠ 22541 Pacific Coast Highway
☎ 1-310-456 6169
🖳 www.themalibumotel.com
∞ $ 120
🅗 Kleines Motel 50 m vom Strand

⇨ Aus Downtown LA auf dem IS10 nach Westen, in Santa Monica direkt weiter auf dem HW1 nach Norden, nach 11 mi/18 km auf der rechten Seite

Campgrounds

Alle Plätze sind mit Strom und Wasser versehen.

ILLINOIS

Joliet

Martin Campground

✉ 725 Cherry Hill Rd
☎ 1-815-726-3173
🚐 80
♻ $ 27
🕐 15.03.–01.11.

⇨ Aus dem Zentrum auf der E Jefferson St nach Osten, rechts unter der Bahnbrücke durch, gleich links auf die E Washington St, nach 2,7 mi/4,3 km rechts

Litchfield

Lan Kel's Lazy Days

✉ 22756 Whitepark Lane
☎ 1-217-324-3233
🖥 www.lankels.com
🚐 124
♻ $ 22

🕐 01.04.–01.11.
⇨ Von Litchfield auf dem HW16 den Interstate überqueren, die erste links in die County Line Rd, die erste rechts die nächste links und wieder rechts

Bloomington

Kamp Komfort RV Park & Campground

✉ 21408 N And 600 E Road
☎ 1-309-376-4411
🚐 64
♻ $ 26
🕐 01.04.–01.11.

⇨ Von Bloomington oder IS55 auf IS74 10 mi/16 km nach Westen, Exit 120, links, nach 0,75 mi/1,2 km rechts auf 3rd Principal Meridian Rd, 200 m nach IS-Brücke links

Springfield

Springfield KOA

✉ 4320 KOA Road
☎ 1-217-498-7002
🖥 www.koa.com
🚐 142

♻ $ 36
🕐 Ganzjährig
⇨ IS55, Exit 94, an der Ampel links, 7 mi/11 km der Beschilderung folgen

Cahokia

Cahokia RV Parque

✉ 4060 Mississippi Ave
☎ 1-618-332-7700
🖥 www.cahokiarv.com
🚐 177

♻ $ 29
🕐 Ganzjährig
⇨ IS255, Exit 13, HW3 nach Süden, nach 3 mi/5 km rechts

Granite City

Granite City KOA

⊠ 3157 West Chain of Rocks Rd
☎ 1-618-931-5160
🖳 www.koa.com
🚐 100

⊗ $ 27
🕐 15.03.–01.11.
⇨ IS270, Exit 3A, erste links, nach 200 m rechts

MISSOURI

Eureka

Historic Route66 KOA

⊠ 18475 Old Route66
☎ 1-636-257-3018
🖳 www.koa.com
⊗ $ 34

🕐 Ganzjährig
⇨ IS44, Exit 261, von Eureka auf der Route66 nach Westen, 1 km außerhalb des Ortes

Cuba

Meramec Valley Resort

⊠ 1360 Highway UU
☎ 1-573-885-2541
🖳 www.meramecvalleycampresort.com
🚐 426
⊗ $ 14

🕐 Ganzjährig
⇨ IS44 Exit 210 oder Route66 bis Hofflins, über den Interstate, rechts, HW UU 2 mi/3 km, links in Maine St

Lebanon

Bennet Spring State Park

⊠ 26250 Hwy 64A
☎ 1-417-532-4338
🖳 www.mostateparks.com/bennett/camp.htm
⊗ $ 24

🕐 Ganzjährig
⇨ Von Lebanon auf dem HW64 nach Nordwesten, 10 mi/16 km bis zum Parkeingang.

Springfield

Springfield/Route66 KOA

⊠ 5775 West Farm Road 140
☎ 1-417-831-3645
🖳 www.koa.com
⊗ $ 32

🕐 Ganzjährig
⇨ IS44, von Springfield nach Westen, Exit 70, HW B nach Süden, nach 300 m links in die W Farm Rd 140, nach 1 mi/1,6 km links

Carthage

Coachlight RV Park

⊠ 5327 S Garrison Rd
☎ 1-417-358-3666
🖳 www.coachlightrv.com
🚐 80
⊗ $ 25

🕐 Ganzjährig
⇨ Im Zentrum von der R66 auf die S Garrison Ave, 2 mi/3 km in Richtung Süden, beim Abknicken der Hauptstraße 250 m weiter geradeaus

Joplin

Joplin KOA

⊠ 4359 Highway 43
☎ 1-417-623-2246
🖳 www.koa.com
⊗ $ 25

🕐 Ganzjährig
⇨ IS44, Exit 4, links, über den IS, an der Ampel links

OKLAHOMA

Vinita

Park Hills Motel & RV Park

- ✉ 438415 E Hwy 60
- ☎ 1-918-256-5511
- 🖥 www.myweb.cableone.net/parkhills
- 🛏 15
- 💲 $ 20
- 🕐 Ganzjährig
- ⇨ Auf der Route66, 2 mi/3 km westlich von Vinita

Tulsa

Cherry Hill Mobile Home Park

- ✉ 4808 S Elwood Avenue
- ☎ 1-918-446-9342
- 🖥 www.cherryhillmhc.com/rv.htm
- 🛏 70
- 💲 $ 25
- 🕐 Ganzjährig
- ⇨ Auf dem IS44 den Arkansas River überqueren, Exit 225, rechts, die erste wieder links

Oklahoma City

Oklahoma City East KOA

- ✉ 6200 South Choctaw Road, Choctaw OK
- ☎ 1-405-391-5000
- 🖥 www.koa.com
- 💲 $ 35
- 🕐 Ganzjährig
- ⇨ Aus Oklahoma City 14 mi/23 km auf dem IS40 / IS240 nach Osten, Exit 166, links, gleich rechts in die S Chocktaw Rd, nach 0,8 mi/1,3 km rechts

El Reno

El Reno Lake Campground

- ✉ Babcock Dr
- ☎ 1-888-535-7366
- 🛏 22
- 💲 $ 10
- 🕐 Ganzjährig
- ⇨ Aus El Reno auf der Elm St Richtung Westen, in der Rechtskurve am See links abbiegen, nach 500 m auf der linken Seite

Clinton

Elk City / Clinton KOA

- ✉ I-40, Exit 50 Clinton Lake
- ☎ 1-580-592-4530
- 🖥 www.koa.com
- 💲 $ 33
- 🕐 Ganzjährig
- ⇨ IS40, Exit 50, rechts, auf der Frontage Rd 500 m in Richtung Osten

TEXAS

Mc Lean

Windmill RV Park

- ✉ Ranch Rd 2695
- ☎ 1-806-779-2662
- 🛏 30
- 💲 $ 18
- 🕐 Ganzjährig
- ⇨ Von der 1st St in Mc Lean, links auf den HW273, nach 100 m rechts

Amarillo

Amarillo Ranch RV Park

- ✉ 1414 Sunrise Dr
- ☎ 1-866-244-7447
- 🖥 www.amarillovranch.com
- 🛏 150
- 💲 $ 32
- 🕐 Ganzjährig
- ⇨ IS40, Exit 74, die dritte links in den Sunrise Dr, nach 100 m links

Overnite RV Park

- ✉ 900 S Lakeside Dr
- ☎ 1-806-373-1431
- 🖥 www.overnitervpark.com
- 🛏 85
- 💲 $ 27
- 🕐 Ganzjährig
- ⇨ IS40, Exit 75, rechts, nach 300 m auf der linken Seite

Adrian

Walnut RV Park

- ✉ 1403 Vega Blvd
- ☎ 1-806-267-2310
- 🛏 40

- 🔗 $ 24
- 🕐 Ganzjährig
- ⇒ Auf der R66 am westlichen Ortsausgang

NEW MEXICO

Tucumcari

Cactus RV Park

- ✉ 1300 BLK E Route66
- ☎ 1-575-461-2501
- 🖥 www.cactusrvpark.com
- 🛏 40

- 🔗 $ 19
- 🕐 Ganzjährig
- ⇒ IS40, Exit 332, auf der Route66, 600 m hinter dem Ortseingang auf der linken Seite

Santa Rosa

Santa Rosa Lake State Park

- ✉ HW91
- ☎ 1-575-472-3110
- 🛏 40
- 🔗 $ 10

- 🕐 Ganzjährig
- ⇒ Von der Route66 ausgeschildert, dem HW91 etwa 7 mi/11 km folgen

Las Vegas

Las Vegas KOA

- ✉ HW84
- ☎ 1-505-454-0180
- 🖥 www.koa.com
- 🛏 44

- 🔗 $ 32
- 🕐 Ganzjährig
- ⇒ HW84, direkt vor der Auffahrt auf den IS25 links, 1 m/1,6 km in Richtung Süden

Santa Fe

Rancheros

- ✉ 736 Old Las Vegas HW
- ☎ 1-505-466-3482
- 🖥 www.rancheros.com
- 🛏 130

- 🔗 $ 27
- 🕐 Ganzjährig
- ⇒ IS25, Exit 290, rechts und gleich wieder rechts, nach 1 mi/1,6 km auf der linken Seite

Albuquerque

American RV Park

- ✉ 13500 Central Ave SW
- ☎ 1-505-831-3545
- 🖥 www.americanrvpark.com
- 🛏 186
- 🔗 $ 29

- 🕐 Ganzjährig
- ⇒ IS40, Exit 149, links auf den Paseo del Volcan, hinter der Autobahn gleich rechts in die Frontage Rd SW, 500 m weiter auf der linken Seite

Grants

Blue Spruce RV Park

- ✉ Forest Service 450 Rd
- ☎ 1-505-287-2560
- 🛏 20
- 🔗 $ 15
- 🕐 Ganzjährig
- ⇒ IS40, Exit 81, oder von R66 links auf den HW53 in Richtung Süden, nach dem Interstate rechts in die Valencia Rd

Grants KOA

- ✉ 26 Cibola Sands Loop
- ☎ 1-505-287-4376
- 🖥 www.koa.com
- 🔗 $ 37
- 🕐 Ganzjährig
- ⇒ IS40, Exit 81, oder von R66 links auf den HW53 in Richtung Süden, 400 m nach dem Interstate links

Gallup

Red Rock State Park

- ✉ Red Rock State Park 87311
- ☎ 1-928-282-6907
- ⚏ 135
- ⊘ $ 20
- 🕐 Ganzjährig
- ⇒ IS40, Exit 26, rechts, 3 mi/5 km nach Osten, dann links auf den HW566

Gallup KOA

- ✉ 3900 East Highway 66
- ☎ 1-505-722-2333
- 🖥 www.koa.com
- ⊘ $ 40
- 🕐 Ganzjährig
- ⇒ IS40, Exit 26, rechts, 400 m östlich an der Route66

ARIZONA

Holbrook

Petrified Forest KOA

- ✉ 102 Hermosa Drive
- ☎ 1-928-524-6689
- 🖥 www.koa.com
- ⚏ 112
- ⊘ $ 31
- 🕐 Ganzjährig
- ⇒ IS40, Exit 289, auf dem HW77 2 mi/3 km nach Südwesten, links in den Hermosa Dr, dann rechts

OK RV Park

- ✉ 1576 Roadrunner Road
- ☎ 1-928-524-3226
- 🖥 www.okrvpk-llc.com
- ⚏ 97
- ⊘ $ 26
- 🕐 Ganzjährig
- ⇒ IS40, Exit 289, auf dem HW77 2,5 mi/4 km nach Südwesten, auf der rechten Seite

Winslow

Homolovi Ruins State Park

- ✉ HW87
- ☎ 1-928-289-4106
- 🖥 www.azstateparks.com/Parks/HORU
- ⚏ 52
- ⊘ $ 19
- 🕐 Ganzjährig
- ⇒ IS40, Exit 257, rechts auf HW87 nach Norden, nach 2 mi/3 km links in den Park

Meteor Crater

Meteor Crater RV Park

- ✉ Meteor Crater Rd
- ☎ 1-928-289-4002
- 🖥 www.meteorcrater.com
- ⚏ 71
- ⊘ $ 35
- 🕐 Ganzjährig
- ⇒ IS40, Exit 233, etwa 6 mi/10 km nach Süden

Flagstaff

Woody Mountain Campground & RV Park

- ✉ 2727 West Route66
- ☎ 1-928-774-7727
- 🖥 www.woodymountaincampground.com
- ⚏ 146
- ⊘ $ 29
- 🕐 Ganzjährig
- ⇒ Von Flagstaff auf der R66 Richtung Westen, am Ortsausgang rechts

J&H RV Park

- ✉ 7901 N Hwy 89
- ☎ 1-928-526-1829
- 🖥 www.flagstaffrvparks.com
- ⚏ 52
- ⊘ $ 38
- 🕐 Ganzjährig
- ⇒ Von Flagstaff auf dem HW89 in Richtung Page, 2 mi/3 km nach dem Ortsausgang auf der rechten Seite

Williams

Grand Canyon Railway RV Park

- ✉ 601 W Franklin Ave
- ☎ 1-800-843-8724
- 🖥 www.thetrain.com/rvpark
- ⚏ 124
- ⊘ $ 20
- 🕐 Ganzjährig
- ⇒ Vom Zentrum auf der R66 nach Westen, rechts in die 7th St, rechts in die Franklin Ave

Seligman

Route66 KOA

- 801 E Highway 66
- 1-928-422-3358
- www.koa.com
- 40

- $ 34
- Ganzjährig
- IS40, Exit 123, oder R66, 1 mi/1,6 km östlich von Seligman

Kingman

Blake Ranch RV Park

- 9315 East Blake Ranch Rd
- 1-928-757-3336
- www.blakeranchrv.com
- 65
- $ 24

- Ganzjährig
- 12 mi/19 km östlich von Kingman, auf dem IS40 bis Exit 66, dann 1 mi/1,6 km auf der Blake Ranch Rd nach Nordosten

NEVADA

Las Vegas

Hitch'in Post

- 3640 Las Vegas Blvd N
- 1-888-433-8402
- www.hprvp.com
- 196
- $ 26
- Ganzjährig
- HW93, Exit 75, Las Vegas Blvd nach Norden folgen, nach 5 mi/8 km auf der rechten Seite

Las Vegas RV Resort

- 3890 S Nellis Blvd
- 1-702-451-8005
- www.holidayrvpark.com
- 370
- $ 34
- Ganzjährig
- HW93, Exit 69, rechts in die E Flamingo Rd, nach 1 mi/1,6 km links in den Nellis Blvd, nach 0,5 mi/0,8 km auf der rechten Seite

KALIFORNIEN

Needles

Fender's River Road Resort

- 3396 Needles Highway
- 1-760-326-3423
- www.fendersriverroadresort.com
- 24

- $ 25
- Ganzjährig
- Von Needles der R66 2 mi/3 km nach Norden folgen, auf der rechten Seite

Barstow

Barstow / Calico KOA

- 35250 Outer Highway 15 North, Yermo
- 1-760-254-2311
- www.koa.com
- 66
- $ 40
- Ganzjährig

- IS40:, Exit Dagget, R66: in Dagget nach rechts abbiegen, Dagget Yermo Rd 3 mi/5 km nach Norden, nach Unterquerung des IS links in den Outer HW15; IS15: Exit Calico Ghost Town, rechts, gleich wieder links auf Outer HW15

Victorville

Mojave Narrows Regional Park

- 18000 Yates Road
- 1-760-245-2226
- www.co.san-bernardino.ca.us/parks/mojave.htm
- 85

- $ 22
- Ganzjährig
- IS15, Exit Bear Valley Rd, links, Bear Valley Rd 4 mi/6 km folgen, links in den Ridge-crest Rd, nach 2,5 mi/4 km links in Park Rd

Pomona

Pomona / Fairplex KOA

✉ 2200 North White Ave
☎ 1-909-593-8915
🖥 www.koa.com
🚐 185

⊘ $ 38
🗓 Ganzjährig
➡ IS210, Exit Fruit St, links in die Fruit St, nach
   2,2 mi/3,5 km links

Malibu

Malibu Beach RV Park

✉ 25801 Pacific Coast Hwy
☎ 1-310-456-6052
🖥 www.maliburv.com
🚐 125

⊘ $ 41
🗓 Ganzjährig
➡ Von Santa Monica auf HW1 15 mi/24 km
   nach Norden, dann rechts

Los Angeles / Playa del Rey

Dockweiler RV Park

✉ 12001 Vista del Mar
☎ 1-310-322-4951
🖥 www.beaches.co.la.ca.us/BandH/
   Beaches/DockweilerRVPark.htm
🚐 200
⊘ $ 41

🗓 Ganzjährig
➡ Aus LA Zentrum IS110 7 mi/11 km Richtung
   Süden, IS105 Richtung Westen / LAX, weiter
   auf Imperial Highway bis zum Parkeingang am
   Strand

Glossar – Fahrzeugtechnik

Deutsch	Englisch	Englisch	Deutsch
abschleppen	tow	accelerator	Gaspedal
Abschleppseil	tow rope	adjust	einstellen
Abwasser	waste water	air condition	Klimaanlage
Abwassertank	waste water tank	air filter	Luftfilter
Achse	axle	align	ausrichten
Anhänger	trailer	allen bolt	Inbusschraube
Anhängerkupplung	trailer coupling	allen wrench	Inbuschlüssel
Anlasser	starter	anti-theft system	Diebstahlsicherung
anschnallen	buckle up	axle	Achse
Auspuff	exhaust	ball bearing	Kugellager
ausrichten	align	battery	Batterie
Batterie	battery	bike rack	Fahrradträger
Beiwagen	side-car	bonnet	Motorhaube
Benzinhahn	fuel tap	boot	Kofferraum
Beschädigung	damage	boot lid	Kofferraumdeckel
Blinker	flasher	brake fluid	Bremsflüssigkeit
Blinker	indicator	brake pedal	Bremspedal
Blinkleuchte	flasher lamp, indicator	brakelight	Bremsleuchte
Bremsflüssigkeit	brake fluid	breakdown	Panne
Bremsleuchte	brake light	buckle up	anschnallen
Bremspedal	brake pedal	bulb	Glühbirne
Brille	glasses	bulb socket	Lampenfassung
Chemietoilette	chemical toilet	bumper	Stoßstange
Dach	roof	cable	Kabel
Diebstahlsicherung	anti-theft system	caravan	Wohnwagen
Drehzahlmesser	revolution counter	chain	Kette
Druck	pressure	chemical toilet	Chemietoilette
Dusche	shower	clean	reinigen
einstellen	adjust	clutch	Kupplung
Ersatzrad	spare wheel	clutch lever	Kupplungshebel
Ersatzteil	spare part	clutch pedal	Kupplungspedal
Fahrradträger	bike rack	convertible	Kabriolett
Federung	suspension	cylinder	Zylinder
Felge	rim	cylinder head	Zylinderkopf
Fensterkurbel	window crank	damage	Beschädigung
Fern-/Abblendlicht	high/low beam	dashboard	Instrumententafel
Filter	filter	dipstick	Ölmessstab
Führerschein	driver's licence	door	Tür

Deutsch	Englisch	Englisch	Deutsch
Fußraste	footpeg	door handle	Türgriff
Fußschalthebel	gear shift pedal	door lock	Türschloß
Gabel	fork	driver's licence	Führerschein
Gang (1./2./3./4./5.)	gear (first/second/third/fourth/fifth)	dynamo, generator	Lichtmaschine
Gasgriff	throttle	earth cable	Masseleitung
Gaspedal	accelerator	engine	Motor
Gepäckträger	luggage rack	engine speed	Motordrehzahl
Getriebe	gearbox	exhaust	Auspuff
Glühbirne	bulb	fairing	Verkleidung
Handbremse	hand brake	filter	Filter
Handschuh	glove	first aid kit	Verbandkasten
Heizung	heating	flasher	Blinker
Helm	helmet	flasher lamp, indicator	Blinkleuchte
Hupe	horn	flat tire	Reifenpanne
Inbuschlüssel	allen wrench	footpeg	Fussraste
Inbusschraube	allen bolt	fork	Gabel
Instrumententafel	dashboard	fuel (level) gauge	Tankanzeige
Intrumentenbeleuchtung	instrument panel lighting	fuel cap	Tankdeckel
Kabel	cable	fuel tap	Benzinhahn
Kabriolett	convertible	fuse	Sicherung
Keilriemen	V-belt	fuse box	Sicherungskasten
Kette	chain	gas station	Tankstelle
Klimaanlage	air condition	gear (first/second/third/fourth/fifth)	Gang (1./2./3./4./5.)
Kofferraum	boot	gear shift	Schalthebel
Kofferraumdeckel	boot lid	gear shift pedal	Fußschalthebel
Kotflügel	mudguard	gearbox	Getriebe
Kugellager	ball bearing	glasses	Brille
Kühler	radiator	glove	Handschuh
Kühlergrill	radiator grille	hand brake	Handbremse
Kupplung	clutch	handlebar	Lenker
Kupplungshebel	clutch lever	hazard lights	Warnblinkanlage
Kupplungspedal	clutch pedal	headlamp	Scheinwerfer
Ladekontrollleuchte	ignition warning light	headlight	Scheinwerfer
Lampe	lamp	heating	Heizung
Lampenfassung	bulb socket	helmet	Helm
Leck	leak	high/low beam	Fern-/Abblendlicht
Leerlauf	idle gear	horn	Hupe
Lenker	handlebar	idle gear	Leerlauf
Lenkrad	steering wheel	ignition coil	Zündspule

Deutsch	Englisch	Englisch	Deutsch
Lenkung	steering	ignition distributor	Zündverteiler
Lichtmaschine	dynamo, generator	ignition system	Zündanlage
Limousine	sedan	ignition warning light	Ladekontrollleuchte
Lkw	truck	indicator	Blinker
Loch	puncture	instrument panel lighting	Intrumenten-beleuchtung
Luftfilter	air filter	interrupter	Unterbrecher
Masseleitung	earth cable	jack	Wagenheber
Motor	engine	key	Schlüssel
Motordrehzahl	engine speed	lamp	Lampe
Motorhaube	bonnet	leak	Leck
Motorrad	motorcycle	luggage rack	Gepäckträger
Nummernschild	number plate	motor home	Wohnmobil
Öl	oil	motorcycle	Motorrad
Öldruckanzeige	oil gauge	mudguard	Kotflügel
Ölfilter	oil filter	number plate	Nummernschild
Ölmessstab	dipstick	oil	Öl
Ölstand-, Öldruckanzeiger	oil (level/pressure) gauge	oil (level/pressure) gauge	Ölstand-, Öldruckanzeiger
Ölwanne	sump	oil filter	Ölfilter
Panne	breakdown	oil gauge	Öldruckanzeige
Parkleuchte	parking lamp	open end wrench	Schraubenschlüssel
Pedal	pedal	parking lamp	Parkleuchte
Pluspol / Minuspol	positive/negative pole	pedal	Pedal
Rad	wheel	pillion	Sozius
Reifen	tire	plug	Stecker
Reifenpanne	flat tire	positive/negative pole	Pluspol / Minuspol
reinigen	clean	pressure	Druck
reparieren	repair	puncture	Loch
Rost	rust	radiator	Kühler
Rückspiegel	rear-view mirror	radiator grille	Kühlergrill
Rückwärtsgang	reverse gear	rear-view mirror	Rückspiegel
Sattel	saddle	repair	reparieren
Satteltasche	saddle bag	reverse gear	Rückwärtsgang
Schalter	switch	revolution counter	Drehzahlmesser
Schalthebel	gear shift	rim	Felge
Scheibenwaschanlage	windscreen washer	roof	Dach
Scheibenwischer	wiper	rust	Rost
Scheinwerfer	headlight	saddle	Sattel
Scheinwerfer	headlamp	saddle bag	Satteltasche
Schlauch	tube	safety belt	Sicherheitsgurt
Schlüssel	key	screw	Schraube

Glossar – Fahrzeugtechnik

Deutsch	Englisch	Englisch	Deutsch
Schraube	screw	screwdriver	Schraubenzieher
Schraubenschlüssel	open end wrench	seat	Sitz
Schraubenzieher	screwdriver	sedan	Limousine
Sicherheitsgurt	safety belt	shock absorber	Stoßdämpfer
Sicherung	fuse	shower	Dusche
Sicherungskasten	fuse box	side-car	Beiwagen
Sitz	seat	spare part	Ersatzteil
Sozius	pillion	spare wheel	Ersatzrad
Speiche	spoke	spark plug	Zündkerze
Ständer	stand	speedometer	Tacho
Stecker	plug	spoke	Speiche
Stoßdämpfer	shock absorber	stand	Ständer
Stoßstange	bumper	starter	Anlasser
Tacho	speedometer	steering	Lenkung
Tank	tank	steering wheel	Lenkrad
Tankanzeige	fuel (level) gauge	sump	Ölwanne
Tankdeckel	fuel cap	suspension	Federung
Tankstelle	gas station	switch	Schalter
Thermometer	temperature gauge	tank	Tank
Tür	door	temperature gauge	Thermometer
Türgriff	door handle	throttle	Gasgriff
Türschloß	door lock	tire	Reifen
Unterbrecher	interrupter	tool	Werkzeug
Verbandkasten	first aid kit	tow	abschleppen
Verkleidung	fairing	tow rope	Abschleppseil
Wagenheber	jack	trailer	Anhänger
Warnblinkanlage	hazard lights	trailer coupling	Anhängerkupplung
Wassertank	water tank	truck	LKW
Werkzeug	tool	tube	Schlauch
Windschutzscheibe	windscreen	V-belt	Keilriemen
Wohnmobil	motor home	waste water	Abwasser
Wohnwagen	caravan	waste water tank	Abwassertank
Zange	wrench	water tank	Wassertank
Zündanlage	ignition system	wheel	Rad
Zündkerze	spark plug	window crank	Fensterkurbel
Zündspule	ignition coil	windscreen	Windschutzscheibe
Zündverteiler	ignition distributor	windscreen washer	Scheibenwaschanlage
Zylinder	cylinder	wiper	Scheibenwischer
Zylinderkopf	cylinder head	wrench	Zange

Stichwortverzeichnis

KARTEN

Legende Gesamtkarte Route66

 Interstate Highway

 Highway

 State Highway

 Historische Route66

 Ausfahrt

 Historische Route66

 Interstate Highway

 R66 unterbrochen, auf Interstate ausweichen

 Nicht durchgehend asphaltiert

 Städte

Attraktionen

L I N C O L N   P A R K

Old Town

Wrigley Field/Chicago Cubs
2 miles via CTA Red Line to Addison

Steppenwolf Theatre

Royal George Theatre

NORTH/CLYBOURN

CTA Purple Line to Evanston/Wilmette
weekday rush hour service to/from Loop

CTA Brown Line to Kimball

The Second City

Chicago History Museum

LINCOLN PARK

LA SALLE

Gold Coast

Charn Persh

Near North Branch Library

Maxim's The Nancy International Cente

N E A R

← Bucktown
← Wicker Park

Goose Island

N O R T H

S I D E

Polish Museum of America
984 N. Milwaukee

Chicago Dramatists

Kendall College RiverWorks Campus

Newberry Library

Washington Square Park

← Ukrainian National Museum
2249 W. Superior St

Chicago Performing Arts Center

Erie Landing Park

Historic Water Tower/City Cen
Loyola University Museum of Art Ge

River West

← Ukrainian Village

CHICAGO

River North

Poetry Foundation

Driehaus Museum

Chicago P

CTA Blue Line to O'Hare Airport

GRAND

Shops at North Brid

World Trade Center

Museum of Broadcast Communications

House of Blues Chicago

Sigh Boa

Vietnam Veterans Memorial a

McCormick Tri Bridgehouse & Chicago River

Apparel Center

Merchandise Mart

MERCHANDISE MART

River Walk

Frank Lloyd Wright
Historic District/Oak Park/Garfield Park Conservatory
9 miles via CTA Green Line to Harlem

CTA Green Line to Harlem/Lake
CTA Pink Line to 54th/Cermak
Randolph Street Restaurant Corridor

Harpo Studios

Ogilvie Transportation Center
via CTA Bus #124

James R. Thompson Center

Cadillac Palace Theatre

Goodman Gene Siskel Theatre Film Center

Chicago Th

Ford Center Oriental Theatre

Ga

← United Center/Chicago Blackhawks and Chicago Bulls
1 mile via CTA Bus 19 and 20

West Loop

Greektown

Chicago Civic Opera House

Chicago Mercantile Exchange

Daley Center

City Hall

Block 37 Shops

Macy's

Sears on State

Sullivan Center
Bank of America Theatre

LOOP

Pri Mi Lif

Sy Co

National Hellenic Museum

Union Station
via CTA Bus #151

Willis Tower

Rookery Bld.

Chicago Board of Trade

Pritzker Park

Chi

Chicago Stock Exchange
Chicago Board Options Exchange

Harold Washington

HAR

474

200

R K

North Avenue Beach

Lincoln Park Zoo
The Lincoln Park Conservatory
Peggy Notebaert Nature Museum
1/2 mile via CTA Bus 151

Kartenmaterial: © Chicago Office of Tourism and Culture, www.ExploreChicago.org

N
W E
S

Legend

i Visitor Information

■ Landmark

- - - O Water Taxi

CTA RAPID TRANSIT
Elevated   Subway

1000 FEET

300 METERS

old ast

ASTOR

International Museum of Surgical Science

Charnley-Persky House

BANKS

RITCHIE

im's The Nancy Goldberg national Center

SCOTT

STONE

DIVISION

ELM

CEDAR

BELLEVUE

OAK

Oak Street Beach

RUSH

The 900 Shops

MICHIGAN

DELAWARE

John Hancock Center

MIES VAN DER ROHE

Water Tower Place
Broadway Playhouse
Lookingglass Theatre

CHESTNUT

DE WITT

r Tower/City Gallery ■
Museum of Art (LUMA) ■

PEARSON

i Chicago Water Works Visitor Information Center
163 E. PEARSON ST.

Museum of Contemporary Art

CHICAGO

i Chicago Water Works Visitor Information Center

Chicago Place ■

Northwestern Memorial Hospital

FAIRBANKS

ST. CLAIR

LAKE SHORE DRIVE

Museum ■

WABASH

RUSH

McCLURG

Jane Addams Memorial Park

North Bridge

THE MAGNIFICENT MILE

Ohio Street Beach

Milton Lee Olive Park

Ferris Wheel

CTA buses M-F, Certain hours
29, 65, 66 or 124

Navy Pier

Streeterville

Tribune Tower

NBC Tower

NEW

NORTH CITY FRONT PLAZA DRIVE

Chicago Children's Museum

WATER TAXI PORT

Bike & In-line Skate Rentals

Sightseeing boats

Skyline Stage

Chicago Shakespeare Theater

The Smith Museum of Stained Glass Windows

Exhibition Halls

Wrigley Building

Pioneer Court

PARK

NORTH WATER

Centennial Fountain and Arc

Sightseeing Boats

WACKER

Water Taxi Port

Vistnam Veteran's Memorial

McCormick Tribune Bridgehouse & Chicago River Museum

SOUTH WATER

Riverwalk

Riverwalk Gateway

O Chicago Theatre
Expo 72

Gallery 37

Millennium Station
Metra

STETSON

HARBOR

i Chicago Cultural Center Visitor Information/Center
77 E. RANDOLPH ST.

BEAUBIEN

Macys

ears on State

MICHIGAN

i

MILLENNIUM PARK

DALEY BICENTENNIAL PLAZA

STATE AND MADISON

BASE ZERO LINE

Base line zero signifies the city of Chicago street grid numbering system. Street address numbers increase as one moves progressively North or South of Madison Ave., and East or West of State St.

Pritzker Military Library

Symphony Center

WABASH

The Art Institute of Chicago

Butler Field

Petrillo Bandshell

M I C H I G A N

Chicago Architecture Foundation

Van Buren
Metra
Station

G R A N T

LAKE SHORE DRIVE

HARRISON

Fine Arts Building

P A R K

Queen's Landing

475

Millennium Park

RANDOLPH   Welcome Center **i**

The Joan W. and Irving B. Harris Theater for Music and Dance

Boeing Gallery

Exelon Pavilions

McDonald's Cycle Center

Millennium Monument in Wrigley Square

Jay Pritzker

CTA Pink Line to 54th/Cermak
Randolph Street Restaurant Corridor

Harpo Studios

RANDOLPH

Ogilvie Transportation Center
via CTA Bus #124 Station Metra

James R. Thompson Center

RANDOLPH

Cadillac Palace Theatre

WASHINGTON

Civic Opera House

MADISON

Ford Center Oriental Theatre
Block 37 Shops

City Center

Daley Center

City Hall

Sullivan Center
Bank of America Theatre

Macy's

Sears on State

← United Center/Chicago Blackhawks and Chicago Bulls
1 mile via CTA Bus 19 and 20

West Loop Greektown

MONROE

LOOP

WATER TAXI PORT

Chicago Mercantile Exchange

MONROE

ADAMS

ADAMS

Rookery Bld.

Chicago Board of Trade
Pritzker Park

JACKSON

Union Station Metra
via CTA Bus #151

Willis Tower

VAN BUREN

National Hellenic Museum

Chicago Stock Exchange
Chicago Board Options Exchange
LaSalle Metra Station

Harold Washington Library Center

I-290 Eisenhower Expwy

CTA Blue Line to Cermak or Forest Park

Greyhound Bus Station

HARRISON

University Center of Chicago

VERNON PARK

The Maxwell Street Market

POLK

CABRINI   CABRINI

DePaul's Mer
Raskin Theatre

Roosevelt Branch Library

Little Italy

Jane Addams Hull-House Museum

TAYLOR

South Loop

← National Italian American Sports Hall of Fame
1431 W. Taylor Street

ROOSEVELT   Origin of the Great Chicago Fire

ROOS

12TH PL
O'BRIEN **90**
13TH
MAXWELL **94**
LIBERTY

MAXWELL   MAXWELL

13TH
14TH
14TH

14TH

N E A R

14TH PL
15TH PL
16TH
17TH
17TH PL

14TH PL

W E S T

S I D E

← National Museum of Mexican Art
1852 W. 19th Street
1 mile via CTA Bus 18 or CTA Pink Line to 18th

18TH
Chicago Arts District

18

Pilsen

19TH
19TH PL

Dan Ryan Expwy

CULLERTON

Ping Tom Park

19TH

CTA Red Line to 95th/Dan Ryan

CERMAK

LUMBER

CTA Orange Line to Midway Airport

CHINA PL

Chinatown Square

CERMAK-CHINATOWN

ARCHER

22ND PL
ALEXANDER
Chinese-American Museum
23RD

23RD PL

U.S. Cellular Field/Chicago White Sox
1 mile via CTA Red Line

Chinatown   Chinatown Branch Library

24TH

24TH PL **I-55**

HALSTED

CORBETT

CTA Green Line to Ashland/63 or East 63rd

Expo 72

Millennium Station

Metra

Gallery 37

Chicago Cultural Center
Visitor Information/Center
77 E. RANDOLPH ST.

Macy's

DALEY
BICENTENNIAL
PLAZA

Years on State

MILLENNIUM
PARK

Base line zero signifies the city of Chicago
street grid numbering system. Street address
numbers increase as one moves progressively
North or South of Madison Ave., and East or
West of State St.

Pritzker
Military
Library

STATE AND MADISON
BASE ZERO LINE

Symphony
Center

The Art
Institute
of Chicago

Butler Field

Petrillo
Bandshell

Chicago Architecture Foundation

Van Buren
Station

Metra

GRANT

Fine Arts
Building

PARK

Queen's
Landing

Auditorium
Theatre

HARRISON

CONGRESS

COLUMBUS

Buckingham
Fountain

University Center
Chicago

The Museum
of Contemporary
Photography

Spirit of Music Garden

Paul's Merle
skin Theatre

Spertus Institute

BALBO

8TH

COLUMBUS

9TH

WABASH

MICHIGAN

11TH

Metra
Museum Campus/
11th Street

Grant Field

ROOSEVELT

ROOSEVELT

13TH

Dance Center of
Columbia College

14TH

Busway (To McCormick Place)

PRAIRIE

14TH PL

16TH

National
Veterans
Art
Museum

Glessner
House

18TH

Clarke House

Prairie Avenue
Historic
District

Chicago
Women's
Park and
Gardens

PRAIRIE

CALUMET

INDIANA

18TH

McCormick
Place
North

McCormick
Place
Lakeside
Center

CULLERTON

WABASH

MICHIGAN

Willie Dixon's
Blues Heaven
Foundation

McCormick
Place West

CERMAK

23RD

Motor Row
Landmark
District

24TH

24TH PL

Stevenson Expwy

Bronzeville
1/2 mile

KING DR

McCormick
Place South

Millennium Park

Millennium Park

RANDOLPH   Welcome Center

The Joan W. and Irving B. Harris
Theater for Music and Dance

Boeing
Gallery

Exelon
Pavilions

McDonald's
Cycle
Center

Millennium
Monument in
Wrigley Square

MICHIGAN

Jay
Pritzker
Pavilion

The
Park Grill
Restaurant

BP Bridge

McCormick
Tribune
Plaza

AT&T Plaza
and
Cloud Gate

The Lurie
Garden

COLUMBUS

The
Crown
Fountain

Boeing
Gallery

MONROE

Chase
Promenade

Exelon
Pavilions

WATER TAXI
PORT

CTA Bus 146
from The Magnificent Mile
or State Street

The Field
Museum

Shedd
Aquarium

America's Courtyard

SOLIDARITY

Adler Planetarium
& Astronomy Museum

Museum
Campus

McFETRIDGE

Soldier Field/
Chicago Bears

Burnham
Harbor

12th Street Beach House

LAKE SHORE DRIVE

Charter One
Pavilion

Burnham Park

Gold Star Families
Memorial and Park

Northerly
Island

LAKE MICHIGAN

Kartenmaterial: © Chicago
Office of Tourism and Culture,
www.ExploreChicago.org

Arie Crown Theater

McCormick Place (via CTA Bus 3)
Hyde Park (via CTA Bus 6)
Harold Washington Cultural Center (via CTA Bus 3)
Museum of Science and Industry (via CTA Bus 6)
Frank Lloyd Wright's Robie House (via CTA Bus 6)
DuSable Museum of African American History (via CTA Bus 4)
4 miles

CTA Green Line
to Ashland/63 or East 63rd

DOWNTOWN TULSA

VisitTulsa.com

TULSA

Map of Downtown Tulsa

Districts and Landmarks:

- Kennedy Mansion B&B
- Fairview
- Easton
- OSU-Tulsa
- Cain's Ballroom
- John Hope Franklin Reconciliation Park
- ONEOK Field
- GREENWOOD DISTRICT
- BRADY ARTS DISTRICT
- Brady Theater
- BLUE DOME DISTRICT
- Oklahoma Jazz Hall of Fame
- City Hall
- Tulsa Performing Arts Center
- Hyatt Regency
- DECO DISTRICT
- BOK Center
- MTTA Transit Station
- Library
- Courtyard by Marriot (Atlas Life Building)
- Mayo Hotel
- Centennial Park
- BOK CENTER DISTRICT
- Tulsa Convention Center
- Civic Center Plaza
- Courthouse
- Holiday Inn Tulsa City Center
- Tulsa Community College
- Medical Center
- DoubleTree Hotel Downtown Tulsa
- ROUTE 66 DISTRICT
- Gun Boat Park
- Tracy Park
- Central Park
- PEORIA DISTRICT
- Hotel Ambassador
- SOBO DISTRICT
- ARKANSAS RIVER
- Riverside Dr.

Streets: Fairview, Easton, Denver, Cheyenne, Boulder, Main, Boston, Cameron, Brady, Archer, Elwood, Frisco, Guthrie, Houston, Heavy Traffic Way, Cincinnati, Detroit, Elgin, Frankfort, Kenosha, Lansing, Greenwood, Galveston, Carson, Baltimore

Highways: 244, 412, 64, 75, 444, 51, 66

Legend:
- P Parking Garages
- P Parking
- BLUE DOME DISTRICT
- BRADY ARTS DISTRICT
- GREENWOOD DISTRICT
- ROUTE 66 DISTRICT
- BOK CENTER DISTRICT
- DECO DISTRICT
- PEORIA DISTRICT
- SOBO DISTRICT

Special thanks to the following sponsors:

Kartenmaterial: © and Courtesy of Tulsa Convention and Visitors Bureau, www.visittulsa.com

OKLAHOMA CITY

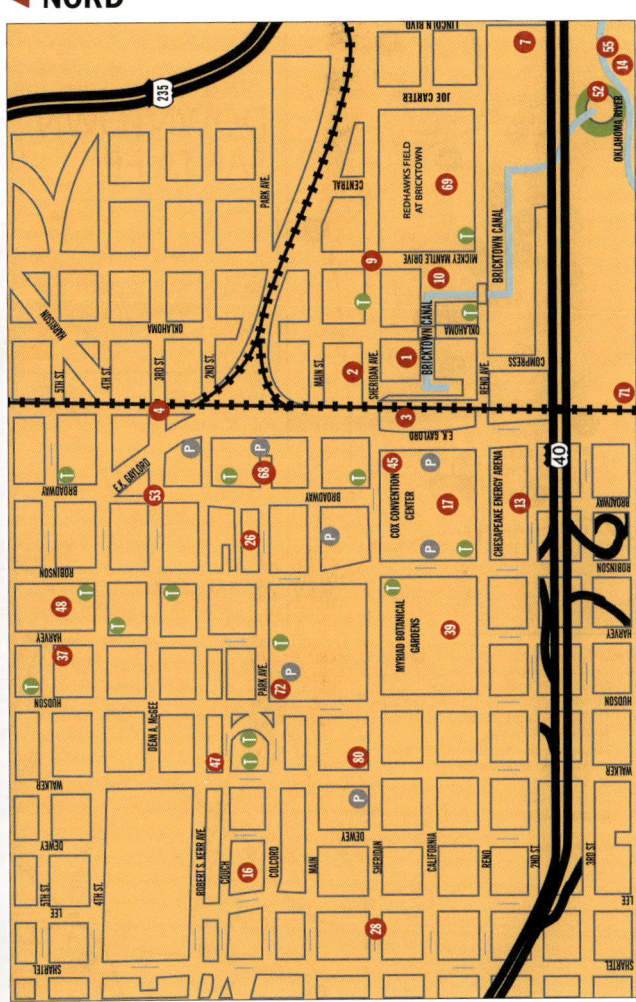

1 Academy of Contemporary Music at the University of Central Oklahoma
2 American Banjo Museum
3 AMTRAK/Santa Fe Train Depot
4 [ArtSpace] at Untitled
7 Bass Pro Shops Outdoor World
9 Bricktown Entertainment District
10 Bricktown Water Taxi
13 Chesapeake Energy Arena
14 Boathouse District
16 Civic Center Music Hall
17 Cox Convention Center
26 Greater OKC Chamber of Commerce and Oklahoma City CVB
28 IAO Gallery
37 MetroTransit Bus Terminal
39 Myriad Botanical Gardens & Crystal Bridge Tropical Conservatory
45 OKC Visitor Information Center
47 OKC Museum of Art
48 OKC National Memorial & Museum
52 Oklahoma Land Run Monument
53 Oklahoma Museum of Telephone History
55 Oklahoma River Cruises
68 Red Earth Museum
69 RedHawks Field at Bricktown
71 Rocktown Climbing Gym
72 Ronald J. Norick Downtown Library
80 Union Bus Depot

Kartenmaterial: © and Courtesy of Oklahoma City Convention & Visitors Bureau, www.visitOkc.org

Ⓟ Public Parking Facilities

Ⓣ "Oklahoma Spirit" Trolley Stops 235-RIDE

477

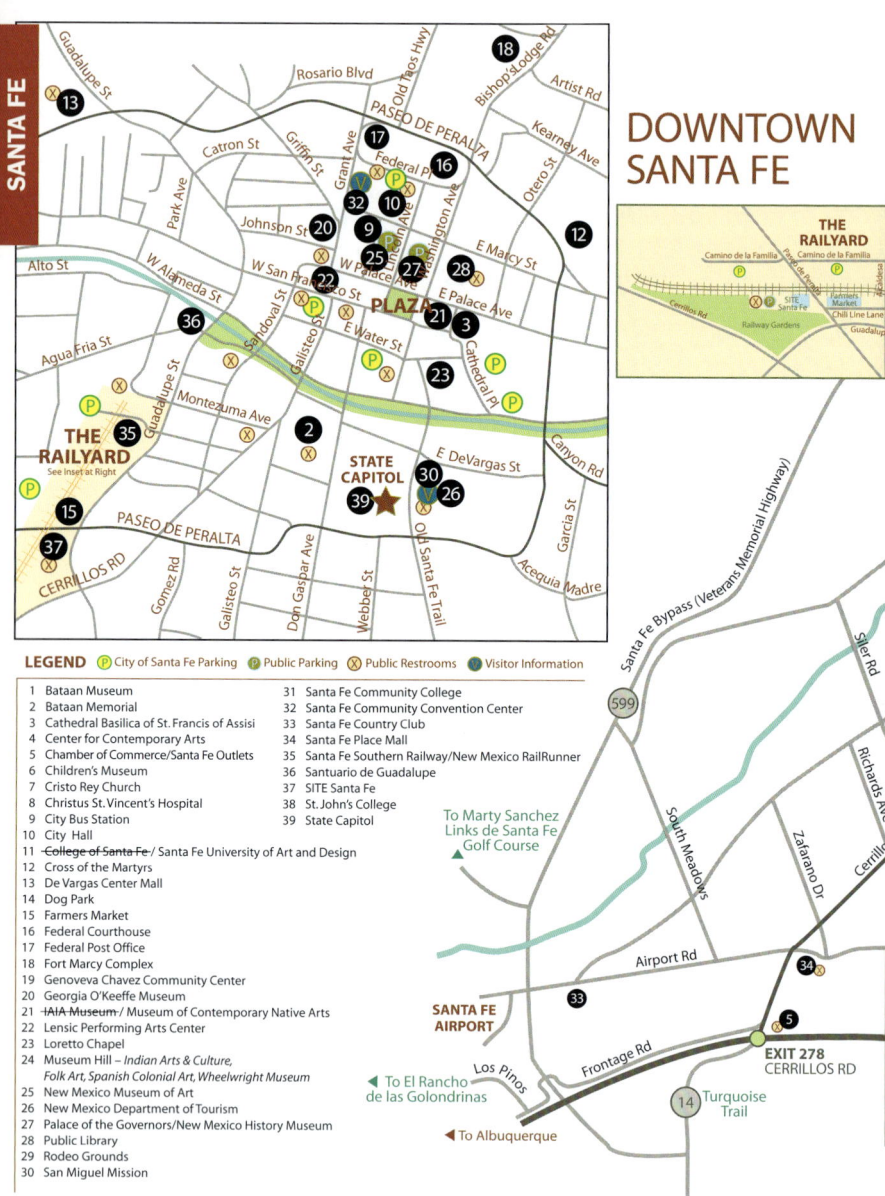

DOWNTOWN SANTA FE

THE RAILYARD

Camino de la Familia

Cerrillos Rd

SITE Santa Fe

Chili Line Lane

Gabriel's Market

Guadalupe

Railway Gardens

Santa Fe Bypass (Veterans Memorial Highway)

Siler Rd

Richards Ave

Zafarano Dr

Cerrillos

599

South Meadows

Airport Rd

To Marty Sanchez
Links de Santa Fe
Golf Course

SANTA FE
AIRPORT

33

Los Pinos

Frontage Rd

◄ To El Rancho
de las Golondrinas

◄ To Albuquerque

34

EXIT 278
CERRILLOS RD

5

14 Turquoise
Trail

LEGEND 🅿 City of Santa Fe Parking 🅿 Public Parking ⊗ Public Restrooms ⓥ Visitor Information

1 Bataan Museum
2 Bataan Memorial
3 Cathedral Basilica of St. Francis of Assisi
4 Center for Contemporary Arts
5 Chamber of Commerce/Santa Fe Outlets
6 Children's Museum
7 Cristo Rey Church
8 Christus St. Vincent's Hospital
9 City Bus Station
10 City Hall
11 College of Santa Fe / Santa Fe University of Art and Design
12 Cross of the Martyrs
13 De Vargas Center Mall
14 Dog Park
15 Farmers Market
16 Federal Courthouse
17 Federal Post Office
18 Fort Marcy Complex
19 Genoveva Chavez Community Center
20 Georgia O'Keeffe Museum
21 IAIA Museum / Museum of Contemporary Native Arts
22 Lensic Performing Arts Center
23 Loretto Chapel
24 Museum Hill – *Indian Arts & Culture,*
   Folk Art, Spanish Colonial Art, Wheelwright Museum
25 New Mexico Museum of Art
26 New Mexico Department of Tourism
27 Palace of the Governors/New Mexico History Museum
28 Public Library
29 Rodeo Grounds
30 San Miguel Mission

31 Santa Fe Community College
32 Santa Fe Community Convention Center
33 Santa Fe Country Club
34 Santa Fe Place Mall
35 Santa Fe Southern Railway/New Mexico RailRunner
36 Santuario de Guadalupe
37 SITE Santa Fe
38 St. John's College
39 State Capitol

Kartenmaterial: © and Courtesy of Santa Fe Convention
and Visitors Bureau, www.santafe.org

N

CITY OF SANTA FE

To Taos,
Santa Fe Opera
and Flea Market

St Francis Dr

Old Taos Hwy

Bishop's Lodge Rd

Camino de Las Crucitas

Alamo

Fort Marcy Ball Park

See Inset at Left

Guadalupe St

Paseo de Peralta

Artist Rd / Hyde Park Rd

To Ski Santa Fe
and Dale Ball Trails

Ortiz (Doggie) Park

Market St

Montezuma Ave

Santa Fe Depot

W Alameda St

Bicentennial Park

St Francis Dr

Delgado St

E Alameda St

Canyon Rd

Patrick Smith Park

Camino Alire

Agua Fria St

Railyard Station

Paseo de Peralta

Acequia Madre

Camino del Monte Sol

Camino Cabra

To Upper Canyon Rd,
RD-Audubon Center
and Dale Ball Trails

Hickox St

W Alameda St

re River

Baca St

Salvador Perez Park

Don Diego Ave

Galisteo St

Don Gaspar Ave

Old Santa Fe Trail

Garcia

To Dale Ball Trails

Frenchy's Field Park & Commons

Cerrillos Rd

Alta Vista St

1
4 **6**

Cordova Rd

38

Agua Fria St

Osage Ave

Second St

St Francis Dr

Hospital Dr

San Mateo Rd

Old Pecos Trail

Camino Lejo

24

Maez Rd

St Michaels Dr

11

General Franklin E Miles Park

Botulph Rd

Hospital

8

Old Santa Fe Trail

LEGEND

Siringo Rd

Pacheco St

E Zia Rd

Avenida de Las Campanas

Camino Carlos Rey

Yucca Rd

W Zia Rd

W Zia Rd

Old Pecos Trail

Lucero Park

Ragle Park

Rodeo Rd

EXIT 284
OLD PECOS TRAIL

Old Las Vegas Highway

25

EXIT 282
ST FRANCIS DR

25

84 285

To Las Vegas, NM
and Eldorado

P	City of Santa Fe Parking
P	Public Parking
X	Public Restrooms
V	Visitor Information
	Public Parks
H	Hospital

599

84 285

475

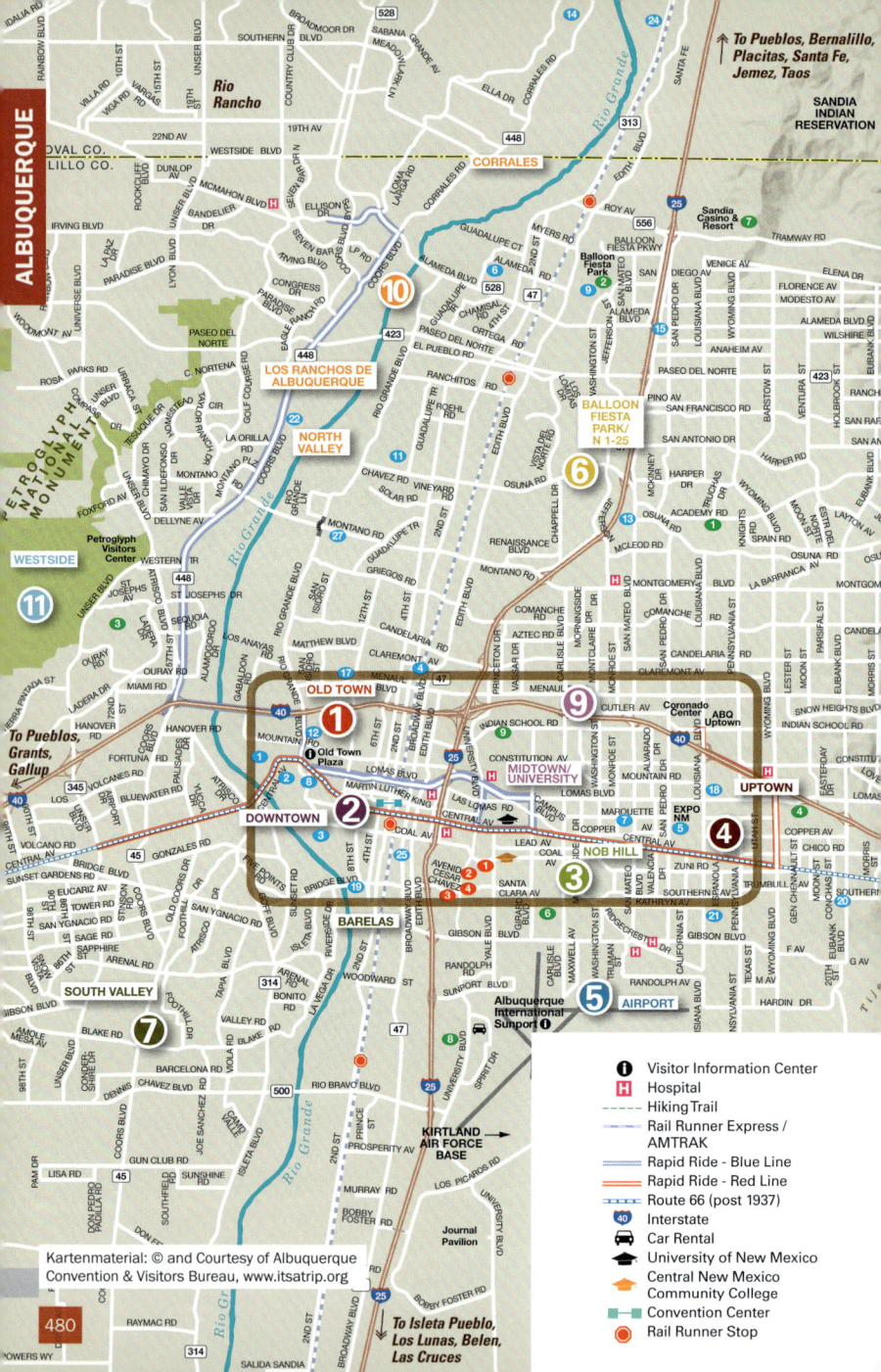

Rio Pueblos, Bernalillo,
Placitas, Santa Fe,
Jemez, Taos

SANDIA
INDIAN
RESERVATION

Juan Tabo
Picnic Area

La Luz Trail

Sandia Crest Trail

Sandia Peak
Ski Area

Sandia Peak Aerial Tramway

To Madrid, Ce
Santa Fe via the
Turquoise Trail

Doc Long
Picnic Area

Elena Gallegos
Picnic Area

Pino Trail

SANDIA
MOUNTAINS

San Antonito

Foothills Trail

Canoncito Trail

CIBOLA
NATIONAL
FOREST

Embudito Trail

Three Gun Spring Trail

Cedar Crest

To Edgewoo
Moriarty

Embudo Trail

SANDIA
MOUNTAINS

South Crest Trail

Arrowhead Trail Rd

Sandia Ranger Station
and Tijeras Pueblo
Archaeological Site

Tijeras

To Edgewoo
Moriarty

EASTSIDE
UPTOWN

AKTIVITÄTEN

1. ABQ BioPark Aquarium / Botanic Garden
2. ABQ BioParkTingley Beach
3. ABQ BioPark Zoo
4. ABQ Jump
5. African American Performing Arts Center and Exhibit Hall
6. Albuquerque Alpacas
7. Albuquerque Indoor Karting
8. Albuquerque Little Theatre
9. Anderson-Abruzzo Albuquerque International Balloon Museum
10. Archaeology and Material Culture Museum
11. Casa Rondeña Winery
12. Casa San Ysidro
13. Cliff's Amusement Park
14. Corrales Winery
15. Gruet Winery
16. Hinkle Family Fun Center
17. Indian Pueblo Cultural Center
18. Leisure Bowl
19. National Hispanic Cultural Center
20. National Museum of Nuclear Science & History
21. New Mexico Veterans Memorial
22. Open Space Visitors Center
23. Outpost CooLLOOP Ice Arenas
24. Sandia Lakes
25. South Broadway Cultural Center
26. Tinkertown Museum
27. Unser Racing Museum

GOLF

1. Arroyo del Oso Golf Course
2. Golf Training Center
3. Ladera Golf Course
4. Los Altos Golf Course
5. Paa-Ko Ridge Golf Club
6. Puerto del Sol Golf Course
7. Sandia Golf Club
8. UNM Championship Golf Course
9. UNM North Golf Course

SPORT

1. Duke City BMX
2. Isotopes Park
3. University Arena "The Pit"
4. UNM Stadium

481

R66

Attraktionen

115 Solar One
116a Flugzeugfriedhof
117 San Andreas Graben
118 Erstes McDonald's Restaurant
119 Downtown
120 Hollywood
121 Hollywood Sign
122 Santa Monica: End of Route66
123 Venice Beach
124 Malibu
125 Watts Towers
126 Int. Flughafen LAX
127 Griffith Observatory
128 Beverly Hills
129 Getty Center

50 Miles

50 km

Plute Peak
▲ 2571 m

El Paso Peaks
1395 m

Bakersfield
Distanz von Barstow:
130mi/209km

Tehachapi Pass
1166 m

San Francisco
Distanz von LA: 382mi/615km

Saddleback Butte
State Park

Lancaster

Palmdale

Angeles
National Forest

Lake
Hughes

Castaic Lake

Castaic Lake
State Recreational

Cajon Pass
983 m

Santa Clarita

Angeles
National Forest

Wrightwood

Angeles Crest Highway

Mount San Antonio
3068 m

Mount Wilson
1747 m

Malibu Creek
State Park

Topanga
State Park

Malibu

Santa
Monica

Venice

LOS ANGELES

Chino Hills
State Park

Lake Matthews

Limestone Canyon
Regional Park

Santiago Peak
1733 m

Orelli
Regional Park

Laguna Coast
Wilderness Park

Ronald W Caspers
Wilderness Park

483

Barstow

Hodge

Helendale

Bryman

La Delta

Oro Grande

Bell Mountain

Mojave Heights

Victorville

Hesperia

Cajon Summit
1298 m

Cajon

Cosy Dell

Keenbrook

San Bernardino

Box Springs
Mountain Reserve

Lake Perris
State Recreation Area

Lake Perris

Lake Elsinore

Wildomar

Murrieta

Temecula

Diamond Va
Lake Reser
Recreation
Lake Skinner

San Diego
Distanz von LA:
120mi/193km

Tijuana
Distanz von LA:
134mi/216km

Exit Palmdale Rd

Exit 129

San Francisco
Distanz von LA:
454mi/730km

Attraktionen

111 Bristol Salt Lake
112 Amboy Crater
114 Newberry Springs: Bagdad Café
115 Solar One
116 Calico Ghost Town
116a Flugzeugfriedhof
117 San Andreas Graben
118 Erstes McDonald's Restaurant

R66

482

484

483

Daggett
Barstow
Gale
Minneola
Hector
Newberry Springs
Pisgah
Lavic
Ludlow
Klondike
Amboy
Bagdad
Saltus

Hodge
Helendale
Bryman
La Delta
Oro Grande
Bell Mountain
Mojave Heights
Victorville
Hesperia

Exit Nebo Rd
Exit Marine Corps Logi. Base
Ord Mountain 1923 m

Mojave River

Cajon Summit 1298 m
Exit Palmdale Rd

Cosy Dell
Keenbrook
San Bernardino
Big Bear Lake
San Gorgonio Mountain 3505 m
San Bernardino National Forest

Box Springs Mountain Reserve
Reche Younglove Reserve
Lake Perris State Recreation Area
Lake Perris
Lake Matthews

Idyllwild - Pine Cove

Joshua Tree National Park

Santiago Peak 1733 m
Lake Elsinore
Wildomar
Hemet
Diamond Valley Lake Reservoir
Lake Skinner Recreation Area
Lake Skinner
Toro Peak 2657 m

Murrieta
Ronald W Caspers Wilderness Park

Temecula

Anza-Borrego Desert State Park

Salton Sea

San Diego
Distanz von LA: 120mi/193km

Tijuana
Distanz von LA: 134mi/216km

Palomar Mountain State Park
Palomar Mountain 1871 m

Coachella Canal

R66

Las Vegas
Distanz Barstow - Las Vegas:
168mi/270km

Clark Mountain
▲ 2417 m

Mount Tipton
▲ 2179 m

Stockto

NEVADA

ARIZONA

Lake Mojave

Kingman

Mojave
National Preserve

McC

Fountain Peak
▲ 2130 m

Arrowhead
Junction

Oatman

Goffs

Ibis

485

Bullhead City

Fenner

Klinefelter

Needles

Yucca

486

Essex

HW95

Goose Lake

Topock

Chambless

Amboy

483

Saltus

Bagdad

Crossman Peak
▲ 1554 m

Lake Havasu

Lake
Havasu City

KALIFORNIEN

Danby Lake

Lake Havasu
State Park

Bill

Black Peak
▲ 507 m

Rice Valley Dunes
Off Highway
Recreation Area

a Tree
al Park

Colorado River

ARIZONA

Palen Lake

Hayfield Lake

Phoenix →

Attraktionen

110 Sitgreaves Pass
111 Bristol Salt Lake
112 Amboy Crater
113 Mojave Desert National Preserve

Salton Sea

484

| 0 | 10 | 20 | 30 | 40 | 50 Miles |

| 0 | 10 | 20 | 30 | 40 | 50 km |

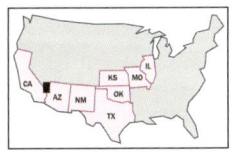

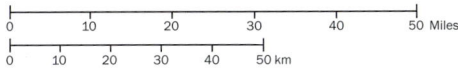

Attraktionen

Muddy Peak
▲ 1635 m

Jumbo Peak
▲ 1757 m

95

93

Las Vegas

15

Lake Maed

Mount Wilson
▲ 1660 m

Hoover Dam

93

109a

Lake Mead
Recreational Area

108a

Diamond Bar Road

Las Vegas
→ Distanz Kingman:
119mi/192km

Pierce Ferry Road

15

Las Vegas
↑ Distanz Barstow - Las Vegas:
168mi/270km

95

Mount Tipton
▲ 2179 m

93

Clark Mountain
▲ 2417 m

486

15

Stockton Hill Road

5

Lake Mojave

ARIZONA

93

Hackb

Kingman 66

109

95

NEVADA

484

McConnica

40 93

485

Mojave
National Preserve

95

Bullhead City

110

66

40

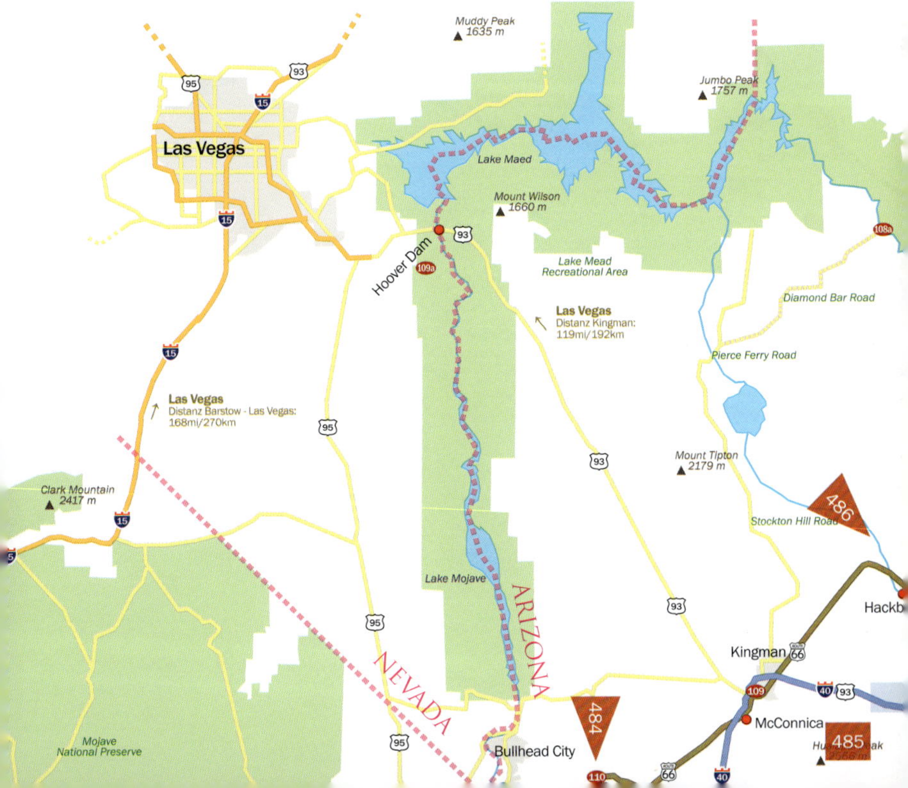

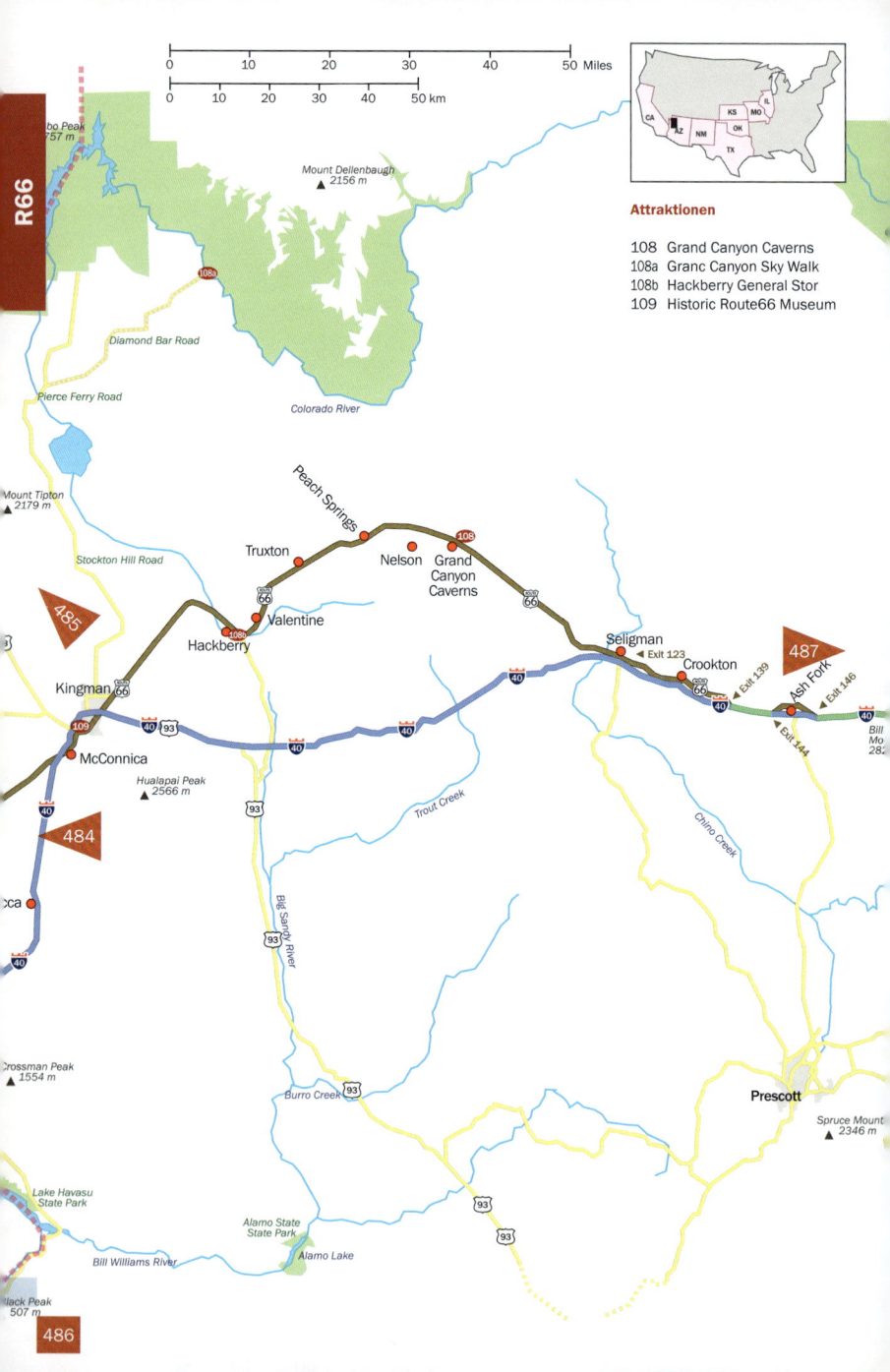

Attraktionen

99   Meteor Crater
100 Twin Arrow Trading Post
101a Walnut Canyon
       National Monument
102 Sunset Crater Volcano
       National Monument
103 Wupatki National Monument
104 Grand Canyon
       National Park Osteingang
105 Grand Canyon Village
106 Grand Canyon
       National Park Westeingang
107 Flughafen Tusayan

Grand Canyon
National Park

105
106
107

64   104

San Francisco
Wash

Moenkopi Wash

Cameron

64

64

180

64

Valle

180

64

Humphreys Peak
▲ 3851 m

Wupatki
National Monument

103

Sunset Crater
Volcano
National Monument

102

89

89

89

89

89

180

66

180

486

64   Williams   Exit 167   66   Exit 163   180

Ash Fork   Exit 146   Exit 165   Flagstaff   66   Winona   Angell   San Francisco
                                                                              Wash

Exit 139   40   Exit 161   Bellemont   Exit 191   40   Exit 204   180   100   99   Leupp Corner

Exit 144   Bill Williams
Mountain
2821 m

Walnut Canyon
National Monument   101a

17   180   Two Guns   40   Moqui   99   Homole
                                                         Stat

Exit 233   99

Exit 252   40   97   6

488   98

17

Mormon Lake

Sedona

Sycamore Creek   17

Hutch Mountain
▲ 2601 m

17

Prescott

Spruce Mountain
▲ 2346 m

Clear Creek

Baker Butte
▲ 2462 m

17

Turret Peak
▲ 1782 m

Verde River

17

↓ Phoenix

0   10   20   30   40   50 Miles
0   10   20   30   40   50 km

AZ   NM   OK   TX   KS   MO   IL   CA

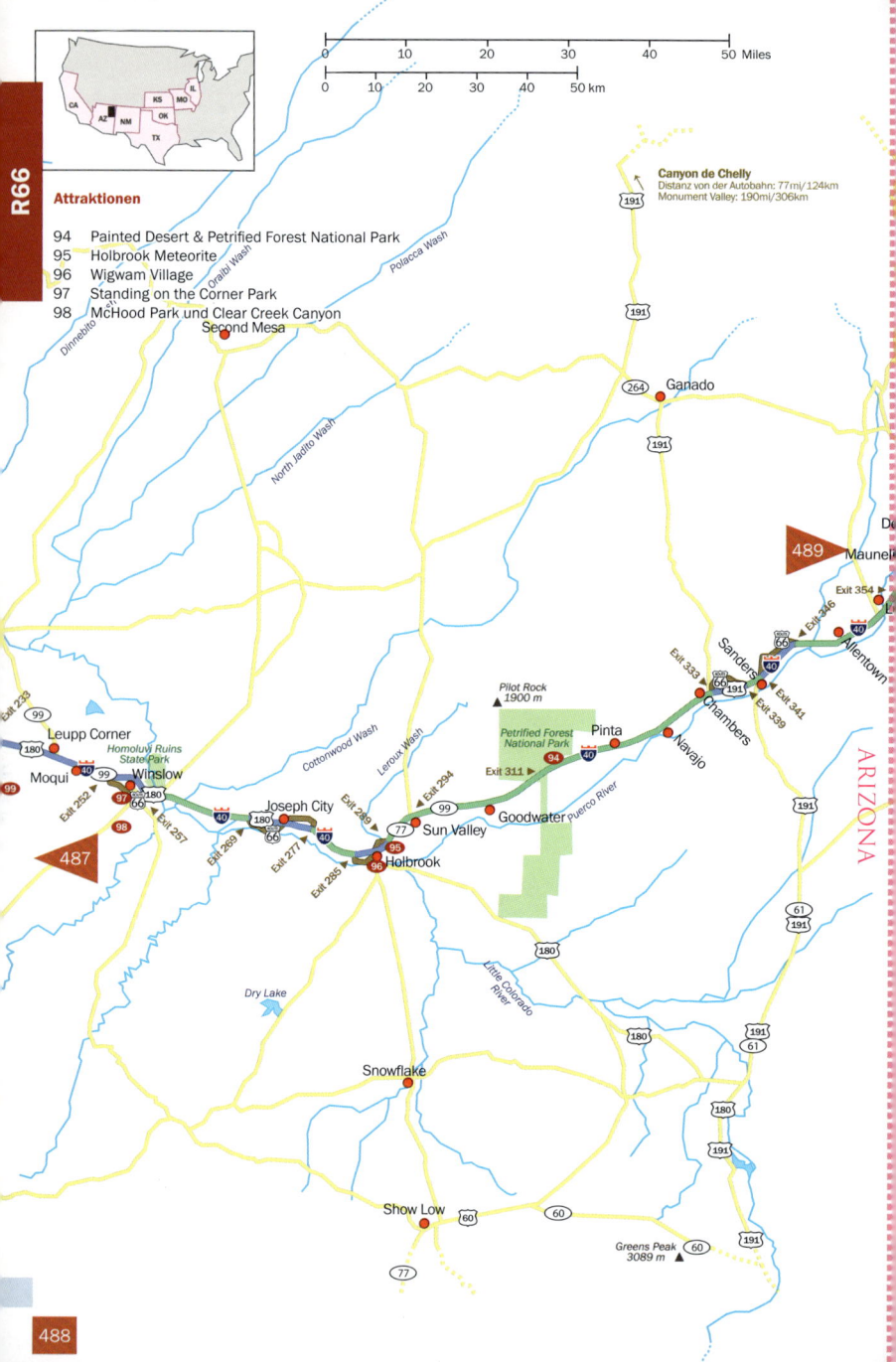

Attraktionen

94 Painted Desert & Petrified Forest National Park
95 Holbrook Meteorite
96 Wigwam Village
97 Standing on the Corner Park
98 McHood Park und Clear Creek Canyon

Canyon de Chelly
Distanz von der Autobahn: 77mi/124km
Monument Valley: 190mi/306km

ARIZONA

489

487

Second Mesa
Ganado
Sanders
Maunel
Allentown
Leupp Corner
Homolovi Ruins State Park
Winslow
Moqui
Joseph City
Sun Valley
Goodwater
Pinta
Chambers
Navajo
Holbrook
Snowflake
Show Low
Greens Peak 3089 m

Pilot Rock 1900 m
Petrified Forest National Park

Dry Lake

Polacca Wash
Oraibi Wash
Dinnebito
North Jadito Wash
Cottonwood Wash
Leroux Wash
Puerco River
Little Colorado River

0 10 20 30 40 50 Miles
0 10 20 30 40 50 km

de Chelly
...on der Aut... ...Tal (413M)m
...nt Valley: 190mi/306km

Attraktionen

91   El Malpais National Monument
92   Continental Divide
93   Red Rock State Park

50 Miles
0   10   20   30   40

0   10   20   30   40   50 km

491

491

491

491

264

Chuska Peak
2680 m

Chaco Culture
National
Historical Park

Hosta Butte
2627 m

Mentmore   Allison   93   Perea   Iyanbito
Defiance   66   40   Gallup   40   Rehoboth   Exit 47
Maunelito   Exit 36
    Exit 346
Lupton   40
66   Allentown
Sanders   Exit 341
191   66   Exit 339
Chambers
191

488

Thoreau
66
92
Prewitt
Ambrosia
Lake
Bluewater
66
Milan
Mount Sedgwick   Grants   Exit 89
2821 m   40   San Fidel
San Rafael   Aco
Mount Ta
3445

117
McCartys
El Malpais   2
National   91
Monument   490
90   Acc

Cibola
National Forest

Cebollita Peak
2671 m

ARIZONA   NEW MEXICO

191

61
191

191
61

180
191

191

Attraktionen

81	Bradbury Science Museum
82	Coronado State Monument
83	Tinkertown
84	Sandia Crest
85	White Rock
86	Bandelier National Monument
87	Los Alamos
87a	Los Alamos Trail
88a	Jemez State Monument
88b	Jemez Springs
89	Petroglyph National Monument
90	Acoma Pueblo

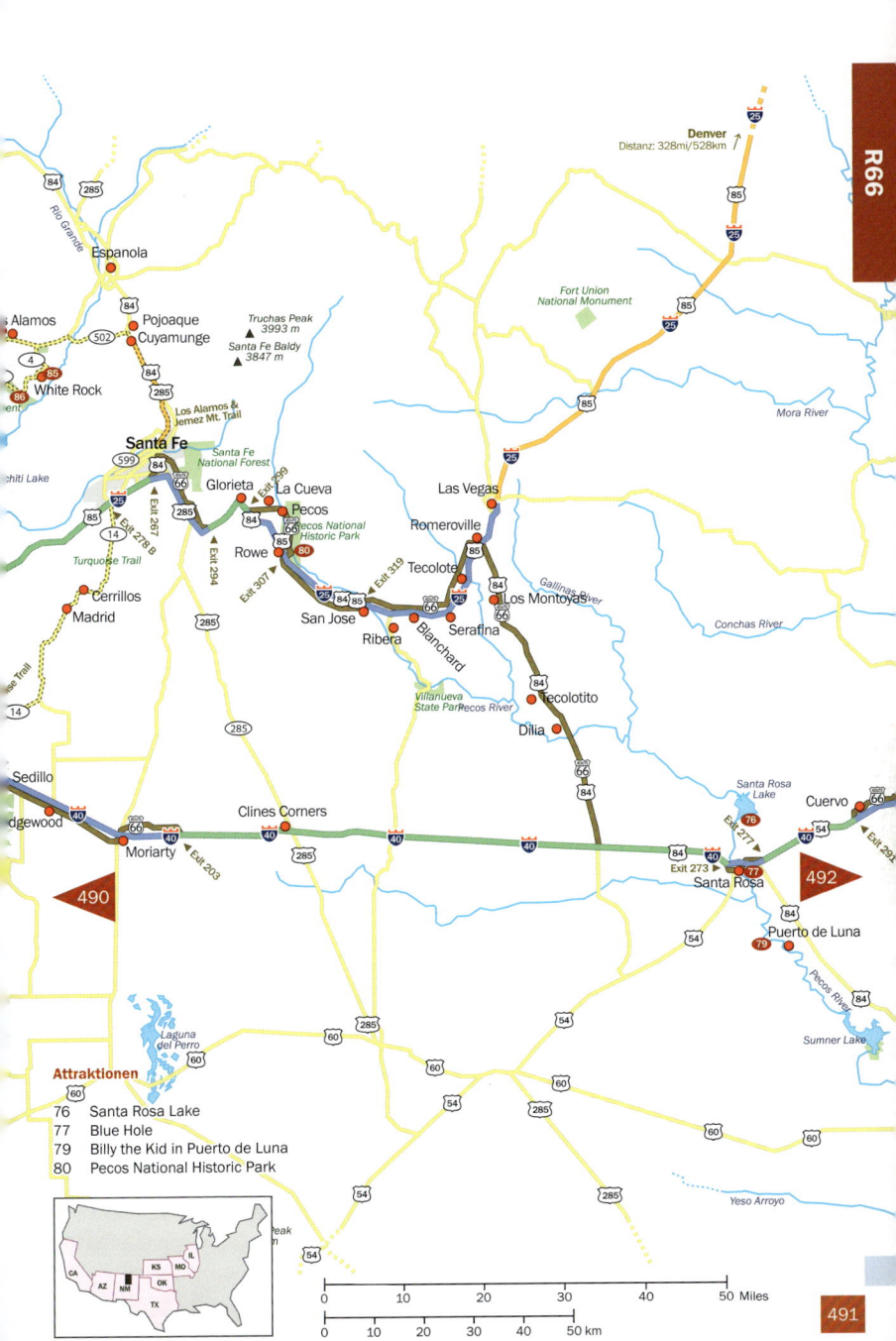

Denver
Distanz: 328mi/528km

Fort Union
National Monument

Espanola

Rio Grande

Pojoaque
Cuyamunge

Los Alamos
White Rock

Truchas Peak
3993 m

Santa Fe Baldy
3847 m

Mora River

Santa Fe
National Forest

Los Alamos &
Jemez Mt. Trail

Santa Fe

Glorieta   La Cueva
           Pecos
Pecos National
Historic Park

Las Vegas

Romeroville

Cerrillos
Madril

Rowe

Gallinas River

Tecolote

San Jose
        Ribera
              Blanchard
                    Serafina

Los Montoyas

Conchas River

Turquoise Trail

Villanueva
State Park   Pecos River

Tecolotito

Dilia

Santa Rosa
Lake

Sedillo

Clines Corners

Moriarty

Cuervo

Santa Rosa

492

490

Puerto de Luna

Laguna
del Perro

Sumner Lake

Pecos River

Yeso Arroyo

0   10   20   30   40   50 Miles
0   10   20   30   40   50 km

Attraktionen

74   Glenrio Ghost Town
75   New Mexico Welcome Center
78   Grabmal Billy the Kid

50 Miles
50 km

NEW MEXICO
TEXAS

Mora River

Ute Creek

Conchas Lake

Canadian River
Ute Reservoir

Logan
Ute Lake
State Park

54

493

Exit 18

Gruh

54

Tucumcari
Exit 329

Tucumcari Mountain
1511 m

Exit 321

Bard

San Jon

75
Glenrio
74
Boise

Nicht asphaltiert,
bei Regen nur mit
Geländefahrzeug
passierbar.

Newkirk
Cuervo

Montoya

Exit 291

491

84
Puerto de Luna
79

Pecos River

84

Sumner Lake

84

Fort Sumner

60
60

Fort Sumner
Park

60   84

84   60

60

84

Clovis

84

Arroyo

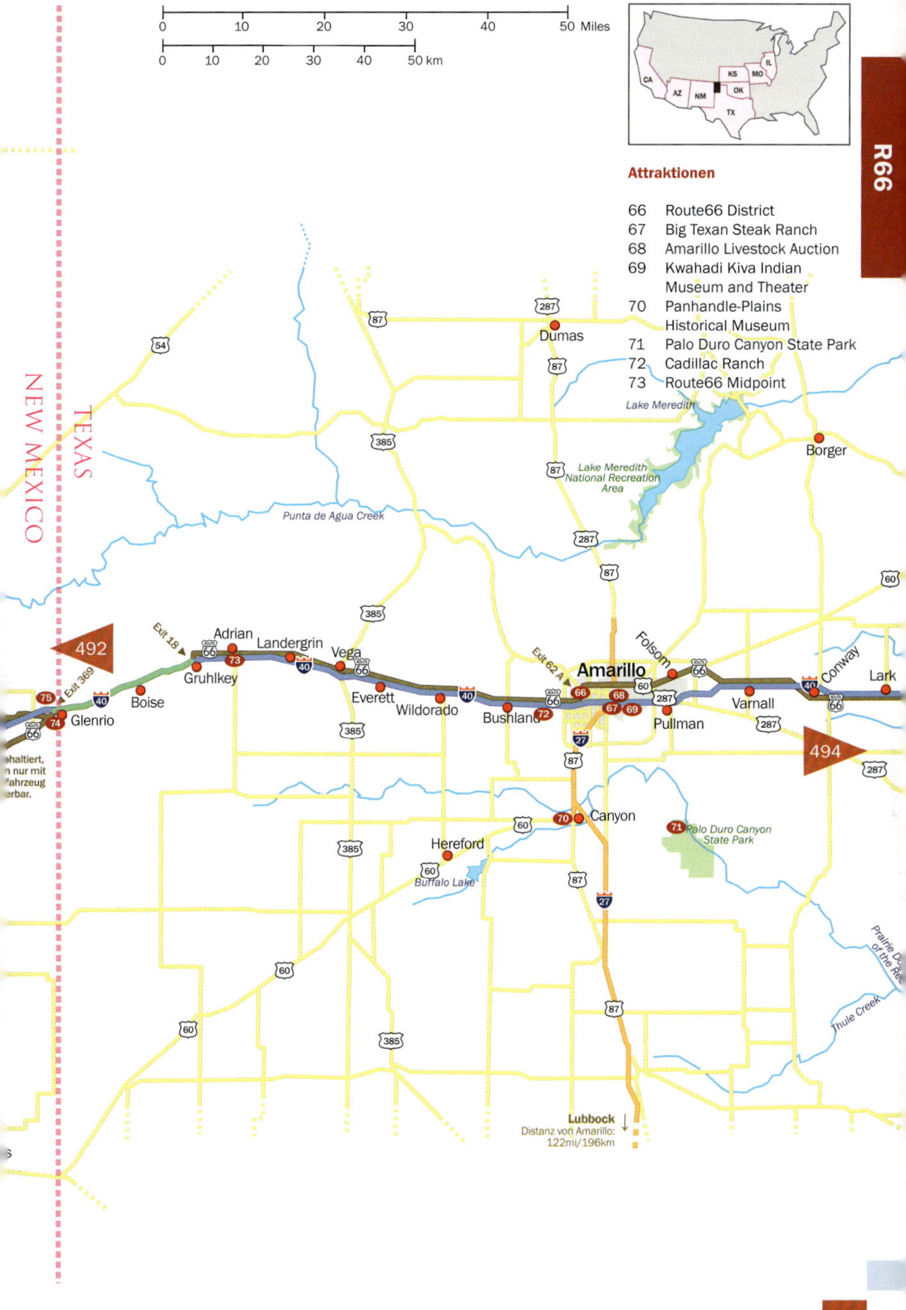

Attraktionen

66 Route66 District
67 Big Texan Steak Ranch
68 Amarillo Livestock Auction
69 Kwahadi Kiva Indian
    Museum and Theater
70 Panhandle-Plains
    Historical Museum
71 Palo Duro Canyon State Park
72 Cadillac Ranch
73 Route66 Midpoint

NEW MEXICO
TEXAS

Dumas
Borger
Lake Meredith
Lake Meredith National Recreation Area
Punta de Agua Creek

492
Exit 18
Adrian
Landergrin
Vega
Gruhlkey
Boise
Glenrio
Everett
Wildorado
Bushland
Amarillo
Folsom
Conway
Lark
Varnall
Pullman
494

Canyon
Hereford
Buffalo Lake
Palo Duro Canyon State Park
Prairie Dog Creek
Thule Creek

Lubbock
Distanz von Amarillo:
122mi/196km

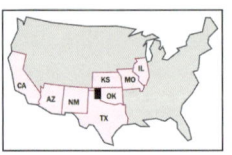

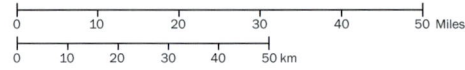

0 10 20 30 40 50 Miles
0 10 20 30 40 50 km

Attraktionen

58 Roger Miller Museum
62 U Drop Inn
63 Devil's Rope Museum
64 Leaning Tower of Britten
65 The Cross of our Lord Jesus Christ

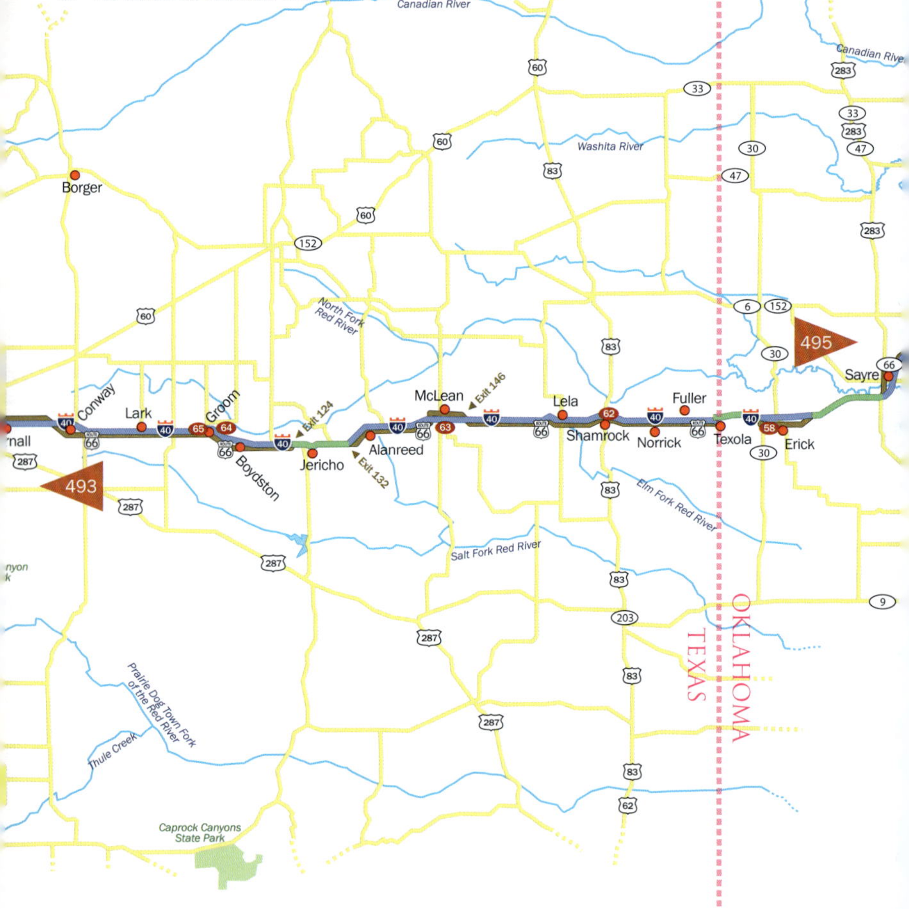

Canadian River

Canadian River

60

283

33

33
283

Washita River

47

60

83

30

47

Borger

60

152

283

60

North Fork
Red River

6 152

83

McLean

30

Sayre

66

495

Conway

Lark

Groom

64

65

Exit 124

Exit 146

Lela

Fuller

62

40

Texola

58

Erick

66

66

40

66

63

66

40

40

Shamrock

Norrick

66

40

Tornall

66

40

65

66

64

Boydston

Jericho

Exit 132

Alanreed

83

Elm Fork Red River

30

287

493

287

287

Salt Fork Red River

83

OKLAHOMA

TEXAS

9

Canyon
Park

287

83

203

Prairie Dog Town Fork
of the Red River

Thule Creek

287

83

Caprock Canyons
State Park

83

62

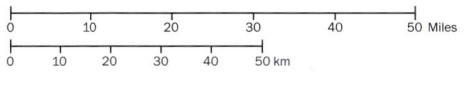

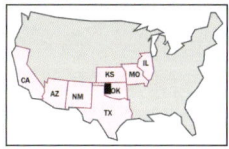

Attraktionen

57   Route66 Museum

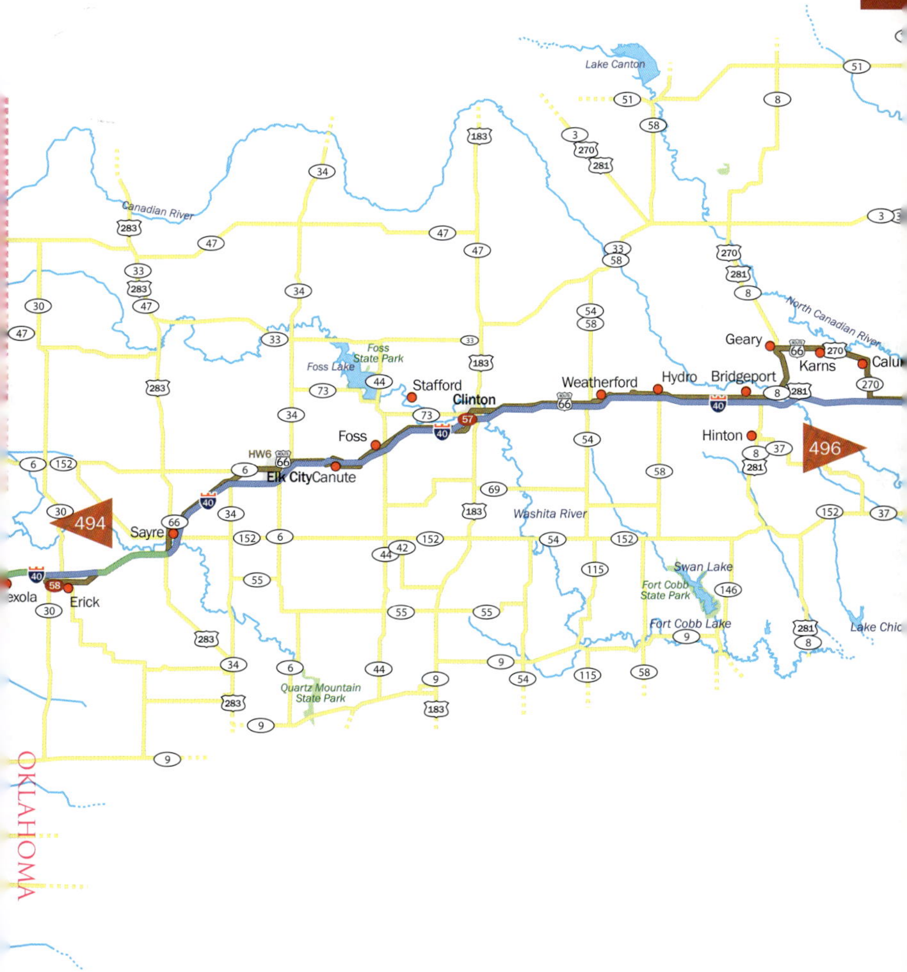

Lake Canton

51

51

58

8

183

3
270
281

34

Canadian River

283

47

47

47

3

33
283
47

34

33
58

270

281

30

47

33

8

North Canadian River

54
58

Foss
State Park

Foss Lake

Geary

66   270
281

Karns

Calu...

270

283

44

73

Stafford

Clinton

Weatherford

Hydro   Bridgeport

281

34

34

73

57

66

8

494

HW6 66

Elk City Canute

40

Foss

40

54

Hinton

8 37
281

496

6 152

6

69

Sayre

66

34

183

Washita River

54

8 37

152   37

30

40

58

152

6

44 42   152

54

152

115

Swan Lake

Fort Cobb
State Park

146

Lake Chic...

exola   Erick

30

55

115

Fort Cobb Lake

281
8

283

55

55

9

34

6

44

9

9

54

115

58

283

Quartz Mountain
State Park

9

183

9

OKLAHOMA

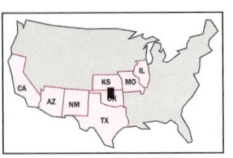

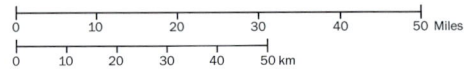

CA
AZ
NM
TX
KS
OK
MO
IL

0 10 20 30 40 50 Miles
0 10 20 30 40 50 km

Attraktionen

48 Round Barn
49 Storm Prediction Center
50 National Memorial
51 State Capitol
52 Oklahoma History Center
53 National Cowboy & Western Heritage Museum
54 Stockyard City
55 Bricktown
56 Guthrie
59 Storm Prediction Center

Wichita
Distanz von OKC:
156mi/251km
Sooner Lake
Chikaskia River
Red Rock Creek
Perry
Municipal Park
Lake McMurty
Lake Carl Blackwell
Stillwater
Turkey Creek
Cimarron River
Guthrie
Bellev
497
Stroud
Dep
Milfay
Wellston
Davenport
Edmond
Arcadia
Chandler
Warwick
Deep Fork
Exit 158
North Canadian River
Karns
Calumet
El Reno
Woodlawn Park
Lake Hefner
Oklahoma City
Bethany
Midwest City
Mustang
495
Shawnee
Fort Smith
Distanz von OKC:
181mi/291km
Shawnee Reservoir
Lake Stanley Draper
Little River
State Park
Lake Thunderbird
Norman
Lake Chickasha
Wichita Falls
Distanz von OKC:
144mi/232km
Dallas
Distanz von OKC:
208/335km

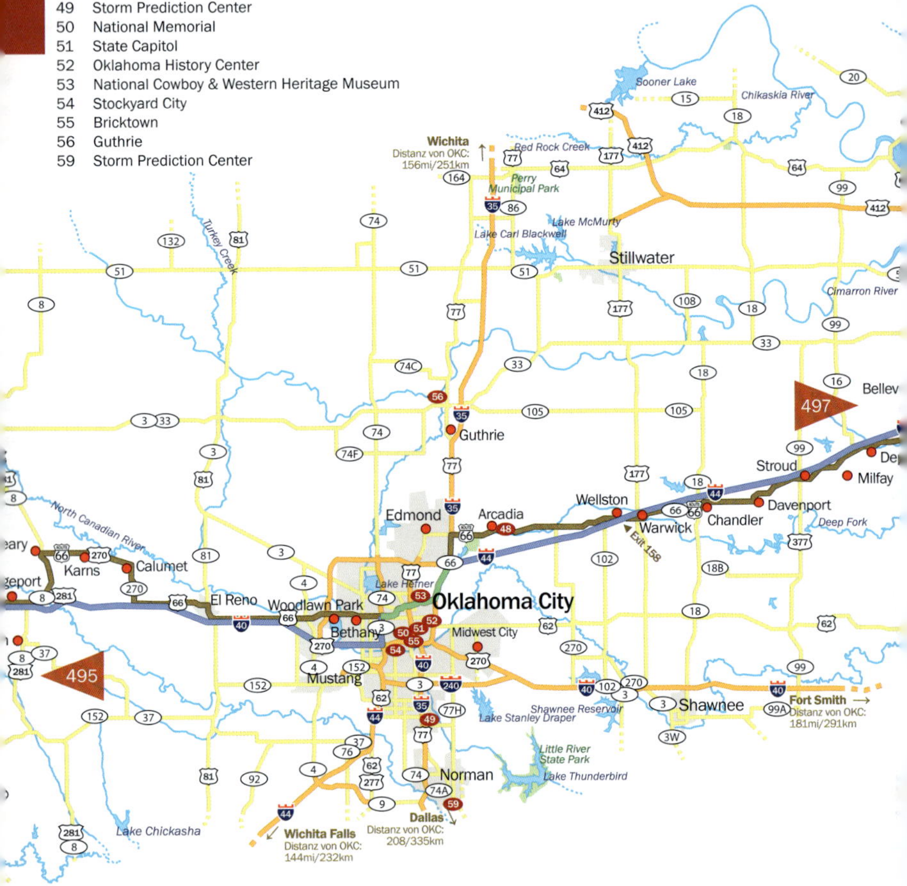

Attraktionen

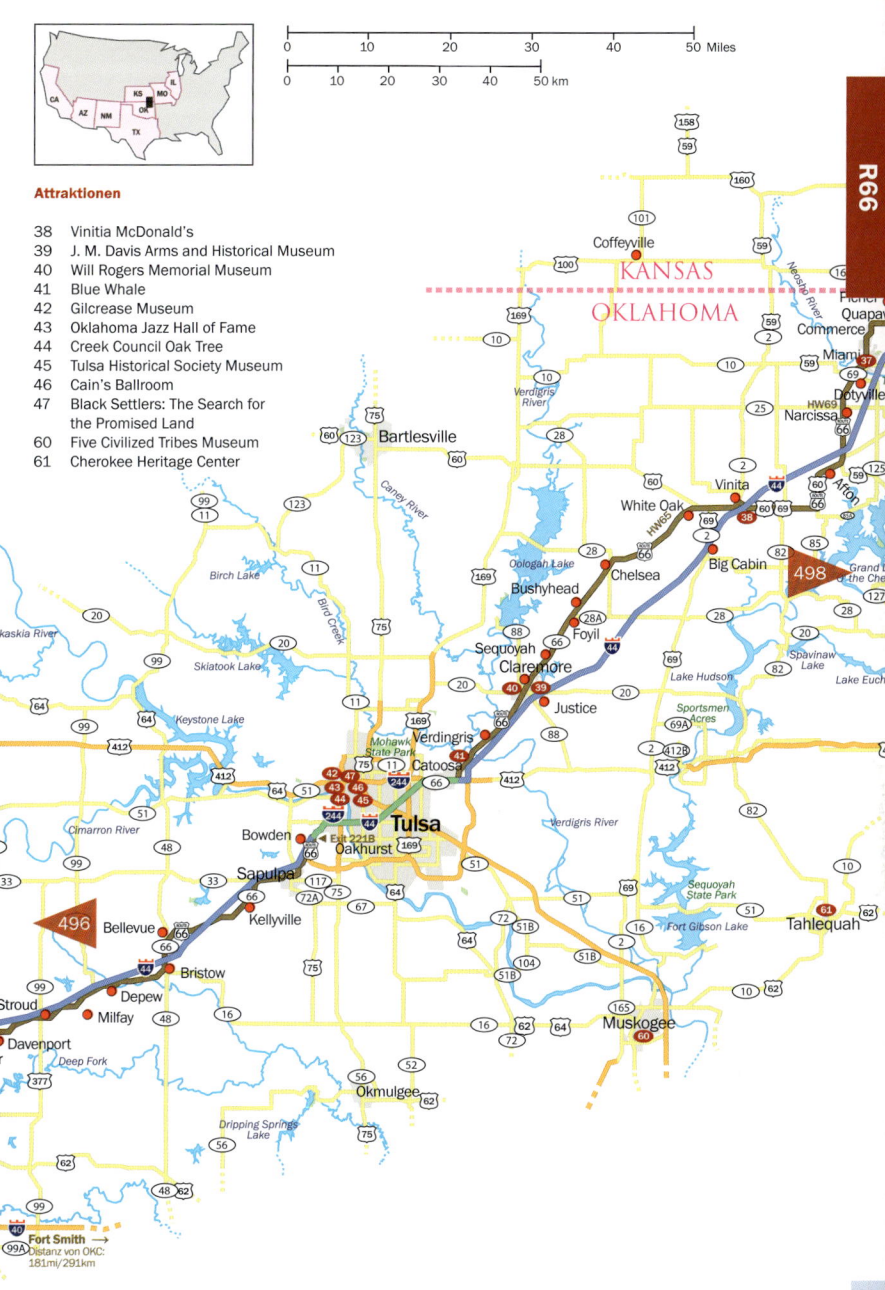

KANSAS

OKLAHOMA

Coffeyville

Bartlesville

White Oak

Vinita

Chelsea

Big Cabin

Bushyhead

Foyil

Sequoyah

Claremore

Justice

Verdigris

Catoosa

Tulsa

Bowden   Oakhurst

Sapulpa

Bellevue   Kellyville

Bristow

Stroud   Depew

Milfay

Davenport

Muskogee

Tahlequah

Okmulgee

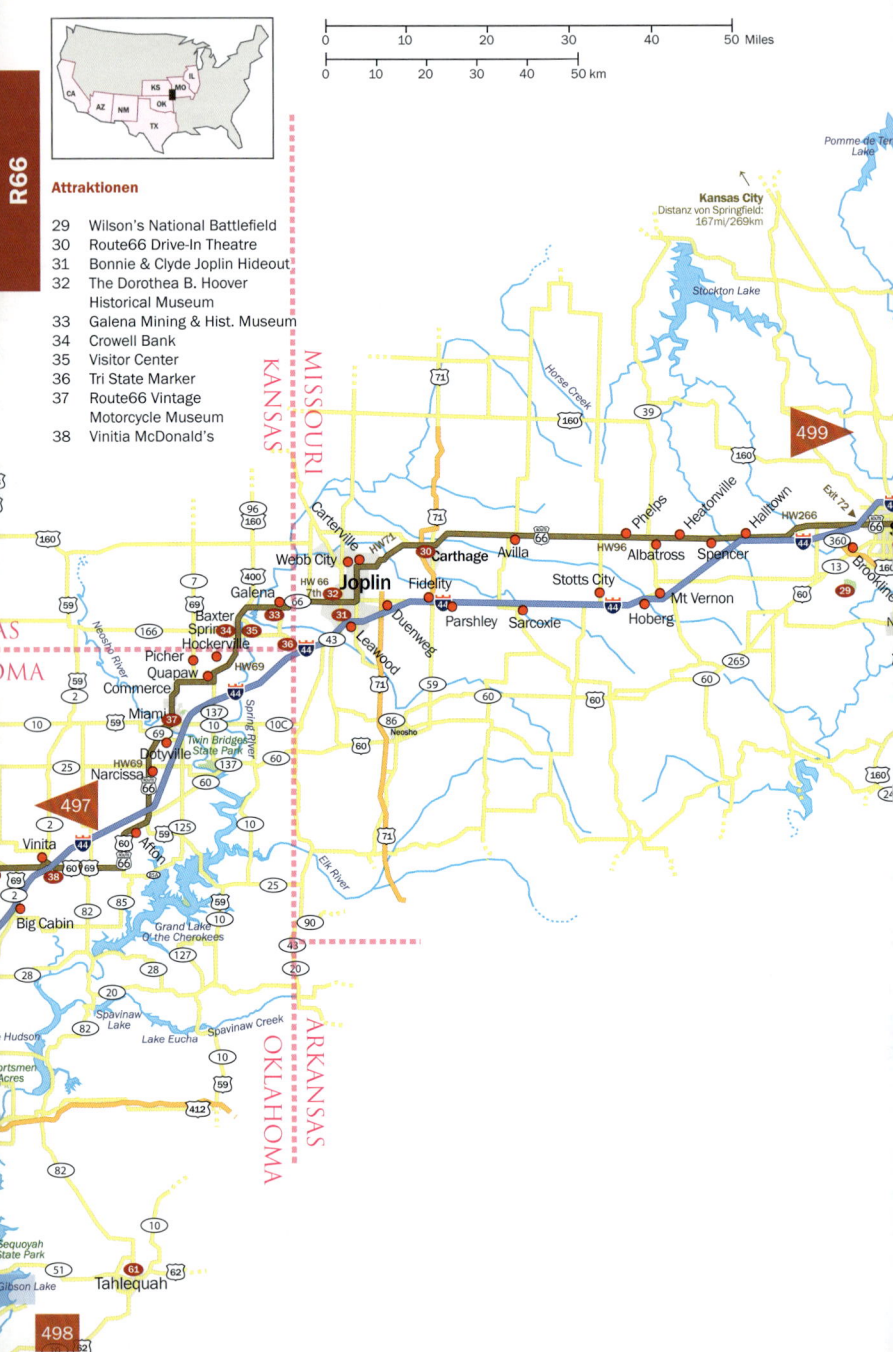

Attraktionen

Kansas City
Distanz von Springfield:
167mi/269km

499

497

498

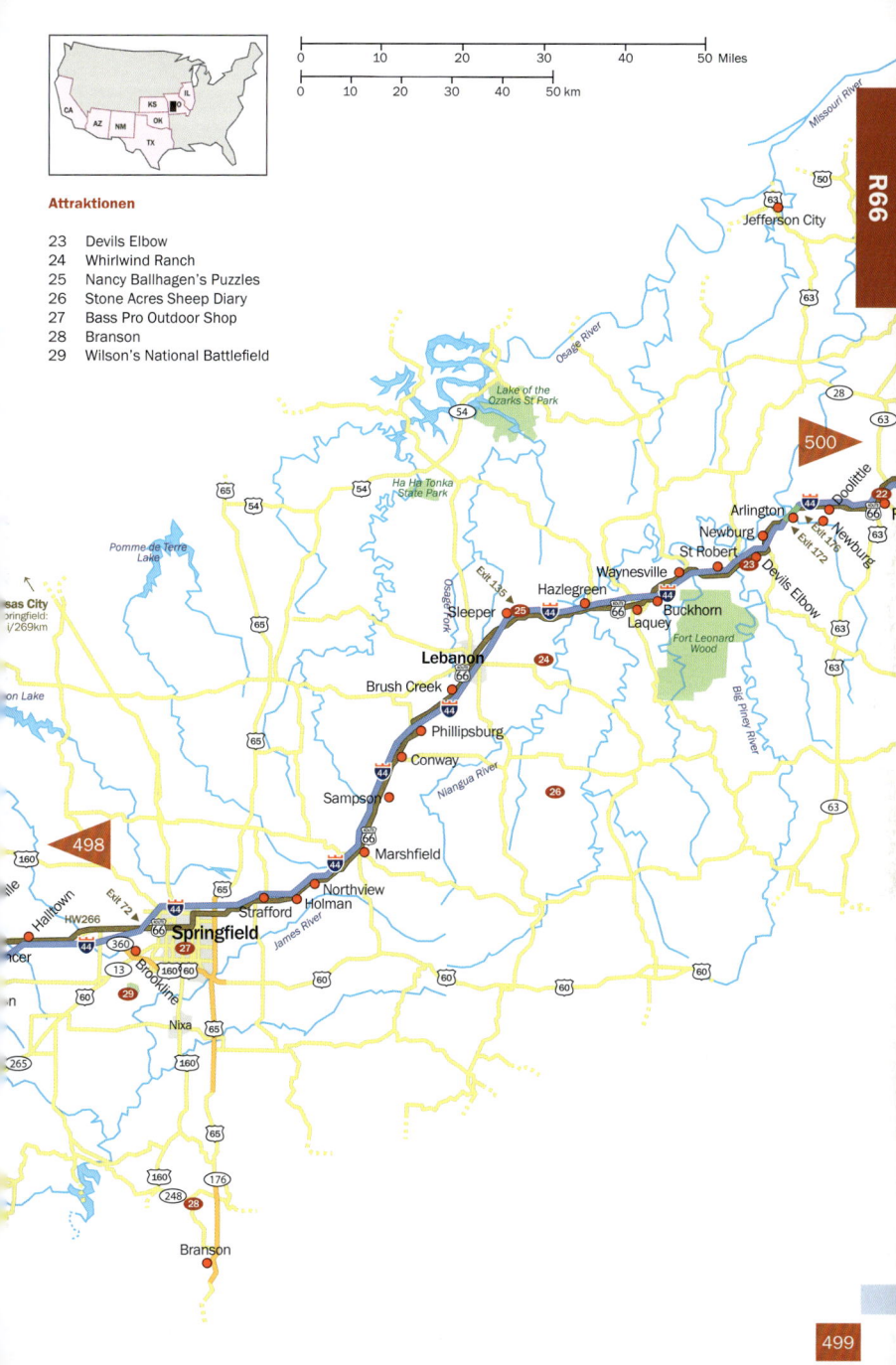

Attraktionen

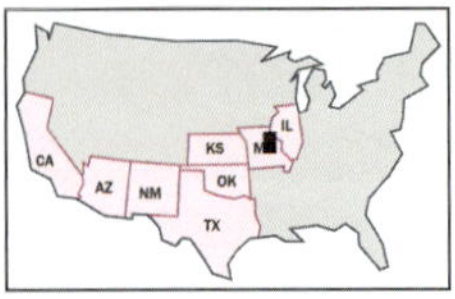

Attraktionen

CA
AZ NM
TX
KS
OK
IL

501

ILLINOIS
MISSOURI

Illini River
Mississippi River
Missouri River

267
67

370
94
70
40
64
270
55
255

Clayton
Richmond Heights
Webster Groves
Kirkwood
Valley Park
Maple
Crestwood
Sunset Hills
Fenton

Weldon Spring
Wildlife Area
Edmund Babler
Memorial
State Park

Herculaneum
Festus

Gray Summit
Villa Ridge
Pacific
HW66
Eureka
50
261

Moselle

Parkway
Anakonda
Stanton
Sullivan
St Cloud
Bourbon
Coffeyton
Leasburg
Cuba
Fanning
Rosati
St James
Dillion
Hofflins

Exit 230
Meremec
State Park
Exit 214
HW66

Big River
Washington
State Park

St Francois
State Park

67
Park Hills
St Joe
State Park
32

Jefferson City
63
50
50
50
Gasconade River
Bourbeuse River
Meramec River

499

Doolittle
Arlington
Newburg
Rolla
Newburg
St Robert
Devils Elbow
khorn
Leonard
Wood

28
63
83
63
44
66
Exit 176
Exit 172

Mark Twain
National Forest

Big Piney River

Ozark National
Scenic Riverways

83
63

Attraktionen

6 Under the Prairie Museum
8 Sky View Drive-In Theatre
9 Cahokia Mounds
10 Gateway International Raceway
11 Chain of Rocks Bridge
12 Lewis and Clark State Historic Site
13 National Great Rivers Museum
14 Confluence Point State Park
15 Horseshoe Lake
16 Gateway Arch
17 St Louis Walk of Fame
18 Budweiser Brauerei
19 Route66 State Park

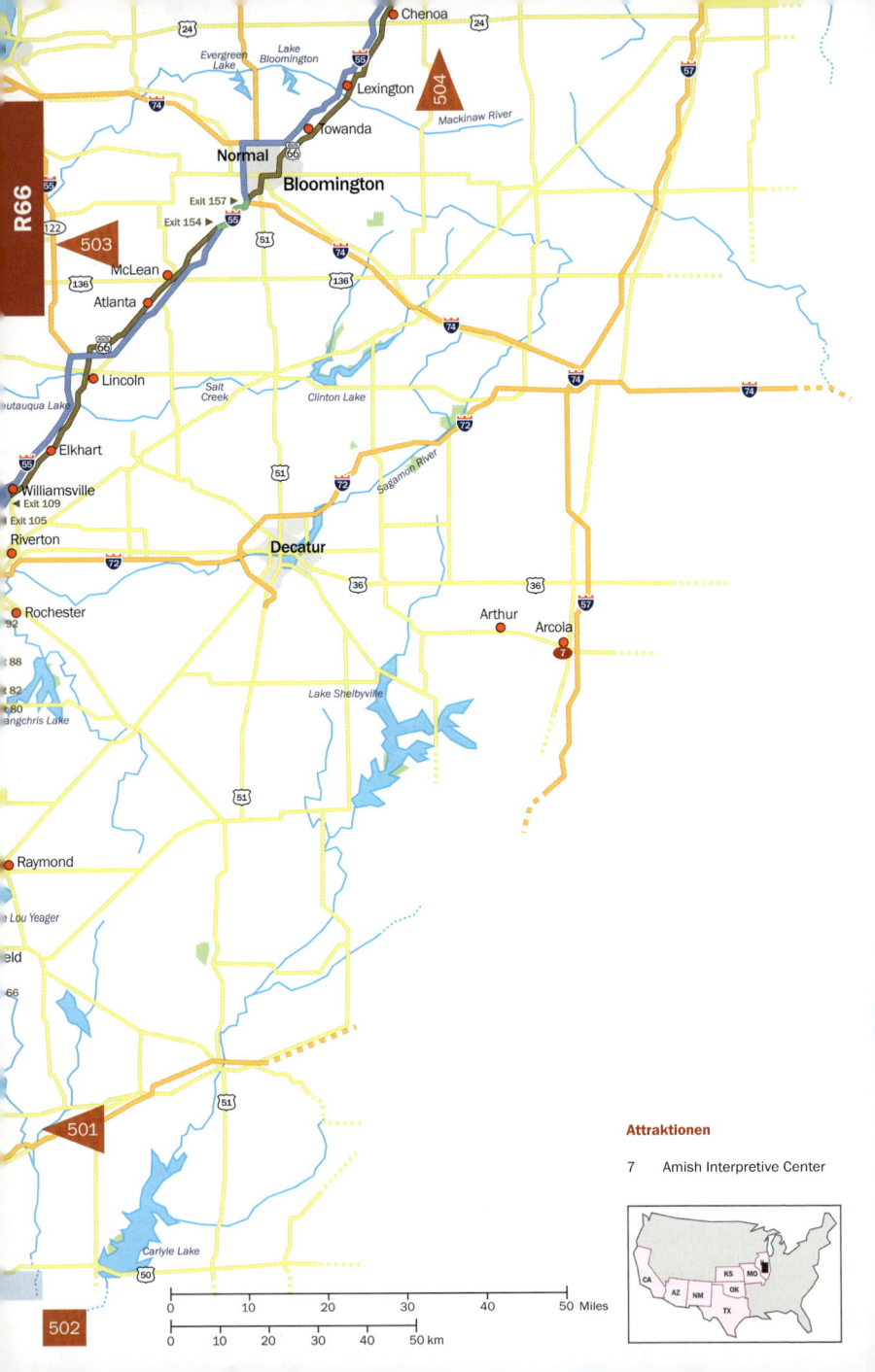

Chenoa

Evergreen Lake
Lake Bloomington

Lexington

504

Towanda

Mackinaw River

Normal

Bloomington

Exit 157 ▶

Exit 154 ▶

503

McLean

Atlanta

Lincoln

Salt Creek

Clinton Lake

Sagamon River

Elkhart

Williamsville
◀ Exit 109
▮ Exit 105

Riverton

Decatur

Rochester

Arthur

Arcola
7

Lake Shelbyville

Raymond

Lou Yeager

Carlyle Lake

501

Attraktionen

7   Amish Interpretive Center

0   10   20   30   40   50 Miles
0   10   20   30   40   50 km

502

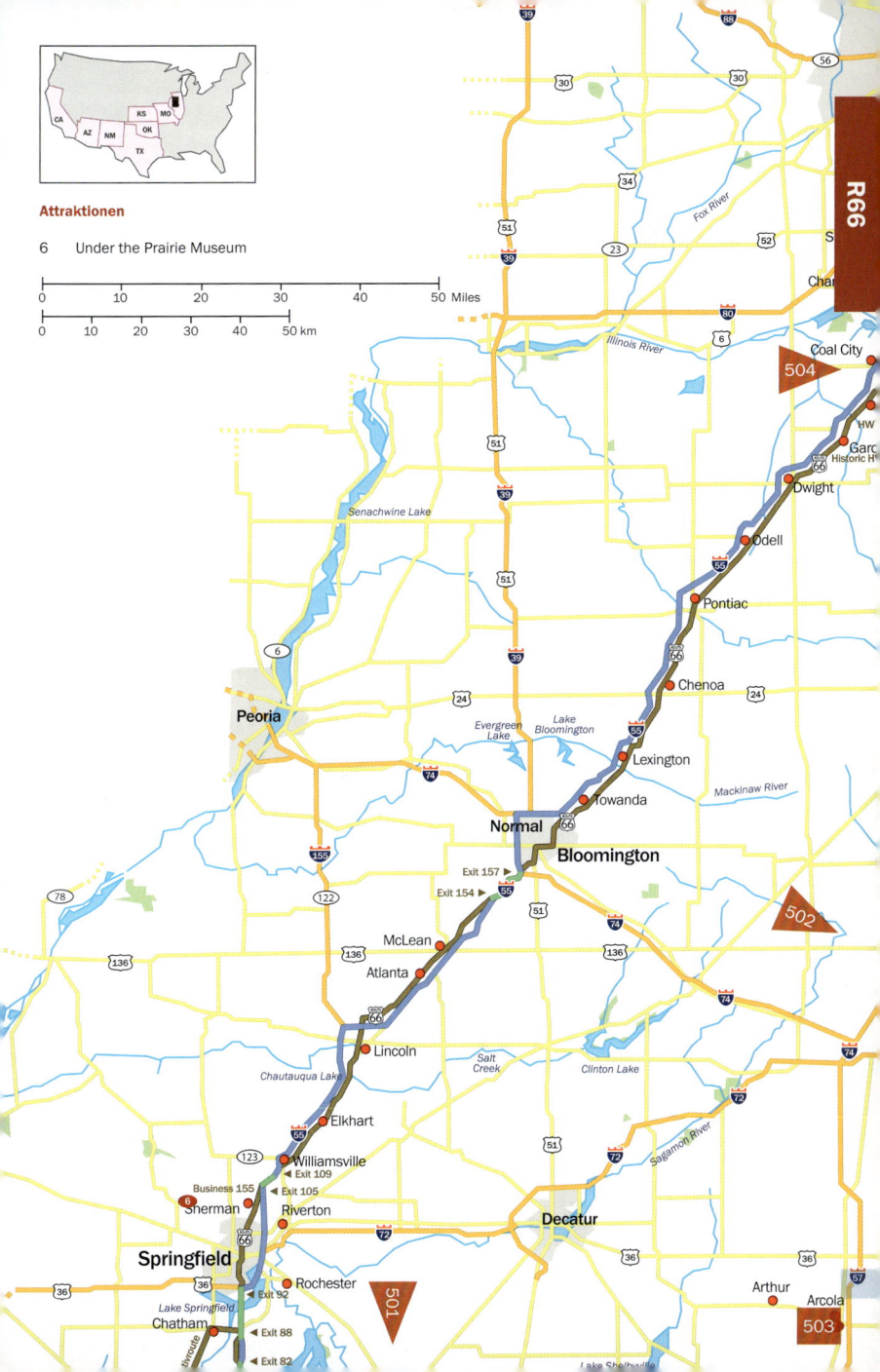

R66

Attraktionen

6 Under the Prairie Museum

0   10   20   30   40   50 Miles
0   10   20   30   40   50 km

WISCONSIN

ILLINOIS

Milwaukee
Distanzen:
Chicago 92mi/148km
Staatsgrenze 39mi/63km

Illinois Beach State Park

Attraktionen

1   Stateville Correctional Center
2   Joliet Prison
3   Chicagoland Speedway
4   Midewin National Tallgrass Prairie
5   Gemini Giant

Rockford

CHICAGO

La Grange

Justice

Bolingbrook

Exit 269
Romeoville
HW 53

Plainfield

Exit 257 ▶

Orlando Park

Joliet

Lockport

Shorewood

Channahon

HW 53

Coal City

Wilmington

Braidwood

Braceville
HW 53

Gardner
Historic HW 66

Dwight

Odell

Pontiac

Chenoa

Lexington

Towanda

Normal

Bloomington

Fox River

Illinois River

Kankakee River

Senachwine Lake

Evergreen Lake

Lake Bloomington

Mackinaw River

ILLINOIS

▼ 503

▼ 502

504

Exit 157 ▶

Exit 154 ▶

0   10   20   30   40   50 Miles

0 10 20 30 40 50 km

Schmausen und grausen Sie mit Julia Schoon einmal rund um den Globus. Dabei ist eines sicher: Am Ende wird Ihre Definition von »Delikatessen« nie wieder dieselbe sein ...

Julia Schoon

Delikatessen weltweit
99 Spezialitäten, die
Sie *(lieber nicht)*
probieren sollten

Klappenbroschur mit
Farbfotos im Innenteil

ISBN 978-3-943176-45-2

Reisen geht wie die Liebe durch den Magen – und hält dabei genauso viele Überraschungen bereit. Zum Beispiel mit salziger Yakbutter verfeinerten Tee in Tibet oder *Praerie Oysters,* die Meeresfrüchte vermuten lassen, sich aber als gekochte oder gegrillte Stierhoden entpuppen. Eine fiese Falle ist auch die womöglich köstlichste Frucht Südostasiens, die derart bestialisch stinkt, dass man aus dem Hotel geworfen wird, sollte man sie dort anschneiden.

Auf Reisen begeben sich aber auch immer Menschen, die bewusst das Abenteuer suchen. Sie wollen lebendigen Oktopus probieren? Auf nach Korea! Frisch aus der Palme gezapften Alkohol? Bekommen Sie in West- und Zentralafrika. Ameisenhonig? Im australischen Outback. Eine hübsche Mutprobe ist auch der Sourtoe-Cocktail, den Sie in Dawson City, Kanada bestellen können: Beim Trinken muss der mumifizierte Zeh darin Ihre Lippen berühren. Wenn Sie ihn allerdings versehentlich schlucken, müssen Sie nach Ihrem Tod einen neuen spenden.

»Ein interessantes, amüsant geschriebenes Buch. Es zeigt all jenen, die nicht die Gelegenheit haben, die ganze Welt zu bereisen, weltweit kulinarische Köstlichkeiten.« (Rudolf Prasch, Alte Münze, Graz)

»Humorvoll beschreibt Julia Schoon in kleinen Episoden die abenteuerlichsten Gerichte und schildert drastisch Geschmackserlebnisse wie lebendige Mini-Kraken – manche der mit reichlich Hintergrundwissen beschriebenen Speisen verlieren beim Lesen ihren Schrecken.« (Hannoversche Allgemeine)

CONBOOK VERLAG
www.conbook-verlag.de

FETTNÄPFCHENFÜHRER

www.fettnäpfchenführer.de

Die Buchreihe, die sich auf vergnügliche Art dem Minenfeld der kulturellen Eigenheiten widmet.

 ÄGYPTEN · ISBN 978-3-934918-59-7
BRASILIEN · ISBN 978-3-934918-92-4
 CHINA · ISBN 978-3-943176-26-1
 FRANKREICH · ISBN 978-3-934918-74-0
 GRIECHENLAND · ISBN 978-3-934918-82-5
 GROSSBRITANNIEN · ISBN 978-3-943176-31-5

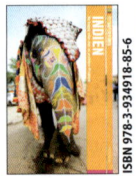 INDIEN · ISBN 978-3-934918-85-6
ITALIEN · ISBN 978-3-934918-47-4

 JAPAN · ISBN 978-3-943176-24-7
 KANADA · ISBN 978-3-934918-77-1
 KOREA · ISBN 978-3-943176-38-4
 MEXIKO · ISBN 978-3-943176-03-2

 NEUSEELAND · ISBN 978-3-934918-58-0
 NIEDERLANDE · ISBN 978-3-943176-11-7
 NORWEGEN · ISBN 978-3-934918-56-6
 ÖSTERREICH · ISBN 978-3-934918-76-4
RUSSLAND · ISBN 978-3-934918-48-1
 SCHWEDEN · ISBN 978-3-934918-43-6

 SPANIEN · ISBN 978-3-934918-75-7
 SÜDAFRIKA · ISBN 978-3-943176-54-4
 THAILAND · ISBN 978-3-943176-20-9
 VIETNAM · ISBN 978-3-943176-50-6
 USA · ISBN 978-3-943176-16-2

CONBOOK VERLAG
www.conbook-verlag.de

Andrea Glaubacker

Indien 151
Portrait des faszinierenden Subkontinents in 151 Momentaufnahmen

ISBN 978-3-943176-02-5

Indien – die größte Demokratie der Erde, gigantisch, einzigartig und voller Gegensätze. Ein Land, das modernste Technologie entwickelt und zugleich in einem alten Traditionskorsett steckt. Wo Affen-, Elefanten- und mehrarmige Götter verehrt und Flüssen jeden Abend Millionen von Blumen geopfert werden. Wo gläserne Shopping-Malls wie Pilze aus dem Boden schießen und Mumbais Büromieten die von New York und Tokio überholen. Ist das Indien von heute ein modernes Land, ist es fest in alten Strukturen verankert oder liefert es schlicht immer alle möglichen Antworten zugleich?

»Aus aktuellen Meldungen, Hintergrundinformationen und eigenen Erlebnissen formt die Autorin ein Bild von Indien, wie es treffender nicht sein könnte. Ihre persönlichen Eindrücke und ihr Blick hinter die Kulissen bereichern die fundierten Recherchen der studierten Kulturwissenschaftlerin. Für Liebhaber Indiens und diejenigen, die das noch werden wollen.«
(Traudl Kupfer, Indien Aktuell)

Jeder Band mit über 150 eindrucksvollen Bildern, komplett in Farbe

Erleben Sie mit den Büchern der Reihe »**151**« faszinierende Momentaufnahmen der Kultur und Gesellschaft eines Landes, begleitet von Geschichten, persönlichen Eindrücken und einem Blick hinter die Kulissen. Bücher für Entdecker und Liebhaber und diejenigen, die es werden wollen.

www.1-5-1.de

Schumann: **Japan 151**
ISBN 978-3-943176-27-8

Beis: **Südafrika 151**
ISBN 978-3-943176-18-6

Graf-Riemann: **Spanien 151**
ISBN 978-3-943176-12-4

Thielke: **Thailand 151**
ISBN 978-3-943176-43-8

Frogier de Ponlevoy: **Vietnam 151**
ISBN 978-3-943176-42-1

CONBOOK VERLAG
www.conbook-verlag.de

Intensiv reisen – mit unseren Routenreiseführern für Nordamerika

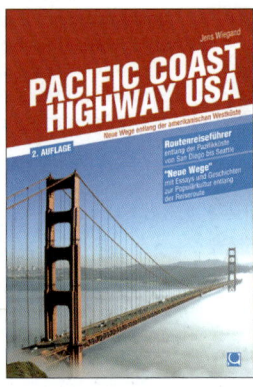

Der Süden Floridas ist das Lieblingsziel europäischer Touristen in den USA. Unser Routenreiseführer führt Sie zu allen Highlights: Orlando, Cape Canaveral, Miami, Everglades National Park, Florida Keys, Key West, Dry Tortugas National Park, Golf von Mexiko, Tampa Bay, Ocala National Forest uvm.

Erleben Sie auf 2.200 Kilometern in Begleitung allgegenwärtiger Alligatoren, einer exotischen Vogelwelt und der tropischen Sonne den Sunshine State.

2.500 km auf der schönsten Küstenstraße Nordamerikas – eine einzigartige Route von San Diego bis nach Seattle. Auf über 500 Seiten geballtes Reisewissen und spannende Hintergrundgeschichten zur amerikanischen Kultur und Gesellschaft.

»Wer auch nur andenkt, diese Strecke oder Teile davon zu bereisen, sollte Jens Wiegands Buch erwerben. Einmal unterwegs ist dieser Begleiter unersetzlich. Allerdings besteht die Gefahr, dass man nach der Lektüre die Westküste der USA besser kennt als die eigene Heimat.«
(Der Trotter – Die Zeitschrift der Globetrotter)

Das Standardwerk für alle, die den Westen Kanadas in voller Pracht genießen möchten. Erleben Sie auf der legendären Route durch Alberta und British Columbia u.a. den Banff und Jasper National Park, Mount Robson, Revelstoke, Glacier und Yoho – und natürlich die beiden Metropolen Calgary und Vancouver.

»Buchempfehlung des Monats der preisgekrönten deutsch-kanadischen Zeitung für die Provinz Alberta.«
(Arnim Joop, Albertaner)

Marion Landwehr
Nationalparkroute USA – Florida
ISBN 978-3-943176-39-1

Jens Wiegand
Pacific Coast Highway USA
ISBN 978-3-943176-37-7

Helga und Arnold Walter
Nationalparkroute Kanada
ISBN 978-3-943176-36-0

 **CONBOOK** VERLAG
www.conbook-verlag.de